KB249371

비정규 노동의 정치경제학 메타비판

비정규 노동의 정치경제학 메타비판

김남훈 지음

KSI 한국학술정보[주]

머리말

비정규직은 일시적인 인력수급 불균형의 해소라는 원래의 취지와는 달리 노동시장의 유연화라는 미명 아래 손쉬운 인건비 절감을 위한 수단으로 악용되어 노동시장의 지배적인 고용형태로 자리를 잡기 시작했다. 외환위기 이후 급격히 증가하기 시작한 비정규직은 경제위기가 진정된 이후에도 감소되지 않고 있으며, 계속적인 사회적 문제와 쟁점으로 제기되고 있다. 게다가 더욱 심각한 문제는 비정규직은 한번 '비정규직의 덫'에 걸린 후 비정규직을 탈피하기가 쉽지 않다는 것이다. 이렇게 사회적으로 신분화된 비정규직은 2003년의 화물연대 파업, 2007년의 이랜드 사태 등의 비정규 노동자들의 계속되는 파업과 점거농성, 끊이지 않는 비정규 노동자의 분신 등으로 인간적인 차별과 모멸, 사회적 박탈감을 사회적 현상으로서 표출하고 있는 가운데 사회적 억압과 갈등의 골은 점점 깊어지고 있다. 그러나 비정규직 문제에 대한 정치적 해법을 둘러싸고 노사정 간의 입장과 견해 차이는 해결의 실마리를 전혀 보이고 있지 않으며, 사회적 분열의 양상으로까지 나타나고 있다. 이러한 상황에서도 학계와 노동계에서는 오랫동안 비정규직에 대한 개념 정의와 규모를 둘러싸고 비생산적인 논쟁을 벌여 왔으며, 정부까지도 비정규직 문제의 본질과는 아무런 관련이 없는 기간제근로자의 사용기간 제한을 연장하려는 입법을 추진함으로써 노동계를 불필요하게 자극하고 불신을 조장하였다.

이러한 상황에서 이 글은 비정규직 증가의 원인과 대책에 대한 기존의 이론을 비판적으로 검토하고, 기존 입장과의 차이를 살펴봄으로써 사회현상화된 비정규직 문제의 실태를 발본적으로 분석하는 데 주안점을 둔다. 그리고 이러한 이론적 입장과 분석을 토대로 하여 비정규직 문제를 해결하기 위한 정책적 방향의 단초를 모색하고자 한다. 비정규 노동문제에 대한 정책방향에 대해서는 여러 가지 이론적 입장이 존재하는데 노동시장의 유연화와 정규직에 대한 과도한 보호를 철폐하는 등 법적인 규제 장치의 완화를 통해 문제를 해결하여야 한다고 주장하는 시장친화적인 자유주의 경제학적 입장과 이를 노동시장

정책과 결합한 유연안정성 모델이 존재한다. 학계의 다수 의견으로는 비정규직의 과도한 남용을 제어할 수 있는 법적 규제 장치의 도입을 통해 비정규직의 규모를 줄이는 방향으로 나아가야 한다고 보는 입장, 비정규직 문제 해결을 위해서는 1차 노동시장과 2차 노동시장 간의 격차를 완화하는 방향, 즉 차별시정에 초점을 맞추어 이중적 노동시장의 구조화를 약화시키는 통합적 노동시장의 구축을 정책적 목표로 하여야 한다는 입장이 대세를 이루고 있다. 그 외에도 교육제도의 확충과 사회보험 적용의 확대 및 공적 부조를 통한 사회보장 등 사회적 안전망의 확충을 통해 비정규직 문제를 해결해야 한다는 입장 등이 있다. 그러나 이러한 여러 방안 중에서도 비정규직 문제의 해결에 대한 정책적 방향으로 법적 규제와 비정규직 노동자의 조직화에만 논점이 맞추어져 있는 현재의 상황은 문제의 원인과 결과를 혼동하고 있을 뿐만 아니라, 현상에 대한 도덕적 해석에 과도하게 집착하여 목적론적 귀결을 선취하고 있는 것으로 보인다. 이러한 관점들은 결국 비정규 노동의 문제를 법과 시장 등 특별한 사회적 환경에서 출현한 현상이라고 보고 이에 대해 직접적이고 무매개적인 방법을 통하여 해결을 시도하려는 관념적인 화해에 불과하다. 우리가 기존의 가치나 도덕 감정들을 자발적으로 재생산하고 있는 조건하에서는 노동법과 노동시장의 제도를 비난하면서 새로운 제도를 고안하는 것은 문제해결의 방법이 될 수 없다. 노동시장과 사회제도는 우리의 권력관계를 현실화하며 수정하고 재분배한 것일 뿐이며, 구성원들의 사회적 성격이 드러나는 현상 형태로서 간주되어야 한다.

이러한 시각에서 이 글에서는 비정규 노동에 대한 논의를 실증적이고 경험적인 방법이 아니라 전체적인 관점에서 접근하고자 한다. 우리가 기존의 접근방법과 같이 경제적·정치적 요인만을 분석하는 경우에는 그 현상을 완전하게 설명할 수 없을 뿐만 아니라, 이미 과잉 담론화되어 있는 물신화된 사회적 범주와 공리들을 조합하거나 재생산하는 것에 불과하기 때문이다.

1부에서는 니체, 다윈, 프로이트, 마르크스, 롤즈 등의 저작과 그들의 관점을 통하여 비정규 노동의 본질과 현상형태 및 그 사회적 배제와 억압의 형태를 문헌학적인 방법을 통하여 살펴본다. 이를 통하여 기존 접근방법의 문제점을 확인하고 비정규 노동과 관련된 사회구조와 억압의 본질적인 성격을 규명함으로써 비정규 노동문제 해결의 단초와 정책적 대안을 고민해 보고자 한다. 1장은 문제의 논점과 관련하여 글의 전체적인 접근방법에 대하여 설명을 하면서, 기존 이론의 방법적인 문제점 및 입장과의 기본적인 차이점을 언급한다. 2장은 가장 유물론적인 근거라고 할 수 있는 생물학적 원리를 기반으로, DNA에 저장된 정보는 자연선택이라는 역사적 과정을 통해 형성되었다고 보는 다윈의 '진화론'을 경유하여 인간성의 역사적 경로를 살펴본다. 이러한 진화론적 입장은 선험적 생물학으로서의 물질성을 시간(역사)의 두께와 깊이 속에서 우리의 신체뿐만 아니라 정신을 사유할 수 있게 한다. 이것은 인간을 자연의 모든 것과 같거나 호환되는 법칙에 따라 작동하는 다양체 중의 하나로 파악하는 것이다. 그럼으로써 각종 인간주의와 절대다수의 인간을 배제하는 절대화된 인간학적 입장의 규범화된 형이상학적 망상에서 벗어나 삶의 기본적인 원리를 도출하려는 것이다. 이러한 진화론에 입각한 관점은 오랜 시간에 걸쳐 만들어진 인간의 본성과 경향이 사회적 환경에 따라 일거에 쉽게 변하거나 만들어질 수 있다는 환상을 배격하는 것으로, 인간의 본성을 바탕으로 구상하고 입안된 사회정책들만이 적실성을 가질 수 있다는 것을 시사하고 있다. 3장에서는 프로이트의 정신분석 이론을 토대로 무의식이 비정규 노동에 투사되어 공격성과 과잉억압의 대상으로 나타나게 되는 현상을 고찰한다. 비정규 노동은 무의식이 공격본능을 발휘하기에 유리한 상황에서 우리의 공격성과 지배성향이 투사된 사회적 대상의 하나로 나타난다. 비정규 노동은 타자에 대한 지배가능성이라는 측면에서 타율적으로는 억압의 대상이면서, 동시에 주체에 의해 자율적으로 행해지는 공격성의 외부적 투사(projection)의 대상으로 나타나게 된다. 이러한 우리의 공격성은 손쉬운 지배와 공격의 대상으로 비정규직 노동자라는 구체적인 대상에 잉여가치 창출이라는 문명 자체에 내재하는 기본억압을 넘어선 이중적 착취의 대상으로 '과잉억압'을 부과하게 된다는 것이다. 마르쿠제에 따르면 과잉억압은 인류의 영속을 위하여 필요한 본능의 수정인 기본억압과 구별되는 개념으로 특정한 역사적 제도와 지배의 특정한 이익은 문명한 인간의 공동생활에 피할 수 없는 억압적 조정 위에 부가적 조정을 다시 도입하는데, 특정한 지배체계에 기인하는 부가적 조정을 우리는 바로 '과잉억압'이라고 하는 것이다. 이러한 의미에서 우리에게 비정규 노동문제와 관련하여 문명의 진보가 의미할 수 있는 것은 억압을 해방하는 것이 아니라 사회구성원에게 용인할 수 있는 합리적인 수준에서 억압을 공평하고 적절하게 배분하는 데 불과한 것이라고까지 할 수 있을 것이다. 4장은 푸코의 권력이론을 토대로 비정규 노동이 규율되고 관리되는 사회적 위계와 배치의 과정에 대하여 살펴본다. 푸코의 권력이론에 따르면 권력은 지배자들 못지않게 피지배자들을 관통하는 것이다. 사용자뿐만 아니라 사용자에 의하여 작업장에서 노동력을 탈취당하는 자와 같이 억압을 당하는 자에게서도 생성될 뿐만 아니라, 정규직과 정규직, 정규직과 비정규직, 내부자와 외부자, 조합원과 비조합원, 자본가와 그 대리인과의 사회적 관계에서도 끊임없이 생성되며, 관계들의 位階에 따라 다양하고 적극적인 형태의 도주선과 탈주의 공간이 형성된다. 그러나 비정규직에게는 '만인에 대한 만인의 대체가능성'이라는 사회적 배치로 인하여 주체의 힘이 최소화되어 있어, 독자적이고 고유한 흐름을 가지고 있지 않으며, 오직 수동적이고 부정적인 도주선만이 존재한다는 점에 문제가 있다는 것이다. 우리가 이러한 사실에서 주목해야 할 것은 권력의 전략적 영역으로서의 비형식적이고 비가시적인 권력 관계들 혹은 힘 관계들이며, 이러한 조건들에서 만들어지고 다루어지는 주체성의 양식들을 고려하지 않고서는 다양한 힘의 미분적 관계들이 적분되는 사회적 장이라는 지평을 전혀 이해할 수 없다는 것이다. 하물며 주체의 힘을 최소화하기 위하여 출구를 봉쇄당하고 시간을 단위로 신체를 분할하여 권력의 섬세한 통제와 위계가 이루어지고 있는 비정규직에 대해서야 더 말할 나위가 없는 것이다. 결국 권력이 도처에 존재한다는 푸코의 권력이론은 권력이 국가와 국가장치에만 있는 것이 아니라, 신체를 중심으로 더 복잡하고 세밀한 형태로 비언표적이며 비가시적인 형태로 행사되고 배치되고 있다는 것이다. 따라서 이것은 비정규직 문제에 대한 해법이 국가의 평면적인 법제도와 규제만으로는 해결되지 않는다는 것을 시사하고 있는 것이다. 5장에서는 비정규 노동의 현상 형태를 마르크스주의 정치경제학을 토대로 노동의 가치와 교환가치, 자본주의적 노동과정의 역사적 궤적을 추적하며 분석한다. 자본주의적 생산과정에서는 노동자의 숙련에 기초하던 기계조작이나 판단을 점차적으로 기계가 대신하여 노동자들은 단순한 보조자로 전락하게 된다. 이러한 노동의 탈숙련화는 독점자본주의 단계에서는 자본주의적 관리가 공장자동화(FA)와 사무자동화(OA)를 통해 노동자의 작업과정에 대한 통제를 박탈하게 되는데, 이를 통하여 노동자 계급 구성이 양극화되는 결과를 가져오게 된다. 탈숙련화된 미숙련노동에 대하여 자본가는 숙련노동과 달리 직무의 특성상 노동과정에 직접 개입하거나 개별 노동자에 대하여 노동의 구체적 내용에 대하여 감독할 필요를 느낄 이유가 전혀 없다. 이것은 노동의 최종적 성과와 결과물이 손쉽게 확인 가능하며, 결원이 생기는 경우에도 즉시 새로운 노동자를 노동과정에 대체 투입하여 동일한 노동생산성을 유지하는 것이 가능하다는 것이다. 이러한 이유로 자본가는 미숙련노동자에 대하여 장기적인 근로계약을 체결할 유인을 갖지 않게 된다. 즉 단기로 계약을 체결할 수 있게 되자마자 노동에 대한 수요를 생산물 시장의 수요에 맞추어 수량적으로 유연하게 조절할 수 있을 뿐만 아니라, 지불되는 노동의 가격으로 노동이 소비되는 시점에서의 시장임금 이상의 임금을 근로자에게 지급할 필요가 없어지게 되는 것이다. 이러한 결과 비정규 노동시장은 노동시장에 존재하는 거의 유일한 완전경쟁시장의 형태를 띠게 되고 노동의 가격이 현물시장의 가격결정구조와 유사해지면서 저임금과 열악한 근로조건을 필연적으로 수반되게 되는 것이다. 그리고 이러한 고용형태의 낮은 임금하에서 비정규직 노동자들은 생계유지를 위하여 더 많은 노동을 통해 소득 유실을 보전하여야 하며, 그 결과 이러한 노동의 공급은 더 증가하게 되고, 2차 노동시장에서 노동자의 지위는 더욱 악화되어 계속적인 소득의 감소가 그 결과로 나타난다. 이제 전에는 서로 배척했을 노동과 빈곤이 서로 결합하여 '노동빈민(working poor)'이 나타나게 된 것이다. 6장에서는 사물화된 사회경제적 범주와 의식화가 인간을 인간으로부터 소외시키는 물신성의 개념을 비정규 노동과 결부하여 비판적으로 분석한다. 상품형태가 사회 전체에 보편화됨으로써 실제 상품으로 생산되지 않았으며, 분명히 상품이 아닌 자연, 예술, 심지어는 우리의 존재 자체도 물화된다. 사회적 관계를 사물들의 관계로 오해하는 의식은 자본주의 생산양식의 전형적 현상이지만, 특히 노동력의 사물화에서 잘 드러난다. 개인은 인격을 가진 사람으로서, 노동시장에 들어간다. 그러나 자본가들에게 하나의 생산요소로 간주될 뿐이다. 이 상황에서는 원래부터 상품이 아니었으며 인간 자체에 귀속되는 속성과 능력으로 간주되었던 노동력이 가치의 법칙에 의해 정해진 규칙에 따라 시장에서 매매되는 상품으로 등장한다. 따라서 허구적인 상품으로서 노동력이 사물화되며 상품화되는 과정은 노동자를 비인간적 상태로 만들며, 노동력이 허구적 상품이라는 사실은 한편으로 사물화의 과정이 결코 순탄하게 진행되지는 않을 것이라는 것을 암시하게 된다. 즉 자본과 노동의 갈등이 필연적으로 발생하게 되고 사회적 관계들의 형태가 물신화와 반물신화 사이의 긴장관계 속에서 끊임없이 부유하게 된다. 노동력이 상품화된다는 것은 인간의 한 능력으로 간주되는 노동력이 노동자의 인격으로부터 분리되고, 노동력이 노동자가 시장에 내다 팔 수 있는 하나의 '사물'이나 '대상'으로 轉化되는 것을 의미한다. 그리하여 노동자 자신에게도 노동력을 대상화된 형태로 자신이 가지고 있는 보편적 상품이어야 한다는 의식을 가지게 만든다. 노동자의 의식은 상품의 자기의식으로 전락하게 되고, 그들 자신의 감정과 정신을 노동기능과 동일시하도록 무의식적으로 강요당한다. 그 기능의 수행결과로 나타나는 노동자의 지위는 이제 상품성의 직접적 형식을 띠게 되며, 노동 자체가 직접적으로 사회적 관계를 매개하고 구성하게 된다. 이러한 사회의 생활세계에서 기술과 과학은 인간과 사회를 수량과 단위로 통일된 지배의 대상으로 파악하게 되는데, 노동은 '만인에 의한 만인의 대체가능성'이라는 교체 가능한 교환원리에 따라 객체화되게 된다. 그리하여 가능한 한 많은 이익을 내고 가능한 한 적은 비용이 들면서 '필요로 할 때에만' 사용하는 생산도구들로만 간주되게 된다. 그 결과 개인은 정신적으로 점점 더 불구가 되며 노동분업에 따른 편협한 숙련된 기능만을 지니게 될 뿐이다. 모든 것이 전문화되고 활동은 부분화 내지 단편화된다. 노동과정의 부분화 내지 단편화되는 노동과정의 합리화는 다른 생산도구, 즉 불변자본이 불가피하게 유휴하고 있는 동안에도 시간과 공간의 분절 및 단락을 통하여, 상품이 시장에서 수요되는 산출량의 변화에 따라 노동은 필요로 할 때에만 구매하고 사용되는 유연한 생산도구, 즉 '可變資本'으로 간주되는 것이다. 가변자본은 판매・구입 그리고 상품으로서 노동력의 이용을 의미하는 것이며, 특히 상품의 직접적 형식으로서 '시간제 노동'과 '일당제 노동'에서 사물화의 근본구조가 가장 명료하고 직접적이며 완전한 형태로 드러나게 된다. 이제 자본의 가변 부분은 매개물인 노동자의 신체를 통해서 순환하며, 이에 의해 노동자는 자본순환 자체의 단순한 부속물로 전환된다. 그 결과 노동관계에 대한 탈규제화 및 유연화가 더욱 많이 시행될수록 경기변동과 같은 경제적 불확실성에 대한 '가변적인 위험'은 그만큼 자본가에게서 개인에게 모두 전가된다. 이러한 결과로 인하여 자기 자신을 상품으로 생각할 수밖에 없게 되는 대상화된 자기객체화의 단계에서 비정규직 노동자는 자신의 평가절하된 노동의 교환가치로 자신의 가치를 평가하게 되어 자신을 폄하하며 실패한 인생으로 규정하고 개인적인 자존감을 상실하게 된다. 그리하여 스스로를 사회적 관계로부터 소외시킬 수 있는 객관적 여건이 마련되게 된다. 마지막으로 7장에서는 비정규 노동문제에 대한 현실적 방안을 도출할 수 있는 방법으로 롤즈가 정의론에서 제시하고 있는 정의 원칙의 의미와 실현 방법에 대하여 살펴보고, 자유주의 입장에서 실질적 자유를 보장하기 위하여 채택할 수 있는 정의로운 분배의 원칙을 검토하기로 한다. 한편 우리가 여기에서 언급하는 자유주의는 우리가 일반적으로 오해하고 있는 보수주의 또는 사유재산의 절대성을 주장하거나 시장의 효율성을 절대적으로 신봉하는 경제적 자유주의나 자유지상주의를 지칭하지는 않는다. 오히려 많은 정치철학자들은, 자유주의의 본질은 평등의 추구에 있으므로 자유와 평등을 보장하기 위하여 사유재산권을 신성불가침의 절대적인 것으로 보지도 않으며, 사회정의를 위해서는 재분배 정책이 필요하다고 본다. 또한 이러한 목적을 달성하기 위한 방편으로 시장의 기능을 제한된 범위 내에서 적극적으로 활용하는 것이라고 한다. 사회주의자들이 생산수단의 사회적 공유와 '필요'에 따른 분배라는 추상적인 원칙 이외에는 분배양식의 구체적인 정책적 대안을 제시하지 못하고 있거나 관심을 가지고 있지 않는 반면, 현대의 좌파 자유주의자들은 롤즈의 정의론을 계승하여 시장에 의해 발생하는 불평등에 대한 교정에 근본적인 초점을 맞추는 이론적인 접근법을 발전시켰다. 그리고 실제 이를 적용하거나 응용한 정책들이 서구 유럽의 국가들에서 시험적으로 실시되고 있기도 하다. 이 글에서는 롤즈의 정의론을 토대로 하여 비정규 노동에 대하여 다음과 같은 정의의 원칙을 도출할 것이다. 첫째, 우리는 비정규직이라는 고용형태가 사회경제 구조 내에서 모든 개체의 이익을 위해 작용한다고 믿을 근거가 있을 경우 분배결과에 있어 차등이라는 현실적인 불평등을 허용할 수 있을 것이다. 둘째, 비정규 노동에 대하여 생산물 또는 서비스에 부가한 기여에 합당하는 분배가 이루어져야 한다는 것이다. 비정규 노동은 직무의 특성상 노동의 과잉공급 우려가 상존하는데, 수요공급에 따라 결정되는 시장의 불완전성으로 인하여 불공정한 분배가 이루어지는 경우에 정의의 원칙은 전체 구조를 통제하며, 필요에 대한 공적이고 객관적인 척도에 따라 국가가 재분배를 하는 것이 합당하고 가능한 항목에 대해서는 각자에게 마땅히 돌아갈 것을 할당하여야 할 것이다. 셋째, 세대 간의 분배 정의의 원칙이다. 세대별로 정규직과 비정규직으로 구분되거나, 급격한 경기변동이나 노동 관련 입법의 전후 등 우연한 시간상의 위치로 인하여 그들이 서로 달리 취급된다는 것은 그 자체로서 정당화될 수 없기 때문이다. 넷째, 비정규직에 대해서도 인생계획의 선(the good)의 원칙에 따라 한 개인이 자신의 숙고된 합리성에 따라 인생계획을 설계할 수 있도록 하여야 할 것이다. 합리적인 인생계획의 형성, 수정, 집행에 필요한 수입 및 부와 같은 기본적 재화들은 물질적 수단으로서 보장되어야 하며, 비정규직으로 인한 평생소득의 예측불가능성을 줄이기 위하여 최소 수준의 복지정책과 정책적인 차원의 직업재교육 등 제도적 측면이 구비되어야 할 것이다. 이를 통해 개인들은 필요한 '수정적 조치'들이 내려질 것이라는 인식을 믿고서 자유롭게 자신들의 합리적 인생계획들을 추구할 수 있을 것이다. 다섯째, 비정규직 노동자가 자신에 대하여 자존감을 가질 수 있도록 배려되어야 할 것이다. 비정규직 노동자도 자신의 가치가 선에 대한 자신의 관점 및 인생계획이 실현할 만한 가치가 있다고 확고한 신념을 가질 수 있도록 배려되어야 할 것이다. 이러한 자존감은 우선적으로 비정규 노동자의 경제적 지위를 개선하여 사회경제적 격차를 해소하며, 자신의 필요와 선호에 따라 정규노동과 비정규 노동을 선택할 수 있는 사회적 분위기가 성숙되는 데에서 해결점을 찾을 수 있을 것으로 보인다. 우리는 이러한 정의의 원칙들을 통하여 우리가 지향하는 사회적 에토스를 단기적으로 산출하거나 조정할 수는 없을 것이지만, 우리가 공정으로서의 정의의 원칙에 입각한 사회적 제도들을 누적적으로 실천하여 갈 경우, 장기적으로 평등주의적 에토스가 결과적 분배정의를 인과하는 기제로 작용할 수 있을 때가 올 것이라고 믿는다.

2부에서는 비정규 노동의 증가 원인에 대한 기존의 입장과 문헌들을 살펴보고, 비정규 노동문제에 대한 기존 이론의 정책 방향을 간략하게 검토하고 평가한다. 1장에서는 제도주의 경제학의 분단노동시장이론을 위주로 비정규직의 고용이 증가하는 원인에 대한 기존의 연구와 입장을 살펴본다. 2장에서는 비정규 노동문제를 해결하기 위한 정책적 방향에 대하여 정치적 관점과 시각에 따라 크게 다섯 가지로 구분하여 살펴본다. 이러한 방법들을 종합적으로 검토해 본 결과 공적 부조와 사회보험을 통한 사회보장이 비정규직 노동자를 보호할 수 있는 가장 확실하고 직접적인 방법이라는 견해를 제시한다. 유럽에서 실시되고 있는 연금제도로 사회보험 크레디트 제도, 최저연금보증제도 등이 비정규직 근로자를 위하여 실시되고 있으며, 실업보험제도로는 실업보험에 대한 최소 기여기간의 조정과 피보험 기간 산정 방식을 다양화하는 등 비정규직 노동자에게 유리한 각종 정책이 실시되고 있어 비정규직 노동자에 대한 실제적인 사회안전망으로 기능하고 있다는 것을 주의 깊게 살펴본다. 그러나 이러한 복지정책을 실현하기 위해서 미래 세대에게 비용부담을 전가하지 않는다면 총한계세율을 높여야만 한다. 즉 복지정책을 확대하기 위해서는 조세수입이 늘어나야 하는데, 조세수입이 늘어나기 위해서는 국민들의 조세부담이 늘어나야 하는 것은 필수조건이다. 2009년 OECD 통계연보에 따르면 GDP 대비 총 조세수입(Total tax revenue)은 OECD 평균이 2006년 기준으로 35.9%인 데 반해, 우리나라의 경우 26.8%에 불과하고, 근로자 1인당 세부담도 노동비용 대비 OECD 평균이 37.7%에 이르고 있으나, 우리나라는 18.2%에 그치고 있는 실정이다. 특히 우리나라의 경우 사회보장성 조세보다 소득재분배 효과가 훨씬 큰 개인소득세가 OECD 국가 중 최하위 수준이다. 2007년 기준으로 국가별로 살펴보면 덴마크 48.9%, 프랑스 43.6%, 독일 36.2%, 스웨덴 48.2%, 영국 36.6%, 미국 28.3%로 나타나고 있는데, 그중 한국은 28.7%로 통계결과가 집계된 26개국 중 멕시코와 터키를 제외하면 최하위에 링크되어 있는 상황이다. 사회보장기여금 중의 하나인 실업급여의 경우를 보더라도 실업급여 보험료율이 1.1%(근로자 0.55%, 사용자 0.55%)에 불과한 수준이므로, 2~3% 정도의 실업급여 보험료율의 인상만으로도 노동시장의 입출입이 빈번한 비정규직 근로자에 대한 최소한의 급여를 지급할 수 있는 재원이 마련될 수 있을 것이다. 그리고 무엇보다도 이러한 방법이 중요한 의미를 가질 수 있는 것은 실업급여의 인상이나 실업급여 지급 기간의 연장이 비정규직 노동자가 구직활동을 하는 경우에 장기적인 경력(career development path)의 발전 가능성이 없거나 지나칠 정도의 저임금 일자리를 받아들이지 않을 수 있는 협상력을 증가시킬 수 있다는 것이며, 장기적인 인적 자본의 축적에도 유리한 여건으로 작용할 수 있을 것이라는 것이다. 또한 취업 중인 경우에도 부당한 대우나 열악한 근로조건을 거부할 수 있는 여지가 비정규직 노동자에게 더 많이 부여될 수 있다는 점일 것이다. 그러나 국민소득 수준에 비해 담세율이 지극히 낮은 실정인데도 조세에 대한 심리적 저항이 남달리 강한 우리나라의 현실에서 한계세율을 높이는 정책의 실현에는 많은 저항과 반발이 예상된다. 그럼에도 불구하고 비정규직 문제의 해결을 위한 현실적인 방법으로는 사회적 연대와 국민적 공감대의 형성을 통한 소득이전과 재분배 이외에는 문제의 해결방법이 존재하지 않는다는 것이다. 3장에서는 비정규직 노동자가 한국의 노동시장에서 노동법의 적용에 있어서 원천적으로 배제되고 한계에 처하게 되는 여섯 가지 이유와 그 논리를 제시한다. 시장경제의 원리와 노동법의 이념, 신자유주의, 노동법 자체의 태생적 문제점, 비반복적 게임에서의 분쟁비용, 노동법의 구축·잠식 효과, 시장교섭력과 작업장교섭력 등 여섯 가지 이유를 통하여 비정규직 문제가 새로운 법률의 제정이나 개정을 통하여 쉽게 해결될 수 있는 사안이 아니라는 것을 구체적 사례를 제시하며 다시 거론한다. 제4장에서는 노동계, 경영계, 학계 등에서 제시되고 있는 비정규직 노동자 보호에 대한 쟁점과 구체적인 대안을 살펴보고 평가한다. 균등처우, 기간제근로자의 사용제한, 최저임금제도, 단체협약을 통한 비정규직의 정규직 전환 등 쟁점에 관한 현실적인 가능성과 구체적인 효과에 대하여 검토한 후, 비정규 노동의 미래와 전망을 예측하고 가장 효과적인 정책적 대안을 제시한다.

마지막으로 본서가 출간되기까지 수고를 아끼지 않은 한국학술정보(주) 출판기획팀의 권성용 대리님, 정리되지 않은 원고를 꼼꼼하게 교정하고 편집한 김매화 님과 디자인을 담당한 이종현 대리님의 노고에 진심으로 감사드린다.

2011년 12월

김남훈

목 차

제 1 부

비정규 노동의 정치경제학 메타비판

그대들이 세계라고 부르는 것, 그것은 우선 그대들에 의해 창조되어야 한다. 이 세계는 그대들의 이성, 그대들의 心象, 그대들의 의지, 그대들의 사랑 안에서 만들어져야 한다! 그대들 인식하는 자들이여, 그러면 그대들은 그대들의 행복에 도달하게 되리라! 그대들 인식하는 자들이여, 아무런 희망도 없으면서 어떻게 삶을 참고 견디려 하는가? 도저히 파악할 수 없는 것 속에서, 비이성적인 것 속에서 그대들이 태어나야 할 까닭은 없는 것이다.

—니체의『차라투스트라는 이렇게 말했다』중에서—

만약 일부 구성원의 만족이 일부 다른(숫자가 훨씬 많은) 구성원의 압박을 의미하는 그런 단계를 문명이 벗어나지 못했다면—이것이 오늘날의 문화가 처한 상황이지만—압박받는 사람들은 자신의 노동으로 만든 문화, 그러나 부의 분배를 별로 허용해 주지 않는 문화에 대한 강한 적개심을 가질 것이다. 이들 계급의 문명에 대한 적개심은 너무 강렬하여, 좋은 형편 덕분에 별로 위협적이지 않은 다른 사회계층의 잠재적인 적개심까지도 야기하게 된다.

—프로이트의『환상의 미래』중에서—

상관들은 그들의 부하들과 어떠한 온정으로도 연결되어 있지 않다. 상관들은 부하들을 인간으로 생각하지 않고, 가능한 한 많은 이익을 내고 가능한 한 적은 비용이 드는 생산도구들로만 생각한다. 이 노동자 주민층은 점점 더 많은 압박을 받으면서도 항상 사용되어야 된다는 근심을 떨쳐 버리지 않는 것이다. 노동자들을 징집한 산업은 그들을 필요로 할 때에는 그들이 단지 생존해 있게만 허용한다. 그들을 내쫓아도 될 만하면 추호도 머뭇거림도 없이 그들을 버린다. 그리고 노동자들은 그들의 몸과 힘을, 사람들이 그들과 협정하고자 하는 그 가격으로 제공하지 않으면 안 되도록 강요받는다.

—칼 마르크스의『임금노동과 자본』중에서—

1장
서론

노동시장에서 이루어지고 있는 비정규 노동에 대한 차별과 열악한 근로조건은 사회적 통합을 저해하고 갈등을 심화시키는 심각한 사회문제의 하나로 인식되고 있다. 그러나 그 구조적인 불화의 원인과 해결방안에 대해서 각계의 의견이 분분하다. 그렇다면 우선 비정규직 노동자[1]가 사회적 차별을 받는 근본적인 이유는 무엇일까? 이러한 비정규 노동은 사회적 생산과정에서의 억압의 새로운 형태인가? 아니면 사회적 차별과 배제는 법률적 지체현상에 불과한 것으로 직접적으로 새로운 법률의 제정과 개정을 통하여 새로운 제도를 발명하거나 체제를 공들여 '고안'함으로써 문제의 해결이 가능한 것인가? 그렇지 않다면 지속적인 경제성장이나 사회의 민주화를 통해서, 아니면 비정규직 노동자들의 '비조직화된 이해관계들'[2]을 조직화하거나 정치세력화를 통해서 해결이 가능할 것인가? 현재 비

1) 현재 비정규직 근로자의 개념 및 범위를 둘러싸고 정부와 학계 및 노동계는 분류 방법의 차이와 시각에 따라 약 20% 가까이 차이가 나기도 한다. 2006년 노사정 합의기준으로는 비정규직 근로자의 비율이 35.5%인 반면 노동계 기준은 55.1%에 이른다. 이러한 비정규직에 대한 개념 정의와 규모에 대한 논란과는 별개로 이 글에서는 종속적인 고용관계의 '실질적 지속성'이 적정한 소득의 안정적 급부를 인과하는지를 정규직과 비정규직을 나누는 '개략적인' 기준으로 사용하기로 한다. 예컨대 중소기업의 정규직 근로자가 대기업에 고용된 비정규직 근로자에 비하여 우월한 근로조건을 향유하고 있거나, 상대적으로 노동시장에서 선호하는 양질의 인적 자본을 소유하고 있어 평생 안정된 임금소득의 흐름이 예상된다고 볼 수도 없다. 따라서 사회적 맥락들을 감안하지 않은 비정규직에 대한 개념 정의와 규모 및 비정규직보호법의 효과를 둘러싸고 벌어지고 있는 기존의 비생산적인 논쟁과는 관점을 달리하기로 한다. 이러한 논지에서 단기의 근로계약을 체결하였더라도 높은 임금을 받으면서 노동시장에서 자유로운 이동이 가능한 전문직은 논의의 대상에서 제외되며, 고용계약기간을 정하지 않고 채용된 경우라도 하청업체의 정규직 근로자 등 실질적으로 고용이 불안정한 경우에는 비정규직 근로자에 포함시키는 동시에 계약, 장소, 시간 등 기존의 표준화된 고용형태에서 벗어난 임노동관계의 다원화된 형태들 및 예전 같으면 고용주에 종속된 상태에서 일하였던 형식상의 자영업자 등을 포함하는 광의의 개념으로 사용하기로 한다. 특히 고용불안정과 중첩된 단시간 · 저임금 · 미숙련 비정규직 근로자가 이 글의 주된 논의의 대상이다.

2) 정상적인 조건하에서는 자진해서 개개인들이 조직을 형성할 수 없기 때문에 언제나 비조직화된 이해관계들이 존재하기 마련이다. 대표적인 예로서 하이에크는 소비자, 납세자, 노인, 부녀자들을 들고 있다. 조직화된 그룹보다 비조직화된 그룹에 속하는 이들이 주민 전체 중에서 대부분을 차지하며, 언제나 비조직화된 그룹들이 존재하기 마련이다. 따라서 정부에 의해 지원을 받는 특정의 그룹들의 조직은 조직화되어 있지 않은 그룹들과 조직될 수 없는 그룹들에 대한 지속적인 착취를 야기한다. 언제나 착취의 대상이 되는 그룹은 원천적으로 조직할 수 없는 그룹이다. 하이에크는, 이 그룹들은 조직화된 그룹들의 권력에 의해 언제나 고통을 당하고 있다고 주장한다. 기존의 사회제도들이 조직화된 이익단체에게 유리한 방향으로 형성된 이유는 무제한적인 민주주의의 소산이며, 무제한적인 민주주의로 말미암아 강력한 이익단체는 사회의 자생적 힘, 즉 시장권력을 지배하는 의도적인 힘을 획득하게 되었다. 하이에크는 이러한 무제한적 민주주의는 결코 민주적이 아

정규 노동의 문제에 대한 대안으로 제시되고 있는 이와 같은 모든 방법들, 즉 비정규직 문제의 원인을 습관화된 사유의 방법들인 정규직 노동자에 대한 처방과 동일한 논리를 적용하여 보호법규의 미비나 비정규직 노동자의 미조직화 등으로 분석하고 파악하거나, 아니면 비정규직법이 비정규직의 자유로운 사용을 가능하게 만든 것이므로 비정규직법의 폐기를 통해 비정규 노동을 원천적으로 봉쇄할 수 있으며, 고용불안정이나 저임금과 열악한 근로조건 및 차별을 문제인식의 근원으로 보고 이에 대한 해결을 시도하는 것은 현상과 본질을 호도하는 것에 지나지 않는다. 그들은 원인과 결과를 아주 단순하게 혼동하고 있다. 결과를 원인으로 착각하고 있거나, 아니면 내용과 의미가 같은 동어를 선후관계로 반복하고 있을 뿐이다. 게다가 인식론적 방법에서 非可視的이고 非言的이며 非形式的인 다양한 힘의 미분적 관계들, 환원 불가능한 복수성과 事後性[3]이 아니라, 인과의 수준들을 잘못 부여하면서 단순화된 선형적 인과론의 일차적 관계들의 체계나 현상만을 본질로 파악하고 있으며, 동일한 현상[4]의 다른 측면, 행위 주체들의 양적 다양성과 그 현상 형태들 및 그러한 것들의 사회적 지층들을 열거하고 지적하는 것에 만족하고 있을 뿐이다. 이러한 사유방식은 눈앞의 법률을 폐기하거나 제정함으로써 문명의 속성과 현실을 규정할 수 있다는 손쉬운 관념적 화해나 이념적 이상형의 관념적 재단에 불과한 것으로서 현상에 대한 '도덕적 해석'과 역사적 감각의 오류에 불과하다고 볼 수 있다. 이 때문에 삶과 세계를 미적 현상으로서만 정당화하려는 이 선량한 인간들은 자신들만의 사유와 열정에 도취되어 삶에서 눈을 돌리고 사실을 은폐하려고 하는데, 그들의 설명 방식 자체가 이미 그들의 무능과 실패를 설명하고 있다. 그들의 가장 큰 실수는 인간을 오해하고 있으면서 현존재의 가치에 대한 형이상학적 요구에서 궁극적이고 최종적인 상태를 인식하고 실현하려 하는 것이다. 그리하여 현실에서 떨어져 있어 세상만사를 움직이는 그 무엇을 파악하지도

니며, 실제에 있어서는 그 권력이 소수에 기반을 두고 있다고 한다. 정부가 계속 집권할 수 있기 위해서는 필요한 특정의 그룹들을 유리하게 해야 할 필요성이 생겨난다. 그리하여 무제한적인 민주주의하에서의 정부는 다수의 지지를 확보하고 유지하기 위해서 약자에게는 강하고 강자에게는 매우 약하다. 민경국, 『하이에크, 자유의 길』, 한울아카데미, 2007, 491~509쪽 참조.

3) 事後性이란 선형적・비가역적 시간성을 거부하고 나중에 오는 사건이 먼저 일어난 사건에 사후적으로 영향을 미치며, 이에 따라 그 의미가 변형되고 사건이 재구조화될 수 있음을 말한다. 그 결과 미래가 현재에 영향을 미치거나, 현재가 과거에 작용하고 그 의미를 변화시키며, 그 각각의 시간들이 동시에 존재하기도 하는 것이다. 그리고 그 각각의 시간들은 다시 서로에게 영향을 미치게 된다. 비정규 노동에서 사후성이란 비정규 노동으로 노동시장에 진입하게 된 노동자의 신체와 정신에 대하여 사회가 사후적으로 그의 전인격과 노동능력을 규정하고 낙인찍으며, 이에 대하여 그의 주체성도 수동적으로 반응하게 된다. 그는 비정규직으로 호명된 그 시점 이후에 이르러서야 그 자신의 대상화된 신체로서의 사회적 의미를 객관적으로 파악하게 된다. 즉 그는 새로운 사회적 개체로서의 의미를 부여받고 사후적으로 부정적 정체성을 확립하게 된다. 이에 따라 빈곤한 자아를 내면화된 경험으로 체험하게 되고 그에 따른 사회적 배치와 규율을 수용하게 된다.

4) 사람들은 우선 동일한 현상들을 원인으로 간주한 후 계속해서 그 원인의 결과로 만드는데, 그들은 의미의 실제 관계를 인과성의 가상의 관계로 대체한다. 사람들은 번개가 번쩍일 때, 실제로는 활동을 중복시킨다. 이것이 활동의 활동이다. 같은 사건을 한번은 원인이라고 보고 다른 한 번은 결과라고 보는 것이다. 물리학자들이, 힘이 작용하고 그 힘이 그러저러한 결과를 낳는다고 말할 때, 가장 잘 말하고 있는 것이다. 프리드리히 니체, 『선악의 저편・도덕의 계보』, 책세상, 2002, 378쪽 참조.

못하면서 '조건'이 성숙되지 않았다는 말을 계속해서 되뇌고 모든 문제를 원한 속에서 원인들을 비하하면서 책임의 전가와 비난, 반박으로서만 없애 버리려고 하고 있을 뿐이다.[5] 그리하여 그들의 도덕적 판단의 목적론적 성격은 그들의 도덕적 판단을 이해하고, 실현할 수 있는 주체들의 인간본성과 행위를 현실에서 결코 찾지 못한다.

> 선한 인간의 존재조건은 거짓이다. 달리 표현하자면 그들은 현실이 근본적으로 어떻게 구성되어 있는지를 어떤 대가를 치르게 되더라도 보려고 하지 않는다. 즉 현실이 언제나 호의적 본능을 요청하는 것은 아니며, 현실이 언제나 근시안적인 선한 사람들이 영향력을 행사하게 놔두는 것은 아니라는 것을 보려고 하지 않는다. 모든 종류의 위기를 도대체가 반박으로, 없애 버려야만 하는 것으로 간주하는 일은 어리석음 중 최고의 어리석음이다. 나쁜 날씨를-가난한 자들에 대한 동정으로 인해-아예 없애 버리려는 의지가 그렇듯이, 크게 보아 그 결과는 진정한 재앙이고, 이것이 어리석음의 운명인 것이다. …… 전체를 보는 거시경제에서는 실재성의 무시무시함은 소위 '선의'라고 말하는 작은 형태의 행복보다 측정할 수 없을 정도로 더 필연적이다. 선의가 본능의 허위를 조건으로 하기 때문에, 차라리 자비로워져야만 선의에게 어떤 자리 하나라도 허락할 수 있다. 나는 낙관주의의 측정을 불허하는 섬뜩한 결과들과 낙관적 인간의 나쁜 소산을 역사 전체를 위해서 입증하게 될 중요한 기회를 갖게 될 것이다.[6]

인간에게 인과성과 목적성이라는 양날을 가진 거대한 형이상학적 망상은 필연으로 존재한다. 인식 능력과 실제 사이의 간극에도 불구하고 그들에게 인식되는 외부 세계의 사건들은 서로 연관되어 있으면서, 존재는 이해 가능하고 정당한 것으로 간주되어야 한다. 본능으로서 학문에 주어지는 낙관주의적 인식욕이 이성의 속성인 인과율에 따라 진행되는 이러한 사고의 흐름은 비정규 노동의 열악한 상태에 대한 원인을 외견상의 노동법과 노동시장의 탓으로 보아 원인을 제거하면 문제가 해결될 수 있을 것이라고 판단하게 만든다. 그러나 이것은 이성의 습관적인 속성인 인과율에 따른 사고의 흐름과 방식에서 기인하여 순서가 시간에 대한 표상을 발생시킨 논리적인 방법의 오류와 한계일 뿐 실제 거기에 시간적인 선후와 논리적인 인과관계가 보장되는 것은 아니다.[7] 또한 개념적 이해

---

5) 목적 자체는 달성되지 못했고, 실패했지만 충분치 못한 수단 때문이 아니라, 목적으로서 그것인바, 즉 목적의 본성에 근거해서이다. 만약 사람들이 목적 달성에 실패한다면, 사람들이 그것에 도달하지 못하기 때문이 아니다. 도달된 목적으로서 그것이 마찬가지로 실패한 목적이기 때문이다. 산물 자체는 실패로 그쳤지만 갑자기 나타난 우연에 근거해서가 아니라, 활동, 그것이 마찬가지로 실패한 목적이기 때문이다. 질 들뢰즈, 『니체와 철학』, 민음사, 2001, 292쪽.

6) 프리드리히 니체, 『바그너의 경우·우상의 황혼』, 책세상, 2002, 460쪽.

7) 원인과 결과를 혼동하는 오류, 결과를 원인과 혼동하는 일보다 더 위험한 오류는 없다. 나는 이 오류를 이성의 본래적인 타락이라고 부른다. 그럼에도 불구하고 이 오류는 인류의 가장 오래된 습관 중 하나이자 최근 습관 중 하나이기도 하다. 그 오류는 심지어 우리 사이에서 신성시되고, '종교'나 '도덕'이라는 명칭을 갖는다. 교회와 도덕은 말한다. "어떤 종족이나 민족은 악습과 사치로 인해 망한다." 회복된 나의 이성은 말한다. 어떤 민족이 망하고 생리적으로 퇴화되면, 그 결과로서 악습과 사치가 생기는 것이다(즉 소진되어 버린 나의 본성이 알고 있듯이, 좀 더 강렬하고 좀 더 빈번한 자극들에 대한 욕구가 생기는 것이다). 어떤 젊은이가 일찌감치 얼굴이 창백해지고 생기를 잃어 가면 그의

방식으로서의 논리적인 원인을 찾는 것으로도 충분하지 않다. 헤겔적 사변주의의 적용형태인 정신의 전개논리로서의 개념들의 과학은 논리적이고 추상적인 거짓 운동으로 반응적 힘들의 관점과 한계 안에서 움직일 따름이며,[8] 현상에 대한 도덕적 해석과 현실적이고 반응적인 사유방식들은 어떠한 해답도 제시해 주지 않을 뿐만 아니라 그것 자체가 충분히 병들어 있는 쇠락하는 가치들에 대한 하나의 사회적 '징후'에 불과한 것이다. 니체는 이러한 '반응적'이고 '반작용적'인 사유방식이 다름 아닌 데카당이고 허무주의라고 보았는데, 사유가 반응적 힘들에 의해서 점령되어 있는 동안, 그것이 반응적 힘들 속에서 자기의 의미를 발견하는 동안, 우리는 아직까지 사유하고 있지 못하다고 제대로 고백해야만 하는 것이다.[9] 이러한 기존의 가치를 표상하고 재생산하는 반응적인 사유방식들은 보잘것없는 가치들의 지배나 기존질서의 권력만을 재발견하게 되는 의지이다.[10] 우리는 그동안 인간은 본질적으로 반응적이며, 이 반응적이고 열등한 힘들이 문화를 독점하거나 그것을 그 힘들의 이득으로 우회시키는 행위로서 나타난 인간의 역사를 지나치게 무시하였던 것이다.[11][12] 스스로 가치들을 결정하는 습관들이 없는, 힘들의 반응적 생성을 본질로 하

친구들은 말한다. 이러저러한 질병 때문이다. 나는 말한다. 그가 병들었다는 것, 그가 질병을 견뎌 내지 못했다는 것이 이미 퇴락해 버린 삶의 결과이며 힘의 소진이 유전되었던 결과이다. 신문 독자는 말한다. 이 정당은 이런 과오로 인해 자멸의 길을 걷는다. 좀 더 고차적인 나의 정치론은 말하기를 그런 과오를 저지르는 정당은 이미 끝장나 버린 정당이다. 프리드리히 니체, 『바그너의 경우·우상의 황혼』, 책세상, 2002, 113~115쪽.

8) 변증법은 힘들, 그것들의 성질들, 그것들의 관계들이 파생하는 현실적 요소를 무시한다. 그래서 그것은 그 요소로부터 추상적으로 다루어진 징후들 속에 반영되어 있는 뒤집힌 이미지만을 인식한다. 변증법은 대립으로 살아간다. 그것은 미분적인, 달리 말해서 미묘하고 은밀한 메커니즘들, 즉 위상학적 이동들, 유형학적 변형들을 무시하기 때문이다. 추상적으로 징후들을 고려하고, 외관의 운동을 사물들의 계보학적 법칙으로 만들며, 전복된 이미지만을 원리로 취할 때, 변증법은 허구의 요소 속에서 작동하고 움직인다. 그것의 문제들 자체가 허구적일 때, 그것의 해결책들이 어떻게 허구적이지 않겠는가? 니체는 세 가지 방식으로 변증법을 반대한다. 즉 변증법은 구체적으로 현상들을 소유하는 힘들의 본성에 무지하기 때문에 의미를 알지 못한다. 또 그것은 힘들, 그것들의 성질들, 그것들의 관계들이 파생하는 현실적 요소에 무지하기 때문에 본질을 알지 못한다. 게다가 그것은 추상적이고 비현실적인 항들 사이에서 교대를 행하는 데 만족하기 때문에 변화와 변형을 알지 못한다. …… 모든 변증법은 반응적 힘들의 한계 안에서 움직이고 전적으로 허무주의의 관점에서 진화하는 것 같다. 분명히 대립이 힘의 기원적 요소로서 나타나는 바로 그 관점이 존재한다. 그것은 반응적 힘들의 관점이다. 반응적 힘들의 편에서 고려할 때, 미분적 요소는 전복되고, 거꾸로 사색되고, 대립이 되었다. 허구를 현실적인 것에 대립시키고, 허구를 반응적 힘들이 승리하는 수단으로 발전시키는 바로 그 관점이 존재한다. 그것은 허무주의이고 허무주의적 관점이다. 전체적으로 그것은 새로운 사유방식, 새로운 감각방식을 창조하는 데 무능한, 근본적으로 기독교적인 사유이다. 질 들뢰즈, 『니체와 철학』, 민음사, 2001, 276~279쪽.

9) 질 들뢰즈, 『니체와 철학』, 민음사, 2001, 195쪽.

10) 열등한 힘들은 반응적인 것으로 정의된다. 왜냐하면, 그것들은 자신들의 힘의 무엇도, 자신들의 힘의 양의 무엇도 상실하지 않으며, 구조와 목적을 보장하면서, 삶의 조건들과 보존, 적응, 실리의 기능들, 임무들을 수행하면서 그 힘을 작동시키기 때문이다. 우리가 니체에게서 그 중요성을 인식하게 될 반작용의 개념의 출발점은 바로 기계적이고 공리적인 타협들, 열등하고 지배받은 힘들의 모든 권력을 표현하는 조정들이다. 질 들뢰즈, 『니체와 철학』, 민음사, 2001, 88~89쪽.

11) 니체는 허무주의가 역사 속의 어떤 사건이 아니고, 보편사로서의 인간사의 동력이라고 생각할 수 있다. 부정적이고 반응적이며 수동적인 허무주의, 니체에게서 그것은 유태교, 기독교, 개혁, 자유사상, 민주적이고 사회주의적인 이데올로기 등이 점철된 유일하고 동일한 역사이다. 최후의 인간에까지 이르는……. 질 들뢰즈, 『니체와 철학』, 민음사, 2001, 267쪽.

12) 문화는 인간의 선역사적 활동이다. 그러나 그 활동은 무엇으로 이루어지는가? 항상 인간에게 습관을 제공하는 것, 그에게 법칙들에 복종하게 만드는 것, 그를 훈련시키는 것과 관련된다. 인간을 훈련시킨다는 것은 그가 반응적 힘들을 행사할 수 있도록 그를 교육시키는 것이다. 문화의 활동은 원칙상 반응적 힘들에 영향을 미치며, 그것들이 영향을 받을 수 있도록, 그것들에게 습관을 제공하며, 그것들에게 모델을 강요한다. 문화는 항상 다음의 수단을 사용했다. 그것은 고통을 교환수단, 화폐, 등가물, 즉 망각, 야기된 손실, 지켜지지 않은 약속의 정확한 등가물로 만들었다. 이 수단에 결부된 문화는 정의라고 불린다. 정의는 인간의 반응적 힘들을 훈련시키고, 그것들을 영향받을 수 있게 만들며, 인간을 그 능력 자체에 대해 책임지도록 하는 종적 활동이다. 역사는 문화의 산물로서의 주권자인 개인 대신, 우리에게 그것

는 현실의 인간들,[13] 즉 노예이길 그만두지 않으면서 단지 주인처럼 말하면서 명령하고 싶어 하는 노예들에 의해 도처에서 승리하는 반응적 사유방식은 가치들의 변화나 추상적 교대가 아니라, 가치들이 기원하고 파생되는 가치들의 가치전환이 없이는 결코 전복될 수 없다. 본질로 통용되는 실재를 파괴하기 위해서는 그 현상의 외피를 가리키는 것으로는 충분하지 않은 것이다. 우리에게 유착되어 실재화된 도덕적 가치들을 파괴하기 위해서는 이러한 가치들의 가치는 진리감각에 의하여 그 자체로 의문시되고 문제화되어야만 한다. 그리고 이를 위해서는 이러한 가치들이 성장하고 발전하고 변화해 온 조건과 상황에 대한 지식이 무엇보다도 필요한 것이다.[14]

> 누가 변증법주의자인가, 누가 관계를 변증법화하는가? 그것은 노예의 관점이며, 노예의 관점에서의 사유이다. 주인-노예 관계의 그 유명한 변증법적인 측면은 사실상 다음과 같은 점에 의존하고 있다. 즉 권력이 거기서 권력의지로 이해되는 것이 아니라, 권력의 표상으로서, 우월성의 표상으로서, 어떤 이에 의한 다른 이의 우월성에 대한 재인식으로 이해된다는 점이다. 헤겔에게서 의지들이 원하는 바는 그것들의 권력을 재인식하게 하고 그것들의 권력을 표상하게 하는 것이다. 그런데 니체에 따르자면, 권력의지와 그것의 본성에 대한 그릇된 입장이 존재한다. 그런 입장은 노예의 입장이며, 그것은 원한의 인간이 자신에게 만들어 주는 권력의 이미지이다. 재인식의 대상, 표상의 재료, 경쟁의 목표로서만 권력을 이해하며, 따라서 투쟁이 끝난 후 권력을 단순히 기존 가치들에 결부시키는 것은 바로 노예이다. 주인과 노예의 관계가 모든 청년 헤겔주의자들에게 학파의 원형이나, 상징같이 될 정도로, 쉽게 변증법적인 형태를 빌린다는 것은, 헤겔이 우리에게 제안하는 주인의 초상이 처음부터 노예에 의해서 만들어진 초상, 적어도 노예가 스스로 꿈꾸는 것과 같은 노예를 표현하는 초상, 즉 기껏해야 '출세한 노예'라는 이유에서다. 주인의 헤겔적 의미에서 항상 간파되는 것은 바로 항상 노예이다.[15]

결국 우리는 현상을 징후로서 낳은 기원적인 힘에 대하여 어떤 성질의 관점인지를 반드시 물어야만 하는데 최종심급에서의 해석은 결국 '무엇'이 아니라 필연적으로 이것에 앞서 있는 '누구'에 대한 물음이 되어야 한다. '무엇'이 논리적이고 정확하며 도덕적인지

의 고유한 산물, 그것이 그 속에서 역사의 유명한 의미를 발견하는 길들여진 인간을 제시한다. 그것은 반응적 삶을 보존하고, 조직하고, 파급시키는 수단 외에는 더 이상 아무것도 아니다. 그러므로 역사는 반응적 힘들이 문화를 독점하거나 그것을 그 힘들의 이득으로 우회시키는 행위로서 나타난다. 반응적 힘들의 승리는 역사 속에서의 한 부수적 결과가 아니라 보편사의 원리와 의미이다. 질 들뢰즈, 『니체와 철학』, 민음사, 2001, 237~245쪽.

13) 니체는 이러한 인간집단을 '무리동물'이라고 지칭하는데 그들은 생존을 쉽게 할 수 있는 영리한 특성들과 유용성과 실리의 도덕인 노예의 도덕을 특징으로 한다. 노예도덕이 대립물로서 처음부터 밖에 있는 것, 다른 것, 자기가 아닌 것을 부정하는 부정과 원한의 도덕인 데 반하여, 능동적으로 충만한 감정과 넘쳐흐르고자 하는 힘의 느낌에서 스스로를 가치를 결정하는 자라고 느끼며 가치를 창조하는 고귀한 부류로서 영혼이 우월한 자들의 도덕을 '주인의 도덕'으로 보았다.

14) 프리드리히 니체, 『선악의 저편·도덕의 계보』, 책세상, 2002, 344~345쪽.

15) 질 들뢰즈, 『니체와 철학』, 민음사, 2001, 32~33쪽.

가 아니라, 누가 어떠한 관점에서 보는가, 누가 듣고, 누가 말하며, 누가 어떻게 생각하고 행동하는가를 물어야 하는 것이다. 따라서 인간 자체의 유형과 상태가 어떠한지를 고찰하는 것만으로도 사회적 현상의 의미와 가치들이 파생하고 유래하는 기원들을 발견할 수 있을 것이다.[16] 이제 식별되고 판정되어야 하는 것은 진리 그 자체가 아니라, 인간들이 존재하는 시대적 취향과 그 속에서의 인간들의 지배적인 속성인 것이다. 현실적인 인간들의 취향의 결과가 시대를 통하여 나타난 것이 유용성의 개인적 미덕으로 자리 잡고 있는 유형화된 반응적 양식이다. 결국 우리에게 비극의 기원은 바로 神이 되어 버린 반응적 인간의 유형화되고 파편화된 사유방식에 있는 것이며, 그 속에서는 사물의 의미와 가치를 수동적으로 실용적으로만 향유하는 반응적 힘들의 승리의 모습들이 허무주의의 형태로 드러남을 알게 된다.[17] 퇴화하고 축소된 삶으로서 자기 유형의 보존과 반응적 힘들을 승리로 이끄는 쇠락한 가치들이 도처에 전염되어 있는 가운데 삶을 견뎌 내야만 하는 상황에서는 힘과 가치의 기원이나 탄생을 이해하지 않고서는 퇴락해 가고 있는 현실과 상황들을 단지 비판하는 데 만족하는 자들이 당연하게 원인이라고 인식하고 표상되고 있는 것을 제거한다고 문제가 해결되지는 않는다.[18] 그러므로 앞으로 우리가 논파하여야 할 것이 있다면 이러한 힘들의 반응적 생성을 본질로 하는 개별화된 인간들의 유형화된 논리이며, 그동안 이것이 비극이 표현되고 제기하는 역사적인 방식과 정신이었다는 것을 인식하여야 한다는 것이다.[19]

이 글에서는 이러한 오래된 인식방법의 오류에 대하여 근본적인 문제의 본질[20]을 파악

---

16) 만약 반응적 힘들의 승리가 인간을 구성하는 것이 사실이라면, 비극화의 모든 방법은 힘들의 다른 관계를 표현하는 다른 유형들의 발견을 목적으로 삼고, 그것들의 너무나 인간적인 뉘앙스들을 전환할 수 있는 권력의지의 다른 성질의 발견을 목적으로 삼는다. 질 들뢰즈, 『니체와 철학』, 민음사, 2001, 149쪽.

17) 무의 의지를 대체하는 반응적 삶, 이제 자기 자신의 가치들을 생산하는 반응적 삶이 아니라면, 그 대체는 무엇이겠는가? 그 점에서, 모든 변증법은 반응적 힘들의 한계 안에서 움직이고 전적으로 허무주의적 관점에서 진화하는 것 같다. 분명히, 힘의 대립이 힘의 기원적 요소로서 나타나는 바로 그 관점이 존재한다. 그것은 반응적 힘들의 관점이다. 반응적 힘들의 편에서 고려할 때, 미분적 요소는 전복되고, 거꾸로 사색되고 대립되었다. 허구를 현실적인 것에 대립시키고, 허구를 반응적 힘들이 승리하는 수단으로 발전시키는 그 관점이 존재한다. 그것은 허무주의이고 허무주의적 관점이다. 질 들뢰즈, 『니체와 철학』, 민음사, 2001, 279쪽.

18) 가치철학의 창조자인 니체가 더 오래 살았다면, 그는 가장 비판적인 개념이 가장 평이하고 가장 비속한 이데올로기적 순응주의에 봉사하고, 그것으로 방향을 바꾸는 것을 보았을 것이다. 그래서 가치철학의 망치질이 향로의 흔들림이 되는 것, 원한에 의해 대체된 논쟁성과 공격성이 기존 질서의 잔소리꾼, 수위, 즉 현행 가치의 개가 되는 것, 계보학이 노예의 손에 포획되는 것, 즉 성질들의 망각, 기원들의 망각이 되는 것을 보았을 것이다. 질 들뢰즈, 『니체와 철학』, 민음사, 2001, 111쪽.

19) 이제 우리는 이 쇠사슬을 제거하는 일을 할 적당한 때에 서 있다. 그리고 우리는 이 일을 할 때 극도로 주의해야 한다. '정신의 자유'를 부여받을 자격이 있는 것은 이미 '고귀하게 된 인간'뿐이다. 오직 그에게만 삶의 경쾌함이 다가오고 그의 상처를 그 향유로 씻어 주는 것이다. 그야말로 기쁨을 위해 살아 있으며 그 외의 어떠한 목표를 위해서 살고 있는 것이 아니라고 말할 자격을 갖는다. 그러나 "내 주위에 평화를, 그리고 모든 가장 가까운 사물에 대한 기쁨을"이라는 그의 표어는 누구든 그 이외의 자가 말할 때에는 위험한 것이 될 것이다. 너무나 일찍 그것으로 자기 깃발을 장식하는 자는 모두 그 때문에 파멸해야 하는 하나의 상징을 말이다. 지금도 여전히 그 목동들에게 있었던 것과 같은 일이 모든 사람에게 일어나는 때는 아닌 것 같다. "땅에는 평화, 사람들에겐 기쁨이 있어라"는 말을 듣는 목동들에게나 있는 일이다. 지금도 여전히 '개인들의 시대'인 것이다. 프리드리히 니체, 『인간적인 너무나 인간적인』, 동서문화사, 600~601쪽.

20) 사물의 근원을 이해하려는 현상과 본질에 대한 이러한 접근방법은 서양철학의 오래된 전통으로서 플라톤과 쇼펜하우어, 하이에크 등에

하는 방법으로 마르크스의 분석방법[21]을 통하여 비정규 노동과 관련된 사회구조와 억압의 본질적인 성격을 규명하고 이에 대한 대안을 모색하고자 한다. 이것은 노동시장에서의 계약의 형식적인 측면만을 문제시하는 것이 아니라, 대상화된 노동이 분절되고 파편화된 양태 중의 하나로 배치되며 드러나는 사회적이고 역사적인 과잉억압의 전체적인 맥락들을 파악하는 것을 의미한다. 마르크스는 만약 사물의 현상 형태와 본질이 직접적으로 일치한다면 과학이란 불필요하게 될 것이라고 하였다.[22] 사물의 내적인 현실적 모습은 흔히 현상에서 전도되어 나타날 수 있고, 현상 형태는 현실적 관계를 보이지 않게 하거나 정반대로 나타낼 수 있다. 경제관계들이 표면에 나타나고 있는 그대로의 완성된 모습은 그 관계들의 본질적인, 그러나 은폐되어 있는 내부 핵심(inner core)의 모습 및 그 핵심에 적합한 개념과 전혀 다를 뿐만 아니라, 사실상 그것과 정반대이다.[23] 직접성에 매몰된 인간은 누구든지 이러한 일견을 결코 벗어날 수 없다. 그러나 이러한 가상은 그 자체 역시 단순한 직접성에 길들여져 있는 우리의 사고습관·감각습관으로 말미암은 것이다. 이런 상황 아래에서는 직접적으로 주어진 대상들의 사물 형식들, 대상들의 직접적 현존재, 그 양상이 일차적으로 나타나고, 실재하는 것, 객관적인 것, 대상들의 '연관들'은 이에 반해서 이차적인 것, 단순히 주관적인 것으로 현상한다.[24] 경제적 관계들이 피상적으로 나타내 보이는 旣成의 형태, 곧 그것들이 실재적인 실존 속에서, 그리고 이 관계들의 담지자와 대행자가 이것들을 이해하고자 갖게 되는 표상들 속에서 나타내 보이는 형태는 내적이고 본질적이면서도 감춰져 있는 그것들의 핵심형태 및 이에 상응하는 개념과는 매우 다르며 사실상 이와 반대되고 대립되기 때문이다. 따라서 사실들이 올바르게 파악되려면 무엇보다도 먼저 그것들의 실재적 실존과 내적 핵심형태, 그것들에 관해 형성된 표상과 개념 사이의 구별이 분명하고 정확하게 파악되어야 한다. 이 구별이야말로 진실로 과학적인 고찰

의해서도 동일하게 행하여진다. 플라톤은 여러 가지 현상 가운데서 동일한 것을 인식하고 유사한 것 속에서 다른 것을 인식하는 것이야말로 철학에 대한 조건이라고 보고 있으며, 쇼펜하우어도 현상만으로 보면 서로 다르지만 내적 본질(인간의 경우 '성격'이라고 말하며 이 성격은 의지의 직접적인 현상이며 이 성격에서 생기는 현상이 사정에 따라 달라질 뿐이다)로 볼 때는 동일한 것으로 인식해야 하는 것을 의지라고 부른다. 한편 프랑크푸르트학파 등의 후기 마르크스주의자들은 환원주의를 피하려고 하였는데, 현상과 본질은 서로 독립적으로 존재하지는 않는 것으로 부동하는 본질이라는 것은 존재하지 않는 것으로 본다.

21) 추상에서 구체로 나아가는 마르크스의 분석방법을 사용하여 현상과 본질 사이의 구체적인 연관과 의미를 밝혀낸다는 의미일 뿐, 역사와 시간을 통일적 과정으로서 총체화하고 전체화하는 변증법과 같은 '마르크스주의자들'(마르크스는 "나는 마르크스주의자가 아니다"라고 하지 않았던가!)의 논리구성방법과 역사관을 받아들이는 것을 의미하는 것은 아니다. 니체는 철학자에게 변증법은 '웃음거리'에 불과한 것이라고 하였으며, 푸코도 사람들은 마르크스를 인간학화하고, 그를 총체성의 역사학자로 만들어 버렸으며, 그에게서 휴머니즘의 논제를 찾아냈다고 비판하고 있기도 하다.

22) 칼 마르크스, 『자본론 Ⅲ(下)』, 비봉출판사, 2004, 995쪽.

23) 칼 마르크스, 『자본론 Ⅲ(上)』, 비봉출판사, 2004, 247쪽.

24) 게오르그 루카치, 『역사와 계급의식』, 거름, 1986, 280쪽.

의 첫 번째 전제이다. 따라서 결정적으로 중요한 것은, 한편으로는 현상들을 직접적으로 주어지는 형태로부터 떼어 내는 것, 그것들을 핵심 내지는 본질을 연관시키고 핵심 내지는 본질을 파악하도록 해 주는 '매개'를 찾아내는 것이며, 다른 한편으로는 그것들의 이러한 현상적 성격, 곧 그것들의 가상을 필연적인 현상 형태로서 이해하는 것이다.[25)]

여기에서는 비정규직 문제의 본질을 마르크스가 사용하였던 분석방법과 이에 대한 비판을 통하여 다양하고 임의적이고 우연적인 현상들에서 사실들의 내적구조와 그것들의 본질을 파악하는 것을 목적으로 하고자 한다. 그 방법으로는 마르크스가 『정치경제학 비판 요강』의 서설에서 정치경제학의 방법으로 사용하였던 서술의 방법으로 실제적이며 구체적인 것으로부터, 현실적인 전제로부터 시작하는 것이 아니라, 분석적으로 단순화되고 추상화된 개념에서 출발점인 구체적·현실적 문제로 되돌아가는, 즉 추상적인 것으로부터 구체적인 것으로 상승하는 방법을 사용하고자 한다. 구체에 대하여 추상에 우선성을 부여하는 방법은 사실에 대한 나열과 세부적 분석만으로는 사회를 올바로 이해할 수 없다는 경험주의와 실증주의적 방법에 대한 비판적 접근방법이다. 사실들의 의미는 전체와의 연관관계에서만 드러날 뿐이며, 전체가 먼저 드러나기 때문에 논리상 사실들에 앞선다는 것이다. 사실들의 의미를 이해하려면 그것들을 '구체적 전체'에 위치시켜, 직접적으로 주어지지 않은 사실들과 전체 간의 '매개체'를 찾아야 한다. 부분의 진리는 전체 안에 내재하며, 각 부분이 적절히 검토될 때 전체는 부분으로 구분될 수 있다. 그것은 부분으로 구성된 전체 사회적 과정을 고려할 때만 볼 수 있는 것이다. 사실들은 궁극적 현실이 아니라 인위적으로 분류된 전체의 단면들(계기들)일 뿐이라는 것이다.[26)] 우리가 그렇게 하는 경우에 전체에 대한 혼돈스러운 표상으로서의 구체적인 대상 아니라 많은 규정들과 관계들을 포함한 총체로서의 구체적인 대상에 도달할 수 있을 것이다. 왜냐하면 구체적인 것이 구체적인 까닭은, 그것이 많은 규정들의 총괄이며 다면성의 통일이기 때문이며, 그러므로 구체적인 것은, 그것이 현실적 출발점이고 그러므로 또한 직관과 표상의 출발점임에도 불구하고 사유 속에서는 총괄의 과정으로서, 결과로서 나타나지 출발점으로 나타나지는 않기 때문이다.[27)]

현상에 대한 도덕적 해석과 인식의 자기합리화만이 난무하는 상황에서 이러한 접근 방

---

25) 게오르그 루카치, 『역사와 계급의식』, 거름, 1986, 72~73쪽.

26) 레세크 코와코프스키, 『마르크스주의의 주요 흐름 3』, 유로서적, 2007, 383~384쪽 참조.

27) 김세균, 「정치경제학 비판을 위하여 서설」, 『칼 맑스 프리드리히 엥겔스 저작선집 2』, 박종철출판사, 1992, 460~462쪽 참조.

법을 통하여 잡다한 형태의 관념론적이며 허위적으로 인본주의적인 휴머니즘과 윤리적 기획이라는 즐거운 가면을 벗어 버리고, 위선적인 정치적 구호를 단호히 배격하며, 사회·경제적 토대에 대한 과학적 인식과 개념을 정립한 후에라야 우리는 비정규직 문제에 대한 해법을 둘러싸고 벌어지고 있는 계급적 갈등과 사회적 혼란 및 비정규직을 양산하고 있는 그 '사회적 성격'에 대하여 훨씬 더 구체적이고 효과적인 현실적 방안들과 전망을 도출할 수 있을 것이다.[28)]

이러한 문제의 해결을 위해서는 우선 우리에게 습관화된 도덕적 재단과 위선적인 가치감정에 저항하고 기존의 가치들을 문제시하면서 전도하는 것이 우선적으로 전제되어야 할 것이다. 타자와 바깥을 파열시키는 내부라는 위상학적 공간 속에서, 외부를 내부화시키려는 비정규직의 반대급부로서의 정규직이라는 부정의 부정을 매개로 해서 자신의 동일성을 정립하고 치환시키려는 비정규직의 '정규직 되기'가 아니라, 비정규직의 '비정규직 되기'[29)]를 통해, 아니 정규직의 '비정규직 되기'[30)]를 통해, 이제 우리 모두는 노동자가 되기 위해서 우선 비정규직이 되어야 한다.

정규적 노동은 더 이상 우리들의 성공적인 삶을 정의하는 강한 매개변수로 간주되지 않아야 한다. 이것은 경계를 허무는 방향과 힘이 행사되는 방법을 달리하여 식별 가능성의 경계를 모호하게 하거나 轉位시킴으로써 지각을 어렵게 하거나 심지어는 불가능하게 하여 동일성의 체계로 구성된 차이들의 이항적 대립 구도 자체를 벗어나려는 것이다. 무차별한 노동을 인간 노동을 무차별하는 사회적 해방으로의 가능성은 동일성의 기초 위에서 결코 만들어질 수 없는 것이다. 그것은 다른 힘과의 관계 속에서 자신의 고유한 차이를 긍정하고 이 차이를 긍정의 대상으로 향유할 수 있는 힘의 현존으로부터만 생겨난다. 예컨대 여성해방은 남성의 가부장적 권력구조를 대항적 의미에서 내재적으로 모사하여

---

28) 현재 비정규직이 양산되고 있는 사회의 이데올로기나 문화는 제도가 아니라 사회적 성격에 근거하고 있으며, 이러한 사회적 성격 그 자체는 상당 부분 집단 구성원의 지배적인 심리적 성격 구조에서 유래하는 것이라고 보아야 한다.

29) 인종은 열등 인종, 소수 인종으로서만 존재할 수 있다. 지배적인 인종이라는 것은 존재하지 않는다. 하나의 인종은 순수한 혈통이 아니라 지배 체계가 부여하는 불순함에 의해서 규정된다. 따라서 잡종과 혼혈이야말로 인종의 진정한 이름이다. 이와 관련해 랭보의 이야기는 정곡을 찌르고 있다. 즉 아래와 같이 말하는 사람만이 인종이라는 말을 할 수 있는 권리가 있다. "나는 항상 열등한 인종에 속해 있었다. 앞으로도 영원히 열등 인종에 속할 것이다. 나는 짐승, 깜둥이다. 나는 오래된 인종에 속해 있다. 나의 선조는 바이킹이다." 사유라는 것은 주체의 속성이나 전체의 표상이 아니라 생성, 게다가 이중 생성이다. 질 들뢰즈·펠릭스 가타리, 『천개의 고원』, 새물결, 2001, 728~729쪽.

30) 소수성이 능동적인 매체로 기능하고, 다수성과 관련해서 정의될 수 있는 집합이기를 그치기 위해서는 흑인들조차 흑인이 되어야 한다. 여성들조차 여성이 되어야 한다. 유대인들조차 유대인이 되어야 한다. 하지만 그렇게 되면 유대인 되기는 필연적으로 유대인뿐만 아니라 비유대인들도 변용시킨다. 여성 되기는 필연적으로 여성뿐만 아니라 남성도 변용시킨다. 따라서 유대인 되기, 여성 되기 등은 이중의 운동이 동시에 일어나는 것을 내포하는데, 그중 한 운동을 통해 하나의 항이 다수성에서 벗어나며, 다른 운동을 통해 하나의 항이 소수성에서 빠져나온다. 분리 불가능하며 비대칭적인 생성의 블록, 즉 결연의 블록이 존재한다. 유대인이자 비유대인인 두 명의 클라인 씨가 유대인 되기에 들어가는 것이다. 여성은 여성 되기를 해야만 한다. 하지만 전 남성의 여성 되기 속에서 그래야 한다. 유대인은 유대인이 되지만, 비유대인의 유대인 되기 속에서 그래야 한다. 질 들뢰즈·펠릭스 가타리, 『천개의 고원』, 새물결, 2001, 551~552쪽 참조.

등치시키는 것이 아니다. 진정한 의미의 여성해방은 여성의 또 다른 '남성 되기'가 아니라, 즉 모방이나 반복이 아닌 본질로부터 분리할 수 없는 차이의 긍정으로서 또 다른 블록으로서의 여성의 '여성 되기'를 통하여 생성되는 것이다. 따라서 '비정규직의 정규직 되기'는 억압적인 기존의 상태나 표준을 노예의 관점에서 재생산하고,[31] 이항적인 구조 자체를 사회적으로 고착화시킨다. 그리하여 그것은 他我를 의미 없이 사회적으로 반복하고 중심과 주변을 제도라는 구체화된 허상들 속에서 끊임없이 재생산하는 부정적인 도주선일 뿐이다. 그것은 변위가 아니라 바깥의 허위적인 내면화이며, 기껏해야 바깥의 주름진 새로운 안쪽이며, 주체의 투사가 아니라 非我의 내재화인 것이다. 그것은 주체성의 소외이며, 어떤 나의 발현이 아닌 내가 아닌 다른 어떤 것의 내재화 과정이며, 바깥을 영원히 가두어 버리는 기계화된 이중화이다. 이제 비정규 노동을 자본주의적 임노동 관계의 가장 철저하고 완성된 형태로 간주해야 될 때가 도래하고 있다고 본다면, 결국 보충적이고 외재적인 공간으로서의 비정규 노동을 통하여 정규적 노동이라는 내재적 공간을 구성하고 있는 주체화 양식, 그것은 더 이상 주체의 생산이 아니라 주체 없는 주체의 사회적 과잉생산의 반복이며, 물신화된 범주들의 파편화된 허위적인 현상 형태이다. 그러한 것들에 대한 관념적인 형이상학적 담론들 역시 인간에 대한 형이상학과 노동하는 인간들의 과학이 만들어 내는 뒤틀리고 왜곡된 바깥의 내면화된 몽상, 잘못된 진리의 환영인 것이다.[32]

이 글에서는 위에서 제기된 문제의식을 토대로 비정규 노동에 대한 문제를 객관적인 진리, 엄정한 과학으로서의 인간의 이성[33]을 신뢰하는 다윈, 마르크스, 프로이트[34][35] 등의

---

31) 사람들이 우리에게 '권력' 자체로서 소개해 보이는 것은 단지 노예가 자기 자신에게 만들어 주는 권력의 표상일 따름이다. 사람들이 우리에게 주인으로 소개하는 것은 바로 노예가 자기 자신에게 만들어 준 관념이고, 노예가 주인을 대신하는 자기를 상상할 때, 바로 자기 자신으로 만든 관념이며 그가 실제로 승리할 때 바로 있는 그대로의 노예이다. 철학자들은 왜 승리하는 노예와 닮았을 뿐인 그 주인의 거짓된 이미지를 받아들였는가? 노예를 주인 자리에 앉혔을 때, 사람들은 주인의 진리가 노예 속에 있다고 이해했다. 질 들뢰즈, 『니체와 철학』, 민음사, 2001, 151~152쪽.

32) 울리히 벡은 안정적인 취업노동이라는 형태가 이미 예외적으로 간주되어야 하는 완전히 물 건너간 후기 노동사회가 도래했다고 본다. 그는 역사적으로 보더라도 오히려 높은 실업 또는 불완전고용이 정상적인 상태라고 한다. 1800년경에는 이른바 하위계급이라고 할 수 있는 취업인구의 3분의 2가 정규적이거나 안정된 소득이 없는 상태였다. 일용직 노동자들은 노동시간의 반 정도를 소득 없이 보내야 했으며, 취업능력이 있는 인구 중 5분의 1은 거지나 방랑자로 나라 안을 떠돌 수밖에 없었다. 소수만이 사회에서 고정되고 안정된 일자리를 갖고 있었고, 출세라든가 퇴출은 예외였으며, 빈곤과 희망 없음이야말로 신이 규정한 대다수 인간의 운명이었다. 근대에 들어 유럽과 미국에서 등장한 민주주의의 이념은 좋았던 시절에는 완전고용과 안정된 연금, 국가정책의 운용 공간 등의 확보를 가능하게 하였다. 반세기 간에 이루어진 집단적인 사회적 상승이 사실은 이례적이었던 것이었으며, 포드주의적인 대량생산, 대량소비 및 표준화된 완전고용, 이에 상응하는 형태를 갖춘 사회에서 노동의 지구화와 개인화가 진척되는 가운데 경제·사회·정치 영역에서 위험감수체제가 군림하는 사회로 이행하게 된다. 국가와 경제의 위험감수는 방향을 바꾸어 각 개인에게 전가된다. 손에 넣을 수 있는 일자리들은 단기간이면서도 해고도 용이한 것이 된다. 빈곤은 일종의 정상 상태가 되며, 사회 중산층에게도 빈곤은 단지 잠시 겪고 지나치는 경험이 아니게 될 경우가 자주 생길 것이다. 대부분의 사람들이 정규직 노동관계로부터의 결별에 깔린 사회적 합리성을 오인하고 있다. 사회적 합리성이란 '비공식화의 순환', 다시 말해 비공식적인 노동과 경제가 그 운동과 의미를 스스로 강화시켜 가는 것으로 파악해야 한다는 것이다. 처음부터 미리 공식 노동을 도피점으로 상정하고는 비공식 노동을 가치가 덜한 것으로 취급해 버리는 것은 사실상 정규적이고 공식적인 경제와 고용이라는 모델에 사로잡힌 나머지 그것에 맞추어 다른 모든 것과 다른 모든 사람을 경계선 밖의 잔여물 정도로 간주하고 있는 것이다. 울리히 벡, 『아름답고 새로운 노동세계』, 생각의나무, 1999, 41~181쪽 참조.

33) 우리를 자기 파괴로부터 구원해 줄 수 있는 유일한 힘은 이성뿐이라고 믿는다. 이성이란 인간이 지니고 있는 여러 가지 이념 속에 내재한

계몽주의 사상적 토대에서 비정규직 문제를 추상적인 차원에서 비판적으로 검토할 수 있음을 보여 주고자 한다.[36] 미시적으로는 인간의 마음과 정신의 구조를 고려하는 프로이트의 정신분석학과 거시적으로는 마르크스주의의 사회 및 경제구조를 다윈주의의 계통발생[37]적인 생물학적 토대 위에서 인간과 사회의 본질을 파악하면서, 형이상학적이고 관념론적인 담론들을 비판적으로 분석하고 이에 대한 대안을 제시하는 것을 목적으로 한다.[38] 한편 이렇게 역사유물론을 정신분석학의 토대 위에서 구축하려는 논의는 라이히, 알튀세르 외에도 후기 마르크스주의자들에 의해서도 자주 언급된 바 있다. 프로이트는 기질이라는 것은 궁극적으로 종의 옛 경험이 축적된 것이고, 거기에 우연의 요소들이 모아져 이루어진 보다 최근의 개인적인 경험이 덧붙여지는 것이라고 보았으며, 정신분석학을 이러한 생물학적 사실들 위에서 전개하려고 하였다.[39] 프로이트의 정신분석학은 이후 신프로이트주의 또는 프로이트-마르크스주의라는 형태로 프롬,[40] 마르쿠제 등의 주요 사상적 배경으로 나타나게 된다. 이뿐만 아니라 촘스키도 심리학적 사실들과 인간본성을 시간(진화)의 흔적을 포함한 적응과 생물학적 토대에서 찾으려 하였으며, 형이상학적 철학체계를 통렬히 비판하였던 니체도 인간의 인식능력은 오랫동안 생물학적인 발전과정을 거쳐 '생성'되어 왔던 것으로 인간은 자연의 자기 인식에서 유래한 자연의 역사적인 산물이라고 보았다.

비현실성을 인식하고, 또 허위와 이데올로기에 의해서 여러 겹으로 가려진 현실에 침투할 수 있는 능력을 가지고 있다. 에리히 프롬 · R. 오스본, 『정신분석과 유물론』, 2006, 315쪽.

34) "지성 – 우리에게 친숙해져 있는 이름으로 부르자면 '이성'이 되는데 – 을 하나로 모이게 하기가 힘들고, 그러므로 지배하기가 쉽지 않은 인간들을 가장 먼저 통일시켜 주는 영향력을 갖고 있을 것으로 기대되는 그런 힘들 중의 하나입니다. 모든 사람들이 전부 자기 자신만의 계산 방법과 자신만의 특별한 길이와 무게 단위를 갖고 있다고 했을 때 인간들의 세상이 얼마나 이상하게 될 것인지를 상상해 보면 될 것입니다. 지성 – 과학적 정신, 이성 – 이 시간이 흐름에 따라 인간의 정신생활 속에서 독재자의 지위를 차지하게 되리라는 것이 우리의 가장 멋진 미래의 꿈입니다." 지그문트 프로이트, 『새로운 정신분석 강의』, 열린책들, 2003, 231쪽.

35) 프로이트의 일련의 노력들은, 즉 아직도 인간에게 영향을 미치고 있는 비합리적인 힘은 인간적 조건의 개선을 위해서 이성에 의해 지배되어야 한다는 데 집중되었다. H. 마르쿠제, 『프로이트 심리학 비판』, 선영사, 1995, 52쪽.

36) 자연과학의 분석방법과 달리 경제적 형태의 분석에는 현미경도 시약도 소용이 없고 추상력이 이것들을 대신할 수밖에 없는 것이다. 칼 마르크스, 『자본론 I (上)』, 비봉출판사, 1989, 4쪽 참조.

37) 진화적인 시간의 척도에서 본 조상의 역사를 계통발생이라고 한다. 리처드 도킨스, 『확장된 표현형』, 을유문화사, 2004, 513쪽.

38) 다만, 주의하여야 할 것은 신다윈주의자와 프로이트의 관점은 인간을 이성적인 존재로만 파악하지는 않는다는 점이며, 니체의 경우에도 인간의 이성적인 능력을 낙관하지는 않았으며, 이성의 자기에 대한 과대평가, 자신이 중심이라는 상상, 취약함과 한계를 의식하고 이성을 철저하게 비판하여, 이성을 가치를 창조하고 해석하는 이성으로 규정하게 될 경우에만 인간들의 건강한 삶을 구현할 수 있다고 보았다. 또한 다윈주의자들도 인간의 뇌에 일반적 의미에서의 이성은 존재하지 않는다고 하며, 프로이트도 인간은 '외견상' 이성적으로만 행동하지는 않는다고 본다. 그러나 그러한 이성의 한계와 자기 오류에도 불구하고 공통적으로 사회문제를 해결할 수 있는 방법으로 인간의 이성과 과학을 신뢰한다는 점에서는 계몽주의의 사상적 전통과 일치하고 있다.

39) "우리가 다른 모든 학문들로부터 심리학의 독립성을 아무리 열심히 주장하더라도, 우리는 여기에 아직 흔들릴 수 없는 생물학적 사실, 즉 살아 있는 개체들은 두 가지 목적에 종속될 수 없다는 사실의 그림자 속에 서 있습니다. 그 두 가지 목적은 자기 보존과 종족 보존으로서 그것들은 서로 독립적으로 보이며, 우리의 지식으로 보자면 어떠한 공통의 근원도 발견할 수 없는 듯이 보이지만, 동물적인 삶에서는 이해관계가 서로 자주 부딪히는 듯이 보입니다. 우리는 여기서 원래 '생물학적 심리학'을 추구하는 것이며 생물학적 과정의 심리적 동반 현상을 연구하는 것이라고 볼 수 있습니다." 지그문트 프로이트, 『새로운 정신분석 강의』, 열린책들, 2003, 129쪽.

40) 프롬과 같이 마르크스주의를 휴머니즘적 토대 위에서 정신분석학적 근거를 세우려는 시도는 마르크스주의가 또다시 실패하는 지점일 것이다.

그런 의미에서 그는 현재를 생성된 것으로서 존재(실존)하는 것이면서 동시에 생성하거나 되어야 할 것이 있다면 그것은 다름 아닌 '인간 자체'라고 보았던 것이다.

> 모든 철학자는 현대의 인간에서 출발하여 그것을 분석함으로써 목표에 도달하려는 공통된 오류를 지니고 있다. 그들은 뜻밖에도 '인간'을 영원한 진리로서, 온갖 소용돌이 속에서도 불변하는 것으로, 사물의 정확한 척도로 본다. 그러나 철학자가 인간에 대해서 말하는 것은 아주 한정된 시기의 인간에 대한 증언에 불과하다. 역사적 감각의 결여는 모든 철학자가 지닌 결함이다. 특정한 종교나 정치적 사건의 자취에서 생겨난 아주 최근의 인간 형태를 우리가 출발점으로 삼아야 할 확고한 형태라고 생각하는 철학자들도 적지 않다. 그들은 인간이 생성되어 왔고, 인식 능력도 역시 생성되어 왔다는 점을 알려고 하지 않는다. 더구나 그들 가운데 몇몇은 전체 세계까지도 이 인식능력에서 감히 만들어 낸다. 그런데 인간 발달의 본질적인 것은 모두 우리가 대강 알고 있는 그 4천 년보다 훨씬 전에 나타났다. 이 4천 년 동안 인간은 그리 큰 변화를 일으키지 않았던 것 같다. 그러나 철학자는 거기에서 현대적 인간의 본능들을 찾아내어 이것이 인간의 불변의 사실에 속하며, 그러한 의미에서 세계 일반을 이해하기 위한 열쇠가 될 수 있다고 생각한다. 모든 목적론은 지난 4천 년 동안의 인간을 세계 만물이 최초부터 자연적인 방향으로 지향해 온 영원한 인간이라고 이야기하는 것에 기초해서 성립되었다. 그러나 만물은 생성해 온 것이다. 따라서 앞으로는 '역사적으로 철학하는 태도'가 필요하며 그와 동시에 겸양의 덕이 필요하다.[41)]

단일하고 추상적인 인간 주체가 아니라 인간들을 유형화하는 탁월한 방법을 제시한 융도 과거의 인간이 우리의 마음속에 강력하게 살아 있다고 하였다. 우리의 마음과 신체는 조상 대대로 이미 존재하는 요소들로 이루어져 있으며, 계통 발생적·역사적 성격을 띠고 있는 것으로 보고 있다.[42)] 그 외에 진화론적 입장에서 개체이익을 중시하는 신다윈주의[43)]적 전통의 사회생물학적 관점으로 매트 리들리, 스티븐 핑커, 데이비드 M 버스 등의 진화심리학적 접근방법과 이와 연관된 분자생물학과 신경생물학 등을 간략하게 참고하였다.

---

41) 프리드리히 니체, 『인간적인 너무나 인간적인』, 동서문화사, 21쪽.

42) 동물에게서 본능 행위를 하게 하는 소인이나 준비 태세가 어떤 모습인지는 전혀 알 길이 없다. 마찬가지로 인간이 인간적 양식으로 반응하도록 되어 있는, 무의식의 심리적·정신적 소인의 상태를 인식하는 것도 그만큼 어렵다. 그것은 '상(像)들'이라고 말한 기능형식임에 틀림없다. '상'이란 수행되어야 할 활동의 형식뿐만 아니라 활동성이 발생된 전형적인 상황도 나타낸다. 이런 상들은 인간이라는 종족에 고유하다는 점에서 원초적 상들이며 만약 그것이 '생성'된 것이라면 그 생성은 적어도 그 종족의 시작과 일치한다. 그것은 인간의 인간다움이며 인간 활동의 특수한 형식이다. 그러나 특수한 방식은 이미 처음부터 유전질 속에 있다. 그것이 유전된 것이 아니라 각 개인에게서 새롭게 생겨난다고 가정한다면, 마치 어제저녁에 진 태양이 아침에 새로 뜨는 태양과 다르다고 하는 견해만큼이나 어리석은 것이다. 정신적인 모든 것은 미리 형성되어 있기 때문에 그것의 개별적인 기능들도 그러하며, 특히 무의식적인 준비에서 직접 유래한 기능이 그렇다. 칼 융, 『원형과 무의식』, 솔출판사, 2002, 199쪽.

43) 최근의 신다윈주의자들은 유전학의 성과들을 토대로 다윈주의를 재무장시키고 있는데 대표적인 신다윈주의자인 매트 리들리는 『게놈』에서 "나는 우리의 게놈이 인류라는 종이 생겨나면서 이루어 온 '유전자적' 발명과 변천의 역사를 자전적으로 기록하고 있다고 생각하기 시작했다. 어떤 유전자는 원시대기 속에서 증식하던 단세포 생명에 존재하던 것에서 그다지 변화하지 않았다. 어떤 유전자들은 벌레로 진화하면서 획득한 것들이며, 어떤 것들은 물고기로 진화하면서 처음 나타났다. 또한 어떤 유전자들은 최근에 유행한 질병으로 현재와 같은 상태가 된 것이다. 어떤 유전자들은 인류가 최근 수천 년 동안 이동한 경로를 추적하는 데 사용되기도 한다. 곧 게놈은 40억 년 전부터 최근 백여 년까지 우리 인류가 겪어 온 중요한 사건을 기록한 자서전과 같다고 할 수 있다"라고 한다. 또한 "유전자 해석으로 지금까지 해 온 어떠한 과학적 노력보다도 훨씬 더 많이 인류의 기원과, 진화와 본성과 지성에 대해 이해하게 할 것이다"라고 주장한다. 매트 리들리, 『게놈』, 김영사, 2001, 8~9쪽 참조.

비정규 노동의 현상 형태는 노동과정에서의 노동과 자본 간의 계급모순뿐만 아니라 노동력 재생산이라는 측면에서 비정규 노동을 선취하면서 동시에 저지하려는 개별자본과 의제된 총자본으로서의 국가가 혼융되어 있는 사회적 메커니즘, 대상화된 또는 자발적으로 과잉주체화된 신체와 권력, 계급 내부의 미시적인 정치지리학, 노동력 재생산 기제로서의 국가와 개별 자본의 시간적 · 공간적 불일치성, 정당화와 지배의 이데올로기적 장치로서의 상부구조의 상호 모순적 성격,[44] 노동의 상품화와 탈상품화 사이의 긴장과 갈등 등 극명한 모순들의 극히 잡다한 혼합물들이 누적적으로 혼재되어 나타나는 지점에 위치하고 있으며, 그러한 것들의 내용의 형식(비정규 노동을 구성하는 주체들의 복합적 상태)과 표현의 형식(비정규 노동에 대한 기호체제)이 사회적 지층에서 이중적으로 분절되어 나타나는 비정규 노동의 범주적 현상 형태들은 기존의 노동시장에 대한 계량적이고 실증적인 분석의 범위를 벗어난 것이다. 이에 따라 비정규 노동의 추상적 형태들을 분석하기 위하여 <그림 1>과 같은 접근방법과 분석틀을 사용하고자 한다.

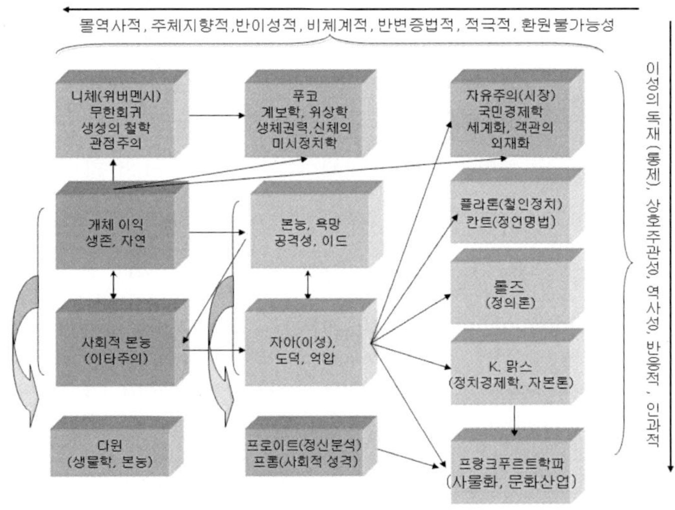

〈그림 1〉 접근방법 개념도

44) 제임스 오코너는 자본주의적 국가가 두 가지의 주요 기능, 즉 축적의 기능과 정당화의 기능에 연루되어 있음을 보이고자 노력하였다. 자본주의적 국가에게 있어서 축적의 기능이란 산업의 이윤이나 보다 적절한 투자, 그리고 보다 일반적으로는 경제성장에 관련된 기능을 말한다. 두 번째의 정당화 기능이란 사회적 조화의 조건, 즉 기존의 경제질서와 사회질서를 정당화할 수 있는 조건을 창출하는 데 관련된 기능을 말한다. 오코너의 주장은 간단히 말하면, 국가의 이 두 가지 기능들이 흔히 상호 모순된다는 것이다. 게다가 이러한 기능들을 수행하기 위한 정부의 지출은 계속 증가하는 경향이 있는데도, 국가는 그 지출에 드는 비용만큼의 세입을 제대로 확보할 수 없다. 왜냐하면 이는 자본주의는 경제적 잉여가 끊임없이 사적으로 전유되기 때문이다. 결국 비용은 사회화되지만 이윤은 사적으로 전유되는 상황에서는 정부지출과 정부세입 간의 구조적 간극은 국가의 재정위기로 귀결된다. 라메쉬 미쉬라, 『복지국가의 사상과 이론』, 한울아카데미, 1996, 124~125쪽 참조.

이러한 분석방법을 통하여 과잉생산된 비정규 노동에 관한 담론들의 문제점을 발본적으로 분석하고 비판할 수 있을 것이다. 현재의 비정규 노동에 대한 거의 모든 이론과 연구들은 목적론적인 귀결을 선취하고 있을 뿐이다. 그리하여 비판되는 현상의 기원을 보지 않으면서 실재성이 결여되어 있어 그러한 사회적 현상들이 왜 현재의 형태들로 존재하는지에 대해서는 묻지 않는다. 단지 그들은 미시적으로는 현상적 형태인 노동시장의 구조에 대하여 눈으로 보이고 손에 쥐이는 수치만으로 통계에 근거를 둔 실증적 분석을 하고 있으며, 거시적으로는 비정규 노동의 증가를 신자유주의와 노동시장의 유연화를 원인으로 간주하는 등 의미가 빈곤한 자료나 실재하지 않는 추상적 개념으로 피상적 분석에 치중하거나 외부 환경적 요인에 문제를 전가하고 있을 뿐이다. 또 다른 일상화된 오류의 방법으로는 노동계에서 당위의 관점에서 비정규직 철폐를 주장하며, 정규직 노동의 자본에 대한 대응 논리와 동일한 방법을 적용하여 법률의 개정이나 비정규 노동자들을 조직화하거나 정치세력화하는 것으로 문제의 해결이 가능하다고 판단하여 계급투쟁과 집단 간의 갈등·힘의 측면으로 논점의 범위를 좁히고 있다. 이러한 정치력을 통한 법적인 문제에 치중하고 있는 관점들은 사람들이 시장에 진입할 때 사전적으로 평등한 여건을 가져야 한다는 규범적인 방법으로 노동시장에서 발생되는 불평등을 법적인 제도에 의하여 사전적으로 교정하고 봉쇄하는 것이 사후적으로도 평등을 달성하는 최선의 유일한 방법이라고 판단하는 것으로 보인다. 즉 그들은 '법 앞에서의 평등'을 통하여 차별을 폐지하려는 형식적 평등을 주장하고 있는 것이다. 그러나 시초의 형식적 평등이 이후에 방임된 사회적 과정 속에서 실질적 평등을 결코 보장해 주지 않는다는 것은 이미 확인된 바 있는 주지의 사실일 뿐만 아니라, 이러한 일반적 규칙이 특정한 목적들 또는 특정한 사람들에게 미치는 효과는 알 수 없는 것으로 그것들의 개별적인 결과는 시스템 내에서 구체적으로 예측하는 것조차 불가능하다.[45] 이러한 시각은 추상적 인간을 전제로 하면서 사회적 현상을 우리가 알고 있는 논리와 지식들의 단순한 인과관계의 구도로 인식하려고 하는 의지에서 기인하는 것이다. 그러나 그것은 제도가 연유하면서 인간들이 시장에서 포섭되거나 배제되는 다양한 역사적 맥락과 기법들을 충분히 고려하지 않을 뿐만 아니라, 노동시장에서의

45) 시장 시스템은 복잡한 현상이므로 시장 시스템의 소득 형성과정의 결과를 구체적으로 예측하는 것은 불가능하다. 그것은 실제적 및 절대적으로 불가능하다. 결과를 예측하기 위해서는 이 결과를 결정하는 모든 요소들에 대한 지식을 가지고 있어야 한다. 그러나 이러한 지식은 '발견적 절차'에 의해 비로소 발견된다. 게다가 이러한 지식은 실용적 지식으로서, 다시 말하면 장사하는 지식, 사업하는 지식으로서 각처에 흩어져 있고, 그 어느 누구에 의해서도 어느 한 장소로 모아 놓을 수조차 없는 지식이다. 우리는 다만 개인들의 소득을 결정하는 원리만을 말할 수 있을 뿐이다. ……중략…… 시장 질서에서 개인적인 소득 구조를 결정하는 요인들을 하이에크는 다음과 같이 열거하고 있다. 재주, 선천적인 재능, 노력 및 우연성. 따라서 개인들의 소득은 그들 각자에 의해 통제할 수 없는 요인에 의해 결정된다고 볼 수 있다. 민경국, 『하이에크, 자유의 길』, 한울아카데미, 2007, 462~464쪽.

개인들의 자연적이고 사회적인 여건의 유·불리함과 우연적이고 임의적인 요소들을 간과하고 있다. 그것은 시장 자체의 문제가 아니라 노동의 교환이 진행되는 과정에서의 시장 참여자들 상호 간의 비가시적인 권력이 상호 간에 행사되는 방식과 '신체'를 통하여 드러나는 사회생태학적인 위계의 문제이다.[46] 노동시장에서는 자본이 선택할 수 있는 두 종류의 인간만이 있는 것이 아니라 동일한 인간을 다루는 두 가지 이상의 방식 또는 다른 여러 인간들을 지배하거나 배치하는 하나 또는 '여러' 방식에 따라 인간들 사이의 접근 불가능한 차이와 위계의 간극들이 있는 것이며, 그러한 과정에서 작동하는 자본 자체도 인격적인 행위자 없이 일사불란하게 기능하는 인간들 밖에 존재하는 하나의 자동적이고 비인격적인 주체로 간주되지 않아야 한다. 또한 그들은 계약의 형식이 연유하는 환원 불가능한 다양한 불평등한 양식의 중첩적 원천과 시장 외에 존재하면서 노동계약과 연결되는 비노동 영역에서의 임의적인 사회적 관계들의 계기와 양상들을 보지 못하고 법적인 계약의 형식 문제에만 과도하게 집착하고 있다. 그러나 그들을 오해하게 한 소지가 없지도 않은데, 특히 한국의 노동시장에서 차별의 형태가 외관상 다른 개발 국가들에 비하여 보다 심화된 형태의 법적인 계약의 형식 문제로 간주되고 있는 것은 다른 개발 국가들의 경우 노동시장이 인종과 이민자 및 사회적 소수자들에 대한 차별의 양상으로 일정 부분 중첩적으로 표현되거나 전가되어 그 정치적 이슈가 희석되고 있다는 점에도 기인하는 것으로 보인다. 이러한 측면은 서구 각국에 비하여 표면적으로 비정규직 문제가 우리나라와 일본에서 더욱 심각한 사회적 현상으로 대두되어 문제의 본질을 흐리게 하는 이유로 작용하고 있는 것이다. 그리하여 법적인 계약의 형식적 측면에 집착하고 있는 이러한 관점들은 그 어느 것보다 더 철저한 노동시장의 임노동 형태에 대하여 사전적인 형식적 교정에만 초점을 맞추고 있을 뿐이며, 임금과 노동의 교환 이후 노동시장의 구조에서 필연적으로 발생할 수밖에 없는 비명목적인 형태로 나타나는 사회적 불평등을 사후적으로 교정하는 현실적인 방법에 대해서는 문제를 제기하고 있지는 않다.[47] 게다가 보다 결정적인

46) 신체를 정의하는 것은 지배하는 힘들과 지배받는 힘들 간의 관계이다. 힘의 모든 관계가 하나의 화학적·생물학적·사회적·정치적 신체를 구성한다. 모든 불균등한 두 힘은 그것들이 관계 속에 들어가자마자 하나의 신체를 구성한다. 그래서 신체는 항상 니체적 의미에서 우연의 산물이고, 가장 놀라운 것, 사실상 의식과 정신보다 놀라운 것으로 보인다. 질 들뢰즈, 『니체와 철학』, 민음사, 2001, 87쪽.

47) 시장의 작동이 애초부터 적은 불평등을 발생시키도록 하는 것이 좋은 방법이기는 하다. 그러나 서로 다른 사람들에게 동일한 결과를 낳게 하기 위해서 그들을 어떠한 방법으로 미리 다르게 취급하여야 하는지에 대한 세부적인 지식과 예언적인 정보를 우리는 가지고 있지 않을 뿐만 아니라, 더 나아가 동일한 결과를 산출하게는 하는 것이 그들을 평등하게 대우하는 것도 아니다. 우리는 동일한 재능에서도 개인들의 계획과 선호가 반영된 진정한 기회비용을 파악할 수 없다. 따라서 국가가 노동시장에서 점증하는 불평등을 실질적으로 규제하거나 치유할 수 있는 능력을 가지고 있는가에 대해서는 회의적으로 보아야 할 것이다. 결국 실질적 평등을 확보하기 위해서는 사전적 개입보다는 사전적으로 주어진 불평등을 주어진 여건으로 간주하고, 시장에 의해 불가피하게 발생하는 불평등을 사후적으로 거칠게 사회적 보험과 조세체계를 통한 재분배정책으로 해결하는 방법이 강구되어야 하는 것이다.

오류는 특정한 시간과 장소에서 일어나는 상황들에 따라 변화하는 개별적이고 자율적인 거래와 사회의 기본적 구조에 적용시켜야 하는 규범적인 규칙들을 혼동하고 있는 것으로 보인다는 점이다. 결과적으로 이러한 인식의 방법은 현상 형태와 결과를 사고의 원인으로 오인하게 될 뿐만 아니라, 필연적으로 잘못된 처방을 아무런 비판 없이 수용하는 성급한 초험적인 목적론적 논리의 오류와 과잉에 빠져 있을 수밖에 없는 것이다. 더 나아가 목적론적 귀결을 선취하고 의도하는 이러한 접근방법들은 결과에서 원인을 추론하는 직관적인 방법이 아니라, 가치판단에 따라 결과 그 자체를 근거나 원인이라고 인식하는 오류를 되풀이하고 있다. 원인을 만들어 내는 오래된 충동이 인과적 방식으로 시간의 역행 안에서 등장한다. 더 나중의 것, 동기를 부여하는 것이 가장 먼저 체험되며, 특정한 상태가 야기한 표상들이 그 상태를 야기한 원인으로 오해된 것이다.[48] 다름 아닌 이러한 내재적인 관점의 오류를 도덕적 범주로 가진 자들이 역사를 거꾸로 서술하고 총체화함으로써 역사를 부정하거나 억압하는 자들이며, 동시에 삶의 가장 근본적인 전제들을 부정하면서 삶을 파괴하고 빈곤하게 만드는 형이상학적 신앙의 신봉자들이다.[49]

> 우리는 원래 무엇이 그리스도교의 신에 대해 승리를 거두었는지를 알고 있다. 그것은 바로 그리스도교 도덕 자체, 점점 더 엄격해진 진실의 개념, 그리스도교적 양심을 지닌 고해신부의 예민함이 학문적 양심으로 옮아가고 승화되어 모든 것을 희생해서라도 지적 청렴함을 지키도록 만들었던 것이다. 신의 자비와 가호에 대한 증거로서 자연을 바라보는 것, 역사를 신성한 이성의 영예에 입각하여 윤리적 세계 질서와 윤리적인 궁극적 의도의 지속적인 증거로서 해석하는 것, 경건한 사람이 충분히 오랫동안 숙고하여 모든 것이 섭리이고 계시이며, 영혼의 구원을 위한 사랑으로 고안되고 주어진 것으로 해석하듯이 자신의 체험을 해석하는 것이다.[50]

이렇게 오랜 시간에 걸친 진리에의 훈육이 인식에의 욕구와 활동이라는 이성에 영향을 미친 결과, 역설적으로 마르크스의 혁명적 사상은 '인간 자신'에 의한 인간해방이라는 마

48) 현상에 대한 도덕적 판단이 개입되어 비정규 노동자의 비인간적이고 열악한 근로조건이나 사회적 배제가 비정규직 문제의 원인이라고 주장하는 것이 그것의 극단적인 한 예이다. 즉 사실에서 가치판단으로 나아가는 것이 아니라, 가치판단에서 시작하여 사실을 취사선택하여 해석하거나 왜곡하게 된다.

49) '왜 학문이 존재하는가'라는 물음은 도덕의 문제로 환원된다. 삶, 자연, 역사가 비도덕적이라면 도대체 왜 도덕이 존재하는가? 저 과감하고 궁극적인 의미에서의 성실한 인간, 학문에 대한 신앙이 전제하고 있는 성실한 인간이 바로 이를 통해 삶과 자연과 역사의 세계와는 다른 하나의 세계를 긍정하려 한다는 것에 의심의 여지가 없다. 그리고 그가 다른 세계를 긍정하려 하는 한, 어떨까? 그는 반대의 것, 이 세계, 우리들의 세계를 부정해야만 하는 것은 아닐까? 사람들은 내가 어느 방향으로 나아가려 하는지 이제 파악했을 것이다. 즉 학문에 대한 우리의 신앙은 여전히 형이상학적인 신앙에 기초하고 있으며, 오늘날의 인식자인 우리들, 무신론자이며 형이상학에 반대하는 우리들도 수천 년간 지속된 낡은 신앙이 점화시킨 불길에서 우리의 불꽃을 얻어 오고 있는 것이다. 프리드리히 니체, 『즐거운 학문 · 메시나에서의 전원시』, 책세상, 2005, 323쪽.

50) 프리드리히 니체, 『즐거운 학문 · 메시나에서의 전원시』, 책세상, 2005, 350~351쪽.

르크스의 원래의 의도와는 달리 기독교의 '구원의 사상'과 가장 손쉽게 결합하고 말았다.[51] 좌파 진영을 오염시키고 있는 이러한 관점들, 즉 비정규 노동의 문제를 법과 시장 등 특별한 사회적 환경에서 역사적 경로를 거쳐 갑자기 출현한 현상이라고 보고 이에 대한 분석과 해결을 목적론적인 결론과 도덕적 반박으로써 없애 버리려는 것은 만물이 갑자기 태어나고 생겨났으며, 이에 대하여 원죄를 부여하고 자유의 왕국으로의 구원을 약속하는 신학적이고 형이상학적인 중세적 세계관의 계승과 잔재로서의 하나의 개념신화학에 불과하다. 시간성의 형이상학적 개념에 의하여 영원히 도래하지 않는 미래를 담보로 비극적 현실에 대한 책임 회피와 전가로 일관하는 것은 그들 자신을 초라하고 왜소한 주체로 간주하는 것이며, 이것은 무기력한 유아적 자아가 아버지와 신의 성격으로부터 빌려 온 초자아를 국가와 법률에 동일시의 대상으로 투사하여 국가가 모든 것을 해 주기를 바라면서 국가에 의존하고 보호를 받으려는 퇴행적인 방법으로 기껏해야 환상적이고 일시적인 관념적 도피에 불과한 것이기도 하다. 이렇게 초자아를 경유하는 복음주의적 계략의 담론들은 우리가 살고 있는 세계로부터 정신에 관한 어떤 유형들을 분리하도록 이끈다. 그리하여 우리는 우리가 살고 있는 세계가 신적인 것도, 도덕적인 것도, 인간적인 것도 아니라는 것을 알고 있으면서도, 이 세계를 우리의 존경과 소망과 의지에 따라 필요에 따라 오류와 허위로 환상적으로 서사적인 의미를 가지도록 해석하고 있는 것이다.[52]

요약하면 문명과 사회적 성격의 본질을 바꾸지 않는 한 주체의 타자에 대한 억압과 폭력은 사회적 시공간 속에서 타자를 대상화하는 의식적 과정에서 다양한 형태로 반복되어 나타나는 것이다. 현재의 억압적 형태는 자본주의라는 명목적 현상으로 새롭게 갑자기 등장한 것이 아니라 역사적으로 오랫동안 생성되어 온, 자기 유지[53]를 위한 이성의 도구적

---

51) 마르크스의 구원론과 기독교의 구원론이 지닌 대중적 유사성에는 한 가지 결정적인 측면에서 차이가 있다. 마르크스의 경우 구원은 인간 자신에 의한 인간의 구원이다. 곧 그것은 신이나 자연에 의해서가 아니라 인간 자신이 살고 있는 세계에 대해 절대적 지배권을 획득할 수 있는 집단적 프로메테우스에 의한 구원을 의미한다. 이런 의미에서 인간의 자유는 인간 스스로 창조하는 것이며, 자연과 자신을 극복하는 정복자의 행진이기도 하다. 레세크 코와코프스키, 『마르크스주의의 주요 흐름 1』, 유로서적, 2007, 61쪽.

52) 우리는 우리의 삶을 개인적으로 그리고 다른 사람과의 관계에서 하나의 가능한 공유된 미래에 관한 특정한 관념들의 맥락에서 살아간다. 미래에 관한 어떤 표상들로 충만하지 않은 현재는 존재하지 않는다. 허구적인 이야기 속의 인물들처럼 우리는 다음에 무엇이 일어날지를 알지 못하지만, 우리의 삶은 그럼에도 불구하고 우리의 삶을 향해 투사된 하나의 특정한 형식을 갖고 있다. 그러므로 우리가 삶을 통해 실현하는 이야기들은 예측 불가능한 성격뿐만 아니라 목적론적 성격을 갖고 있는 것이다. 이제 하나의 핵심적 명제가 서서히 모습을 드러내기 시작한다. 인간은 그가 만들어 내는 허구들 속에서뿐만 아니라, 자신의 행위와 실천에 있어서도 본질적으로 하나의 이야기를 하는 동물이다. 그는 본질적으로 진리를 추구하는 이야기들의 화자는 아니지만, 자신의 이야기를 통해서 그와 같은 화자가 된다. 알래스데어 매킨타이어, 『덕의 상실』, 문예출판사, 1997, 317~318쪽.

53) 자기 유지는 인간이나 인간의 역사가 출발할 수밖에 없도록 만든 근본 계기이다. 자기 유지는 살아남으려는 생명의 본능이나 생명의 원죄로서 그것 또한 자연의 일부이다. 인간은 자기 유지를 위해 자연으로부터 일탈하여 자신을 주체로, 자연을 객체로 정립하려 하며 나아가 제2의 자연이 된 사회에서는 자신을 주체로, 타인을 객체로 만들려 한다. 이 과정 속에서 빚어지는 폭력의 끝없는 확대재생산은 자기 유지를 자기 파괴로 전환시켜 버린다. – 譯註. TH. W 아도르노, 『계몽의 변증법』, 문예출판사, 1995, 36쪽.

경향과 주체화 양식의 누적적이고 가속적인 결과이며, 자본주의의 훨씬 이전부터 오랫동안 존재하였던 인격적 예속관계의 한 變態에 불과하다.[54] 그것들은 자본주의적 생산양식의 의식적 전면화에 따라 과잉결정화된 주체 없는 주체화 양식에서 타자(비정규 노동)에 대하여 외화된 주체(자본)를 통하여 자의적이고 임의적인 지배를 의도하는 폭력적인 사회적 성격과 무의식이 구체적인 사회적 시간과 공간에서 현상화되고 투사된 문명적 형태이다. 이러한 것들의 결과로서 나타나는 객관적인 현상 형태가 현재화된 주체화 양식의 외연적인 법률상의 기표적인 표현으로 드러나면서 노동과정의 중첩적인 사회적 배치를 가능하게 하는 기계적 구조물일 뿐이라는 것을 솔직히 인정하는 것에서부터 논의가 시작되어야 하는 것이다. 자본주의 사회에서 부르주아지들만이 자신의 형상대로 세상을 창조한 것이 아니라, 자본과 시장뿐만 아니라 국가의 형태가 곧 오래된 우리의 모습이며 형상이기도 한 것이다. 사회는 개인들의 잘 숙고된 실천의 총체와 분리될 수 없으므로, 그들의 도덕과 사회구조는 실제로 유사하거나 동일한 것이다. 하부는 상부의 부분들을 구성하면서 서로의 이미지를 반영하고 상부는 그 실천의 영역들을 조직하거나 개입하면서 특정의 국면들을 재생산하는 것이다. 따라서 우리는 그것들 없이도 '사회'를 상상할 수 있으며 상상하여야만 하는데, 그것들은 지배의 장소라고 지칭되는 곳에 존재하는 순수하고 자동적인 비인격적 주체에 의한 경제적 현상이나 시간적인 범주의 역사적인 이행양식으로 간주되지 않아야 한다.[55] 사회는 생각하고 판단하는 독립된 실체가 아니다. 법칙과 합법칙성은 겉으로는 그 반대로 보이지만 우리가 환경에 대한 대응으로 세계에 방향성을 부여한 것이며, 사회적 제도가 구동하고 다양한 목적들이 산출되는 것은 행위자들이 만들어 내려는 전체적인 사회적 맥락과 이야기의 통일성 속에서 그 주체들의 믿음과 가치관이 실현되는 과정에서 이루어지는 것이다. 결국 사회를 만드는 것은 무대 뒤의 보이지 않는 유일한 저자가 아니라 우리 인간들 자신이므로 사회에 대한 비판은 객관화된 관념이나, 타자에게 전가시켜야 할 것이 아니라 무엇보다도 혹독한 자기 원인으로서의 주체에 대한 자

54) 낡은 문화의 과거는 전부 폭력 · 노예제 · 기만 · 오류 위에 세워져 있다. 그러나 우리는 이 모든 상태의 상속자이며, 게다가 그 모든 과거의 유착물인 우리 자신을 그것에서 떨어지도록 명령할 수 없으며, 개별적인 한 부분을 빼내려고 해서도 안 된다. 부당한 생각은 가진 것이 없는 사람들의 마음속에도 숨겨져 있다. 그들은 소유한 자들보다 더 선하지도 않고 도덕적인 우선권을 가지고 있지도 않다. 왜냐하면 언젠가 그들의 조상들도 소유한 자들이었기 때문이다. 강제적인 새로운 분배가 아니라 점진적인 의식의 개조가 필요한 것이다. 정의는 모든 사람 속에서 좀 더 커지고, 폭력적인 본능은 더 약해져야만 한다. 프리드리히 니체, 『인간적인 너무나 인간적인 Ⅰ』, 책세상, 2001, 361~362쪽.

55) 근대의 강단적 교과과정이 발생시킨 정신의 습관은 정치적 · 사회적 변동의 역사를 철학의 역사와 분리시킴으로써 관념들은 한편으로 그들의 그릇된 독자적 생명을 부여받고, 다른 한편으로 정치적 · 사회적 행위가 특별히 비정신적인 것으로 서술되고 있다. 이러한 강단적 이원론은 현대 세계 어디에서나 볼 수 있는 한 관념의 표현이다. 현대 문화의 가장 영향력 있는 대적이론인 마르크스주의도 토대와 이데올로기적 상부구조의 구별을 통해 동일한 이원론의 다른 판에 불과하다는 것을 보여 주고 있을 뿐이다. 알래스데어 매킨타이어, 『덕의 상실』, 문예출판사, 1997, 102쪽.

아비판이어야 하는 것이다. 그렇지 않고 우리가 자신들을 기만하면서 주체와 객체를 분리하는 손쉬운 방법으로 제도들을 남용할 경우 허구의 규범적 개인을 기반으로 한 사회적 재조직화의 모든 망상들은 우리가 역사에서 반복하여 목격하였던 것처럼 사회를 구원하거나 보호하기보다는 오히려 사회적 주체를 제거하면서 대다수의 개인들을 파괴할 것이다. 기업의 지배구조, 노사관계, 노동 법률과 같은 공법체계, 노동시장 또는 복지제도와 같은 분배양식 더 나아가 자기 자신을 담론화하는 정치제도나 단일 주체로 간주되고 있지만 어쩌면 가장 공허한 형식적 개념일지도 모르는 국가와 같은 총체적인 사회적 제도들은 그 사회의 지배적 에토스가 스스로를 정당화하는 보편적인 외관 속에서 권력관계를 현실화하거나 또는 그것을 수정하고 재분배하는 지배적인 실행 방식일 뿐이다. 따라서 인간 자신이 그들의 삶을 구속하는 하나의 방식이기 때문에 삶을 해방시켜야 하는 것은 바로 인간 자신의 내부이며, 저항의 지점을 찾아야 하는 곳도 바로 그곳이다.[56] 형이상학적 망상으로서 결코 존재하지도 않는 개인들 밖에 존재하는 자율적이고 이질적인 힘들의 종합이나 구조가 문제의 주된 원인은 아닌 것이다. 오히려 그러한 것들은 우리가 의식하지도 못하고 있는 사이에 우리의 내면과 욕망이 자동적으로 객체나 외부에 투사(projection)된 것들이다. 그럼으로써 그러한 것들의 제도적 표현(institutional expression)이 마치 독립적으로 존재하는 객체의 자율적인 활동이나 속성인 것처럼 보이게 된다. 그리하여 시장과 자본주의 등과 같은 허구적 주체나 명목적인 개념들에 대하여 우리가 자신들의 종교에서 통상적으로 행하듯이 '선악'의 개념으로 그것들을 양분한 후 임의적으로 그 가치들을 재단하고 실체화된 힘들 사이의 도덕적 대립으로 대체하면서 바람직스럽거나 제거하기 위하여 반박하여야 할 대상이나 분리시킬 수 있는 外物로 간주하고 있는 것이다.

> <반지> 이야기도 해 보겠습니다. 이것도 구원에 대한 이야기이지요. 단지 이번에는 구원받는 이가 바그너일 뿐입니다. 바그너는 반평생 여느 프랑스인이 믿듯 혁명을 믿었습니다. 그는 신화 속에서 혁명을 모색했으며, 지그프리트에게서 혁명의 전형을 발견했다고 믿었답니다. "세계의 온갖 불행은 어디서 유래하는가?"라고 바그너는 묻습니다. "낡은 계약들에서"라고 그는 혁명 이데올로기의 주창자처럼 대답합니다. 명료하게 말하자면 관습과 도덕과 제도들에서, 옛 세계와 옛 사회가 뿌리박고 있던 모든 것에서……. 그러면 "사람들은 어떻게 세계의 불행을 사라지게 하는가?" "어떻게 사람들은 옛 사회를 없애 버리는가?" 오로지 계약들(관습, 도덕)에 전쟁을 선언함에 의해서……. 이런 일을 지그프리트

56) 제도는 어떤 원천 혹은 본질이 아니며, 마찬가지로 본질 혹은 내재성을 갖는 것도 아니다. 제도는 권력을 설명해 내지 못하는 일련의 조작 기제 혹은 실천이다. 제도는 일련의 관계들을 전제하고, 그것들을 생산적이라기보다는 재생산적인 기능 아래 고착시키는 것에 만족하기 때문이다. 질 들뢰즈, 『푸코』, 동문선, 2003, 120~142쪽 참조.

가 하고 있습니다. 지크프리트는 즉흥적으로 행하고, 전해 내려오는 모든 것과 일체의 경외심 그리고 일체의 외경을 무너뜨려 버립니다. 그는 자기 마음에 들지 않는 것들을 찔러 죽여 버립니다. '악'이 제거되어 버립니다.[57]

투사된 것이 주체에 속하는 것이라는 인식에 의해서 투사를 되돌리는 심리학적 작업은 상실된 자아의 실체를 보상하며, 주체가 온전한 인격을 통합할 수 있는 기회가 된다. 따라서 우리는 실재하면서도 허구적인 자본이라는 명목적인 개념에 맞서 싸우려 하기보다는 그 재단된 인간성의 집단적 형식들과 그것들의 내용이 주체에 속하는 것이라고, 분명 인간으로부터 나온 우리 자신의 실제 내면의 모습이라고 인정하면서 유아적 투사를 해소하는 것으로써만 무의식적으로 억압되고 있는 표상과 사회적 현실에 대한 지배력을 높여 나갈 수 있는 단초를 마련할 수 있을 것이다.[58]

이러한 논지에 접근하기 위하여 여기에서는 니체의 도덕철학, 다윈의 진화론과 신다윈주의자들의 생물학 및 진화심리학, 프로이트, 융, 프롬, 마르쿠제 등의 정신분석학에서의 무의식과 에로티시즘, 푸코의 권력 대상으로서의 신체의 미시정치학과 존재론적 분절, 마르크스 정치경제학의 대상화된 상품으로서의 노동과 物神性 및 물신화된 사회적 범주로서의 자본주의적 축적체제, 롤즈의 자유적 평등주의의의 정의의 개념 및 정의의 원칙 등 추상적 개념과 전략들을 자료와 토대로 참고하면서 비정규 노동의 본질에 대한 객관적인 인식을 도모하고, 이에 대한 현실적인 대안을 고민하고자 한다.[59] 다만 이 글은 이러한 방법을 통하여 조그마한 사실들을 모아서 개념들을 화석화시키면서 하나의 구조분석을

57) 프리드리히 니체, 『바그너의 경우・우상의 황혼』, 책세상, 2002, 26~27쪽.

58) 모든 무의식의 내용은 끊임없이 우리의 환경으로 투사된다. 오직 우리가 객체의 어떤 특성들이 투사된 것이고 상상된 것임을 간파할 때, 비로소 우리는 상상된 것을 그것의 진정한 성질들로부터 구별할 수 있다. 우리는 주저 없이 불쾌한 대상을 한없이 비난하고 욕하며 그렇게 함으로써 그 짜증스러운 객체에 투사되어 있는 우리 자신 속의 무의식 부분을 욕하고 있는 것이다. 그런 투사는 셀 수 없이 많다. 그것은 부분적으로 유익하다. 정상인도 동일한 투사를 하지만 분리가 더 잘 되어 있다. 유익한 투사는 가까운 객체에, 무익한 투사는 멀리 떨어진 곳에 한다. 이와 같은 분할은 합목적적이다. 사람들이 온갖 나쁜 것을 짐 지울 수 있는 적의 실재는 분명 양심의 무게를 덜어주는 위로가 된다. 카를 융, 『정신요법의 기본문제』, 솔출판사, 2001, 184~194쪽.

59) 대안이 어떠한 형태를 의미하는지는 이 글의 후반부에서 구체적으로 윤곽이 드러나겠지만, 우선 간단하게 미리 언급하자면 문제의 해결을 위해서는 공적인 영역으로 구분될 수 있는 사회의 배경적인 기본구조와 개인이나 집단의 개별적 거래에 직접 적용되는 자생적이고 자율적인 규칙들에는 제도적 분업이 확립되어야 한다는 것이다. 즉 보편적 이기주의와 인간의 이해가 지배하는 자발적인 시장의 거래에 적용되는 내생적인 질서의 범주에 속하는 합리적인 행동의 규칙들과, 사회 전체의 합당한 선의 극대화를 위한 중재와 조정으로서의 공적인 성격의 기본구조에 적용시킬 수 있는 정의로운 행동의 규칙들은 기본적으로 성격과 범위가 다른 것이므로, 후자의 원리를 전자의 영역에 일방적으로 적용시킬 경우 의도하는 결과가 도출되기 어려울 뿐만 아니라 오히려 정반대의 결과가 도출되기도 한다. 따라서 현재의 사회적 성격과 역사적 상황 및 단계에서는 개별적이고 자율적인 거래와 사회의 기본구조에 적용되는 규율과 규범적인 규칙들은 구분되어야 함을 의미하고, 별개의 논리와 원칙에 따라 제정되고 적용되어야 함을 의미한다. 그렇다면 이러한 상황에서의 전략적 문제는 사업주 등의 임의적 권력과 사회 전체의 이익을 침해하는 당파적 이익에 대하여 규범적 개입이 가능하고 정당화될 수 있는 공적인 영역을 구체적으로 결정하고, 그러한 부분에 적용되는 제도의 확충과 작동을 위하여 사회 안에 희박하게 존재하는 연대성을 공동의 도덕적 가치와 이데올로기로 강제하거나 무장시키는 목적론적 계율로서의 계몽주의의 윤리적 기획을 대중들 사이에서 어떻게 실현하고 구동시킬 것인가 하는 것이다. 하지만 그것은 이성의 도움의 빌려 사회적 사제의 역할을 수행하려 하였던 근대의 계몽주의 기획이 실패했던 유사한 지점을 다시 통과하려는 것이기도 하다.

시도하거나 통칭하려는 것은 아니다. 오히려 구조가 아니라 多中(multi central)의 연결접속과 그러한 것들의 多形的인 轉位를 시도하고 치환하려는 것이다. 하지만 우리는 그러한 각각의 인식론적 층위의 상이한 형성들 사이에서 類比한 관점주의적(perspectism) 사고의 典型들을 제시하고 그 각각의 단면들에서 내적 相同性으로 향하는 前 개념적인 수준의 길을 오랜 시간의 연원 속에서 추적함으로써, 형이상학적인 신앙에 기초하여 인간주의적인 관점에서 미화되고 신화화된 노동의 인간학과 인간과 비정규 노동에 대한 인간과학의 형이상학적 관점들을 불식시킬 수 있을 것이다. 그것만으로도 이제 우리는 진정 眞理와 삶의 非眞理를 혼동하는 오래된 악습에서 벗어나야 할 때가 온 것이 아닐까?

2장
개체이익과 사회적 본능

1. 진화론의 사회적 의미

이 장에서는 우리가 접근할 수 있는 가장 유물론적 토대라고 할 수 있는 생물학적 원리를 기반으로, 즉 DNA에 저장된 정보는 자연선택이라는 역사적 과정을 통해 형성되었다고 보는 '진화론'에서 논의를 시작하고자 한다. 다윈주의자들의 주장뿐만 아니라 프로이트도 정신분석학을 생물학적 토대에서 구축하려고 하였으며, 생성의 철학자라고도 부를 수 있는 니체의 경우에도 인간은 생성되어 왔고 인식능력도 생물학적인 발정과정을 거쳐서 오랜 시간에 걸쳐 형성된 것이라고 말하였다.[1] 과거는 지나가버린 것이 아니라 대상들에 현존한다. 우리는 이러한 생물학적 원리와 인식을 통해 근대의 물리학이 세계에 대한 인간의 반성적 인식을 가능하게 했던 것과 마찬가지로 인간에 대한 전통적인 형이상학적 개념과 전통을 불식시킬 수 있을 것이다. 또한 '역사적 아프리오리'로서의 실증적 생물학 자체가 아닌 끝없는 경험의 반복이 印刻되어 체질을 이루고 있는 선험적 생물학으로서의 물질성을 시간(역사)의 두께와 깊이 속에서 우리의 존재가 드러나는 모습으로서의 신체뿐만 아니라 정신의 본질을 사유할 수 있게 할 것이다.

> 충동과 태고의 양식은 행동유형(pattern of behavior)이라는 생물학적 개념 속에서 일치된다. 즉 형체 없는 충동은 없으며 모든 충동은 각기 그 상황에 맞는 형상을 갖고 있다. 충동은 항상 확정된 성질을 갖고 있는 상을 충족시킨다. 그러한 상은 선험적 성질의 전형이

1) 니체는 다윈주의자들을 어리석은 원리를 가진 생리학자들이라고 하여 전적으로 그들의 논리를 옹호하지는 않았는데, 그들은 진화 및 진화 속의 우연조차 완전히 '반응적인 방식'으로 해석하고 있다는 점에서 다윈과 생물학적 관점을 비판하였다.

다. 이것은 개체의 모든 활동 이전에 개체가 타고난 것이다. 왜냐하면 활동은 그에 어울리게 형성된 충동이 그 활동의 계기와 가능성을 부여하지 않으면 일어날 수 없기 때문이다. 이러한 공식은 모든 충동에 해당되고 같은 종의 모든 개체에게 동일한 형태로 존재한다. 인간의 경우도 마찬가지이다. 즉 인간은 그가 본능적으로 기능하는 한 그 활동의 동기와 본보기를 만들어 내는 본능 유형을 선험적으로 갖고 있다. 생물학적 존재로서의 인간은 특수하게 인간적으로 행동하고 자신의 행동 유형을 실현하지 않을 수 없다. 따라서 인간이 자기 마음대로 할 가능성은 매우 제한되어 있다.[2)]

그리하여 우리는 오늘날 인간이 다른 동물들처럼 어떤 환경 아래서도 미리 형성된 종의 정신을 가진다는 점에서, 다른 피조물 가운데서 결코 예외가 아니라는 가설에서 출발해야 한다.[3)] 과잉생산되고 전도된 형태의 '자연의 인간화'라는 관점이 아니라, 차라리 인간을 자연화하려는 것이다. 자연에서 인간적이거나 이상적인 것의 형상을 보려는 것이 아니라, 인간을 자연으로 되돌려 번역하는 것, 그것은 인간의 역사를 세계사로 오인하면서 인간을 만물의 척도로 만들어 초월적 존재로 인간과 자연을 분리시키는 것이 아니다.[4)] 오히려 인간과 인간의 조상들 사이의 연속성을 인정하며, 인간을 자연의 모든 것과 같거나 호환되는 법칙에 따라 작동하는 다양체 중의 하나로 파악하는 것이며, 자신 속에 있는 기원들의 역사를 추적함으로써 인간의 비천함과 잔인함을 은폐하지 않으려는 것이다. 그리하여 이것은 인간을 탈특권화시키는 反인간중심주의적인 것으로 공간과 힘의 물리적 배치 속에서 작동하는 '사회적 생태학'의 개념을 자연화된 사회 속에서 구성하려는 것이다. 그럼으로써 역사적이고 자연적인 실재와 개념적 실재의 차이를 구별하면서 각종 인간주의와 절대다수의 인간을 배제하는 절대화된 인간학적 입장의 규범화된 형이상학적 망상이 빠져드는 함정에서 벗어나려는 것이다.

우리가 이를 통하여 추론할 수 있는 생물학적 진화론의 사회적 의미는 우선 우리의 자연적 성향을 인정하고, 오랜 시간에 걸쳐 만들어진 인간의 본성과 경향이 사회적 환경에 따라 일거에 변화거나 만들어질 수 있다는 환상을 배격하는 것이다. 그리하여 이상적인 인간상이 아니라 인간의 본성을 바탕으로 구상하고 입안된 사회정책과 제도들만이 적실

---

2) 카를 융, 『원형과 무의식』, 솔출판사, 2002, 64쪽 참조.

3) 그것은 인간의 인간다움이며 인간 활동의 특수한 인간적인 형식이다. 그러한 특수한 방식은 이미 처음부터 '유전질' 속에 있다. 그것이 유전된 것이 아니라 각 인간에게서 새롭게 생겨난다고 가정한다면, 마치 어제저녁에 진 태양이 아침에 뜨는 태양과 다르다고 하는 원시적인 견해만큼이나 어리석은 것일 게다. 정신적인 모든 것은 미리 형성되어 있기 때문에 그것의 개별적인 기능도 그러하다. 카를 융, 『원형과 무의식』, 솔출판사, 2002, 198~199쪽.

4) 세계와 자연을 평가절하하면서 인간을 최고의 존재로 격상시키는 인간중심주의는 세계에 존재하는 모든 것을 수단으로 여긴다. 그러나 자연화된 사회에서 모든 존재가 생태적 환경으로 간주되면서 도구화되는 과정 속에서 오히려 모든 인간들이 수단으로 전락하는 역설적인 상황이 발생하게 된다.

성을 가질 수 있다는 것을 시사하는 것이다. 하지만 이러한 진화론적 방법이 불변의 본질주의를 배격하는 것이었음에도 불구하고, 오랫동안 좌파진영에 의하여 사회생물학이란 오명으로 현존체제를 정당시하기 위하여 우생학적 입장에서 사회적 위계와 불평등한 사회를 자연적이고 불변적인 것으로 간주하기 위한 불순한 의도를 가진 반동적인 이데올로기라고 주장되었다. 그리하여 적자생존이라는 비윤리적 관점을 정당화하며, 역사를 불변화하는 무시간적인 범주들로 구성하려는 부르주아 이데올로기의 전형으로 간주하는 마르크스주의자들의 오래된 적개심이 나타나는 지점이기도 하였다. 그러나 여기에서 우리가 다루고자 하는 생물학적·진화론적 논의는 첫째, 적응주의적 입장에서 인간 유기체를 단순한 투입-산출의 인과적이고 기계적인 수동적 메커니즘으로 보는 것이 아니다. 동일한 외부의 환경에 동일한 방식으로 두 번 다시 반응하지 않으며, 새로운 방식의 반응과 행동들이 선택적으로 유사하게 생성되는 것이다.

데이비드 L. 헐은 생물학적 진화에서 적응의 지배적 원인은 유전물질의 복제와 환경에 대한 유기체들의 대화 사이의 상호작용이라고 한다. 예컨대 유기체는 유전적 구조, 그 순간의 표현형, 환경 사이의 상호작용의 결과로 자신들의 생활사를 경험하며, 선택과정은 가변적인 것이기 때문에 충분히 외재적인 것이라고 한다. 하이에크도 그의 진화적 인식론에서 외부 세계의 영향은 유기체가 반응하기 위한 동기부여에 지나지 않으며, 그 반응 양식은 내적 환경인 유기체 자신의 상태에 의해 좌우된다는 입장을 견지한다. 이 입장에 따르면 두뇌와 감각기관들은 유기체들이 자신의 삶의 문제 및 생존문제를 해결하기 위해 외부세계에 적극적으로 영향을 미치려는 과정에서 형성된 무의도적인 결과로 간주된다.[5] 따라서 주체의 문제해결 행동과 같은 적극적인 역할이나 환원불가능한 문화적 환경의 영향을 배제하는 것은 아니다.[6] 즉 현대 생물학의 입장은 유전자와 문화(환경)는 상호 간에 영향을 주고받으며 공진화하는 것으로, 인간의 행동을 구체적으로 지시하는 유전자가 명시되어 있는 것이 아니라 특정한 유전자의 발현은 환경의 영향을 받아 활성화되는 것으로 보고 결정론과 확실성을 주장하지는 않는다.[7][8] 즉 유전자형의 표현형의 발현은 환경

5) 민경국, 『하이에크, 자유의 길』, 한울아카데미, 2007, 63~64쪽 참조.

6) 확장된 문화적 진화의 모델에서는 유전자의 개입이 없이도 인간의 정신과 문화가 환원 불가능하고 자율적인 역할을 하면서 하나의 선택과정이 발생할 수 있다. 유전적 전달방식은 심리적인 방법으로 대치되고, 학습은 유전자만큼 필요한 유전성 메커니즘을 제공할 수 있다. 문화 변동은 생물학적 진화보다 빠르게 발생하기 때문에 문화가 생물학적 진화보다 변화의 더 강력한 결정자인 경우가 종종 있다. 엘리엇 소버, 『생물학의 철학』, 철학과현실사, 2004, 386~396쪽 참조.

7) 뇌의 화학적 상태는 우리가 접해 있는 사회적 특성에 의해 결정된다. 생물학적으로도 행동이 결정되지만, 사회의 영향에 의해서도 행동이 결정된다. 우리 몸의 코르티솔 체계 경우에서 비슷한 현상을 설명한 바와 같이 뇌의 세로토닌 체계에서도 마찬가지이다. 기분, 마음, 개성, 행동이 사회적으로 결정된다. 물론 이 말이 생물학적으로 결정되지 않는다는 것은 아니다. 사회적 영향이 유전적으로 존재하는 유전자를

의 영향을 받는다. 특히 생물과 환경과의 상호작용을 중시하는 유전생태학에서 대부분 형질은 환경의 영향을 받기 때문에 환경조건이 표현형에 영향을 미친다고 한다. 생물들은 개체군과 개체 수준에서 일어나는 환경 변화에 다양한 방식으로 반응한다. 상이한 환경조건하에서 상이한 표현형 발현을 하는 한 유전자형의 능력을 표현형적 가소성(phenotypic plasticity)이라고 하며, 모든 유전자형이 다양한 환경에 대한 형태적 반응에서 큰 변이를 나타낸다고 본다.[9] 신경생물학적 근거에서도 정신활동의 구조를 결정하는 뉴런 사이의 시냅스 연결들은 학습이나 경험에 의해 강화되거나 약화되며, 그 결과 신경회로는 경험의 영향을 반영하게 되어 뉴런의 모양은 계속 수정된다. 즉 뇌 부위의 다양한 뉴런들은 유전암호에 의하여 배선되지 않으며, 시냅스 연결은 경험 선택(experimental selection)에 의하여 약화되거나 강화된다. 이러한 과정에서 뉴런들 간 시냅스 세기의 변화는 행동을 변화시킬 수 있는 원인이 될 수 있는데, 반복적인 자극으로 인한 시냅스 연결의 장기강화는 유전자 발현을 촉진한다고 본다. 즉 변화하고 예측할 수 없는 세계에서 제한된 의미이긴 하지만 능동적이고 임의적인 역할을 간과하지는 않는 것이다. 따라서 반응적 의미이긴 하지만 유전적 요인 이외에도 학습이나 경험과 같은 외부의 입력들을 정신활동의 구조와 성격을 결정하는 요인 중의 하나로 간주한다.[10] 따라서 에드워드 윌슨과 같은 생물학적 결정론(환원론)이나 분자로부터 인간을 설명하려는 분자생물학을 바탕으로 한 유전적 결정론[11]과 같은 기계적인 유물론을 주장하려는 것이 아니다.

한 유기체가 갖는 모든 표현형은 유전적 요인들과 환경적 요인들이 상호작용하는 인과과정의 결과이다. 유전자는 분리된 채로 기능하는 것이 아니라 유전자 복합체의 부분으로 기능한다. 진화학에서도 건강, 장수, 높은 지능과 같이 우리가 바람직하게 생각하는 많은

작동시키느냐 않는가를 결정하고 그것이 다시 행동에 영향을 미친다. 매트 리들리, 『게놈』, 김영사, 2001, 204쪽.

8) 유전자 문화의 공진화는 오랜 시간 동안 진행되었기 때문에 이와 같은 상당한 유전자의 변화를 발생시킬 수 있다. 약 3백 세대에 걸쳐서 성인 대부분이 락토스를 섭취할 수 있는 집단에서 낙농업은 하나의 힘으로 작용했다. 이는 약 2만 세대 동안 복잡한 문화적 전통이 인간의 유전자 풀에 공진화적인 선택압을 가했다는 것을 의미한다. 피터 J. 리처슨 · 로버트 보이드, 『유전자만이 아니다』, 이음, 2009, 355쪽.

9) Thomas M. Smith · Robert Leo Smith, 『생태학』, 라이프사이언스, 2011, 73~92쪽 참조.

10) 습관화와 민감화, 고전적 조건화에 관한 이 같은 여러 결과들은 발생 및 발달 과정이 경험과 어떻게 상호작용하여 정신활동의 구조를 결정하는가에 대한 생각으로 불가피하게 이어졌다. 발생 및 발달과정은 뉴런들 사이의 연결을 지정한다. 즉 어떤 뉴런들이 언제 어떤 뉴런들과 시냅스 연결을 형성하는가를 지정한다. 그러나 그 과정은 그 연결들의 세기를 지정하지 않는다. 그 세기는 '경험'에 의해 규제된다. 이 견해는 유기체의 행동들 중 다수를 위한 잠재력이 뇌에 내장되어 있고, 그런 한에서 발생 및 발달의 통제하에 놓인다는 것을 함축한다. 그러나 유기체의 환경과 학습은 기존 경로들의 효율성을 변화시키고, 따라서 새로운 행동패턴을 표출시킨다. 에릭 켄델, 『기억을 찾아서』, 랜덤하우스, 2009, 229쪽.

11) 어느 유전학자가 초파리의 붉은 눈을 '위한' 유전자라 할 때 그는 붉은 색소분자의 합성을 위한 주형으로서 작용하는 시스트론(유전자의 기능단위)에 대해 말하는 것이 아니다. 개체군 내에는 눈 색깔에 변이가 있다. 다른 조건이 같으면 이 유전자를 갖는 초파리는 그것을 갖고 있지 않은 초파리보다 붉은 눈을 가질 가능성이 높다. 이것이 지금까지 붉은 눈을 '위한' 유전자라고 말할 때 갖는 의미의 전부이다. 이것은 때로는 행동의 예가 아니라 형태학적인 예에 해당하지만 행동에서도 꼭 들어맞는다. 리처드 도킨스, 『확장된 표현형』, 을유문화사, 2004, 56쪽.

특성들은 이것을 위한 단일 유전자에 의해서 발현되는 것이 아니라 유전자들의 상호작용이나 적절한 환경에서 동시에 작용하는 많은 유전자 복합체에 의해 유래하는 것이다.[12] 게다가 유전자의 스위치를 켜고 끄는 조절 메커니즘은 유전자의 바깥에 있는 것들이 많으며, 같은 유전자들이 다른 방식으로 작동하도록 유도하는 여러 조건들이 존재한다. 그리하여 인간의 형태적 및 행동형질들은 대개 환경의 영향과 함께 대부분 복잡한 유전적 토대 위에 있는 것이다. 우리는 유전자들을 외부 세계의 사건들에 반응한 주체적 반응의 누적적 결과이기도 한 것으로 파악하며, 우리의 뇌를 자연선택에 의해 만들어진 적응적인 생존기계와 유전적인 프로그램으로 간주하지도 않는다. 인간의 두뇌에 의해서 산출되는 모든 행동이 적응적이라고 할 수는 없으며, 인간의 정신은 종 특유의 속성을 가지고 있으면서 생물학적 선택이 선호하는 행동들을 산출하는 수동적 장치 이상의 것으로 보아야 한다.

둘째, 이러한 진화론적 관점이 사회생물학적으로 오용되는 약육강식의 논리를 옹호하거나 사회적 불평등을 정당화하여 현존체제를 유지하려는 목적이 있는 것도 결코 아님을 미리 밝혀 두고자 한다. 적응적인 생물학적 과정은 목적이 있는 것처럼 보이지만 자연선택은 미래에 대한 계획이나 궁극적인 목적이 없는 과정이다. 목적이라는 개념은 대부분 우리가 결과로부터 사후적으로 고안해 내거나 추리한 것에 불과하며, 우리의 존재는 전체로서 주어져 있을 뿐이다. 대부분의 진화생물학자들이 유기체의 목적을 생존과 유기체의 재생산에 두고 있으며, 이러한 진화적 과정을 의인화하고 그 사회적 행동의 범주와 관련되는 이타성, 협동, 조화와 같은 개념들에 도덕적 가치를 부여하며 진화적 성공의 결과를 유기체의 기능과 목적으로 간주하거나 동일시하는 오류를 저지르고 있는 것으로 보인다.[13] 이렇게 생물학적 과정에 목적론을 도입하는 것은 물리학에서 천체의 자전이나 공전과 같은 운동의 결과나 외관을 천체의 목적이라고 간주하는 것과 같은 인식론적 오류이다. 진화론 자체에는 아무런 도덕적 가치판단이나 라마르크주의와 같은 방향성이나 의도적인 목적이 전혀 개입되어 있지 않다. 무엇보다도 사실과 가치는 분리되어 있으며, 결과나 사실만으로 당위를 연역하지도 않으므로 현상에 대한 도덕적 해석이나 윤리적 가치판단과는 아무런 관련이 없다. 진화론자들은 진화론이 무작위적이고 '목적 없이' 발생된 변이가 무계획적이고 '목적 없이' 자연선택에 의해 작용하는 것이라고 할 뿐이다. 리처드

---

12) Monroe W. Stricckberger, 『진화학』, 월드사이언스, 2004, 621~628쪽 참조.

13) 대표적인 예가 진화론의 개념을 전제로 인구가 감소하는 인구학적 천이를 설명하려는 가설이다.

도킨스도 자연선택은 현재 이용 가능한 대체안 중에 더 좋은 쪽을 선택한다는 사실과 연관이 있을 뿐이라고 한다. 즉 선택과정이 매우 기회주의적이기 때문에 자연선택은 미래에 대한 계획이나 목적이 없는 완전히 의식 없는 과정으로 특정한 목표를 향해 조직화된 일련의 작동이나 행동이 아니다. 따라서 자연은 일시적으로 불리하더라도 계통을 궁극적으로 대국적인 우수성의 길로 인도하는 일련의 돌연변이를 조합할 수 있는 선견지명이 없다. 자연은 나중에 등장하는 돌연변이를 더 잘 이용하기 위해 당장 이용 가능한 우수한 돌연변이의 선호를 멈추게 할 수는 없다. 자연선택은 냇물과 같이 '즉시 이용 가능한' 가장 저항이 적은 길목의 경로를 맹목적으로 만들어 간다. 결과적으로 여기에서 생기는 동물은 가장 완전한 디자인도 아니며, 겨우 현상을 유지할 만한 좋은 것도 아니다. 그것은 역사적 변화의 산물이며, 각 시대의 산물은 당시에 우연히 주위에 있었던 대체물의 좋은 쪽을 나타낼 뿐이다. 즉 자연선택은 최적을 의미하지도 않으며, 효율적이기 때문이 아니라 그저 그런 식으로 진화했기 때문에 그 방식으로 이루어지고 있을 뿐이다.[14] 현대의 진화론자들은 적응이 완벽하다는 생각을 거부한다. 적응이란 최선이 아니라 충분히 좋은 정도일 뿐, 거의 언제나 그래 왔듯이 불완전한 것이다. 더 정확하게 말하자면, 자연선택이 예측하는 것은 한 집단 내에서 실제로 나타나는 형질들 중에서 가장 적합한 것이 흔해 빠지리라는 것뿐이다.[15] 게다가 적응은 역사적인 개념으로 과거에 생존 및 번식상의 유리함을 부여하면서 그것들이 현재 존재하도록 하면서 어떤 형질이 흔해졌는가를 기술하고 있을 뿐이며, 현재에도 유용하다고 말할 수 있는 것이 아니다. 오랫동안 생존해 온 수많은 종이 현재에 존재하지 않는다는 사실은 진화론에서의 적응의 개념을 잘 설명해 주고 있는 것이다. 결국 진화적 학설은 '세상이 어떻게 되어야 하느냐'가 아니라 사후적으로 '세상이 어떤가'에 관하여 현상을 생물학적으로 기술하고 있을 뿐이므로 진화론의 선택적 과정을 정당화하려는 의도와 목적을 가지고 있지 않다.[16] 무엇보다도 현대의 진화학설들은 비선택적 요인들을 중요시하여 자연선택이 진화와 동일한 것이 아니며, 자연선택의 다양한 유전적 효과들을 '최적자의 생존'이라는 표어만으로 요약하지도 않는다. 단지 우리

14) 리처드 도킨스, 『확장된 표현형』, 을유문화사, 2004, 100쪽 참조.

15) 엘리엇 소버, 『생물학의 철학』, 철학과현실사, 2004, 86~172쪽 참조.

16) 윤리나 도덕을 찾을 수 있는 곳이 과학이나 진화생물학은 아닐 것이다. 자연선택에 의한 진화가 힘이 정의를 만든다는 원칙을 정당화시켜 왔으며, 다수의 독재자나 제국주의자가 잔혹행위를 정당화하는 데 자연선택의 법칙을 인용하였기 때문에 진화에 반대하는 사람도 있다. 그러나 진화적 학설은 행동을 위한 어떠한 규범도 제공할 수 없다. 다른 과학과 마찬가지로 진화는 '세상이 어떻게 되어야 하느냐'가 아니라 세상이 '어떤가'에 관하여 기술한다. 자연계는 도덕과 관계가 없다. 따라서 진화는 인간 윤리의 기초를 제공하지는 않는다. 더글라스 푸투이마, 『진화학』, 라이프사이언스, 2008, 11쪽.

가 진화론적 인식에서 의도하고자 하는 것은 사회이론을 생물학화하려는 환원론적인 시도가 아니라, 진화론을 통하여 인간의 신체와 정신을 오랜 세월에 걸쳐 역사적으로 '생성'되어 온 유기체로서의 생물에 근거 짓고자 할 뿐이다. 그리하여 그러한 우리의 신체 구조 속에는 과거에 생존과 번식상의 유리함을 부여하였던 원시적인 특성들과 비천한 기원에 대한 지워지지 않는 흔적이 여전히 남아 있다는 것을 인정하는 것이며, 또한 그러한 사실에 대한 부수적인 것으로 삶의 기본적인 원리가 도출될 수 있음을 암시하고 있을 뿐이다. 그리고 이러한 원리는 한편으로 진화가 주체나 거대담론의 의도에 따라 설계되고 조직될 수 있는 계획적인 과정이 아니라 국소적 최적화들의 체계에서 자유롭게 떠다니는 임의적이고 '부수적인' 현상으로서의 부산물들(by-products)이라는 사실을 동시에 함축하고 있기도 한 것이다. 그러나 이러한 진화론적 관점이 인간사회와 개인들의 의식과 행동에 우회하여 조심스럽게 적용될 수 있다면 그 의미는 폭발적인 함의를 가질 수 있다는 것이다. 물론 우리는 합목적적으로 세계가 허용하는 범위 내에서 우리가 얻을 수 있는 최선의 것을 얻기 위해 노력하고 있으며, 사회가 부분적으로 고도의 지능을 갖춘 인간의 이성과 문화에 의해 통제되고 제어되기는 한다. 그러나 창조론이나 라마르크주의와 같이 장기적이고 전체적인 사회적 관점에서의 계획적인 설계와 조정의 합목적적인 과정이 아니라, 선택 단위의 직접적으로 단기적이고 국소적인 이익의 내생적 관점이나 임의적인 우연을 거쳐 여러 수준에서 선택과정이 일어난다면 우리는 이제까지와는 다른 방향에서 인간과 사회를 해석하여야 할지도 모른다는 것이다.[17)]

2. 생물학과 진화론

생물학적 진화는 여러 세대를 경과하는 동안에 개체군의 특성에서 일어나는 변화를 말하는데, 현대의 진화론은 다윈이 인지했던 것보다 더 많은 진화의 원인들이 있다는 것과 자연선택과 유전적 변이가 다윈이 생각했던 것보다 훨씬 더 복잡하고 우연한 사건에 영향을 받는다고 본다.[18)] 돌연변이,[19)] 재조합,[20)] 유전자 흐름,[21)] 격리, 무작위 유전적 부동

17) 어떤 것도 미래 환경에 더 잘 적응되도록 미래 세대의 물리적 구조를 변화시키려 노력하지 않는다. 오직 인간만이 그리고 매우 소수의 인간만이 그러한 생각을 한다. 이 인간들 중에서 매우 소수만이 그 생각을 실행에 옮기며, 각양각생의 결과를 초래한다. 데이비드 L. 헐, 『과정으로서의 과학 2』, 한길사, 2008, 353쪽.

18) 다윈의 진화론과 멘델의 유전학은 20세기 초반에는 상충되는 이론으로 이해되었다. 그러나 피셔, 홀데인, 라이트, 도브잔스키, 심프슨, 마

(random genetic drift),[22] 다양한 형태의 자연선택 그리고 기타의 비선택적 요인들 등을 포함하는 진화의 원인들에 대한 개념들이 현재의 진화설 또는 진화적 학설의 구성요소이다.[23] 이러한 것들 중에서 두 가지 이상이 동시적으로 작용하기도 한다. 그중에서 자연선택과 유전적 부동은 개체군 안에서 일어나는 진화적 변화의 가장 중요한 원인이다. 자연선택이 작위적 과정으로 적응[24]의 결과를 낳는 데 비하여 유전적 부동은 비적응적 진화를 낳을 수 있다. 유전적 부동은 분자유전학적 측면에서 종들 사이의 DNA 서열 차이의 상당 부분을 설명해 주는데, 모든 집단들이 유한하기 때문에 모든 유전적 좌위에서 대립유전자들은 잠재적으로 유전적 부동의 영향을 받는다. 이러한 유전적 부동은 자연선택과 함께 대립유전자 치환의 가장 중요한 원인으로 작용한다.[25] 자연선택은 유전자 빈도에 있어서 동등하지 않은 확률을 만들지만, 유전자 빈도는 어떤 좌위에 있는 대립 형질들이 적응도에 있어서 동등하더라도 무작위적 유전적 부동 때문에 변한다.[26] 자연선택이 한 집단 내에서 작용하는 유일한 요인인 경우는 없지만, 여기에서는 가장 중요한 개념인 자연선택을 중심으로 논지를 전개하기로 한다.

진화란 어떤 유전자형이 다른 것으로 대체됨으로써 살아 있는 유기체의 구조가 오랜

이어 등을 거치면서 현대의 진화론은 분자생물학, 집단유전학, 계통분류학, 발생학, 고생물학 등의 이론이 서로 격론을 벌이면서 다윈주의의 현대적 종합(modern synthesis)이라는 거대이론으로 종합된 것이다. 그러나 현대의 진화론은 진화론자 사이에서도 세부적인 부분에서 일치하지 않는 논쟁적인 부분이 많이 남아 있는 여전히 진행 중인 이론이라고 보아야 한다. 심지어 가장 기본적인 종에 대한 개념 정의에 대해서조차 심각한 불일치가 존재하고 있는 상황이다.

19) 우리 각자는 적어도 300개의 새로운 돌연변이를 가지고 태어나며 이것은 우리의 DNA가 우리 부모와 달라지도록 하는데, 이러한 돌연변이는 무작위적으로 발생한다. 돌연변이가 무작위적이라는 것은 어떤 특정 돌연변이가 발생할 확률은 생명체가 존재하는 환경에서 그 돌연변이가 이로울 것인지 해로울 것인지에 영향을 받지 않는다는 것이다. 더글라스 푸투이마, 『진화학』, 라이프사이언스, 2008, 151~167쪽 참조.

20) 정자 또는 난자 형성 중에 아버지 쪽의 각 염색체 조각들은 스스로 떨어져서, 어머니 쪽의 염색체에 있는 해당 조각과 바뀐다. 이때 염색체의 조각을 교환하는 과정을 교차(cross-over)라고 하는데, 재조합은 두 염색체가 교차할 때 발생하게 된다.

21) 한 종의 개체군들은 크든 작든 서로 전형적인 유전자를 교환하는데, 유전자가 움직이는 개체들 또는 움직이는 개체들에 의하여 한 집단에서 다른 집단으로 유전자가 이동하는 과정을 유전자 흐름이라 부른다. 집단에 새로운 유전적 변이를 제공하거나 집단 간의 유전적 차이를 줄이는 특징이 있다. 일반적으로 이동성이 높은 생물일수록 유전자 흐름이 빠른 경향을 보인다. 더글라스 푸투이마, 『진화학』, 라이프사이언스, 2008, 200쪽 참조.

22) 생물들의 적응도에 미치는 영향이 아주 조금 다르거나 또는 아예 다르지 않은 대립유전자들(중립유전자들)의 빈도는 '무작위(randomness)'로 변동한다. 이 과정을 '무작위 유전적 부동'이라 하며, 유전적 변이를 감소시키고 만약 유전자 흐름 또는 돌연변이와 같은 다른 과정들에 의해 반대 작용을 받지 않는다면 궁극적으로는 한 대립유전자의 무작위 고정과 다른 대립유전자의 무작위 소실로 인도한다. 더글라스 푸투이마, 『진화학』, 라이프사이언스, 2008, 227쪽.

23) 더글라스 푸투이마, 『진화학』, 라이프사이언스, 2008, 12쪽 참조.

24) 적응이라는 것은 다른 형질 상태(특히 해당 적응이 진화한 개체군이 원래 가지고 있던 조상 형질 상태)를 갖는 생명체와 비교하여 특정한 형질 상태를 가짐으로 인해 그 형질 상태를 갖는 생명체의 번식이나 생존을 향상시키는 특징을 말한다. 자연선택은 적응의 진화를 유래하는 유일한 메커니즘으로 알려져 있으며, 많은 생물학자는 단순히 적응은 자연선택을 통해 진화한 특징이라고 정의하기도 한다. 더글라스 푸투이마, 라이프사이언스, 2008, 229쪽 참조. 그러나 스티븐 제이 굴드와 리처드 르완틴은 생물 특징의 많은 부분은 역사적인 우연이거나 다른 특징들의 적응적인 변화에 따른 부산물이며, 적응이라고 설명하려면 매우 주의해야 한다고 주장한다. 피터 J. 리처슨·로버트 보이드, 『유전자만이 아니다』, 이음, 2009, 197쪽.

25) 더글라스 푸투이마, 『진화학』, 라이프사이언스, 2008, 209~210쪽 참조.

26) 엘리엇 소버, 『생물학의 철학』, 철학과현실사, 2004, 82쪽.

시간에 걸쳐 변화하는 것을 의미한다. 즉 자연은 결코 비약하지 않으며, 계속해서 일어나는 유리한 변이가 누적적으로 작용함으로써 완만하게 점진적으로 한 발짝 한 발짝 전진해 나아간다. 이러한 진화론의 논리에 따르면 인간의 조상은 인간이 아니며, 모든 종은 단일한 공통조상을 갖는다. 모든 종이 공통조상으로부터 분기된 후 수적인 변이와 변화를 해 온 것이라는 다윈의 진화론은 수많은 증거들에 의하여 입증되었으며, 현대 생물학에서 하나의 사실로 잘 정립되었다. 진화론을 과학적으로 정립한 것은 찰스 다윈으로 그는 주저인 『종의 기원』에서 자연선택설을 근간으로 하여 새로운 종이 생기는 메커니즘을 설명하였다. 모든 현상은 생존하기 위한 경쟁의 결과로서 생겨나는 것이며, 이 생존경쟁에 의해 일어나는 변이는 아무리 사소한 것이라 할지라도, 또 어떠한 원인에서 생겨난 것이라 할지라도 어느 종이건 그 한 개체에게 얼마간의 이익을 주는 것이라면 다른 생물 및 생활의 물리적 조건에 대한 무한히 복잡한 관계에 있어서 그 개체를 보존하도록 작용할 것이고, 보편적으로 그것이 자손에게 유전될 것이다. 그 자손 또한 이와 같이 생존의 기회를 더욱 많이 얻을 수 있게 될 것이다. 왜냐하면 어느 종이나 주기적으로 많은 자식이 태어나지만 그중 소수만이 존속할 수 있기 때문이다. 아무리 미미한 변이라도 유용하기만 하면 보존된다는 이 원리를 그는 '자연도태'라고 한다.27) 생존하고 번식할 수 있는 수준보다 훨씬 많은 유기체가 존재하며, 그 결과로 살아남기 위한 투쟁이 불가피해지는데 결국 유리한 변이들은 보존되고 그렇지 못한 것들은 사라지게 된다.28) 자연도태는 오직 유리한 변이를 보존하기 위해서만 작용하는 것이므로, 새로운 각 종류는 생물이 구석구석 빠짐없이 살고 있는 지역에서는 자기와 경쟁관계에 있는, 자기보다 개량 정도가 낮은 조상 종류나 자기보다 불리한 조건에 있는 다른 종류의 지위를 빼앗아 마침내 그들을 소멸시켜 버린다. 그러므로 각각의 종이 다른 미지의 종류에서 유래된 것으로 본다면 본디의 조상 종류와 모든 이행적 변종은 일반적으로 새로운 종류의 형성 및 완성과정에 의해 소멸되어 버린 것이 되며, 이 과정이 세대를 거쳐 반복될 때 그 최종 결과는 새로운 종의 형성으로 나타나는 것이다.29) 한편 『종의 기원』에서 의도적으로 인간에 대해서는 거의 언급을 하지 않았던 찰스 다윈은 12년 후 『인간의 유래』에서는 자연선택30)과 성선택31)을 통

27) 찰스 다윈, 『종의 기원』, 홍신문화사, 1988, 58쪽.

28) 나처럼 모든 존재의 신체적·정신적 기관이 모두 사용이나 습관, 자연선택이나 적자생존을 통해서 발전했다고 믿는 사람은 이들 기관이 그 주인이 다른 존재와 성공적으로 경쟁하여 종족의 숫자를 늘리기 위해 만들어진 것이라는 주장에 동의할 것이다. 동물은 통증·배고픔·목마름·공포 같은 고통이나, 먹기·마시기·종족번식 등과 같은 쾌락, 먹을거리를 찾는 일처럼 두 가지가 뒤섞인 행위를 통해서 자기 생물종에게 가장 유익한 행동과정을 추구할 수 있다. 찰스 다윈, 『나의 삶은 서서히 진화해왔다』, 갈라파고스, 2003, 104~105쪽.

29) 찰스 다윈, 『종의 기원』, 홍신문화사, 1988, 158쪽.

하여 인간의 유래와 본질에 대하여 논의하면서 인간은 다른 동물에서 유래되었으므로 정도의 차이가 있을 뿐 특별하게 창조되지는 않았다는 것을 강조한다.[32] 인간이 하등동물로부터 유래했다는 이러한 다윈의 생각은 기존의 신학적 세계관을 근본적으로 뒤흔들었다. 생물학뿐만 아니라 심리학, 윤리학, 경제학,[33] 사회학, 인류학[34] 등 다른 학문 분야에도 많은 영향을 끼치게 된다. 특히 다윈의 언질[35]에 절대적인 영향을 받아 인간의 사회적 행동의 규칙을 연구하는 효과적인 방법으로 진화원리에서 심리학적 연구를 수행하는 진화심리학은 인간의 마음도 몸과 마찬가지로 자연선택에 따라 형성되었다고 한다. 진화심리학에서 마음은 각자 자신만의 규칙을 지니고 있는 많은 특수 목적 프로그램의 집합이며, 이러한 특수목적 프로그램을 모듈이라고 한다. 모듈로 구성된 마음은 생물학적 기관처럼 자연스럽게 발달하는 내재적인 구조를 가지고 있는데, 진화생물학에 따르면 이러한 특징들은 자연선택의 결과로서만 나타날 수 있다. 상호 이타주의도 진화의 과정을 거치면서 집단 내에서 동맹이나 우호관계를 유지하는 상호 이타주의의 전략이 생존에 유리하게 작용하면서 형성된 모듈의 하나라고 한다.[36] 이러한 인간 마음의 보편적인 특징이 인간 본성을 구성하는데 이런 특징이 진화의 유산이라고 본다. 즉 인간이라는 종과 인간의 사고방식은 진화의 산물이라는 것이다. 인간의 뇌는 4억 년간 이뤄진 시행착오의 증인이다.

---

30) 현대 생물학에서 자연선택은 표현형이 다른 생물학적 존재의 계급 사이에 지속되는 적응도의 차이를 말한다. 자연선택은 외부적인 힘이나 요인이 아니며, 미래에 대한 계획이나 목적이 없는 완전히 의식 없는 과정이다. 자연선택은 유전자, 생명체, 개체군 사이의 생식적 성공의 통계적 차이를 말하는 것뿐이다. 더글라스 푸투이마, 『진화학』, 라이프사이언스, 2008, 232~235쪽.

31) 포식자에게 발견될 위험, 에너지의 비생존적인 목적으로의 사용 등으로 생존에는 절대적으로 유리하지 않은 공작의 꼬리나 카나리아의 가창력처럼 구애 목적으로 적응이 설계될 때, 이 적응은 성선택에 의해 일어났다고 말한다. 성선택은 두 가지 적응형태로 나타날 수 있는데, 하나는 공작의 꼬리처럼 구애를 위한 적응이며 여기에 적응을 한 동물들은 이성의 호감을 끌어서 짝을 쉽게 구할 수 있다. 반면 뿔이나 발톱, 이빨 같은 무기를 통하여 경쟁상대를 제압하여 짝을 얻을 수도 있다. 다윈은 인간의 경우 머리털이나 피부색 같은 외모가 이에 해당된다고 보았는데, 인류의 경우에는 특이하게 남녀 양쪽에서 선택의 행위가 일어나는 이중 선택이 우리의 긴 역사 중 오래전에 실제로 일어났다고 본다. 일부 학자는 다윈과 같이 성선택을 자연선택과 구분하기도 하지만, 현대생물학에서는 성선택을 자연선택에 포함시키는 견해가 일반적이다.

32) 인간과 침팬지는 500만 년 전에 갈라졌으며, DNA의 99% 정도를 공유하고 있다.

33) 자유주의 경제학의 대명사인 하이에크는 진화적 인식론을 기반으로 도덕규범, 언어, 법, 화폐, 시장질서와 같은 자생적 질서가 생겨났다고 한다. 자생적 질서는 인간이 각자 자신들의 이해관계를 추구하는 과정에서 이들의 의도와는 관계없이 형성된 질서이다. 질서의 자생적인 형성과정은 인간의 이성이 아니라 진화적인 과정을 특징으로 하는데, 새로운 행동방식 또는 새로운 특질의 생성과정, 이들의 선별과정, 선별된 것들의 확산 및 유지 과정이 그것이다. 자유사회의 도덕규칙과 제도들은 장구한 진화적 과정을 거쳐 선택된 것이라고 보았다. 문화적 진화의 과정에서 수많은 제도가 형성되는데 그중 인류의 문명에서 가장 중요한 영향을 끼친 것이 언어와 '시장시스템의 형성과 확대'라고 한다. 즉 그는 자유사회와 시장경제는 인간의 의지에 의해 계획적으로 만든 것이 아니라 장구한 역사적 과정에서 자생적으로 형성된 것임을 보여 주기 위해 진화 사상을 원용했다. 민경국, 『하이에크, 자유의 길』, 한울아카데미, 2007 참조.

34) 인류학에서는 문화적 진화과정이 유전자에 의한 변이와 전혀 다른 방식으로 이루어지지만 – 유전자가 수직적으로 전달되는 데 반하여, 문화는 수평적으로도 전달될 수 있다 – 적용되는 기본적인 논리는 거의 동일하다고 본다. 다만, 인류학은 점차적이며 누적적으로 적응이 일어나는 문화의 영향을 상대적으로 중요시한다. 문화와 유전자는 공진화하는 것으로 문화의 진화가 사회적 환경에 변화를 초래하여 인간의 유전자 구조에 다시 영향을 미친다고 한다.

35) 먼 미래에는 훨씬 더 중요한, 그리고 광범위한 연구 분야가 열릴 것이라고 생각한다. 심리학은 이미 허버트 스펜서에 의해 충분히 기록된, 하나하나의 정신적인 힘이나 가능성의 점차적인 변화에 의한 필연적 획득이라는 새로운 기초 위에 세워지게 될 것이다. 그리고 인류의 기원과 그 역사에 대해서 큰 빛이 던져질 것이다. 찰스 다윈, 『종의 기원』, 홍신문화사, 1988, 498~499쪽.

36) 딜런 에번스, 『진화심리학』, 김영사, 2001, 40~45쪽 참조.

그리고 그 흔적은 화석기록과 분자계통학적 분석을 통해 추적할 수 있다. 분자생물학의 상동관계를 따지는 분자계통학에 따르면 어류, 양서류, 파충류, 초기 포유류 그리고 인간을 제외한 모든 영장류가 거의 공통적으로 소유하고 있는 서열들이 존재한다. 마지막 단계인 인간에 와서 뇌는 언어와 문화에 적합하게끔 급진적으로 도약했다. 하지만 이것은 텅 빈 두개골 속에 최신 컴퓨터를 이식하는 것과는 다르다. 왜냐하면 인간의 뇌에는 과거가 있기 때문이다. 과거의 뇌는 원래 본능의 운반자로서 조직되었는데 적응된 상태를 기본적으로 유지하면서 새로운 부분들이 조금씩 추가되는 과정을 거치면서 진화했다. 새로운 뇌는 옛날 뇌의 기능을 그대로 유지하면서 다른 기능들을 추가했다. 그렇지 않았다면 생명은 다음 세대까지 살아남을 수가 없었을 것이다. 그 결과 '인간 본성'이라는 것이 생겨났다. 마음에 대한 이러한 진화론적 견해는 현대의 뇌과학에 의해서도 입증이 된다. 인간의 뇌는 어류에서 포유류에 이르는 척추동물 전체에서 발견되는 세 가지 원시적인 구역, 즉 능뇌, 중뇌, 전뇌를 보존하고 있다는 것이다.[37)]

> 현재 뇌의 구조에서 우리는 진화의 단계들을 미루어 알아볼 수 있다. 뇌는 내부에서 외부로 진화했다. 가장 깊숙한 곳에 뇌의 가장 오래된 부위인 뇌간이 자리한다. 뇌간은 반사작용, 심장 박동, 내장 활동, 호흡 등 생명의 가장 기본적인 기능을 조절한다. 폴 맥린이 지극히 도발적인 학설을 하나 제시한 바 있다. 그는 뇌의 고차적인 기능들이 크게 세 단계에 걸쳐 진화했다고 주장했다. 그것은 R-영역, 변연계, 대뇌피질 세 단계이다. 뇌간의 상단부를 모자처럼 덮고 있는 부위를 R-영역이라고 부르는데, 이 R-영역이 인간의 공격적 행위, 정형화된 의식행위, 자기 세력권의 방어, 계층적 위계질서의 유지 등을 관장한다. 뇌의 이 부위는 수억 년 전 인간이 아직 파충류였던 시기에 발달했다. 우리 각자의 두개골 내부 깊숙한 곳에는 말하자면 악어의 두뇌가 아직 남아 있는 것이다. R-영역은 변연계가 둘러싸고 있는데 바로 이 부위가 포유류 시기에 생긴 뇌이다. 이 변연계는 수천만 년 전 인간이 포유류이고 아직 영장류로 되기 이전 시기에 발달한 부위이다. 뇌의 이 부위가 인간의 기분, 감정, 걱정 등의 정서적 반응과 행동 그리고 자녀 보호의 본능을 지시하고 제어한다. 끝으로 대뇌 피질은 지금으로부터 수백만 년 전 인류가 영장류였던 시기에 생긴 부위로서, 자기 밑에 아직도 버티고 있는 원시 두뇌와 늘 편치 않은 휴전의 관계를 유지하며 지낸다. 두뇌 전체 질량의 3분의 2 이상을 차지하는 대뇌 피질이 직관과 비판적 분석의 중추이다. 아이디어의 창출과 영감의 발현이 바로 여기 대뇌 피질에서 이루어진다. 이곳에서 읽기와 쓰기, 수학적 추론과 작곡이 이루어진다. 인간으로 하여금 의식적 삶을 가능하게 하는 부위가 다름 아닌 대뇌 피질인 것이다. 인류와 다른 종의 차별화가 대뇌 피질에서 비롯되며, 인간의 인간다움은 이 대뇌 피질 때문에 가능하다. 한마디로 문명은 대뇌 피질의 산물이다.[38)]

---

37) 에드워드 윌슨, 『통섭』, 사이언스북스, 2005, 199~200쪽 참조.

38) 칼 세이건, 『코스모스』, 사이언스북스, 2006, 549~550쪽.

이러한 진화의 발생학적인 분석에 의하면 인간의 뇌에 우리가 통상적으로 지칭하는 일반적인 의미에서의 '이성'이라는 것은 존재하지 않는다. 즉 뇌에는 그 시나리오들이 정합적인 형태로 출연하는 뇌 부위가 존재하지 않는다.[39] 또 그것은 하나도 아니며, 대신에 전뇌의 구석구석에서 벌어지는 신경 활동의 얽힘만이 있을 뿐이다. 하나의 집행 자아가 모든 정보를 수집・통제하는 것 같은 어떤 중앙처리장치나 단일한 의식의 흐름은 존재하지 않는다. 오히려 의식적 사고에 순간적으로 기여했다가 사라져 버리는 뇌 활동의 다중 흐름이 존재한다. 의식은 정신활동에 참여하는 회로가 위상학적(topographical)으로 연결되어 있는 집합체이다. 마음은 스스로 조직하는 시나리오들의 공화국이며 이 시나리오들은 개별적으로 생겨나고 진화하며 사라진다. 그리하여 때로는 다윈적 이점을 부여하는 사고와 생물학적 선택이 선호하는 물리적 행동을 지연시키는 부수적 효과들을 만들어 내기도 하는 것이다.[40] 다양하고 복잡한 각각의 하부과정은 동일하게 반복되게 하지 않으면서도 새로운 선택적 특성들이 사후적으로 범주화되면서 의식의 개별적인 양태가 통합적으로 만들어진다. 이러한 역동적인 과정은 우리의 마음이 컴퓨터처럼 사전적으로 구조화되어 작동하지도 않을 뿐만 아니라, 대상과 사건이 분류되는 방법이 알고리듬의 정형적 표상에 기반을 두고 있지 않다는 것으로 우리가 기계적 세계관을 배제하여야 한다는 것을 의미하게 된다.

3. 경쟁과 선택단위(units of selection)

다윈은 생존경쟁은 모든 생물이 높은 비율로 증식하고자 하는 경향에 대하여 불가피하게 일어나는 결과라고 보았으며, 이와 같이 생존할 수 있는 수보다 더 많은 개체가 탄생하기 때문에 모든 경우에 있어서 어떤 개체와 같은 종의 다른 개체 사이에 또는 다른 종의 개체와의 사이에 또는 생활의 물리적 조건과의 사이에 생존경쟁이 당연히 일어나게 된다.[41]

---

39) 뇌에는 모든 종류의 정보가 집중되는 중앙 통합장치, 즉 '머릿속의 작은 사람'과 같은 하나의 장소가 존재하지 않는다. 상이한 뇌 영역들이 서로 다른 기능을 가진다면 뇌의 다른 영역들이 어떤 방식으로 영향을 미쳐 하나의 대상에 대해서 통합된 지각을 가능하게 하는 결합문제(binding problem)에 직면하게 된다. 여기에 대한 가장 유력한 가설은 지각의 결합이 여러 뇌 영역의 정확한 동시 활동에 의존한다고 보는 것이다. 이 견해는 머릿속의 정보 처리장치가 끊임없이 퇴행하는 문제를 해결할 수 있다. James W. Kalat, 『생물심리학』, 시그마프레스, 2004, 98~121쪽 참조.

40) 에드워드 윌슨, 『통섭』, 사이언스북스, 2005, 205쪽 참조.

이렇게 생존을 위한 보편적인 경쟁이 진리라는 사실을 이론상 인정하는 것처럼 쉬운 일은 없지만, 동시에 이 결론에 항상 유의하는 것만큼 곤란한 일도 없다. 그러나 이 결론이 철저하게 마음에 젖어들지 않는다면 자연의 경제 전체(조직)와, 거기에 어렴풋이 포함되는 분포・희소・풍부・절멸・변이 등의 모든 사실이 어렴풋이 인정될 뿐이거나 또는 오해하게 될 것이다. 우리는 자연의 얼굴이 환희로 빛나는 것을 보며 가끔 음식물이 남아돌아가는 것을 본다. 그러나 우리는 주위에서 한가로이 지저귀는 새들이 대개는 곤충이나 씨앗을 먹고 살아가며 따라서 끊임없이 생명을 죽이고 있다는 사실을 보지 않거나 잊고 있다. 또한 이들 노래하는 새나 그 알 또는 병아리들이 육식하는 새나 육식하는 짐승에 의해 얼마나 많이 잡아먹히고 있는가를 잊고 있다.[42][43]

그렇다면 불가피하게 생겨나는 경쟁에서 진화된 적응은 누구의 이익을 위한 것인가? 유전자가 돌연변이를 하고, 유기체는 선택되며, 종이 변하면서 분기하는 진화의 과정에서 선택의 수준(Level－of selection)이란 적응이 누군가의 이익을 위해서 존재한다고 할 때 그 누군가에 해당하는 '실체'에 대한 문제이다. 그것은 현재의 유용성에 대한 문제가 아니라, 진화의 역사에 관련된 생물학적 세계관의 문제이다. 그리고 선택단위(units of selection)의 문제는 무엇보다도 조직상의 계층을 이루는 실재로서의 상이한 단위들 예컨대 개체와 집단과 같은 선택단위 사이에 이해관계의 충돌이 발생할 경우 제기될 수 있는 이타주의 논쟁의 문제와도 직접적으로 관련이 되는데, 이것은 필연적으로 이기성이나 이타성에 대한 논쟁적인 개념을 요구하게 된다.[44]

선택의 수준에 대하여 전통적인 다윈주의자들은 선택의 단위를 의심의 여지없이 '개체'라고 주장하였다. DNA는 좀 더 포괄적인 실재(유기체)를 구성하는 잠재적인 정보에 불과하며, 종은 집합이 아니라 모두 개체인 것이다. 개체가 선택의 단위이며 생존을 위한 투쟁은 개체 간의 문제라는 것이다. 그러나 개별 유기체가 더 낮은 적응도를 가진다 할지라도 그 선택이 집단에 도움이 된다면 집단 수준의 적응도는 증가될 수 있다고 주장하면서 선택의 단위를 '집단'이라고 보는 견해(윈 에드워즈)와 자기 복제자 그 자체로서의 '유전자'(리처드 도킨스)라고 보는 견해, 단세포 유기체인 짚신벌레가 분열할 때와 같이 세포를 생물학적 기능의 단위로 세포는 DNA를 복제하는 것이 가능한 최소의 단위라고 보는 견해도 있다. 그리고 마지막으로 생물학적 진화는 단순한 과정이 아니어서 진화에 있어

41) 찰스 다윈, 『종의 기원』, 홍신문화사, 1988, 60쪽.

42) 찰스 다윈, 『종의 기원』, 홍신문화사, 1988, 59쪽.

43) 문명에서의 이러한 원초적인 잔인함을 인간은 도덕과 종교라는 자기방어와 자기합리화라는 기만적인 논리에 자기 자신을 적응시켰다.

44) 진화생물학자들이 표현형적으로 이타주의적인 행위에 맞닥뜨릴 때 그들이 첫 번째 하는 일은 이 행위를 함으로써 충족되는 유전적으로 이기적인 목표를 찾는 것이다. 데이비드 L. 헐, 『과정으로서의 과학 2』, 한길사, 2008, 36쪽.

유일한 선택단위를 묻는 질문은 잘못된 전제이며, 그 수준은 선명하게 구별될 수 있는 것이 아니다.[45] 어떤 한 형질이 동시에 조직화의 여러 층에서 대상들에 이익을 주거나 그것들과 상호작용하기 때문에 진화하는 것도 가능하다고 볼 수 있다. 따라서 이 모든 것이 여러 단위에서 동시에 중첩적으로 상호작용하는 것이라고 보는 다수준 선택이론(multi-level selection)이 있다. 그러나 우리는 선택단위를 개념적 도구로 간주하면서, 다양한 선택단위에 대한 이론들 중의 하나를 일률적으로 선택하기보다는 그러한 선택단위들이 독립적으로 또는 상이한 단위의 위계들이 환경과 상호 영향을 주고받으면서 때로는 갈등관계에 처해 있다고 보는 것이 타당할 것이다.

집단을 선택의 단위로 보는 것은 집단들 간의 하나 또는 그 이상의 특징들 차이에 기초하여 전체 집단들의 기원 또는 멸종 속도에 차이가 있어 집단적 수준에서 적응이 이루어질 수 있다는 것으로, 개인들이 기능적 조직화를 이루는 것과 동일한 방식으로 집단도 기능적 조직화를 이루어 선택될 수 있다는 것이다.[46] 어느 집단 내에서든 이기적인 개체가 이타적인 개체보다 적응도가 높다. 그러나 집단의 경우에는 이타적인 집단들이 이기적인 집단들보다 포괄적인 적응도가 높다. 이 두 생각은 이타주의가 진화하기 위한 두 층위로 된 과정(two-level process)을 위한 기반을 준다. 각 집단 내에서 개체선택은 이타주의보다 이기주의를 선호한다. 그러나 집단들 간의 경쟁이 또 있으며 여기서는 이타주의가 이기주의보다 더 선호된다. 모든 부분에서 성립하는 것이 전체에서 성립되지 않는 것이다. 전체와 부분의 이러한 역설은 '집단 구조(population structure)'에 있어서 친족집단과 같이 서로 유사한 유형들끼리 모여 산다면 이타주의가 전체적인 적응도에서는 이기주의보다 높게 나타날 수 있다는 사실에 있다. 실제 우리가 오랫동안 무작위적이지 않은 동질적인 유전자 풀을 형성하는 친족집단 내에서 생활하였다고 한다면 이타주의도 충분히 진화할 수 있다. 최종결과는 이 두 상충하는 힘들의 크기에 달려 있다.[47]

높은 수준의 애국심, 충실성, 복종성, 용기, 동정심이 있어서 남을 도울 준비가 항상되어

45) 선택과정은 다양한 조직 수준의 실재에 작용하는 두 과정 사이의 상호작용을 포함하기 때문에 매우 복잡하다. 복제는 하위 수준에 집중되어 있는 반면에 상호작용은 가장 하위 수준에서 가장 상위 수준에 이르기까지 훨씬 더 넓고 다양한 수준에서 일어난다. 데이비드 L. 헐, 『과정으로서의 과학 2』, 한길사, 2008, 393쪽.

46) 현재 대부분의 생물학자들은 개체군이나 종의 이득을 위해 개체의 적응도를 낮추는 이타적 형질은 개체선택을 통해서는 진화할 수 없으므로, 집단선택을 생물학적인 근거에서 인정하고 있지 않다. 그러나 집단선택 개념의 근거나 거부를 생물학적 근거나 요인이 아니라 다른 논리와 인간사회의 역사적 경험에 의해서도 충분히 지지될 수 있다. 즉 유전자의 개입 없이 심리적 요인이나 문화적 요인 및 집단의 구조 등에 근거 지을 여지는 충분히 있지만 여기에서는 생물학적인 관점에서의 직접적인 영향에 대해서만 논하기로 한다.

47) 엘리엇 소버, 『생물학의 철학』, 철학과현실사, 2004, 192~219쪽 참조.

> 있고 공동의 이익을 위해 자신을 희생할 준비가 되어 있는 사람들이 많은 부족은 다른 부족에 비해 성공을 거둘 것이다. 이것이 바로 자연선택이다. 전 세계를 통해 한 부족이 다른 부족의 자리를 차지하는 상황은 항상 일어난다. 여기에 도덕성은 그들의 성공 여부를 결정하는 중요한 요인이 된다. 그러므로 어느 곳에서건 도덕성의 기준은 올라가고 품성이 좋은 사람의 수는 늘어날 것이다.[48]

유전자를 선택의 단위로 본다는 것은 개체는 유전자의 운반자에 불과하며, 생물체는 그 같은 도구의 거대하고 복잡한 집합체라는 것이다. 이것이 획득형질이 유전되지 않는 이유이기도 하다. 기생, 공생, 대립, 협동, 공진화 등의 개념을 생물체 내부의 유전자와 관련짓도록 하여 어떤 대립유전자가 또 하나의 대립유전자와 맹렬하게 다투며 증식하는 것을 자연선택이라고 본다는 것을 의미한다. 유전자는 의식적으로 한 것은 아닐지라도, 결과적으로 자신들의 이기적 목표가 있는 것처럼 행동했다. 이렇게 행동한 유전자는 번성하였고 그렇지 않은 유전자는 사라졌다. 인간 유전체 중에서 고작 2% 정도만이 단백질 부호를 지니고 있으며,[49] 유기체에서 어떤 기능도 하지 않는 매우 반복적인 정크 DNA가 존재한다는 사실은 유전자가 선택의 단위일 수 있는 강력한 논거가 될 수 있다.[50] 리처드 도킨스는 유전자는 생존 중에 그 대립유전자와 직접 경쟁하고 있다고 한다. 유전자 풀 내의 대립유전자는 다음 세대의 염색체상의 한 자리를 놓고, 이를 차지하기 위해 경쟁해야 하는 경쟁자라는 것이다.[51] 각각의 유전자는 같은 유전자좌상의 대립유전자와 투쟁하고 있고, 그 대립유전자들과 이기적 전쟁에 있어서 스스로의 도움이 되는 경우에만 다른 유전좌상의 유전자들과 '단결한다'고 한다.[52] 현재 높은 빈도로 존재하고 있는 자기 복제자는 과거에 존재하고 있던 그것들의 자기 복제자 중 상대적으로 성공한 작은 부분으로 되어 있으며,[53] 적응은 적응을 초래하는 유전적 자기 복제자에 이익을 주고 다만 부수적 결과로 개체의 생물체에게도 이익을 주는 데 지나지 않는다고 한다.[54] 그러나 부수적 결과

48) 찰스 다윈은 선택의 수준이 개체만이 아니라 집단수준에서도 일어나는 것으로 생각하였다. 찰스 다윈, 『인간의 유래 1』, 한길사, 2006, 215쪽 참조.

49) 실제 단백질 부호를 지닌 유전자의 기능적인 부분을 엑손이라고 하며, 단백질 부호를 지니지 않는 조각들을 인트론이라고 한다.

50) 유전자들은 단백질을 만드는 제조법을 포함하는 DNA 조각이다. 그러나 우리가 가지고 있는 전체 게놈의 97%는 진정한 유전자가 아니다. 이것은 의사유전자, 역가유전자, 위성유전자, 소위성유전자, 미세위성유전자, 이동유전자, 역이동유전자 등으로 이름 붙은 이상한 존재들이 모인 집합체이다. 이것을 통틀어 쓰레기 DNA라고 부르고 때로는 좀 더 정확한 이름인 이기적 DNA라 부른다. 쓰레기 DNA는 모든 염색체에서 발견된다. 매트 리들리, 『게놈』, 김영사, 2001, 150~151쪽.

51) 리처드 도킨스, 『이기적 유전자』, 을유문화사, 2002, 72쪽.

52) 리처드 도킨스, 『확장된 표현형』, 을유문화사, 2004, 424쪽.

53) 리처드 도킨스, 『확장된 표현형』, 을유문화사, 2004, 186쪽.

54) 리처드 도킨스, 『확장된 표현형』, 을유문화사, 2004, 474쪽.

로 개체에게 이익을 주는 유전적 자기 복제자는 유전자의 운반자인 개체의 생존과 이익을 통하여 자기의 生存價를 더욱 높일 수 있는 여지가 부여될 수 있다. 따라서 세계는 서로 적합하도록 성공한 자기 복제자의 조합, 즉 같이 잘해 나갈 수 있는 자기 복제자에 의해 점점 채워진다. 이것은 유전자뿐만 아니라 각각의 다른 선택수준인 세포, 개체에도 적용할 수 있을 것이다. 이렇게 선택단위에 대한 상이한 견해들은 어떤 형질들이 진화하는가에 대하여 상반되는 결론을 도출하기도 한다.

4. 경쟁과 자연선택

대부분의 다윈주의자들이 선택의 단위를 개체라고 해석한 바와 같이, 다윈의 선택론적 설명들은 주로 개체선택 개념을 사용한다. 일반적으로 생존경쟁에서는 생물 상호 간의 관계에 있어서 종간의 경쟁보다 특히 같은 종끼리의 경쟁이 가장 치열하며, 보다 직접적인 방법으로 서로의 생활에 영향을 끼친다고 한다. 여기에는 여러 가지 이유가 있다. 그 가운데 하나는 자기 종에 속하는 개체군의 반수는 잠재적으로 짝짓기 상대가 될 수 있는 개체이고, 또한 그것은 잠재적으로 자기의 새끼들을 위해 열심히 일하고 이용가치가 있는 어미가 될 수 있는 개체이기 때문이다. 또 다른 이유는 서로 닮은 같은 종의 구성원은 서로 유사하기 때문에 같은 장소에서 같은 수단으로 생활에 필요한 자원을 둘러싼 직접적인 경쟁상대라는 것이다.[55] 즉 같은 속에 속하는 종은 똑같다고 할 수 없으나, 같은 땅에 살고 같은 먹이를 먹고 같은 위험에 처하기 때문에 일반적으로 습성이나 체질 또는 구조에 있어서 유사하므로 이들 사이에서 경쟁이 일어났을 경우 그 경쟁은 일반적으로 서로 다른 속에 속하는 종끼리의 경쟁보다 격렬하다.[56] 같은 종의 개체들 사이에서의 경쟁을 종내 경쟁이라고 하는데, 이러한 종내 경쟁에는 대항경쟁(contest)과 공용경쟁(scramble) 두 가지 유형이 있다. 대항경쟁은 동종의 경쟁상대가 자원에 접근하지 못하게 하여 자신의 생존을 보장하는 경쟁방식으로 세력권(territory)이 좋은 예이다. 공용경쟁은 동종의 경쟁상대가 자원에 접근하는 것을 막지는 않고 자신이 자원을 이용하는 효율성을 높여 자신의 생존을 보장하는 경쟁 방식이다.

---

55) 리처드 도킨스, 『이기적 유전자』, 을유문화사, 2002, 118쪽 참조.

56) 찰스 다윈, 『종의 기원』, 홍신문화사, 1988, 70~71쪽 참조.

종내 경쟁에서는 동일한 유전형을 지닌 개체들 사이의 강도 높은 경쟁이 개체군에서 드문 표현형일수록 적응도가 더 높아지는 역빈도 의존적 선택(inverse frequency－dependent selection)을 강요할 수 있는데, 이것은 공존하는 종들이 서로 간 경쟁을 회피하기 위한 진화적 적응방식의 하나라고 볼 수 있다. 인간 개체군의 경우에도 인간의 유전적 변이의 약 85%가 개체군 내의 개체 간에서 나타났고 단지 약 8%만이 주요 인종 간에서 나타나는 것으로 확인되었다. 52개의 토착 개체군들에 대한 377개의 부수체 유전자 좌위에 대한 최근의 분석은 더욱 극단적인 결과를 도출시켰는데, 유전적 다양성에 있어 동일 개체군의 구성원 간의 차이는 93～95%에 달하지만, 개체군들 간의 차이는 단지 약 5% 정도에 불과하였다.[57] 그리고 두 종 이상의 개체군들에게 불리한 영향을 주는 관계인 종간 경쟁에는 간섭경쟁과 이용경쟁의 두 가지 형태로 분류할 수 있다. 간섭경쟁(interference)은 자원에 대한 경쟁종의 접근을 막는 경쟁이고, 이용경쟁(exploitation)은 경쟁종과 차별적으로 자원 이용 효율을 높이는 경쟁이다.[58]

많은 종의 개체군 밀도들은 음식, 공간, 둥지 장소들 같은 자원들에 의해 언제나 제한된다. 그러므로 자원에 대한 경쟁은 많은 종 내에서 발생하며, 만약 다른 종들이 동일한 자원들의 일부 또는 모두를 사용한다면 다른 종간에도 발생한다. 다윈은 경쟁이 자원의 사용의 분화에 대한 선택을 부과한다고 가정했으며, 이것을 종의 기원과 종 분화의 주요 이유로서 조망했다. 생태학자들은 동일 지역에 사는 동물종들은 자원 사용에서 특징적으로 차이가 있다는 것을 보여 왔다. 그러한 차이는 경쟁을 피하기 위해 진화했다고 보는 것이 타당하다. 경쟁을 감소시키도록 하는 특성들은 적응도를 증가시킬 수 있다. 그러면 자원 종류들의 범위가 넓은 경우에 가장 극단적인 표현형들을 가진 개체들은 덜 풍부하기 때문에 더 중심적인 표현형들을 지닌 개체들보다 종 내 경쟁을 덜 할 것이며, 그들은 다른 종과 동일한 자원을 사용하지 않는 경향 때문에 종간 경쟁도 덜 경험하게 될 것이다. 이러한 다양화 선택은 자원들의 사용에서 겹침이 덜 일어나는 두 종의 진화로 귀결되며, 표현형 분포의 이동이 서로서로에게 떨어지게 한다. 종간 경쟁 반응에 의한 분화를 생태적 형질대치(character displacement)라고 하는데, 이러한 양상이 가능한 이유는 그 형질이 먹이 또는 다른 자원의 사용과 연계되어 있으며, 종들은 서로 간 경쟁을 피하기 위해 자원 사용에서 '차이'를 진화시켰다는 것이다.[59]

---

57) 더글라스 푸투이마, 『진화학』, 라이프사이언스, 2008, 204쪽.

58) 더글라스 푸투이마, 『진화학』, 라이프사이언스, 2008, 303쪽 참조.

우리 인간도 같은 종간의 경쟁에 있어서 예외가 아니며, 지구상에서 가장 협동적이고 사회적인 생물이지만, 동시에 같은 종간에 가장 경쟁이 치열하고 호전적인 생물이다.[60] 다윈주의는 이렇게 우리가 경쟁의 논리 자체를 부정한다는 것은 삶의 기본적인 원리와 토대를 부정하는 것이며, 우리에게서 분리될 수 없는 것을 분리해 버림으로써 자기 인식을 스스로에게 차단해 버리는 결과를 가져오게 된다는 것이다.[61] 이러한 논리에 반하여 과거를 척결하기 위해 과거를 부정하는 것은 생성의 과정과 오랜 역사를 왜곡하는 것으로 더 많은 폭력과 사회적 부작용을 초래할 수 있다.

사심에 가득 차 있고 자기 자신 또는 자신의 가족, 씨족, 인종, 지역의 복지에만 관심이 있는 '낡은 인간'이 살아 있을 뿐 아니라 건재하다는 사실과 함께 문화적 통제가 영향을 미칠 수 없는 인간적 자질의 잔여물이 존재하는 것이다.[62] 이러한 것을 감안한다면 20세기 초 사회주의 국가를 통하여 자신들의 과거를 완전히 없애버림으로써 '새로운 인간'을 급격하게 창조하려고 노력하였던 시도는 실패할 수밖에 없었다. 이것은 자본가와 사유재산제를 폐지하고, 사회적 생산수단을 국유화한다고 해서 인간의 본성이 쉽게 바뀌지 않기 때문이며, 인간에게는 무엇보다도 타고난 본성이 있기 때문이다.[63] 다만 다윈주의자들은 자연선택과 경쟁에서 개체이익만을 중시하는 이기적 행동 외에도 동종의 동물들 사이의 '사회적 본능'과 '이타성'이라는 개념을 대척시키게 되는데, 사회적 본능과 이타성은 다른 어떤 동물보다도 연약한 인간이라는 종이 지구를 점령하게 되고 번성하게 된 이유 중의 하나로 충분한 진화론적 이유가 있다는 것이다.

59) 더글라스 푸투이마, 『진화학』, 라이프사이언스, 2008, 409쪽 참조.

60) 매트 리들리, 『이타적 유전자』, 사이언스북스, 2001, 270쪽 참조.

61) 다윈주의를 전적으로 받아들이지는 않았지만 다윈주의자로 오해받기도 하였던 니체도 삶의 원리에 대하여 "생명 그 자체는 본질적으로 이질적인 것과 좀 더 약한 것을 자신의 것으로 만드는 것이며, 침해하고 제압하고 억압하는 것이며 냉혹한 것이고, 자기 자신의 형식을 강요하며 동화시키는 것이며, 가장 부드럽게 말한다 해도 적어도 착취이다. 사람들은 오늘날 곳곳에서 심지어는 과학의 가면을 쓰고 '착취적 성격'이 없어져야만 하는 장래의 사회 상태에 열광해 있다. 이것은 내 귀에는 마치 사람들이 유기적 기능을 멈추게 하는 하나의 생명을 만들 수 있다고 약속하는 것처럼 들린다. '착취'란 부패된 사회나 불완전한 원시적인 사회에 속하는 것이 아니다. 현실로는 모든 역사의 근원적 사실이다. 그러나 우리는 이것을 인정할 정도로 우리는 자신에게 정직해야 할 것이다"라고 하였다. 프리드리히 니체, 『선악의 저편・도덕의 계보』, 책세상, 2002, 273~274쪽.

62) 매트 리들리, 『이타적 유전자』, 사이언스북스, 2001, 358쪽 참조.

63) 아마도 우리의 본성적인 사회적 심리는 우리의 홍적세 조상으로부터 물려받았을 것이다. 현대 사회에서 위계 및 강력한 지도자 체계, 불평등한 사회적 관계, 광범위한 노동의 분업을 가능하게 만든 사회제도는 본래 부족사회의 삶에 적응했던 사회적인 문법 위에 쌓아 올려진 것이다. 우리는 사회적 세계가 제대로 기능하도록 우리의 사회적 본능이 진화했던 사회와 닮은 세계를 구축한다. 그렇지만 만약 사람들이 소규모 부족사회에서 하듯이 행동한다면, 대규모 사회는 기능할 수 없을 것이다. 노동은 세밀하게 나누어져 한다. 규율이 존재해야 하며, 지도자는 복종을 요구할 수 있는 공식적인 힘을 가져야 한다. 대규모 사회가 기능하려면 관습적인 절차가 필요하며, 관계가 없는 낯선 사람끼리 평화롭게 상호작용할 수 있어야 한다. 이러한 요건들은 필연적으로 오래되고 부족적인 사회적 본능과 마찰을 일으키며, 따라서 감정적 갈등, 사회의 붕괴, 비효율을 야기한다. 피터 J. 리처슨・로버트 보이드, 『유전자만이 아니다』, 이음, 2009, 410쪽.

과거에 생존경쟁이 중요한 역할을 담당했고 심지어 지금도 중요하게 작용하는 것은 사실이지만 고귀한 인간본성에 관해서는 생존경쟁보다 더 중요한 작용이 있다. 자연선택의 작용으로 사회적 본능이 일어났고 사회적 본능이 도덕감의 발달을 위한 기초를 제공한 것은 사실이지만, 도덕적 자질은 자연선택보다는 습성의 효과, 추리력, 교육, 종교 등을 통해 직접적으로든 간접적으로든 훨씬 더 진보했다.[64)]

5. 사회적 본능과 이타성

다윈주의자들은 지적인 종의 구성원들이 경쟁을 제한하고 평화롭게 살기 위해 노력하는 데에는 협동의 이익이라는 충분한 진화론적 이유가 있다고 본다. 인간사회는 이기성을 감소시킴으로써가 아니라 잘 理解된 利害가 이기성과 지성을 결합해 호혜적 이타성이라고 부르는 새로운 형태의 사회적 행동을 만들었으며, 종의 구성원들의 뇌에 인지적・정서적 기능이 올바로 조합되어 있는 한에는 진화론적 관점에서는 무엇보다 장기적으로는 협동이 훨씬 유리하다고 보는 것이다.

잘 알려진 대로 흡혈박쥐는 밤에 피를 먹고 산다. 그들에게 있어 식사를 한다는 것은 쉬운 일이 아니다. 그러나 식사를 한다면 아마도 배가 찰 때까지 실컷 먹을 것이다. 새벽이 되면 운 나쁘게도 굶주린 채로 돌아오는 놈이 있기도 하지만, 어떻게 해서든지 희생물을 발견한 개체는 여분의 피까지 잔뜩 빨아먹고 올 것이다. 다음 날 밤에는 반대의 운명이 될지도 모른다. 이것은 약간의 호혜적 이타 행동의 요소가 조금은 포함되어 있을 것 같은 희망적 사례같이 생각된다. 윌킨슨은 먹잇감을 만난 흡혈박쥐가 때때로 그렇지 못한 동료들에게 자신이 먹은 먹이를 토해 내는 식으로 헌혈하는 것을 발견했다. 윌킨슨이 목격한 경우에서 어미가 새끼에게 먹였다는 사실로 쉽게 이해될 수 있는 경우와 유전적 유연성이 관여한 경우도 있었다. 그러나 혈연이 없는 박쥐들 사이에서의 혈액 분배의 예도 몇 가지 더 있다. 이들의 경우에서 '피는 물보다 진하다'는 설명은 맞지 않는다. 재미있는 것은 여기에 관여한 개체들이 때때로 같은 잠자리 친구라는 사실이다. 즉 그들은 반복 죄수의 딜레마에 요구되는 것처럼 서로가 되풀이하여 상호 작용하는 기회를 가지고 있었다.[65)]

찰스 다윈은 인간이 이 세상에서 지배적인 위치를 차지하게 된 것은 지적 능력과 사회적 습성[66)]에 기인하며, 이 두 요인 때문에 동료들끼리 서로 돕고 지켜 주는 행동이 생겨

64) 찰스 다윈, 『인간의 유래 2』, 한길사, 2006, 571쪽.

65) 리처드 도킨스, 『이기적 유전자』, 을유문화사, 2002, 364~365쪽.

66) '습성'은 한번 몸에 배어 버리면 일생 변화하지 않는 수도 왕왕 있다. 만일 습관적 행위가 유전되는 경우 – 나는 그런 경우가 있다는 것을 제시할 수 있다고 생각한다 – 를 상상한다면, 본래부터 습성이었던 것과 본능과의 유사점은 구별할 수 없을 정도로 밀접한 것이다. 만일 본능이 조금이라도 변화할 수 있는 것으로 증명된다면, 자연도태가 본능의 변이를 이익이 되는 한에서 보존하고 축적해 나간다고

난 것이라고 한다.[67] 여러 세대에 걸쳐 일어난 일부 지적 작용은 본능으로 바뀌고 다음 세대에 유전이 된다. 본능 행위로 일어난 단순한 변이에 자연선택이 작용함으로써, 혼자 살아가며 동료들을 거의 보살피지 않는 개체들은 대부분 멸망되었겠지만 친밀한 관계를 유지하며 살아감으로써 이익을 얻는 동물의 경우 갖가지 위험을 잘 모면할 수 있었을 것이라는 것이다.[68] 즉 인간의 사회적 본능은 탁월한 지적 능력 때문에 가능하였으며, 이러한 사회적 습성은 세대를 거쳐 계속 반복되면서 '사회적 본능'[69]으로 형성되었던 것이다.[70] 그리고 이러한 사회적 본능은 인간이 자신의 행동에 대하여 더 먼 결과까지 인지하게 되면서 도덕심이나 양심과 같은 복잡적인 감정으로 발전하게 되었다는 것이다.[71] 그러나 우리는 모든 행동이 유전자 때문은 아니라는 것을 인지하고 있다. 자연선택의 작용으로 사회적 본능이 일어났고 사회적 본능이 도덕감의 발달을 위한 기초를 제공한 것은 사실이지만, 도덕적 자질이 자연선택보다는 습성이나 관습의 효과, 추리력, 교육, 종교 등을 통해 직접적으로든 간접적으로든 훨씬 더 진보했다는 측면을 간과하는 것은 아니다.[72][73]

> 인간의 뇌는 다른 동물보다 뛰어나기만 한 것이 아니라 전혀 다르다는 것이다. 무엇이 다른가? 인간의 뇌에는 호혜주의를 구사해 사회를 이루며 살아가는 이점을 충분히 활용하는 특별한 재능이 있다. 여기서 내가 말하는 도덕 감정이란 고도로 사회적인 생명체들이 유전자의 장기적인 이익을 위해 여러 사회적 관계를 효과적으로 활용할 수 있도록 고안된 문제해결 장치이다. 그것은 단기적 사리추구와 장기적 타산 사이에 갈등이 존재할 때 후자 쪽으로 갈등을 해결하기 위한 하나의 방책이다. 감정이란 인간이라는 사회적 동물이 서로 호혜성을 주고받으며 살아가기 위한 정교한 도구이며, 이타주의가 궁극적으로 이익이 될 때 그것을 향해 행동하도록 우리를 인도한다.[74]

인정하는 데 대하여 나는 아무런 곤란을 찾아내지 못한다. 지극히 복잡하고도 놀랄 만한 본능은 모두가 이와 같이 발생했다고 여겨진다. 신체적 구조의 변화는 사용, 즉 습성에서 생기고 또한 그것에 의하여 증대하며 불용에 의해 감소 또는 소멸되는데, 본능도 마찬가지라고 나는 생각한다. 찰스 다윈, 『종의 기원』, 홍신문화사, 1988, 240~241쪽.

67) 찰스 다윈, 『인간의 유래 1』, 한길사, 2006, 100~101쪽 참조.

68) 찰스 다윈, 『인간의 유래 1』, 한길사, 2006, 178쪽.

69) 사람은 앞뒤를 재며, 자신의 다양한 감정과 욕망과 기억을 비교한다. 그런 다음 가장 현명한 사람들의 판단에 따르면서, 최고의 만족은 '사회적 본능'이라고 하는 어떤 충동을 따름으로써 얻어진다는 사실을 발견하게 된다. 사람이 남을 위해서 행동한다면 동료들의 인정을 받을 것이며 함께 사는 사람들의 사랑을 받을 것이다. 이런 사랑이야말로 지상에서 얻을 수 있는 최상의 쾌락이다. 한층 더 고차원적인 충동 대신에 관능적인 열정에 복종하는 일은 점점 더 견딜 수 없게 될 것이다. 찰스 다윈, 『나의 삶은 서서히 진화해왔다』, 갈라파고스, 2003, 109~110쪽.

70) 만약 행동이 변화하고 유전된다면, 본능도 진화하지 않을 수 없다. 행동은 단순한 외양과는 다른 방식으로 자연선택의 힘을 드러낸다. 스티브 존스, 『진화하는 진화론』, 김영사, 2008, 263쪽.

71) 찰스 다윈, 『인간의 유래 1』, 한길사, 2006, 215쪽 참조.

72) 찰스 다윈, 『인간의 유래 2』, 한길사, 2006, 571쪽 참조.

73) 학습, 지식, 습성, 전통(혹은 그 밖의 무엇이든)은 대대로 전해질 수 있다. 스티브 존스, 『진화하는 진화론』, 김영사, 2008, 266쪽.

74) 매트 리들리, 『이타적 유전자』, 사이언스북스, 2001, 185~193쪽.

현존하는 유전자는 과거에 경험해 온 한 세트의 환경을 반영하고 있다. 이것은 그 유전자가 살아온 몸에서 제공된 내적 환경이나 사막, 산림, 해안, 포식자, 기생자, 사회적 동료 등의 외적 환경도 포함한다. 물론 이것은 유전자에 환경의 성질을 강하게 남긴다는 것이 아니고, 현존하는 유전자가 선택된 하나의 집합이며 그것들을 살아남게 한 성질이 그것들이 살아남아 온 환경을 반영하기 때문이다.[75] 인류의 경우에도 원숭이 무리, 고래 무리와 마찬가지로 수렵생활[76]과 농경생활을 공동으로 오랫동안 영위하는 작은 친족집단의 생활단위가 이타적 행위를 하게끔 유발하고 이를 강화시켰을 것으로 보인다.[77] 즉 유전자를 공유하는 친족으로 구성되어 있는 이러한 소집단에서의 사회적 관계는 협동의 직접적 이익을 누리는 기능적 단위로 작용하였으며, 이타적 행위를 선호하게 하는 심리적 경향이나 특성을 통하여 집단 구성원의 적합도를 상승시켰다. 이렇게 이타성은 인류가 집단을 이루어 생활하기 시작하면서 호혜적 상호주의[78]와 협동의 이익, 혈연선택[79] 등을 통하여 진화된 적응의 산물이라고 할 수 있다. 구성원이 별로 돌아다니지 않는 종이나 구성원이 작은 그룹을 이루고 돌아다니는 종에서는 자기가 만나는 개체가 누구든 자기와 친척일 가능성이 크다. 이 경우 "자기 종의 구성원을 만나면 누구에게나 친절하라"는 규칙은 유전자의 소유자가 이 규칙에 따르게 하려는 유전자를 유전자 풀 속에 늘어나게 한다는 의미에서 플러스 생존가(survival value)를 가질 수 있다. 이것이 원숭이 무리와 고래 무리에서 이타적 행동이 자주 보고되는 이유일 것이다. 무리에서 임의로 만나는 구성원이 친척일 가능성이 높으므로, 그 이타주의는 그만한 대가를 치를 가치가 있다는 것이다.[80] 특히 그중에서도 인간이 다른 사회적 동물들보다도 훨씬 규모가 큰 집단에서도 보다 협동적으로 행동할 수 있게 된 원인으로 피터 J. 리처슨과 로버트 보이드는 두 가지 원인을 제시한

75) 리처드 도킨스, 『확장된 표현형』, 을유문화사, 2004, 188쪽.

76) 수렵가설에 의하면 수렵은 인간에게 나타나는 강력한 호혜적 이타주의와 사회적 교환을 설명할 수 있다. 인간은 수년, 수십 년 또는 한평생 동안 지속될 수 있는 광범위한 호혜적 관계를 보여 줄 수 있는 유일한 영장류인 것 같다. 커다란 사냥감으로부터 얻은 고기는 사냥꾼 혼자서 먹을 수 있는 양보다 훨씬 많다. 게다가 사냥에 성공하는 것은 유동적이어서 한 주에 성공적인 사냥을 했더라도 그 다음 주에는 실패할 수 있는데 이런 조건들이 사냥으로부터 얻은 고기를 나누도록 만들었다. 따라서 수렵은 인간이 가진 고유한 특징인 지속적인 사회적 교환의 출현을 설명할 수 있다. 데이비드 M. 버스, 『마음의 기원』, 나노미디어, 2005, 124쪽.

77) 집단 유전학의 수학적 모형들은 이와 같은 이타성의 진화적 기원 속에 다음과 같은 규칙이 있음을 시사하고 있다. 즉 이타성 유전자로 인해 발생한 개체의 생존과 번식의 감소를 이타성 덕분에 증가한 집단의 생존 가능성으로 상쇄하고도 남는다면 이타성 유전자는 경쟁하는 집단들 전체에서 흔하게 생겨날 것이다. 가능한 한 간결하게 표현해 보자. 개체가 대가를 치르면 그 개체의 유전자와 부족이 이득을 얻고 결국 이타성은 확산된다. 에드워드 윌슨, 『통섭』, 사이언스북스, 2005, 445쪽.

78) 이론적으로 호혜성은 작은 집단에서만 효과적으로 유지될 수 있고, 큰 집단에서는 지속적으로 이루어질 수 없다.

79) 혈연선택이란 비상호적 이타주의의 한 형태로서 유전적으로 가까운 친척들을 향해서 발휘되는 이타주의를 말하는데, 가까운 친척들은 사실상 자신과 같은 유전자를 많이 공유하고 있으므로 친척들을 돕는 것은 사실상 자신의 유전자의 복제를 돕는 것과 같은 의미에서 유전자 이기주의의 결과라는 것이다.

80) 리처드 도킨스, 『이기적 유전자』, 을유문화사, 2002, 166쪽.

다. 첫째, 문화적 적응으로 인해 협동과 상징적인 표지의 문화적인 진화가 촉진된다. 인간은 문화로 인해 복잡한 적응을 빠르게 축적하며, 인간의 문화는 가변적인 환경에 특히 적응적이다. 이처럼 재빠른 적응으로 인해 계승할 수 있는 집단 간의 문화적 변이의 양이 급진적으로 증가했으며, 이는 집단 간의 경쟁과 함께 집단의 성공을 증진시키는 문화적 특질의 누적적인 진화를 낳았다. 상대적으로 규모가 크고, 협동적이며, 결속력이 강한 집단은 상대적으로 규모가 작고, 협동이 잘 되지 않는 집단과의 경쟁에서 승리하기 때문에, 집단 선택으로 인해 문화적으로 전달되는 협동적이고, 집단을 우선하는 규범 및 그러한 규범이 잘 지켜지도록 하는 보상과 처벌의 체계가 발생할 수 있다. 둘째, 문화적으로 진화된 사회적 환경은 그러한 환경에 적합한 본유적인 심리를 선호할 것이다. 보상과 처벌의 체계에 의해 친사회적인 규범이 강요되는 문화적으로 진화한 사회 환경에서 개체 선택은 각 개인들이 사회적인 보상을 얻고 사회적인 처벌은 회피하도록 하는 심리적인 성향을 선호할 것이다. 그 결과 사람들은 본유적인 성향으로 사회적 본능을 지니게 된다는 것이다.[81] 한편 매트 리들리는 통상적인 다윈주의자들의 견해에서 더 나아가 문화적 변화가 진화와 생물학적 변화를 가져온 것이며, 자발적이고, 자유의지에 의한 의식적인 행동이 유전자의 변화를 가져올 수 있다고 한다. 이처럼 사람들은 자신의 진화적 압력을 창조하고 있다. 평생 일을 해서 팔이 건강해진 대장장이는 건장한 팔을 가진 아이를 낳는다는 뜻이 아니라, 다만 의식적이고 의지에 찬 행동은 특정 생물종 특히 우리 인간의 진화적 변화를 가져올 수 있다는 것이다.[82] 생물학과 문화가 어떻게 상호작용하는지에 대하여 에드워드 윌슨은 자연선택에 따른 진화의 방식은 문화적 진화에도 유사하게 적용된다고 하며 두 종류의 진화는 어떻게든 연결되어 있다고 한다. 그리하여 그는 진화의 진정한 원인으로 유전자·문화의 공진화라 불리는 과정을 상정한다.

> 나는 문화의 因果學이 유전자에서 뇌와 감각을 통해 학습과 사회행동으로 우회하고 있다고 논증했다. 우리가 후손에게 물려주는 것은 세상을 특정한 방식으로 보게 만들고 특정 행동들을 상대적으로 더 잘 배우게 만드는 신경 형질들이다. 유전적으로 대물림되는 형질은 모방자, 즉 문화의 단위가 아니다. 오히려 특정한 종류의 기억 요소들을 고안해 내고 전달하는 성향이다.[83]

81) 피터 J. 리처슨·로버트 보이드, 『유전자만이 아니다』, 이음, 2009, 358~359쪽 참조.

82) 여러 증거들로 사람들이 처음 목축 생활을 시작하면서 이에 반응하여 우유 소화 능력을 습득한 것으로 보인다. 즉 우유 소화 능력에 대한 유전적인 변이가 먼저 생기고 나중에 목축을 시작한 것이 아님을 의미한다. 매트 리들리, 『게놈』, 김영사, 2001, 230쪽.

83) 에드워드 윌슨, 『통섭』, 사이언스북스, 2005, 268쪽.

이렇게 한 세대의 신념이 다음 세대에 문화적으로 전달될 때, 학습으로 인해 누적적이고 대체로 적응적인 변화가 발생한다. 그러한 변화는 유도변이(guided variation)의 힘에서 비롯된 것이라고 부를 수 있는데, 이 체계는 돌연변이가 무작위에 의하기보다 점점 적합도를 향상시키는 방향으로 일어나는 가상의 유전적 체계와 비슷하다.[84] 일단 문화적 전통이 유전적으로 전달되는 여러 변형의 적합도에 영향을 미칠 수 있는 새로운 환경을 만들어 내면, 유전자와 문화는 함께 공진화를 시작한다. 문화가 작용하는 데에는 사람들이 모인 개체군이 필요하기 때문에, 공진화적인 부적응은 자연적으로 사라질 가능성이 높다. 그러나 집단 선택으로 인해 개인적으로는 손해가 되더라도 집단으로는 이득이 되는 특질의 빈도가 증가할 수 있다. 그리고 이것은 관계가 먼 사람들로 이루어진 큰 집단에서도 협동을 유지할 수 있는 능력에 이르기까지 인간행동의 비적응적 행동으로 이어질 수 있다. 가장 발견할 가능성이 높은 부적응은 아마도 유전자에 가해지는 자연선택이 그 부적응에 불리하게 작용하더라도 실제로는 집단의 평균적인 적합도를 향상시키는 부적응으로 인간의 비호혜적 이타성과 협동이 아마도 여기에 해당될 수 있을 것이다. 유전자에 가해지는 자연선택에 따르면 친척 혹은 서로 잘 알고 있는 사람과만 협동해야 하지만, 인간은 모르는 사람들에게까지 이타성을 나타내며, 이방인들과 큰 집단을 이루어 협동하는 데 매우 능하다는 것이다.[85]

유전자와 문화의 공진화는 오랜 시간 동안 진행되었기 때문에 상당한 유전자의 변화를 발생시킬 수 있다. 특히 인간집단에서는 생물학적 영향과 문화적 영향을 구분해 내기가 힘들지만 이러한 상호작용의 과정이 수천 세대를 내려오면서 반복되면 이타성, 도덕 같은 감정이 인간의 자연적인 본성의 하나로 자리를 잡게 되는 것이다.[86] 이러한 관점에서 매트 리들리는 미덕이 우리가 인간 본성의 기질에 역행하면서 억지로 쟁취해야 하는 어떤 것이 아니라, 미덕은 우리 본성의 일부이고 본능이며 아주 유용한 윤활제라는 것이다. 따

84) 유도변이란 문화적 변형을 전달받은 사람에 의해서 발생하는 무작위적이지 않은 변화이다. 이 힘은 사회적 학습 혹은 발명, 문화적 변형을 적응적으로 바꾸어가는 중에 발생하는 변화에서 비롯된다. 피터 J. 리처슨・로버트 보이드, 『유전자만이 아니다』, 이음, 2009, 140, 218~219쪽.

85) 피터 J. 리처슨・로버트 보이드, 『유전자만이 아니다』, 이음, 2009, 279, 341~342쪽 참조.

86) 도덕적 자질이 발달하게 된 것은 더욱 흥미롭다. 도덕적 자질의 형성은 사회적 본능과 이러한 본능 아래서 이루어지는 가족 간의 유대에 달려 있다. 사회적 본능은 매우 복잡하고 하등동물에게는 특정하게 정해진 행동을 일으키는 경향이 있다. 그러나 좀 더 중요한 요소는 사랑 그리고 독특한 감정인 공감이다. 사회적 본능을 부여받은 동물은 집단 속에서 여러 가지 방법으로 즐거움을 찾고 위험을 알려 주며 서로를 방어하고 서로에게 도움을 준다. 사회적 본능은 종의 모든 개체로 확장되지 않으며 다만 함께 모여 사는 동일 집단 내의 구성원을 향해서만 적용된다. 사회적 본능은 종에게 커다란 이득이 되므로 자연선택은 획득되었을 가능성이 매우 높다. 도덕적인 생물은 자신의 과거 행동과 그 동기에 대해 곰곰이 생각할 수 있는 생물을 말한다. 이러한 도덕관념은 첫째로 오랫동안 常存하는 사회적 본능에서 생겨나고, 둘째로 동료의 동의와 비동의를 인식하는 능력에서 생겨나며, 그리고 마지막으로 과거에 받았던 매우 강한 감정과 함께 정신능력이 크게 작용하면서 생겨난다. 찰스 다윈, 『인간의 유래 2』, 한길사, 2006, 560~561쪽.

라서 우리는 인간의 이기성을 최소화하기 위한 제도를 만들어 내려고 할 것이 아니라, 인간의 미덕을 계발하기 위한 제도를 만들기 위해 노력해야 한다고 하는 것이다.[87]

인류가 집단생활을 하기 시작하면서 집단을 지속시키고 안정화시키기 위한 여러 가지 형태의 정신적·물질적 제도와 사회적 관습 및 특정한 형태의 심리적 상태, 감정 등이 진화의 과정을 통하여 형성되어 왔다. 공동체와 사회를 유지하는 데 유용한 일을 사심 없이 행하는 것이 선이나 미덕으로 칭송되고 교육되어 왔으며, 이러한 특정한 성질들이 흠결되어 있거나 공동체의 유대를 파괴하는 유형의 행위들을 악덕으로 규정하여 온 것이다. 모든 사적이고 개별적인 이익에 맞서 사회를 보호하고 윤리적 동질성을 유지하려는 데에서 근원하는 종교와 도덕뿐만 아니라 양심, 협동, 도덕적 처벌,[88] 사람들 사이의 사회적 평판, 권선징악, 상호 부조와 호혜적 이타주의, 공통의 이익을 위하여 경쟁을 제한하거나 줄이려는 사회적 합의나 제도 등이 학습과 교육을 통하여 강화되고 세대를 통하여 끊임없이 전승되고 있다. 일부일처제와 같은 결혼제도뿐만 아니라, 같은 직종에서 경제적 이익과 상호 부조를 위해 만들어진 노동조합의 조직도 노동자들 간의 소모적인 과잉 경쟁을 억제하기 위한 것이었으며, 서구 복지국가의 등장도 이와 궤를 같이한다고 할 수 있을 것이다. 이러한 방식으로 단순한 눈앞의 개인의 이기적 이익보다 우리 모두의 장기적인 이익과 보편적 복지를 도모할 수 있는 정교한 방법들이 인간의 지적능력을 통해서 계속 만들어지고 있으며 새로이 고안될 수도 있다. 그러나 현대의 문명이 인간의 사적 이해를 공동체적 이해나 인류애적인 목표와 일치하는 방향으로 사람들을 더 큰 단위로 통합하려고 애쓰고 있음에도 불구하고, 이타주의를 가능하게 하였던 이전의 사회적 단위와 문화는 현대사회에서는 점차적으로 해체되어 가고 있는 상태이다. 공통의 유대감과 연대의식을 소규모 집단을 넘어서 갈등과 원자화된 익명성이 지배하는 현대사회의 국가적인 수준에서 정치적으로 실현시키는 것은 사람들의 도덕성이 상실되거나 예전과 같지 않아 불가능하거나 결코 쉽지 않다는 것이 엄연한 사회적 사실로 인정되고 있다.[89][90] 그럼에도 불구하

---

87) 매트 리들리, 『이타적 유전자』, 사이언스북스, 2001, 205쪽 참조.

88) 예를 들어, 지위가 낮아진다든지, 친구를 사귈 수 없다든지, 배우자를 만날 기회가 줄어들 수 있는 도덕적 처벌은 두 가지 이유 때문에 호혜성보다 큰 규모의 협동을 유지시키는 데 효율적이다. 첫째, 처벌은 누군가를 목표로 할 수 있다. 다시 말해 호혜자가 배반자와 협동을 거부할 때처럼 연속적으로 배반이 일어날 필요 없이 배반자가 처벌받을 수 있다. 둘째, 도덕적 처벌은 큰 집단에서 호혜성으로 집단의 구성원에게 미치는 처벌보다 배반자에 더욱 큰 손해를 끼칠 수 있다. 따라서 큰 집단에서 협력자의 수가 적더라도 이들은 다른 구성원들의 협동을 유도할 수 있다. 겁쟁이와 의무를 포기하는 사람, 남을 속이는 사람은 예전의 동료에게 공격받거나, 사회에서 격리되거나, 험담의 대상의 되며 혹은 영토나 배우자로의 접근이 거부될 수도 있다. 피터 J. 리처슨·로버트 보이드, 『유전자만이 아니다』, 이음, 2009, 364~365쪽 참조.

89) 이론적으로 호혜성은 작은 집단에서는 효과적이지만 큰 집단에서는 그렇지 않다. 호혜성은 자연에서 중요한 역할을 할 것으로 예상되지만, 호혜성이 대규모의 사회성 진화에 중요한 역할을 했는지에 대한 중요한 증거는 없다. 피터 J. 리처슨·로버트 보이드, 『유전자만이 아니다』,

고 사회는 진정으로 협동적이고 이타적인 행위가 널리 퍼져 있다는 믿음이 구성원들 사이에 존재하여야 유지된다고 본다. 그리하여 그들에게 그것을 실제로 촉구할 필요가 느끼면서 집단의 이해를 개인의 이해보다 우선하라는 도덕적 명령을 끊임없이 강조한다. 사회의 그러한 노력은 어느 정도 효과가 있지만, 우리의 이웃이나 사람들에 대해 진정으로 이타적인 행위를 권장하기 위해서는 그것 이상의 다른 무엇이 필요하다.

> 인간 삶의 통일성에 관한 설화적 이해와 실천의 개념이 현대 문화의 주변부로 추방되는 역사적 과정은 동일한 것으로 판명된다. 그것은 사회적 삶의 형식들의 변형이 한 양상을 이루는 역사이다. 이 변형은 개인들에 대한 시장과 공장, 그리고 궁극적으로는 관료제의 지배가 끊임없이 재정립되는 과정이다. 이 개인들은 때로는 독립적이고 합리적인 존재로서 파악되어 자신들에게 도덕적 관점을 스스로 부여하고, 때로는 상황들의 익명적 산물로 파악되어 그들의 행복은 그들 자신을 위해 고안되어야 한다. 그것은 또한 개념과 실천에 있어서의 '덕의 변형'이라는 다른 양상을 갖고 있는 역사이다.[91]

개인적인 유용성과 사회적인 유용성은 일치하기 어렵다. 이타적인 협동행위는 대부분 비교적 소규모 집단에 한정된다. 그리하여 부족 사회를 기준으로 형성되었던 도덕적 기준과 사회적 덕목들은 공동체 전체의 복지에 미치는 영향을 고려하지 않을 뿐만 아니라, 각 구성원의 복지에 미치는 영향도 고려하지 않으면서, 현대 인간의 사회생활에서 갈등을 유발하거나 많은 사회적 문제를 일으키는 원인으로 작용하기도 한다. 예컨대 주요한 생산수단을 공유하였던 부족 사회나 친족집단에서의 태도로 공공재를 이용하면서도 탈세를 하려 하거나 무임승차하려는 행위를 보이기도 하고, 혈연, 학연, 지연 등으로 맺어진 소규모의 공동체가 법에 드러나지 않는 형태로 사회에 많은 해악을 저지르는 범죄 집단과 같은 역할을 수행하기도 하며, 그 사회의 지배적 지위에 있는 특정 엘리트 집단들이 그들만의 특권적 연대 의식으로 결탁하여 다른 사회적 집단들을 배제하면서 재화와 권력을 독점하는 행태를 보이기도 하는 것이다. 그리하여 하이에크는 이타심이 우리가 구체적으로 사정을 잘 아는 사람들, 가족, 친지, 친구와 같이 우리의 삶의 범위 내에 있는 사람들에 대해서만 작용하는 '구체적인 이타주의'이며, 개별 사정을 알지 못하는 수천, 수백만의 불행은

이음, 2009, 370쪽.

90) 하이에크는 분배정의의 기초가 되는 유대감 같은 도덕은 부족 사회의 정신적 태도라고 한다. 사회정의의 실현은 이런 본능적인 소규모의 폐쇄된 사회의 도덕을 거대한 열린 사회에 적용하려는 노력이지만, 이러한 노력은 소규모 사회의 도덕은 물론 거대한 사회의 도덕까지도 파괴한다고 한다. 이런 하이에크의 주장을 입증해 주는 것이 오늘날 서구사회의 복지국가의 도덕적 몰락이라고 한다. 민경국, 「롤즈와 하이예크」, 『철학과 현실』 37호, 철학문화연구소, 2009, 127쪽 참조.

91) 알래스데어 매킨타이어, 『덕의 상실』, 문예출판사, 1997, 335~336쪽.

느낄 수 없다고 한다. 우리가 감정이 둔화되고 이타심이 부족해서가 아니라 우리의 인지 능력의 한계 때문이다. 그래서 그는 보편적 이타주의를 허구라고 본다.[92] 실제로 우리는 우리가 특별한 관계를 갖고 있는 사람들(우리들 자신, 우리의 가족, 친구들, 동료들)에 대해서 특별한 책임을 갖는다고 믿는다. 우리는 우리의 시간과 다른 자원들을 이방인들보다는 그들을 위해서 더 많이 소비하며, 우리는 그것이 옳다고 생각한다. 오히려 우리는 어떤 사람이 그의 사적인 삶에서 그의 공동체의 모든 구성원에 대해서 평등한 배려를 보여 줄 경우 그 사람에게는 결함이 있을 것이라고 믿는다.[93]

도덕규범으로서 집단주의 및 연대시스템을 주축으로 하는 사회질서는 인구의 증가, 자원의 희소성의 증가 그리고 이들 요인에 의해 야기되는 기술적인 외부 불경기 등과 같은 환경변화에 적응할 수 없었으며, 300만 년 내지 400만 년 동안 지속되어 온 소규모 사회에서의 시스템을 극복하는 것이 인류문명의 과제였다는 것이다.[94] 따라서 이렇게 인류가 친족집단이나 이것이 확대된 형태의 소집단이나 지역공동체에서 오랫동안 진화하면서 형성된 도덕 감정들 중에서 외부에 대하여 갖는 적대감이나 폐쇄성이 어떻게 내부와 조화되면서 흘러갈 것인지가 문제인 것이다. 동시에 외부의 경계와 범위가 어떻게 어떠한 방법으로 설정될 것인가에 따라 우리의 문명의 성격과 방향이 결정될 것이다. 인류 문명의 전망에 대하여 과거의 역사는 결코 호의적이지는 않다. 우리의 역사적 감성과 전통들에서 집단 구성원들의 정체성을 유지하고, 그들 사이에서 연대성을 확보하는 방법은 누군가를 구성원이 될 자격으로부터 배제하거나, 외부화시키는 것이었다.[95] 우리는 가족이나 친족 집단 간의 유대와 사랑이 그러한 감정을 토대로 하여 외부인에 대해서는 착취와 이용의 대상으로 얼마나 쉽게 폭력과 억압적 행위로 전환되었으며,[96][97] 어떻게 조합원의 상호부조와 경제적 이익을 도모하기 위한 노동조합이 비조합원에 대해서는 자신의 고용계약

---

92) 민경국, 『하이에크, 자유의 길』, 한울아카데미, 2007, 359~363쪽.

93) 로널드 드워킨, 『자유주의적 평등』, 한길사, 2005, 373쪽.

94) 민경국, 『하이에크, 자유의 길』, 한울아카데미, 2007, 270쪽.

95) 인류는 도덕에 의해 가장 잘 우롱당한다는 것을! 사실, 여기서는 '선민'이라는 가장 의식적인 오만이 겸허로 가장하고 있다. 자기네와 '공동체'와 '선한 자와 의로운 자'들을 영영 한쪽 편에, 즉 진리의 편에 놓아 버리고 그리고 그 나머지와 세계를 반대편에 놓았다. 이런 일은 이제껏 지상에 존재했던 것 중에서 가장 숙명적인 유형의 과대망상이었다. 프리드리히 니체, 『바그너의 경우·우상의 황혼』, 책세상, 2002, 277~278쪽.

96) 가족구성원들이 더 깊은 애정으로 더 긴밀히 묶여 있을수록 외부 세계에서 자신들을 고립시키는 경향이 더 자주 나타나고, 그들이 더 넓은 생활영역에 들어가기는 더욱 어려워진다. 지그문트 프로이트, 『문명속의 불만』, 열린책들, 2003, 279쪽.

97) 덕목은 가장 중요한 것으로 여겨지고 있다. 그러나 그러한 덕목은 거의 같은 부족 사람들의 관계에서만 이루어지고 있다. 덕목에 위배되는 행위를 다른 부족 사람들에게 행할 때 그것을 죄악으로 여기지 않는다. 살인, 절도, 변절 등이 성행하는 부족은 함께 단결할 수 없다. 따라서 같은 부족 내에서 그런 죄악에는 영원히 지워지지 않는 낙인이 찍힌다. 그러나 다른 부족 사람들에게 행한 행위는 죄악이라는 감정을 불러일으키지 않는다. 찰스 다윈, 『인간의 유래 1』, 한길사, 2006, 193~194쪽.

을 유지하고 노동에 대한 독점력을 유지하기 위한 배타적인 수단으로 전락하여 경제적 조합주의를 표방하게 되었는지, 국가와 민족이 애국심과 민족주의라는 가치감정에 근거하여 대량학살과 제국주의적 침략으로 전화되었으며, 또한 인류가 얼마나 많은 다른 종을 절멸시켰는지에 대하여 우리는 너무나도 많은 사례를 알고 있다.

3장

비정규 노동의 정신분석과 과잉억압

1. 노동과 문명

근대에 들어서 노동이 인간의 삶 자체로 여겨지면서 노동에 공적 지위가 부여되고 사회가 의미와 가치를 부여하는 유용한 노동을 중심으로 조직되고 있다. 그러나 문명사회에서 노동은 오랫동안 자유로운 인간들의 고귀한 활동으로 간주되지는 않았다. 정규적으로 보장된 일을 하는 사람은 자유인이 아니었다. 그것은 대체적으로 지배받는 노예의 활동이었으며 인간의 신체를 과도하게 손상시키는 고통스러운 작업이었다. 그리고 무엇보다도 노동은 생존을 보장하고 삶을 유지하기에도 급급한 수동적인 삶에 필연적으로 속하는 것으로, 인간 활동의 위계에서도 낮은 범주에 속하는 것이었다. 그렇지만 프로이트는 삶을 영위하는 방법 가운데, 노동에 중점을 두는 것만큼 개인을 현실에 단단히 붙들어 매는 것은 없다고 보았다. 노동은 적어도 개인에게 현실의 일부분인 인간공동체에 안전한 자리를 확보해 주기 때문이다. 이러한 노동은 사회에서 생계를 유지하고 자신의 존재를 정당화하는 데 불가결한 것으로서 가치를 갖고 있지만, 自己愛적이거나 공격적이거나 관능적인 리비도[1]의 구성요소 가운데 상당 부분을 전문적인 일이나 그 일과 관련된 인간관계로 돌릴 수 있게 해 준다는 점에서도 그에 못지않은 가치를 갖는다고 보았다. 따라서 직업 활동은 예술적 노동과 같이 자유롭게 선택된 경우에는 특별한 만족감을 준다. 그러나 사람들은 노동을 행복의 수단으로 높이 평가하지 않으며,[2] 다른 만족의 원천을 추구하는 것만큼

1) 리비도는 우리가 사랑이라는 낱말 속에 포함될 수 있는 것과 관련된 본능들의 에너지를 지칭한다.

2) 개인 생활시간의 대부분을 차지하고 있는 노동시간은 고통스러운 시간이다. 왜냐하면 소외된 노동이란 만족의 부재이며, 쾌락원칙의 부정이기 때문이다. 리비도는 그 자신의 능력과 욕망과는 대부분 일치하지 않는 활동에 속박되어, 산업의 장치를 위하여 일하는 한에서만 사회적

열심히 노동을 추구하지 않는다. 대다수 사람들은 필요성 때문에 어쩔 수 없이 일할 뿐이고, 일하기를 싫어하는 이 타고난 기질은 가장 해결하기 어려운 문제를 일으킨다.[3] 그러나 본능을 자제하고 열심히 일하도록 강제하는 것이 모든 문명의 존립기반이며,[4] 따라서 이런 요구를 받은 사람들의 저항을 필연적으로 불러일으킨다고 보았다.[5]

프로이트의 이러한 문명의 개념 자체를 현실원칙으로부터 자유로운 억압 없는 문명이라는 성숙한 문명의 조건 아래에서 해방시키고자 하였던 마르쿠제도 『에로스와 문명』에서 문명의 물질적 기초를 창조하고 확대하는 작업은 주로 소외되고, 고통스럽고, 비참한 노동이며, 그것은 현재에도 여전히 그렇다고 하였다. 그러한 작업의 수행은 개인의 욕구와 성향을 거의 만족시키지 못하며, 그것은 맹목적인 필연과 맹목적인 세력에 의해서 인간에게 부과된 것이라고 보았다. 그 억압은 물질적 문화의 범위를 고양하고, 생활필수품의 조달을 용이하게 하고, 안락과 사치를 값싸게 하고, 매우 광대한 영역을 산업의 궤도로 이끌어 들이지만, 한편 동시에 노고와 파괴를 존속시킨다. 개인은 그의 시간과 의식과 꿈을 희생하고 포기하게 되고, 개인의 본능은 그의 노동력을 사회적으로 이용할 수 있도록 제어된다. 그는 살기 위해서 일해야 되며, 이러한 노동은 매일 여덟, 열두 시간을 요구하고 활동력의 적절한 전환을 요구할 뿐만 아니라, 일하는 시간과 나머지 시간 중에도 수행원칙의 기준과 윤리에 일치하는 행동을 하도록 요구한다.[6][7] 사회는 지금도 여전히 생활필수품을 조달하는 일이 특정 사회계급의 全시간에 걸치는 일, 종생의 일이 되도록 조직되어 있다. 이 때문에 그들은 부자유하고 인간적인 생활을 하지 못한다. 인간의 의식과 물

으로 유용한 수행으로 전환한다. H. 마르쿠제, 『에로스와 문명』, 나남출판, 2004, 66쪽.

3) 지그문트 프로이트, 『문명 속의 불만』, 열린책들, 2003, 253쪽.

4) 문명의 역사는 희생이 내면화되는 역사다. 다른 말로 하면 체념의 역사다. 체념하는 자는 자신에게 돌아오는 것보다 더 많은 것을 삶에서 내주어야 하며 자신이 보호해야 할 삶보다 더 많은 것을 포기해야 한다. 사람이 잉여인간 취급을 당하고 기만당하는 잘못된 사회구조 속에서는 이러한 사태가 일어나는 것이다. 어디를 가든 만나는 사람은 불평등하고 불공정한 교환을 피하고, 체념하지 않으며, 완전한 전체를 포착하려 하면서 동시에 모든 것을 버릴 용의가 있는 사람은 자기 유지에 실패할 수밖에 없다. 그에게 남겨진 것은 초라하기 이를 데 없는 것뿐이라는 사실은 궁핍한 사회에서 빚어질 수밖에 없는 필연이다. M. 호르크하이머·TH. W 아도르노, 『계몽의 변증법』, 문예출판사, 1995, 91~92쪽.

5) 문명은 인류의 보편적 관심으로 여겨지고 있지만 각 개인은 사실상 문명의 적이기 때문이다. 인간은 혼자서는 살 수 없으면서도, 공동생활을 위해 필요한 희생을 무거운 부담으로 생각한다. 그래서 문명은 개인과 맞서 자신을 지켜야 하며, 문명의 규율과 제도와 명령은 바로 그 과업을 수행하기 위한 장치다. 문명의 규율과 제도와 명령은 물자를 일정하게 분배하는 것만이 아니라 그 분배를 유지하는 것도 목적으로 한다. 모든 문명은 강제와 본능억제에 바탕을 두어야 하는 것처럼 보이며, 문명의 존속은 지속적인 생산활동과 본능자제에 달려 있다. 요컨대, 일정수준의 강제가 있어야만 문명제도가 유지될 수 있는 까닭은 인간은 두 가지 성질 – 인간은 자발적으로 일하기를 좋아하지 않으며, 그들의 열정에 반대하는 이유를 논리적으로 설명하는 것은 아무 소용이 없다 – 때문이다. 지그문트 프로이트, 『문명 속의 불만』, 열린책들, 2003, 168~173쪽.

6) 개인의 노동은 만일 살기를 원한다면 반드시 거기에 복종해야 하는, 개인이 조종할 수 없는, 독립된 힘으로 조작되는 장치를 위한 작업이다. 그리고 노동의 구분이 더욱 특수하게 되면 될수록 산업체계의 장치는 더욱 생소하게 된다. 인간은 그들 자신의 삶을 살지 않고 미리 확정된 기능을 수행한다. 일하는 동안에 그들은 그들 자신의 욕구와 능력을 충족시키지 못하고 소외 속에서 작업한다. H. 마르쿠제, 『에로스와 문명』, 나남출판, 2004, 66쪽.

7) H. 마르쿠제, 『에로스와 문명』, 나남출판, 2004, 111~126쪽 참조.

질적 생산력의 발전에 따르면 인간은 자유로워질 것으로 기대되며, 또 인간 자신도 스스로에게서 그러한 것을 기대하지만 실제로는 자유롭지 않은 것이다. 이런 의미에서 진리는 사회적으로 필요한 노동에 의한 노예화와 양립될 수 없다는 고전적 주장이 현재도 여전히 통용하는 것이다. 역사는 여전히 지배의 역사이고, 사유의 논리는 여전히 지배의 논리로 남아 있는 것이다.[8] 이러한 현상에 대하여 니체는 현대로 접어들면서 노동의 세계가 귀족화되었는데 이것은 자기기만이라고 한다. 그 이유는 어떤 사람에게는 기계적인 일을 주고 다른 뛰어난 사람들에게는 창조적인 행위를 허락한 공정하지 못한 운명하에서는 '노동의 존엄'이라는 허구개념[9][10]을 통해서 변하는 것이 없기 때문이다. 노예제도를 갖고 있는 사회는 이러한 운명의 불공정함을 잔인할 정도로 공개하는 것이다. 반면에 현대사회는 문화의 기초가 되는 착취구조를 포기할 의사도 없으면서 운명의 불공정함을 감추고 있는 것이다.[11]

> 사람들은 무엇을 했던가? 노동자를 군인처럼 용감하게 만들고, 그들에게 단결권과 참정권을 부여했다. 노동자가 오늘날 자신의 존재를 이미 위기로 느낀다 해도 그것이 뭐 이상한 일이겠는가? 그런데 다시 한 번 물어보자. 사람들이 원하는 것이 무엇이란 말인가? 목표를 원하면 수단도 원하지 않으면 안 된다. 노예를 원하면서 노예를 주인으로 교육한다면 바보가 아닐 수 없다.[12]

이제 노동은 개인의 생존을 보장하는 방편이지만, 억압적인 형태로 사회적으로 보편화되고, 더욱 합리화된 방식으로 사회에 침투된다. 그리하여 개개인의 본능적 구조 속에서 지배유지에 이바지하는 가치와 행동양식을 되풀이하는 동안에 지배는 점점 자율성과 인

---

8) H. 마르쿠제, 『일차원적 인간』, 1986, 한마음사, 157쪽~168쪽 참조.

9) 극단적인 유명론자인 니체는 '인간의 천부적인 존엄'이니 '노동의 존엄' 같은 것이 노동자들에게만 없다고 보는 것이 아니라, 본래 존재하지 않는다고 본다. 인간은 언어로 세계를 인식할 수 있다고 믿고 있지만 엄청난 오류가 있다는 것을 어렴풋이 알게 된다. 탈감각화된 범주들, 형식들, 언어들은 삶의 기본적인 전제들을 부정하는 철학적 관념론이 만든 질병과 같은 것이다. 따라서 이 때문에 '인간의 존엄'이라든가 '노동의 신성함'과 같은 아름다운 유혹적인 문구와 위로의 문구의 효과가 소진되었을 때 이 문화는 점차 무서운 파멸을 향해 치달리게 된다. 프리드리히 니체, 『비극의 탄생』, 아카넷, 2007, 220~222쪽 참조.

10) 권리와 같은 표현들과 이와 유사한 개념들은 언어역사의 비교적 늦은 시점에 등장하였다. 그러한 역사적 제도들 및 관행들은 인간 사회에 일반적으로 존재하지 않았다. 중세 말까지는 어떤 고대 언어 및 중세의 언어에도 우리의 권리라는 개념으로 번역될 수 있는 어떤 표현들도 존재하지 않는다. 이러한 관념과 표상은 1,400년 전의 고중세의 히브리어, 그리스어, 라틴어, 아랍어에 결여되어 있으며, 고영어는 물론이고 일본어에는 19세기 중반까지 없었다. 그와 같은 권리들은 존재하지 않았으며, 이 권리들에 대한 믿음은 마녀와 일각수에 대한 믿음과 마찬가지이다. 이 허구들은 우리에게 객관적이고 비인격적인 기준들을 제공한다고 주장하지만 그러지 못한다. 그리고 바로 이런 이유로 인해서 그들이 주장하는 의미와 실제의 사용 사이에는 간극이 존재할 수밖에 없는 것이다. 권리의 개념은 자율적인 도덕 행위자라는 사회적 발명품의 한 부분으로서 일련의 목적을 수행하기 위하여 만들어졌다. 이것은 새로운 사회적 기능을 수행한다는 외양을 보여 주기 위해서 철저하게 혁신적인 성격을 가져야만 했다. 알래스데어 매킨타이어, 『덕의 상실』, 문예출판사, 1997, 110~114쪽.

11) 뤼디거 자프란스키, 『니체』, 문예출판사, 2003, 113쪽.

12) 프리드리히 니체, 『바그너의 경우·우상의 황혼』, 책세상, 2002, 181쪽.

격을 상실하면서 보다 객관적이고 보편적으로 되어 간다. 개개인은 항상 자기 자신의 내부로부터 지배를 되풀이해 왔으며, 지배가 이것을 발달시킨 한도까지 이 반복과정은 합리적인 자기 보존과 자기 발전에 도움이 되어 왔다.[13] 사회적인 권위는 양심으로 흡수되고 개인의 무의식에 흡수되어 그 자신의 욕망과 도덕적 성취로 작용한다. 정상적인 발전에서 개인은 그의 억압을 그 자신의 생활로 받아들이고 자유롭게 살아간다. 그는 그가 바라도록 되어 있는 것을 바란다. 억압은 순응하는 개인에게 다소간 적절하게 보답하고, 그렇게 함으로써 다소간 적절하게 사회체제를 재생산하는 거대한 사물의 객관적 질서로 사라진다.[14] 그 결과 어느 특정 사회의 목적에 부합되는 특정한 방식으로 인간의 에너지가 형성되는 구조인 '사회적 성격'[15][16]은 사회적 조건에 적응하는 동안에 그가 꼭 해야만 할 듯한 일을 바라게 하는 특성을 발달시킨다. 성격이 사회적 요구에 역동적으로 적응해 감으로써 인간의 에너지는 마찰을 일으키지 않고 일정한 형식으로 형성되어 특수한 경제적 요구에 응해 행동하게끔 이끌려 간다. 이로써 현대인은 외부의 강요를 받아 열심히 일하는 것이 아니라, 일에 대한 내적인 강제로 움직이고 있는 것이다.[17] 즉 지배의 대상인 인간이 자신의 억압을 스스로 재생산하는 본능적 과정을 수반하게 되며,[18] 외부로부터의 강요가 내부로부터의 무의식적 억압에 의해 지지된다. 결국 노동을 통해서만 인간답게 살 수 있게 만드는 자본주의의 조건 아래서 노동자는 자본의 욕구를 자신의 욕망으로 삼게 만드는 욕망의 배치를 작동시킨다. 우리는 이 욕망의 배치 안에서, 자본이 요구하는 능력과 자질을 자신의 신체에 새기게 된다. 노동하기 이전부터, 노동한 이후에도, 그리고 노동

---

13) H. 마르쿠제 · E. 프롬, 『프로이트 심리학 비판』, 선영사, 1995, 19~20쪽.

14) H. 마르쿠제, 『에로스와 문명』, 나남출판, 2004, 67쪽 참조.

15) 프롬은 정신분석적 방법을 통하여 경제적 기초의 구조가 상부구조와 연결되는 메커니즘을 설명하기 위한 방법의 하나로 사회적 성격이라는 개념을 사용하고 있는데, 사회적 성격은 사회 및 경제구조가 한 사회에 지배적인 이념이나 이상 사이의 매개체로 작용한다고 본다. E. 프롬 · R. 오스본, 『정신분석과 유물론』, 선영사, 1987, 205~220쪽 참조.

16) '사회적 성격'이란 같은 문화권에 속하는 사람들이 개인적 성격에서 다른 서로 다른 것과는 대조적으로 같은 문화권의 구성원들 대부분이 공유하는 성격구조의 핵심을 말하는 것이며, 이것은 일정한 사회 안의 인간의 에너지가 계속 기능을 수행하도록 일정한 틀에 넣어 나아가게 하는 기능을 수행하게 하는 것이다. 그는 「성격과 사회과정」에서 '사회적 성격'의 개념을 다음과 같이 정의한다. "어떤 사회집단의 심리적 반응을 연구할 때 우리는 그 집단의 성원, 즉 개개인의 성격구조를 다루고 있는 것이다. 그러나 우리가 흥미를 느끼는 부분은 인간이 서로 다르다는 그런 특수성이 아니라, 성원 저마다의 성격구조에서 생기는 공통되는 면이다. 이와 같은 성격을 '사회적 성격'이라고 하자. 사회적 성격은 한 집단의 성원 대부분이 가지고 있는 성격 구조의 본질적인 핵심이며, 그 집단에 공통된 기본적 경험과 생활양식의 결과 발달된 것이다. 사회적 성격은 사회구조에 대해 인간성이 역동적으로 적응해 가는 결과로서 생긴다. 사회적 조건이 변화하면 사회적 성격이 변화하여 새로운 욕구와 소망이 생긴다. 이러한 새로운 욕구가 새로운 사상을 낳아서 사람들에게 저마다 그와 같은 사상을 쉽게 받아들일 수 있게 한다. 이와 같은 새로운 사상이 이번에 새로운 사회적 성격을 고정화하고 강화하여 인간의 행동을 결정한다. 다시 말해서 사회적 조건은 성격이라는 매개체를 통해서 이데올로기적 현상에 영향을 준다. 한편 성격이란 사회적 조건에 대한 소극적인 결과가 아니라 인간성의 고유한 생물학적 요소에서 기인된 혹은 역사적 진화의 결과로 내재적이 된 요소를 기초로 하는 역동적인 적응의 결과인 것이다." 에리히 프롬, 『소유냐 삶이냐/사랑한다는 것』, 동서문화사, 2008, 502~516쪽 참조.

17) 에리히 프롬, 『소유냐 삶이냐/사랑한다는 것』, 동서문화사, 2008, 506~507쪽.

18) H 마르쿠제, 『에로스와 문명』, 나남출판, 2004, 117쪽.

에 실패하거나 탈락한 경우에도 우리는 자본의 시선으로 자신의 신체를 보면서 자본의 욕망 내지 욕구를 노동자가 자신의 욕망으로 삼게 하는 욕망의 배치를 발견한다.[19)]

2. 무의식과 공격본능

억압을 통해 어떤 표상이 의식의 전면에 나타나지 않을 때 우리는 그 표상이 무의식의 상태에 있다고 말한다. 그런데 어떤 표상이 무의식의 상태에 있을지라도 그 표상은 의식에 도달하는 표상과 마찬가지로 나름의 영향력을 행사할 수 있다. 그러나 무의식이 전적으로 억압된 것들로만 채워져 있지는 않은데, 무의식의 영역은 생각 이상으로 넓으며 억압된 것들은 무의식의 일부에 지나지 않는다. 이러한 무의식 조직의 내용은 비유적으로 말하면 우리 정신 속에 거주하는 원주민이라고 할 수 있다. 만일 인간에게 유전으로 물려받은 어떤 정신적인 형성체들로 동물의 본능과 흡사한 그 무엇이 존재한다면 그것들이 바로 무의식 조직의 핵심을 구성하는 내용들이다.[20)] 정신의 의식적인 활동은 무의식적인 활동에 비하면 아주 작은 중요성밖에 갖지 못한다. 우리의 의식적 행동은 주로 유전적 영향으로 마음속에 생겨난 무의식의 기층에서 생겨난 것이기 때문이다. 이 기층은 대대로 전해져 내려오는 수많은 특징들로 이루어져 있으며, 어떤 종족이 공통적으로 갖고 있는 이 수많은 특징들이 바로 그 종족의 고유한 특성을 이룬다. 우리가 어떤 행동의 이유로 내세우는 동기들 뒤에는 우리가 자인하지 않는 은밀한 동기들이 숨어 있을 게 분명하지만, 이 은밀한 동기들 뒤에는 우리 자신도 모르는 더욱 은밀한 동기들이 수없이 숨어 있으며, 우리의 일상적인 행동들은 대부분 우리가 관찰할 수 없는 이 숨어 있는 동기들에서 나온다.[21)] 프로이트는 행동의 숨어 있는 동기로 인간이 강력한 공격 본능[22)]을 타고난 것으로 추정하였다.[23)]

---

19) 이진경, 『미래의 맑스주의』, 그린비, 2006, 67~68쪽 참조.

20) 지그문트 프로이트, 『정신분석학의 근본개념』, 열린책들, 2003, 161~202쪽.

21) 지그문트 프로이트, 『문명속의 불만』, 열린책들, 2003, 77~78쪽 참조.

22) 리비도는 파괴적 본능을 해롭지 않은 것으로 만드는 책무를 띠고 있고, 그 본능을 대부분 외부로 돌림으로써, 즉 그것을 외부세계에 있는 대상을 향하게 함으로써 그 책무를 수행한다. 그렇다면 그 본능은 파괴적 본능이나 지배본능 혹은 권력에의 의지라고 부를 수 있을 것이다. 지그문트 프로이트, 『정신분석학의 근본개념』, 열린책들, 2003, 423쪽.

23) 다만 프로이트는 인간의 공격본능은 타고난 것이지만 고도로 조직화된 인위적 집단의 개인이 지도자 및 구성원들과 리비도적 결합으로 강하게 결속되어 있는 경우에는 사랑과 운명의 공동체가 가능하다고 본다.

> 인간은 사랑받기를 원하고 공격을 받아도 기껏해야 자신을 방어할 수 있을 뿐 상대를 반격하지도 못하는 유순한 동물이 아니다. 반대로 인간은 강력한 공격 본능을 타고난 것으로 추정되는 동물이다. 이웃은 그들에게 잠재적인 협력자나 성적 대상일 뿐 아니라, 그들의 공격 본능을 자극하는 존재이기도 하다. 인간은 이웃을 상대로 자신의 공격 본능을 만족시키고, 아무 보상도 주지 않은 채 이웃의 노동력을 착취하고, 이웃의 동의도 받지 않은 채 이웃을 성적으로 이용하고, 이웃의 재물을 강탈하고, 이웃을 경멸하고, 이웃에게 고통을 주고 싶은 유혹을 느낀다. 인간은 인간에게 늑대다. 인생 경험과 역사에 대한 진실 앞에서 누가 감히 이 주장을 반박할 수 있겠는가? 이 잔인한 공격 본능은 대개 도발을 기다리거나, 좀 더 온건한 수단을 사용해도 충분히 달성할 수 있는 다른 목적에 이바지한다. 공격 본능을 발휘하기에 유리한 상황, 즉 평소에 공격 본능을 억누르는 정신적 억제력이 작용하지 않는 상황에서는 공격 본능이 자연스럽게 표출되어, 인간의 본래 모습은 같은 종족을 존중하는 마음이 전혀 없는 야수임을 폭로한다. 훈족의 대이동이나 침입, 칭기즈칸과 티무르가 이끄는 몽골족의 침입, 신앙심 깊은 십자군의 예루살렘 점령 또는 최근에 일어난 세계대전의 참화 속에서 저질러진 잔학행위를 기억하는 사람이라면 이 견해의 진실 앞에 겸손히 고개를 숙여야 할 것이다. 우리 자신 속에서도 감지할 수 있고 다른 사람한테도 당연히 존재한다고 생각해야 할 이런 공격 성향은 이웃과 우리의 관계를 저해하고, 문명에 많은 에너지 소모를 강요하는 요인이다. 인간이 원초적으로 지니고 있는 이 상호 적개심 때문에 문명사회는 끊임없이 붕괴위기를 맞고 있다. 그래서 문명은 인간의 공격 본능을 제한하고 정신적 반응 형성을 통해 공격 본능의 표출을 저해하기 위하여 최대한의 노력을 기울여야 한다. 이웃을 자기 자신처럼 사랑하라는 이상적인 명령도 그러한 의도에서 나온 것이다. 그러나 이런 노력에도 불구하고 문명의 노력은 지금까지는 별로 많은 성과를 거두지 못했다. 범죄자에 대해 폭력을 행사할 권리를 가지면 세련되지 못한 형태의 무절제한 폭력은 막을 수 있으리라고 기대하지만, 좀 더 신중하고 세련된 형태로 표출되는 인간의 공격 본능에 대해서는 법률도 전혀 영향력을 갖지 못한다.[24)][25)]

프로이트의 무의식 이론의 관점에서 본다면 현실에서 공격본능은 검열의 과정을 통하여 억압되거나 순치되지만, 비정규직 노동자는 우리의 무의식에 은밀하게 숨겨져 있는 동기들 중의 하나인 공격본능이 발휘되기에 유리한 상황에서 공격성과 지배성향이 투사된 하나의 인격화된 대상인 것이다. 개인은 타인에 의해 노동력을 이용당하는 하나의 物資처럼 기능하게 되는데, 비정규 노동은 현실에서 그 최대치에 접근할 수 있는 지배의 대상인 것이다. 타자에 의한 지배가능성이라는 측면에서 타율적으로는 외부적인 억압의 대상이면서, 동시에 주체에 의해 자율적으로 행해지는 공격성의 손쉬운 내면적 투사(projection)의 대상으로 나타나고 있는 것이다.

---

24) 지그문트 프로이트, 『문명 속의 불만』, 열린책들, 2003, 289~290쪽.

25) "인간은 본질적으로 선하거나 아니면 적어도 선한 의지의 존재여야만 합니다. 만일 인간이 때때로 잔인하고 폭력적이고 무자비한 모습을 드러낸다면 그것은 단지 그의 정서 상태의 잠정적인 교란일 뿐이며, 또 대개는 그렇게 유발되었기 때문이며, 아마도 그저 그렇게 되도록 생겨 먹은 비합리적인 사회 질서의 결과일 뿐이라는 것입니다. 불행하게도 역사의 증언과 우리 자신의 경험은 이를 확인해 주지 못하고 오히려 인간 본성의 선함에 대한 믿음은 우리의 불행한 환상 중 하나일 뿐이라는 판단을 정당해 주고 있습니다. 실제로는 그것은 오직 위해를 가져올 뿐인데도 우리는 이 환상을 통해서 자신들의 운명을 어느 정도 미화하고 가볍게 하려는 것인지도 모릅니다." 지그문트 프로이트, 『새로운 정신분석 강의』, 열린책들, 2003, 139~140쪽.

마르쿠제도 『에로스와 문명』에서 역사적인 세계를 정복하고 형성한 자기의식과 이성은 내적・외적인 억압의 이미지 속에서 자기를 형성한 것으로, 지배의 대리자로서 활동한다.[26] 인간적 환경과 자연적 환경의 합리적 변형을 담당하는 자아[27]는 본질적으로 공격적이고 침략적인 주체로 나타났고, 그 주체의 사상과 행동은 객체들을 정복하기 위하여 설계되었다. 그것은 객체에 대립하는 주체였다. 이 선험적으로 적대적인 경험이 행동하는 자아뿐 아니라 생각하는 자아도 규정하였다. 자연은 외부세계만이 아니라 자연 그 자체가 투쟁하고 정복하고 유린해야 할 어떤 것으로 자아에게 주어졌고, 그것이 자기 보존과 자기 발전의 전제조건이었다고 보았다. 이와 같이 이성은 그 자체의 고유한 기능에서 억압적이다. 자아는 존재를 도전으로서, 계획으로서 경험한다. 자아는 정복하는 행동과 생산성을 요구하는 특정한 경우에 직면하기 전에 그러한 태도를 습득하도록 미리 조정된다.[28] 자아의 세계에 대한 공격적 태도라고 할 수 있는 자연의 지배는 결국 '인간에 대한 지배'를 노린다. 그것은 다른 주체들을 향한 공격성이다.[29] 공격적인 충동은 자연을 계속적으로 인류의 이익을 위하여 변경하고 정복하고 착취하기 위한 활력을 제공한다. 사물과 동물을 공격하고 분열시키고, 변경하고 분쇄하면서 인간은 세계에 대한 자신의 '지배'를 확장하고, 문명의 더욱 풍부한 단계로 진전한다.[30] 그리하여 사회적 현실이라는 점에서 모든 변화에도 불구하고 '인간에 의한 인간의 지배'는 여전히 지속되고 그것은 기술 以前의 이성과 기술적인 이성을 결합하는 역사적인 연속체를 형성한다. 그러나 기술에 의한 자연의 변형을 계획하고 실행하는 사회는 인격적인 종속관계를 점진적으로 사물의 객관적 질서(경제법칙, 시장 등)로의 종속관계로 대치하고, 그것에 의해 지배의 토대를 바꾼다. 확실히 사물의 객관적 질서는 그 자체가 지배의 결과이지만, 그럼에도 불구하고 현재 지배는 전보다 고도의 합리성을 만들어 내고 있다는 것도 사실이다. 그것은 한편으로 자연적・정신적인 자원을 더욱 능률적으로 개발하고 이 개발의 이익을 대규모로 분배하면

---

26) H 마르쿠제, 『에로스와 문명』, 나남출판, 2004, 79쪽.

27) 원래 자극의 수용을 위한 기관들과 자극보호를 위한 장치를 위한 기관이었던 것이 이드와 외부세계를 매개하는 하나의 특수한 조직으로 형성된다. 우리는 우리 정신생활의 이 영역에 자아(das Ich)라는 이름을 붙인다. 자아의 중요한 특징들은 다음과 같다. 자아는 감각 지각과 근육활동 간의 미리 형성된 관계로 인해 자의적인 활동을 할 수 있다. 그리고 자기 보존의 과제를 지니고 있으며, 외부를 향해서는 자극을 배우고, 그에 대한 경험을 기억 속에 저장하고, 과도한 자극을 도피를 통해 피하고, 적당한 자극에 적응에 의해 대응하고, 마침내 외부세계를 합목적적으로 자신에게 이익이 되도록 변화시키는 것을 배움으로써 이 과제를 수행한다. 내부를 향해서는 본능의 요구들에 대한 지배력을 획득함으로써 이드에 대립하여 이 요구들의 충족이 허용될 수 있는가를 결정하고, 외부 세계에서의 유리한 시간과 환경으로 이 충족을 지연시키거나 억제함으로써 이 과제를 수행한다. 지그문트 프로이트, 『정신분석학의 개요』, 열린책들, 2003, 414쪽 참조.

28) H 마르쿠제, 『에로스와 문명』, 나남출판, 2004, 135~136쪽.

29) H 마르쿠제, 『에로스와 문명』, 나남출판, 2004, 139~140쪽 참조.

30) H 마르쿠제, 『에로스와 문명』, 나남출판, 2004, 72쪽.

서 또 한편으로 그 계층구조를 유지하는 사회의 합리성이다.[31][32] 이제 지배는 개인적인 관계의 영역을 넘어서 성장하여 인간의 욕구를 질서 있게 충족시키기 위한 제도를 대규모로 창조한다. 지배는 점점 비인격적이 되고, 객관적이 되고, 보편적인 것이 되고, 또 점차 합리적이고, 효과적이고, 생산적인 것이 된다. 완전히 발전된 수행원칙의 지배 아래서 종속은 노동 자체의 '사회적인 구분'을 통해서 수행된다. 사회는 유용한 수행의 지속적이고 확장적인 체계로 나타난다. 기능과 관계들의 계급조직은 객관적 이성의 형태를 취한다. 법과 질서는 사회 자체의 생명과 일치된다.[33] 이러한 상황에서 공격성은 특정한 사회제도와 법률체계 및 경제적 환경에서 '지배'를 위한 노동양식의 합리화 덕분에 비정규 노동이라는 아주 손쉬운 목표물을 무력하지만 자유로운 인간들에게서 다시 발견한 것이다.

> 사디즘적인 충동의 본질은 무엇일까? 여기서도 역시 타인에게 고통을 주고자 하는 욕망이 본질은 아니다. 우리가 관찰할 수 있는 갖가지 형태의 사디즘은 결국 하나의 본질적인 충동으로 거슬러 올라간다. 즉 '타인을 완전히 지배하고자 하는 것', 그를 자기의 의지에 굴복시켜 무력한 대상으로 삼는 것, 그의 위에 군림하는 절대적인 지배자가 되는 것, 그의 신이 되어 마음대로 조종하는 것이다. 그를 절멸케 하여 노예로 삼는 것은 이 목적을 위한 수단이다. 타인을 완전히 지배하는 쾌락, 이것이 사디즘적인 충동의 본질이다.[34]

이러한 성격구조는 사디즘적인 만족과 충동의 대상이 된 대중이 국가나 집단 속에서 다시 정치적 소수자, 소수 인종, 이주 노동자, 여성 노동자, 비정규직 노동자와 같은 사회의 하층계급에게서 약소하고 무력한 사디즘적 대상을 발견하게 하며, 그러한 감정을 충족시키게 되는 연쇄적인 반응을 초래하게 된다.[35] 지배당하는 자들 역시 그들에게 노예처럼 지배당하는 자들이 필요한 것이다. 그리하여 자유라는 허울을 뒤집어쓰고 있지만 그들을 위해 봉사하고 시중드는 말하는 도구가 노동분업의 노동과정에서 다시 등장하게 된 것이다.

---

31) H. 마르쿠제, 『일차원적 인간』, 한마음사, 1986, 173쪽.

32) "인간은 같은 인간들에 맞서 투쟁하기 위한 무기들을 자연에서 얻는데, 인간의 자연지배에 대한 관계는 필연적으로 경제적 질서에도 영향을 미칠 수밖에 없습니다." 지그문트 프로이트, 『새로운 정신분석학 강의』, 열린책들, 2003, 240쪽.

33) H 마르쿠제, 『에로스와 문명』, 나남출판, 2004, 100~115쪽.

34) 에리히 프롬, 『소유냐 삶이냐/사랑한다는 것』, 동서문화사, 2008, 415~416쪽.

35) 프로이트는 사디즘이 현실생활에서 실현되지 못하도록 제지받는 곳에서는 자신에 반해서 되돌아서는 일이 발생할 수 있다고 한다. 사디즘은 어떤 다른 사람을 대상으로 하여 폭력이나 힘을 행사하는 경우를 말하는데, 이 대상이 주체 자신으로 대체된 것이 마조히즘이라는 것이다. 자기 자신으로의 방향 전환과 더불어 능동적인 목적 또한 수동적인 목적으로 바뀌게 된다. 이렇게 마조히즘은 자신으로 되돌려진 사디즘이다.

지도자들이란 첫째로 권력을 향수하는 인간이기는 하지만, 그렇다고 대중이 사디즘적 만족을 빼앗기고 있는 것은 결코 아니다. 독일 안의 인종적·정치적 소수자나 그리고 마침내는 약소하든가 쇠망해 간다고 느끼는 취급을 받는 다른 여러 나라의 국민 등도 대중을 만족시키는 사디즘의 대상이 된다. 하층 중산계급을 만족게 한 것은 나치의 이데올로기만은 아니었다. 정치적 실천이 이데올로기가 약속한 것을 실현해 나갔다. 하나의 계층제도가 창설되어 모든 사람이 위로는 복종해야 할 어떤 지도자를 떠받드는 한편 밑에는 지배력을 느끼게 하는 어떤 추종자를 두게 되었다. 이렇듯 나치의 이데올로기와 실천은 일부 민중에 대해서는 그 성격구조에서 생겨난 욕망을 만족시켰다.[36]

결코 성해방론자가 아니라 엄격한 도덕주의자였던 프로이트가 이렇게 인간의 본성 속에 있는 사악함을 강조하는 까닭은 실은 사람들이 그것을 부정하려고만 하기 때문이며, 그렇게 하여 인간의 정신생활이 개선되는 것이 아니라 더욱 이해하기 어렵게 되기 때문이라는 것이다. 우리가 편협한 윤리적 평가를 포기하기만 한다면 인간의 본성 속에 있는 악과 선의 관계에 대한 더욱 정확한 공식을 발견하게 될 것이다.[37] 지난 3백 년에 걸친 자본주의 시기의 파렴치한 난폭함(약탈적인 제국주의, 노동하는 인간의 권리상실, 인종억압 등)은 대중들의 성격구조 없이는 불가능하였을 것이다. 이러한 성격구조가 자연적으로 주어진 것이 아니라, 사회적·교육적으로 형성되었다 하더라도 그 성격구조의 작용은 조금도 변하지 않는다. 따라서 새로운 제도의 확립만으로 새롭고 참된 사회적 질서를 이룰 수는 없는 것이다. 생산의 국유화나 사회화 그 자체로는 인간의 노예상태에 작은 변화도 일으킬 수 없다는 것이 다.[38][39] 그리하여 프로이트는 인간사회의 근본적인 문제가 인간성보다 사회제도에 있다고 보는 그런 믿음은 대단히 위험하고 또 잘못된 것이라는 견해를 피력했다. 사회제도의 개혁은 아무리 그 효과가 원대한 것일지라도 그것이 만병통치약인 것처럼 취급되면, 환상을 불러일으킨다는 것이다. 이러한 해석은 사회적 적대와 폭력이 계급들에 뒤따르는 것이 아니라 그것들에 우선하는 것이며, 계급들은 지배와 착취가 드러나는 현상 형태라는 것이다. 공격성이 사유재산이 만들어 낸 것이 아닐 뿐만 아니라, 순전히 사회적 수단만으로는 통제될 수 없다는 사실은 인간의 본성에서 비롯된다. 그러나 프로이트는 이러한 개인의 적대적이고 충동적인 공격성은 문명의 발달 방향을 따라가면

36) 에리히 프롬, 『소유냐 삶이냐/사랑한다는 것』, 동서문화사, 2008, 463~471쪽.

37) 지그문트 프로이트, 『정신분석 강의』, 열린책들, 2003, 201쪽 참조.

38) 빌헬름 라이히, 『파시즘의 대중심리』, 그린비, 2006, 29쪽, 317쪽 참조.

39) 사유재산을 폐지하면, 인간의 공격 본능이 이용하는 도구 가운데 하나를 빼앗을 수 있다. 그 도구는 가장 강력하지는 않지만, 상당히 강력한 것은 분명하다. 그러나 사유재산을 폐지해도, 공격 본능이 악용하는 힘과 영향력의 차이를 바꿀 수는 없고, 공격 본능의 본질을 바꿀 수도 없다. 공격본능은 재산이 만들어 낸 것이 아니다. 재산이 극히 빈약했던 원시 시대에는 공격 본능이 거의 무제한으로 맹위를 떨쳤고, 공격 본능은 사람들 사이의 모든 관계의 토대를 이룬다. 지그문트 프로이트, 『문명 속의 불만』, 열린책들, 2003, 291~292쪽.

서 기존의 사회적 관습이나 도덕과 양립할 수 없는 경우에도 상당 부분 무의식적으로 억압될 수 있으며, 자신의 본능을 이성의 독재[40]에 종속시킨 사람들의 사랑과 운명의 공동체를 통하여 해결의 실마리를 찾을 수 있다고 한다.

> 개인의 공격성을 제한하는 것, 그것은 사회가 개개인에게 요구하는 최초의 희생이며, 아마도 가장 힘든 희생일 것입니다. 우리는 반항적인 것을 길들이는 방법이 얼마나 교묘한 수단으로 이루어져 왔는가를 알게 되었습니다. 위험하고 공격적인 충동들을 제어하는 초자아가 자리를 잡게 되는 것은 폭동이 일어나려고 하는 지방에 수비대를 투입하는 것과 같다고 할 수 있습니다. 그러나 순수하게 심리학적인 측면에서 볼 때 자아가 사회의 요구에 희생되고, 다른 것들에 대항해서 자신을 확인하려고 하는 공격의 파괴적인 경향에 굴복해야만 할 때 자아는 기분이 좋을 리 없으리라는 것을 인정해야만 합니다. 그것은 유기체가 생물 세계를 지배하고 있는 '먹고 먹히는' 원리가 심리적 영역에도 연장되는 것과도 같습니다. 다행스럽게도 공격본능은 결코 혼자인 법 없이 언제나 에로스 본능과 섞여 있습니다. 이 후자는 인간에 의해 창조된 문화의 조건하에서 많은 것들을 완화시키고 보호해야만 합니다.[41]

3. 비정규 노동의 과잉억압과 집단심리

프로이트는 이렇게 문명의 성격 자체를 억압적인 것으로 보았는데, 이러한 우리의 공격성은 손쉬운 지배와 공격의 대상으로 우리의 이웃인 비정규직 노동자라는 구체적인 대상에 잉여가치 창출이라는 문명 자체에 내재하는 기본억압[42]을 넘어선 이중적 착취의 대상으로 '과잉억압'을 부과하게 된다. 마르쿠제는 '과잉억압'을 인류의 영속을 위하여 필요한 본능의 수정인 '기본억압'[43]과 구별되는 개념으로 특정한 역사적 제도와 지배의 특정한 이익은 문명된 인간의 공동생활에 피할 수 없는 억압적 조정 위에 부가적 조정을 다시

---

40) 프로이트에게 이성의 독재란 인간의 마음을 고려한 객관적이고 합리적인 과학의 원칙에 따라 지배되는 문명의 상태를 지칭한다고 할 것이다. '이성의 독재'의 형태에 대해서 플라톤은 국가론에서 철인통치를, 칸트는 정언명법을, 마르크스는 프롤레타리아 독재의 형태를 제시한 바 있는데, 프로이트도 인간의 정신생활 속에서 과학적 정신, 이성이 독재자의 지위를 차지하게 되는 것이 가장 멋진 꿈이라고 하였다. 이성은 지배하기가 쉽지 않은 인간들을 가장 먼저 통일시켜 주는 영향력을 갖고 있을 것으로 기대되는 그런 힘들 중의 하나이며, 이성의 본질은 인간의 감정적 흥분과 또 그에 의해 규정되는 것들에 합당한 지위를 부여하는 데 결코 실패하지 않으리라는 것을 보장해 주고 있다고 하여 낙관적 기대를 저버리지 않았다. 이러한 측면에서 프로이트의 사상은 객관적인 진리, 과학으로서의 이성을 전적으로 신뢰하는 칸트, 헤겔, 마르크스, 하버마스 등으로 이어지는 계몽주의의 전통에 포함된다고 볼 수 있다. 지그문트 프로이트, 『새로운 정신분석 강의』, 열린책들, 2003, 231쪽 참조.

41) 지그문트 프로이트, 『새로운 정신분석 강의』, 열린책들, 2003, 149쪽.

42) 프로이트는 『환상의 미래』에서 '기본적인 억압'은 문명에 내재하는 것으로 문명의 존속은 지속적인 생산활동과 본능의 자제에 달려 있으며, 일정 수준의 강제가 있어야만 문명이 유지될 수 있다고 보았다. 지그문트 프로이트, 『문명 속의 불만』, 열린책들, 2003 참조.

43) 마르쿠제는 기본억압을 마르크스의 필요노동에 대응하는 개념으로서, 어떠한 사회에서건 인간이 사람 구실을 하려면 치르지 않을 수 없는 보편적 희생의 개념으로 파악한다. H. 마르쿠제, 『에로스와 문명』, 나남출판, 2004, 8쪽 참조.

도입하는데, 특정한 지배체계[44]에 기인하는 부가적 조정을 '과잉억압'이라고 규정한다. 고대 노예제 사회에서의 노예, 중세 봉건사회에서 농노나 후기 자본주의 사회에서의 비정규직 노동자들과 같은 하층 노동계급에게서 우리는 바로 이러한 과잉억압의 역사적 사례를 순차적으로 발견할 수 있다.

기본적인 억압과 과잉억압은 문명의 역사에 있어서 불가분의 결합관계를 가지는 것으로, 억압이 주로 무의식적이고 자발적인 데 비해서 억압의 정도는 의식에 의해서만 측정될 수 있다. 필요한 억압과 과잉억압의 차이가 그 기준을 제공할 수 있는데, 억압된 개성의 전 구조 속에서 과잉억압은 특수한 사회조건의 결과로서 지배계급의 특수한 이익 속에서 유지되는 부분이다. 이러한 과잉억압의 범위가 작으면 작을수록 문명의 단계는 덜 억압되어 있다고 볼 수 있다. 결국 억압의 필연성과 억압으로부터 도출된 고통의 필연성은 문명의 성숙도와 자연과 사회의 합리적 지배가 성취한 범위에 따라서 변화한다.[45] 결국 문명의 진보란 억압을 제거하거나 해방할 수 있다는 것이 아니다. 그것의 최대치란 그 사회가 제시하는 합리적인 수준에서 사회의구성원에게 억압을 공평하고 적절하게 배분하는 데 불과한 것이며, 그렇지 않을 경우에도 그러하다는 환상이 받아들여지는 상태에 있는 것이라고밖에 할 수 없는 것이다.

> 문명이 인간으로 무엇을 만들어 놓았는지를 문명이 인간을 어떤 지경으로 만들어 놓았는지를 생각한다면, 개성 발달의 차이는 주로 인류 공통의 운명인, 나날의 불행의 균형 없는 몫과 균형 있는 몫의 차이이다. 불행의 균형 있는 분배는 치료가 성취할 수 있는 극한인 것이다. 그러한 최소계획에 더하여 그리고 반대하여 프롬과 그 밖의 수정주의자들은 치료의 더 높은 목표, 인간 잠재력의 최적 발달과 그의 개별성의 실현을 선언한다. 기존 문명 자체가 그것의 바로 그 구조 안에서 그 목표를 부정하기 때문에, 이러한 목표는 현재로서는 엄밀하게 말해서 도달할 수 없는 것이다.[46]

기본억압을 넘어서 소외된 계층에 부과되는 과잉억압은 집단 구성원의 유대관계를 파괴하고, 만인에 대한 만인의 투쟁관계를 부추기는 극단적인 자기애(나르시시즘)[47]로 나

---

44) 지배의 여러 가지 양식은 현실원리의 여러 역사적인 형태에 의해 갖가지 형태로 변화되어 간다. 예를 들면 모든 구성원이 평범하게 생계를 위해 일하는 사회에서는 다른 어떤 특정 집단이 노동을 독점적으로 소유하고 있는 사회와는 판이한 형태의 억압이 필요하게 된다. 이와 마찬가지로 억압은 사회적인 생산이 개인에게 유용한가, 공동이윤에 기여하는가, 아니면 시장경제가 지배적인가, 계획경제가 지배적인가 또는 사유재산제도인가 공동생산제인가에 따라서 그 규모와 정도가 달라진다. H. 마르쿠제 · E. 프롬, 『프로이트 심리학 비판』, 선영사, 1995, 108쪽.

45) H. 마르쿠제, 『에로스와 문명』, 나남출판, 2004, 113~114쪽 참조.

46) H. 마르쿠제, 『에로스와 문명』, 나남출판, 2004, 301쪽.

47) 나르시시즘이란 모든 살아 있는 생명체가 어느 정도 당연히 보유하고 있는 자기 보존 본능이라는 이기주의를 리비도가 보완해 주는 것으

타나게 된다. 이러한 상태에서 인간은 증오와 공격성을 여과 없이 사회에 드러낼 준비를 하게 된다.[48] 프로이트는 나르시시즘을 설명하기 위하여 리비도를 자아 리비도와 대상 리비도로 구분하였다. 그것은 다시 말해서 인간의 주된 관심이 자기 자신을 향할 수도 있고 아니면 다른 인간, 자연, 사물과 같은 외부 세계를 향할 수도 있다는 것이다. '자아 리비도'란 리비도가 자아를 향하는 것을 말하며, '대상 리비도'란 리비도가 외부의 대상을 향하는 것을 말한다. 어느 한쪽의 리비도가 많이 발현되면 다른 쪽을 향한 리비도는 그만큼 부족하게 된다. 사람의 성숙단계에서 대상 리비도가 가장 크게 발현되는 시기는 사랑을 할 때이다. 말하자면 그때가 자기 자신을 포기하고 대상을 향해 리비도를 집중시키는 시기인 것이다. 한편 외부 세계에 등을 돌린 리비도는 자아에게로 방향을 돌려 '나르시시즘'이라 불릴 수 있는 태도를 발생하게 하는데 이런 의미에서 나르시시즘은 모든 살아 있는 생명체가 어느 정도 당연히 보유하고 있는 자기 보존 본능이라는 이기주의를 리비도가 보완해 주는 것으로 이해할 수 있다. 그러나 자신의 리비도를 외부 세계의 사람이나 사물에서 철수시켜 자아로의 리비도 집중이 어느 정도의 수준을 넘어설 때에는 신경증, 편집증, 과대망상증 등의 '병'에 걸릴 수밖에 없다고 보았다.[49] 이러한 나르시시즘적 인물에게 현실적으로 보이는 부분은 오직 자기 자신뿐이다. 감정, 사고, 야심, 소망, 육체, 가족 등이 곧 자기 자신의 존재 이유이며 소유하고 있는 것의 전부이다. 그들에게는 지금 자신이 생각하고 있다는 이유만으로 자신의 견해가 진실한 것이 되며, 그들의 악한 성품까지도 자기 자신이 소유물이라는 이유 때문에 아름다운 것이 된다. 그들에게는 자신과 관련된 것이라는 사실만으로도 아름다운 색채와 충분한 현실성을 갖는다. 그 밖의 모든 사물은 회색이며, 아무런 색채도 가지고 있지 않으며, 거의 존재하지 않는 것이라고 여긴다.[50] 마르쿠제는 이러한 나르시시즘이 지나치게 가혹한 이익원리에 입각한 경제체제의 필연적 결과이며 균등한 분배와 상호 협조가 존재하지 않을 때 나르시시즘이 번창하게 되는 것이라고 한다.

로 이해할 수 있다. 즉 사실상 나르시시즘과 자기중심주의(이기주의)란 말은 일치하는데 나르시시즘이란 말은 자기중심주의 역시 리비도적 현상임을 강조하기 위해 쓰인 것이다. 지그문트 프로이트, 『정신분석학의 근본개념』, 열린책들, 2003 참조.

48) 이 자기애는 개체를 보존하기 위해 애쓰고, 자신의 독특한 발달 방향에서 조금이라도 벗어나는 일은 그 방향에 대한 비판과 방향 수정 요구로 받아들여 민감한 반응을 보인다. 지극히 사소한 차이에 왜 그처럼 민감하게 반응해야 하는지는 모르지만, 이것과 관련하여 인간이 언제든지 증오와 공격성을 드러낼 준비가 되어 있는 것은 틀림없는 사실이다. 그 공격성의 원천은 알려져 있지 않지만, 우리는 거기에 기본적 성질을 부여하고 싶어 한다. 지그문트 프로이트, 『문명 속의 불만』, 열린책들, 2003, 112쪽.

49) 지그문트 프로이트, 『정신분석학의 근본개념』, 열린책들, 2003, 47~61쪽 참조.

50) H. 마르쿠제・E. 프롬, 『프로이트 심리학 비판』, 선영사, 1995, 218쪽.

타인에 대한 관심과 사랑의 증대는 나르시시즘의 감소를 가져온다. 가장 중요하고 곤란한 문제는 집단적인 나르시시즘이 사회의 기본구조에 의해 만들어지는 것이며 이것이 왜 일어나는가 하는 문제이다. 산업사회에 있어서 나르시시즘을 한층 발달시키는 첫째 조건은 개인이 서로 개별화되고 있으며 적의를 품고 있어야 한다. 이러한 적의는 지나치게 가혹한 이익원리에 입각한 경제체제의 필연적 결과라 할 수 있다. 균등한 분배와 상호 협조가 존재하지 않을 때 나르시시즘은 번창하게 된다. 그러나 이러한 나르시시즘의 발달은 산업생산의 숭배를 가져왔다. 인간은 스스로를 신으로 만들었다. 그리고 새로운 세계를 창조해 냈다. 이 세계는 인공적인 사물의 세계이며 기존의 것들은 단지 그 재료로만 사용되었다. 나르시스가 물에 비친 자신의 아름다운 육체를 바라보다가 익사한 것처럼 인간은 과연 이 거울 속에 익사할 것인가?[51]

현실적인 조직은 지나친 나르시시즘, 즉 자기애가 해체되어야만 유지될 수 있는 것이다. 집단 형성이 지속되거나 확대되면서 집단 속의 개인들은 획일적으로 행동하고, 다른 구성원들의 독특한 개성을 참아 주고, 자신을 나머지 구성원들과 동일시[52]하고, 그들에게 혐오감을 품지 않을 수 있게 된다.[53] 집단 속에서 나르시시즘의 제한은 오직 한 가지 요인에 의해서만 생겨날 수 있다. 그것은 타인들과의 리비도적 결합이다. 자신에 대한 사랑을 가로막는 장애물은 타인에 대한 사랑,[54] 즉 대상애뿐이다.[55] 리비도는 삶에 필요한 욕구를 만족시키는 데 참여하는데, 그 과정에 동참하는 사람들을 첫 번째 대상으로 선택한다. 개인의 경우와 마찬가지로 인류 전체의 발전에서도 오직 사랑만이 이기주의에서 이타주의로 변화를 가져온다는 의미에서 인류를 문명화하는 요인으로 작용한다.[56] 프로이트는 이러한 집단심리[57]의 과정을 「집단심리학과 자아분석」에서 다음과 같이 설명하였다.

---

51) H. 마르쿠제·E. 프롬, 『프로이트 심리학 비판』, 선영사, 1995, 224~225쪽.

52) 동일시는 한 자아가 다른 자아에 동화되는 것을 말한다. 그 결과로 이 처음의 자아는 어떤 면에서는 다른 낯선 자아처럼 행동하면서 그것을 모방하고 어느 정도는 자신 안에 받아들이게 되는데, 다른 사람에 대한 애착의 형태 중 매우 중요한 형태라고 할 수 있다. 지그문트 프로이트, 『새로운 정신분석 강의』, 열린책들, 2003, 87쪽.

53) 동일시가 낳는 가장 중요한 결과는 자신과 동일시하는 사람들에 대해서는 공격성을 제한하고 그들을 용서하고 도와주는 것이다. 지그문트 프로이트, 『문명 속의 불만』, 열린책들, 2003, 122쪽.

54) 사랑은 원래 특정 인간에 대한 관계가 아니다. 대상은 단지 그것을 현실화시키는 데 불과하다. 그것은 한 대상에 대해서가 아니라, 전체 및 세계에 대한 한 사람의 관계를 결정하는 태도, 즉 '성격의 방향'이다. 어떤 사람이 다른 한 사람만을 사랑하고 나머지 동료에 대해서는 무관심하다면, 그의 사랑은 공생적 애착 또는 확대된 자기중심적 집착에 지나지 않는다. 에리히 프롬, 『소유냐 삶이냐/사랑한다는 것』, 동서문화사, 2008, 235쪽.

55) 사랑의 본질에 대해 지금껏 언급한 바에 따르면, 사랑의 성취를 위한 주요 조건은 '나르시시즘의 극복'이다. 나르시시즘이 강한 사람은 자기 자신 속에 존재하는 것들만을 실재로서 경험한다. 반면에 외부 세계의 모든 현상은 그들에게 실재성이 없다. 그것들은 오직 자기에게 유용한가? 혹은 위험한가라는 관점에서만 경험된다. 나르시시즘의 정반대에 있는 것은 객관성이다. 객관성이란 사람과 사물을 있는 그대로 볼 수 있는 능력이며, 자기의 욕망과 공포를 통해 형성된 상으로부터 이러한 객관적인 상을 분리해 낼 수 있는 기능을 의미한다. 에리히 프롬, 『소유냐 삶이냐/사랑한다는 것』, 동서문화사, 2008, 289쪽.

56) 지그문트 프로이트, 『문명 속의 불만』, 열린책들, 2003, 112~113쪽.

57) 프로이트는 개인심리학과 집단심리학의 차이를 질적인 것이 아니라 양적인 것으로 보았다. 즉 프로이트는 『집단심리학과 자아 분석』에서 "개인심리학과 사회심리학 또는 집단심리학 사이에는 언뜻 보아 중요한 차이가 있는 듯싶지만, 좀 더 면밀히 검토해 보면 뚜렷한 차이가 거의 사라진다. 물론 개인심리학은 개개의 인간에게 관심을 가지고, 그 개인이 본능을 충족시키기 위해 어떤 방침을 추구하는지를 탐구한다. 그러나 개인심리학이 개인과 타인 간의 관계를 무시할 수 있는 경우는 드물며, 그것도 예외적인 상황에서나 가능하다. 개인의 정신생

집단은 삶에 봉사하는 환상을 요구하고, 환상 없이는 견디지 못한다. 특히 지속적이고 고도로 조직화된 인위적 집단에서는 구성원 모두에게 평등한 사랑이 베풀어진다는 환상이 통용되어야 하는데, 개인은 한편으로는 지도자와 리비도적 결합으로 묶여 있고, 또 한편으로는 집단의 다른 구성원들과 리비도적 결합으로 묶여 있다. 환상이 구실을 하지 못하고 사라지면 이러한 집단에서 리비도적 결합이 느슨해지게 되고 걷잡을 수 없이 공황의 상태로 빠지게 되는데, 모든 개인이 나머지 사람들은 조금도 고려하지 않고, 각자 자기 자신만 염려하는 것이다. 집단 구성원들을 서로 묶어 주는 상호 관계는 더 이상 존재하지 않게 되고 더 이상 공동체라고 부를 수 없는 상태로 나아가게 된다는 것이다.[58)]

비정규직에 대하여 과도한 차별이 이루어지는 경우에 대하여 우리는 노동조합, 정규직 노동자 등 집단의 구성원들과 사회집단이 표명하는 정치적 입장의 차이를 집단 속에 존재하는 '리비도적 결합'과 '사회적 성격'에 의하여 설명할 수 있다. 사회적 현상은 결국 내적인 심리적 과정의 외부적 투사라는 프로이트의 정신분석학적 고찰은 현재 비정규직에 대하여 이루어지고 있는 과잉억압으로서 과도한 사회적 차별은 법과 제도의 문제가 아니라는 것이다. 국가의 재생산 이데올로기, 복지국가의 성격, 대기업, 노동조합, 정규직 노동자, 비정규직 노동자뿐만 아니라 하청업체, 실업자 단체 등 집단의 구성원들과 각각의 사회집단이 표명하는 정치적 입장의 차이는 집단 속에 존재하는 '리비도적 결합'과 '사회적 성격'이 어떻게 나타나고 있는지를 잘 보여 준다고 할 수 있다. 이러한 의미에서 본다면 현재의 우리 사회는 더 이상 공동체라고 부를 수 없는 상태로 억압적인 문명의 단계를 이미 과도하게 지나쳐 있다고밖에 볼 수 없다.

이러한 사회에서 우리가 특정한 사회계층에 눈을 돌리면 사회적으로 소외된 계층이 혜택받은 계층을 부러워하고 자신들이 당하고 있는 여분의 박탈에서 벗어나기 위해 온갖 노력을 기울이리라는 것은 당연히 예상할 수 있다. 이것이 불가능하면 그 문명 내부에는 항구적인 불만이 존재하게 되고, 이것은 위험한 반란으로 이어질 수 있다. 그러나 현존하는 문명들 가운데 다수 계층을 억압해야만 소수 계층에 만족을 줄 수 있는 단계를 벗어난 문명은 하나도 없다. 게다가 문명은 억압당한 계층의 노동을 통해서만 존립할 수 있음에도, 그 문명이 소유하고 있는 부에서 그 계층이 차지하고 있는 몫은 너무나 적다. 상황이

활에는 타인이 본보기나 대상이나 조력자나 적대자로 끼어들기 마련이다. 개인심리학의 의미를 이렇게 확대하는 것은 타당한 일이며, 따라서 개인심리학은 처음부터 사회심리학이기도 하다"라고 하였다. 지그문트 프로이트, 『문명 속의 불만』, 열린책들, 2003, 73쪽.

58) 지그문트 프로이트, 『문명 속의 불만』, 열린책들, 2003, 101~105쪽 참조.

이렇다면 억압당한 자들이 문명에 대해서 적의를 품는 것은 충분이 이해할 만하다. 그리고 이런 상황에서 억압당한 자들이 문화적 금지를 내면화하리라고는 기대할 수 없다. 오히려 그들은 금지를 부정하고, 문명 자체를 파괴하는 데 열중하며, 문명의 토대인 각종 전제들을 제거하는 데 몰두할 수도 있다. 이런 계층의 많은 구성원들의 불만을 방치함으로써 그들을 반란으로 몰아넣는 문명은 두말할 필요도 없이 존속할 가능성도 없고 그럴 가치도 없는 것이라고 프로이트는 주장한다.59)

그러나 문명의 참여자들에게 주는 자기애적 성격의 만족은 어떤 문화권 내부에서 그 문화에 대한 적의를 억제할 수 있는 힘으로 작용하기도 하다. 자기애적 만족은 문명의 혜택을 누리는 특권층만이 아니라 억압받은 계층도 나누어 가질 수 있다. 자신을 소속된 집단과 동일시하려는 욕구는 열등감의 발로인 경우가 아주 흔하며, 다른 문화권에 속하는 사람을 경멸할 수 있는 권리는 그들이 자기 문화권 안에서 당하는 부당한 대우를 보상해 주기 때문이다. 그들은 이런 식으로 생각한다. '나는 부채와 병역에 시달리는 불쌍한 평민이지만, 그래도 어엿한 로마시민으로서 다른 민족들을 지배하고 그들의 법률을 강요하는 일에 참여하고 있다.' 그러나 억압받는 계층은 그들을 지배하고 착취하는 계층과 자신을 단지 이런 식으로만 '동일시'하는 것은 아니다. 억압받는 계층은 감정적으로도 자기 자신에게 매일 수 있기 때문이다. 그들은 주인에게 적의를 품으면서도, 주인을 자신의 이상으로 생각할 수 있다. 기본적으로는 모두가 만족스러운 이런 관계가 존재하지 않는다면, 수많은 대중의 정당한 적의에도 불구하고 수많은 문명이 어떻게 그토록 오랫동안 존속할 수 있었는가를 이해할 수 없을 것이다.60)

> 사회적 노동의 계급조직 체계의 발전은 지배를 합리화할 뿐 아니라 지배에 대한 항거를 포함하고 있다. 사회적인 수준에서 되풀이해서 일어나는 반항과 혁명은 반혁명과 복고로 이어진다. 고대의 노예의 반란으로부터 사회주의의 혁명까지, 억압된 자들의 투쟁은 새롭고 더 좋은 지배의 체계가 확립되는 데서 종결되었다. 진보는 지배의 사슬을 개선함에 의하여 일어났다. 모든 혁명은 하나의 지배집단을 다른 지배집단으로 대치하려는 의식적인 노력이었다. 그러나 모든 혁명은 목표를 넘어서는 힘, 지배와 착취의 근절을 향하여 노력하는 힘을 풀어 놓았다. 그러한 힘들이 쉽사리 패배하고 말았다는 사실이 설명을 요구한다. 권력의 상태도, 생산력의 미성숙도, 계급의식의 부재도 적절한 해답을 제공하지 못한다. 모든 혁명에는 지배에 대한 투쟁이 승리할 만한 역사적 계기가 있었다. 그러나 그러한 계기는 언제나 헛되이 지나가 버렸다. 세력의 미숙이나 불균등이라는 이유의 타당성과는

59) 지그문트 프로이트, 『문명속의 불만』, 열린책들, 2003, 175~176쪽.

60) 지그문트 프로이트, 『문명 속의 불만』, 열린책들, 2003, 177쪽.

무관하게, 자기 패배의 요소가 혁명의 역할 속에 포함되어 있는 듯하다. 이러한 의미에서 모든 혁명은 배반당한 혁명이다. 프로이트의 가정은 심리학의 용어로 이러한 사회학적인 역학을 해명하고 있다. 이 가정은 반항하는 사람들과, 그들이 반항하는 권력과의 동일시를 설명해 준다. 개인을 노동의 계급조직 체계로 합병하는 경제적이고 정치적인 과정은 지배의 대상인 인간이 자신의 억압을 스스로 재생산하는 본능적 과정을 수반한다. 증대하는 권력의 합리화는 증대하는 억압의 합리화를 반영하는 듯하다.[61]

4. 에로스와 문명

프로이트는 인간성의 가장 깊은 본질은 원초적 성격을 가진 본능적 충동으로 이루어져 있다고 본다. 인간이 가진 충동은 모두 비슷하며, 그 목적은 기본적 욕구를 충족시키는 것이다. 이 충동 자체는 선하지도 악하지도 않다. 우리는 충동이 인간 공동체의 욕구 및 요구와 어떤 관계를 갖고 있느냐에 따라, 충동과 그 발현을 선과 악으로 분류한다. 사회가 악으로 비난하는 충동의 대표적인 것으로 이기적인 충동과 잔인한 충동을 들 수 있는데, 모두 이런 원초적 성격을 갖고 있다는 점은 마땅히 인정해야 한다. 사람의 성격을 선한 성격과 악한 성격으로 분류하는 것은 지극히 부당하다. 대개의 경우 어떤 관계에서는 선하고, 어떤 관계에서는 악하다 또는 외부 상황이 어떠하냐에 따라 선한 사람이 되기도 하고 분명하게 악한 사람이 되기도 한다. 악한 본능을 변화시키는 것은 같은 방향으로 작용하는 두 가지 요인 – 내적 요인과 외적 요인 – 이다. 내적 요인은 사랑에 대한 욕망인 에로티시즘이 악한(이기적인) 본능에 행사하는 영향력이다. 에로틱한 요소가 혼합되면 이기적 본능은 '사회적 본능'으로 바뀐다. 우리는 남에게 사랑받는 것을 커다란 이익으로 평가하는 법을 배우고, 사랑받기 위해서라면 다른 이익은 기꺼이 희생해도 좋다고 생각하게 된다. 외적 요인은 가정교육이 행사하는 强拍이다. 가정교육은 문화적 환경의 요구를 나타내며, 성장한 뒤에는 그 환경의 직접적인 압력이 계속해서 외적 요인을 이룬다. 문명은 본능 만족을 포기함으로써 얻어진 것이고, 문명 세계에 새로 들어오는 모든 사람에게도 그것을 포기하도록 강요한다. 개인이 평생을 살아가는 동안, 외적 강박은 끊임없이 내적 강박으로 대치된다. 문명의 영향은 이기적 경향에 에로틱한 요소를 첨가하여 그것을 이타적이고 사회적인 경향으로 바꾸고, 그런 변화는 계속 늘어난다. 결국 인간이 발달과정에

61) H. 마르쿠제, 『에로스와 문명』, 나남출판, 2004, 116~117쪽.

서 느끼는 모든 내적강박은 원래 인류의 역사에서 보면 하나의 외적 요인에 불과했다고 가정할 수도 있다.

> 에로스는 본능의 단념이라는 것을 기반으로 해서 생명을 보다 큰 단위에 결부시키는 문화적인 일에 착수한다. 그리하여 부가 사회의 각종 권위에 의해 다수로 보충 대체되고 각종 금지와 금제가 확대됨에 따라 공격적 충동과 그 목표 또한 확대되어 간다. 그와 함께 사회 측에서는 방어를 강화하려는 욕구, 즉 죄의식을 강화하려는 욕구가 발달하게 된다. 문화는 인류를 굳게 결합된 집단으로 통합하기 위해 노력하는 내면적인 에로스의 충동에 복종하는 것이다. 그러므로 문화는 단지 항상 증대되고 있는 죄의식의 조장을 눈코 뜰 사이 없이 감시할 때에야 비로소 앞서 제시한 목표가 달성될 수 있다.[62]

오늘날 태어나는 사람은 이기적 본능을 사회적 본능으로 바꾸는 경향을 어느 정도는 유전적 소질로 갖고 있다. 이런 소질은 조금만 자극을 주어도 이기적 본능을 '사회적 본능'으로 바꾼다. '본능'을 더 많이 변화시키는 것은 개인이 인생을 살아가면서 이룩해야 할 일이다. 이처럼 인간은 당면한 문화적 환경의 영향을 받을 뿐만 아니라, 조상들의 문화적 역사에도 영향을 받고 있다.[63][64] 종교, 도덕 그리고 사회적 감정은 원래 동일한 것이었다. 이것들은 계통발생적으로 습득된 것이었다. 자아는 이드가 특별하게 분화된 일부분이라는 사실을 잊어서도 안 된다. 자아의 경험이 처음에는 유전에는 못 미치는 것처럼 보인다. 그러나 그것이 연속되는 세대를 통해 많은 사람들에 의해서 충분한 강도를 가지고 자주 반복되다 보니 그것이 이드의 경험으로 변형되고 이것의 인상이 유전에 의해서 보존되는 것이다. 그러므로 유전될 수 있는 이드 속에는 무수히 많은 자아의 존재적 잔재물들이 숨겨져 있다.[65][66] 인간 존재로 성장해 가는 아이가 부모에 의존하여 사는 긴 유아기의 침전물로 자아 속에는 하나의 특별한 기관이 형성되는데, 여기서 부모의 영향은 지속된다. 이 기관은 '초자아'라는 이름을 얻는다. 부모의 영향으로 작용하는 것은 부모의 개인적인 존재만이 아니다. 부모에 의해 이어지는 가족, 인종 및 민족 전통의 영향과 부모가

---

62) H. 마르쿠제・E. 프롬, 『프로이트 심리학 비판』, 선영사, 1995, 147쪽.

63) 지그문트 프로이트, 『문명속의 불만』, 열린책들, 2003, 45~47쪽.

64) 우리의 마음은 신체와 마찬가지로 조상 대대로 이미 존재하는 요소들로 이루어져 있다. 개별적인 인간의 마음에서 '새로운 것'이란 아득한 옛날의 구성요소들이 끝없이 변화하여 재결합된 것이다. 그러므로 신체나 마음은 현저하게 역사적 성격을 띠고 있으며 새로운 것, 즉 방금 생겨난 것 속에서는 알맞은 자리를 찾지 못한다. 카를 융, 『기억 꿈 사상』, 김영사, 2007, 420~421쪽.

65) 지그문트 프로이트, 『정신분석학의 근본개념』, 열린책들, 2003, 379~381쪽.

66) 이드와 초자아가 근본적으로 상이함에도 불구하고 그것들은 과거의 영향들을 대변하는바, 이드는 유전된 과거의 영향을, 초자아는 본질적으로 다른 이로부터 넘겨받은 과거의 영향을 대변한다. 반면 자아는 스스로 체험한 것, 따라서 우연적이고 현재적인 것에 의해 주로 규정된다. 지그문트 프로이트, 『정신분석학의 개요』, 열린책들, 2003, 415~416쪽.

대변하는 각각의 사회적 환경의 요구도 작용한다. 마찬가지로 초자아는 개인 발달 과정에서 나중에 나타나는 전승자와 부모의 대체 인물 편에서 오는 기여도 받아들이는데, 그것은 교육자, 공공의 모범, 사회에서 숭배되는 이상과 같은 것이다. 이 기관은 그가 대신한 부모와 같이 자아를 관찰하고 자아에게 명령하며, 자아의 방향을 지정해 주고 자아에게 벌로 위협한다. 우리는 그것이 갖는 재판관의 기능 때문에 우리의 '양심'으로 느낀다.[67] 다른 한편으로 초자아에게 불쾌감을 유발하는 어떤 것을 하려는 유혹에 대해 자아의 저항이 성공하면, 마치 가치 있는 것을 획득한 양 자아의 자신감이 고양되고 자긍심이 강화된다. 이러한 방식으로 초자아는 자신이 내부 세계의 일부분이 되었음에도 불구하고 자아에 대해 외부 세계의 역할을 계속 수행한다. 초자아는 나중의 모든 시기에 있어 개인의 유아기의 영향, 보육, 교육, 부모에의 의존을 대변한다. 이로써 이들 부모의 개인적 성격이 효력을 발휘할 뿐만 아니라, 부모에게도 규정적으로 작용했던 모든 것, 즉 그들이 살고 있는 사회적 상태의 성향과 요구, 그들 종족의 기질과 전통도 효력을 발휘한다. 일반적인 사실 확인과 선별을 선호한다면, 다음과 같이 말할 수 있다. 각 개인이 부모로부터 떨어져 나온 후 처하게 되는 외부 세계는 현재의 힘을 대변하고, 그의 이드는 그것의 유전적 경향과 함께 유기적 과거를 대변하고, 나중에 가세하는 초자아는 무엇보다도 어린아이가 인생의 초기 몇 년 안에 말하자면 추체험해야 할 문화적 과거를 대변한다. 확실히 문화적 침전물의 일부는 이드에 침전물을 남겨 놓았으며, 초자아가 이루어 낸 많은 것이 이드에서 반향을 불러일으킬 것이다. 아이가 새로이 체험하는 많은 것이 태고의 계통적 체험을 반복하는 것이기 때문에, 그것은 강화된 효과를 가지게 될 것이다. 이렇게 초자아는 이드와 외부세계 사이에서 일종의 중간적 위치를 점하며, 자신 속에서 현재와 과거의 영향을 통일시킨다. 초자아의 개입에서 우리는 말하자면 어떻게 현재가 과거로 전환되는가에 대한 실례를 체험하게 된다.[68]

> 아이의 초자아는 부모의 초자아와 똑같은 내용으로 채워지며, 전통과 이런 식으로 세대를 넘어 이어져 내려온 모든 시간을 뛰어넘는 가치의 계승자가 됩니다. 그것은 인간들의 사

---

67) 심리학은 초자아가 내면화된 사회적 규범임을 폭로함으로써 자체의 단자론적 한계들을 타파한다. 이 한계들 자체도 사회적으로 생산된 것이다. 양심이라는 것도 인간에 맞서는 자체의 객관성을 사람들이 살아가는 터전이자 그 수단일 뿐 아니라 사람들의 개별화의 핵심에까지 도달하는 사회의 객관성으로부터 얻어 온다. 그러한 객관성 속에는 적대적 계기들이 서로 구분되지 않고 얽혀 있다. 즉 타율적 강압과 상이한 개별이해를 넘어서는 연대의 개념이 그것이다. 양심이 의식하지 못한 채 제 것으로 삼는 보편적 규범은 사회 속에서 사회적 총체의 원칙으로서 부분성 너머의 어떤 것을 말해 준다. 이것이 그러한 규범의 진리계기이다. 테오도르 아도르노, 『부정변증법』, 한길사, 1999, 375~376쪽 참조.

68) 지그문트 프로이트, 『정신분석학 개요』, 열린책들, 2003, 415쪽, 489~491쪽 참조.

회적 행동을 이해하는 데 매우 귀중한 도움이 되고, 초자아를 고려함으로써 얼마나 많은 실제적인 암시를 얻게 되는지 알 수 있게 해줍니다. 유물론적인 역사관의 오류는 아마도 바로 이런 중요한 요소를 평가절하했다는 데 그 원인이 있을 것입니다. 유물론적인 역사관은 인간의 이데올로기를 그들의 현실적인 경제적 관계의 결과이고 상부구조일 뿐이라고 간단히 언명함으로써 그 문제를 처리하고 말았습니다. 그것은 진실입니다. 그러나 완전히 옳은 진실은 아닐 것입니다. 인류는 완전히 현재 속에만 사는 것이 아니라 초자아의 이데올로기 속에는 과거와 각 종족과 민족의 전통들이 계속해서 살아 있으며, 그것들은 현재나 새로운 변화의 영향력에 의해서 서서히 자리를 비켜 줄 뿐입니다. 이러한 것들이 초자아에 의해 영향을 받는 한 인간의 삶 속에서 아주 강력하고 경제적 상황으로부터 독립된 역할을 수행할 수 있습니다.[69]

우리는 가정교육과 환경이 인간의 본능적 삶을 선한 쪽으로 더 많이 변화시킨다는 사실, 즉 이기주의를 이타주의로 바꾼다는 사실을 알았다. 그러나 이는 외적 강박의 통상적인 결과나 필연적인 결과는 아니다. 가정교육과 환경은 이타적인 사람에게 이익을 줄 뿐만 아니라, 당근과 채찍이라는 또 다른 종류의 장려책도 이용한다. 이런 식으로 하면, 가정교육과 환경의 영향을 받는 사람은 본능이 전혀 고상해지지 않았다 해도, 문화적 의미에서 선하게 행동하는 쪽을 택할 것이다. 어떤 사람은 본능적 성향의 강요 때문에 항상 선하게 행동하고 또 어떤 사람은 그런 문화적 행동이 자신의 이기적 목적에 유리한 경우에만 선하게 행동한다는 사실은 특수한 상황에서만 드러날 것이다. 문명사회는 선한 행동을 요구하지만, 이런 행동의 본능적 바탕에 대해서는 개의치 않는다. 그리하여 수많은 사람들이 자신의 본성에 따라서가 아니라 이기적인 목적을 위해서 문명사회에 복종했다. 금지된 본능은 적당한 기회만 생기면 언제든지 터져 나와 만족을 얻으려 하는데, 자신의 본능적 성향에 맞지 않는 지시에 따라 행동해야 하는 사람은 심리학적으로 말하면 분수에 어긋난 생활을 하고 있는 셈이고, 그가 그 부조화를 분명히 깨닫고 있든 아니든 간에 객관적으로는 위선자라고 할 수 있을 것이다. 그러나 문명을 유지하기 위해서는 어느 정도의 문화적 위선이 필요하지 않을까 하는 점은 사실 진지하게 논의해 볼 필요가 있다. 그러나 다른 한편으로는 그토록 불안한 토대 위에서도 문명이 유지되고 있다는 사실은 세대가 바뀔 때마다 인간의 본능이 점점 더 광범위하게 변화되어 더 나은 문명의 매체가 될 수 있으리라는 전망을 제공해 준다.[70][71]

69) 지그문트 프로이트, 『새로운 정신분석 강의』, 열린책들, 2003, 92~93쪽.

70) 지그문트 프로이트, 『문명속의 불안』, 열린책들, 2003, 46~49쪽.

71) 인간문명 속에 있는 매우 고귀한 것들이 모두 이러한 본능적 억압에 기초하고 있는 것이다. 억압된 본능은 완전한 만족에의 추구를 절대로 멈추지 않는다. 지그문트 프로이트, 『정신분석학의 근본개념』, 열린책들, 2003, 315쪽.

프로이트는 이렇게 인간의 본성 속에 있는 공격성과 사악함을 지적하였지만, 인간의 악한 본능이 이타적인 사회적 본능으로 전화되거나, 가정교육의 영향이나 환경의 영향을 받아 선하게 행동할 수 있다고 보아 더 나은 문명의 가능성에 대한 여지를 남겨 놓았다.[72] 문명은 과잉억압의 범위를 줄이기 위하여 개별 자본의 노동에 대한 과잉착취를 사회적 규모에서 나르시시즘을 해체하고 에로티시즘을 사회적 본능으로 행사하는 규범적인 방법을 통하여 사회적 잉여가치를 재전유하는 등 다양한 방법의 모색을 통하여 문제를 해결할 여지는 있는 것이다. 우리는 이러한 원리를 '사회적 성격'이라는 말로 다시 설명할 수 있다. 사회적 성격은 사회 구조에 대해 인간성이 역동적으로 적응해 가는 결과로서 생긴다. 사회적 조건이 변화하면 사회적 성격이 변화하여 새로운 욕구와 소망이 생긴다. 이러한 새로운 욕구가 새로운 사상을 낳아서 사람들에게 저마다 그와 같은 사상을 쉽게 받아들일 수 있게 한다. 이와 같은 새로운 사상이 이번엔 새로운 사회적 성격을 고정화하고 강화하여 인간의 행동을 결정한다. 다시 말해서 사회적 조건은 성격[73]이라는 매개체를 통해서 이데올로기적 현상에 영향을 준다.[74] 그동안 사회의 이데올로기는 인간의 심리적 구조를 변화시킴으로써 스스로를 재생산해 왔다. 이런 방식으로만 사회의 이데올로기가 자신이 발원한 경제적 토대에 반작용하는 것이 가능하다.[75] 따라서 앞으로 우리의 문명이 어떤 방향으로 발전할지는 알 수 없지만, 문명의 방향을 인류라는 종의 보편적 복지를 추구하며 인간의 가치를 고양하는 방향으로 갈 것인지? 아니면 개인적 진리에 함몰되어 만인에 대한 만인의 투쟁의 관계로 나아갈지는 우리의 선택(path dependency)에 달려 있는 것이다. 그러나 이러한 사회적 성격의 변화는 인간들의 본성을 변화시킬 수 있으리라는 기대 속에서 개인의 이기심과 공공의 보편적 이익과의 조화를 이루어 내기 위하여 앞으로 모든 종류의 사회공동체에서 기약할 수 없는 오랜 기간 동안 끝없이 투쟁하여야 하는 것을 의미하는 것이다.[76]

---

72) 나는 문명이 에로스에 봉사하는 과정이며, 에로스의 목적은 개인을 결합시키고, 그다음에는 가족을 결합시키고, 그 다음에는 종족과 민족과 국가를 결합시켜, 결국 하나의 커다란 단위, 즉 인류로 만드는 것이라는 생각을 덧붙일 수 있다. 왜 이런 일이 일어나야 하는지는 우리도 모르지만, 에로스가 하는 일은 바로 이것이다. 이런 인간 집단은 리비도를 통해 서로 묶여야 한다. 필요성만으로는, 즉 공동 작업이 주는 이익만으로는 인간을 결속시킬 수 없다. 지그문트 프로이트, 『문명 속의 불안』, 열린책들, 2003, 301쪽.

73) 성격이란 사회적 조건에 대한 소극적인 결과가 아니라 인간성의 고유한 생물학적 요소에서 기인된 혹은 역사적 진화의 결과로 내재적인 된 요소를 기초로 하는 역동적인 적응의 결과이다. 에리히 프롬, 『소유냐 삶이냐/사랑한다는 것』, 동서문화사, 2008, 516쪽.

74) 에리히 프롬, 『소유냐 삶이냐/사랑한다는 것』, 동서문화사, 2008, 516쪽.

75) 빌헬름 라이히, 『파시즘의 대중심리』, 그린비, 2006, 53쪽.

76) "사회질서의 근본적인 변화는 성공의 전망이 거의 없다는 것을 미래가 우리에게 곧 보여 줄 것입니다. 새로운 사회질서가 대중의 물질적인 곤란을 일소해 줄 뿐만 아니라 동시에 개인들의 문화적인 요구에도 부응할 때 새로운 사회질서의 출현은 가능해질 것입니다. 우리는 모든 종류의 사회적 공동체에서 제어할 수 없는 인간적 본성이 빚어내는 모든 어려움들과 기약할 수 없는 오랜 기간 동안 투쟁해야 할 것입니다." 지그문트 프로이트, 『새로운 정신분석 강의』, 열린책들, 2003, 244~245쪽.

인류에게 숙명적인 문제는, 문명발달이 인간의 공격본능과 자기 파괴 본능에 의한 공동생활의 방해를 억누르는 데 성공할 것이냐, 성공한다면 어느 정도나 성공할 것이냐 하는 문제인 듯싶다. 바로 이 점에서 현대라는 시대는 특별한 관심을 기울일 가치가 있다. 인류는 꾸준히 자연력을 지배해 왔으며, 이제는 자연력의 도움을 받으면 별 어려움 없이 최후의 한 사람까지 서로를 죽일 수 있을 정도가 되었다. 현대인은 이것을 알고 있고, 그들이 지금 느끼고 있는 초조와 불행과 불안은 대부분 거기에서 유래한다. 이제 우리는 두 개의 천상의 권력 가운데 또 하나인 영원한 에로스가 그와 똑같이 불멸적 존재인 적수와의 투쟁에서 열심히 버티어 주기를 기대할 수밖에 없다. 하지만 어느 쪽이 성공하고 어떤 결과가 초래될 것인지를 누가 예측할 수 있겠는가?[77]

결국 이러한 상황에서 우리가 의도하는 경제적 변혁은 '인간성격의 지향점'이 근본적으로 변화함에 따라 비로소 가능해지는 것이다. 새로운 사회의 개막은 그것을 발달시키는 과정에서 인간도 발달해야 한다는, 좀 더 조심스럽게 말하자면, 현대 인간의 성격구조에 근본적인 변혁이 일어나야 한다는 점을 필수 조건으로 한다는 것이다.[78]

---

77) 지그문트 프로이트, 『문명 속의 불안』, 열린책들, 2003, 329쪽.

78) 에리히 프롬, 『소유냐 삶이냐/사랑한다는 것』, 동서문화사, 2008, 20쪽.

4장

신체와 권력(신체의 미시정치학)

1. 권력의 이론

푸코는 억압의 메커니즘에 대한 분석을 위해서는 무엇보다도 권력에 대한 분석이 필요하다고 보았다. 그러나 그는 권력을 계약적 교환이라는 자유주의적 개념의 사법적 모델이나 경제적 생산관계의 연장이라는 기능적 용어로 분석하는 대신에 법의 체계나 경제적 지배의 형태와 관련이 없는 분석의 원칙을 권력에 적용하여 권력에 관한 이론과 전략을 다음과 같이 설명하고 있다.[1] 권력이란 국가권력뿐 아니라 사회 속에서 다양한 경로와 형태 및 제도들을 통해 작동하는 권력까지 모두 포함하는 것이다.[2] 권력의 관점에서 분석을 실행하고자 한다면 국가의 주권이나 법의 형태 또는 지배의 전반적 단일성을 애초의 여건으로 상정해서는 안 된다. 그것들은 오히려 권력의 말단 형태일 뿐이다. 권력은 작용영역에 내재하고 조직을 구성하는 다수의 세력관계, 끊임없는 투쟁과 대결을 통해 다수의 세력관계를 변화시키고 강화하며 뒤집는 게임, 그러한 세력 관계들이 연쇄나 체계를 형성하게끔 서로에게 찾아내는 거점, 반대로 그러한 세력관계들을 서로 분리시키는 괴리나 모순, 끝으로 세력관계들이 효력을 발생하고 국가 기구, 법의 표명, 사회적 주도권에서 일반적 구상이나 제도적 결정화가 구체화되는 전략으로 이해되어야 하는 것이다. 또한 권력의 메커니즘을 통치권의 유일한 중심에서 찾으려고 해서도 안 된다. 권력은 매 순간 모든 상황에서, 더 정확히 말하자면 어느 한 지점에 대한 다른 한 지점의 관계에서 권력이

1) 미셸 푸코, 『성의 역사 1』, 나남출판, 2004, 111~115쪽, 참조.

2) 미셸 푸코, 『푸코의 맑스』, 갈무리, 2004, 139쪽.

산출되기 때문이다. 권력은 도처에 있는데, 이는 권력이 모든 것을 포괄하기 때문이 아니라 권력이 도처에서 발생하기 때문이라고 보았다.[3] 그리하여 푸코는 오랫동안 정치적 사유를 현혹시킨 법 체제에서 벗어나 다음과 같은 세력관계의 영역에서 권력의 메커니즘을 분석하려고 시도할 필요가 있다고 한다. 첫째, 권력은 소유나 가능성이 아니고, 상호관계가 작동하는 대립항의 차원에서만 연구해야 하는 또는 연구할 수밖에 없는 하나의 관계일 뿐이다. 권력은 손에 넣거나 빼앗거나 공유하는 것, 간직하거나 멀어지게끔 내버려 두는 것이 아니고, 무수한 지점으로부터, 불평등하고 유동적인 관계들의 상호작용 속에서 행사된다. 따라서 권력을 다른 사람들에 대한 한 개인의 지배, 다른 그룹들에 대한 한 그룹의 지배, 다른 계급들에 대한 한 계급의 지배와 같이 전면적이고 동질적인 지배의 현상으로 간주하지 말아야 한다. 그것은 결코 여기 혹은 저기에 고착되어 있는 것이 아니고, 어떤 일부 사람들의 손에 들어 있는 것도 아니며, 부와 재화처럼 누군가에 의해 선점되어 있는 것도 아니다. 권력은 작동한다. 권력은 망 속에서 기능하는데, 이 망 속에서는 개인들이 끊임없이 순환하고 있을 뿐만 아니라, 항상 그것에 당하면서 동시에 자신도 이 권력을 행사하는 자세로 있다. 그들은 결코 권력에 무조건 동의하는 무기력한 대상이 아니다.[4] 둘째, 권력관계는 다른 유형의 관계(경제과정, 인식관계, 성관계)에 대해 외재성의 위치에 있는 것이 아니라 다른 유형의 관계에 내재하고, 거기에서 생겨나는 분할, 불평등, 불균형의 직접적 결과이며, 역으로 그러한 차별화의 내부적 조건일뿐더러, 금지나 추방의 단순한 역할과 함께 상부구조의 위치를 점하는 것이 아니라 작용하는 거기에서 직접적으로 생산적 역할을 맡는다. 예컨대 가족이라는 유형의 관계가 먼저 있고 거기에 여러 권력 메커니즘이 덧붙여진다든지 하는 것이 아니라 권력메커니즘은 이 모든 관계에 내재하는 것이다. 이 모든 관계와 권력메커니즘은 서로가 서로의 원인이며 결과인 순환관계에 있는 것이다.[5] 셋째, 권력관계는 아래로부터 나온다.[6] 한 중심에서부터 출발하여 자신의 힘이

---

3) 권력의 각 중심은 또한 분자적이며, 미시논리적인 조직에 행사된다. 여기에서 권력의 각 중심은 확산되고 분산되고 확대되고 모형화되고 끊임없이 대체되고 유한한 절편화에 의해 작용하고 세부 및 세부적인 것들의 세부에서 작동함으로써만 존재한다. '규율들' 또는 미시권력들(학교, 군대, 공장, 병원 등)에 대한 푸코의 분석은 이 '불안정한 초점들'을 증언해 주고 있는데, 여기에서는 재편성들이나 집적들, 그리고 도피들과 도주들이 서로 충돌하며, 역전들이 산출되기도 한다. 초점은 더 이상 바로 그 교장이 아니라 사감이나 우등생, 수위 등이다. 초점은 장군이 아니라 하급 장교들, 하사관들, 내 안에 있는 병사, 심술궂은 자이며, 이들 각각은 나름대로 성향들, 극들, 갈등들, 힘의 관계들을 갖고 있다. 질 들뢰즈·펠릭스 가타리, 『천개의 고원』, 새물결, 2001, 427쪽.

4) 미셸 푸코, 『사회를 보호해야 한다』, 동문선, 1998, 48쪽.

5) 미셸 푸코, 『안전, 영토, 인구』, 난장, 2011, 18~19쪽.

6) "권력은 아래로부터 나온다." 다시 말해 권력은 지배하는 사람보다는 차라리 지배당하는 사람 자신들에 의해 작용된다는 것이다. 이 명제는, 권력은 행사되는 것이고, 그 결과 형성되는 사람들 간의 관계라는 명제와 연관된 것이다. 이러한 효과는 위계적 관계에서 상부에 있는 자에 못지않게, 아니 그보다 더 하부의 직접적인 관리자에 의해 실행된다. 예를 들어 감옥에서 그러한 효과의 수행은 교도소장이나 간부보다는 차라리 직접적인 감시자에 의해 이루어지며, 때로는 수감자 자신들에 의해서 좀 더 치밀하고 빈틈없이 이루어진다. 이로 인하여 대부분의

아래쪽으로는 어디까지 뻗쳐 갈 것인지, 어느 만큼 재생산될 것인지, 그리고 사회의 가장 미세한 요소들에게까지 어떻게 침투해 갈 수 있을지를 알고자 애쓰는 권력에 대해 연역적 방법을 적용해서는 안 된다. 그와는 반대로 권력에 대해 위로 거슬러 올라가는 식의 분석을 해야 한다. 스스로의 역사와 스스로의 도정과 스스로의 기술 및 전술을 가지고 있는 미세 메커니즘에서 출발하여, 스스로의 견고성과 고유의 기술을 갖게 된 이 권력의 메커니즘이 어떻게 전면적 지배의 형태와 가장 일반적인 메커니즘에 의해 투입되고 식민화되며, 사용・굴절・변형되고, 자리가 이동・확장되었는가 등등을 살펴보아야 한다.[7] 다시 말해서 지배자와 피지배자 사이의 전반적 이항 대립, 위에서 아래로 사회체의 심층에서까지 점점 더 제한된 집단에 영향을 미치는 그러한 이원성이 권력관계의 원리에 일반적 모태성을 갖는 것은 아니다.[8] 오히려 생산기구, 가족, 제한된 집단, 제도 안에서 형성되고 작용하는 다양한 세력관계는 사회체 전체를 뚫고 지나가는 폭넓은 균열 효과에 대해 매체의 구실을 한다고 상정할 필요가 있다. 그때 이러한 균열효과는 국지적 대결상황들을 가로지르고 연결시키는 전반적인 세력선을 형성하고, 물론 역으로 국지적 대결 상황들에 대해 재배치, 정렬, 균질화, 계열별 조정, 집중화를 실행하기도 한다. 강력한 지배는 모든 대결 상황의 강도를 지속적으로 유지하는 주도권의 효과이다. 넷째, 권력관계는 지향성과 동시에 비주관성을 갖는다. 일련의 목표와 목적 없이 행사되는 권력은 없다. 그러나 이것은 권력이 개별 주체의 선택 또는 결정에서 유래한다는 것을 의미하지 않는다. 과정과 결과를 통해 모든 형태의 권력을 배출하는 유일한 형태 또는 중심점을 찾기보다는 다른 목적을 가진 여러 권력들이 상호 교차되고, 서로 참조하고, 서로 접근하거나, 대립하는 힘의 관계라는 관점에서 그것들을 연구해야 한다. 권력의 합리성을 주재하는 참모본부를 찾으려 하지 말자.[9] 통치하는 카스트도, 국가의 여러 기구를 통제하는 집단도, 가장 중요한 경제적 결정을 내리는 사람들도 사회에서 작동하는 권력망 전체를 관리하지는 못한다. 그러한 전술을 구상할 사람도 더 이상 없고 그러한 전술을 표명할 사람도 거의 없게

경우 간부들은 특정한 수감자들을 포섭하여 그들을 통해 좀 더 효율적인 관리와 통제를 수행한다. 이는 학교에서도 공장에서도 마찬가지다. 차라리 지배받는 자에 의해 실행되는 권력 혹은 권력자 없이 실행되는 권력. 이진경, 『철학의 외부』, 그린비, 2006, 167～168쪽.

7) 미셸 푸코, 『사회를 보호해야 한다』, 동문선, 1998, 49쪽.

8) 권력을 사회적 관계들의 파편화로 이해하는 것은 우리를, 권력에 대한 이원적 개념에 대한 푸코의 공격으로, 그리고 권력은 힘들의 다양성으로 이해되어야만 한다는 그의 주장으로 되돌아가게 한다. 권력에 대한 이원적 관점과 복수적 관점 사이의 이항 대립이 허구적이라는 것은 이제 분명하다. 이 복잡성을 자본가 계급과 프롤레타리아트의 이원적 적대로 환원하는 것은, 종종 그래 왔듯이, 이론적 문제들뿐만 아니라 정치적 문제들을 야기한다. 존 홀러웨이, 『권력으로 세상을 바꿀 수 있는가?』, 갈무리, 2002, 122쪽.

9) 푸코는 니체의 권력개념에서 많은 것을 빌려 왔는데, 푸코가 니체에게서 말하려고 하였던 것은, 근본으로서 행동의 바깥에 있으면서 그 행동을 지휘하는 주체는 없다는 것이다. 일차적인 것은 바로 활동 그 자체 혹은 오히려 힘들의 장이다. 마이클 하트, 『들뢰즈 사상의 진화』, 갈무리, 2004, 324쪽 참조.

되는 가운데, 여러 전술을 통괄하는 익명의 거의 말없는 광범위한 전략이 암묵적으로 행사된다.[10]

> 권력을 의도나 결정의 차원에서 분석하지 말 것이다. 즉 그것의 내면에서 포착하려 하지 말 것, 그러니까 "도대체 누가 권력을 가지고 있는가? 권력을 가진 사람의 머릿속에는 무슨 생각이 들어 있는가? 그는 무엇을 추구하는가?" 등의 질문을 제기하지 말 것이다. 그와는 정반대로 권력의 의도가 효과적이고 실제적인 실행 속에서 완전하게 투입되어 있는 측면에서 그 권력을 연구해 보아야 한다. 즉 권력이 뿌리를 내려 실제적인 효과를 발생하는 바로 그 장소에서 살펴보아야 한다는 말이다. 그러니까 "왜 어떤 사람들은 남을 지배하기를 원하는가? 그들이 추구하는 것은 무엇인가? 그들의 총체적인 전략은 무엇인가?"라고 묻지 말고, "타인을 예속시키는 과정의 바로 그 차원에서, 그러니까 남의 육체를 예속시키고 그의 행동을 이끌며 그의 행위를 관장하는 그 지속적이며 끊임없는 과정 속에서 과연 무슨 일이 있어나는가?"라고 물어야 한다. 이것은 홉스가 『리바이어던』에서 하고자 했던 것과 정확히 반대되는 것이며, 특히 다수의 개인과 의지들에서부터 어떻게 주권이라 부를 수 있는 정신에 고무된 하나의 의지, 하나의 육체가 형성될 수 있는가를 알고자 하는 법률가들의 작업과 정확히 반대되는 것이다.[11]

다섯째, 권력이 있는 곳에 저항이 있지만, 더 정확히 말해서 바로 그렇기 때문에 저항은 권력에 대해 결코 외부에 놓이는 것이 아니다. 권력관계는 다수의 저항지점에 따라서만 존재할 수 있을 뿐이다. 즉 저항지점은 권력관계에서 반대자, 표적, 버팀목, 공략해야 할 돌출부의 구실을 한다. 이러한 저항지점은 권력망의 도처에 현존한다. 따라서 권력에 대한 커다란 거부의 '한' 장소, 이를테면 반항의 정신, 모든 반란의 원천, 혁명가의 순수한 권위는 없다. 반면에 일반 법칙이 적용되지 않는 특별한 경우인 '여러' 저항, 즉 가능한 저항, 필요한 저항, 있음 직하지 않은 저항, 자발적 저항, 우발적 저항, 외로운 저항, 합의된 저항, 은밀히 퍼지는 저항, 격렬한 저항, 화해가 불가능한 저항, 재빨리 타협하는 저항, 이해관계 때문에 일어나는 저항 또는 희생적 저항이 있는데, 정의상 이러한 저항은 권력관계의 전략적 영역에서만 존재할 수 있을 뿐이다. 저항은 권력관계에서 다른 항이고, 요지부동의 맞은편으로서 권력관계에 편입된다. 그러므로 저항도 역시 배열이 불규칙하다. 즉 저항의 지점, 요충지, 중심은 시간과 공간 속에 어느 정도 조밀하게 흩어져, 때때로 집

---

10) 권력 관계는 통치권의 어떤 단일한 초점 혹은 중심점에서 나오는 것이 아니다. 그것은 매순간 다양한 변곡・역행・선회・회전・방향의 전환 및 저항을 보여 주면서, 힘들의 장 내부를 이 지점에서 저 지점으로 이동한다. 바로 이러한 이유로 인해 권력 관계들은 어떤 고정된 한순간에 입각해 국지화될 수 없다. 권력 관계들은 마치 지층화되지 않는 어떤 것의 행사처럼 하나의 전략을 구성하며, 이런 익명적 전략들은 그것들이 가시적인 혹은 언표 가능한 모든 안정적 형식들을 회피하고 있기 때문에 거의 말을 할 수도 볼 수도 없는 어떤 것이라고 할 수 있다. 질 들뢰즈, 『푸코』, 동문선, 2003, 117쪽.

11) 미셸 푸코, 『사회를 보호해야 한다』, 동문선, 1998, 46~47쪽.

단이나 개인을 결정적으로 훈련시키고 육체의 몇몇 부위, 삶의 몇몇 순간, 몇 가지 유형의 행동을 자극한다. 커다란 근본적 단절, 이항적이고 대대적인 분할, 그러나 대개 경우에는 유동적이고 과도적인 저항지점들이 문젯거리로 대두되면서, 이동하는 분열이 사회로 침입하고 통일성이 무너지며 재편성이 초래될 뿐만 아니라 개인에게 자국이 나며 개인이 재단되고 개조될뿐더러 개인의 마음속에, 개인의 육체와 영혼에 축소할 수 없는 영역이 그려진다.[12)]

푸코는 이렇게 권력의 문제를 순전히 법률과 헌법 또는 국가와 국가장치의 관점에서만 제기하는 것은 국가에 대한 진부한 표현으로 문제를 빈곤화시키는 것으로 보았다.[13)] 오히려 국가는 그것의 외관과는 달리 권력의 활동 중심이 아니다. 국가는 권력을 설명하는 것이 아니라 오히려 권력관계들을 전제로 하는 것이며, 국가는 단지 그러한 관계들을 갱신하고 안정화하는 것에 만족할 뿐이다.[14)][15)]

> 강조하려는 것은 권력관계라는 것이 국가기구라는 테두리를 벗어나 분석되어야만 한다는 것입니다. 첫째로, 국가기구가 비록 전지전능한 권력을 갖기는 하지만 그것이 실제로 행사되는 모든 권력의 영역에서는 세심한 부분에까지 권력의 작동방식을 제어하지 못하기 때문입니다. 둘째로, 국가라는 권력기구는 이미 추상적인 존재이기 때문에 이미 존재하는 권력관계를 통하지 않고서는 자신의 권력의 효과를 달성할 수 없기 때문입니다. 국가는 일련의 권력관계의 그물망 위에 존재하는 상부구조이며, 실제로 인간의 신체를 규정하고 성이나 가족 관계, 인척 관계, 지식 그리고 기술 따위를 규제하는 것은 사회 전체에 퍼져 있는 섬세한 권력의 그물망일 뿐입니다.[16)]

또한 푸코는 법이 더 이상 어떤 성공한 전쟁의 결과 혹은 어떤 평화의 상태가 아니라고 한다. 법은 전쟁 그 자체이며, 또한 교전 중인 이 전쟁의 전략이다. 그리고 이는 권력이 지배계급에 의해 획득된 어떤 소유물이 아니라 그 전략의 현실적 실천행위인 것과 정확

---

12) 푸코는 적대의 궁극적인 요소를 개인 내지 개인을 이루는 하위체계라고 말한다. 이로써 그는 특정한 부류의 사람들 간, 즉 집단 간의 관계로서 적대개념을 거부하고 있는 셈이다. 왜냐하면 적대란 사람들의 지속적이고 특정한 관계이기에, 모든 개별자 간의 대립 혹은 그 이하 수준에서의 대립을 적대라고 하는 것은 별다른 의미가 없기 때문이다. 다만 이 용어가 뜻하는 것은 권력이 아래로부터 각인 간에 행사된다고 할 때, 그에 대한 각인의 저항이라는 것이다. 언제나 대립은 권력과 개인 내지 권력의 전략과 개인 간에 있으며, 그 이외의 어디서도 별도의 관계를 찾지 않는다. 이진경, 『철학의 외부』, 그린비, 2006, 188쪽.

13) 정치적인 것을 국가와 국가장치에만 국한시킬 수 없다는 푸코의 주장의 밑바닥에는, 근대사회가 사회세력들 간의 끊임없는 적대와 갈등으로 특징지어지는 권력관계에 의해 철저하게 만연되어 있다는 보다 근본적인 인식이 깔려 있다. 이구표, 「푸코와 마르크스」, 『한국정치학회보』 제27집, 1996, 234쪽.

14) 질 들뢰즈, 『푸코』, 동문선, 2003, 66쪽 참조.

15) 우리는 권력 조직의 본성을 오해한다. 권력 조직은 국가 기구 안에 국한되어 있지 않으며, 모든 곳에서 내용과 표현의 절편들을 교차시키고 내용과 표현을 형식화한다. 질 들뢰즈・펠릭스 가타리, 『천개의 고원』, 새물결, 2001, 136쪽.

16) 콜린 고든, 『권력과 지식(미셸 푸코와의 대담)』, 나남출판, 1997, 155쪽.

히 마찬가지라고 본다.[17] 권력은 법과 제도를 벗어나 다면적이고 분산되어 있으며 더 복잡하고 더 밀도 높으며 더 널리 퍼져 있을 뿐만 아니라 그것은 순환하는데, 다른 과정들의 효과와 조건으로부터 끊임없이 생겨나는 것은 권력이 아니라 권력관계이다. 권력은 권력에 대한 종속에 비해 권력행사의 정도가 계급, 성, 인종과 같은 요소들에 따라 다를 수 있을 뿐, 모든 사람들은 권력을 행사하며 그것에 종속된다.[18]

> 권력은 그것을 소유하는 자들(즉 지배자들)을 그것이 작용하는 자들(즉 피지배자들)로부터 구분시켜 주는 하나의 본질인 동시에 속성이다. 그러나 권력은 어떤 본질도 갖지 않으며 다만 작용하는 것일 뿐이다. 권력은 속성이 아니라 관계이다. 권력관계는 지배 세력 못지않게 피지배 세력에 의해서도 수행되며 이 양자 모두에 의해서만 그 특이점들이 구성되는 다양한 힘 관계들의 총체이다. "집중된 권력[피지배자들]은 그들에 의해 그리고 그들을 가로질러 수행되는 것이다. 또한 권력은 마치 권력에 대한 피지배자들의 투쟁에서 피지배자들이 자신들에게 권력이 실행되는 바로 그 지점에 역으로 의존하고 있는 것과 꼭 같이 피지배자들에게 의존하는 것이다."[19]

지배자들 못지않게 피지배자들을 관통하는 권력은 어떠한 방식으로 행사되는가? 이러한 권력의 행사는 하나의 영향력으로서 나타나는데, 이는 힘이 그 자체로 자신의 권력에 의해 자신이 관계 맺고 있는 다른 힘들에 영향을 미치는 동시에 다른 힘들에 의해 영향을 받는 것으로서 정의되기 때문이다. 자극 · 야기 · 생산은 그리고 이와 유사한 목록의 모든 다른 용어들도 마찬가지로 능동적 영향력을 구성한다. 반면 생산을 위해 결정 · 자극 · 야기된 존재는 하나의 '유용한' 효과, 즉 반작용적 영향력을 갖는다. 이 후자는 전자에 대한 어떤 단순한 '반격' 혹은 '수동적 반대급부'가 아니라 오히려 '환원 불가능한 맞수'라 부를 만한 것이다. 이는 특히 영향을 받을 뿐 저항의 능력을 갖지 않는 힘이란 존재하지 않는다는 점을 고려할 때 더욱 그러하다. 동시에 각각의 힘들은 다른 힘들에 대해 영향을 미치고, 또한 다른 힘들에 의해 영향을 받기 때문에 다양한 권력관계들을 함축하게 된다. 그리고 모든 힘들의 장은 이러한 관계들 및 그것의 변양들에 관련하여 힘을 재배치한다.[20] 그리하여 권력은 사용자뿐만 아니라 사용자에 의하여 작업장에서 노동력을 탈취당하는 자와 같이 억압을 당하는 자에게서도 생성될 뿐만 아니라, 자본가와 노동조합, 조합

---

17) 질 들뢰즈, 『푸코』, 동문선, 2003, 56쪽.

18) 론 사콜스키, 「규율적 권력, 노동과정, 노동 주체의 구성」, 『문화과학』 6호, 문화과학사, 1994, 235쪽 참조.

19) 질 들뢰즈, 『푸코』, 동문선, 2003, 51~52쪽.

20) 질 들뢰즈, 『푸코』, 동문선, 2003, 114~115쪽.

원과 비조합원, 정규직과 정규직, 정규직과 비정규직, 내부자와 외부자, 고용된 자와 실업자, 자본가와 그 대리인과의 사회적 관계에서도 홈이 팬 공간에 의해 끊임없이 생성되며,[21] 그 사회적 관계들의 位階와 지층에 따라 다양하고 적극적인 형태의 도주선과 탈주의 공간이 형성된다.

> 현대자동차는 당초 20일로 예정됐던 첫 후륜구동 스포츠카 '제네시스 쿠페'의 출시행사를 16일 전격 취소했다. 현대차 노조의 계속된 파업으로 울산공장에서 신차가 출고되지 못한 탓이다. 제네시스 쿠페를 생산하는 울산 4공장 관계자는 "7월부터 계속된 파업 때문에 영업소에 보낼 차는 고사하고 출시행사에 쓸 차량 조달도 불가능하다"고 말했다. 이에 관해 현대차의 한 고위임원은 16일 "신차가 제때 나오지 못하는 것은 자동차 회사에 가장 치명적인 일"이라며 "다른 부서였다면 담당자 목이 날아갔겠지만 노조가 차를 안 만들어 생긴 일이니 속만 탄다"고 말했다. 아반떼 · i30 · 베르나 같은 중소형차는 전 세계의 고유가 · 경기침체로 10만 대 이상 해외주문이 밀려 있지만, 생산이 안 되는 탓에 해외 딜러들의 불만이 고조되고 있다.[22]

우리는 이러한 권력이 생성되고 변주되며 탈주하는 다양한 양태를 볼 수 있다. 특히 작업장에서 파업이나 태업 등 사용자에 대한 노동자들의 이항적인 대립적 저항뿐만 아니라, 생산의 효율성이나 자본 이익의 극대화라는 명제로 수렴되지 않는 다양한 형태의 고용인들과 노동자들의 국지적인 수많은 행동과 예측 불가능한 이질적인 전략들이 존재하는 것을 목격할 수 있다. 노동 현장에서 자본가가 이익의 극대화를 위하여 노동자를 억압하고 착취하려는 잘 조직화된 이항적 대립구도의 양상으로만 드러나는 경우는 드물게 존재하는 것이다. 물론 전체 구조를 통괄하는 사회적 제약은 언제나 배경적 목적에서 벗어나려는 多重의 미시적 흐름의 방향을 제어하고 탈주의 한계를 시시각각 새로이 설정하고 교정하지만, 이항적 대립구도는 자본가와 노동자가 실제적으로 대면하는 소기업의 작업장에서만 이러한 형태에 조응하는 경우를 예외적으로 관찰할 수 있을 뿐이다. 일상적인 경우에는 제도를 벗어나 있으면서 이윤의 극대화라는 원리로 수렴되지 않는 다양한 生態的 위

21) 노동계약의 완성은 반드시 순조롭고 조화롭게 진행되는 것이 아니다. 사용자들과 같은 가치 수령자들이 관련된 기제들을 규정하기 위해 투쟁하는 유일한 주역들은 아니다. 노동자로부터 노력을 이끌어 내려는 시도에서 강제, 보상, 헌신을 활용하는 자본가는 때때로 점심시간과 휴식을 연장하려는 노동자들, 타인에게 작업을 미루는 노동자들 또는 자신의 이익을 위해 동료 노동자들이 생산기준을 깨지 않도록 강제와 헌신을 동원하는 노동자들을 직면하게 된다. 실제로 노동서비스 제공자들과 그 서비스의 사용자들은 거의 변함없이 일정한 측면에서 대립적인 목적들을 추구한다. 대부분의 환경에서 어느 당사자도 자신들이 선호하는 특성들을 전적으로 강요할 만한 권력을 가지고 있지 못하다. 그 결과 당사자들은 협상을 한다. 협상에서 둘 이상의 당사자들은 보상, 처벌, 위협 혹은 장래 성과와 관련된 합의를 조건으로 하는 약속들을 교환한다. 더욱이 일부 사례에서 노동자집단들은 개인 차원의 일상적인 협상을 넘어서 상호 간의 집단적인 요구를 제기하는 분쟁을 조직하며, 그 분쟁에서 이길 경우 상대방의 이익에 크게 영향을 미치게 된다. 따라서 사용자들은 노동과정에 대해 결코 절대적인 통제력을 행사하지 못한다. 크리스 틸리 · 찰스 틸리, 『자본주의의 노동세계』, 한울아카데미, 2006, 145~146쪽 참조.

22) 조선일보, 2008.9.17.

계의 비가시적인 간극들이 존재한다. 예를 들면 사용자의 경우에도 규범적으로는 자본가의 이익을 대표하는 선량한 대리인으로서의 역할 행동을 하고 있으면서도 실제로는 그와는 정반대의 드러나지 않는 형태로 자신에게 유리한 권력관계를 유지하려 하면서 조직을 사유화하거나, 단기간의 이익에 지나치게 집착하면서 자신의 이익을 극대화화는 행위 등이 비일비재하다. 사용자뿐만 아니라 서로 다른 복수의 목적을 가진 행위 주체로서의 노동자들도 조직 내 정보를 독점적으로 이용하거나 자신에게 유리한 정보만을 공유하는 행위, 업무를 수행하면서 취득한 암묵적인 형태의 노하우를 개인적·독점적으로 사용하거나 사유하는 행위, 적절한 업무를 주지 않거나 업무의 수행과정에서 특정인을 배제하는 담합 행위, 동료 직원의 성과를 가로채거나 과실을 떠넘기는 행위, 주요한 직무를 선점하려고 하거나 자신의 불쾌한 일을 다른 노동자들에게 떠넘기면서 손쉬운 일이나 드러나는 일만을 하려는 행위, 학력·지연·성차 등을 이용하여 비공식적 네트워크를 조직하고 조직 내 주요한 네트워크와 권력망에 우선적으로 접근하려는 행위, 자원의 배분이나 금전적 보상을 자신에게 유리하게 이끌어 내기 위하여 사실관계를 조작하거나 과장하려는 행위 및 이를 제도화하려는 행위, 조직의 실질적인 생산성과 효율성이 저하됨에도 불구하고 과다하게 비정규직을 사용하여 드러나는 비용만을 줄이려 하거나 그 절감된 비용을 자신들만의 보상으로 전취하는 행위, 계약기간의 연장이 불확실하여 조직 내 입지가 취약한 비정규직 노동자를 자신들의 종복처럼 부려먹는 행위 등 개인들의 비공식적이고 비가시적인 형태의 암묵적이고 생태적인 권력들이 서로 간에 행사되고 교차되면서 영향을 끼치게 되는 것이다.[23] 그러나 계약기간의 연장 여부를 불확실하거나 모호하게 하면서 종속적인 인격관계가 강력하게 유지되는 비정규직 노동자들은 '만인에 대한 만인의 대체가능성'이라는 사회적 배치로 인하여 그들의 힘, 흐름, 속도들을 변주할 주체의 역량이 최소화되어 그러한 것들의 권력망에 절연된 형태로 존재하고 있는 것이다.[24] 이에 따라 독자적이고 고유한 저항의 흐름을 국지적으로 형성하거나 가지고 있지 않으며, 거부와 변환의 가능성과 수정 가능한 자기 속도들의 연속적인 전략이 존재하지 않는 상태에서 모든 가변적인 위험들을 짊어지고 있는 오직 수동적이고 부정적인 도주선만이 존재할 뿐이라는 점에 문

23) 창조하는 도주선이냐 아니면 파괴선으로 전화하는 도주선이냐. 설령 한 조각 한 조각씩이라도 스스로 구성되어 가는 고른판이냐 아니면 조직과 지배의 판으로 전화해 버리는 고른판이냐. 이 두 가지 선 또는 판은 서로 교류하며, 서로 보완하면서 차용한다는 것은 우리가 끊임없이 인식해 온 사실이다. 질 들뢰즈·펠릭스 가타리, 『천개의 고원』, 새물결, 2001, 811쪽.

24) '주체의 위치'는 또한 그가 다양한 영역들이나 대상들의 집단들과 관련해서 처할 수 있는 상황에 의해 정의된다. 그는 명시적인 또는 그렇지 못한 물음들의 어떤 망에 따라 물음을 던지는, 그리고 정보의 어떤 프로그램에 따라 청취하는 주체이다. 그는 특성들의 표에 따라, 기술적인 유형에 따라 주의함으로써 응시하는 주체이다. 미셸 푸코, 『지식의 고고학』, 민음사, 2000, 86쪽.

제가 있는 것이다.[25]

2. 신체의 배치와 권력: 나눔과 배제(exclusion)의 과정들[26]

푸코는 권력의 효과를 마르크스주의자들과는 달리 계급이나 이데올로기의 수준에서 이끌어 내고자 하지 않으며, 이데올로기의 문제를 제기하기 이전에 역사적 방식으로 정치 투쟁에 중심을 두면서, 신체의 문제와 그에 작용하는 권력의 효과를 먼저 연구하는 것이 더 유물론적이라고 보았다.[27] 즉 신체를 매우 치밀한 권력의 그물 안으로 포착되는 것으로, 권력의 대상이자 표적이라는 측면에서 신체란 만들어지고, 교정되고, 복종하고, 순응하고, 능력이 부여되는 것으로 인식한다. 권력은 의식보다는 신체를 작용지점으로 하여 직접적 영향력을 가하게 되는데, 푸코에 의하면 우리의 신체는 성, 인종, 지적 능력, 연령 등으로 분할되어 감시되고 관리되는 권력의 대상이자 표적인 것이다. 즉 그곳에서 행사되는 권력은 하나의 소유물로서가 아니라, 하나의 전략으로서 이해되어야 하며, 그 권력지배의 효과는 소유에 의해서가 아니라 배열, 조작, 전술, 기술, 작용 등에 의해서 이루어진다.[28] 이러한 현상들을 통하여 자본주의 발전에 불가결한 요소인 생체권력의 시대가 열리며, 살아 있는 육체가 통제되어 신체는 기계장치의 부품처럼 조직되고 자본주의적 생산체제로 편입되게 된다.

> 복종의 기술을 통해서 새로운 객체가 만들어지고 있는 것이다. 서서히 그 객체는 기계적인 신체의 외양을 갖춘다. 그 새로운 객체란 힘을 가지고 있으면서 지속적인 근거가 되는 자연

25) 할 수만 있다면 우리는 우리의 도주선을 발명해야 하는데, 우리는 우리의 도주선을 삶 속에서 실제로 그려 낼 때에만 그것을 발명할 수 있다. 도주선, 이것이 가장 어려운 것 아닐까? 어떤 집단들, 어떤 사람들은 도주선을 결여하고 있으며, 결코 가져 본 적도 없다. 어떤 집단들, 어떤 사람들은 그런 종류의 선을 결여하고 있거나 잃어버렸다. 질 들뢰즈・펠릭스 가타리, 『천개의 고원』, 새물결, 2001, 386쪽.

26) 어떤 인식 주체가 인식 대상을 파악할 때, 그 대상이 존재함에 대한 긍정과 더불어, 그 대상을 일단 무엇 무엇으로 나누어 볼 것인가 하는 '존재론적 분절'의 문제는 언제나 전제된다. 푸코는 우리의 사회가 동일자와 타자들을 나누는 경계선들의 복잡한 체계로 되어 있음을 드러내고 있다. 그리고 이러한 나눔의 체계 속에는 어떤 價値上의 문제가 언제나 섞여 들어간다. 푸코는 이 가치판단의 역할을 드러내고자 한다. 그렇게 함으로써 우리의 삶이 어떤 존재론적 분절들 위에서 이루어지고 있는가, 또 그 존재론적 분절들은 어떤 가치판단의 역학 위에서 존립하고 있는가를 드러내 보이고자 하는 것이다. 그래서 푸코의 사유는 타자의 사유이다. 동일자의 바깥에서 사유하는 바깥의 사유이며 동일자와 타자가 갈라지는 경계선상에서 성립하는 극한의 사유이다. 한 사회에서 나눔의 여러 체계들은 반드시 배제의 체계를 함축한다. 나눔의 이편과 저편에 존재하는 사람들 사이에는 깊은 골이 드리우게 된다. 한 사회에 존재하는 각종의 나눔은 단순한 이론적인 문제가 아니며 평가의 문제이며 권력의 문제이기도 하다. 이러한 나눔을 통해 스스로 정립하는 동일자와 그 나눔의 경계 바깥으로 밀려나는 타자가 대립하게 된다. 미셸 푸코, 『담론의 질서』, 서강대학교 출판부, 1998, 57~59쪽.

27) 미셸 푸코, 『사회를 보호해야 한다』, 동문선, 1998, 221~222쪽 참조.

28) 미셸 푸코, 『감시와 처벌』, 나남출판, 2003, 57쪽.

그대로의 신체이고, 그 자체의 질서, 시간, 내적 조건 및 구성요소를 갖춘 특정한 작업을 영위할 수 있는 신체이다. 신체는 새로운 권력기구들의 표적이면서, 동시에 지식의 새로운 형식대상이 된다. 사변적 물리학에서의 신체라기보다는 오히려 훈련을 위한 신체이고, 동물적 성향이 스며들어 있는 신체라기보다는 오히려 권력에 의해 조작되는 신체이다.[29)]

이러한 측면에서 비정규 노동이라는 것은 '신체의 경제적 활용'을 위하여 신체에 대한 자본의 권력이 행사되는 하나의 '사회적 시간'으로서의 전략적 지점이라고 볼 수 있다. '시간의 통제'를 통하여 노동자의 신체를 소유하지 않으며, 오히려 그들의 신체를 전략적으로 배제시키면서 개체의 전 시간을 지배하는 것이다. 그리하여 정치적으로 주체의 힘을 박탈 또는 최소화시키면서, 경제적으로 유용한 개체에 대하여 권력이 치밀하게 행사되고, 작동하게 한다. 대규모 산업에서 자본이 작업공간을 재구성하여 노동력을 개별적으로 분해하면서 노동과정을 규율하고 변화시키듯, 시간을 정교하게 작은 단위로 분할하여 유사한 방식으로 시간을 자본화하면서 신체를 시간의 통제하에 두는 것이다.

신체는 직접적으로 정치의 영역 속에 들어가 있어서 권력관계는 신체에 직접적인 영향력을 가하게 되었다. 그리하여 신체를 공격하고, 그것에 낙인을 찍고, 훈련시키고, 고통을 주고, 노역을 강제하고, 의식을 강요하고, 그것에 여러 가지 '기호'를 부여한다. 신체에 대한 이러한 공격은 복합적이고 상호적인 여러 관계에 따라서 신체의 경제적 활용과 연결된다. 신체가 권력관계와 지배관계에 의해서 포위 공격당하는 것은 상당한 정도까지는 생산력으로서이지만, 그 대신 신체를 노동력으로 만들 수 있는 것은 신체가 강제적 복종의 구조 속에 편입되는 경우에 한정된다. 신체는 생산하는 신체인 동시에, 복종하는 신체인 경우에만 유익한 힘이 되는 것이다.[30)]

이러한 사회에서 인간의 신체는 그 신체를 파헤치고 분해하며 재구성하는 권력장치 속으로 들어가게 된다. 하나의 권력의 역학이기도 한 '정치 해부학'이 탄생하고 있는 것이다. 그 해부학은 단순히 다른 사람들로 하여금 해 주기를 바라는 일을 시키기 위해서만이 아니라, 기술적 방법으로 결정된 속도와 효용성에 의거하여 원하는 대로 다른 사람들을 움직이기 위해서, 어떻게 그들의 신체를 장악할 수 있는가 하는 방법을 규정하고 있다. 이리하여 규율은 복종되고 훈련된 신체, '순종하는' 신체를 만들어 낸다.[31)] 규율은 유용성이

---

29) 미셸 푸코, 『감시와 처벌』, 나남출판, 2003, 245~246쪽.

30) 미셸 푸코, 『감시와 처벌』, 나남출판, 2003, 56쪽.

31) 푸코는 이러한 권력의 메커니즘이 인간의 육체에 작용한다고 본다. 그리고 권력은 육체를 억압하는 것이 아니라 육체를 특정한 목적에 맞도록 만들어 내는 점에 주목한다. 즉 권력은 육체를 길들인다. 그는 이것을 육체에 대한 미시권력이라고 부른다. 양운덕, 「푸코의 권력계보학」, 『경제와 사회』 35호, 1997, 116쪽.

라는 경제적 관계에서 보았을 때 신체의 힘을 증가시키고, 복종이라는 정치적 관계에서 보았을 때는 동일한 힘을 감소시킨다. 간단히 말하면, 규율은 신체와 힘을 분리시킨다. 그것은 한편으로는 신체를 '소질', '능력'으로 만들고 그 힘을 증대시키려고 하는 반면, 다른 한편으로는 '에너지'와 그것으로부터 생길 수 있는 '위력'을 역전시켜 그것들을 엄한 복종관계로 만든다. 경제적 착취가 노동력과 노동생산물을 분리한다면, 규율에 의한 강제력은 증가되는 소질과 확대되는 지배 사이의 구속관계를 신체를 통해 확립해 두는 것이다.[32] 이제 신체는 세분화한 권력의 억압적인 효과를 이루는 섬세하고 전술적인 바둑판 모양의 분할 속에서 분석되고 '비정규직'이라는 처절한 이름으로 사회적으로 '배치'되는 것이다.

개별화를 목표로 삼는 분할방식의 원칙은 복잡성을 갖게 된다. 이제는 개개인을 고립시키고, 그 위치를 파악할 수 있는 공간 속에서 배치하는 것이 문제인 동시에, 이러한 배치를 그 자체의 고유한 요구를 가진 생산기관과 연결시키는 것이 중요한 일이다. 신체의 배치, 생산기관의 공간적 설치, '부서'의 배분에 따른 상일한 활동 형태를 잘 연결시켜야 한다. 생산은 분화되고, 노동의 진행과정은 한편으로는 그 국면이나 단계 혹은 기본적인 작업에 따라서, 다른 한편으로는 그것을 실행하는 개인에 따라, 그 일에 종사하는 각 개인의 신체에 따라서 구분된다. 따라서 능력에 따른 차이가 관찰될 수 있고 특징을 알 수 있고, 평가되고 기록되어, 특정 관리인에게 보고될 수 있다. 이와 같이 일련의 개별적인 신체가 완전히 파악될 수 있도록 일목요연해지면 개인 단위로 분석이 가능해진다. 대규모 산업 발생 시에 우리는 생산과정의 분화에 의하여 혹은 그 과정과 동시에, 노동력이 개별적으로 분해되는 현상을 볼 수 있다. 이러한 생산과정의 분화 및 노동력의 개별적인 분할이 흔히 규율 중심의 공간 배치에 의해 확립된 것이다.[33]

이제 노동력의 분할과 신체의 배치 그것은 불가분의 관계를 가진다. 이원적인 구분에 따라 비정규 노동의 분석수행자로서 기관들은 관계들을 位階化하고 공간을 分化하여, 가장 적당한 사회적 배치에 대한 내용과 표현들을 형식화하고 기계화하는 역할을 수행하게 된다.

개인을 규제하는 모든 기관들은 이중적인 양식에 따라 행동한다. 즉 이원적인 구분과 이

32) 미셸 푸코, 『감시와 처벌』, 나남출판, 2003, 217쪽.

33) 미셸 푸코, 『감시와 처벌』, 나남출판, 2003, 228~229쪽.

름 붙이기(미친/제정신인, 위험한/무해한, 정상적인/비정상적인 등)의 이중양식에 따라 움직이는 것이다. 나아가 강제적 할당의 양식, 차등적 배분의 양식(그가 누구인가, 그는 어디에 있어야 하는가, 그는 어떻게 특징지어져야 하는가, 그는 어떻게 인식될 수 있는가, 어떻게 해야 그를 개인적 방식으로 꾸준히 감시할 수 있는가 등등)으로 움직이는 것이다. 각 개인을 대상으로 끊임없이 행해지는 정상, 비정상의 구분은 오늘날까지 계속되어, 우리는 이원적인 특성 표시를 전혀 다른 대상들에 적용시킨다.[34]

이렇게 사회적으로 '배치'된 근대인은 규제라는 그물 속에서 다시 태어난다. 갖가지 규칙과 세칙, 까다로운 검사, 삶과 신체에 속속들이 가해지는 자질구레한 통제, 특히 학교, 병원, 작업장 등의 환경에서 이루어지는 그물 속에서 태어난다.[35] 교도소, 군대, 기업, 병원 등의 사회는 하나의 거대한 원형감옥으로, 이제 모든 곳에서 감시와 관찰이 행해진다. 공리주의 철학자 제러미 벤담이 고안해 낸 원형감옥은 간수, 의사, 교사, 감독 등이 행동을 감시하고 샅샅이 들여다볼 수 있는 탑이다. 중앙에 있는 탑 안에서 관리책임자는 자신이 지휘할 수 있는 모든 고용인들을 몰래 감시할 수 있다. 또한 그들을 부단히 평가하고, 태만한 자들을 일하게 만드는 등 그들의 행동을 변화시키며, 보다 좋다고 생각하는 방법들을 그들에게 강요할 수 있고, 또한 그의 모습도 쉽게 관찰할 수 있다. 일망 감시시설은 일종의 권력 실험실로 운용된다. 그러한 관찰의 메커니즘을 통해서 그 시설은 모든 인간의 행동에 효율적으로, 그리고 광범위하게 침투해 들어가는 효과를 거둔다. 권력의 이러한 모든 진전과 더불어 지식의 확장이 이루어지고, 이와 같이 확장된 지식은 권력이 행사되는 모든 표면에서 앎의 대상들을 발견한다.[36] 이는 신체를 가시적인 공간 속에, 서로서로에 대한 관계 속에 놓는다. 감시당하고 있는 주체들은 자신들이 언제 감시당하는지를 결코 알지 못하며, 따라서 아주 효과적으로 스스로를 규율하게 된다.[37] 결코 자신이 감시되고 있는지를 어떤 순간에도 알 수 없는 이러한 작업장의 규율적 시설에서 최고경영층에 의한 권력의 행사는 교묘한 강제에 입각한 규율적 메커니즘을 통해 자동화되고 탈개인화된다. 그리고 이 규율적 메커니즘은 번번이 저항을 계급 주체에 의한 집단적 행동보다는 개인적 문제로 환원함으로써 역으로 종속된 노동자를 개별화하는 작용을 한다. 노동자는 수감자처럼 항상 보지는 못하면서 감시당하는 조건에 처해 있다. 이와 상응하여 경영자들은 자신을 보이지 않게 하면서 다른 이들을 감시할 수 있다.[38] 그러나 이것은 개개

34) 미셸 푸코, 『감시와 처벌』, 나남출판, 2003, 308~309쪽.

35) J. G. 메르키오르, 『푸코』, 시공사, 1998, 146쪽.

36) 미셸 푸코, 『감시와 처벌』, 나남출판, 2003, 316~317쪽 참조.

37) 크리스 호록스, 『푸코』, 김영사, 2003, 122쪽.

인을 감시자의 눈길 앞에 두는 감시 자체를 목적으로 하는 것이 아니라 개별적이고 특수한 현상을 뭔가 적절한 것으로 만들어 주는 메커니즘으로 구동하게 하는 것이다.

> 현대사회는 거창한 구경거리의 사회가 아니라 감시의 사회이다. 여러 가지 이미지의 허울 속에서 우리들의 신체는 심층적인 공격대상이 된다. 대대적인 교환의 추상화한 체계 뒤에는 유용한 힘을 얻기 위한 정밀하고 구체적인 훈육이 계속되며, 정보 소통의 경로는 지식의 축적과 집중화의 지주가 되고, 기호들의 작용은 권력이 어느 곳에 닻을 내려야 하는지를 규정한다. 개인의 온전한 모습이 우리의 사회질서에 의해서 절단되고 억압되거나 변질되는 것이 아니라, 사회질서 속에서 힘과 신체에 관한 전술에 의거하여 개인은 세밀한 의도로 만들어지는 것이다. 우리는 생각하고 있는 것처럼 그렇게 그리스인에 가깝지 않다. 우리가 있는 곳은 원형극장의 계단 좌석 위나, 무대 위가 아니다. 우리는 하나의 톱니바퀴와 같은 존재이기 때문에, 결국 우리들 스스로가 이끌어 가는 권력의 효과에 포위된 채 일망 감시장치 속에 있다.[39]

이 새로운 형태의 감시[40]는 노동의 전 과정을 따라다닌다.[41] 그것은 생산만을 목표로 삼는 것이 아니라 사람들의 활동, 수완, 행동방법, 속도, 열성, 품행을 두루두루 고려한다. 왜냐하면 그것은 사무원, 감시원, 감독관, 직공장 등에 의해서 실시되기 때문이다. 생산장치가 한층 더 대규모화하고 복잡하게 됨에 따라, 또한 직공 수가 증가하고 분업이 발달함에 따라, 통제의 업무는 더 필요해지고 더 어려워진다.[42] 그래서 감시는 '시간'을 단위로 분명한 규율적인 기능을 갖게 되고, 인간으로서의 노동자의 실존형식을 지배하는 그 규율적인 기능은 노동과정으로부터 노동자를 배제될 수 있는 대상으로서의 개인이라는 '지식의 시선' 속에 가두어 두게 된다. 이러한 과정에서 비정규 노동이라는 이항적으로 절편화된 존재론적 분절은 모든 조직화의 외부에 놓이면서도 내재성의 양식들을 위하여 내부의 외부를 구성하는 기계적 배치의 형태로 드러나게 된다. 하지만 내부의 외부를 구성

---

38) 론 사콜스키, 「규율적 권력, 노동과정, 노동 주체의 구성」, 『문화과학』 6호, 문화과학사, 1994, 238쪽.

39) 미셸 푸코, 『감시와 처벌』, 나남출판, 2003, 333~334쪽.

40) 감시는 노동 주체를 구성하며 객관화하는 관리의 기능이었다. 자신이 대체한 낡은 도제체계보다 더욱 비인간적이면서도 밀접한 감시는 어깨 너머로 감독하는 감독자의 인간적 요소와 심지어 손에 스톱워치를 들고 작업장을 서성거리는 전문가의 효율성을 아직까지 간직하고 있다. 현재는 컴퓨터 기술의 발달로 노동과정에 대한 감시가 더욱더 익명화・자동화되고 있으며, 권력관계가 '정보 판옵티콘'이라고 불렀던 것에 의해 더욱 견고히 확립되고 있다. 규율적 권력이 공고화된 자본주의 작업장에서 컴퓨터화된 관리체계는 점점 기술적 감시자로 작동하도록 설계된다. 오늘날 컴퓨터 덕분에 최고경영층은 생산공정에서의 정보를 즉각 검색할 수 있다. 그리고 이 정보는 그들이 개별 노동자의 시간/동작 분석을 세세하고 정확하게 할 수 있도록 해 주며, 서로 다른 근무조건에, 심지어는 지리적으로 떨어져 있는 공장들 간에 비교평가를 내릴 수 있게 해 준다. 론 사콜스키, 「규율적 권력, 노동과정, 노동주체의 구성」, 『문화과학』 6호, 문화과학사, 1994, 239~240쪽.

41) 한 최고경영자는 다음과 같이 표현한다. 나의 책상에서 나는 어떤 공장이든지 볼 수 있다. 그들 모두 내가 보고 있다는 것을 안다. …… 이런 조건하에 있는 노동자는 통제될 필요가 없다. 노동자가 기대되는 바에 따라 정보에 따라 반응할 것으로 기대할 수 있다. 론 사콜스키, 「규율적 권력, 노동과정, 노동주체의 구성」, 『문화과학』 6호, 문화과학사, 1994, 241쪽.

42) 미셸 푸코, 『감시와 처벌』, 나남출판, 2003, 276쪽.

하는 작업은 사실상 기대 혹은 예외라는 허울 좋은 내재성 안에서 기만적으로 외부를 내부화하면서 생산과정의 일부로서 완전히 통합되게 된다.

3. 권력과 지식의 생산

푸코에게는 권력과 관련하여 지식[43]의 문제가 필연적으로 대두하게 되는데, 지식의 생산과 축적은 권력의 메커니즘과 분리될 수 없는 것으로, 지식의 형식 및 내용의 발달이 인간본성의 해방을 보장하는 요소가 아니라, 거대한 지식체계의 형성이 예속화와 지배의 효과와 기능을 함께 가지고 있다고 보았다.[44] 지식의 생산은 어떤 종류의 '진실'을 생산하고 순환시키는 것을 함의하며,[45] 그리하여 인간을 생명체, 노동하는 개인, 말하는 주체로 분석하는 인간과학을 통해 등장한 인간이라는 주제가 권력의 상관물이자 지식의 대상으로 등장하게 된다. 즉 근대의 인간과학이 개인과 집단(인구)의 통치에 관한 지식을 구성하기 위하여 가시성의 영역에서 신체를 대상화하고 분류하면서 통제하거나 조절하기 위하여 생겨났다는 것이다. 바꾸어 말하면 생물학, 의학, 유전학, 심리학, 정신분석학, 통계학, 정치경제학[46]뿐만 아니라 창조적이며 주체적으로 사고하고, 자발적으로 규제하고 행동하는 '노동의 인간화'[47] 같은 용어상으로 모순되는 경영과학의 최근의 담론[48]과 지식들은 이해 가능한 인간(영혼, 행동, 의식 등)에 대한 분석적 투자, 이러한 관찰의 효과인 것이다. 여기에서의 지식은 신체를 생산과정의 중심에 위치시키면서 인간들을 조직하고

---

43) 한 언설적 실천에 의해 규칙적인 방식으로 형성된 그리고 한 과학의 구성을 위해서 필수불가결한 이 요소들의 집합을 지식이라고 부를 수 있다. 지식, 그것은 한 언설적 실천 속에서 그에 대해 말할 수 있는 바의 것이다. 지식, 그것은 또한 그 안에서 주체가 그의 언설 속에서 관계해야 하는 대상들에 대해 말하기 위해 자리를 잡을 수 있는 공간이다. 지식, 그것은 또한 그 안에서 개념들이 나타나고, 사라지고, 적용되고, 변환되는 언표들의 배치와 복종의 장이다. 마지막으로 지식은 언설에 의해 제공되는 사용과 전유의 가능성들에 의해 정의된다. 과학들에 독립적인 지식들이 존재한다. 그러나 정의된 언설적 실천이 없는 지식이란 존재하지 않는다. 그리고 모든 언설적 실천은 그것이 형성하는 지식에 의해 정의될 수 있다. 미셸 푸코, 『지식의 고고학』, 민음사, 2000, 252~253쪽.

44) 미셸 푸코, 『푸코의 맑스』, 갈무리, 2004, 157쪽 참조.

45) 예컨대 천체물리학의 역사에서 인간들의 지구에 대한 지식의 변화가 실제의 지구를 변화시키지는 않지만, 우리가 역사 또는 국가, 인간 등을 해석하는 개념과 방식의 변화는 어떤 시점 이후로 그것들 자체를 변용시킬 수 있다는 것이다.

46) 푸코는 가장 중요한 지식의 형태로 자신의 욕망을 실현하고 보장하기 위해 분투하는 인간, 즉 인구를 사유할 수 있는 형태로서 정치경제학을 꼽는다. 인구를 통치하기 위해서는 규제나 명령이 아닌 바로 이런 욕망의 법칙, 즉 정치경제학이 상대하는 경제적 인간, 이를 표현하는 다른 이름일 욕망을 좇으며 살아가는 개별적이면서도 또한 전체인 인구=시민, 바로 그들이 가진 자유를 존중하는 것이지 않을 수 없기 때문이다. 서동진, 「신자유주의 분석가로서의 푸코」, 『문화과학』 제57호, 2009, 321~325쪽.

47) 브레이브만은 노동의 인간화를 그 외연적인 의미와는 달리 기업경영에서 비용과 통제의 문제이며, 경영자들의 계산과 기대에 부합하지 않는 결근, 이직 및 생산수준의 저하를 방지하기 위한 것이라고 비판한다.

48) 직무확대, 직무순환, 직무충실화, 제안제도, QC서클, 책임자율성전략 등이 대표적인 '노동의 인간화'의 기법들이다.

장악하는 관리술로 간주된다. 그리하여 노동과정에서 경영과 노동은 노동자의 헌신과 충성을 확보하기 위하여 협력과 상호 의존의 관계를 포함하고 있는 것으로 보이지만, 실제로는 참여과정 자체가 통제의 한 형태가 된다.[49] 즉 권위보다는 자발성에 더 의존하게 함으로써 노동자들이 자신의 생각이 중요시되고 그들의 독창성이 가치 있게 여겨진다고 느끼게 만든다. 비인격적 규칙에 대한 의존을 줄이며 인격적 특징에 더 의존함으로써 오늘날의 경영자들은 효과적으로 회사의 통제 메커니즘을 '탈관료화'한다. 여기에서 경영의 목적은 노동자의 자주관리가 아니라, 노동자의 자기 관리를 통한 자발적인 '자기 규제'이다. 노동자와 관리자의 구분선이 희미해지고, 작업집단의 연대성과 노조에 대한 충성심이 경영자의 생산성 이데올로기로 대체되면서, 통제는 생산 또는 감시의 기구만이 아니라 노동자의 영혼 속에 자리를 잡게 된다.[50]

> 여러 인간과학이 형성될 수 있고 인식구조에서 모든 대변동 효과를 초래할 수 있었다면, 그것은 인간과학이 특수하고 새로운 권력양태, 이를테면 신체에 관한 어떤 정책, 다시 말해서 축척된 사람들을 순종적이고 유용한 것으로 만드는 어떤 방법에 의해 유도되었기 때문이다. 그러한 방법으로 인하여, 권력관계 안으로 지식의 명확한 관계를 끌어넣는 일이 필요했고, 예속화와 객관화를 교차시키기 위한 기술이 요구되었으며, 개인화에 따른 새로운 절차들이 구성될 수 있었다. 인식 가능한 대상으로서의 인간(영혼, 개성, 의식, 행실 중에서 어느 것이든 여기에서는 중요하지 않다)은 이러한 분석적 시각의 포위와 지배-관찰의 결과이자 대상이다.[51]

푸코는 더 나아가 우리가 인정해야 할 것은 권력은 어떠한 지식을 창출한다는 점이며, 권력과 지식은 상호 직접 관여한다는 점이고, 또한 어떤 지식 영역과의 상관관계가 조성되지 않으면 권력적 관계는 존재하지 않으며, 동시에 권력적 관계를 상정하거나 구성하지 않는 지식은 존재하지 않는다고 말한다. 고려해 두어야 할 것은 인식하는 주체, 인식되어야 할 대상, 인식의 양태는 모두가 권력-지식의 기본적인 관계와 그것들의 역사적 변화의 결과들이라는 것이다. 요컨대, 권력에 유익한 지식이든 불복종하는 지식이든 간에 하나의 지식을 창출하는 것은 인식 주체의 활동이 아니라 권력-지식의 상관관계이고, 그것을 가로지르고, 그것이 조성되고, 본래의 인식형태와 가능한 인식영역을 규정하는 그 과

---

49) 자본이 그 집단의 기능과 작업을 엄격하게 통제·검증·명시·조정할 수 있어서 그 집단이 노동조직에 자신의 목적을 개입시킬 여지가 전혀 없을 때에만 반자율적 집단은 존재 가능하다. 자율성은 자본가들이 소유한 권력의 물질적 기초의 증대에 기초해서만 존재할 수 있다. 허석렬, 『현대 노동과정론』, 1994, 간디서원, 126쪽.

50) 론 사콜스키, 「규율적 권력, 노동과정, 노동주체의 구성」, 『문화과학』 6호, 문화과학사, 1994, 245쪽 참조.

51) 미셸 푸코, 『감시와 처벌』, 나남출판, 2003, 461쪽.

정과의 싸움이라고 본다.[52)53)]

푸코에게는 이러한 지식과 권력의 복합체가 만든 산물이 근대적 주체인데, 종래의 주체 철학이 상정하는 주체나 인간개념, 즉 인간이 자율성, 상호성, 인정, 존엄함, 인권을 지닌 초역사적 존재라고 보지 않는다. 그는 인간이 최근의 '지식의 배치'에 따른 산물이고 그 지식의 배치가 바뀌면 '인간'을 중심으로 모든 것을 설명하는 태도도 사라질 것이라고 보았다. 그는 근대적 지식의 배치가 인간을 말하고, 생명을 지니고, 노동하는 세계의 중심으로 자리매김한다고 본다. 그는 인간 주체를 이성의 담지자, 자신과 세계의 본질로 보는 사고틀이 지닌 보편적이고 초역사적인 성격을 의심하고, 그런 인간이 특정한 시기에 특정한 지식의 배치나 권력의 작용에 의해 어떻게 주체로 만들어지는지를 분석하고자 한다. 그는 이런 점에서 사회와 역사의 모든 존재를 인간의 정신이나 노동의 객관화된 표현으로 설명하려는 주체의 형이상학 대신에 주체가 생산될 수 있는 일련의 조건들을 분석한다.[54)]

근대적 주체가 지식의 배치에 따른 산물이며 지식의 배치에 따라 주체가 정의된다고 한다면, 이제 다양한 주체화의 방식들이 존재할 수 있고, 여기에서의 권력관계 및 지식관계에 의하여 착취의 경험 속에서 자기와의 관계가 끊임없이 주체화의 양식들을 생성하게 된다. 그렇다고 한다면 비정규 노동과 관련하여 권력이 지식을 창출한다는 것은 사업주와 정규직, 사업주와 비정규직 사이에서 상이한 형태의 권력관계와 지식(사회적 배치)이 도출되고, 상이한 집단적 주체화의 방식들이 존재하게 된다는 것을 의미한다고 할 수 있다. 이러한 권력 양태에서 그들은 자신의 현존재를 배제의 대상으로 파악하면서, 자신의 인격을 자신의 지위로 받아들이고, 자신을 특징짓고, 어떤 식으로건 자신을 하나의 사례로 만드는 특징이나 척도, 차이와 평가의 규약에 따라 묶여 있게 된다. 결국 이러한 권력관계와 지식에 따라 비정규직은 특정한 의식, 욕구, 무의식, 감정, 욕망을 가진 주체로 '事後的'으로 만들어지게 되는 것이다. 우리는 이미 이 새로운 주체성의 생산을 대량으로 목격하고 또 그것에 이미 직접 참여하고 있는 것이다.

事後性이란 선형적・비가역적 시간성을 거부하고 나중에 오는 사건이 먼저 일어난 사건에 사후적으로 영향을 미치며, 이에 따라 그 의미가 변형되고 사건이 재구조화될 수 있

52) 미셸 푸코, 『감시와 처벌』, 나남출판, 2003, 59쪽.

53) 일정한 사회 내에는 사회체를 구성하고 특성화하는 다양한 권력관계가 존재하는데 이러한 권력관계가 성립하기 위해서는 반드시 담론의 생산과 유통이 필요하다는 것이 푸코의 주장이다. 왜냐하면 권력관계를 구축하는 담론이 생산되지 않고서는 어떠한 권력 행사도 불가능하기 때문이다. 홍은영, 「푸코와 생물학적 성담론」, 『철학연구』 제105집, 대한철학회, 2008, 440쪽.

54) 양운덕, 「푸코의 권력계보학」, 『경제와 사회』 제35호, 1997, 109~110쪽.

음을 말한다. 그 결과 미래가 현재에 영향을 미치거나, 현재가 과거에 작용하고 그 의미를 변화시키며, 그 각각의 시간들이 동시에 존재하기도 하는 것이다. 그리고 그 각각의 시간들은 다시 서로에게 영향을 미치게 된다. 비정규직 노동자에게 사후적이란 자신들에게 인지되지 못하는 불충분한 차이들을 가지고 비정규 노동으로 노동시장에 진입하게 된 노동자의 신체와 정신에 대하여 사회가 사후적으로 그의 전인격과 노동능력을 규정하고 낙인지으며, 이에 대하여 그의 주체성도 수동적으로 반응하게 된다는 것이다. 그는 비정규직으로 호명된 그 시점 이후에 이르러서야 그 자신의 대상화된 신체의 사회적 의미를 객관적으로 파악하게 된다. 즉 그는 사회적 권력관계와 지식의 배치에 따른 새로운 사회적 주체로서의 의미를 부여받고, 부정적 정체성을 사후적으로 확립하게 된 후 사회적 관계들의 위계망에 다시 안전하게 편입된다. 이에 따라 빈곤한 자아를 내면화된 경험으로 체험하게 되고 그에 따른 욕망과 주체화 양식, 사회적 배치와 규율이 자기에 대한 통치술로 전환되어 그의 영혼 속에 깊숙이 자리 잡게 되는 것이다.

> 오해하지 말아야 할 것은 신학자들의 생각으로 만들어 낸 영혼 대신에 지식의 대상이자 철학적 성찰과 기술적 관여의 대상으로서의 인간, 즉 현실적인 인간이 도입된 것은 아니라는 사실이다. 사람들이 말하고 있는 그 인간, 그리고 사람들이 해방시키도록 노력하고 있는 그 인간의 모습이야말로 이미 그 자체에서 그 인간보다도 훨씬 깊은 곳에서 행해지는 복종화의 성과인 것이다. 한 영혼이 인간 속에 들어가 살면서 인간을 생존하게 만드는 것이고, 그것은 권력이 신체에 대해 행사하는 지배력 안의 한 부품인 것이다. 영혼은 정치적 해부술의 성과이자 도구이며, 또한 신체의 감옥이다.[55]

4. 노동과정에서의 규율과 권력

푸코는 생산으로부터의 권력관계의 상대적 독립성이나 자본주의 생산양식의 노동 주체에 대한 효과보다는 우선 노동 주체를 실제로 구성하는 규율적 권력관계에 집중한다. 개인의 육체와 정신에 새겨진 권력관계를 분석하고, 또한 그 객관화된 주체에 알맞은 관리, 통치, 규제의 조응 형태를 분석함으로써 근대적 주체의 계보학을 구성하는 데 관심을 갖고 있다. 그래서 푸코에게 있어 노동과정의 모습은 생산양식에 있어 종속적이지 않으며, 단순히 생산양식을 유지하고 재생산하기 위해 존속하는 것이 아니다.[56] 푸코는 특히

55) 미셸 푸코, 『감시와 처벌』, 나남출판, 2003, 62쪽 참조.

국지화된 특정 관행의 분석에 초점을 맞추었다. 푸코에게 권력은 억압적일 뿐만 아니라 생산적인 것이기도 하다. 그것은 현실적인 것을 생산하고, 객체의 영역과 의식을 생산한다. 따라서 푸코의 접근방법을 사용함으로써 지식・권력담론으로써 경영과학의 창출을 연구할 수 있고, 작업장의 미시적 수준에서 어떤 제도와도 동일시될 수 없는 규율적인 권력의 자본주의 노동과정을 분석할 수 있다.[57)]

푸코는 자본주의 경제의 공간 안에서 사람들의 무리를 개별화하는 방법으로 노동의 조직을 가능하게 하는 것이 규율이라고 한다. 우선 규율은 각각의 제도 밖에서 개인을 권력 행사의 객체와 도구로 간주하는 특정한 기술이며, 다수의 인간을 질서정연하게 배치하기 위한 기술이라고 말하고 있다. 즉 집단 다수의 유용한 규모를 확장시키면서 동시에 다수를 참으로 유용하게 만들기 위한 것으로서 다수를 지배해야 하는 권력의 장애요소들을 감소시키는 세밀한 기술적 창조의 집합이다. 그것이 공장이거나 국가이거나 국민이거나, 군대든 아니면 학교든 간에 집단 다수가 규율의 단계에 이를 때는 구성원 상호 간의 관계가 알맞고 유리해질 경우이다. 서구의 경제적인 도약이 자본의 축적을 가능케 한 여러 가지 방법과 더불어 시작된 것이라면, 인간의 축적을 관리하는 방법이 전통적이고 행사 중심적이고, 비용이 많이 들고 폭력적인 권력 형태, 그런데 곧 그 효력을 상실해 버려 예속을 강요하는 교묘하고 계획적인 기술체계로 대체된 그러한 형태의 발전을 이룩하게 한 것이라고 말할 수 있다. 실제로 인간의 축적과 자본의 축적은 분리될 수 없다. 인간의 축적과 자본의 축적, 이 두 가지는 서로를 가능하게 하고 필요하게 했으며, 한쪽이 다른 한쪽에 모델 구실을 했다. 규율 중심적 피라미드는 권력의 작은 독방을 조립했으며, 그 내부에서는 업무의 구분과 조정 및 통제가 부과되고 그 효력을 발휘하게 되었다. 또한 시간, 동작, 체력에 관한 분석적 분할관리 방식은 복종시켜야 할 집단들로부터 생산의 메커니즘으로 쉽사리 이전될 수 있게끔, 계획적인 도식을 만들어 내었다. 군대에서 통용되는 방법을 산업조직에 대대적으로 투영한 것이 권력의 도식으로부터 노동의 분업에 관한 모형제작을 이룬 한 예가 되었다. 그러나 반대로 생산과정의 기술적 분석과 그것의 기계적인 분해는 생산과정을 보장해 주는 임무를 맡던 노동력 쪽으로 투영된 것이다. 즉 그 속에서 개인적인 힘들이 조합됨으로써 확장되는 규율장치의 조립성은 이러한 투영의 결과이다.

---

56) 론 사콜스키, 「규율적 권력, 노동과정, 노동주체의 구성」, 『문화과학』 6호, 문화과학사, 1994, 236쪽.

57) 푸코의 규율적 권력이론은 마르크스주의적 권력이론과는 달리 권력의 모세관적 형태와 관련된다. 푸코의 접근법은 권력의 말단에 초점을 맞춤으로써, 국가와 그것의 특징적 생산양식이 위에서 아래로의 방식으로 노동과정을 형성하는 경제주의적 '하강'의 강조법과 대비된다. 론 사콜스키, 「규율적 권력, 노동과정, 노동주체의 구성」, 『문화과학』 6호, 문화과학사, 1994, 235~236쪽 참조.

말하자면 규율은 신체의 힘을 가장 값싼 비용의 정치적인 힘으로 환원시키고, 또한 유용한 힘으로서 극대화시키는 단일화한 기술과정이다. 자본주의 경제의 확장은 규율 중심적인 권력이라는 특유한 양식을 초래했는데, 그것의 일반적 양식, 힘과 신체를 복종시키는 방법, 한마디로 말해서 그러한 정치 해부학은 아주 다양한 정치체제나 기구 혹은 제도를 통해서 사용할 수 있게 된 것이다.[58)]

> 규율은 다수의 인간을 질서정연하게 배치하기 위한 기술이라고 말할 수 있다. 이러한 규율의 특성은 그것이 다수의 인간에 대하여 다음의 세 가지 기준에 답하는 권력의 전술을 규정하려 한다는 점이다. 첫째, 권력의 행사를 가능한 한 경비가 들지 않게 할 것, 그 결과로 신체로부터 최대한의 시간과 힘을 추출하기 위하여 시간표, 집단훈육, 연습, 총괄적인 동시에 상세한 감시 등 전체적 방안이 마련된다. 둘째, 사회적 권력의 효과가 최대한의 힘으로 파급되도록 하고, 실패나 결함 없이 가능한 한 멀리 확산되도록 할 것, 셋째, 권력의 이러한 경제적인 증대와 권력이 행사되는 기관(교육, 군대, 산업)의 성과를 결부시킬 것 등이다.[59)]

표면적으로 규율은 일종의 하위법만을 만든다. 그것은 법률에 의해 규정되는 일반 형식을 개별적인 인간 존재의 미세한 층위까지 연장시켜 놓은 것처럼 보인다. 또한 규율은 이러한 일반적인 법률적 요구사항에 개인들로 하여금 동화될 수 있게 만드는 실습방법으로 보인다. 규율은 같은 형태의 법률을, 그것을 규모를 바꾸어 보다 미세하고, 어쩌면 보다 섬세하게 만들면서 그것을 연장시키는 것인지 모른다. 아니 오히려 규율 속에서 일종의 대항적 법률형태를 파악해야 한다. 그것의 분명한 역할은 초극할 수 없는 불균형을 이끌어 들여 상호관계의 가능성을 제거하는 것이다. 왜냐하면 우선 규율은 개인들 사이에 '사적인' 관계를 만들어 내는데, 이 관계는 계약의 의무와는 전혀 다른 구속관계이기 때문이다. 어떤 규율의 수락은 계약을 통해서 인정될 수 있다. 그런데 그 규율이 부과되는 방법, 그것으로 작동되는 메커니즘, 사람들 사이의 불가역적인 종속관계, 언제나 같은 쪽에 고정되어 있는 '과잉 권력', 공통의 규정을 기준으로 삼고 있으면서 상이한 '성원'들 간에 이루어진 입장의 불평은 규율 중심적 관계와 계약적 관계를 대립시키고, 후자가 규율의 메커니즘을 갖게 되는 순간부터 그 관계를 체계적으로 부정하게 만든다. 예를 들면, 얼마나 많은 현실적 방법들이 노동계약의 법률적 약속과 다르게 이루어지는가를 우리는 잘

58) 미셸 푸코, 『감시와 처벌』, 나남출판, 2003, 338~339쪽.

59) 미셸 푸코, 『감시와 처벌』, 나남출판, 2003, 335~337쪽 참조.

알고 있다.[60][61]

> 법은 동등한 자 사이의 계약을 바탕으로 하는 것으로서, 계약을 한 당사자의 세력이 똑같거나 비슷한 정도일 때만 존속할 수 있다. 법은 같은 정도의 세력 간의 불화와 힘의 쓸모없는 소비에 종지부를 찍기 위하여 인간의 영리함이 만들어 낸 것이다. 그러나 한쪽의 힘이 다른 쪽보다 결정적으로 약해졌을 경우에도 역시 분명하게 불화와 소비에 종지부가 찍힌다. 이때는 굴복이라는 것이 나타나, 법은 효력을 상실했지만 그 성과는 이제까지 법이 달성하고 있던 것과 마찬가지이다. 더욱이 굴복자의 입장은 동등한 자의 입장에 놓였을 때보다 더 유리하다. 따라서 법적 상태라고 하는 것은 영리함이 권하는 일시적 수단일 뿐 목적은 아니다.[62]

공장에서의 규율은 더 중요한 것이다. 더욱이 법률체계가 보편적 규범에 의거하여 법적 주체를 규정하는 반면에 규율은 사람들을 특징짓고, 분류하며 특정화한다. 어떤 척도에 따라 배분하고, 어떤 기준을 삼아서 분할하며, 개개인을 상호 비교해서 서열화하고, 극단적인 경우에는 자격을 박탈하고 무효로 만든다. 여하간 규율은 통제를 행하고 스스로의 권력의 불균형을 작동시키는 그러한 공간이나 시간 속에서 결코 완전하지는 않지만, 그렇다고 해서 결코 무효화하지는 않는, 법률의 일시적 정지를 행한다. 아무리 규칙을 잘 지키고 제도적이라고 할지라도 규율은 그 메커니즘에 있어 법을 가로지르는 하나의 '대항적 법률'이다.[63] 또한 근대 사회에서는 보편적인 법치주의가 권력행사에 한계를 부과하는 것처럼 보인다 할지라도, 도처에 확산되어 있는 일명 감시방법은 법률의 경우와는 반대로 권력행사에서, 권력의 불균형을 지탱하고, 강화하고, 다양화시키며, 부과된 한계를 쓸모없

60) 미셸 푸코, 『감시와 처벌』, 나남출판, 2003, 340~341쪽.

61) 국가가 계약으로 시작되었다는 저 몽상은 정리되었다고 나는 생각한다. 명령할 수 있는 자, 천성적으로 지배자인 자, 일에서나 몸짓에서 폭력적으로 나타나는 자, 이러한 사람에게 계약을 한다는 것이 무슨 의미가 있단 말인가! 사람들은 그러한 존재를 고려하지 못한다. 간단히 말해 그들이 나타나는 곳에는 어떤 새로운 것, 즉 살아 있는 어떤 지배 조직이 성립된다. 이 지배 조직 안에서 여러 부분과 기능들은 한계가 정해지면서 관계를 이루고 있었고, 전체의 관점에서 하나의 의미가 삽입되어 있지 않은 것은 전혀 자리를 찾을 수 없다. 그들, 즉 천부적인 이 조직자들은 죄가 무엇인지, 책임이 무엇인지, 숙고가 무엇인지 알지 못한다. 프리드리히 니체, 『선악의 저편·도덕의 계보』, 책세상, 2002, 434쪽.

62) 프리드리히 니체, 『인간적인 너무나 인간적인』, 동서문화사, 1987, 474쪽.

63) 나는 여기에 두 가지 이유가 있다고 생각한다. 첫째 18세기와 19세기에 주권이론은, 규율사회의 발전을 가로막는 모든 장애물과 왕정에 대항하는 항구적인 비판수단이었다. 그러나 또 한편으로 이 이론과 이 이론에 기초한 법전의 제정은 규율 메커니즘에 하나의 법체계를 은폐물로서 덧씌워 주었는데, 이것이 규율 메커니즘의 방법을 은폐해 주고 규율에 있을 수 있는 지배와 지배의 기술을 지워 버리며, 따라서 그것을 행사하는 각자에게 국가의 주권을 주어서 자신이 주권을 행사하도록 보장해 주었다. 다시 말하면 법전이건 이론이건 간에 사법적 체계는 주권의 민주화를 허용했고, 집단 주권과 연결된 공법의 정착을 도왔다. 주권의 민주화는 그 밑바닥 깊숙이 규율적 강제의 메커니즘을 가지고 있었기 때문이다. 좀 더 논의를 치밀하게 좁혀 말해 본다면, 규율적 강제의 지배 메커니즘은 행사되고 그 권력의 효과적인 행사는 은폐될 때, 주권이론은 법전에 의해 되살려지고 마무리된 사법적 장치 안에 이미 들어 있었음에 틀림없다. 그러니까 19세기에서 오늘날에 이르기까지 근대사회에서는 한편으로는 사회체의 주권이론과 개인의 권리가 국가 주권으로 이양되었다는 이론 위에 세워진 공법의 입법·담론·조직이 있고, 또 한편으로는 이 같은 사회체의 결집을 사실적으로 확보해 주는 규율적 강제의 엄격한 구속이 있다. 그런데 이 구속은 그것에 필연적으로 수반되는 법률 안에 도저히 나타날 수 없다. 주권과 법과 규율의 역학, 그 두 개의 경계 사이에 권력의 행사가 있었다고 나는 생각한다. 그러나 이 두 개의 경계는 너무나 이질적이어서 우리는 결코 이것을 한데 포갤 수가 없다. 미셸 푸코, 『사회를 보호해야 한다』, 동문선, 1998, 56~57쪽.

는 것으로 만드는, 거대하면서 동시에 미세한 장치를 작동시킨다. 그리하여 규율이 그 실제에서 결정적으로, 그리고 도처에서 권력관계의 불균형을 초래함에도 불구하고 그것이 사회와 그 균형의 토대 자체라는 주장도 가능해진다.[64] 따라서 이 새로운 형태의 권력은 개인들의 동의에 기초를 둔 주권적인 권력과는 별개로 행사되는, 지속적이며 주도면밀한 대항법(counter-law)적 강제의 기술로서, 거대한 금지·억압 장치들을 통해서가 아니라 지극히 특정적인 감시와 정상화의 기술과 절차들을 통해서 행사된다. 푸코에 의하면 규율권력과 생산력은 법과 권리의 주관적 영역을 점차 잠식해 왔으며, 그 결과 오늘날 권력은 더 이상 국가와 국가장치들의 불연속성 및 특권적 지점들에만 집중되어 있는 것이 아니라 연속적이며 더 효과적인 방법으로 사회 전체의 구석구석에까지 순환되고 있다. 간단히 말해 근대의 권력관계는 주권과 법의 체제로 축소 환원될 수 없으며, 그것은 '사회의 위로부터가 아니라 그 안에서' 행사되고 있다는 것이다. 따라서 만약 권력의 문제를 순수하게 법률과 헌법 또는 국가와 국가장치의 관점에서만 제기한다면 그것은 문제를 빈곤화시키는 것이다. 권력은 법이나 국가장치와는 다르며 그보다 더 복잡하고 더 밀도 높으며 더 널리 퍼져 있다. 요약하자면, 푸코는 근대에 진정한 권력은 주권과 법 계약의 법적·정치적 세계를 벗어났으며, 그것은 이제 사회 전체와 동일한 공간에 걸쳐 존재한다고 보는 것이다.[65] 결국 리바이어던 모델은 제거해야만 한다. 권력에 대한 연구는 리바이어던 모델 밖에서, 국가제도와 사법적 주권에 의해 구획 지어진 범위의 밖에서 이루어져야 하고, 지배의 기술과 전술에서부터 그것을 분석해야 한다.[66] 따라서 우리가 주목해야 할 것은 간과되었던 권력의 전략적 영역으로서의 非形式的이고, 非可視的이며, 결코 말해지지 않았거나 말하지도 않으며 말할 수 없는 非言的인 권력 관계들 혹은 힘 관계들이며, 이러한 위상학적 공간과 조건들에서 만들어지고 다루어지는 주체성의 양식과 주체화의 과정들을 고려하지 않고서는 다양한 힘의 미분적 관계들이 적분되는 사회적 장이라는 지평을 전혀 이해할 수 없다는 것이다. 우리는 이러한 사례를 다양한 층위에서 충분히 제시할 수 있는데, 일례로 기업의 노동쟁의와 법적 분쟁사례를 살펴보더라도 상대적으로 근로조건이 좋으며, 법규를 잘 준수하고 있다고 볼 수 있는 공공부문, 공기업, 은행 등 소유주가 없거나 대주주가 모호한 기업의 노동자나 교섭력이 강한 독과점 산업의 노동조합이 있는 기업의

64) 미셸 푸코, 『감시와 처벌』, 나남출판, 2003, 341~342쪽.

65) 이구표, 「미셸 푸코」, 『이론』 14호, 새길, 1996, 103쪽.

66) 미셸 푸코, 『사회를 보호해야 한다』, 동문선, 1998, 53쪽.

노동조합이나 노동자가 파업을 하거나 법적분쟁, 권리구제를 신청하는 건수가 권력의 미시적인 짜임과 규율의 메커니즘을 조금 더 체계적이고 과학적으로 운용하고 있으며, 협력과 상호 의존이라는 이데올로기적 장치가 미세한 권력의 긴장된 복합체 내에서 구동되고 발현되는 일반 대기업에 비하여 압도적으로 많은 것이 이를 증명하고 있다고 하겠다. 하물며 주체의 힘을 최소화하기 위하여 출구를 봉쇄당하고 시간을 단위로 신체를 분할하여 권력의 섬세한 통제와 위계가 이루어지고 있는 비정규직에 대해서야 더 말할 나위가 없을 것이다.

결국 권력이 도처에 존재한다는 푸코의 권력이론은 정치적인 것이 국가와 국가장치에만 있지 않으며, 비정규직 문제에 대한 해법이 국가의 평면적이고 법적인 제도와 규제만으로는 해결되지 않는다는 것을 시사하고 있다는 것이다. 즉 주체화되지 않거나 주체화될 수 없는 역량들은 이데올로기적 국가장치의 내재적 장에 형식적으로만 포섭되고 관리되고 있을 뿐 사실상 그 지층의 외부에 자리하고 있는 것이다. 그리하여 그것은 외재성의 장 속에 자리 잡으면서 필연적으로 문제로서의 진리를 전혀 추출하거나 생산하지 못하고, 우리가 보지도 듣지도 말하지도 못하게 만드는 것이다. 따라서 권력이 도처에 존재할 경우 저항은 오로지 그 권력이 행사되는 바로 그 각각의 국지화된 지점과 동일한 층위에서 도주선을 창조하면서 새로운 주체성의 양식들을 탈주의 공간과 흐름으로 끊임없이 능동적으로 생성시키고 변위(deplacement)시키는 것이어야만 하는 것이다.[67)]

67) 사회는 그 사회의 모순들에 의해 규정된다는 주장은 잘못된 것이다. 특히 마르크스주의의 경우가 그러하다. 사태를 거시적으로 보았을 때나 올바른 주장일 뿐이다. 미시정치의 관점에서 볼 때 사회는 그 사회의 도주선들에 의해 규정되는데, 이 도주선들은 분자적인 것이다. 항상 무엇인가가 흐르거나 도주하고 있으며, 이항적인 조직화와 공명 장치와 덧코드화 기계로부터 달아난다. 질 들뢰즈・펠릭스 가타리, 『천개의 고원』, 새물결, 2001, 412쪽.

5장

비정규 노동의 가치(value)와 노동과정

1. 사용가치와 교환가치

상이한 구체적 노동의 생산물들이 일정한 비율로 서로 교환된다는 것은, 노동생산물이 양적으로 서로 비교할 수 있는 동질적인 그 무엇을 가지고 있다는 것을 가리킨다. 우리는 이것을 상품의 '가치'라고 부른다. 따라서 상품들이 가치를 가지기 때문에, 아무리 그 모양과 성질이 다르더라도 서로 동질적인 것으로 간주되고 서로 양적으로 비교할 수 있게 된다.[1] 이러한 생산물이 시장에서 팔린다는 것(상품으로 되는 것)은 그 생산물이 타인의 욕망을 충족시켜 주는 유용성을 가지고 있다는 것을 가리키며, 이런 의미에서 상품은 사용가치(use-value)를 가진다고 말한다.

> 재화를 화폐 또는 다른 재화와 교환할 때 사람들이 자연적으로 준수하는 규칙이 무엇인지를 고찰하려고 한다. 이 규칙들이 이른바 재화의 상대가치 또는 교환가치를 결정한다. 여기서 주의해야 할 것은 '가치'라는 단어가 두 개의 상이한 의미를 가진다는 것이다. 즉 때로는 어떤 특정한 물건의 유용성을 표시하고, 때로는 그 물건의 소유가 제공하는 기타 물건들에 대한 구매력을 표시한다. 전자를 '사용가치(value in use)', 후자를 '교환가치(value in exchange)'라 부를 수 있다.[2]

상품의 가치는 교환과정에서 다른 생산물과의 비교를 통해서만 자기의 모습을 드러내게 되는데 어떤 종류의 사용가치가 화폐에 대한 양적 관계의 형태를 통하여 다른 종류의

1) 김수행, 『자본론의 현대적 해석』, 서울대학교출판부, 2008, 43쪽.

2) 애덤 스미스, 『국부론(상)』, 비봉출판사, 2003, 32쪽.

사용가치와 교환되는 비율로서 나타난다. 예컨대 신발 두 켤레와 보리 한 말이 화폐라는 일반적 교환가치를 매개로 등가로서 교환될 때 이러한 가치의 현상 형태를 교환가치라고 부르는 것이며, 그것이 화폐로 표현될 때에는 가격이 된다. 가치가 가격으로 전환되었을 때, 상품은 화폐에 대한 양적 관계의 형태를 빌려 다른 상품과의 양적 관계를 표현하게 된다. 이로써 가치와 가격이 불일치할 가능성이 존재한다.[3] 화폐는 가치를 표현하는 것처럼 여겨지는 가격과 가치의 불일치를 가능하게 하고, 실제로 그것을 야기하기도 한다. 가격은 가치와 등식관계를 이루려고 하지만 항상 가치 위아래로 유동한다. 가치와 가격 사이의 이러한 차이는 자본주의 생산과 교환의 기본모순을 보여 준다.[4]

교환가치는 가치의 필연적인 표현양식 또는 현상 형태이다. 그러나 이 비율은 시간과 장소에 따라 끊임없이 변동하므로, 어떤 우연적인 순전히 상대적인 것처럼 보인다. 사용가치와 교환가치는 공기와 같이 가장 큰 사용가치를 가진 물건들이 때때로 교환가치를 거의 가지지 않거나 전혀 가지지 않으며, 이와 반대로 다이아몬드와 같이 희소성으로 인하여 가장 큰 교환가치를 가진 물건들이 사용가치를 거의 가지지 않거나 전혀 가지지 않는 경우가 있을 수 있다. 상품시장이나 노동시장에서도 희소성이나 수요와 공급과 같은 구체적인 사회적 조건에 따라 사용가치와 교환가치의 이격이 나타나거나 연동하게 된다.[5][6] 특히 노동의 상대적 교환가치는 노동이 조직되고 거래되는 역사적인 상황과 사회구조에 따라 변동한다. 이렇게 되면 중간에 있었던 운동이 그 결과 속에서 사라져 버린다. 그 결과 교환가치가 상품의 실제 가치와 동일하지 않게 되며, 그 상품의 사회적 효용과도 괴리된다. 그럼에도 불구하고, 사용가치가 망각되고 교환가치가 지배하는 자본주의적 생산과정에서 보면 무차별성과 등가성이 사물형태로 존재하게 되고, 상품이 그 가치에 따라

3) 가치량이 가격으로 전환되는 것과 더불어 이 필연적인 관계는 한 상품과 화폐상품 사이의 교환비율로서 나타난다. 그러나 이 교환비율은 그 상품의 가치량을 표현할 수 있음과 동시에 또한 주어진 조건하에서는 그 상품이 보다 많은 또는 보다 적은 화폐량과 교환될 수 있다는 것도 표현할 수 있다. 따라서 가격과 가치량 사이의 양적 불일치의 가능성은 가격형태 그 자체에 내재하고 있다. 가격형태는 가치량과 가격 사이 양적 불일치의 가능성을 허용할 뿐만 아니라, 하나의 질적 모순을 내포할 수 있다. 그 자체로는 상품이 아닌 것이 그 소유자에 의해 판매용으로 제공될 수 있으며, 그 가격을 통해 상품형태를 취할 수 있다. 그러므로 어떤 물건은 가치를 가지지 않지만 가격을 가질 수 있다. 칼 마르크스, 『자본론 Ⅰ(上)』, 비봉출판사, 1989, 128쪽.

4) 레세크 코와코프스키, 『마르크스주의의 주요 흐름 1』, 유로서적, 2007, 420쪽.

5) 가장 유용한 것들인 공기, 햇빛, 물 등은 교환가치가 거의 없거나 전혀 없다. 석기시대의 석기도 마찬가지였는데, 당시에는 교환 자체가 거의 없거나 전혀 없었기 때문이다. 그렇다면 교환관계를 창출하는 것은 재화들 사이의 물리적 관계가 아니라 역사적으로 특수한 사회적 관계들, 그중에서도 특히 시장을 위해 사용가치의 생산이 조직되는 방식이다. 벤 파인·알프레도 새드-필호, 『마르크스의 자본론』, 책갈피, 2006, 40~41쪽.

6) 마르크스가 『자본론』에서 가치의 객관적 원천과 절대적인 기준을 밝히려는 시도가 실패할 수밖에 없었던 이유는 우선 그의 의도 자체가 인간의 노동을 절대적 가치의 원천으로 규정하려는 규범적 목적에 기인한다. 그러나 가치 자체는 여러 사회적 관계들이 특정한 사물들과 형식들에 평가를 내리고 가치를 부여하는 과정에서 드러나는 명목적 현상으로 간주되어야 한다. 요컨대 가치는 시대의 인간들이 사회 속에서 의미를 부여하면서 만들어 내는 것이지 객관적인 부동의 기준이 미리 존재하는 것이 아니다.

교환된다고 착각하게 되는, 즉 본질이 현상을 전도하게 되는 상황이 발생하게 된다.

> 상품이나 노동이 교환가치로만 규정되고, 상이한 상품들을 이 교환가치들의 교환으로 서로 관련시키는 관계가 그것들의 등치인 한에 있어서, 이 과정을 진행하는 개인들, 주체들은 단순히 교환자들로만 규정된다. 형태 규정이 고찰하는 한에 있어서, 그들 사이에는 아무런 차이가 존재하지 않는다. 그리고 이것은 경제적 규정, 그들이 서로 교류관계에 서 있는 경제적 규정이다. 그들 사이에 어떤 차이나 대립은 물론 상이성을 찾아내려는 것도 불가능하다. 나아가 그들이 교환하는 상품들은 교환가치들로서 등가물들이거나, 적어도 그러한 것으로 간주된다. 교환행위 자체, 주체들이 교환자들, 동등인들로 정립되고, 그들의 대상들은 등가물들, 동등물들로 정립되게 하는 매개이다. 등가물들은 타인을 위한 한 주체의 대상화이다. 즉 그것들 자체는 동등한 가치를 가지며, 교환행위에서 동등하고 동시에 서로 무차별한 것으로 입증된다. 그렇게 할 때라야만 그들은 교환에서 동등자들, 등가물들의 보유자이자 이러한 등가성의 입증자들로서 서로를 위해서 존재하게 되므로, 그들은 동시에 동등자들로서 상호 무차별자이다. 그들의 여타 개인적인 차이는 문제가 되지 않는다. 그들은 그들의 여타 개인적인 특성들에는 무관심하다.[7]

2. 노동력의 구매와 판매

노동자들은 살기 위해서 자본가에게 돈을 받고 자신들의 노동을 판다. 자본가는 이 노동력을 하루, 한 주, 한 달 등등의 단위로 구매한다. 그리고 노동력을 구매한 후에는 계약기간 동안 노동자들을 노동하게 함으로써 그것을 사용한다.[8] 이렇게 자본주의 사회에서는 노동력[9]이라는 상품도 보통의 상품과 마찬가지로 존재하는 상태에 따라 가치를 가지고 상품으로 매매된다.[10] 노동력의 소유자와 자본가는 시장에서 만나 서로 대등한 상품 소유자로서 관계를 맺는데, 그들의 차이점은 단지 한쪽은 판매자이고 다른 쪽은 구매자라는 점뿐이고, 양쪽 모두 법적으로는 대등한 자유로운 인격체로서 계약을 체결한다. 계약이라는 것은 그들의 공동의사가 하나의 공통된 법적 표현을 얻은 최종적 결과로 나타난

---

7) 칼 마르크스, 『정치경제학 비판 요강 Ⅰ』, 그린비, 2007, 235~237쪽.

8) 자유로운 노동자는 자기 자신을 판매하며 그것도 토막으로 나누어서 판다. 그의 하루하루의 삶 중에서 노동시간은 그것을 산 사람에게 속한다. 노동자는 그가 원하는 즉시 그가 자기 자신을 빌려 주었던 그 자본가를 떠난다. 그리고 자본가는 자신이 노동자로부터 어떠한 이득도 보지 못하거나 의도했던 만큼의 이득을 보지 못하게 되는 즉시, 자기가 좋다고 생각할 때면 언제든지 해고한다. 김세균, 「임금노동과 자본」, 『칼 맑스 프리드리히 엥겔스 저작선집 Ⅰ』, 박종철출판사, 1991, 549~550쪽.

9) 노동력은 인간 자신이 가지고 있는 정신적·육체적 노동능력을 의미하는데, 자본주의하에서는 하나의 상품으로 타인에게 판매된다는 점에 특징이 있다. 노동력의 지출행위를 노동이라고 부르며, 노동이 가치를 창조하게 된다. 김수행, 『정치경제학 원론』, 비봉출판사, 1988, 64~65쪽 참조.

10) 노동력이 상품이라는 사실은 인간이 물품의 기능을 발휘하며, 그의 인격과 재능이 여타의 상품처럼 구입·구매된다는 것을 의미한다. 인간의 두뇌와 근육, 물리적 에너지와 창조력은 그 교환가치에서만 어떤 의미를 취하게 되는 상태로 환원되는 것이다. 레세크 코와코프스키, 『마르크스주의의 주요 흐름 1』, 유로서적, 2007, 428쪽.

다.[11] 그들을 결합시켜 서로 관계를 맺게 하는 유일한 힘은 각자의 이기주의·이익·사적 이해관계뿐이며, 각자는 오직 자기 자신에 대해서만 생각하고 그 누구도 타인에 대해서는 관심을 기울이지 않는다. 그러나 상품으로서의 노동력의 특수한 성격은, 구매자와 판매자가 계약을 체결하더라도 이 상품의 사용가치가 아직 현실적으로 구매자의 수중으로 넘어가지 않는다는 점이다. 노동력의 가치는 노동력이 유통에 들어가기 전부터 계약에 의하여 결정되어 있다. 그러나 노동력의 사용가치는 그 후에 행해지는 노동력의 구체적인 발휘에 있으므로 노동력의 양도와 노동력의 현실적인 발휘는 시간적으로 분리되어 있으며, 자본주의적 생산양식이 지배하고 있는 모든 나라에서는 노동력은 매매계약에서 확정된 기간만큼 기능을 수행한 뒤에야 비로소 지불을 받는다. 그러므로 노동자는 어디에서나 노동력의 사용가치를 자본가에게 선대한다.[12] 따라서 자본과 노동 사이의 교환은 형식적으로뿐만 아니라 질적으로도 상이하고, 스스로 대립하는 두 과정으로 분할할 수 있다.[13] 첫 번째 과정에서 노동자는 그의 상품, 즉 다른 모든 상품과 마찬가지로 상품으로서 가격을 가지는 노동력, 사용가치를 자본이 그에게 양도하는 일정액의 교환가치, 일정액의 화폐와 교환한다. 즉 이 교환에서 자본가가 받는 것은 타인노동에 대한 처분이라는 사용가치이며, 노동자가 판 것은 일정한 노동, 일정한 숙련 등인 그의 노동에 대한 처분권이다. 그는 그의 생동성이 그 자신의 사용가치가 소진되는 일정한 시간까지 끊임없이 새롭게 점화되고, 동일한 교환을 새롭게 시작하기 위해서 자본에 끊임없이 마주 서는 그러한 원천이기 때문에, 이 행위를 처음부터 시작할 가능성을 가진다. 유통에서 주체로 서 있는 모든 개인과 마찬가지로 노동자는 하나의 사용가치이다. 그는 이러한 사용가치를 화폐, 부의 일반적 형태와 바꾸는데, 이를 다시 그의 직접적인 소비대상, 그의 욕구충족 수단으로서의 상품과 바꾸기 위해서이다. 그러나 자본가와의 교환에서 노동자는 부를 획득하는 것이 아니라 생활수단의 교환이 목적이며, 직접적인 소비를 위한 사용가치만을 획득한다. 자본은 그에게 노동능력의 대가를 한꺼번에 지불하지 않고, 그가 자본에 맡기는 바와 같

11) 생산영역에서는 잉여가치가 착취됨에도 불구하고, 노동력 상품의 거래에서는 교환 당사자들이 자유롭고 평등하게 거래하는 계약의 형태로 나타난다.

12) 칼 마르크스, 『자본론 Ⅰ(上)』, 비봉출판사, 1989, 219~222쪽 참조.

13) 노동력의 현실적인 발휘는 노동자의 노동의욕에 영향을 미치는 여러 가지 요인의 영향을 받는다. 이에 따라 사용자는 감시·감독을 통하여 직접적으로 노동과정을 통제하거나, 인센티브 등의 금전적 보상 또는 고용계약 기간을 보장하여 장기적인 신뢰관계를 구축하는 방법 등을 통하여 노동자의 노동력을 최대한 발휘시키려 한다. 그러나 비정규 노동자들의 직무는 직무 자체의 특성으로 인하여 노동력이 유통에 들어가기 전부터 예상되는 노동력의 발휘와 실제 발휘되는 노동력의 가치가 형식적으로만 시간적으로 분리되어 있을 뿐이다. 즉 비정규 노동자들의 노동 자체가 무차별하므로 노동력의 현실적인 발휘의 정도가 사용자에게 예측 가능하다. 따라서 노동이 순전히 기계적이고 무차별적인 활동이 될수록 노동자들의 교섭력은 저하된다.

이 일정한 분량씩, 예를 들어 매주 지불한다. 두 번째 과정에서 교환은 자본의 사용가치로서의 노동에 대한 자본의 관계로 나아간다. 노동은 자본에 마주 서는 사용가치일 뿐만 아니라 자본 자체의 유일한 사용가치이다. 자본에 대하여 노동은 노동자의 신체에 능력, 힘으로 실존할 뿐인 단순한 추상적 형태, 가치 정립하는 활동의 단순한 가능성이다. 그러나 자본과의 접촉에 의해서 노동력이 현실적으로 사용되어 소비되는 실제적인 활동이 되면 노동은 실제로 가치 정립하는 생산적 활동이 된다. 자본과 관련하여 활동 일체는 자본 자체의 재생산, 실제적이고 유효한 가치로서의 자본을 보존하고 증대시킨다.[14)]

사용가치로서의 노동은 자본을 위하여 존재할 뿐이며, 자본 자신의 유일한 사용가치, 즉 그것을 증식시키는 매개적 활동이다. 따라서 사용가치로서의 노동은 노동자를 위해 존재하는 것이 아니다. 자본을 위한 사용가치인 노동은 노동자를 위해서는 단순한 교환가치, 주어져 있는 교환가치이다, 그러한 노동은 자본과의 교환행위에서 화폐를 목적으로 하는 판매에 의해 정립된다. 가치는 유통에 전제되어 있으며, 화폐와의 교환에서 실현될 뿐이다. 그러므로 노동자가 자본가에게 사용가치로 판매하는 노동이 노동자를 위해서는 자신의 교환가치인데, 이것은 그가 실현하고자 하지만 이미 이 교환행위 이전에 결정되어 있고, 이 행위에 조건으로 전제되어 있으며, 다른 상품의 가격과 마찬가지로 수요와 공급 또는 우리가 여기에서 관계하고 있는 바와 같이 일반적으로는 노동자의 노동능력을 생산했고, 따라서 노동자가 등가물로 받는 생산비, 대상화된 노동의 양에 의해 결정된다. 따라서 자본가와의 교환에서 실현되는 노동의 교환가치는 전제되어 있고 사전에 결정되어 있으며, 단지 관념적으로 정립되었을 뿐인 모든 가격이 실현되면서 거치는 형식적인 수정만을 겪는다. 노동의 교환가치는 노동의 사용가치에 의해 결정되지 않는다. 노동은 노동자 자신에게 교환가치를 생산하는 것이 아니라 교환가치인 한에 있어서만 사용가치를 가질 뿐이다. 자본에게 노동은 사용가치인 한에 있어서만 교환가치를 가진다. 노동이 자신의 교환가치와는 구별되는 사용가치인 것은 노동자를 위해서가 아니라 자본가를 위해서만이다. 요컨대 노동자는 노동을 지나간 과정에 의해 결정된, 단순하고 사전에 결정된 교환가치로 교환한다. 그는 노동 자체를 대상화된 노동으로 교환한다. 그는 부의 생산력으로서의 노동을 양도하는 것이다. 자본은 그러한 것으로서의 노동을 점취한다. 따라서 노동과 노동생산물에 대한 소유의 분리, 노동과 부의 분리는 이 교환행위 자체에 정립되어 있다.

---

14) 칼 마르크스, 『정치경제학 비판요강 1』, 그린비, 2007, 277~301쪽 참조.

요컨대 노동자에 대하여 그의 노동의 생산성, 그의 노동 일체는 능력이 아니라 운동, 실재적 노동인 한에 있어서 타인의 권력이 된다. 반대로 자본은 타인 노동의 점취에 의해 증식되며, 노동과 자본 사이의 교환의 결과로서 타인 노동을 소비하는 생산 행위 자체에서 비로소 이러한 관계가 실현된다. 따라서 과학, 발명, 분업, 노동결합, 통신수단의 발달, 세계 시장, 기계류 등 문명의 모든 진보에서 유래하는 사회적 생산력 또는 노동 자체의 생산력의 증대는 노동자가 아니라 자본을 부유하게 만든다. 요컨대 노동을 지배하는 권력만을 증가시키고, 자본의 생산력만을 증가시킨다.[15)]

3. 노동력과 가치의 결정

마르크스는 노동자들과 그들의 노동능력(labour－capacity)을 구분하기 위해 후자를 노동력(labour－power)이라 부르고 그것의 실행이나 적용, 즉 노동력의 지출행위를 노동이라 불렀다. 그러나 노동력의 가치 또는 가격은 노동 자체의 가격 또는 가치인 듯한 외관을 띤다. 그것은 노동자가 자신의 노동이 수행되고 난 뒤에 임금을 받기 때문에, 더구나 그는 자기가 자본가에게 실제로 주는 것이 자신의 노동이라고 알고 있기 때문에, 그의 노동력의 가치 또는 가격은 그에게 그의 노동 자체의 가격 또는 가치로 보이게 된다. 이 그릇된 외관이 임금 노동을 그 밖의 역사적 형태와 구분해 준다.[16)] 그러나 자본주의를 다른 사회와 구분하는 가장 중요한 특징은 노동력이 하나의 상품이 된다는 점이다. 자본가는 구매자이며 노동자는 노동력을 소유한 판매자이고 노동력의 가격은 임금이다.[17)] 여기에서 임금이란 사람들이 통상 노동의 가격이라 부르는 노동력의 가격을 가리키는 인간의 살과 피 이외에는 머무를 곳이 없는 이 특수한 상품의 가격을 가리키는 특수한 이름일 뿐이다.[18)]

노동력이라는 상품도 하나의 상품이므로 노동시장에서 노동의 공급과 수요의 관계는 끊임없는 변화를 겪으며, 노동의 공급과 수요의 변화와 함께 노동의 시장가격도 끊임없이 변화한다. 노동의 수요가 공급을 초과하면 어쨌든 임금은 상승하며, 노동의 공급이 수요

15) 칼 마르크스, 『정치경제학 비판 요강 1』, 그린비, 2007, 311～314쪽.

16) 김세균, 「임금 가격 이윤」, 『칼 맑스 프리드리히 엥겔스 저작선집 Ⅲ』, 박종철출판사, 1991, 98～99쪽 참조.

17) 벤 파인・알프레도 새도－필호, 『마르크스의 자본론』, 책갈피, 2006, 46쪽 참조.

18) 김세균, 「임금노동과 자본」, 『칼 맑스 프리드리히 엥겔스 저작선집 Ⅰ』, 박종철출판사, 1991, 547쪽.

를 초과하면 임금은 하락한다. 그러나 노동이든 다른 어떤 상품이든 공급과 수요는 단지 시장가격의 일시적 변동들을 규제할 뿐이다. 공급과 수요는 단지 시장가격이 왜 그것의 가치 이상으로 올라가거나 그 이하로 내려가는지를 설명하지만 가치 자체는 결코 설명할 수 없다.[19] 즉 수요와 공급이 일치할 때에는 임금이 어떻게 결정되는지를 경쟁이라는 개념으로는 설명할 수 없다. 따라서 우리는 경쟁에 의해 결정되는 임금이 아니라 거꾸로 경쟁을 규제하는 노동의 가격을 찾아야 한다.[20] 노동력이라는 이 독특한 상품은 다른 상품과는 달리 저장하거나 비축하는 것이 불가능하다는 점[21]에서 차이가 존재하지만, 다른 모든 상품들과 마찬가지로 노동력도 하나의 상품이므로 노동력의 가격인 임금은 다른 모든 상품들이 가지고 있는 법칙들과 똑같은 법칙들에 의해서 결정된다.[22] 다만 자본주의 사회에서 노동력은 다른 모든 상품과 마찬가지로 하나의 상품이지만 아주 특수한 상품이다. 즉 그것은 특수한 속성을 가치의 원천이 되는 가치 창조의 힘을 갖고 있으며, 더욱이 적절히 다루면 그것 자체가 가지고 있는 것보다 더 많은 가치의 원천이 되는 힘을 가지고 있다.[23] 따라서 기업에서는 이윤을 창출하기 위하여 노동자로부터 노동력을 구매하게 되는데 임금은 노동자와 고용주 사이의 계약에 의하여 사전에 결정된다. 노동자는 가능한 한 많이 받기를 원하며, 고용주는 가능한 한 적게 주기를 원한다. 이 과정에서 사회적인 구조와 조건들이 노동과 화폐(임금)의 교환비율에 영향을 미치게 된다. 즉 생산물 수요의 변화, 노동자의 숙련 정도, 실업자의 수, 법적인 규제와 제도, 노동조합, 경기변동, 기타 대

---

19) 김세균, 「임금 가격 이윤」, 『칼 맑스 프리드리히 엥겔스 저작선집 Ⅲ』, 박종철출판사, 1991, 81~82쪽 참조.

20) 수요·공급의 관계가 시장가치를 설명하는 것이 아니라 시장가치가 수요와 공급의 변동을 설명한다. 마르크스는 수요와 공급이 일치할 때의 노동의 가격(임금)은 수요와 공급의 관계와 상관없이 결정되는 노동의 자연가격이며, 이 자연가격은 다른 상품들과 마찬가지로 화폐로 표현된 노동의 가격일 수밖에 없는데, 이 노동의 가격은 다른 상품들과 마찬가지로 '생산비'에 의해 규정된다고 본다. 즉 노동자 자신을 생산 또는 재생산하는 데 드는 비용이 노동의 가격이라고 한다. 칼 마르크스, 『자본론 Ⅰ(下)』, 비봉출판사, 1990, 679쪽 참조. 그러나 이러한 마르크스의 노동가치론은 수요와 공급에 의해 임금이 결정된다는 속류 부르주아 경제학에 대하여 시장가치로 표현되거나 연동되는 노동의 가격을 노동의 재생산가격이라는 본질 구성적인 개념으로 파악하려는 규범윤리학적인 접근으로 보는 것이 타당하다. 따라서 마르크스주의 경제학자들 사이에서 노동가치론을 과학적 토대 위에서 구성하고 재정립하려는 논쟁들 자체가 도덕을 과학적 범주와 언어의 형식들로 정립하려는 것에 불과하다. 노동의 가치는 여러 제도 속에서 사회가 개인들의 노동을 조직하면서 가치를 부여하고 가치를 구성하려는 과정에서 드러나는 임의적이고 명목적인 현상으로 보아야 한다.

21) 노동력의 저장이 불가능하기 때문에 노동자들은 때로는 자신의 노동력을 가치 이하로 처분하여야 한다. 자본가의 경우에도 노동력의 비축이 불가능하다는 것은 노동력에 대한 수요가 상품의 수요에 맞추어 조절되어야 하는 것을 의미한다. 특히 유통업, 음식료업, 금융업 등의 서비스업은 제조업과는 달리 노동 서비스의 저장이 원천적으로 불가능하고, 총 생산비에 대한 노동비용의 비중이 높으므로 노동에 대한 수요를 탄력적으로 조절할 수밖에 없다. 즉 노동수요의 탄력성은 총 생산비 중에서 노동비용이 차지하는 비중에 의하여 영향을 받을 수밖에 없다. 2005년 산업별 생산성 지표에서 전 산업의 노동소득분배율(기업이 창출한 부가가치 중에서 노동에 배분된 몫의 비중)은 47%인 반면 서비스업은 76%에 이른다. 이에 따라 이러한 서비스업에서는 비정규직의 비율이 상대적으로 높게 나타난다. 김남훈, 『비정규직 근로자를 위한 노동법 해설』, 한국학술정보, 2008, 44쪽 참조.

22) 노동력의 가치는 다른 모든 상품의 가치와 마찬가지의 방식으로 확정된다. 그리고 서로 다른 종류의 노동력은 서로 다른 가치를 가지므로, 즉 그것의 생산에 필요한 노동량이 다르므로, 노동시장에서 노동력은 서로 다른 가격으로 판매될 수밖에 없는 것이다. 임금제도라는 토대 위에서 동등한 또는 심지어 공정한 보수를 요구하는 것은 노예 제도라는 토대 위에서 자유를 요구하는 것과 같다. 김세균, 「임금 가격 이윤」, 『칼 맑스 프리드리히 엥겔스 저작선집 Ⅲ』, 박종철출판사, 1991, 95쪽.

23) 김세균, 「임금노동과 자본」, 『칼 맑스 프리드리히 엥겔스 저작선집 Ⅰ』, 박종철출판사, 1991, 542쪽.

내외적인 사회·경제적 상황에 의하여 기업에서는 노동력을 그 가치 이하로 구매할 수 있게 된다.[24] 특히 1차 노동시장에 진입하지 못한 노동자의 풀(Pool)이 많아 2차 부문의 노동의 공급이 상시적으로 초과되는 경우에 기업은 우월한 지위에서 노동계약을 단기로 체결하는 동시에 협상력이 약한 노동자의 노동력의 가치를 저하시키거나, 그 가치 이하로 지칭되는 노동력의 재생산비 이하로 교환할 수 있게 된다. 그러한 경우 교환가치(임금)는 최저생계비 수준 또는 그 이하에서 결정될 수도 있는데, 이러한 경우 비정규 노동자들의 노동력은 위축된 상태로만 유지되고 발현될 수밖에 없게 된다.[25]

> 공급량이 수요를 초과하면, 가격을 구성하는 부분들인 이윤, 지대, 임금 중의 하나는 가격 이하로 지불되고, 이러한 지불들 중의 한 부분은 따라서 이러한 식의 작용을 벗어나게 되며, 그리하여 시장가격은 중심점으로서의 자연가격을 향해 이끌려 간다. 그러나 현저한 분업이 있는 곳에서 노동자가 그의 노동에 다른 진로를 터 주는 것은 극히 어렵고, 자본가에 대한 그의 종속적 관계로 말미암아, 제일 먼저 손해가 그에게 닥쳐온다. 따라서 시장가격이 자연가격으로 이끌려 갈 때 노동자는 가장 많이 그리고 무조건적으로 상실한다. 그리고 자신이 자본에 다른 진로를 터 줄 수 있는 자본가의 능력 바로 그것이, 특정 노동부문에 제한되어 있는 노동자로 하여금 빵을 잃게 하거나 이러한 자본가의 모든 요구들에 굴복하도록 강요한다.[26]

그러나 이러한 교환가치(임금)의 노동자들 간의 차이는 실제적인 노동생산성과 생산성 기여분에 따른 소위 말하는 노동능력에 따른 차이가 아니라, 업무의 질적 속성이 가져오는 사회적 분업의 전략적 위치에 따른 교섭력,[27] 수요와 공급에 따라 결정되는 노동시장의 구조, 산업 간 또는 기업규모에 따른 임금격차뿐만 아니라 신체(성별, 학력, 지연, 연령, 인적 네트워크, 인종 등)에 집적된 노동자 간의 미시적 권력배분의 문제가 노동시장에서 복합적으로 작용하여 나타나게 된 것으로 보인다. 그 결과 사회적으로 생산된 가치가 임

---

24) 교환비율은 그 상품의 가치량을 표현할 수 있음과 동시에 또한 주어진 조건하에서는 그 상품이 보다 많은 또는 보다 적은 화폐량과 교환될 수 있다는 것도 표현할 수 있다. 따라서 가격과 가치량 사이의 양적 불일치의 가능성은 가격형태 그 자체에 내재하고 있다. 끊임없는 불규칙적인 가격의 변동 중에서도 가치는 맹목적으로 작용하는 평균으로서 가격을 규제한다. 칼 마르크스, 『자본론 Ⅰ(上)』, 비봉출판사, 1991, 128쪽.

25) 사람이 항상 자신의 노동에 의해 생활을 유지해야 한다면, 그의 임금은 적어도 그의 생활을 유지하는 데 충분해야 한다. 대부분의 경우 임금은 이것보다 좀 더 많아야 한다. 그렇지 않다면 그는 자기의 가족을 부양할 수 없을 것이며, 노동자 종족은 제1세대를 넘어 존속할 수 없을 것이다. 애덤 스미스, 『국부론』, 비봉출판사, 2003, 81~82쪽.

26) 김세균, 「1844년의 경제학 철학 초고」, 『칼 맑스 프리드리히 엥겔스 저작선집 Ⅰ』, 박종철출판사, 1991, 28쪽.

27) 자동차 산업과 같이 특정 부문의 노동자들의 작업 중단이 다른 노동자들의 강제적인 작업 중단으로 이어지는 경우에 노동자들은 높은 보상을 가능하게 할 수 있다. 또 다른 예로 투자금융업에 종사하는 노동자들의 임금이 유달리 높은 이유는 그들이 사회적 부를 대량으로 창출하였다거나, 높은 노동생산성에 따른 노동의 가치에 있는 것이 아니다. 다만 그들이 종사하는 업종의 직무 자체가 대규모의 명목 화폐(금융 자본)의 흐름과 조작의 최종적인 결과에 관여하고 개입한다는 데 있을 뿐이다. 이것이 금융공황이 폭력적이면서 주기적으로 발생할 수밖에 없는 하나의 원인이다. 이러한 여러 가지 측면 등으로 인하여 금융업에 종사하는 비정규직 노동자의 평균임금은 서비스 업종의 정규직 노동자의 평균임금보다 높은 것으로 나타난다.

금구조를 통해 노동자 간에 불균등하게 배분되고 이전되는 것이다.[28] 현재 우리나라에서 비정규직의 임금은 노동시장에서의 불리한 교환 조건으로 말미암아 생물학적 최저비용인 최저생계비 수준 또는 그 이하에서 결정되고 있는데, 그 결과 한국의 노동시장에서 비정규직의 비율이 계속 증가할 수 있는 여지가 있는 것이다. 즉 노동력의 사용가치(유용성)와 교환가치(임금)의 괴리가 비정규직에서 더 두드러지게 유지되고 있는 상황에서, 기업은 당연히 '싸게 구입해서 많이 남길 수 있는'[29] 비정규직의 노동력을 선호하게 되고 이에 따라 비정규직의 비율을 늘리려는 것이다. 특히 자본가가 노동자들을 불완전하게 고용하는 경우 그는 취업시간에 있어서도 시간급제 임금과 같이 일정한 일급 또는 주급을 지불할 필요가 없고, 다만 그 노동자들을 그의 마음에 드는 시간만큼 취업시키고 그 노동시간에 대해서 지불하기만 하면 된다. 이제 자본가는 노동자의 생존유지에 필요한 정도의 노동시간을 허용하지 않고도 노동자로부터 일정한 양의 잉여노동을 짜낼 수 있다. 자본가는 취업의 규칙성을 완전히 무시하고 다만 자신의 편의나 기분 및 순간적 이익에 따라 혹독한 과도노동과 상대적 및 절대적 작업 중단을 번갈아 가면서 수행할 수 있게 되는 것이다.[30] 그리하여 자본의 이윤율을 제고하는 이러한 방식의 노동 사용은 노동비용을 가장 저렴하게 유지할 수 있게 하는 것이며, 이러한 이유에서 재계와 경영계는 정부의 비정규직의 정규직 전환과 비정규직특별법의 제정 등 시장에 대한 개입을 반대하고, 노동의 유연한 흐름을 제한하는 일체의 규제를 노동과 자본이 자유롭게 순환할 수 있는 자유에 대한 침해라고 주장하며 반대하고 있는 것이다.[31]

---

28) 다음의 지위에 있는 노동자들이 가장 높은 보상을 받고 있는 것을 확인할 수 있다. 독과점 지위의 자본집약적인, 기업들에 고용되어 있으며, 특권층 인구집단에 소속되고, 고가의 기계장비 또는 설비를 다루는 직무를 차지하고 있으며, 담당 기계설비의 조작기능이 대체되기 어렵고, 기업의 수익성에 중대한 영향을 미치며, 대체불가의 전문성과 자본에 대한 폭넓은 통제력을 가지고 있는 다른 노동자들(예: 관리자)과 긴밀하게 연결되어 있고, 노동조합·전문가 집단·정부 관료제의 보호를 받으며, 대체불가의 전문성과 자본에 대한 폭넓은 통제력을 가지고 있는 다른 노동자들과 긴밀하게 연결되어 있고, 역사적으로 이상의 유리한 조건들로부터 혜택이 지속되는 일자리가 이에 해당한다. 반대로 불리한 인구집단으로 경쟁에 노출되어 있으며, 자본집약도가 낮은 기업에 소속되어 있으며 손쉽게 대체가능하고, 기업의 자본설비에의 접근성이 별로 없으며, 조직 내부의 실력자로부터 먼 거리에 있고, 어떠한 제도적 보호도 받지 못하면서 이상의 불리한 여건이 오랫동안 지속되어 온 일자리에 있는 노동자들은 당연히 가장 낮은 보상을 받게 된다. 크리스 틸리·찰스 틸리, 『자본주의의 노동세계』, 한울아카데미, 2006, 318쪽.

29) 마르크스의 노동가치론에 따르면 노동력의 판매와 구매는 교환행위이고, 교환과정에서는 잉여가치가 창조되지 않으므로 노동력의 판매는 등가교환이다. 그러나 마르크스는 '노동력의 가치 이하로 임금이 저하'되는 경험적 사실이 자본의 일반적 분석과는 관련이 없으며 경쟁의 서술에 속하지만, 이윤율의 저하 경향을 저지하는 가장 중요한 요인들 중의 하나라고 지적한다. 칼 마르크스, 『자본론 Ⅲ(上)』, 비봉출판사, 2004, 281쪽 참조.

30) 칼 마르크스, 『자본론 Ⅰ(下)』, 비봉출판사, 1990, 688쪽 참조.

31) 정부가 '공공부문 비정규직 대책'을 발표하자 재계는 향후 민간부문에 미칠 파장을 우려하여 잔뜩 긴장하고 있다. 경영계는 무엇보다 460만 명(정부 추산)에 달하는 민간부문의 비정규직을 한꺼번에 정규직으로 전환하거나, 정규직에 준하는 처우 개선을 해줄 경우 기업경영에 심각한 타격을 받을 것으로 우려하고 있다. 한국금융연구원은 정규직 임금의 54% 수준인 비정규직 임금을 정규직의 85%까지 높이려면 20조 6,000억 원의 추가비용이 발생한다고 지적하였다. 조선일보, 2004.5.19.

4. 자본의 가치증식과정

노동력은 하나의 상품이며, 다른 모든 상품과 마찬가지로 사용가치를 가진다. 그것의 가치는 노동자가 살아가는 데, 그리고 자신을 대체할 자녀를 양육하는 데 요구되는 사회적으로 필요한 노동시간에 의해 결정된다. 노동력의 사용가치는 노동이며, 따라서 노동자가 일단 고용되면, 자본가는 노동자의 노동을 통하여 그가 노동력을 구매한 임금보다 더 많은 가치를 창조한다. 자본가에게 중요한 것은 이 상품의 독특한 사용가치, 즉 단지 가치의 원천일 뿐만 아니라 자신이 가지고 있는 것보다 더 많은 가치의 원천으로 된다는 이 노동력 상품의 독특한 사용가치이다. 그리하여 자본주의적 생산은 상품생산일 뿐만 아니라 그것은 본질적으로 잉여가치의 생산이다. 노동자는 자신을 위하여 생산하는 것이 아니라 자본을 위하여 생산한다. 그러므로 그가 무엇인가를 생산한다는 것만으로는 충분하지 못하며, 그는 잉여가치를 생산하지 않으면 안 되는 것이다. 자본가를 위하여 잉여가치를 생산하는 노동자 또는 자본의 가치증식에 기여하는 노동자만이 생산적인 것이다.[32] 이렇게 노동력은 구매자(자본가) 자신의 욕망을 충족시키기 위하여 구매되는 것이 아니다. 구매자의 목적은 그의 자본의 가치증식이며, 그가 지불한 것보다 더 많은 노동이 포함되어 있는 상품의 생산이다. 잉여가치의 생산 또는 이윤의 획득이 자본주의적 생산양식의 절대적 법칙이다.[33] 따라서 자본주의적 축적의 법칙이 실제로 표현하고 있는 것은, 자본관계의 끊임없는 확대재생산을 위태롭게 할 수 있는 노동착취의 어떤 감소도 그리고 노동가격의 어떠한 등귀도 자본주의적 축적의 성격 그것에 의하여 배제되고 있다는 점이다. 그것은 물질적 부가 노동자의 자기 발전 욕망을 충족시키기 위하여 존재하는 것이 아니라, 도리어 노동자가 현존가치의 증식욕망을 충족시키기 위하여 존재하는 그러한 생산양식하에서는 그렇게 될 수밖에 없다. 종교에서는 인간 자신의 두뇌 산물이 인간을 지배하듯이, 자본주의적 생산양식에서는 인간 자신의 손의 산물이 인간을 지배하는 것이다.[34] 그리하여 자본주의 체제 내에서 사회적 노동생산력을 제고하기 위한 모든 방법은 개별 노동자들의 희생 위에서 이루어진다. 생산을 발전시키는 모든 수단들은 생산자를 지배하고 착취

32) 칼 마르크스, 『자본론 Ⅰ(下)』, 비봉출판사, 1990, 640쪽 참조.

33) 자본의 본질은 축적된 노동이 새로운 생산을 위한 수단으로서 산 노동에 봉사하는 데 있는 것이 아니다. 그것의 본질은 산 노동이 축적된 노동의 교환가치를 유지하고 증식하는 수단으로서 축적된 노동에 봉사하는 데 있는 것이다. 김세균, 「임금노동과 자본」, 『칼 맑스 프리드리히 엥겔스 저작선집 Ⅰ』, 박종철출판사, 1991, 557쪽.

34) 칼 마르크스, 『자본론 Ⅰ(下)』, 비봉출판사, 1990, 784~785쪽.

하는 수단으로 전환되며, 노동자를 불완전한 인간으로 불구화하며, 노동자를 기계의 부속물로 떨어뜨리며, 그의 노동의 실제 내용을 파괴함으로써 노동을 혐오스러운 고통으로 전환시키며, 과학이 독립적인 힘으로서 노동과정에 도입되는 정도에 비례하여 노동과정의 지적 잠재력을 노동자로부터 소외시킨다. 또한 노동생산성을 제고시키는 모든 방법들은 노동자의 노동조건을 개악하며, 노동과정에서 노동자를 독재에 굴복시키며, 그의 전체 생활시간을 노동시간으로 전환시키며, 그의 처자를 자본이라는 자거노트의 수레바퀴 밑으로 질질 끌고 간다. 그러나 잉여가치를 생산하는 모든 방법은 동시에 축적의 방법이며, 그리고 축적의 모든 확대는 다시 이 방법을 발전시키는 수단으로 된다. 이로부터 자본이 축적됨에 따라 노동자의 상태는 악화되지 않을 수 없다는 결론이 나온다.[35] 그러나 이러한 마르크스의 관점이 노동자가 착취의 폐지를 통하여 자신이 생산한 것에 대해 등가가치를 받아야 한다는 것을 의미하는 것은 아니며,[36] 임금으로 받지 못한 잉여가치가 새로운 투자, 긴급자금, 비생산적 기초서비스 및 행정 등에 지급되어야 할 비용뿐만 아니라 일을 할 수 없는 사람들을 부양할 비용의 형태로서 사회에 환원되어야 한다는 것을 의미한다. 착취는 노동자가 그 자신이 생산한 것보다 더 적게 받는다는 것을 의미하지도 않고, 소득이 불평등하다는 것도 – 발전된 산업사회에서도 소득을 완전히 평등하게 할 수 있는 길은 없기 때문에 – 의미하지 않으며, 부르주아는 그들의 사치를 불로소득으로 채우고 있다는 것을 의미하는 것도 아니다. 착취는 분배적 부정의의 하나일 뿐이다. 그것은 사회가 잉여생산물의 사용에 대한 통제권을 갖지 못하는 상황, 그리고 잉여생산물의 분배가 생산수단의 사용에 대한 독점적 결정권을 갖고 있는 사람들의 손에 좌우되는 상황에서 비롯된다. 따라서 착취는 정도의 문제이기 때문에 임금을 인상시킴으로써만 아니라 투자와 국민소득의 분배에 대한 통제권을 사회에 더 많이 부여함으로써도 착취를 제한할 수 있다고 말할 수 있을 것이다. 발전된 자본주의 사회들에서 그것은 조세제도의 현실화, 투자 및 가격에 대한 부분적 통제, 복지제도의 확충, 사회적 소비비용의 확대 등을 통해 이루어진다.[37][38]

35) 칼 마르크스, 『자본론 Ⅰ(下)』, 비봉출판사, 1990, 813쪽.

36) 분업으로 이루어지는 사회적 노동과정 속에서 노동의 최종생산물에 대하여 개인의 구체적인 노동의 대상화된 가치를 현실적으로 계산하거나 추산하는 것이 기술적으로 가능하지도 않다.

37) 레세크 코와코프스키, 『마르크스주의의 주요 흐름 1』, 유로서적, 2007, 497~499쪽 참조.

38) 착취 이론은 자본주의에 대한 급진적 비판을 제공한다고 간주되고 있다. 그러나 그것의 표준적 형태는 자본주의 아래에서 가장 처지가 나쁜 사람들 중의 많은 사람을 간과하고 있고, 그들을 돕는 행동의 필요성을 사실상 배제하고 있다. 착취 이론이 이러한 집단들을 설명하려고 시도하고 있다면, 잉여의 전이에 따른 편협한 초점을 거부하고, 대신에 그러한 전이들이 발생하고 있는 보다 확장된 분배 양식을 검토해야 한다. 윌 킴리카, 『현대정치철학의 이해』, 동명사, 2006, 258쪽.

5. 자본주의적 생산과정과 노동과정

자본주의적 생산과정은 사용가치를 생산하는 인간의 활동으로서의 노동과정과 가치를 증식하는 과정의 통일적인 과정이다. 노동과정의 요소에는 노동 그 자체, 노동대상, 노동수단이 있다. 첫째, 인간의 합목적적인 활동, 즉 노동(노동력의 사용) 그 자체가 있다. 모든 노동은 특수한 합목적적 형태의 인간노동력의 지출이며, 이러한 구체적 유용노동이라는 속성에서 노동은 사용가치를 생산한다. 둘째, 노동의 대상으로 원료, 중간재(과거의 대상화된 노동)가 있다. 셋째로 노동의 수단으로 노동에 필요한 도구나 기계가 있는데, 노동수단은 인간의 노동력 발달의 척도일 뿐 아니라 노동이 그 속에서 수행하는 사회적 관계의 지표이기도 하다.[39]

> 요컨대 노동과정에서는 인간의 활동이 노동수단을 통해 노동대상에 처음부터 의도하고 있던 변화를 일으킨다. 노동과정은 생산물 속에서는 사라진다. 그 생산물은 하나의 사용가치이며, 자연의 소재가 형태변화에 의해 인간의 욕망에 적합하게 된다. 노동은 그 대상과 결합되었다. 즉 노동은 대상화되었고, 대상은 변형되었다. 이 과정 전체를 그 결과인 생산물의 입장에서 고찰하면, 노동수단과 노동대상은 생산수단으로 나타나며, 노동 그 자체는 생산적 노동으로 나타난다.[40]

그런데 자본가에 의한 노동력의 소비과정으로서의 노동과정은 두 가지 독특한 현상을 보여 주고 있다. 첫째, 노동자는 그의 노동을 소유하는 자본가의 감독하에서 노동한다. 자본가는 노동이 질서정연하게 수행되고 생산수단이 합목적적으로 사용되도록, 그리하여 원료가 낭비되지 않고 노동도구가 소중하게 취급되도록 감시한다. 둘째, 생산물은 자본가의 소유물이지 직접적 생산자인 노동자의 소유물은 아니다. 자본가가 노동력의 하루의 가치를 지불한다고 가정하면 노동력을 하루 동안 사용할 권리는 자본가에게 속한다. 그가 자본가의 작업장으로 들어가는 그 순간부터 그의 노동력의 사용가치, 다시 말하면 그것의 사용, 즉 노동은 자본가의 것으로 된다.[41] 즉 자본가의 입장에서 노동과정은 자기가 구매한 노동력이라는 상품의 소비를 어떻게 규율하고 관리하여 노동자들에게 좀 더 많은 노동을 '추출(extraction)'해 내면서, 노동력의 사용가치를 증대시킬 것인지의 문제라고 할 수

39) 칼 마르크스, 『자본론 Ⅰ(上)』, 비봉출판사, 1990, 226~228쪽 참조.

40) 칼 마르크스, 『자본론 Ⅰ(上)』, 비봉출판사, 1990, 229~230쪽.

41) 칼 마르크스, 『자본론 Ⅰ(上)』, 비봉출판사, 1990, 235쪽.

있다. 이러한 자본주의적 노동과정은 노동자들에게 노동을 추출해 내기 위한 수단으로 사회적 조직화 방식과 생산기술을 결합한다. 이 두 요소가 어떻게 결합하는가에 따라 노동자와 고용주 사이의 임금과 노동강도, 그리고 노동조건을 둘러싼 갈등의 표출 형태가 결정되며, 또 이들 갈등이 이 두 요소의 결합 형태에 영향을 미치게 된다. 새뮤얼 보울스・리처드 에드워드・프랭크 루스벨트는 『자본주의 이해하기』에서 자본주의적 노동과정의 특징을 다음과 같이 요약한다.[42] 첫째, 고용주는 기업의 이윤을 극대화할 수 있는 방식으로 작업현장을 조직한다. 노동과정의 사회적 조직화는 고용주의 이윤 추구 그리고 노동자들로부터 노동을 추출하려는 목적에 맞게 이루어진다. 고용주는 작업현장에 통제 시스템[43]을 갖추어 더 수월하고 완전하게 노동을 추출하려고 한다. 둘째, 현재의 생산기술 수준은 고용주가 생산을 어떻게 조직화할 것인가를 결정하는 데 제약 조건이 된다. 현존 기술 중에서 어떤 것을 실제로 사용할 것이며 어떤 유형의 기술이 개발되어야 하는가를 결정하는 데 영향을 주는 것 중 하나가 노동자와 고용주 간의 갈등이다. 셋째, 노동자와 고용주는 임금과 노동강도, 노동조건을 둘러싼 갈등을 자신들에게 유리한 방향으로 해결하려고 한다. 노동자들이 노조를 조직하는 것 혹은 고용주들이 이윤율을 유지하거나 높이기 위한 전략으로 노동자들 사이의 성적・인종적 갈등을 이용하는 것이 좋은 예이다. 넷째, 수익성이란 노동과정으로부터 얼마나 많은 이윤을 뽑아낼 수 있는가를 말하며, 효율성이란 투입요소를 더 증가시키지 않고서는 더 이상 산출을 증가시키지 못하는 상태를 말한다. 고용주들은 노동과정을 가장 수익성 있는 방향으로 조직하려고 하는데, 그 방향이 항상 가장 효율적인 방향과 일치하는 것은 아니다. 효율성은 수익성과 다르며,[44] 이 둘이 달라질 때 자본가들은 노동과정을 효율성이 아닌 수익성을 극대화하려는 방향으로 조직하려고 한다. 다섯째, 시장과 위계는 자본주의적 이윤 창출 과정에서 상호 영향을 주고받

42) 새뮤얼 보울스・리처드 에드워드・프랭크 루스벨트, 『자본주의 이해하기』, 후마니타스, 2009, 415~443쪽.

43) 자본가들은 노동의 통제를 위해 다양한 접근법을 적용하고 있는데, 대표적인 유형으로 직접 감시(단순통제), 기계속도 조작(기술적 통제), 노동자들로 하여금 기업의 규칙과 목표를 내면화하도록 유인하기(관료적 통제)를 꼽을 수 있다. 크리스 틸리・찰스 틸리, 『자본주의의 노동세계』, 한울아카데미, 2006, 324쪽.

44) 수익성이란 노동과정으로부터 얼마나 많은 이윤을 뽑아낼 수 있는가를 말한다. 이때 이윤은 판매수입과 생산비용의 차이이다. 효율성이란 생산과정에 투입된 요소량과 산출과의 관계이다. 주어진 기술적 조건에서 투입요소를 더 늘리지 않으면 산출도 늘어나지 않는 상태를 효율적인 상태라고 부른다. 만일 조립라인이 작업속도를 증가시키지 않고, 다른 노동과정상의 변수들도 변화시키지 않은 채 산출량만 증가시켰다면, 그 기술변화는 더 효율적이라고 말할 수 있다. 하지만 조립라인을 도입하면서 고용주가 작업속도를 높일 수 있고, 따라서 새로운 생산과정에는 더 많은 투입, 즉 노력지출이 증가하는 경우도 있다. 이것은 다른 조건이 일정하다면, 수익성을 증진시켰을지는 몰라도 명백히 비효율적인 기술변화이다. 수익성과 효율성이 괴리되는 이유는 노력지출, 즉 실제 생산과정에 투입되는 노동량이 고용주가 구입한 노동시간의 양과 다르기 때문이다. 노력 지출량의 증가를 보상할 만큼 임금이 상승해야 한다면 고용주는 이 기술을 도입하지 않을 것이므로 비효율적인 기술변화는 도입되지 않았을 것이다. 새뮤얼 보울스・리처드 에드워드・프랭크 루스벨트, 『자본주의 이해하기』, 후마니타스, 2009, 440~441쪽.

으며 서로를 보강해 준다. 때때로 시장과 위계[45]는 사회적 관계를 조직화하는 대립적인 방식으로 이해되기도 하지만 실제로 자본주의적 기업에서 이 둘은 보완적이다. 시장은 수평적 평등 위에 서 있다. 구매자와 판매자 간의 자발적인 교환이 이루어진다는 말은, 거래 당사자들이 원하기만 하면 언제든지 거래를 포기할 수 있다는 뜻이다. 따라서 이렇게 본다면 거래 당사자들 간의 관계는 일종의 평등한 관계라고 볼 수 있다, 이와 반대로 위계는 수직적 불평등 위에 서 있다. 명령관계란 명령을 내리는 사람과 이에 복종하는 사람을 포함하기 마련이고, 직속상사는 하부 직원들에게 권력을 행사한다. 따라서 시장은 위계에 대비되는 것으로 경제체제는 둘 중 어느 하나의 방식으로만 조직되어야 한다고 생각된다. 하지만 이윤을 창출하는 기업은 시장에서 경쟁적 우위에 서기 위해 많은 노력을 하는데, 그중 중요한 것이 기업 내부에 거대하면서도 잘 짜인 위계구조를 구축하는 것이다. 시장은 노예제도와 봉건적 위계를 몰아낸 동시에, 전통적인 명령·지배 관계도 추방했다. 하지만 정확한 사실은, 그렇게 하면서도 그 내부에 노동자와 고용주 간의 명령과 복종관계 등 복잡한 관계를 내포하면서 등장했다는 것이다. 자본주의 체제에 위계가 필요하다는 사실 때문에 산업심리, 인사관리, 직무평가, 산업공학 등 새로운 연구분야가 필요해졌다. 기업은 이윤의 상당 부분을 쏟아 부어 위계구조를 유지시킬 수 있는 다양하고 정교한 방식들을 개발하고자 노력한다. 자본주의가 전 자본주의적 위계를 몰아낸 것은 사실이지만, 오늘날 자본주의 사회에 사는 사람들은 여전히 위계적으로 조직된 직장에서 대부분의 시간을 보내고 있는 것이다. 일자리를 찾는다는 것은 평등한 계약관계로 들어가는 문제가 아니다. 어떤 위계질서 혹은 어떤 고용주 밑에서 일할 것인가를 결정하는 문제다. 자본주의 경제에서 시장과 위계는 대립하면서 서로 경합하는 두 조직화 방식이 아니다. 수평적 차원과 수직적 차원, 즉 경쟁과 명령은 서로서로 보완하고 강화시키면서 시장 시스템 전체를 지탱하고 있다.

6. 자본주의적 축적의 일반법칙과 노동의 탈숙련화

잉여가치를 증대시키고 자본축적을 촉진하는 자본주의적 확대재생산 과정에서는 기계

45) 상위자가 하위자에게 명령을 내릴 권한을 갖는 방식으로 이루어지는 권력조직화의 한 방식을 위계(hierarchy)라 한다. 작업현장의 위계는 고용/해고의 권리를 기초로 세워지며, 아주 정교하게 짜 맞춰진 통제 시스템을 설계할 수 있게 해 준다. 자본주의적 작업현장은 결코 민주적으로 조직되지 않으며 위에서 아래로 명령이 전달되도록 조직된다. 새뮤얼 보울스·리처드 에드워드·프랭크 루스벨트, 『자본주의 이해하기』, 후마니타스, 2007, 420쪽.

화가 급속도로 진행되기 때문에, 노동자 1인당의 기계장비율이 증가할 뿐만 아니라 공장자동화, 사무자동화 등 노동절약적 기술진보로 인하여 노동자 한 사람이 가공 처리하는 원료와 보조 원료의 양도 크게 증가하고 있다. 따라서 자본주의적 발전과정에서는 '자본의 기술적 구성'[46]은 점차로 상승하게 된다. 말하자면 동일한 수량의 생산수단이 필요로 하는 노동자의 수(가변자본)는 감소되는 경향이 있는데, 이러한 기계화의 진전에 따라 자본의 기술적 구성이 고도화되면 '자본의 유기적 구성'[47]도 고도화된다. 더욱이 자본구성의 이러한 점진적인 변화가 어떤 개별 생산분야의 특징이 아니라 거의 모든 생산분야 또는 적어도 결정적인 생산분야에서 일어나며, 따라서 그 변화가 그 사회의 총자본의 평균적 유기적인 성분을 변화시킨다고 가정한다면, 가변자본에 대한 불변자본의 이러한 점차적 증가는 필연적으로 일반적 이윤율의 점차적인 저하를 가져올 것임에 틀림없다.[48][49] 자본주의적 생산양식의 법칙의 하나인 이것은 단순히 다음을 의미할 뿐이다. 일정한 가치의 가변자본이 고용하는 동일한 수의 노동자 또는 동일한 양의 노동력이, 자본주의적 생산의 내부에서 발달하는 독특한 생산방법의 결과로, 동일한 기간에 점점 증대하는 양의 노동수단과 원료・보조재료를 운동시키고 가공하고 생산적으로 소비한다는 것이다. 다시 말해 동일한 수의 노동자들이 점점 증대하는 규모의 불변자본을 처리한다는 것이다. 이처럼 불변자본에 비하여 따라서 또 총자본에 비하여 가변자본이 점점 더 감소한다는 것은, 사회적 총자본의 평균적인 유기적 구성이 더 고도화한다는 것과 동일하다. 이것은 또한 노동의 사회적 생산성이 점점 더 발달한다는 것을 달리 표현한 것에 불과하며, 상대적으로 과잉의 노동인구를 급속하게 만들어 낸다.[50] 즉 생산성의 발달과 이것에 대응하는 자본구성의 고도화는 점점 증대하는 생산수단량을 점점 감소하는 노동량에 의하여 운동시키므로, 총생산물의 일정한 부분의 각각은 더 적은 살아 있는 노동을 흡수하며 그리고 더

46) 생산수단의 수량과 취업노동자의 수의 비율을 '자본의 기술적 구성'이라고 부른다.

47) 생산과정에 투입된 자본의 구성 및 비율을 '자본의 유기적 구성'이라고 한다. 노동생산성이 높아질수록 개별 노동자가 감당하는 기계와 원료가 많아지며, 즉 플랜트, 설비 그리고 원료에 투자된 불변자본의 양이 노동자의 임금지불에 사용된 가변자본에 비해 많아진다. 이는 자본의 유기적 구성이 고도화되는 것을 의미하는데, 잉여가치의 원천은 노동력이기 때문에 자본의 유기적 구성이 높아질수록 이윤율은 저하한다. 알렉스 켈리니코스, 『마르크스의 혁명적 사상』, 책갈피, 1993.

48) 살아 있는 노동의 사용량이 이것에 의해 운동되는 대상화된 노동력에 비하여 점점 감소하기 때문에, 이 살아 있는 노동 중 지불되지 않고 잉여가치로 대상화되는 부분도 총 투하자본의 가치에 비하여 그 비율이 점점 더 감소하지 않을 수 없다. 그런데 잉여가치량과 총 투하자본 사이의 비율이 이윤율을 나타내므로 이윤율도 점차로 저하하게 되는 것이다. 칼 마르크스, 『자본론 Ⅲ(上)』, 비봉출판사, 2004, 255쪽.

49) 뒤메닐과 레비는 자본의 유기적 구성의 고도화(자본 생산성의 하락)에 따라 이윤율이 하락하고 축적이 둔화되었으며, 이로 인한 위기는 노동에 대한 억압적 착취를 강화해서라도 위기를 탈출하려는 자본의 의도에 따라 이전 시기의 노동조건의 종말을 가져왔으며, 그에 따라 임금의 증가는 정체하거나 크게 둔화되었고 사회보호 시스템을 해체하려는 시도가 등장하고 '고용불안'이 광범위하게 확산되었다고 한다. 제라르 뒤메닐・도미니크 레비, 『자본의 반격』, 필맥, 2006, 30~59쪽 참조.

50) 칼 마르크스, 『자본론 Ⅲ(上)』, 비봉출판사, 2004, 254쪽.

적은 대상화된 노동을 포함하게 되는 것이다.[51]

이처럼 잉여가치를 증가시키기 위하여 경쟁적으로 채택하는 새로운 기술체계는 노동자의 고용을 상대적 혹은 절대적으로 감소시킬 뿐만 아니라 고용에 많은 영향을 끼치게 된다. 기계의 광범위한 사용과 끊임없는 개량 때문에 기계의 조작방법이 단순화되어 체질이 보다 약한 노동인구나 비숙련노동인구도 생산에 참가할 수 있게 된다.[52] 그리하여 청소년 노동자나 여성노동자가 크게 증가하여 새로운 노동공급원을 형성할 뿐만 아니라 성인노동자와 숙련노동자를 축출함으로써 인간 노동의 가격을 저하시키게 된다.[53] 이러한 상황은 18세기 영국에서 생산과정의 지적 요소들을 육체적 노동으로부터 분리시키고 전자를 노동에 대한 자본의 지배력으로 전환시키는 산업혁명의 과정에서 일어났으며, 당시 영국에서는 성인노동자가 값싼 여성노동과 아동노동으로 대체되기 시작하면서 기계제 대공업이 새로운 활력을 띠기 시작하였다.[54]

> 분업이 증대되는 것과 같은 정도로 노동은 단순화된다. 노동자의 특수한 숙련은 가치 없는 것이 된다. 그는 육체적 기력이나 정신적 기력을 활용할 필요가 없는 간단하고 단조로운 생산력으로 변화된다. 그의 노동은 누구나 할 수 있는 노동이 된다. 따라서 경쟁자들이 사방으로부터 그에게 육박해 오며, 게다가 우리가 기억해야 할 것은 노동이 단순할수록 이를 습득하는 데 필요한 생산비는 더욱 적어지며, 임금은 더욱 아래로 내려간다는 것이다. 따라서 노동이 불만스럽고 지긋지긋해지는 것과 같은 정도로 경쟁은 커지고 임금은 내려간다.[55]

자본주의적 생산과정에서는 노동자의 숙련에 기초하던 기계조작이나 판단을 점차적으로 기계가 대신하여 노동자들은 기계의 단순한 보조자로 전락하게 된다.[56] 노동자들은

---

51) 칼 마르크스, 『자본론 Ⅲ(上)』, 비봉출판사, 2004, 270쪽.

52) 노동이 모든 기예적 성격을 상실할수록, 그의 특수한 숙련이 추상적인 것, 무차별적인 것이 될수록, 그것이 갈수록 추상적인 활동, 순전히 기계적이고 따라서 무차별적인, 노동의 특수한 형태에 대하여 무차별적인 활동이 될수록, 단순히 형식적인 활동 또는 같은 말이지만 단순히 소재적인 활동, 형태에 무차별적인 활동 일체가 될수록, 순수하고 적합하게 발전된다. 여기에서 다시 생산관계, 범주(자본과 노동)의 특수한 규정성이 특수한 물질적 생산방식과 공업 생산력의 특수한 발전 단계와 더불어 비로소 어떻게 사실이 되는가가 보인다. 칼 마르크스, 『정치경제학 비판 요강 1』, 그린비, 2007, 300~301쪽.

53) 김수행, 『정치경제학 원론』, 한길사, 1988, 94~99쪽 참조.

54) 남성노동을 여성노동으로, 또 특히 성인노동을 아동노동으로 교체하는 것이 강화됨에 따라 노동자의 수가 대단히 증가하였다. 1주일에 6 내지 8실링의 임금을 받는 13세의 소녀 3명은 18 내지 45실링의 임금을 받는 성인 1명을 대신하였다. 칼 마르크스, 『자본론 Ⅰ(下)』, 비봉출판사, 1990, 504쪽.

55) 김세균, 「임금노동과 자본」, 『칼 맑스 프리드리히 엥겔스 저작선집 Ⅰ』, 박종철출판사, 1991, 568~569쪽.

56) 자본주의적 생산은 노동과정일 뿐만 아니라 동시에 자본의 가치증식과정이기 때문에, 어떠한 자본주의적 생산에서도 노동자가 노동조건을 사용하는 것이 아니라 그와는 반대로 노동조건이 노동자를 사용한다는 점은 공통된 것이다. 그러나 이 거꾸로 된 관계는 기계의 출현과 함께 비로소 기술적인 분명한 현실성을 얻게 된다. 자동장치로 전환됨으로써 노동수단은 노동과정의 진행 중에 자본(즉 살아 있는 노동력을 지배하며 흡수하는 죽은 노동)으로서 노동자와 대립한다. 생산과정의 지적 요소들을 육체적 노동으로부터 분리시키고 전자를 노동에 대한 자본의 지배력으로 전환시키는 것은, 이미 앞에서 지적한 바와 같이, 기계의 토대 위에 세워진 대공업 아래에서 완성된다. 개별 기계

테일러주의[57])의 원칙에 따른 자동화와 분업화를 통하여 구상기능을 박탈당하고, 업무가 단순화됨으로써 작업수행을 위한 숙련이 거의 필요 없게 되는데 이러한 일련의 과정을 '노동의 탈숙련화'라고 지칭한다.[58]) 이에 따라 비숙련노동자들로 작업이 이루어질 수 있게 작업방식이 변화된다. 탈숙련화를 가능하게 하는 방법은 전체 노동과정을 세분화해 각 노동자에게 부분적인 작업만 할당하고 그 일을 반복 작업하게 만드는 것이다. 각각의 노동자는 분절된 작업만 처리하면 되므로 직무에 대한 훈련기간도 대폭 줄어든다. 이러한 탈숙련화를 가능하게 하는 가장 중요한 방법 중의 하나가 '구상과 실행의 분리'이다. 구상이란 생산과정을 설계하거나 계획된 일을 수행하는 것이며, 실행이란 설계되고 계획된 일을 반복적으로 수행하는 것이다. 구상과 실행의 분리를 통해 일을 계획하는 사람과 일을 실제로 처리하는 사람이 다르게 된다. 전통적인 생산과정과 달리 현대 생산과정에서는 대부분 구상과 실행의 분리가 심화된다. 이 계획과 실행이 일어나는 장소는 완전히 분리되어 있으며, 때로는 서로 다른 나라에 위치하기도 한다.[59])

> 직접적인 생산자인 노동자와 노동의 관계도 중요한 변화를 겪었다. 작업장의 새로운 조직화는 생산에서 노동자의 자율성을 더욱 약화시켰고, 동시에 그의 노동을 더욱 평범한 것으로 만들어 노동에서 노동자가 가진 유일한 것, 즉 노동의 노하우가 사라지게 됐다. 이러한 박탈은 기계화만큼이나 오래된 것이지만, 조립라인 생산은 노동의 감독과 과학적 조직화와 책임을 진 관리자나 사무원, 사무기술을 가진 기술자와 전문가 범주를 증대시켜, 노동자의 기술박탈을 이전보다 훨씬 높은 수준으로 만들었다. 생산직 노동자는 이제 그 어느 때보다 기계의 부속물로서의 성격이 강하게 되었고 그의 직무는 다른 사람에게 더욱 쉽게 이해할 수 있는 것이 되었으며 스스로의 주도력을 잃게 되었다.[60])

이러한 테일러주의의 특성을 브레이브만은 자본주의적 노동과정의 필수적 구성요소로 간주하였다. 그는 노동을 실질적으로 포섭하려는 일반적이고 추상적인 자본의 충동에 근거하여 이러한 추상적인 충동을 기능숙련의 질을 저하하는 측면에서 강조하였는데, 독점자본에 의해 수용되고 확산된 테일러리즘은 자본주의 노동통제의 원리가 노골적으로 표

노동자의 특수한 기능은 기계체계에 구체화되어 있는 과학과 거대한 물리력과 사회적 집단노동 앞에서는 보잘것없는 것으로 사라져 버린다. 칼 마르크스, 『자본론 Ⅰ(下)』, 비봉출판사, 1990, 538쪽.

57) 테일러리즘의 원리는 다음과 같다.
① 제1원리: 노동과정에 대한 지식을 수집하고 발전시키는 것.
② 제2원리: 이러한 지식을 관리의 영역으로 집중시킴으로써 노동자로부터 그 지식을 제거하는 것.
③ 제3원리: 노동과정의 각 단계 및 그것의 수행양식을 통제하기 위하여 지식을 독점적으로 사용하는 것.

58) 심윤종, 『산업사회학』, 경문사, 2000, 248~249쪽 참조.

59) 새뮤얼 보울스・리처드 에드워드・프랭크 루스벨트, 『자본주의 이해하기』, 후마니타스, 2009, 433쪽 참조.

60) 제라르 뒤메닐・도미니크 레비, 『자본의 반격』, 필맥, 2006, 278쪽.

현된 것이라고 지적하였다.[61)]

> 총괄적인 명령과 규율에 의해서만 통제되고 있는 노동자들은 적절하게 통제되지 않는다. 왜냐하면 그들은 실질적 노동과정을 계속 장악하고 있으며…… 그리고 그들은 자신의 노동력 잠재력을 실현시키려 하지 않기 때문이다. 이러한 상황을 변화시키기 위해서는 노동과정에 대한 통제가 형식적 의미에서뿐만 아니라 그것의 수행양식을 포함한 각 과정의 단계마다 명령하고 통제함으로써 관리자의 수중에 들어가야만 한다.[62)]

이러한 측면에서 본다면 오늘날 사회가 노동자에게 인적 자본에 대한 보다 높은 자격을 요구하고 있다는 주장은 그릇된 것이라고 보아야 하며, 학습능력, 동기, 책임의식, 신뢰성 등을 판별하기 위한 선별장치(signal)에 불과한 것이다. 브레이브만은 '노동의 인간화'에 대한 비판으로 오늘날 제안되고 있는 개혁들은 노동자가 가지는 지위의 진정한 변동이라기보다는 오히려 경영방식의 변동을 표상하고 있는데, 그것은 노동자가 계획적으로 위장된 경영에 참여하고 기계를 조정할 수 있으며, 전등의 위치를 바꿀 수 있고, 한 직무에서 다른 직무로 옮길 수 있으며, 그리고 심사숙고하여 별로 중요하지 않은 일을 자유스럽게 선택하도록 경영진에 의해 설계된 고정되고 제한된 선택지 가운데에서 하나를 택하게 함으로써 의사결정을 한다는 환상을 갖도록 한다는 자비로운 관용으로 특징지어진다고 본다.[63)]

노동의 탈숙련화는 후기 산업사회에서 자본주의적 관리가 공장자동화(FA)와 사무자동화(OA)라는 기술적 형태를 통해 노동자의 작업과정에 대한 통제를 박탈하였으며, 이를 통하여 노동자 계급 구성이 저숙련 직무의 하층이 점점 증가하는 노동의 양극화가 사회적·경제적 양극화를 초래하는 결과를 가져오게 된다.[64)]

---

61) 허석렬, 『현대노동과정론』, 간디서원, 1994, 237쪽 참조.

62) 허석렬, 『현대노동과정론』, 간디서원, 1994, 235쪽.

63) 허석렬, 『현대노동과정론』, 간디서원, 1994, 93쪽.

64) 경제학자들에 의한 최근의 연구는 고기술 혁명이 단순히 숙련 근로자들에 대한 수요를 증가시키는 것보다 더 복잡하게 노동수요에 효과를 미쳤을지 모른다는 것을 시사하고 있다. 컴퓨터화된 기술은 그 성격이 일상적인 기계에의 원료 주입, 경리 계산, 편지 타자, 제조상품의 결함 검사, 고객주문의 처리 등등의 과정에서 노동을 쉽게 대체하였을지 모른다. 그러나 컴퓨터는 교육을 많이 받은 사람에 의해 사용되는 사람과 사람 사이의 추상적인 기술은 대체할 수 없으며, 많은 매우 낮은 숙련도의 일자리에서 사용되는 주차장 관리인들, 병원 보조원들, 레스토랑 직원 등과 같은 일상적이지 않은 수동기술도 대체할 수 없다. 따라서 컴퓨터화는 근로소득이 근로소득분배의 중간에 위치하였던 많은 공장 및 사무직 근로자들에 대한 수요를 감소시키고, 동시에 교육을 많이 받은 사람과 가장 낮은 수준의 임금을 지급받는 일자리들의 근로자들에 대한 수요를 증가시킴으로써 노동소득의 양극화에 효과를 미쳤을 가능성이 있다. 양극화 가설과 일관되게 1983년부터 2005년까지 관리자 또는 전문직 근로자들의 비중은 증가하였고, 사무 및 행정지원 일자리의 근로자 비중은 감소하였으며, 서비스 근로자들의 비중은 증가하였다. RONALD G. EHERENBERG·ROBERT S. SMITH, 『현대 노동경제학』, 교보문고, 2009, 620~621쪽.

7. 노동의 탈숙련화와 비정규직 고용

사용자는 노동을 생산조직의 위계구조 안으로 통합할지, 중간재나 서비스를 하도급할지 혹은 완제품이나 서비스를 단순히 구매할 것인지에 대한 선택을 수반하게 된다.[65] 생산조직의 위계구조 안으로 노동을 통합하는 경우에도 장기적인 노동계약을 체결할 것인지 아니면 단기계약을 체결할 것인지는 '직무의 특성' 및 '업종의 특성', '사회적 상황' 등과 깊은 관련이 있다. 예컨대 1인당 자본장비율이 높은 중화학공업, 노동자에 대한 교육비용과 투자비용이 높은 지식산업, 고정자본에 대한 투자가 없으면서 노동자 개인의 성과가 조직의 성과에 중대한 영향을 미치는 금융산업 등에서는 장기적인 고용계약이 일반적인 형태이다. 그리고 국가가 규제하는 노동관계 법규의 내용과 규제의 정도, 노사 간의 사회적 역학관계, 노동자들의 비정규 노동에 대한 순응 및 거부감의 정도, 기존의 노동계약의 관행 등 사회적 상황에 따라 노동계약의 형태가 결정된다.

이러한 여러 측면 중에서도 직무의 특성에 따른 노동의 탈숙련화는 숙련, 임금 수준 등에서의 노동자 계급 구성의 양극화를 가져왔을 뿐만 아니라, 무엇보다도 자본의 노동의 구매 방식, 즉 노동계약의 형식에서도 미숙련노동자에 대해서는 숙련노동자와는 다른 형태의 근로계약이 적용될 여지가 존재하게 된다. 사용자가 노동시장에서 구매한 것은 일정한 시간에 대한 노동력의 잠재적인 사용에 대한 권리를 취득한 것이고, 고용계약서에는 업무의 구체적인 사항과 세부적인 근로조건을 전부 근로계약서에 서술할 수 없으므로 임금과 기본적인 근로조건만을 명시하게 된다. 따라서 고용계약 그 자체로는 노동자가 얼마나 열심히 일할 것인지 등이 아직 구체화되어 있지 않으므로, 노동자는 노동과정에 들어서게 되면 자신의 노동력의 잠재력을 철저하게 실현시키려 하지 않거나 기회주의적 행태를 나타날 수 있는 반면, 자본가는 노동자들에게 최대한의 노동을 '추출'해 내기 위해 작업현장을 위계적으로 조직하게 된다. 따라서 노동과정에서의 노동자의 구체적인 노동 강도나 노력의 정도는 노동통제의 기법이나 관리감독의 수준에 영향을 받게 될 뿐만 아니라, 모든 노동은 그 실행에 있어 어느 정도의 협상과정을 수반하게 된다. 그러나 사용자가 개별 노동자의 노동과정에 일일이 개입하고 지시하며 협상하는 것은 감시비용과 집행비용이라는 것을 감안하면 비효율적일 수밖에 없으며, 업무성과를 측정하기 어려운 경우도

65) 크리스 틸리·찰스 틸리, 『자본주의의 노동세계』, 한울아카데미, 2006, 142쪽 참조.

많이 있다. 특히 업무의 범위가 불확실하거나 구체적 내용을 특정하기 어려운 관리자나 사무직 노동자의 성과를 측정하거나 그들의 업무를 감독하는 것은 말단 종업원이나 생산직 노동자들의 업무를 감시하는 것보다 더욱 어렵다. 이에 따라 사용자는 노동자가 자신의 노동의 태만에 대하여 해고를 당하거나 승진이 지체되는 등의 불이익에 대한 기회비용을 증가시키기 위하여 시장임금 이상의 급여를 지불하거나 고용의 안정성을 보장하여 근로의욕을 고취하고 장기적인 신뢰관계를 구축하면서 통제력을 행사하는 방법을 사용할 수 있다. 시장임금 이상의 급여를 숙련노동자에게 지급하거나 장기의 근로계약을 체결하는 것은 그들의 조직과 직무에 대한 몰입도를 증가시켜 노동생산성을 향상시킬 수 있을 뿐만 아니라, 노동자의 직장상실비용을 증가시켜 노동자의 태만 요인을 제거한다. 또한 양호한 근로조건은 이직 요인을 제거하여 일시적인 업무 공백을 방지하게 된다. 이직이 발생하는 경우 새로운 노동자를 채용하여 노동과정에 투입하여 유사한 수준의 생산성을 산출할 수 있을 때까지 기업 측의 손실과 비용을 감안하면 합리적인 선택이라고 할 수 있다.[66] 그러나 미숙련노동에 대하여 자본가는 숙련노동과 달리 직무의 특성상 직접 관찰 감독을 통하여 수행되는 노동을 감시하고, 작업성과를 평가하기가 용이하다.[67] 또한 다른 경우 순전히 양적인 방식으로 평가되는 개수제 등과 같이 노동을 직접 관리·감독하지 않더라도 개별 노동자에 대하여, 수행되는 노동의 구체적 내용에 대하여 감시할 필요를 느낄 이유가 전혀 없다. 이것은 미숙련노동이 노동과정에서 숙련노동에 비하여 불확실한 상황이 예상되지 않으며, 노동의 최종적 성과와 결과물이 손쉽게 확인 가능할 뿐만 아니라, 결원이 생기는 경우에도 어떤 지원자이든 채용한 후 즉시 그 노동자를 노동과정에 대체 투입하여 동일한 노동생산성을 유지하는 것이 가능하다는 것이다. 이러한 이유로 자본가는 미숙련노동에 대하여 장기적인 근로계약을 체결할 유인을 갖지 않게 되며, 경우에 따라서는 그 업무는 기업의 외부로 이전되기도 한다.

---

66) 1990년대에 수행된 연구를 보면 산업국가 중 가장 규제 없는 노동시장을 가진 영국과 미국에서 정규직 노동자들이 10년 전에 비해 개별 직업에 가장 오래 근무한 것으로 밝혀졌다. 그 이유는 고용주들이 노동자들의 높은 이직은 비용이 많이 들며 도덕적으로 나쁜 것으로 인식하고 있고, 시장가격보다 더 지불하더라도 새로운 노동자를 고용하기보다는 원래 있던 노동자를 유지하는 것을 선호하는 것처럼 보이는 데 있다. 제임스 콜린스와 제리 포러스는 『끝까지 건설하라』에서 1926년 이래 계속해서 주식시장의 평균보다 우수한 실적을 내는 18개 미국 기업을 분석했다. 그들은 이 기업들은 마음대로 채용하고 해고하는 것과는 거리가 있었고 자기 회사 고용인에 대한 꽤 높은 보호정책을 따르고 있다는 것을 발견했다. 앤서니 기든스, 『현대 사회학』, 을유문화사, 2009, 533쪽.

67) 소규모 섬유 공장이나 맥도날드 매장은 단순 통제가 이루어지는 작업장의 전형적인 사례다. 기업은 법정 최저임금을 겨우 넘는 수준으로 임금을 주는데, 이는 종업원들을 열심히 일하게 하는 인센티브로 작용하기에는 턱없이 낮을 뿐 아니라 해고당해도 별로 잃을 것이 없다고 느낄 정도의 수준에 불과하다. 그렇다면 고용주는 어떻게 노동자들이 일을 열심히 하게 만드는가? 고용주는 노동을 직접 진두지휘하고, 종업원들을 감시하며 이들의 업무를 평가해 그에 따라 보상이나 처벌을 내린다. 예를 들어 고용주는 열심히 일하는 직원에게는 좀 더 편한 시간대에 일할 수 있게 배려해 준다. 제대로 일하지 않는 직원이라면 노동시간을 강제로 줄이거나 더럽고 하기 싫어하는 일을 배정해 버린다. 말로 표현하지 않더라도 해고의 협박이 항상 존재한다. 새뮤얼 보울스·리처드 에드워드·프랭크 루스벨트, 『자본주의 이해하기』, 후마니타스, 2009, 422쪽.

이에 따라 사용자는 단기로 계약을 체결할 수 있게 되자마자 노동에 대한 수요를 생산물 시장의 수요에 맞추어 수량적으로 유연하게 조절할 수 있을 뿐만 아니라, 지불되는 노동의 가격으로 노동이 소비되는 시점에서의 시장임금 이상의 임금을 근로자에게 지급할 필요가 없어지게 되는 것이다. 이러한 결과 비정규 노동시장은 노동시장에 존재하는 거의 유일한 완전경쟁시장의 형태를 띠게 된다. 이것은 노동수요 측의 노동자들에 대한 거의 완전한 정보(지식)와 미숙련노동의 광범위한 공급의 증가를 가능하게 하는 노동과정의 합리화에 따라 발생하는 현실적인 결과이다. 현재 한국 노동시장에서 문제시되고 있는 비정규 노동의 대다수를 차지하는 부분이 업무의 변한에 따른 일시적이고 계절적인 노동수요로 인하여 비정규직이 양산되는 것이 아니라, 대체 가능한 저숙련, 저부가가치 직무에서 비정규직이 대다수를 구성하고 있다는 점은 이에 대한 명백한 증거일 것이다.

8. 산업예비군과 비정규직

생산과정의 기술적 변혁이 급속히 진행되는 곳에서는 불변자본 부분에 비한 가변자본 부분의 상대적 감소가 급속히 진행되면, 과거의 대상화된 죽은 노동(자본)이 산노동을 대체하게 되면서 동일량의 생산물을 만들어 내는 데 필요한 노동자들의 수가 점점 줄어들게 되고, 상대적으로 수적으로 계속 증가하는 노동자들은 산업예비군, 즉 상대적 과잉인구를 형성하게 된다.[68] 노동생산성을 증가시키고 상품생산물의 양을 증가시키며 시장을 확대하고 자본의 축적을 촉진하며 그리고 이윤율을 저하시킨 바로 그 원인들이 상대적 과잉인구를 창조하였으며 끊임없이 계속 창조한다.[69] 산업예비군은 변동하는 자본의 가치증식욕을 위하여 언제나 착취할 수 있게 준비되어 있는 인간재료를 이루는데,[70] 이 상대적 과잉인구는 매우 다양한 형태로 존재한다. 각 노동자는 부분적으로 취업하고 있거나 또는 전혀 취업하고 있지 않는 기간에는 상대적 과잉인구에 속한다. 과잉인구는 언제나 세 가지 형태, 즉 유동적 형태·잠재적 형태·정체적 형태를 띠고 있다. 노동자들이 직장

---

68) 노동에 대한 수요는 총자본의 가변적 구성 부분에 의하여 결정되는 것이므로, 그 수요는 총자본의 증가에 비례하여 증대하는 것이 아니라, 오히려 점차로 감소한다. 그 수요는 총자본의 크기에 비례하여 상대적으로 감소하며 또 총자본의 증가에 따라 그 가변적 구성 부분(총자본에 결합되는 노동력)도 증가하기는 하지만, 그 구성비는 끊임없이 감소한다. 자본주의적 축적은 상대적으로 과잉인 노동인구를 끊임없이 생산해 내고 있는 것이다. 칼 마르크스, 『자본론 Ⅰ(下)』, 비봉출판사, 1990, 794쪽.

69) 칼 마르크스, 『자본론 Ⅲ(上)』, 비봉출판사, 2004, 307쪽.

70) 칼 마르크스, 『자본론 Ⅰ(下)』, 비봉출판사, 1990, 797쪽.

에서 때로는 축출되고 때로는 다시 흡수되어, 전체적으로 보아서 취업자의 수가 생산규모에 비해서 끊임없이 저하되는 비율이긴 하지만 증대하는 경우에 과잉인구는 '유동적 형태'로 존재한다. 농촌인구의 일부가 끊임없이 도시의 노동자로 전환되는 상태에 있으며, 상대적 과잉인구의 원천으로부터 끊임없는 이동이 생기는 경우가 잠재적 과잉인구의 형태이다. 상대적 과잉인구의 제3의 범주인 '정체적 과잉인구'는 그 취업이 매우 불규칙적인 현역 노동자집단의 일부를 이루고 있다.[71] 따라서 이 정체적 과잉인구는 자본에게 마음대로 처분할 수 있는 노동력의 무진장한 저수지를 제공한다. 그들의 생활형편은 노동자계급의 정상적 평균 수준 이하로 떨어지며, 바로 이 사실로 말미암아 그들은 자본주의적 착취의 특수부문들을 위한 광범한 토대로 된다. 그들의 특징은 최대한도의 노동시간과 최소한도의 임금이다. 이 정체적 과잉인구는 대공업과 농업의 과잉노동자들로써 끊임없이 보충되며, 또 특히 정복당하여 몰락하고 있는 공업부문으로부터 보충된다. 그들의 규모는 축적의 규모 및 활력의 증대와 함께 과잉 노동자의 창출이 진전됨에 따라 증대한다. 그러나 동시에 노동자계급 중 자기 자신을 재생산하고 영구화하는 요소이며, 노동자계급의 총증가 중에서 다른 요소들보다 상대적으로 높은 비율을 차지하는 요소이다.[72]

사회적 부, 기능하는 자본, 그 증대의 규모와 활력, 따라서 또 프롤레타리아트의 절대수와 그의 노동생산성이 크면 클수록, 산업예비군은 그만큼 더 커진다. 자본의 확장력을 발전시키는 원인 바로 그것이 자본이 마음대로 이용할 수 있는 노동력을 발전시킨다. 따라서 산업예비군의 상대적 크기는 부의 잠재적 힘이 증대함에 따라 증대한다. 그런데 이 예비군이 현역 노동자군에 비하여 크면 클수록 고정적 과잉인구는 더욱 많아지는데, 그들의 빈궁은 노동의 고통으로부터 축출되면 될수록 더욱 심화된다. 결국 노동자계급의 극빈층과 산업예비군이 크면 클수록 공적 구호의 대상이 되는 극빈자도 더욱 많아진다. 이것이 자본주의적 축적의 일반법칙이다. 상대적 과잉인구 또는 산업예비군을 언제나 축적의 규모 및 활력에 알맞도록 유지한다는 그 법칙은 자본의 축적에 대응한 빈곤의 축적을 필연적인 것으로 만든다. 따라서 한쪽 끝에서의 부의 축적은 동시에 맞은편 끝에서의 빈궁·노동의 고통·노예상태·무지·야만화·도덕적 타락의 축적이다.[73] 이 산업예비군은 경기가 나쁘거나 중간 정도일 때에는 자신 노동의 가치 이하로 지불받고 '불규칙적'으로 고용

71) 마르크스가 말하는 산업예비군(상대적 과잉인구)의 범위에는 실업자뿐만 아니라 오늘날의 비정규직 노동자로 지칭할 수 있는 '정체적 과잉인구'를 포함하고 있다.

72) 칼 마르크스, 『자본론 Ⅰ(下)』, 비봉출판사, 1990, 807~810쪽 참조.

73) 칼 마르크스, 『자본론 Ⅰ(下)』, 비봉출판사, 1990, 811~813쪽.

되거나 혹은 사회보장제도에 의존하게 되며, 경기가 좋을 때에는 자본가 계급에게 필수불가결하다. 그러나 이들은 어떠한 사정하에서도, '정규적'으로 고용되어 있는 노동자의 저항을 파괴하고 그들의 임금을 낮은 수준으로 유지하는 데 봉사하게 된다.[74] 사회적 부가 증대할수록 상대적 잉여인구(초과인구) 혹은 산업예비군도 증대한다. 그러나 이 예비군이 현역(정규적으로 고용된) 노동자군에 비해 증대할수록, 고정된(항구적인) 잉여인구 혹은 그 빈곤이 그 노동의 고통에 반비례하는 노동자층도 증대한다.[75] 이러한 고용형태에서의 낮은 임금하에서 비정규직 노동자들은 더 많은 노동을 통해 소득 유실을 보완하려는 개인적 압력이 커진다.[76]

> 노동이 불만스럽고 지긋지긋해지는 것과 같은 정도로 경쟁은 커지고 임금은 내려간다. 더 많은 시간을 일하는 식이든 같은 시간에 더 많이 생산하는 식이든 간에 노동자는 더 많이 일함으로써 자기 임금의 양을 고수하려고 한다. 이처럼 그는 가난에 못 이겨 분업의 해로운 효과들을 더욱 증대시킨다. 그 결과는 다음과 같다. 그가 많이 일할수록 그는 더 적은 임금을 받게 되는데, 그것도 다음과 같은 간단한 이유, 즉 그는 그만큼 자신의 동료들에게 경쟁을 유발시키고 따라서 그만큼 자신의 동료들을 경쟁자, 자신과 똑같이 나쁜 조건에 처해 있는 경쟁자로 만들며, 그러므로 결국 그는 자기 스스로 노동자 계급의 일원이면서 자기 자신에 대해 경쟁을 유발시킨다는 이유 때문이다.[77]

이런 요구에 부응하려면 암흑 노동, 사기성 자영업, 부분시간 일자리 같은 부업활동이 수행되어야 한다. 하지만 이러한 방식으로 인해 노동의 공급은 더 증가하고 이 회색시장에서 개인의 지위는 더욱 악화되어 계속적인 소득 유실이 그 결과로 나타난다. 전에는 서로 배척했을 노동과 빈곤이 이제는 서로 결합한다. 다시 말해 '노동빈민(working poor)'이 나타나는 것이다.[78][79]

---

74) 과잉인구는 아직 취업하고 있는 노동자들에 대해 실업화하려는 압력을 일상적으로 행사한다. 이를 '실업화 압력'이라고 부르자. 그것은 자본에 대항하거나, 자본에 복종하지 않는 자, 자본의 요구에 적절하지 않게 된 자를 '비인간'이 될 운명으로 내몰 뿐만 아니라, 정상적인 노동자 전체로 하여금 죽음에 근접한 그 끔찍한 운명을 항상적으로 떠올리게 함으로써 자본에 대한 복종과 충성을 강요한다. 그것을 피하기 위해선 어떠한 형태의 노동에도 적응해야 하고 갑작스러운 업무나 배치의 변경에도 순응해야 하며, 그렇지 못한 자는 무능력하거나 불성실한 자로서 쫓겨날 각오를 해야 한다. 이진경, 『미래의 맑스주의』, 그린비, 2006, 66쪽.

75) 김세균, 「『민주주의 주보』를 위한 『자본』 제1권의 서평」, 『칼 맑스 프리드리히 엥겔스 저작선집 Ⅲ』, 박종철출판사, 1993, 148~149쪽.

76) 노동의 가격이 낮으면 낮을수록 노동자가 비참한 수준의 평균임금이라도 확보하기 위해서는 노동량이 더욱 커져야 한다는, 즉 노동일이 더욱 길어져야 한다는 결론이 우선 나온다. 이 경우 노동의 가격이 낮다는 것이 노동시간을 연장하는 자극제로 작용하여 노동의 공급이 증가한다. 그리하여 이러한 노동자들 사이의 경쟁은 자본가로 하여금 노동가격을 저하시킬 수 있게 한다. 칼 마르크스, 『자본론 Ⅰ(下)』, 비봉출판사, 1990, 691~692쪽 참조.

77) 김세균, 「임금노동과 자본」, 『칼 맑스 프리드리히 엥겔스 저작선집 Ⅰ』, 박종철출판사, 1991, 569쪽.

78) 울리히 벡, 『아름답고 새로운 노동세계』, 생각의나무, 1999, 160~161쪽 참조.

79) 시장에서의 낮은 임금 소득은 사회적 계급관계의 재생산을 위협할 수 있다. 노동력의 재생산비 이하의 임금은 장기적으로 노동력의 재생산을 저해할 뿐만 아니라, 국가의 소득이전이 충분하지 못하다면 가계의 부채를 통해 위태롭게 유지될 수밖에 없다. 그러나 가계 부채의 급격한 증가는 사회적 축적구조의 위기를 초래하고, 사회적 축적구조의 진부화는 그동안 축적을 가능하게 하였던 제도적 형태들이 폭력적

청년이 되면서 우리는 더 많은 업무 수행 능력을 갖게 되었다. 우리 중에 맥도날드 햄버거 집 일 같은 것을 한 번에 다섯 개 이상 해치울 힘이 없는 사람은 거의 없다. 모두들 새벽 다섯 시에 신문을 나눠 들고 뒷골목을 500군데쯤 뛰고 나서 한나절은 햄버거 집에서 일하고 그 뒤 한나절은 무공해 식품점의 보조원으로 나가거나 화학제로 청소하는 일을 한다. 물론 저녁때는 술집에 가서 술심부름을 하지만, 이 서비스 사회라는 것은 우리 모두의 젊음을 유지시킨다.80)

으로 해소될 수밖에 없게 만든다.

80) 울리히 벡, 『아름답고 새로운 노동세계』, 생각의나무, 1999, 111쪽.

6장

物神性·事物化와 可變資本으로서의 노동력

1. 물신성·사물화의 개념

상품생산사회(자본주의 사회)에서는 사회적 생산관계가 물건과 물건의 관계로 나타난다. 즉 사람과 사람의 관계로 나타나지 않고 반드시 물적 형태를 통해 나타난다. 더욱이 본래 인간이 만들어 낸 산물에 불과한 상품이나 화폐 등이 일단 생산되고 나면 독자적인 생명을 가진 독립적 형태로 보이게 된다. 이것은 인간두뇌의 산물인 신이 자립적인 형태로 인간을 지배하는 것과 마찬가지이며,[1] 상품이나 화폐 등에 나타나는 이러한 독특한 성격을 物神的 性格, 物神性 또는 인간이 하나의 상품으로, 하나의 사물로 轉化된다는 의미에서 事物化(reification) 또는 物象化라고 부른다. 이러한 물신적 성격은 상품의 물신적 성격, 화폐의 물신적 성격, 자본의 물신적 성격 등 여러 형태로 나타나게 된다. 그러나 물신성은 이러한 형태 외에도 자본주의적 유통과정과 생산과정 등의 경제적 범주뿐만 아니라 법률과 국가 등 모든 형태의 권력과 비가시적인 제도들에도 외연적으로 확장되고 영향을 미치게 되며, 인간들의 영혼과 의식을 지배하고 그들의 사회적 관계가 사물들의 전도된 형태로 나타나게 된다. 그리하여 사물들이 사회의 주체가 되며, 인간은 수동적인 객체가 된다. 이러한 성격이 지배적인 사회에서는 생산이 오로지 교환가치의 증대에만 종속되고, 사람들 간의 관계가 사물의 성격을 취하게 되며, 개인들의 존재나 생명 그 자체도 사물로

1) 사람들 사이의 사회관계가 그 자체로 인식되는 것이 아니라 사물들 사이의 관계로 인식된다는 점에서 실재가 아닌 환상이지만, 종교적 물신주의와 상품 물신주의 사이에는 중요한 차이점이 있다. 왜냐하면 신은 종교의 창조물인 데 반해 상품들은 실제로 존재하기 때문이다. 벤 파인·알프레도 새도-필호, 『마르크스의 자본론』, 책갈피, 2006, 48쪽 참조.

전화되고 만다. 사회적 관계가 사물들의 관계로 보이게 되는 이 전도된 과정은 결국 인간에 의한 인간의 소외라는 현상으로 귀착되게 된다. 그러나 이러한 인간의 소외 속에서 생산력은 역사적으로 유례없이 발전하였다.

이러한 사물화는 그들 자신의 욕구를 시장에서 교환행위를 통해서만 충족시키는 상품생산 양식에서 비롯된다. 상품이란 교환을 위해 노동을 통해 생산되는 사용가치이며, 따라서 상품들이 공통으로 지니는 근본 속성은 노동생산물이라는 점이다. 각종 인간노동이 동등하다는 것은 노동생산물이 가치로서 동등한 객관성을 가진다는 구체적 형태를 취하며, 인간 노동력의 지출을 그 계속시간에 의해 측정하는 것은 노동생산물의 가치량이라는 형태를 취하며, 생산자들 사이의 관계는 노동생산물 사이의 사회적 관계라는 형태를 취한다. 그러므로 상품형태의 물신성은 상품형태가 인간 자신의 노동의 사회적 성격을 노동생산물 자체의 물적 성격, 즉 물건들의 사회적인 자연적 속성으로 보이게 하며, 따라서 총 노동에 대한 생산자들의 사회적 관계를 그들의 외부에 존재하는 관계, 즉 물건들의 사회적 관계로 보이게 한다는 사실에 있다. 이와 같은 치환에 의하여 노동생산물은 상품으로 되며, 감각적임과 동시에 초감각적인 사회적 물건으로 된다. 상품 형태와 노동생산물의 가치관계는 상품의 물리적인 성질이나 그로부터 발생하는 물적 관계와는 아무런 관련도 없다. 인간의 눈에는 물건들 사이의 관계라는 환상적 형태로 나타나지만 그것은 사실상 인간들 사이의 특정한 사회적 관계에 지나지 않는다. 상품의 물신성은 이와 같이 상품을 생산하는 노동의 특수한 사회적 성격에 기인한다. 일반적으로 사용대상이 상품으로 되는 것은 그들이 서로 독립적으로 행하는 사적 개인들의 혹은 개별적인 집단의 노동의 산물이기 때문이다. 이러한 모든 사적 개인들의 노동의 총체는 사회적 총 노동을 형성한다. 생산자들은 자기들의 노동생산물의 교환을 통해 비로소 사회적으로 접촉하기 때문에, 그들의 사적 노동의 독특한 사회적 성격도 이 교환에서 비로소 나타난다. 바꾸어 말하면, 교환행위에 의해 노동생산물들 사이에 수립되는 관계들과 노동생산물을 매개로 생산자들 사이에 수립되는 관계들, 노동생산물을 매개로 생산자들 사이에 수립되는 관계들을 통해서만 비로소 사적 개인의 노동은 사회적 총 노동의 한 요소로 나타난다. 그러므로 생산자들에게는 그들의 사적 노동들 사이의 사회적 관계는, 개인들이 자기들의 작업에서 맺는 직접적인 사회적 관계로서가 아니라, 물건을 통한 개인들 사이의 관계로 그리고 물건들 사이의 사회적 관계로 나타나는 것이다.[2)3)] 즉 상품생산사회에서는 인간은 자신들이 상품으로서, 인간관계가 '상품과 상품의 교환'이라는 형식으로 나타나게 되며, 개인들의 사회적 관계가 사물들의 사회적 관계로서 표현된다. 이러한 인간들의 사회적 관계들의 물질화는 자본주의적 상품생산사회의 단순한 결과가 아니라, 이 사회의 내재적 논리 속에 들어 있는 특유하면서도 필연적인 속성으로 상품을 생산하는 노동의 특유한 사회적 성격으로부터 발생한다. 그리하여 그것들은 사회적 관계에서 연유하는 것이지만 하나의 자연물처럼 보이게 된다.

상품물신주의는 화폐물신주의로 발전한다. 모든 상품이 화폐와 교환되는 상황에서 화폐를 가지면 모든 상품을 살 수 있기 때문에, 상품에 부여된 신비한 힘은 화폐에도 부여되며 화폐는 사람 위에 군림하게 되고 인간은 그 화폐에 예속된다. 인간들이 자신들에게는 부여하지 않는 신뢰를 하나의 외재화된 사물(화폐)에 부여하게 된 것이다.[4] 이제 화폐를 가지면 모든 것을 할 수 있다는 황금만능주의가 일반화된다. 그리하여 이 화폐를 축장하려는 개인들의 욕심이 증폭되며, 과거의 공동체적 원리에 의해서 억제되기도 했던 개인들의 욕구가 현실화되고 일반화된다. 기업은 화폐의 증식을 자신의 최고목표로 삼을 뿐만 아니라, 화폐를 수단으로 노동력과 원료를 구매하고 생산품을 판매한다. 기업운영의 목적이 화폐이기 때문에 그 운영의 성패도 화폐로 측정되며, 각 부문의 활동도 화폐적 기준으로 평가되고 감시된다. 다시 말해서 화폐적 합리성으로 기업이 운영된다. 이러한 화폐적 합리성에 의한 기업운영은 노동력과 자재의 낭비를 최소화시키며, 노동력과 자재를 최소의 가격으로 구매하도록 만든다. 이러한 화폐적 합리성은 기업운영에만 한정되는 것이 아니라 산업사회 전반에서 통용되는 지배적 원리가 된다.[5]

---

2) 칼 마르크스, 『자본론 Ⅰ(上)』, 비봉출판사, 1989, 91~92쪽.

3) 서로 무차별적인 개인들의 상호적이고 전면적인 의존이 그들의 사회적 연관을 이룬다. 이 사회적 연관이 교환가치에서 표현되는데, 각 개인에게는 그 자신의 활동이나 생산물이 교환가치 속에서 비로소 그를 위한 활동이나 생산물이 된다. 다른 한편에서 각 개인이 타인의 활동이나 사회적 부에 대해서 행사하는 권력은 그가 교환가치들, 화폐의 보유자라는 점에 있다. 개인들은 사회적 연관뿐만 아니라 사회적 권력도 보유하고 있다. 여기에서 생산물의 사회적 형태, 개인의 생산지분뿐만 아니라 활동의 사회적 성격은 개인들에게 낯선 것, 물적인 것으로 현상한다. 그들이 서로 관계하는 것이 아니라, 그들과는 독립적으로 존재하고 무차별적인 개인들의 상호 충돌에서 발생하는 관계들에 복속된 것으로 현상한다. 각 개별적인 개인에게는 생활 조건이 되어 버린 활동과 생산물의 일반적 교환, 그들의 상호 연관이 그들 자신에게는 낯설게, 독립적으로, 하나의 사물로 현상한다. 교환가치에서 인간들의 사회적 관계는 사물들의 사회적 관계로, 인간의 능력이 사물의 능력으로 전환되었다. 교환수단이 가진 사회적 힘이 적을수록, 그것이 직접적 노동생산물의 본성 및 교환 상대자들의 직접적 욕구들과 밀접하게 연관될수록, 개인들을 결속시키는 공동체, 가부장적 관계, 고대 공동체, 봉건제 및 길드제의 힘은 여전히 클 수밖에 없다. 각 개인은 사물의 형태로 사회적 권력을 보유한다. 칼 마르크스, 『정치경제학 비판 요강 Ⅰ』, 그린비, 2007, 137~138쪽.

4) 화폐형태에서 화폐가 교환가치의 척도가 아니라 교환수단인 한에 있어서 화폐의 존재가 사회적 연관의 물화를 전제로 한다는 것, 즉 화폐가 한 사람의 상품을 획득하기 위해서 다른 사람의 수중에 남겨 두어야 하는 담보로 현상한다는 것이 경제학자들에게는 분명하다. 여기에서 경제학자들은 인간들이 자신에게는 부여하지 않는 신뢰를 하나의 사물(화폐)에 부여한다고 스스로 말한다. 그러나 그들은 왜 사물에게 신뢰를 부여하는가? 그것이 인간들의 물질화된 관계로서, 물화된 교환가치로서만 그러하다는 것은 명백한데, 교환가치란 인간들이 행하는 생산적 활동의 상호 관계에 지나지 않는다. 화폐는 사회의 동산 담보로서만 담보 유보자에게 유용한데, 화폐가 그러한 동산 담보가 되는 것은 그것의 사회적 속성 때문이다. 그리고 그것이 사회적 속성을 가질 수 있는 것은 개인들이 자신들의 사회적 관계를 하나의 대상으로 자신들로부터 소외시켰기 때문이다. 칼 마르크스, 『정치경제학 비판 요강 Ⅰ』, 그린비, 2007, 141쪽.

5) 심윤종 외, 『산업사회학』, 경문사, 2003, 25쪽 참조.

> 화폐가 나를 인간적 삶에 결합시키고, 사회를 나에게 결합시키고, 나를 자연 및 인간과 결합시키는 끈이라면, 화폐는 모든 끈들의 끈이 아니겠는가? 화폐는 모든 끈을 풀기도 하고 매기도 할 수 있는 것이 아니겠는가? 그러므로 화폐는 보편적인 절연 수단이지 않겠는가? 그것은 진정한 분할화폐이자 진정한 결합 수단이며 사회의 전기화학적 힘이다. 화폐에 의한 모든 인간적 자연적 質들의 전도와 혼동, 불가능한 일들을 친근한 것으로 만듦은 인간의 소외된, 외화하는, 양도되는 유적 본질로서의 화폐의 본질 속에 놓여 있는 것이다. 화폐는 인류의 외화된 능력이다.[6]

이러한 화폐적 물신은 화폐로 환원될 수 없는 가치나 활동을 점차적으로 공적인 영역에서 배제시키게 되는데, 임금노동이 노동의 사회적으로 규정된 한 형태로 나타나는 것이 아니라 모든 노동이 본질적으로 임금노동으로 나타나기 때문에 화폐적으로 표현되는 노동에만 의미가 부여되고 생산적인 노동으로 승인된다. 이러한 상황하에서는 임금을 받지 않는 가사노동, 봉사활동 등과 같은 비시장 영역의 활동은 그 실제 가치보다도 폄하되거나 가치를 전혀 인정받지 못하게 된다.[7][8] 그것은 근대 이후 인간 삶의 다양한 활동 중에서 직업으로서의 노동이 사회에서 예찬되고 인간 활동의 위계에서 최고의 지위로 상승하게 되며, 인간의 여러 본질적 가치와 능력 중에서 오직 노동 능력이 삶의 다른 요소들을 지배하게 된다는 것을 의미하게 된다. 이제 사회는 노동을 위한 사회로 조직되면서, 노동을 위한 상호 의존이 공적인 의미를 획득하면서 모든 인간들이 삶의 필연성에 지배받게 된다. 우리는 이러한 삶의 양식들에서 삶 자체를 속박으로 느끼게 된다. 그리고 이러한 사실은 필연적으로 세계에 대한 인간의 소외 문제가 대두되는 결정적 원인으로 작용하게 된다.

마지막으로 자본물신은 자본주의적 생산양식 안에서 일어나게 마련인 어떤 착오이다. 이 착오의 기본내용은 자본이 잉여가치의 자립적 원천이라는 인상에 있다. 그것은 사회적 노동의 모든 생산력이 노동 그것에 속하는 힘이 아니라 자본이 자신의 고유한 힘으로 자신을 증식해 가는 능력을 지닌다는 인상이다.[9] 이런 인상을 내용으로 하는 자본물신은

---

6) 김세균, 「1844년의 경제학 철학 수고」, 『칼 맑스 프리드리히 엥겔스 저작선집 Ⅰ』, 박종철출판사, 1991, 89쪽.

7) United Nations, 「Human Development Report 1995「(New York: United Nations, 1995)에 의하면 상품생산을 위한 노동이 미국 전체 노동량의 절반에도 못 미친다는 사실을 보여 준다. 미국을 비롯한 선진국의 경우 노동시간의 절반 정도가 시장 밖에서 이루어지고 있다. 이는 임금을 받지 않는 일들로, 대부분이 가사노동이고, 가족 특히 아이들을 돌보는 일이다. 새뮤얼 보울스・리처드 에드워드・프랭크 루스벨트, 『자본주의 이해하기』, 후마니타스, 2007, 194~195쪽 참조.

8) 엄밀히 말하면 가사노동과 봉사활동과 같은 범주는 비시장 노동이 아니라 '비자본주의적 노동'의 영역으로 더 정확하게는 자본주의 이전의 개념 또는 자본주의와 관련이 없는 인간 주체나 집단에 의해 본질적으로 가치 있는 것으로 여겨지는 '인간 활동'의 개념으로 환원하여 사고하는 것이 타당한 방법일 것이다. 따라서 노동은 전혀 새로운 것이 아닐지라도 근대의 경제학자들이 사용하는 노동의 개념은 아주 최근에 발명된 개념에 불과한 것이다. 게다가 자본주의적 생산관계에 사로잡힌 경제학자들이 비시장 노동을 평가하는 방법에서는 이중으로 전도된 물신성이 드러나고 있다. 비시장 노동을 시장에서의 가치와 연결되는 노동과 유비되는 개념에서 비시장 노동을 규정하고, 비시장 노동의 가치를 금전적인 교환가치로 계산하려고 하거나 의제하면서 시장노동의 가치와 비교하여 평가하려고 하고 있는 것이다.

이자 낳는 자본을 통해서 가장 완전하고 극명한 형태를 띠게 된다. 이자 낳는 자본의 형태에서 자본은 생산과정과 유통과정의 매개 없이 나타난다. 자본은 이자(즉 자기 자신의 증가)의 신비스러운 그리고 자기 창조적인 원천으로서 나타난다. 사물(화폐・상품・가치)은 이제 단순한 사물로서 이미 자본이며, 자본은 단순한 사물로서 나타난다. 총재생산과정의 결과(잉여가치)가 사물 그것에 내재하는 속성으로서 나타난다. 그러므로 이자 낳는 자본에서는 이 자동적인 물신이 순수한 형태, 즉 자기 자신을 증식시키는 가치, 화폐를 낳는 화폐로 완성되며, 이 형태에서 자본은 더 이상 자기의 기원의 흔적을 드러내지 않는다. 사회적 관계가 하나의 사물, 즉 화폐의 자기 자신에 대한 관계로 완성되고 있다. 이런 표상은 잉여가치를 생산하는 것을 살아 있는 노동이 아니라 자본이 직접 생산하는 것처럼 보이게 한다. 화폐 그것은 이미 잠재적으로 자기 증식하는 가치이며 그리고 이러한 것으로서 대부된다. 이리하여 가치를 창조하는 것, 이자를 낳는 것은 전적으로 화폐의 속성으로 되어 버리는데, 그리하여 화폐 대부자는 자기의 화폐를 이자 낳는 사물로서 판매하는 것이다. 그것뿐만이 아니라 현실적으로 기능하는 자본도 기능자본으로서 이자를 낳는 것이 아니라 자본 그것으로서 이자를 낳는 것처럼 왜곡하고 있다. 여기에서는 더 심한 왜곡이 나타난다. 이자는 기능자본가가 노동자로부터 착취하는 이윤 또는 잉여가치의 일부에 지나지 않는데도 불구하고, 여기에서는 이자가 자본의 고유한 과실이며 본원적인 것으로 나타나며, 이윤은 지금 기업가 이득의 형태로 전환되어 재생산과정에서 첨가되는 단순한 추가물・부속품으로 나타난다. 이리하여 자본의 물신적 형태와 자본물신(capital fetish)의 관념이 완성된다.[10)]

2. 물신주의의 효과와 대상화

상품형태가 사회 전체에 보편화됨으로써 교환을 통해 동일성을 만드는 주체들 자신의 이성에 의하여 경제적 범주뿐만 아니라 사회의 전 과정이 계산 또는 계산 가능성을 목적

---

9) 진정한 자본주의적 생산양식에서 사회적 노동의 생산력 발달을 내포하는 상대적 잉여가치의 발달에 따라 노동의 생산력과 사회적 상호관련이 직접적 노동과정에서 노동으로부터 자본으로 이전되는 것으로서 나타난다. 즉 사회적 노동의 모든 생산력이 노동 그 자체에 속하는 힘이 아니라 자본에 속하는 힘으로서, 즉 자본 자신의 태내에서 생겨나는 힘으로서 나타난다. 그리하여 자본은 매우 신비스러운 것으로 된다. 칼 마르크스, 『자본론 Ⅲ(下)』, 비봉출판사, 2004, 1007쪽.

10) 칼 마르크스, 『자본론 Ⅲ(上)』, 비봉출판사, 2004, 478~489쪽 참조.

으로 하는 합리화의 원리에 지배되고, 인간과 사회의 質은 모두 교환가치에 의해 양적인 개념으로 전이되게 된다.

> 교환원칙으로서 시민적 지성은 자신과 통분할 수 있는 것으로 만들고 동일시하려 했던 것을, 비록 잠재적으로는 살인적이지만 점진적인 성과를 거두면서 실제로 체계들에 접근시켰다. 이로써 체계 바깥에 방임되는 것은 점점 줄어들었다.[11]

이성 자체는 모든 것을 포괄하는 경제기구의 단순한 보조수단이 되며, 이성은 계산적 사유의 기관이 되는데 이러한 사유는 '자기 유지'[12][13]라는 목적을 위해 세계를 조정하며 단순한 감각적인 재료들을 복속되는 재료들로 만들기 위해 대상을 마련하는 기능 이외에는 아무것도 알지 못한다. 존재는 조작과 관리의 측면에서 포착된다. 모든 것은, 동물은 말할 것도 없고 사람까지도 반복 가능하고 대체 가능한 과정이 되며, 체계라는 개념장치의 단순한 실례가 된다.[14] 이렇게 物化가 보편화된 자본주의 사회에서 개인은 자율성과 질적인 의미를 상실하여 조작 가능한 양적인 객체로 전락한다. 또한 객체는 객체화된 노동의 결과, 즉 하나의 죽은 노동으로 된다. 즉 세계는 원자화한 주체와 量化한 객체의 세계, 즉 교환가치에 의해 전면적으로 物化한 세계라는 것이다.[15] 이렇게 모든 것이 상품화되면 실제 상품으로 생산되지 않았으며, 분명히 상품이 아닌 자연, 예술, 심지어는 우리의 존재와 감정 자체도 물화된다. 이에 대해 아도르노는 시민사회가 등가원칙에 의해 지배되며 동일하지 않은 것을 추상적인 크기로 환산함으로써 비교 가능한 것으로 만든다고 한다. 質을 상실한 자연은 양에 의해 분할된 혼란스러운 단순한 소재로 격하되고, 자아는 개체로서의 고유한 질을 가지지 못하고 단순한 추상적인 '동일성'으로서 보편적인 대체가능성으로 바뀐다.[16] 그리하여 증대하는 사회적 관계들의 형식화와 이에 상응하는 사유의

---

11) TH. W 아도르노, 『부정변증법』, 한길사, 1999, 79쪽.

12) 이성의 다른 이름인 자기 유지는 인간이나 인간의 역사가 출발할 수밖에 없도록 만든 근본 계기이다. 자기 유지는 살아남으려는 생명의 본능이나 생명의 원죄로서 그것 또한 자연의 일부이다. 인간은 자기 유지를 위해 자연으로부터 일탈하여 자신을 주체로, 자연을 객체로 정립하려 하며 나아가 '제2의 자연'이 된 사회에서는 자신을 주체로, 타인을 객체로 만들려 한다. 이 과정 속에서 빚어지는 폭력의 끝없는 확대재생산은 자기 유지를 자기 파괴로 전환시켜 버린다.－譯註. M. 호르크하이머/TH. W 아도르노, 『계몽의 변증법』, 문예출판사, 1995, 36쪽.

13) 니체도 인간 사회의 잔인한 총체성을 '자기 유지'와 관련하여 상세하게 다루고 있는데, 니체는 사회에 정의가 결핍된 점과 모든 개인들이 오직 자신의 존재 유지에 대한 문제에만 얽매여 있는 점을 지적한다. 그들은 거창한 세계의 문제들보다 우선 자신의 문제가 가장 중요하다고 느끼기 때문에 불합리한 사회를 견딜 수 있다고 본다. 뤼디거 자프란스키, 『니체』, 문예출판사, 2003, 257쪽 참조.

14) 계몽이 염두에 두고 있는 '체계'란 인식의 형태로서, 이러한 형태의 인식은 사실들을 능숙하게 요리하며 자연을 지배하는 데 있어서 주체를 가장 효과적으로 지지해 준다. 그 원리는 자기 유지의 원리다. M. 호르크하이머/TH. W 아도르노, 『계몽의 변증법』, 문예출판사, 1995, 126쪽.

15) 최종욱, 「동일성의 해체주의자 아도르노」, 『이론』 15호, 새길, 1996, 250쪽.

16) M. 호르크하이머/TH. W 아도르노, 『계몽의 변증법』, 문예출판사, 1995, 29~33쪽 참조.

형식화를 수반하는 과정에서 이성은 점차 형식화된다. 점차적으로 형식주의화하는 이성의 보편성 속에서 이성은 인식으로부터 분리된다. 이성은 효율성의 문제, 즉 수단을 목적들에 가장 적합하게 적용하는 문제가 된다. 다시 말해, 이성은 목적 자체에 대한 조사나 비판으로 되기보다 도구적 이성[17]이 되며, 목적을 획득하기 위한 수단으로 된다.[18]

이러한 지배의 대가는 인간이 단순히 지배된 객체들로부터 소외되는 데서 그치는 것이 아니다. 정신이 물화되면서 사람들 간의 관계나 개개 인간의 자신에 대한 관계도 악령에 사로잡힌다. 인간은 기계적으로 기대되는 인습적 반응과 기능들이 모이는 지점으로 축소된다. 애니미즘이 사물을 정령화했다면 산업주의는 영혼을 물화한다. 경제적인 장치는, 총체적인 계획이 수립되기도 이전에도 벌써, 인간의 행동방식을 결정하는 가치를 자동적으로 상품이 갖도록 만든다. 자유로운 교환의 종결과 함께 물신적 성격을 제외한 나머지 모든 경제적 질을 상품이 상실한 이래로, 이러한 물신적 성격은 사회생활의 모든 국면에 확산된다. 대량생산과 그것이 만든 문화의 수많은 브로커들에 의해 규범화된 행동양식은 유일하게 자연스럽고, 품위 있고 합리적인 양식으로 개인의 뇌리에 박힌다. 그는 단지 사물로서, 정적인 요소로서, 성공 혹은 실패로서 규정될 뿐이다.[19]

자본주의 발전이 진전될수록, 그리고 자본주의의 형식이 한층 복잡해지고 간접적(매개적)이 될수록, 그 사물적인 허울을 꿰뚫는 통찰이 갈수록 어려워지고 또 통찰력 자체가 점차 망각되고 소실되는데,[20] 주체가 사물로서 파악되는 사물화 현상은 '문화산업'에 의해 더욱 심화된다. 문화산업에 의해 생산된 의식의 총체적 사물화는 소비자의 욕구를 더욱더 능란하게 다룰 수 있게 되며, 이렇게 사물화가 보편적으로 진행된 사회에서 모든 사람은 다른 사람에 의해 대체 가능하며 교체 가능한 복제물에 불과하게 되는 것이다. 하나의 개인으로서 각자는 절대적으로 대체 가능한 존재로서 절대적 無인 것이다.[21] 예를 들어 '세계의 중심은 나'라는 전형적인 부르주아적 상품이데올로기의 형태는 세상의 유일한 존재자인 주체가 타자를 끊임없이 상품처럼 소비하고 '대상화'[22]한다는 의미에 지나

17) 올바른 이성이 단순히 목적과 수단의 관계를 규제하는 것을 넘어 목적을 이해하고 반성하는 도구라면, '도구적 이성'은 목적과 수단이 전도되어 이성이 자기 유지의 도구로 전락한 상황을 지칭하는 개념이다.－譯註. M. 호르크하이머/TH. W 아도르노, 『계몽의 변증법』, 문예출판사, 1995, 57~58쪽.

18) 존 홀러웨이, 『권력으로 세상을 바꿀 수 있는가?』, 갈무리, 2002, 111~112쪽 참조.

19) M. 호르크하이머/TH. W 아도르노, 『계몽의 변증법』, 문예출판사, 1995, 57~58쪽.

20) 게오르크 루카치, 『역사와 계급의식』, 거름, 1986, 183쪽.

21) M. 호르크하이머/TH. W 아도르노, 『계몽의 변증법』, 문예출판사, 1995, 202쪽 참조.

22) 대상화란 사실상 인류의 사회적 삶에서 폐기될 수 없는 표현양식이다. 실천 속에서 이루어지는 객관화 모두가, 특히 노동 자체가 대상화라는 사실, 또 언어를 포함한 인간적 표현양식 모두가 인간의 사상과 감정들을 대상화한다는 사실을 고려하면, 이것들이 인간 상호 간의 교

지 않는다. 대상화 될 수 없는 주체가 대상화 될 수 없는 대상을 대상으로 인식하게 된 것이다. 그리하여 그는 자신의 존재를 유일하게 절대적이라고 생각하지만, 사실 그는 수많은 사물 중의 하나일 뿐이다. 인식된 것이 기능화되고 인식의 산물로 되면 될수록 객체는 그 질을 상실하고 용도를 가지는 단순한 재료로 환원된다. 이것은 결국 세계의 중심이 나라고 한다면 나 역시 타자에게 욕망과 이용의 대상으로 대체 가능하며 교체 가능한 사물일 뿐이며, 그것은 객체뿐만 아니라 주체를 모두 물건으로 만들어 버린다. 그리하여 상품생산양식이 보편화되고 전면화된 사회에서 대상이 주체화되고 주체가 대상화되는 주체 없는 주체의 과잉결정화는 이러한 과정을 통하여 모든 개성을 폐기시킬 뿐만 아니라, 대상이 주체를 부정하고 그 자신이 사물로 되는 그러한 운동 속에서 주체의 소멸까지 야기할 수 있는 것이다.[23)]

3. 노동력의 물신화 과정과 가변자본으로서의 노동력

사회적 관계를 사물들의 관계로 오해하는 의식은 자본주의 생산양식의 전형적 현상이지만, 특히 노동력의 사물화에서 잘 드러난다. 개인은 인격을 가진 사람으로서, 사회적 관계망에 귀속되고 여러 방법으로 사회화된 개인으로서, 어떤 특성들로 식별 가능한 물리적 존재로서, 여러 기능과 취향들을 누적한 개인으로서, 그리고 꿈・소망・야심・희망・의문・두려움을 가진 생명체로서 노동시장에 들어간다. 그러나 자본가들에게 개인은 단지 하나의 생산요소이다.[24)] 상품은 시장에서 판매하기 위해 생산한 물건이라는 의미인데, 이 상황에서는 원래부터 상품이 아니었으며 인간 자체에 귀속되는 속성과 능력으로 간주되었던 노동력이 가치의 법칙에 의해 정해진 규칙에 따라 시장에서 매매되는 상품으로 등장한다. 따라서 허구적인 상품으로서 노동력이 사물화되며 상품화되는 과정은 노동자를 비인간적 상태로 만들며, 그의 영혼을 불구로 만들지만, 그의 인간성과 그의 영혼 자체가

류의 형식임이 분명하게 드러난다. 대상화 그 자체는 물론 몰가치적이다. 올바른 것이든 그렇지 않은 것이든, 아니면 노예화이든 해당이든 대상화임에는 틀림없다. 대상화된 형태가 사회적 장 속에서 인간의 본질을 인간의 존재와 대립시키고, 인간적 본질을 사회적 존재를 매개로 해서 굴종・왜곡・기형화시키는 기능을 얻을 때 비로소 객관적인 사회적 소외관계가 성립되며 필연적 귀결로서 내적 소외의 모든 주관적 특징들이 성립되는 것이다. 게오르크 루카치, 『역사와 계급의식』, 거름, 1986, 31~32쪽.

23) 자아가 비자아를 파악하면 할수록, 그만큼 더 완전하게 자아는 자신이 객체로 격하되었음을 깨닫는 것이다. 동일성은 어떤 적응의 교리에 대한 법정으로 되는데, 여기서는 주체가 지향해야 한다는 객체에 주체가 가한 것에 대해 객체가 다시 주체에게 보복한다. 테오도르 아도르노, 『부정변증법』, 한길사, 1999, 224쪽.

24) 데이비드 하비, 『신자유주의』, 한울아카데미, 2007, 203쪽.

상품들로 변화되지 않는다는 것은 여전히 사실이며, 노동력이 허구적 상품이라는 사실은 한편으로 물신화의 과정이 결코 순탄하게 진행되지는 않을 것이라는 것을 암시하게 된다. 즉 사회적 관계들의 물신화는 완성된 형태로 존재하는 것이 아니라 물신화된 범주들이 자본주의적 생산양식의 토대 위에서 사회적 형태로 드러나는 하나의 '과정'으로서 존재하게 된다. 이에 따라 노동의 상품화 정도를 둘러싸고 자본과 노동의 갈등이 필연적으로 발생할 수밖에 없다. 사회적 관계들의 자본주의적 형태는 변화하는 조건 속에서 끊임없이 문제시되고 의문에 붙여지면서 형성된다. 그 양태는 물신화와 반물신화 사이의 긴장관계 속에서 끊임없이 부유하게 되며, 자본주의적 사회관계들의 '재생산'을 둘러싸고 사회적 실천의 장에서 갈등과 투쟁의 다양한 양상이 존재하게 된다.

> 노동은 분명 상품이 아니다. 매매되는 것들은 모두 판매를 위해 생산된 것일 수밖에 없다는 가정은 여기에는 결코 적용될 수 없다. 다시 말해서 상품에 대한 경험적 정의를 따르면, 노동은 상품이 될 수 없다. 노동이란 인간 활동의 다른 이름일 뿐이다. 인간 활동은 인간의 생명과 함께 붙어 있는 것이며, 판매를 위해서가 아니라 전혀 다른 이유에서 생산되는 것이다. 게다가 그 활동은 생명의 다른 영역과 분리할 수 없으며, 비축할 수도 사람 자신과 분리하여 동원할 수도 없다. 그러므로 노동을 상품으로 묘사하는 것은 전적으로 허구이다. 그럼에도 불구하고 현실에서 노동이 거래되는 시장들은 바로 그러한 허구의 도움을 얻어 조직되는 것이다. 이것들은 시장에서 실제로 판매되거나 구매되고 있으며, 그 수요와 공급이라는 것도 현실에서 존재하는 수량이다. …… 비록 사람들은 '노동력'도 다른 상품이나 똑같은 것이라고 우겨 대지만, 그것을 일하라고 재촉하거나 마구 써먹거나 심지어 사용하지 않거나 내버려 두거나 하면 그 노동력이라는 꼬리표를 달고 있는 사람이라는 육체적·심리적·도덕적 실체도 소유자가 마음대로 처리하게 된다. 인간들은 갖가지 문화적 제도라는 보호막이 모두 벗겨진 채 사회에 알몸으로 노출되고 결국 쇠락해 간다.[25]

노동력이 상품화된다는 것은 인간의 한 능력으로 간주되는 노동력이 노동자의 인격으로부터 분리되고, 노동력이 노동자가 시장에 내다 팔 수 있는 하나의 '사물'이나 '대상'으로 전화되는 것을 의미한다.[26] 마르크스는 이것을 교환가치에서 인간들의 사회적 관계가 사물들의 사회적 관계로, 인간의 능력이 전인격에서 분리되어 사물의 능력으로 전환되었다고 말한다.[27] 상품화 과정이 진행되어 사물화된 사회에서는 개인은 하나의 객체로 전

---

25) 칼 폴라니, 『거대한 전환』, 길, 2009, 243~244쪽.

26) 상품관계가 유령적 대상성을 가진 사물로 변화함은 비단 욕구 충족의 대상 전체가 상품화되는 데에만 머물 수 없는 것이다. 유령적 대상성은 인간의 전의식에 자신의 구조를 각인시킨다. 의식의 속성들이나 능력들은 더 이상 인격의 유기적 통합체로 결합되지 못하며, 마치 외부 세계의 온갖 대상들과 마찬가지로 인간이 소유할 수도 내다 팔 수도 있는 사물로서 현상한다. 그리고 당연히 인간관계의 어떠한 형식도, 또 인간의 어떠한 가능성도 이러한 갈수록 점증하는 규모의 대상성 형식에 굴복함 없이는 인간의 육체적·정신적 속성을 온전히 유효하게 전개시킬 수 없다. 게오르크 루카치, 『역사와 계급의식』, 거름, 1986, 201쪽.

27) 칼 마르크스, 『정치경제학 비판요강 1』, 그린비, 2007, 138쪽.

락하게 되며, 자신의 노동력을 판매를 위한 상품으로 객관화하도록 강요받게 된다. 그리하여 노동자 자신에게도 노동력을 대상화된 형태로 자신이 가지고 있는 보편적 상품이어야 한다는 의식을 가지게 만든다. 노동력의 소유자인 노동자가 제 자신을 상품으로 생각할 수밖에 없게 되는 것이다. 시장에서는 노동자에 따라 그 상품가치가 달라짐에 따라 사회적 인정은 노동자가 자신의 노동력을 매매될 수 있는 형태로서 높은 가격에 팔 수 있을 때 실현되는 것이 된다. 이러한 자기객체화에 의해 노동자의 의식은 '상품의 자기의식'으로 전락하게 되고, 그들 자신의 감정과 정신을 노동기능과 동일시하도록 무의식적으로 강요당한다. 생산과정 속에서 노동기능의 수행결과로 나타나는 노동자의 지위는 이제 상품성의 직접적 형식을 띠게 되어 노동자들의 신분의식으로 훈육되며, 사물화의 현상형태 속에서 노동 자체가 직접적으로 사회적 관계를 매개하고 구성하게 된다.[28)]

> 경제적인 관계뿐 아니라 인간적인 관계도 소외된 성격을 가지고 있다. 그것은 인간적 존재의 관계가 아니라 '물건과의 관계'이다. 그러나 이 수단과 소외된 정신 중 가장 중요하고도 황폐된 예는 아마 인간과 자기 자신에 대한 관계일 것이다. 인간은 단순히 상품을 팔 뿐 아니라 자신도 팔며, 자기를 마치 상품처럼 느끼고 있다. 육체노동자는 그 육체의 에너지를 팔고, 상인과 의사와 봉급생활자는 그 '인격'을 판다. 그들은 그 생산물이나 봉사를 팔기 위해선 하나의 인격을 가지고 있어야 한다. 이 인격은 남의 마음에 드는 것이어야 하므로 많은 요구에 응해야만 한다. 그는 그 특수한 지위가 요구하는 에너지와 창의와 기타 여러 가지 것을 갖고 있어야 한다. 상품과 마찬가지로 이러한 인간의 질적 가치를 결정짓는 것은, 아니, 바로 인간 그 자체를 결정짓는 것은 시장이다. 만일 어떤 인간의 질이 아무런 효용가치가 없다면 그 인간은 아무것도 아니다. 마치 팔리지 않는 상품이 사용가치는 있다 하더라도 아무런 가치도 없는 것과 마찬가지다. 이리하여 자신(自信)이라든가 자아의 감정이란 단순히 타인의 자기에 대한 생각을 가리키는 것에 불과하다. 그것은 시장에서의 인기나 성공과는 관계없이 자기의 가치를 확신하는 자아가 아니다. 만일 타인의 요청이 있는 인간이라면 그는 쓸모 있는 인간이며, 만일 인기가 없으면 그는 쓸모 없는 인간이다.[29)]

이제 상품형식의 보편성은 객체적 측면에서 상품형식이 질적으로 서로 다른 대상들의 상호 교환 가능성의 형식으로, 주체적 측면에서 추상적 인간노동의 형식적 동일성이 상품관계 속에 들어 있는 서로 다른 여러 대상들이 공통적으로 환원되는 공통분모일 뿐 아니

---

28) 무엇보다도 노동자가 자신의 사회적 존재를 의식할 수 있는 것은 그가 자신을 상품으로 의식할 때이다. 노동자의 직접적 존재는 순수하고 단순한 객체로서 생산과정에 편입된다. 노동자가 제 자신 및 자신과 자본과의 관계를 인식하는 것은 상품 안에서이다. 그리고 노동자가 이 객체 역할을 극복하는 데에서 무기력한 한에서 노동자의 의식은 상품의 자기의식일 뿐이다. 또는 달리 표현하면 그런 의식은 상품생산·상품유통에 바탕을 둔 자본주의 사회의 자기 인식·자기 현시일 뿐이다. 게오르크 루카치, 『역사와 계급의식』, 거름, 1986, 299쪽.

29) 에리히 프롬, 『소유냐 삶이냐/사랑한다는 것』, 동서문화사, 2008, 389쪽.

라, 사실적인 상품과정의 실재하는 원리가 됨으로써 상품에 대상화된 인간 노동의 추상화를 조건 짓는다. 그리하여 자본주의적 생산의 발전 과정 속에서 비로소 추상적 노동이 사회적 범주가 된다.[30] 이 범주는 이렇게 해서 성립된 사회 주체들과 객체들의 대상성 형식에, 이 사회와 자연과의 관계 및 이 사회 내에서 가능한 인간 상호 간 관계의 대상성 형식에 결정적인 영향을 끼쳤다. 노동과정이 밟아 온 도정을 되돌아본다면 합리화가 지속적으로 고도화되었다는 사실은 노동과정에서 노동자의 인간적・개인적・질적 속성들의 배제가 갈수록 심화되어 노동이 추상적인 활동으로 변화되었다는 사실을 드러낸다. 노동과정이 추상적・합리적인 부분작업으로 분해되어 이로 인해 전체로서의 생산물에 대해서 노동자가 맺는 관계는 해체되며, 그의 노동은 기계적으로 반복되는 무차별한 특수기능으로 환원된다. 그리하여 이 합리적 기계화는 산업심리학과 경영과학이라는 물신화된 사고의 형태를 통하여 노동자의 영혼에까지 그 영역을 넓히고 있다. 노동자의 심리적 속성마저 그의 전체 인격에서 분리되어 전체 인격에 대립된 형태로 객관화된다. 그리하여 그들은 합리적이고 전문적인 체계에 의해 끼워 맞추어지고 계산 가능한 사물화된 형태의 양적 개념으로 환원된다. 계산가능성에 바탕을 둔 합리화는 경제과정의 주체와 객체에 결정적인 변화를 초래한다. 첫째, 노동과정의 계산가능성이 곧 생산물 자체의 질적으로 조건 지어져 있는 유기적・비합리적 통일성과의 단절을 요구한다. 합리화란 각각의 복합물들을 그 요소들로 분해하고 그 요소들 특유의 부분법칙들을 탐구함으로써만 다다를 수 있는 것이다. 따라서 합리화는 전문화 없이는 생각할 수도 없는 것이다. 상품을 만들어 내는 부분조작들이 기술적으로 독립하는 현상은 사회 전체가 자본주의한 시점에서는 경제적으로도 부분들의 자립화로 나타나며, 한 생산물이 그것의 상품적 성격으로 인해 여러 생산단계에 걸쳐서 상대화되는 것으로 나타난다. 이 경우 하나의 사용가치의 생산이 공간적・시간적으로 분리될 수 있다는 이러한 가능성은 이질적인 사용가치에 관련된 부분조작들의 공간적・시간적 결합과 흔히 손을 맞잡고 나아간다. 둘째, 생산의 객체를 해체하는 것은 필연적으로 동시에 그 주체를 해체하는 것을 뜻한다. 노동과정의 합리화로 인하여 노동자의 인간적 속성들과 특수성들은 합리적으로 예상되는 추상적 부분법칙들의 기능과 대조

30) 대상들이 추상적 반성범주에 의해 규정되며, 계량화되어 가는 현상은 노동자의 생활에서 직접적으로 추상화 과정으로 작용한다. 이 과정은 노동자 자체의 내부에 관철되는바, 노동자의 노동력을 노동자에게 분리시키고 노동력을 자신이 소유하는 상품으로 판매하도록 강요한다. 노동자는 자신이 가진 유일한 상품인 노동력을 판매함으로써 기계적・합리적으로 영위되는 부분과정에 편입시킨다. 이 부분과정은 노동자에게 직접적으로 기성의 것, 완결된 것, 자신 없이도 기능하는 것으로 다가오며, 이 상황에서 노동자는 순수하게 추상적 양으로 환원된 數로써, 기계화・합리화된 세부 공작기구로 흡수되는 것이다. 결국 노동자에게는 자본주의 사회의 직접적 현상형식의 사물화된 성격이 최고도의 극한까지 발휘된다는 것이다. 따라서 노동자는 제 자신의 상품화 과정, 자신의 순수 수량화 상태를 과정의 객체로서 강제적으로 감당해야 한다. 게오르크 루카치, 『역사와 계급의식』, 거름, 1986, 296쪽.

될수록 순전히 오류의 원천인 것으로 간주된다. 인간은 객체적으로나 노동과정에 대한 자신의 태도에서나 노동과정의 본래적인 담지자로서 등장하지 못하며, 오히려 기계화된 부분으로서 기계적 체계에 편성되어 자신은 다만 이 기계적 체계가 자신과는 독립된 기성의 것으로서 기능하고 있음을 바라보면서 무기력하게 제 자신을 이에 끼워 맞추어야만 하는 것이다.[31)]

이러한 사회의 생활세계에서 기술과 과학[32)]은 인간과 사회를 수량과 단위로 통일된 지배의 대상으로 파악하기 위한 매개로 기능하며, 노동은 '만인에 의한 만인의 대체가능성'이라는 교체 가능한 교환원리에 따라 객체화되게 된다. 살아 있는 존재가 현존하는 세계의 기술적 이용이라는 측면에서 단순한 자료로서의 사물과 달리 간주되지 않는다. 도구와 사물로서 생존하는 인간은 기껏해야 서로 다른 비용이 드는 노동도구들로 존재할 뿐이며, 그리하여 가능한 한 많은 이익을 내고 가능한 한 적은 비용이 들면서 '필요로 할 때에만' 사용하는 '생산도구'들로만 간주되게 된다.[33)] 인간이 생산도구들로만 간주되는 상황에서 인간은 노동력의 단순한 한 장치에 불과하고 시장의 법칙에 따라 매매되는 상품일 뿐이다. 노동력이 상품이라는 사실은 인간이 물품의 기능을 발휘하며, 그의 인격과 재능이 여타의 상품처럼 구입·구매된다는 점을 의미하는데, 인간의 두뇌와 근육, 물리적 에너지와 창조력은 그 교환가치에서만 어떤 의미를 취하게 되는 상태로 환원되는 것이다.[34)] 이런 사회에서는 생산이 오로지 교환가치의 증대에만 종속되고, 사람들 간의 관계가 사물의 가치로 결정화되어 사물의 성격을 취하게 되며, 개인들은 사물들로 전화되고 만다. 인간은 이제 더 이상 특수한 개인이 아니라 생산과 교환이라는 거대 체계의 부품으로 전락하며, 인간의 개성은 생산 메커니즘의 완전한 균일화와 합리화에 장애물일 뿐이다. 이러한 교환가치라는 전능의 한 가지 결과는 개인들을 합리적인 장치들로 환원하려는 경향이다. 합리화는 노동의 조직화 및 기술에 적용되며, 생산활동의 전문화와 분업화를 초래한다. 개인은 정신적으로 점점 더 불구가 되며 노동분업에 따른 편협한 숙련된 기능만을 지니게 될

---

31) 게오르크 루카치, 『역사와 계급의식』, 거름, 1986, 185~187쪽 참조.

32) 테크놀로지는 자기 유지를 목적으로 하는 인간에게 외적 자연에 대한 기술적 처리와 적응에 봉사한다. 따라서 주체와 객체의 분리가 전제되고 객체는 주체의 목적에 복종된다. 즉 통제와 지배의 논리인 것이다. 전태국, 『지식사회학』, 사회문화연구소, 1994, 381쪽.

33) 현대 경제학에서도 자본과 노동은 이윤 획득을 위하여 서로를 대체하여 투입할 수 있는 생산요소 중의 하나로 고려될 뿐이다. 또한 칼 마르크스도 『자본론』에서 "자본가 자신에게 있어서 상품의 생산비를 규정하며, 경쟁의 강제를 통하여 그에게 영향을 주는 것은 오직 기계의 가격과 기계가 대체하는 노동력의 가격 사이의 차이뿐이다"라고 하였다. 칼 마르크스, 『자본론 Ⅰ(下)』, 비봉출판사, 1990, 502쪽 참조. 반면 한나 아렌트는 『인간의 조건』에서 특정한 최종 생산품을 위해 필요한 도구의 자유로운 처분과 사용이 노동하는 육체와 도구의 율동적 결합으로 대체되었고, 이때 인간의 육체와 도구를 결합하는 노동의 운동에서 도구들은 그 도구적 성격을 상실하며, 인간과 용구, 인간과 목적의 구별이 불분명해진다고 하는 유사한 결론을 내린다. 한나 아렌트, 『인간의 조건』, 한길사, 1996, 203~209쪽 참조.

34) 레세크 코와코프스키, 『마르크스주의의 주요 흐름 1』, 유로서적, 2007, 428쪽.

뿐이다. 모든 것이 전문화되고 활동은 부분화 내지 단편화되며, 사회통합은 파악되지 않기 때문에 성취될 수 없다.[35)]

노동과정이 부분화 내지 단편화되는 노동과정의 합리화는 매끈한 노동의 흐름과 필요불가결하게 연결된다. 그리하여 다른 생산도구, 즉 투하된 불변자본(예: 공장건물, 기계 등)이 불가피하게 유휴하고 있는 동안에도 시간과 공간의 분절을 통하여, 상품이 시장에서 수요되는 산출량의 변화에 따라 노동은 필요로 할 때에만 구매하고 사용되는 유연한 생산도구, 즉 '可變資本'[36)]으로 간주된다.[37)] 가변자본은 자본가의 투하자본 중 노동력의 구매에 사용된 것으로 상품으로서 노동력의 이용을 의미하는 것이므로, 불변자본인 기계와 공장 건물 등이 유휴상태에 있게 되는 경우에는 노동과정이 중단되어야 하는 것이다. 이제 기계보다 효율적이면서도 기계적으로 사용되는 인간 노동력의 작동 방식에 따라 노동기간과 생산기간은 일치하지 않게 된다. 노동의 분절 자체가 효율화의 기제로 작용하면서 생산기간이 노동기간보다 더 길어지게 된다. 즉 노동력은 가변자본이 생산과정의 순환 중에 취하는 형태이며, 이 과정에서 가변자본으로서의 노동력은 상품의 직접적 형식으로서 '시간제 노동'과 '일당제 노동'에서 사물화의 근본구조가 가장 명료하고 직접적이며 완전한 현상형태로 드러나게 된다.

> 상관들은 그들의 부하들과 어떠한 온정으로도 연결되어 있지 않다. 상관들은 부하들을 인간으로 생각하지 않고, 가능한 한 많은 이익을 내고 가능한 한 적은 비용이 드는 '생산도구'들로만 생각한다. 이 노동자 주민층은 점점 더 많은 압박을 받으면서도 항상 사용되어야 된다는 근심을 떨쳐 버리지 않는 것이다. 노동자들을 징집한 산업은 그들을 필요로 할 때에는 그들이 단지 생존해 있게만 허용한다. 그들을 내쫓아도 될 만하면 추호도 머뭇거림도 없이 그들을 버린다. 그리고 노동자들은 그들의 몸과 힘을, 사람들이 그들과 협정하고자 하는 그 가격으로 제공하지 않으면 안 되도록 강요받는다. 사람들이 그들에게 부여하는 노동이 길고 고통스럽고 불쾌하면 할수록, 그 노동은 더욱더 적게 지불된다.[38)]

---

35) 레세크 코와코프스키, 『마르크스주의의 주요 흐름 3』, 유로서적, 2007, 395~396쪽.

36) 자본 중 생산수단으로 전환되는 부분(원료・보조재료・노동수단)은 생산과정에서 그 가치량이 변동되지 않는다. 이것을 자본의 불변 부분 또는 가변자본이라고 부른다. 이와는 반대로 자본 중 노동력으로 전환되는 부분은 생산과정에서 그 가치가 변동된다. 그것은 자기 자신의 등가물을 재생산하고 또 그 이상의 초과분 잉여가치를 생산하는데, 이 잉여가치는 역시 변동하며 상황에 따라 크게도 작게도 될 수 있다. 자본의 이 부분은 불변의 크기로부터 끊임없이 가변의 크기로 전환된다. 이것을 자본의 가변 부분 또는 가변자본이라고 부른다. 칼 마르크스, 『자본론 Ⅰ(上)』, 비봉출판사, 1991, 265쪽.

37) 가변자본 – 생산자본 중 노동력에 대해 지출되는 부분 – 에 관해서 말한다면, 이 노동력은 일정한 기간 동안 구매된다는 점이다. 자본가가 노동력을 구매하여 그것을 생산과정에 합체시키면, 노동력은 그의 자본의 구성 부분, 즉 그 가변적 구성 부분을 이룬다. 노동력은 매일 일정한 기간 동안 기능하여 생산물에 자기의 하루의 가치 전부뿐만 아니라 추가적인 잉여가치를 첨가한다. 노동력이 예컨대 1주일 동안 구매되어 기능을 다한다면, 노동의 구매는 관습적인 기간을 두고 끊임없이 반복되지 않으면 안 된다. 칼 마르크스, 『자본론 Ⅱ』, 비봉출판사, 1989, 186쪽.

38) 김세균, 「임금노동과 자본」, 『칼 맑스 프리드리히 엥겔스 저작선집 Ⅰ』, 박종철출판사, 1991, 40쪽.

4. 가변자본과 비정규직 노동자

가변자본으로서의 노동력의 소유자인 노동자는 자본주의의 오랜 기간 동안 대부분 비정규직 노동자로 존재하였다. 포디즘이라고 부르는 것이 등장하기 이전에는 숙련공 조직의 약화된 형태와 하도급 방식[39]이 노동시장을 지배했다. 데이비드 하비도의 『Paris, Capital of Modernity』에서 19세기 파리에서 이미 복잡하고 세부적으로 전문화된 노동분업이 이루어졌으며, 수많은 소기업들은 보다 큰 조직 형태의 하도급 단위에 불과한 존재가 되었다고 한다. 시장변화와 무관하게 자신의 노동과정과 작업을 제어할 수 있는 노동자들은 이미 사라졌으며, 고용불안정이 무엇보다도 큰 문제였다는 것이다.[40] 장기고용계약은 포디즘이라는 대량생산체제가 등장한 이후 20세기 이후에야 미국에서 위계적인 생산조직을 구축하기 위하여 대기업들이 인사부서를 창설하면서 노동과정을 내부화하고 집중화된 채용절차를 만들면서 위탁도급업자들이 종업원들로 지위가 변화거나, 생산조직의 관리에 안정적으로 협조하거나 헌신할 노동자들을 유인하기 위하여 장기고용의 방식으로 충원하기 시작하면서 정규직 고용관계가 확립된 것이다. 이러한 장기고용계약의 보편화는 자본주의의 역사에서 사회주의와 대치하던 냉전시대에 자본주의가 호황기를 누리던 1940년대부터 1980년대 초반까지 예외적으로 유지되었던 것에 불과하다고 보아야 한다.

이제 기업들은 전일제의 장기고용계약으로 인해 부과되던 법적·도덕적·정치적·경제적 부담을 회피하기 위해 정규직 고용과는 다른 고용형태의 도입으로 전환하고 있다. 최근 수직적 통합의 이점을 못마땅하게 여기는 대기업들에 의해 생산조직이 점차 파편화되면서 이전에 기업 안에서 생산하던 부품이 아웃소싱되거나, 이전에 직접 감독받는 종업원들이 수행하던 서비스가 하도급되어 도급업자로부터 공급되게 된다.[41] 마뉴엘 카스텔은 『네트워크 사회의 도래』에서 유연 생산체계의 방식으로 기업들 간의 '네트워크'에 의한 생산의 수직적 통합이 수직적 통합기업 내부의 부서를 대체하는 과정으로 진행되고

---

39) 숙련노동시장은 그 일을 실행하는 데 필요한 숙련을 갖추었다고 판단되는 사람들을 인정하고 보증하는 특정 직종의 구성원들로 직업들을 제도화한다. 그런 노동시장은 하도급과 꼭 일치하는데, 그 하도급에서는 감독자, 세대주 또는 십장이 사용자의 권한을 갖고 노동자들을 고용하여 생산을 감독하고, 본질적으로 그들의 집단생산물을 사용자에게 판매하며, 사용자로부터 받은 돈과 노동자들에게 지불하는 돈의 차액을 자기의 이익으로 챙겨가도록 되어 있다. 어떤 의미에서는 거의 모든 대규모의 제조업체들이 하도급을 통해 등장했다. 실제로 상품을 판매했던 상인들이 세대주나 장인들과 계약을 맺어 그들이 처분할 노동을 활용하여 정해진 가격에 상품을 생산했다. 그런 상황에서 자본가들은 누가, 무엇을 또는 어떻게 생산하는지에 대해서는 거의 직접적인 통제를 행사하지 않았다. 대신에 그들은 정해진 가격에 도급업자로부터 공급되는 상품의 품질에 대한 최소 기준을 설정함으로써 통제했다. 크리스 틸리·찰스 틸리, 『자본주의의 노동세계』, 한울아카데미, 2006, 56쪽.

40) 데이비드 하비, 『파리 모더니티』, 생각의나무, 2010, 252~260쪽 참조.

41) 크리스 틸리·찰스 틸리, 『자본주의의 노동세계』, 한울아카데미, 2006, 57쪽 참조.

있다고 본다. 이것은 기업의 불확실성을 감소시키는 새로운 관리방식으로 작동하고 있다. 경쟁의 지구화는 대기업을 다방향적인 네트워크망으로 분해하고 있으며, 이것이 실제 운영단위가 되고 있다. 기술적 복잡성 때문에 거래비용이 증가하였지만, 이로 인하여 거래가 기업 내로 내면화된 것이 아니라 외면화가 발생하였고, 불확실성이 증가함에 따라 네트워크를 통하여 비용을 공유하도록 하였으며 또한 불확실성의 공유와 확산을 가능토록 하였다. 그리하여 그는 네트워크 기업이라는 개념을 다음과 같이 제안한다. 네트워크 기업은 특정기업 형태로서, 그것의 수단체계는 목적을 가진 자율적인 체계들끼리의 상호 교류에 의해 구성된다. 그러므로 네트워크의 구성요소들은 자신의 네트워크에 대하여 자율적이면서 동시에 의존적이고, 아마도 다른 네트워크의 일부일 것이고, 그러므로 상이한 목적을 달성하기 위한 수단체계의 일부로 작동할 것이다.[42] 이러한 네트워크의 사회에서는 노동 또한 소유하지 않으면서도 사용하거나 지배할 수 있게 된다. 네트워크 사회의 접속 방식에 따라 노동과정의 합리화는 노동이 수행에서 분리되고, 조직에서는 파편화되는 한편, 존재에 있어서 '다각화'되며, 집합적 행동에서는 분할된다. 노동은 집합적 정체성을 잃고, 점차 잠재력, 노동 조건 및 관심에서 개별화된다. 차츰 다양해지는 위상, 팀워크, 네트워크, 외주 및 하청[43]의 생산체계 내부에서는 누가 소유주고, 누가 생산자이며, 누가 경영자인지 그리고 누가 부하직원인지를 가르는 경계를 알아보기 어렵게 된다.[44]

> 1996년 초에 AT&T가 약 4만 명의 노동자를 정리해고하려고 준비하던 때에 인사관리 담당 부사장인 제임스 메도우스가 『뉴욕타임즈』에 말하기를 "사람들은 스스로를 이 회사에 자신의 숙련기술을 팔기 위해 찾아온 사업자, 즉 자영업자로 바라볼 필요가 있다"라고 했다. 그는 덧붙여, "AT&T에서 이미 임시직 노동자 다수가 우리 조직 내부에 존재하고 있지만, 더 나아가 노동력의 모든 개념을 한시적인 것으로 변화시켜야 한다"라고 말했다. 그에 따르면, 사람들은 고용관계를 대신하여 점점 더 '프로젝트' 또는 '사업영역'을 가지게 되며, 그 결과 우리 사회는 '고용은 없지만, 일이 없는 것은 아닌' 방향으로 진화되고 있다. 메도우스의 발언은 취업형태가 임노동 방식에서 계약 방식으로 전환되고 있으며, 일정 한계 안에서 '개인적 거래형태'로 변화하고 있는 최근의 노동시장 현실을 시사하고 있다.[45]

---

42) 마뉴엘 카스텔, 『네트워크 사회의 도래』, 한울아카데미, 2003, 219~268쪽 참조.

43) 기업인들을 지배하는 새로운 사고방식은 기업의 일차적 목표를 달성하는 데 필요한 자산이나 업무가 아니라면 외부 하청업자에게 맡기는 것이 최선이라는 것이다. 아웃소싱은 지금까지 자체적으로 처리해 온 기능이나 서비스를 위탁 계약을 맺고 외부에서 처리하는 것이다. 쉽게 말해서 물리적 자본과 업무에 대한 내부 소유권을 포기하고 외부 하청업체의 자원과 시스템을 필요에 따라 이용하자는 것이다. 점점 많은 기업들이 컴퓨터 설비의 유지와 보수, 교육 소프트웨어 개발, 컨설팅, 엔지니어링, 이 모든 과정을 아웃소싱하고 있다. 그러나 무엇보다도 가장 큰 영향을 끼친 분야는 제조업이다. …… 이러한 네트워크 경제에서는 구입해서 장기적으로 소유하는 것보다 잠시 접속을 즐기는 것이 유행한다. 접속을 통해 유형, 무형의 자산을 공유하는 주체들의 관계를 상품화하는 것, 이것이 네트워크에 기반을 둔 상업 활동의 핵심이다. 제러미 리프킨, 『소유의 종말』, 민음사, 2001, 69~87쪽.

44) 마뉴엘 카스텔, 『네트워크 사회의 도래』, 한울아카데미, 2003, 612~613쪽 참조.

이제 자본의 가변 부분은 매개물인 노동자의 신체를 통해서 매끈하게 순환하며, 이에 의해 노동자는 자본순환 자체의 유연한 부속물로 전환된다.[46] 그 과정 속에서 신체는 상이한 물리적 생산조건과 사회적인 범주들에 의하여 차별화된 형태로 가변자본의 순환 속으로 삽입된다. 그리하여 노동과 자본이 '자유롭게' 순환하게 되는 만큼, 가변자본의 순환 내에 존재하는 명백한 불안정성은 노동하는 신체를 개인의 통제 외부에서 작동하는 일련의 힘에 운명을 맡기도록 한다.[47] 자본가의 통제하에 있는 가변자본으로서의 생산적 소비는 생산물의 수요와 생산과정의 급속한 변화에 적응할 수 있는 노동력의 기능적인 가변성, 유연성과 함께 고용의 수량적 유연성을 필연적으로 요구하게 되는데, 그 결과 노동관계에 대한 탈규제화 및 유연화가 더욱 많이 시행될수록 자본의 순환과정에서 경기변동과 같은 경제적 불확실성에 대한 '가변적인 위험'은 그만큼 자본가에게서 개인에게 모두 전가된다.[48][49] 그 결과 체계의 문제들이 정치적으로 약화되고 개인적인 실패로 변형된다.[50]

> 다양한 시간제 노동관계로 전일제의 변형이 추진되고 있으며, 특히 서비스 부문(소매업, 백화점, 호텔과 음식점업)에서 그러하다, 초기의 저항시기가 지나자 기업이 이를 통해 얻는 생산성 향상은 분명해지고 있다. 이 같은 이득은 본질적으로 한편에서 기업들이 수주와 관련하여 노동시간을 유연하게 정리할 수 있다는 사실에서 비롯된다. 이런 식으로 기업경영의 위험에 따른 많은 부분들은 명백한 실업으로 대표되는 억제점의 견지에서 유연한 저고용으로서 피고용자들에게 전가된다. 다른 한편 고용주들은 이런 식으로 생산시간과 노동시간을 떼어 놓을 수 있으며 따라서 더 길게, 더 강도 높게 더 빡빡하게 생산협정을 이용할 수 있다.[51]

---

45) 크리스 틸리・찰스 틸리, 『자본주의의 노동세계』, 한울아카데미, 2006, 342쪽.

46) 가변자본이 노동자의 신체를 통해서 순환함에 따라 가변자본의 순환 전체가 노동자 계급의 신체를 생산적이거나 또는 파괴적으로 사용하는 사회적 재생산의 조건에 대한 일련의 문제와 필연적으로 관련되게 된다.

47) 데이비드 하비, 『희망의 공간』, 한울, 2001, 164쪽 참조.

48) 유연성이란 표어는 다른 말로 바꾸면 고용주가 피고용자를 좀 더 쉽게 해고할 수 있어야 한다는 것이다. 국가와 경제의 위험감수는 방향을 바꾸어 개인에게 전가된다. 손에 넣을 수 있는 일자리들은 단기간이면서 해고도 용이한 것, 즉 갱신가능성이 높은 것이 된다. 그 결과 노동관계에 대한 탈규제화 및 유연화가 더욱 많이 시행될수록 노동사회에서 위험사회로 가는 변동속도는 더 빨라진다. 각 개인의 생활방식이나 국가와 정치에서 위험감수사회가 어떤 면모를 띠게 될지 정확하게 계측하기는 어렵다. 그럴수록 경제, 정치 및 사회에 대하여 위험감수사회가 어떤 모순적인 결과들을 낳게 될지 위험감수의 정치경제학이라는 수수께끼를 풀어내는 것이 점차 더 중요해진다. 하지만 그 어떤 경우에도 하나만은 분명하다. 이 전염병적 불안정성이야말로 현재 겉으로 보기에 아주 잘사는 것처럼 보이는 중산층까지 포함한 대다수 인간의 생활세계와 생활 기초가 장래 갖게 될 특징적 면모라는 것이다. 울리히 벡, 『아름답고 새로운 노동세계』, 생각의나무, 1999, 26~27쪽.

49) 경제의 위험감수체제라는 말이 뜻하는 바는, 원칙적으로 모든 것이 가능하지만 예상하거나 통제할 수 있는 것은 전혀 없다는 것이다. 이 지구적 위험감수의 세계에서 경직되고 세분화되고 위계적인 노동분업의 기초 위에 존립하는 표준화된 대량 생산의 포드주의적 체계는 자본 가치의 증식에 중심적인 장애가 된다. 여러 시장들이 세계적으로 다양화되고 그와 더불어 통제 불가능해지며, 양적으로나 질적으로 수요를 예측할 수 없게 되고, 탈중심적이면서 지구적인 생산양식이 정보공학을 통해 가능해지는 마당에 표준화된 생산과 노동은 그 기반을 상실한다. 포드주의적 체제의 경직성은 비용을 높게 끌어올리기 때문이다. 개방된 세계시장의 위험감수체제를 개방된 노동 조직과 고용관계로 이관시키고 번역하는 것이 성공한다면 이런 사태를 회피하거나 최소화시킬 수 있을 것이다. 그렇다면 노동의 법적 형태와 인생 역정의 형태는 규격화된 안정성에서 탈규제화된 위험감수로 그 면모를 바꿀 것이다. 울리히 벡, 『아름답고 새로운 노동세계』, 생각의나무, 1999, 138~139쪽.

50) 울리히 벡, 『위험사회』, 새물결, 1997, 153쪽.

노동시장에서 인간이 가변적인 생산도구들로만 간주되는 상황하에서도 기한의 정함이 없는 근로계약을 체결한 정규직은 근로기준법상 해고가 제한되므로 어느 정도 고용의 안전판이 확보되어 있다. 그러나 비정규직의 경우에는 거의 언제든지 교체가 가능하다는 점에서 비정규직에 대한 제반 문제점이 전제되어 있으며, 필연적으로 발생하게 되는 것이다. 즉 비정규직 노동자의 경우에 조금 더 직접적이고 노골적인 형태로 자본순환에 내재하는 위험성이 그들에게 전가되어 나타나면서, 노동에 대한 통제와 관리가 미시적인 시간의 단위로 이루어지고 있는 것이다.

> 임금이나 고용상태는 정규직과 비교할 수 없을 정도로 열악하지만 영업실적에 대한 압박은 정규직원 이상이다. ㅅ은행 창구텔러로 근무하고 있는 김 아무개(21) 씨는 이를 간단하게 "계약직의 비애"라고 말했다. "정규직과 똑같이 일해요. 상품도 같이 팔고요. 모두에게 실적에 대한 압력이 들어오지요. 그러나 실적이 저조할 때 정규직은 욕 한번 들으면 되지만 비정규직은 쫓겨날 수 있다는 겁니다. 실적 압박으로 하루하루가 긴장의 연속입니다."[52]

정규직의 경우 기한의 정함이 없는 근로계약으로 이론적으로는 정년까지 고용이 보장되어야 한다. 그러나 장기근속자의 경우 근속연수가 짧은 직원과 비교할 때 생산성에 비하여 상대적으로 많은 임금을 받고 있는 상황에서 사용자는 기업의 외부에서 신규 인력으로 대체하여 투입하려는 욕구를 가질 수밖에 없으며, 이에 대한 예는 한국의 노동시장에서도 38선, 오륙도 등과 같은 사회적 용어에서도 그 구체적 사례를 찾아볼 수 있다. 이에 따라 근로기준법상 해고가 거의 불가능한 상황에서 명예퇴직 등의 우회적인 방법을 강요하면서, 신규채용을 줄이고 비정규직 노동자의 비중을 높이는 방법으로 인력의 구조조정을 하고 있는 것이다.[53] 이것은 장기적인 노동력 재생산을 위한 이데올로기적인 국가장치가 개별 자본의 운동에 질곡으로 작용하는 것에 대하여 기업 측의 반작용이 이와 같이 법의 실질적 내용을 형해화하고 있는 모습으로 나타나는 것이다.

> 대규모 감원 등으로 다시 거세지는 구조조정 바람 속에서 직장인들의 체감정년이 매우 낮은 것으로 조사됐다. 온라인 채용정보업체 잡링크가 직장인 3천126명을 대상으로 실시

---

51) 울리히 벡, 『위험사회』, 새물결, 1997, 237쪽.

52) 오마이뉴스, 2005.12.5.

53) 장기근속자의 고용을 보장하기 위하여 생산성에 연동하여 임금수준을 하향 조정하는 방법을 생각할 수 있는데 '임금피크제'가 이러한 방법 중의 하나이다. 그러나 임금은 강력한 하방경직성을 가지고 있을 뿐만 아니라, 근로기준법에서 근로조건의 불이익 변경은 근로자 집단 과반수의 동의를 받게 되어 있어 사실상 취업규칙의 개정을 통한 근로조건의 하향 조정은 전체 직원의 공감대가 형성되지 않으면 도입되기 어려워 공기업이나 독과점 기업 등에서 부분적으로 시행되고 있을 뿐이다.

한 설문조사에 따르면 응답자들이 느끼는 체감정년은 평균 36.5세인 것으로 집계됐다. '정년까지 일한 직원이 어느 정도 있느냐'는 질문에는 응답기업의 48.8%가 거의 없다고 답했고 약간 있다는 응답이 24.4%로 뒤를 이었던 반면 대다수가 '정년까지 일한다'는 응답은 2.3%에 불과해 대부분 기업의 실제 퇴직연령이 정년보다 낮은 것으로 나타났다.[54)]

5. 사물화와 의식

노동의 상품으로의 전화는 프롤레타리아트의 직접적 현존재에서부터 모든 인간적인 것을 박탈하며, 이 발전 과정이 점증적으로 사회적 형식들로부터 모든 자연발생적인 면들, 자연에 대한 직접적 관계 모두를 없앤다. 그 결과 바로 사회적 형식들이 인간에 소원한, 비인간적인 객관성 안에서, 사회화된 인간이 이 모든 사회적 형식의 객관화·합리화·물상화 안에서 인간 서로 간의 관계들로 구성된 사회구조가 최초로 등장한다.[55)] 이런 상황 아래에서는 직접적으로 주어진 대상들의 사물형식들, 대상들의 직접적 현존재, 그 양상이 일차적으로 것으로 나타나고, 실재적인 것, 대상들의 연관들은 이에 반해서 이차적인 것, 단순히 주관적인 것으로 현상하며 점차 파악하기가 힘들어지게 된다.[56)] 노동자가 자신의 활동을 상품으로 판매하게 되면서 사물화는 자본주의의 발전 과정 속에서 갈수록 심각하게 숙명적·구조적으로 인간의 의식 속에 파고들게 되는데, 결국 사물화는 자본주의 안에서 살고 있는 모든 인간에게 직접적 현실로 의식되게 된다. 전도된 형태로서의 사물화된 세계가 본래부터 근원적인 것으로 여겨지며, 궁극적으로 우리 인간에게 주어진 가능한 유일한 세계, 개념적으로 파악되고 파악될 수 있는 유일한 세계로 현상하게 된다. 그리하여 사회적 현상들의 과정적 성격이 올바르게 통찰되고, 사회적 현상의 전도된 사물화라는 가상이 아무리 올바르게 폭로되더라도, 사람들이 할 수 있는 최선의 방법은 그들 자신을 이 현실에 적응시키는 것에 다름 아니게 된다.[57)]

그 결과 자본주의적 상품생산양식의 전면화에 따라 사물화가 사회 전체적으로 보편화

---

54) 조선일보, 2003.10.9.

55) 게오르크 루카치, 『역사와 계급의식』, 거름, 1986, 309~310쪽 참조.

56) 게오르크 루카치, 『역사와 계급의식』, 거름, 1986, 280쪽 참조.

57) 테오도르 아도르노는 사물화 혹은 상품적 성격을 해체하면 '현자의 돌'을 얻게 된다고 상상하고 자위하기 쉽지만, 사물화 자체는 그릇된 객관성의 반영형식으로 그 반영형식에 이론을 집중하지는 않아야 한다고 본다. 재앙은 사람들에 의해 바뀔 수도 있는 제반 관계들 속에 있는 것이지, 일차적으로 사람들 속이나 그 관계들이 사람들에게 의해 나타나는 방식 속에 있는 것은 아니다. 곧 사물화에 상응하는 주관적 의식 상태는 하나의 부수현상일 뿐이다. 이미 본질구성되어 있는 사회 속에서 사물화된 의식은 사회의 본질구성요소가 아니라고 한다. 테오도르 아도르노, 『부정변증법』, 한길사, 1999, 271~272쪽 참조.

된 경우에 사물화 현상은 작업장을 벗어나 비시장적 영역을 포함한 모든 사회적 인간관계에 영향을 미치게 된다. 개인 간 또는 노동자 사이에서 '계산 가능성'과 '유용성'의 척도가 인간관계와 의식에까지 침투하여 주체(각자)는 타자를 끊임없이 대상화시키며, 물적 관계로 파악하게 되어 사회적인 관계의 인간적인 내용을 왜곡시키게 된다. 예를 들면 노동과정의 외부에서도 노동자는 자기의 동료까지 의제된 교환가치로서의 물건으로 체험하게 된다. 개인의 질적인 특성과 도덕성, 인간적 존엄성과는 관계없이 개인의 직급과 임금이 그 개인의 가치를 반영하는 것처럼 보이게 되는 것이며, 비정규직 노동자가 정규직 노동자와 비슷한 업무를 수행하더라도 그의 가치가 폄하되는 이유가 여기에 있는 것이다.

> 수도권의 한 놀이공원에서 음향 관리일을 맡은 강 모(40) 씨는 10년 동안 '평사원'으로 일했다. 그가 놀이공원에 입사한 1992년 당시엔 기술 경력을 인정받아 다른 직원들보다 월급을 15% 정도 더 받았다. 하지만 지금은 다른 직원들에 비해 직급도, 임금도 역전됐다. 현재 강 씨의 연봉은 2,300만 원 수준. 강 씨가 입사한 지 3년 뒤 같은 부서에 들어온 직원들의 직급은 계장으로 올랐고, 연봉도 3,000만 원 수준이다. 강 씨는 "이 사람들이 처음엔 '선배'라고 부르더니 시간이 조금 지나자 '○○ 씨'라고 했다"며 씁쓸해했다. 이런 상황이 발생한 이유는 정규직과 비정규직의 격차 때문이다. 강 씨는 비정규직(계약직), 후배들은 정규직으로 입사했다는 한 가지 사실이 이런 엄청난 차이를 낳게 했다. 강 씨는 "사표를 늘 지니고 다니지만 타 회사들도 비슷한 상황이라 힘들어도 그냥 참고 있다"고 말했다.[58)]
>
> 이들의 비애는 임금·복리후생의 차이만이 아니다. 음식점·상점은 물론, 포장마차에서 소주 한잔을 기울일 때도 그들은 '하류 인생'으로 취급받는다. "미팅 나가도 차별받아요. 작년에 친구가 과시하듯 '정규직 점퍼'를 입고 시내를 활보하는 모습을 볼 때마다 수치스러운 기분이 들었습니다." 비정규직 여직원 김 모 씨의 말이다. 취재팀이 만난 비정규직의 외침은 하나였다. "우리도 인간다운 처우를 받으며 일하고 싶다."[59)]

그리하여 우리는 상대방의 직업을 알면 그를 안다고 생각한다. 직업은 서로의 신분을 확인할 수 있는 장치로 사용되며, 이를 통해 우리는 각자의 경제적 및 사회적 위치와 함께 욕구와 능력을 평가할 수 있다. 기이하게도 그가 가진 직업과 그 사람을 동일시하는 것이다.[60)] 이렇게 사회적 지위가 물신화되는 결과로 인하여 자기 자신을 상품으로 생각할 수밖에 없게 되는 대상화된 자기객체화의 과정에서 비정규직 노동자는 그 자신을 실패로 규정하고 개인적인 자존감을 상실하게 될 뿐만 아니라, 스스로를 사회적 관계로부터

58) 조선일보, 2003.9.8.

59) 조선일보, 2005.3.24.

60) 울리히 벡, 『위험사회』, 새물결, 1997, 227쪽.

의 소외시킬 수 있는 여지가 충분하게 되는 것이다.

> 노동도 역시 하나의 상품으로 화해 버려 노동시장에서 팔린다. 그러나 시장조직은 상품이나 경제 범위를 훨씬 넘은 곳까지 미치고 있다. 현대인은 '자기 자신'을 하나의 상품으로 변형시켰으며, 유리하게 투자해야 할 자본으로서 자기 인생을 경험한다. 만일 이 투자가 잘 적중되면 그는 '성공한 사람'이며 그의 인생은 가치를 지닌다. 만일 적중되지 않으면 그는 '실패한 사람'이다. 그의 가치는 그의 인간으로서 사랑이나 이성(理性)의 질의 있는 것도 아니며 그의 예술적 능력에 있는 것도 아니다. 그것은 오로지 그의 상품성에 달려 있다. 그러므로 자기 자신에 대한 가치감은 외래의 여러 가지 요인에 달려 있다. 그의 성공은 남의 판단에 달려 있다. 그래서 그는 남에게 의존하고 있으며 그의 안전은 순종하는 데 있고 무리 속의 한 마리로 존재하는 데 있다.[61]

수단이 목적으로 전도되고, 자신을 물질로 전락시켜 노동자들을 소외시키는 사물화가 또한 이 사물의 소유자가 자유로운 인간적 삶을 향유할 수 있다는 뜻이 아니다. 오히려 반대로 이 과정은 자본가에게도 사물화의 영향을 미친다. 그것은 자본가의 개성을 다른 방식으로 빼앗는데, 자본가도 자기 행동의 주체가 되지 못하고 시장이 그에게 명령하는 대로 움직여야 한다. 노동자가 동물적 상태로 환원되듯이 자본가는 추상적 돈의 권력으로 환원된다. 그는 이 권력의 화신이 되어, 그의 인간적 특질은 이 권력의 다른 측면으로 변형되는 것이다.[62] 그리하여 자본가는 오직 '인격화된 자본'에 지나지 않는다. 그의 혼은 자본의 혼이다. 그런데 자본가에게는 단 하나의 충동이 있을 뿐이다. 즉 자신을 가치증식하며, 잉여가치를 창조하며, 자기의 불변 부분인 생산수단으로 하여금 가능한 한 많은 양의 잉여노동을 흡수하게 하려는 충동이 그것이다.[63]

모든 계급에게서 정신이 물화되고 사유가 빈곤해지면서 상품세계의 물신화와 유사하게 인간의 사고와 기본적이고 근원적인 감정까지도 생활 전반에 걸쳐서 인간을 지배하는 자립적인 권력으로 사물화된다. 즉 상품물신주의는 직접적으로 허위적 일상의식으로 모든 계급에게서 무의식적으로 재생산되는데, 모든 개인은 상품생산의 관계에 사로잡혀 있는 사람들이므로 이들 개인들의 의식 속에는 습관적으로 행해지는 사고형태로서 물신주의가 사회적 관계의 전반에 걸쳐서 직접적이고 자발적으로 재생산된다.

---

61) 에리히 프롬, 『불복종에 관하여』, 범우사, 1996, 174~175쪽.

62) 레세크 코와코프스키, 『마르크스주의의 주요 흐름 1』, 유로서적, 2007, 224~225쪽 참조.

63) 칼 마르크스, 『자본론 Ⅰ(上)』, 비봉출판사, 1989, 294쪽.

어찌되었건 간에 사랑에 빠진다는 느낌을 받을 수 있는 상대는 자신과 교환할 수 있는 범위 내의 인간 상품뿐이다. 내가 물건을 사러 시장에 나간다고 하자. 대상은 사회적인 가치의 관점에서 바람직한 것이어야 하고, 동시에 그 대상은 나의 공개된 또는 숨겨진 자산과 잠재력을 고려하여 나를 원해야 한다. 이와 같이 두 사람은 자신들의 '교환가치'의 한계를 고려하여, 시장에서 가장 좋은 대상을 발견했다고 느낄 때 사랑에 빠지게 된다. 흔히 부동산을 살 때와 마찬가지로 장래 발전될 가능성이 있는 숨겨진 잠재력이 이러한 매매 계약의 성립에 상당한 역할을 하기도 한다. 이러한 시장적 성향이 만연하고 물질적 성공이 높이 평가되는 문화에서는, 인간의 사랑방식이 상품과 노동시장을 지배하고 있는 교환방식과 동일한 유형을 따르고 있다는 것도 별로 놀랄 만한 일이 못 된다.[64)]

이러한 물신주의와 문화산업의 효과로 인한 대중의 퇴행적(regredient)[65)] 과정을 마르쿠제는 『일차원적 인간』에서 다음과 같이 묘사하고 있기도 하다. "사람들은 그들의 재화에서 자신을 인식한다. 그들은 그들의 자동차에서, 레코드플레이어에서, 초현대식 주거시설에서 자신의 정신을 발견한다. 그리하여 '일차원적 사고'와 행동이 발생한다."

그리하여 인간들의 지속적인 삶의 과정에 사물화가 부단히 개입할 수밖에 없으며, 그 과정 속에서 살아 있는 정신이 고정된 죽은 문자로 대체되는 대가를 치를 수밖에 없다고 하더라도, 결국 이러한 사물화의 양적 증대와 공허한 외연적 확장이 가져오는 끊임없는 퇴행의 과정은 대중의 세계에 대한 경험과 사유 모두를 빈곤하게 한다. 이제 그들의 정신은 퇴행적으로 정체되면서 인간의 가장 기본적인 반응과 감정들조차 스스로에게 철저히 물화되어 있기 때문에, 야만적이고 퇴폐적인 문화의 공허한 양식과 퇴락하는 사회적 징후 속에서도 사물화된 형식을 지양하는 계기를 구체화하고 전복하는 것이 점점 더 어렵게 된다.

다음 장에서는 정신의 사물화에 저항하는 하나의 규범적 계기로서 도덕철학자인 롤즈의 정의론을 바탕으로 사회 정의의 원칙을 다루어 보기로 한다.

---

64) 에리히 프롬, 『소유냐 삶이냐/사랑한다는 것』, 동서문화사, 2008, 203쪽.

65) 정신분석학에서 일반적으로 심리적 활동은 내적이나 외적인 자극이 감각조직을 통하여 지각되며, 지각조직은 감각적 특질을 우리의 의식(무의식 및 전의식)에 제공하는 과정으로 진행되는 데 반하여, '퇴행'은 그 역의 과정으로 심리적 활동이 진행되는 것을 말한다. 이러한 퇴행에는 지형학적 퇴행, 시간상의 퇴행, 형식적인 퇴행 세 가지 종류로 구분할 수 있다. 여기에서의 퇴행은 시간상의 퇴행으로 자아발달의 능력이 저하된 유아기적 상태를 지칭하는 것으로, 개체의 감각과 인식능력의 결핍을 의미한다. 프로이트, 『꿈의 해석』, 열린책들, 2003, 636쪽 참조.

7장

비정규 노동과 사회정의의 원칙

1. 법의 지배와 정의의 원칙

프로이트는 『문명 속의 불만』에서 "문명의 본질은 개인적으로는 만족을 얻을 수 있는 가능성을 전혀 제한하지 않았던 사람들이 공동체 구성원으로서는 그 가능성을 스스로 제한한다는 사실에 있다. 따라서 문명의 첫 번째 필수조건은 정의다. 다시 말해서 일단 만들어진 법률은 모든 사람에게 평등하게 적용되고, 특정한 개인에게 유리하도록 바뀌거나 효력이 정지되지 않는다는 보장이다. 문명은 법률이 더 이상 소수 집단의 뜻을 대변하지 않도록 하는 방향으로 발전하는 경향이 있는 것 같다. 그 최종결과는 '법의 지배'일 것이다"라고 하였다.

고대 그리스 철학에서도 우리는 문명의 억압적 성격을 제어하기 위한 방식으로서의 법의 지배에 대한 오래된 사상적 연원을 찾아볼 수 있다. 플라톤은 『국가론』과 『법률』에서 우리는 자연의 이치(성향)에 따라 법을 정하였으며, 법에 따라 통치하여 시민 전체가 최대한 행복해지도록 하는 것이 국가의 역할이고, 우리는 그런 나라에서 올바름(dikaiosynē: 올바른 상태, 정의)을 가장 잘 찾아볼 수 있는 것이라고 하고 있다.

> "여보게 자넨 잊었네. 법(nomos[1])은 이런 것에, 즉 나라에 있어서 어느 한 부류가 각별하게 잘 지내도록(살도록) 하는 것에 관심을 갖는 게 아니라, 온 나라 안에 이것이 실현되도

1) 'nomos'란 원래 '관습'을 의미했고, 관습의 사회적 구속성 때문에 '법'의 의미도 갖게 되었다. 관습이 한 공동체의 구성원들에 의해 구속력을 갖게 되면, 그건 그대로 불문율이 된다. 성문법도 그 공동체의 구성원들에 대해 구속력을 갖는 규범이다. 그러므로 입법자는 그 공동체의 구성원들이 지켜야 할 어떤 관습 및 규범을 제정하는 자요, 거기에는 그 공동체가 추구할 이념과 가치 그리고 유지해야 할 질서의 틀이 수용되어 있어야 할 것이 마땅하다. - 譯註. 플라톤, 『국가·정체』, 서광사, 2005, 267, 496쪽.

록 강구하는 데 관심을 갖는다는 말일세. 법은 시민들을 설득과 강제에 의해서 화합하게 하고, 각자가 공동체에 이롭도록 해 줄 수 있는 이익을 서로들 나누어 줄 수 있도록 만듦으로써 그런다네. 또한 법은 나라에 그런 사람들이 생기도록 하는데, 이는 각자가 내키는 대로 향하도록 내버려 두기 위해서가 아니라, 법 자체가 나라의 단합을 위해 이 사람들을 십분 이용하기 위해서일세."[2]

아리스토텔레스는 법과 정의가 없으면 가장 사악하고 위험한 동물이 인간이라고 보았다. 법이 최고 권력을 갖지 않는 곳에는 정체가 존재할 수 없으며, 법은 모든 보편적인 것에 대해 최고 권력을 가져야 하는 것이다.[3] 법은 모든 사람들에게 공통되는 이익이나 혹은 탁월성이나 그런 종류의 다른 어떤 방식에 따라 지배하고 있는 사람들의 이익을 겨냥하면서 선언하는 것이라고 한다.[4] 그리하여 시민들에게 좋은 습관을 들임으로써 사람들로 하여금 '정의'[5]로운 것들을 실천할 수 있는 사람이 되게 하고, 실제로 정의로운 행위를 하며, 정의로운 것들을 바라게 만드는 것이며, 이러한 정의의 실현을 위한 입법이 애초의 법의 목표라고 한다.[6] 정의는 국가 공동체의 특징 중 하나인데, 무엇보다도 국가 공동체의 질서를 유지해 주는 것이다. 아리스토텔레스는 그러한 정의의 실현을 위한 부분적인 정의와 정의로운 것의 한 종류는 무엇보다도 분배에서 성립한다고 하였다. 분배적 정의는 어떤 가치에 따라 각자가 마땅히 가져야 할 몫을 갖는 상태로서의 '공정'을 의미한다.[7] 나머지 한 종류의 정의는 是正的 정의인데, 자발적인 상호교섭에서 자신의 몫보다 더 많이 가지거나(이익), 적게 가지는 것(손해)을 정의에 의탁하여 본래 자신에게 속했던 것을 그대로 가지게 하는 것이다.[8]

---

2) 플라톤, 『국가・정체』, 서광사, 2005, 458쪽.

3) 아리스토텔레스, 『정치학』, 도서출판 숲, 2009, 17~213쪽 참조.

4) 아리스토텔레스, 『니코마코스 윤리학』, 이제이북스, 2006, 162쪽 참조.

5) 아리스토텔레스가 의미하는 '정의'는 가장 넓게는 타자와 관련해 법이나 사회적 규범 또는 관례가 명시적 혹은 암묵적으로 정하는 올바른 행동을 총칭하며, 조금 좁게는 법이 명시적으로 정하는 규율에 따르는 것으로, 가장 좁게는 다른 성격적 탁월성과 구별되는 도덕적 품성 상태의 하나로 이해할 수 있다. –譯註. 아리스토텔레스, 『니코마코스 윤리학』, 이제이북스, 2006, 160쪽.

6) 성격적 탁월성은 습관의 결과로 생겨나며, 이런 이유로 성격을 이르는 에토스(ēthos)도 습관을 의미하는 에토스(ethos)로부터 조금만 변형해서 얻어진 것이라고 한다. 이것으로 미루어 보더라도 성격적 탁월성들 중 어떤 것도 본성적으로 생겨나는 것이 아님은 분명하다. 그러니 성격적 탁월성들은 본성적으로 생겨나는 것도 아니요, 본성에 반하여 생겨나는 것도 아니다. 우리는 그것들을 본성적으로 받아들일 수 있으며 습관을 통해 완성시킨다. 우리가 탁월성을 획득하게 되는 것은, 여러 기예들의 경우와 마찬가지로 먼저 발휘됨으로써 얻게 되는 것이다. 그러니 이렇게 정의로운 일들을 행함으로써 우리는 정의로운 사람이 되며, 절제 있는 일들을 행함으로써 절제 있는 사람이 되고, 용감한 일들을 행함으로써 용감한 사람이 되는 것이다. 여러 폴리스에서 일어나고 있는 일들도 이것을 입증한다. 입법자들은 시민들에게 습관을 들임으로써 좋은 시민으로 만들며, 이것이 모든 입법자들의 바람이기 때문이다. 물론 이것을 잘 해내지 못하는 입법자들은 애초의 목표에 도달하지 못하는 것이며, 바로 이 점에서 좋은 정치체제와 나쁜 정치체제가 구별된다. 아리스토텔레스, 『니코마코스 윤리학』, 이제이북스, 2006, 51~52쪽.

7) 정의롭다는 것은 모든 사람에게 그가 마땅히 받을 만한 것을 주는 것을 의미한다. 따라서 공동체에서 정의의 덕이 번영할 수 있는 사회적 전제조건은 두 가지이다. 공적에 대한 합리적 기준이 있어야 하고, 또 이 기준에 관해 사회적으로 정당화된 동의가 있어야 한다. 알래스데어 매킨타이어, 『덕의 상실』, 문예출판사, 1997, 227쪽.

8) 아리스토텔레스, 『니코마코스 윤리학』, 이제이북스, 2006, 167~174쪽 참조.

우리는 이러한 법의 지배라는 전통적인 개념과 원칙을 토대로 하여 정의의 원칙을 어떠한 방법으로 정할 수 있을까? 이 장에서는 자유주의의 입장에서 실질적 자유를 보장하기 위하여 채택할 수 있는 정의로운 분배의 원칙을 검토하기로 한다. 한편 자유주의를 해석하는 다양한 입장의 차이가 존재하지만, 여기에서 언급하는 자유주의는 우리가 일반적으로 오해하고 있는 진보주의에 대척하는 개념으로서의 기득권을 옹호하는 보수주의 또는 사유재산의 절대성을 주장하거나 시장의 효율성을 절대적으로 신봉하는 경제적 자유주의나 국가를 사적 협회로 보는 자유지상주의를 지칭하지는 않는다. 오히려 평등이 보장되기 위해서 자유는 필수적인 것이며, 그것들은 서로 독립적이며 갈등하는 것은 아니라고 본다. 즉 자유와 평등은 독립적인 덕목들이 아니라 정치 사회가 추구하는 동일한 이상의 두 측면들이라는 것이다. 결국 자유주의의 본질은 평등의 추구에 있으므로, 자유와 평등을 보장하기 위하여 사유재산권을 신성불가침의 절대적인 것으로 보지도 않으며, 사회정의를 위해서는 국가가 적극적으로 개입하는 재분배 정책이 필요하다고 본다. 또한 이러한 목적을 달성하기 위한 방편으로 시장의 기능을 제한된 범위 내에서 적극적으로 활용하는 것이라고 한다.[9] 분석적 마르크스주의 이외에는 마르크스주의자들이 생산수단의 사회적 공유와 '필요'에 따른 분배라는 추상적인 원칙 이외에는 분배에 대한 구체적인 정책적 대안을 제시하지 못하고 있는 반면, 로널드 드워킨 등의 현대의 좌파 자유주의자들은 롤즈의 정의론을 계승하여 선택에 따른 자원의 분배에 차등을 두면서도, 시장에 의해 발생하는 불평등에 대한 사후적인 교정에 근본적인 초점을 맞추는 '자원의 평등론'으로서 복지프로그램에 직접 적용할 수 있는 가설적 보험 접근법(the hypothetical insurance approach) 등을 발전시켰다. 자원의 평등은 각각의 사람이 그가 하는 선택이 다른 사람들의 계획과 기획에 대해서 갖는 참된 기회비용에 의해서 측정된 동일한 몫의 자원을 갖는 것을 목적으로 하는 것으로, 드워킨은 한 공동체의 구성원들의 복지가 가능한 한 동일하도록 자원을 분배하여야 한다고 본다. 그러나 복지의 평등에 대한 견해들은 주관적이며 추상적인 것으로 구체적인 정치 목표가 될 수 없으며, 자원의 평등이라고 부르는 일종의 물질적 평등을 정부가 목적으로 추구해야 한다고 주장한다. 물론 그가 말하는 평등은 아무런 가치도 지니

9) 자유주의의 주장은 인간 노력들을 조정하는 수단으로 경쟁의 힘을 가능한 한 최대한 잘 활용하자는 것이지 그냥 그대로 놔두라는 것이 아니다. 자유주의는 경쟁이 유익하게 작동하려면, 세심하게 배려된 법적 틀을 필요로 한다는 사실, 그리고 과거 혹은 현재의 법 규칙들이 중대한 결함으로부터 자유롭지 못하다는 사실을 부인하지 않으며 오히려 강조한다. 경쟁이 작동하려면, 화폐, 시장, 그리고 정보망과 같은 특정 제도들의 적절한 조직화가 필요하다. 경쟁의 작동 여부는 무엇보다도 적절한 법적 시스템, 즉 경쟁을 유지하고 동시에 경쟁이 가능한 한 유익하게 작동하도록 하는 법적 시스템의 존재에 달려 있다. 프리드리히 A. 하이에크, 『노예의 길』, 나남출판, 2006, 78~80쪽.

지 않은 단조롭고 무분별한 평등이 아니라, 사람들의 선택에는 민감하고, 사람들의 여건[10]에는 둔감하게 반응하도록 하는 것이어야 한다고 본다.

드워킨의 가설적 보험 접근법은 모든 사람들이 평등한 처지에서 나쁜 운에 빠질 수 있는 위험에 대비할 보험을 살 수 있는 가상의 보험시장을 가정한다. 물론 그런 보험시장은 존재하지 않으므로 실제로는 강제적인 사회보험이나 정부의 재분배 정책에 의해서 이루어져야 한다.[11] 그러한 가상의 상황에 있는 당사자들은 롤즈의 원초적 입장에 있는 사람들처럼 일종의 무지의 장막에 가려 있는데, 그 무지에 의해서 그들은 그들과 다른 사람들의 보험료에 영향을 끼칠 정보를 갖고 있지 못하다. 그렇지만 선천적 장애나 사고의 전체적 빈도수 그리고 사고를 당한 사람들에게 제공될 수 있는 치료기술 같은 것들은 알려져 있기 때문에 그러한 상황에서 당사자들이 들게 될 보험의 보장수준과 보험료를 결정할 수 있다. 바로 그렇게 해서 정해지는 보장의 수준은 다양한 복지프로그램에서의 보장의 수준으로 해석되고 보험금은 사후 밝혀진 각자의 소득에 따라 누진적으로 차이를 두는 세금의 양으로 해석될 수 있다. 드워킨은 바로 그러한 계산에 따라서 국가가 세금을 걷고 복지제도를 통해서 어려운 처지에 있는 사람들에게 보상함으로써 경제적인 평등이 실현될 수 있다고 본다.[12] 그는 재능의 부족으로 인하여 생기는 차이도 장애와 같은 방식으로 보상해 줄 수 있다고 생각한다. 이 경우에는 보험 계약 이후 정해진 기간에 버는 미래의 소득에서 보험료를 지불한다. 누진적인 소득세 비율을 정하고 추정된 보장 수준으로 벌 수 없는 사람들, 즉 자신이 원하는 직업에서 일을 하지 못하거나 직장을 갖지 못했을 경우 그가 실제로 버는 수입과 사회의 평균 보장수준과의 차액에 대해 보상해 주는 보험을 제공하는 보험시장이 가정된다. 그것들 중에서 선택될 가능성이 높은 것은 실업보험으로 실업이나 불완전취업을 보상해 주는 보험제도에 의해 사람들의 처지가 최소한의 수준은

---

10) 어떤 사람의 여건은 그의 개인적 자원과 비개인적 자원으로 구성된다. 그의 개인적 자원은 그의 육체적 · 정신적 능력과 건강과 그의 재산축적 재능, 즉 다른 사람들이 지불해야 할 재화나 서비스를 생산할 수 있는 그의 내적인 능력을 포함한 그의 일반적인 체력과 능력이다. 그의 비개인적 자원은 한 사람에게서 다른 사람에게로 재분배될 수 있는 자원들, 즉 그의 부와 그가 처리할 수 있는 다른 재산, 그리고 법적 체계 아래서 그 재산을 사용하도록 그에게 제공되어 있는 기회들이다. 로널드 드워킨, 『자유주의적 평등』, 한길사, 2005, 500쪽.

11) 우리는 자원의 평등을 때때로 기회의 평등이라고 부르는 근본적으로 다른 이념과 혼동하고 있다. 출발문 이론(starting－gate theory)은 만일 사람들이 동일한 여건에서 출발하고 다른 사람을 속이거나 다른 사람의 것을 훔쳐 내지 않는다면 사람들은 자신들의 기술로 그들이 획득한 것을 보유하는 것이 공정하다는 이론이다. 그러나 이 출발문 이론은 자원의 평등과는 거리가 멀다. 그리고 이것은 전혀 정합적인 이론이 아니다. 따라서 우리는 출발문 이론을 거부하고 평등의 요구들이 적어도 현실적인 세계에서는 서로 대립하는 방향으로 잡아당기고 있다는 것을 인정해야 한다. 한편으로 우리는 평등을 훼손시키는 고통을 무릅쓰고 자원의 분배가 어떤 특별한 순간에 소망에 민감하게 되는 것을 허용해야 한다. 그러나 다른 한편으로 우리는 어떤 순간이든지 자원의 분배가 재능에 민감하도록 허용해서는 안 된다. 차이가 나는 재능들이 자원의 평등에 대해 제기하는 문제들에 대한 우리의 분석은 재산세나 소비세보다는 소득세를 요구한다는 것에 주목하자. 따라서 우리는 더 익숙한 이념, 즉 어떤 종류의 소득세를 통한 자원의 주기적 분배라는 이념으로 관심을 돌려야 한다. 로널드 드워킨, 『자유주의적 평등』, 한길사, 2005, 165～171쪽.

12) 염수균, 「드워킨－권리와 평등, 그리고 통합의 철학」, 『철학과 현실』 제80호, 철학문화연구소, 2009, 189쪽 참조.

유지될 수 있는데, 최저수준의 생활을 보장하기 위해서 마련된 강제적 보험제도에 의해서 사람들은 비참한 처지에 빠지지 않을 것이라고 한다.[13)][14)] 로널드 드워킨 이외의 평등주의적 기획으로는 사회적 지분 급여[15)]의 공여를 주장하는 브루스 애커만, 필립 반 파리스의 기본소득,[16)] 존 뢰머의 쿠폰자본주의[17)] 등 다양한 정책이 급진적인 좌파자유주의자와 분석적 마르크스주의자들에 의해 활발하게 제시되고 있다. 그리고 실제 이를 적용하거나 응용한 정책들이 서구 유럽의 국가들에서 시험적으로 실시되고 있기도 하다. 반면 신자유주의는 반민주주의적이며, 자유시장의 논리 자체를 절대적으로 대변하고 이에 대한 절대적인 권위를 부여하고 행사한다는 점에서 자유주의의 기본적 가치와는 차별화된다.

이러한 좌파 자유주의자들의 논쟁의 중심에 있는 롤즈는 '법의 지배'라는 원칙에 의해 보호되는 인간의 권리들에 대하여 고찰하면서 자유의 원칙으로부터 정의로운 사회관을 제시한다. 여기에서는 20세기의 탁월한 도덕철학자인 존 롤즈가 『정의론』을 통해 제시하고 있는 자유주의적 평등주의[18)]를 중심으로 비정규직 문제를 해결하기 위한 정의의 원칙

---

13) 염수균, 「드워킨의 자원의 평등론」, 『범한철학』 제35집, 범한철학회, 2004, 114~128쪽 참조.

14) 각국에 존재하는 현실의 실업보험과 같은 사회보험제도는 드워킨이 가정하는 보험제도에 비하면 소득의 재분배 효과가 훨씬 미약하다. 드워킨도 현실적인 현실세계에서 실제의 보상수준은 정치적 난점과 타협에 따라 자원의 평등을 추구하는 가설적 보험시장이 명령하는 것보다 덜 관대할 가능성이 많다고 한다.

15) 브루스 애커만에 의하면 사회적 지분 급여란 기회의 평등을 보장하기 위하여 상속세, 부유세 등을 재원으로 일정 연령에 도달한 성인에게 일시금을 지급하는 것을 말한다. 그는 사회적 지분 급여가 최소 80,000달러(미국에서 4년 동안 대학에 등록할 수 있는 금액)는 되어야 한다고 주장한다. 실제 영국에서 토니 블레어 정부에 의하여 사회적 지분 급여의 형태로 아동신탁기금이 개설되었다. 이 아동은 18세에 도달하기 전에는 기금을 사용할 수 없고 18세 이후에는 기금 사용에 어떤 제한도 없다.

16) 필립 반 파리스에 의하면 기본소득은 소득세를 재원으로 하여 정부가 자산조사나 근로의 여부 등 아무런 조건 없이 심지어는 벌어들인 소득과도 관계없이 평생 성인들에게 일정 금액의 급여를 정기적으로 지급하는 급여를 말한다. 따라서 기본소득이 제공된다면 최저임금제도를 보완하거나, 비정규 노동자들의 저임금 노동에 대한 사회적 보조금의 의미를 지닐 수도 있을 것이다.

17) 쿠폰자본주의는 사회적 지분급여와 기본소득 모형을 결합한 것으로 국가에 의해 운영되는 상사로부터 유가 증권 일람표를 지급받는다. 이것은 국가의 이익에 대해서 1인당 해당되는 몫을 각 개인에게 지급하는 것을 의도한다. 윌 킴리카, 『현대정치철학의 이해』, 동명사, 2006, 116~117쪽 참조.

18) 황경식은 다소 이론의 여지가 있기는 하나 우선, 롤즈의 자유주의를 '복지자유주의'라 불러도 무리가 없을 것이라고 본다. 롤즈는 이른바 자유주의적 평등의 대변자 중 한 사람으로서, 자유주의가 자유지상주의가 아니라 자유주의적 평등으로 발전해야 할 이념상의 논거를 제시하면서 최소수혜자의 삶의 질을 보장하는 복지자유주의를 지지하고 있다고 한다. 또한 롤즈의 자유주의는 공동체 자유주의의 핵심을 담고 있는데, 어떤 의미에서는 마르크스를 능가하는 공동체주의적 요소가 함축되어 있다고 본다. 황경식, 「존 롤즈의 자유주의를 위한 변명」, 『롤즈의 정의론과 그 이후』, 철학과현실사, 2009, 15~16쪽 참조. 반면 윌 킴리카는 사람들이 자유적 평등주의를 복지국가 자유주의라 부르고, 롤즈를 평등주의적인 복지국가 자본주의에 대한 철학적 옹호를 제공한 이론가로 묘사하고 있지만, 그는 아주 상이한 개념인 '재산소유 민주주의'를 지지한다고 본다. 그 차이점은 복지국가 자본주의가 물질자본 및 인간자본의 배분에 있어서 심각한 계급불평등을 받아들이고, 재분배적 조세와 소득이전 프로그램을 통해 시장의 불균형을 축소하고자 하는 데 반하여, 재산소유 민주주의는 재산과 부의 근원적 분배에서 급진적인 불평등 축소와 함께 인간자본에 투자하는 보다 적극적인 기회평등을 지향함으로써, 시장의 작동이 애초부터 적은 불평등을 발생시키는 것을 목적으로 한다. 따라서 자유적 평등주의자들은 수혜자 집단으로부터 최저 수혜자 집단으로 이전되는 소득재분배에만 염두를 두어야 할 것이 아니라, 수혜자 집단이 작업장에서 지배와 굴종의 관계를 규정할 권한이 없다는 점을 명백히 하여야 한다. 그리하여 이러한 목적은 전통적인 복지국가의 조세정책과 소득이전정책을 통해 달성될 수 없으며, 대신 사람들이 시장에 진입할 때 수반하는 사전적인 자산을 증대시키는 것을 요구하여야 한다고 본다. 윌 킴리카, 『현대정치철학의 이해』, 동명사, 2006, 123~125쪽 참조. 윌 킴리카의 지적과 같이 롤즈는 『정의론』의 개정판 서문에서 복지국가라는 관념과 재산소유 민주주의라는 개념은 우리가 본질적으로 잘못 생각하고 있지만 서로 매우 다른 것이라고 한다. 그는 각 시기의 마지막 순간에 적게 가진 사람들에게 소득을 재분배하는 복지국가의 맥락이 아니라, 각 시기가 시작하는 순간 생산적 자산과 인간자본의 광범위한 소유를 보장함으로써 부의 집중을 피하고자 하는 재산소유 민주주의의 맥락에서 이해되어야 한다고 하고 있다. 그러나 롤즈는 상속 및 증여에 관한 법률과 같은 제도들을 통해 자본과 자원의 소유를 상당 기간 지속적으로 분산시킬 수 있다고는 하고 있지만, 재산소유 민주주의에 대한 구체적인 생각과 실행방안을 제시하지는 않았다.

을 도출해 보기로 하며, 정의의 원칙이 사람들의 본성과 법이 일치할 수 있는 방식으로 사회적 불평등을 해소하고, 인간다운 삶의 조건을 만족시켜 주는 구체적인 실천전략으로서 어떻게 적용될 수 있는지 검토해 보기로 한다.

2. 분배정의와 롤즈의 정의관

사회는 상호 간의 이익을 위한 협동체이기는 하지만, 그것의 이해관계의 상충이라는 특성을 동시에 가지며, 사회의 분화에 근거하는 사회적 분업과 동시에 불균등한 노동생산물의 분배가 경쟁하는 사회적 가치들에 대하여 임의적으로 주어진다.[19]

> 정신활동과 육체활동, 향유와 노동, 생산과 소비가 상이한 개인들에게 귀속될 가능성 및 그 현실성까지 분업과 함께 주어져 있기 때문에 이 세 가지 계기, 즉 생산력, 사회적 상태 및 의식이 서로서로 모순에 빠질 수 있으며 모순에 빠질 뿐이라는 결론을 얻을 수 있다. 내부에 이런 모순들이 주어져 있는 이 분업과 동시에 '분배' 그것도 양적으로뿐만 아니라 질적으로도 불균등한 노동 및 노동 생산물의 분배가 주어진다. 나아가 분업과 더불어, 서로 교류하고 있는 모든 개인들의 공동 이해와 각 개인 또는 한 가족의 이해 사이의 모순이 주어진다. 더구나 이 공동이해라는 것은 그저 단순히 관념 속에 보편으로서 존재하는 것이 아니라, 무엇보다도 현실 속에서, 노동을 분담하고 있는 개개인들의 상호 의존성으로서 존재하고 있다. 바로 특수 이해와 공동 이해 사이의 이러한 모순으로 말미암아 공동 이해는 현실의 개인 및 전체 이해에서 분리된 채 국가로서, 그리고 동시에 환상적 공동체성으로서의 독자적 형태를 취한다.[20]

이들 사회적 분업에 따른 공헌도 또는 기여도는 개인과 협회의 특수목적의 기초 위에서 평가된다. 그리고 그 기여도라는 것은 일부는 자발적인 노력과 성취에 의하여 영향을 받고, 다른 일부는 사회 환경과 우연에 의하여 영향을 받는다. 기여도는 이러저러한 상황에서 이러저러한 협회에 공헌을 했다는 방식으로 평가될 수밖에 없다. 그러한 기여도는 특정 집단에 대한 개인의 한계적 효용으로 간주된다.[21] 그러나 이러한 공헌을 사회 자체

19) 사유재산과 자유경쟁이 지배하는 자본주의 사회에서는 사회적 총 노동이 무정부적인 개별적 노동으로 나타나고 분배는 생산물의 사적 교환이라는 형식을 통하여 이루어진다. 고영복, 『사상사 개설』, 사회문화연구소, 1992, 189쪽.

20) 김세균, 「독일 이데올로기」, 『칼 맑스 프리드리히 엥겔스 저작선집 1』, 박종철출판사, 1992, 212~213쪽.

21) 노동시장의 수요와 공급에 의해서 임금이 결정되며, 기여도는 한계효용으로 간주된다는 주류경제학의 입장에 대해서는 반론을 제기할 수 있다. 사회적 분업의 구조 내에서 노동이 조직 안으로 결합되고 포섭되면서 임금이 결정될 때에는 개별 노동의 가치가 계산되거나 또는 그 가치에 따라 결정되는 것도 아니다. 사회적 분업의 거시적 구조 속에서 개별적인 생산성을 측정하거나 노동의 가치를 계산할 수 있는 현실적인 방법은 존재하지도 않는다. 단지 그것은 과거의 경험으로부터 기대되는 수준, 노동계약이 이루어지는 노동시장의 상황과 맥락,

에 대한 공헌으로 혼동하지 말아야 한다. 또는 시민으로서의 사회구성원이 사회 자체에 대하여 가지는 가치로 착각하지 말아야 하는 것이며, 사회 내 협회의 공헌의 총합조차도 사회에 대한 공헌으로 간주하지 말아야 한다.[22] 자발적인 시장 거래로부터 귀결되는 분배는 비록 경쟁적 효율성을 위한 모든 이상적 조건이 구비되어 있다 할지라도 시장체제의 구조뿐만 아니라 수입과 부의 선행된 분배가 공정하지 않는 한 일반적으로 공정하다고 할 수 없는 것이다. 기존의 부는 정당하게 획득되었어야 하며, 모든 사람에게 공평한 소득과 기술습득의 기회 등의 제반 조건이 주어져야 한다. 다시 말해서 배경적 정의의 필요조건들은 설사 누구도 불공정하게 행동하지 않는다 하더라도, 또 수많은 독립적 거래들의 결과가 다른 사람들의 기회에 어떻게 영향을 미치는가를 아무도 깨닫지 못한다고 할지라도 손상될 수 있는 것이다.[23] 그러므로 이러한 이득의 분배를 결정해 줄 사회체제를 선정하고 적절한 분배의 몫에 합의하는 데 필요한 어떤 원칙들의 체계가 요구된다.[24] 이러한 원칙들이 바로 사회정의의 원칙으로서 그것은 기본적인 사회제도 내에서 권리와 의무를 할당하는 방식을 제시해 주며 사회 협동체의 이득과 부담의 적절한 분배를 결정해 준다. 그러면 어떤 사회가 그 성원들의 선을 증진해 줄 뿐만 아니라 공공적 정의관에 의해 효율적으로 규제되는 경우, 그 사회를 '질서정연한 사회'[25][26]라 해 보자. 즉 그것은 첫째, 다른 사람도 모두 동일한 정의의 원칙을 받아들인다는 것을 모든 이가 인정하고 있고,

---

개인들이 의존하고 있는 네트워크, 사용자의 포섭과 배제의 전략, 노동생산물의 분배가 이루어지는 사회적 분업의 위계구조, 각각의 사회적 범주에 허용된 특혜나 국지적 보상전략들과 연관되어 있으면서 노동의 가치가 사회적으로 인정된 관습과 제도 속에서 명목적으로 미리 부여되는 것에 불과하다.

22) 존 롤즈, 『정치적 자유주의』, 동명사, 1998, 345~346쪽 참조.

23) 존 롤즈, 「주체로서의 기본구조」, 『공정으로서의 정의』, 서광사, 1988, 231쪽 참조.

24) 공동 이해라는 것은 그저 단순히 관념 속에 보편으로서 존재하는 것이 아니라, 무엇보다도 현실 속에서 노동을 분담하고 있는 개개인들의 상호 의존성으로서 존재하고 있다. 바로 특수 이해와 공동 이해 사이의 이러한 모순으로 말미암아 공동 이해는 현실의 개인 및 전체 이해에서 분리된 채 '국가'로서, 그리고 환상적 공동체성으로서 독자적 형태를 취한다. …… 마찬가지로, 개개인은 단지 자신의 특수한 이해만을 추구하는 까닭에 - 즉 이들 개개인에게 있어서 그들의 공동 이해와 일치하지 않는 이해를 추구하는 까닭에 - 공동 이해는 그들에게 '낯선', 그들로부터 '독립된', 그래서 그 자체 다시 특수하고 특유한 '보편' 이해로 간주된다. 또는 그렇기 때문에 그 개인들 자체는, 마치 민주주의에 있어서 그러한 것처럼, 이러한 분열 속에서 운동하지 않으면 안 된다. 왜냐하면 다른 한편으로, 공동의 이해, 환상적인 공동의 이해에 지속적으로 현실적으로 대립하는 이들 특수 이해들의 실천적인 투쟁은 또한 국가로서의 환상적인 '보편' 이해에 의한 실천적인 중재와 제어를 필요로 하게 만들기 때문이다. 김세균, 「독일 이데올로기」, 『칼 맑스 프리드리히 엥겔스 저작선집 1』, 박종철출판사, 1992, 213~214쪽.

25) '사회가 질서 정연하다'라고 말하는 것은 세 가지 의미를 전달하고 있다고 본다. 첫째, 동일한 정의의 원칙을 모든 사람들이 받아들이고, 모든 사람들이 다른 모든 사람들도 그것을 받아들인다는 것을 알고 있는 사회이다. 둘째, 그것의 기본구조는 이러한 원칙들을 만족시킨다고 공적으로 알려져 있거나 그렇게 믿을 만한 좋은 이유를 가지고 있다는 점이다. 셋째, 이 사회의 시민들은 정상적인 효과적 정의감을 가지고 있어서 이들이 정당하다고 생각하는 사회의 기본제도에 일반적으로 순응한다는 것이다. 존 롤즈, 『정치적 자유주의』, 동명사, 1998, 44쪽.

26) 공정으로서의 정의관에 의거한 질서 정연한 사회는 개인이나 집단이 자신의 사적 이득을 추구하기 위해 협동하는, 헤겔의 이른바 사적 사회가 아니며, 그것은 공동의 목적을 인정하고 그런 목적이 각자가 가진 사적 이해관계에 우선하는 것임을 인정하며 그럼으로써 이 같은 이해관계들이 정의로운 체계의 제약 내에서 추구될 수 있음을 인정하는 사회이다. 황경식, 「존 롤즈의 자유주의를 위한 변명」, 『롤즈의 정의론과 그 이후』, 철학과현실사, 2009, 32~33쪽.

둘째, 사회의 기본제도가 일반적으로 이러한 원칙을 충족하고 있으며, 그 사실 또한 널리 주지되어 있는 그러한 사회를 말한다. 각자 서로 다른 목적과 의도를 가진 개인들 간에 공유되는 정의관은 동료 시민으로서의 유대를 공고히 해 주며, 정의에 대한 일반적 욕구가 다른 목적들의 추구에 한계를 정해 준다. 따라서 그 상이한 원칙과 견해들이 공통적으로 갖는 역할을 나타내는 정의의 개념을 생각해 본다는 것은 당연해 보인다.[27] 여기에서는 정의라는 것을 사회의 '기본구조',[28] 이러한 기본구조에 적용되는 기본적 제도들과 원칙들, 기준들 및 법칙들로 구성되는 틀에 초점을 맞춘다. 보다 더 정확히 말하면 사회의 주요 제도가 권리와 의무를 배분하고 사회협동체로부터 생긴 '이익의 분배'[29]를 정하는 방식에 논점을 한정하여 고찰할 것이다. 이 원칙들은 모든 사람의 노력에 의하여 생산된 이익들이 공정히 분배되고, 한 세대로부터 다음 세대로까지 공유될 수 있게끔 하는 것이며, 특정한 행위나 개인의 덕목으로서의 정의는 다루지 않는다. 구체적으로 정치제도, 법률적으로 공인된 재산소유 형태, 가족의 특성 등이 모두 기본구조에 속하는데, 이러한 사회의 기본구조가 정의의 첫 번째 주제로 선정할 수밖에 없는 이유로, 롤즈는 기본구조에 속하는 제도들의 역할은 개인들과 협회의 행위가 일어나는 정의로운 배경을 보장하는 것인데, 이러한 구조를 적절히 통제하고 조절하지 않는다면, 구체적인 상호관계들이 아무리 자유롭고 정의로운 것처럼 보여도 정의로운 사회과정은 더 이상 유지될 수 없을 것이라고 지적한다.[30] 그리하여 롤즈는 우리의 세계에서의 정치적 목표는 부정의를 제거하고 공정한 기본구조를 향한 변화를 인도하는 데 있다고 한다. 정의관은 없어서는 안 될 구조 원칙에 대해 구체적으로 말해 주어야 하며 정치적 행위의 전반적 방향을 지시해 주어야 하는 것이다. 이제 롤즈가 제시하는 이러한 정의의 원칙들을 구체적으로 살펴보기로 한다.

---

27) 존 롤즈, 『정의론』, 이학사, 2003, 37~38쪽.

28) 롤즈는 '기본구조'를 사회의 주요 정치적·사회적·경제적 제도와 이들이 서로 연결되어 세대 간에 걸친 하나의 통일된 사회협력체로 구성되어 있는 양태로 의미한다. 사회적·경제적 입법의 누적적 결과가 기본구조를 구체적으로 규정해 주는데, 기본구조는 사람들이 현재 어떤 종류의 사람인가뿐만 아니라 그들이 되고자 바라는 인간의 종류까지 대부분 결정하는 것으로 본다. 그러므로 하나의 경제체제는 단순히 현존하는 욕구를 충족시키는 제도적 장치에 그치지 않고 미래의 필요와 욕구를 형성하는 방식이기도 하다. 따라서 기본적 구조의 제도는 심원한 장기적 효과를 가지고 있고, 근본적으로 시민의 성격과 목표, 그들이 어떠한 종류의 인간이 될 것인가에 영향을 미친다.

29) 질서 정연한 사회의 구성원들은 그들의 협동에 의해 산출되는 '이익을 어떻게 분배할 것인가'에 대해 무관심할 수가 없다. 이익 분배의 형태를 결정할 여러 사회적 협정 가운데 어떤 것을 선택할 것인가를 판단케 할 일단의 원칙이 요구된다. 그러므로 정의의 원칙들이 갖는 역할은 사회의 기본구조에 있어서의 권리와 의무를 할당하는 일이며 또한 사회적 협동에 따르는 이익의 전체적 배분에 제도들이 미치게 될 영향의 양식을 명시하는 일이다. 존 롤즈, 「질서 정연한 사회」, 『공정으로서의 정의』, 서광사, 1988, 320쪽.

30) 존 롤즈, 『정치적 자유주의』, 동명사, 1998, 330~331쪽 참조.

3. 롤즈의 정의의 두 원칙

사회의 기본구조에 대한 정의의 원칙들은 원초적 합의의 대상으로 자신의 이익 증진에 관심을 가진 자유롭고 평등한 최초의 입장에서 그들 조직체의 기본조건을 규정하는 것으로 채택하게 될 원칙들이다. 이러한 원칙은 합리적인 인간들이 평등하고 자유로운 가상적 상황에서 행하게 될 선택으로 일단 이러한 선택문제가 해결된다고 생각될 경우에는 정의의 원칙들을 결정해 줄 것이다.

우선 '공정으로서의 정의'[31]에 있어서의 평등한 '원초적 입장'이라는 것은 우리가 지금 생각하고 있는 것을 구체화하는 데 도움을 주는 매개적 개념으로 거기에서 합의된 어떤 원칙도 정의로운 것이 되게 하는 공정한 절차를 설정하기 위한 것이다.[32] 이것은 실재하는 상태가 아니라 순수한 가상적 상황으로, 사회에 존재하는 모든 사람들과 입장을 바꾸어서 생각하는 것이다. 아무도 취업자 또는 실업자에 속하게 될는지 또는 정규직이나 비정규 여부, 노조원이거나 비노조원인지, 상속재산의 유무 등 자신의 사회적 지위나 계층상의 지위를 모르며, 누구도 자기가 어떤 세대에 속하고 있는지에 대해서도 정보를 갖고 있지 않으며, 어떠한 소질이나 능력, 지능, 체력 등을 천부적으로 타고났는지를 모른다는 점이다. 심지어 당사자들은 자신의 가치관이나 특수한 심리적 성향까지도 모르고 있으며, 그 사회의 경제적 · 정치적 상황이나 그것이 지금까지 이룩해 온 문명이나 문화의 수준도 모르고 있다고 가정된다. 나는 그러한 사람 중 그 누구도 될 수 있으며, 사회 내의 모든 사람의 선이 내 자신의 것처럼 고려된다. 그리하여 정의의 원칙들은 무지의 베일(veil of ignorance) 속에서 선택된다. 그 결과 원칙들을 선택함에 있어서 아무도 타고난 우연의 결과나 사회적 여건의 우연성으로 인해 유리하거나 불리해지지 않는다는 점이 보장된다. 따라서 거기에서 도달하게 된 기본적 합의는 공정한 것이며, 그러한 제한 조건으로 인하여 언제나 동일한 원칙들이 선택된다. 이로 인해서 '공정으로서의 정의'[33]란 말이 적합하다

---

31) 아리스토텔레스도 여러 유형의 정의가 있는데 이것이 무엇인지, 어떤 성질의 것인지 파악해야 할 것이라고 보았다. 부정의한 것은 법을 어기는 것과 공정하지 않은 것으로 구분되고 정의로운 것은 법을 지키는 것과 공정한 것으로 구분된다. 이때 공정이라는 것은 자신이 가져야 할 몫보다 더 많거나 더 적게 가지지 않고 정확히 동등(ison)한 양을 가진다는 것을 말한다고 하였다. 아리스토텔레스, 『니코마코스 윤리학』, 이제이북스, 2006 참조. 반면 롤즈는 공정으로서의 정의를 평등한 최초의 입장에서 채택하게 될 정의의 원칙들이 그 이후의 합의를 규제하는 것으로 정의의 원칙들을 보는 방식이라고 한다. 그리하여 서로 상충하고 모순되는 가치관들 사이의 근본적 불일치가 지배하는 사회에서 최소한 우리로 하여금 어떻게 하면 사회적 통합이 가능하며 또 안정성을 유지할 수 있는지에 대한 인식을 얻을 수 있게 해 주는 장점을 가지는 정치적 입장을 강조한다.

32) 롤즈는 원초적 입장과 같은 개념을 도입한 이유가 사회를 자유롭고 평등한 인격체인 시민들의 공정한 협동체계로 파악하는 근본적인 직관적 개념으로부터 기본구조를 위한 정치적 개념을 추출해 낼 수 있는 더 좋은 방법이 없기 때문이라고 보았다. 존 롤즈, 「공정으로서의 정의: 형이상학적 입장이냐 정치적 입장이냐」, 『공정으로서의 정의』, 서광사, 1988, 126~127쪽.

는 것을 알게 되는데, 그것은 바로 정의의 원칙이 공정한 최초의 상황에서 합의된 것이라는 생각을 담고 있기 때문이다.[34)]

그리하여 원초적 입장에서 사람들은 다음과 같은 상이한 두 원칙을 채택할 것이다. 첫째, 기본적인 권리와 의무의 할당에 있어 평등을 요구하는 것으로, 각자는 모든 사람의 유사한 자유체계와 양립 가능한 평등한 기본적 자유의 가장 광범위한 전체 체계에 대한 평등한 권리를 가져야 한다.

둘째, 사회적·경제적 불평등을 허용하되 그것이 모든 사람, 그중에서도 특히 사회의 최소수혜자에게 그 불평등을 보상할 만한 이득을 가져오는 경우에만 정당한 것으로, 즉 모든 사람들의 이익이 되리라는 것이 합당하게 기대되고, 모든 사람들에게 개방된 직위와 직책이 결부되게끔 편성되어야 한다. 제2원칙은 우선 소득 및 재산의 분배와 권한, 책임 및 명령 계통 등에 있어서 차등을 두는 조직들의 기획에 적용된다. 재산 및 소득의 분배가 반드시 균등해야 할 필요는 없으나,[35)] 그것은 모든 사람에게 이익이 되도록 이루어져야 하며 동시에 권한을 갖는 직위와 명령을 내릴 수 있는 직책은 누구나 접근 가능한 것이어야 한다. 우리는 직위를 개방함으로써 제2원칙을 적용하게 되며 이러한 조건 아래서 사회적·경제적 불평등을 모든 사람에게 이익이 되도록 편성되게 할 수 있다. 그러나 제2원칙이 내세우는 것은 모든 사람은 그 기본구조 내에 허용될 수 있는 불평등으로부터 이익을 얻는 경우에 한하여 채택될 수 있다. 이 원칙은 규율체계에 적용되기 때문에, 모든 직책 또는 직위의 대표인은 그가 관심을 가지고 볼 경우 불평등이 있는 그의 조건과 전망을 그것이 없는 규율 체계 아래에 있는 것보다 더 좋은 것으로 합당[36)]하게 발견하게 될

33) 정치적 입장으로서의 공정으로서의 정의에는 형이상학적이거나 인식론적 목적이 아니라 실천적인 목적이 내포되어 있다. 즉 이것은 자기 자신을 참된 정의 개념으로서가 아니라, 자유롭고 평등한 인격체로서 간주된 시민들 사이의 자발적이고 숙지된 합의의 기반으로서 기능할 수 있는 장치로서 제시한다. 이러한 합의가 공공적인 정치적·사회적 태도 속에서 확고한 기반을 가지게 되면 정의로운 민주 체제 내의 모든 개인들과 집단들의 이익을 지켜 줄 수 있다. 존 롤즈, 「공정으로서의 정의: 형이상학적 입장이냐 정치적 입장이냐」, 『공정으로서의 정의』, 서광사, 1988, 115쪽.

34) 존 롤즈, 『정의론』, 이학사, 2003, 45~47쪽 참조.

35) 최근 평등주의의 기조는 필연적으로 동일한 양의 분배를 목표로 하지 않는다. 개인의 책임과 실수를 통해 초래된 분배상황상의 차이를 모두 제거하는 것은 평등주의의 목표가 아니라는 것이다. 현대 평등주의자들은 개인의 책임을 도외시하거나 평가절하한 것이 과거 평등주의의 잘못이었고, 그 점이 평등의 추구에 대한 규범적 비용을 높여서 평등주의에 대한 과도한 비판의 빌미를 제공하였다고 생각한다. 따라서 평등주의의 목표는 동일한 양의 분배가 아니라 분배에서 부당한 격차를 축소하는 것이다. 즉 규범적 근거를 가진 어떤 기준을 제시하고 그 기준을 동일하게 만족한 개인들에게 동일하게 분배하는 것이다. 주동률, 「롤즈의 분배정의론의 특징들과 현대 평등주의」, 『롤즈의 정의론과 그 이후』, 철학과현실사, 2009, 85쪽.

36) 롤즈는 합당한 것(the reasonable)과 합리적인 것(the rational)이라 불릴 수 있는 것을 구별한다. 옳음의 우선성에 따라 합당한 것이 합리적인 것에 선행한다고 하는데, 합당한 것은 순수 실천이성을 표현하고, 합리적인 것은 경험적 실천이성을 표현하는 것이다. 기본적인 차이점은 합당한 것은 공적이고 합리적인 것은 그렇지 않다고 한다. 따라서 개인의 욕구와 욕망이 자신의 관점에서 볼 때 합리적일지라도 사회적으로는 합당하지 않을 수 있다. 합리적 행위자가 결여하고 있는 것은 특정한 형태의 도덕감(moral sensibility)의 결여이며, 합리적 행위자는 그들의 이익이 그들 자신에게만 이익이 될 때 거의 정신병 환자에 가깝게 되는 그런 사람이다. 이에 반하여 롤즈가 자유롭다고 간주하는 합당한 사람들은 동등한 자들 사이에서 다른 사람들도 그렇게 할 것이라는 확신을 전제로 하여, 협력의 공정한 조건으로서 원칙과 기

때, 규율 체계에 의해 규정된다는 것을 함축한다. 이것은 이 구조가 규정하고 있는 합당한 각각의 대표적인 사람이 사회구조를 영업 중인 회사로 생각한다면, 불평등이 없을 때의 전망보다 불평등이 있을 때의 전망을 선택하는 것이 합당해야 함을 의미한다.[37] 결국 정의의 제2원칙의 역할은 공정한 기회평등을 보장하고 사회경제적 체제를 규제하여 사회적 자원이 적절히 사용됨으로써 시민들의 인생목적을 위한 수단으로 효과적으로 생산되고 공정하게 분배되도록 하는 것이다. 단, 이러한 원칙들은 제1원칙이 제2원칙보다 우선하는 서열적 순서로 배열되어야 한다. 이렇게 순위를 매기는 것은 제1원칙이 요구하는 평등한 기본적 자유에 대한 침해가 보다 큰 사회적 · 경제적 이득에 의하여 정당화되거나 보상될 수 없다는 것을 뜻한다.

원초적 입장에서 어떠한 원칙들이 실제로 선택될지는 명확하지 못하지만, 정의의 원칙을 선호하게 되는 한 가지 이유는 다음과 같다. 원초적 입장의 관점에서 볼 때 당사자들은 자신의 생을 전체로서의 단 하나만의 인생이 주어진다는 점에서 아주 상당할 정도로 모험을 기피할 것이 확실하다.[38] 즉 자신의 유일한 삶이 매우 만족스럽지 못할 가능성을 받아들이는 것은 합리적이지 못하다. 따라서 공리의 기준은 모험 기피가 증대함에 따라 최소 극대화의 기준에 근접하게 될 것이며, 따라서 어떤 방식이든 간에 원초적 입장으로 인해 우리는 '최소 극대화'에로 나아가게 된다. 즉 높은 평균 효용을 가지는 것보다 최악의 위치에 처했을 경우 얻게 되는 것을 최대화하는 것이 합리적이게 된다. 최소 극대화 기준은 선택된 원리가 사람들의 인생전망에 영향을 미칠 사회의 기본구조에 있어서의 사회적 · 경제적 불평등을 규제해 줄 것이라는 점에서도 당사자들은 그러한 원칙을 선호하

준을 제시하고 그것을 기꺼이 준수할 태도가 되어 있다. 합당한 개인들은 자유롭고 평등한 이들이 모두 받아들일 수 있는 그런 조건하에서 서로 협력할 수 있는 사회세계를 열망하며, 각 개인이 다른 사람들과 같이 이익을 얻을 수 있도록 그 세계 내에서 상호성이 유지될 것을 주장한다. 그들은 우리 자신을 일생에 걸쳐 사회적 협동에 참여할 수 있는 존재로 간주하기 때문에 우리의 목적에 책임을 질 수 있으며, 사회 내의 주어진 전망과 상황 속에서 획득할 수 있다고 '합당'하게 기대할 수 있는 수단들을 사용하여 그 목적들을 추구하며, 합당한 사람은 다른 사람의 복지에 영향을 미칠 그들 행위의 결과를 고려한다. 이렇게 되면 모든 사람들은 이익을 얻게 되고, 모든 이들이 자신을 위해 할 수 있는 바를 증진시킬 수 있게 될 것이다. 이 합당한 사회는 성인(saints)들의 사회도 아니며, 자기중심적인 사람들의 사회도 아니다. 이것은 평범한 인간세계의 한 부분이며, 우리가 생각하는 그런 엄청난 덕의 세계도 아니다. 존 롤즈, 『정치적 자유주의』, 동명사, 1998, 60～68쪽 참조.

37) 각자는 평등을 최초의 원칙으로 받아들이는 것이 합당하다고 생각할 것이다. 그런데 이러한 입장을 최종적인 것으로 생각해야 할 이유는 없다. 왜냐하면 두 번째 원칙을 만족시키는 불평등이 있을 경우에 평등이 줄 수 있는 당장의 이익을 그것이 미래에 가져올 보답을 생각해서 요령 있게 투자된 것으로 생각할 수가 있기 때문이다. 있음 직한 일이지만 이러한 불평등이 보다 나은 노력을 유인하는 동인으로서 작용하는 경우에 이 사회의 성원들은 그러한 불평등을 인간성에 알맞은 것으로 생각한다. 존 롤즈, 「공정으로서의 정의」, 『공정으로서의 정의』, 서광사, 1988, 21～22쪽.

38) 원초적 입장에 있는 당사자들이 선택할 수 있는 방식은 많이 있을 수 있지만, 두 가지 상치되는 방식(도박을 하는 공리주의적 합리성 대 안전을 추구하는 평등주의적 합리성)이 존재한다. 롤즈는 '맥시민 전략(maxmin strategy)'의 채택이 합리적이라고 말한다. 즉 최악의 위치에 처했을 경우 얻게 되는 것을 최대화해야 된다는 것이다. 즉 우리에게는 단 '하나의 인생'만이 주어진다는 점에서, 자신의 유일한 삶이 매우 만족스럽지 못할 가능성을 받아들이는 것은 합리적이지 못하다. 따라서 롤즈는 원초적 입장에 처한 사람은 차등원칙을 선택할 것이라 결론짓는다. 윌 킴리카, 『현대정치철학의 이해』, 동명사, 2006, 92～93쪽 참조.

게 된다. 최소 극대화의 기준에 따르게 될 경우 능력에 대한 자연적 분배는 어떤 관점에서는 공동의 자산으로 간주되고, 최소 극대화의 기준이 충족될 경우 불평등은 모든 이의 이익이 되고 그들의 행운으로부터 이득을 볼 수 있는 자는 보다 불운한 자도 동의할 수 있는 방식으로 이득을 보게 된다. 따라서 노동능력의 자연적 불평등이 분배상의 사회적 불평등을 직접적으로 초래하지 않을 수 있게 한다. 이리하여 정의의 원칙은 서로에게 이익이 되도록 차등을 배정하고 평등한 자유체제 내에서 자연적・사회적 우연성을 이기적으로 이용하지 못하도록 함으로써 사람들은 그들 사회의 구조 속에서 상호 간의 존경심을 표현할 수 있게 된다. 이렇게 해서 그들은 자신들의 자존감을 확보하게 되며, 이는 다시 사회적 협동의 효율성을 증대해 준다. 결국 정의의 두 원칙은 사회의 기본구조 속에 사람들이 서로를 단지 수단으로서가 아니라 '목적' 그 자체로서 대할 수 있게 하는 것이며, 그것이 사회의 기본구조 속에 실현될 경우 사람들이 그에 해당하는 정의감(sense of justice)을 갖고자 하고, 그 원칙에 따라 행동하고자 하는 욕구를 개발하는 그런 것이다.

4. 분배적 정의(distributive justice)

롤즈는 정의의 원칙으로 분배정의와 관련하여 기회평등의 이상과 자신의 이론을 대비하였다. 기회평등이라는 이데올로기가 공정한 것처럼 보이는 이유는 기회평등이 준수되는 사회에서 소득의 불평등은 공정한데, 왜냐하면 성공은 그것을 받을 만한 사람에게 돌아간다는 점에서 능력으로 획득한 것이기 때문이라는 것이다. 즉 기회평등을 보장하기 위해서 여러 가지 다른 의견이 제시되고 있지만, 교육과 고용에 있어서 법적으로 차별을 하지 않는 것이 충분하다고 믿는 경우와 같이 개인이 사회적 재화에 대하여 불평등한 몫을 받더라도 그러한 불평등이 개인의 행동과 선택에 의한 결과일 때에는 정당하다는 것이다. 그러나 롤즈는 이러한 시각은 또 다른 부당한 불평등의 원인을 간과하고 있다고 본다. 즉 선천적 재능의 경우와 같이 분배의 몫은 도덕적인 관점에서 천부적인 운명 또는 자연적・사회적인 우연[39]이나 시간의 지극히 임의적인 요소들에 의해 영향을 받아서는 안 된다는 것이다.[40]

39) 롤즈는 세 가지 주요한 종류의 우연성으로 가문, 계급적 태생, 천부적 자질을 예로 들고 있다. 존 롤즈, 「질서 정연한 사회」, 『공정으로서의 정의』, 서광사, 1988, 324쪽 참조.

1) 차등의 원칙(difference principle)

분배적 정의의 기본문제는 사회적 계층, 천부적 능력으로 해서 나타나는 인생전망에 있어서의 차등에 관한 것이다.[41] 이러한 차등이 전체 사회체제의 활동 속에서 작용할 경우 보다 혜택받는 자들의 보다 큰 기대치가 최소수혜자들의 기대치를 개선해 주는 경우에만 그것이 정의로운 것이라고 정의의 두 번째 원칙을 해석한다. 기본구조가 두루 정의로운 것은 보다 유리한 자의 이득이 가장 불운한 자의 복지를 증진하는 경우, 다시 말하면 그들의 이득을 감소시키면 가장 불운한 자들은 현재보다 그 처지가 보다 악화되는 경우이다. 기본구조는 가장 불운한 자의 전망이 가능한 한 가장 커지게 되는 경우에 완전히 정의로운 것이다.[42]

차등의 원칙을 설명하기 위해서 사회계층 간의 소득분배를 생각해 볼 수 있는데, 일례를 들면 재산을 소유하는 민주주의에서 기업가 계층의 일원으로 출발하는 사람들은 미숙련노동자 계층으로 출발하는 사람들보다 보다 나은 전망을 갖게 될 것이다. 이러한 사실은 현존하는 사회적 부정의가 제거된 경우에도 마찬가지일 것이다. 그렇다면 무엇이 이와 같은 생활전망에 있어서 최초의 불평등을 정당화할 수 있을 것인가? 차등의 원칙에 따르면 그것이 정당화될 경우는 오직 기대치의 차등이 미숙련노동자 대표의 경우와 같이 보다 불리한 처지에 있는 대표적인 사람에게 이득이 될 경우이다. 기대치에 있어서의 불평등은 그것을 감소시킬 때 노동자 계층의 처지가 더욱 악화될 경우에만 허용될 수 있다. 가령 제2원칙에 있어서 공개적 직위와 관련된 조항이나 자유의 원칙 일반이 전제될 경우, 기업가에게 허용된 보다 큰 기대치는 그들로 하여금 노동자 계층의 장기적인 전망을 향상시키는 일을 하도록 고무하게 된다. 그들의 보다 나은 전망은 인센티브로 작용함으로써 경제과정은 보다 효율적으로 되고 기술혁신이 보다 빠른 속도로 진행되는 등 여러 가지

---

40) 각자 타고난 자연적 자질에 대해 개인에게 배타적 소유권을 부여하는 것이 우리의 정의감에 부합하는가? 아니면 공동체 전체의 자연적 자질의 배정을 공동의 소유로 간주하고 관리하는 것이 우리의 정의감에 더 잘 부합하는 것인가? '자연적 우연성'은 그에 대해서 우리들 중 아무도 원인제공을 한 적이 없으며 그래서 누구도 책임질 수 없는, 따라서 어떤 의미에서 운명적인 것이라 할 수 있으며, 그런 점에서 롤즈가 말하듯 천부적 자질의 배정은 도덕적인 관점에서 정당근거가 없는 자의적인 것이라 할 수 있다. 사회정의라는 도덕적 문제가 자연적이고 우연적인, 운명적이고 자의적인 요소를 전제하고 그 연장선상에서 성립하는 어떤 것이라고 생각하지 않는다면, 우리는 이 같은 자연적 사실을 인간적으로 수정하고 시정하는 방식에서 사회정의의 의미를 찾아야 할 것이다. 이는 우리 인간들을 운명공동체의 성원으로서 서로를 어떻게 처우해야 할 것이며 공동의 운명에 동참하는 방식이 무엇인가를 찾는 문제라 할 수 있을 것이다. 황경식, 「존 롤즈의 자유주의를 위한 변명」, 『롤즈의 정의론과 그 이후』, 철학과현실사, 2009, 33~34쪽.

41) 스미스의 경우에도 균등분배가 아니라 각자 노력의 성과를 향유하는 것이 분배정의라고 생각하였다. 분배정의가 보장될 때에만 국민들이 열심히 일하게 되어 경제가 발전하며, 이것이 보장되지 않으면 경제는 쇠퇴한다는 것이다. 이근식, 『애덤 스미스의 고전적 자유주의』, 기파랑, 2006, 157쪽 참조.

42) 존 롤즈, 「분배적 정의」, 『공정으로서의 정의』, 서광사, 1988, 158쪽.

이득이 생겨난다.[43] 즉 기대치에 있어서의 불평등이 유인을 제공하거나 또는 그것이 자원을 사회적으로 가장 잘 사용할 수 있는 사람들의 손에 놓이게 함으로써 경제가 보다 효율적으로 되고 산업발전이 보다 빠른 걸음으로 진행되는 등 이러한 것들의 결과로서 보다 큰 물질적 이익 내지는 다른 이익이 체제 전체에 분배된다.[44] 즉 시민의 개인적 역사의 형태를 결정지어 온 사회적 출신과 실현된 자연적 재능 및 기회 그리고 우연적 사건들은 시민의 인생전망을 결정하며, 기본구조는 이러한 인생전망에 있어서의 중대한 사회적 및 경제적 불평등을 아마도 허용하리라는 것이다. 우리는 이와 같은 불평등들이 효과적인 사회적 협동을 유지함에 있어서 불가피하거나 필수적이라고 혹은 고도로 유익한 것이라고 가정해도 좋을 것이다.[45]

따라서 미숙련노동자 계층에 대한 불평등은 차등의 원칙을 충족시키는 경우에 한하여 허용될 수 있을 것이다. 완전한 평등이 아니라 차등의 원칙에 따라 최소수혜자의 관점을 선정하여 평등한 시민의 자유와 더불어 그들의 장기적인 전망을 극대화하는 것은 민주사회의 기풍이 있는 한 자연스러운 일이며, 나아가서 가장 정의롭다고 생각하는 정책은 적어도 이 계층의 복지에 적극적인 기여를 할 것이다.

이러한 차등의 원칙이 제일 먼저 적용되어야 할 대상은 사회적 및 경제적 불평등을 규정하는 공적인 원칙들과 정책이다. 그 원칙은 소유권 및 소득의 체계를 조정하는 데, 그리고 이 체계가 채택하는 기준과 법칙을 조정하는 데 사용된다. 그러므로 차등의 원칙은 소득세와 재산세 제도 및 재정정책과 경제 정책을 결정하는 데 적용된다. 상속 및 증여에 관한 법률을 통해 자본과 자원의 소유를 상당 기간 지속적으로 분산시킨다. 이러한 징세와 규제의 목적은 세입을 늘리기 위한 것이 아니라 점진적으로 그리고 계속적으로 부의 분배를 교정하고 자유와 기회균등을 위협하는 부의 집중을 막기 위한 것이다. 그것은 고지되는 공법 및 법령의 체계에 적용되며, 개개의 구체적 거래나 분배에 적용되지 않는다. 개인과 협회와 같은 소규모의 지엽적 결정에도 일반적으로 적용되지 않으며, 그것은 오히려 이러한 거래와 결정이 일어나는 '배경적 구조'에 적용된다.[46] 이러한 배경적 정의의 의미와 중요성에 대하여 롤즈는 다음과 같이 설명하고 있다. 경쟁적 효율성을 위한 모든

43) 존 롤즈, 『정의론』, 이학사, 2003, 126쪽.

44) 존 롤즈, 「분배적 정의」, 『공정으로서의 정의』, 서광사, 1988, 159~160쪽 참조.

45) 존 롤즈, 「주체로서의 기본구조」, 『공정으로서의 정의』, 서광사, 1988, 236쪽.

46) 존 롤즈, 「질서 정연한 사회」, 『공정으로서의 정의』, 서광사, 1988, 329쪽 참조.

이상적 조건들이 확보되었다고 할지라도 자발적 시장 거래의 결과로부터 발생하는 분배는 시장체제의 구조가 공정하지 않다면 일반적으로 공정하다고 할 수 없지만, 바람직스럽지 못한 결과를 예방하기 위하여 매일 매일의 거래관계에 실제 적용할 수 있는 규칙은 없다. 그 결과라는 것은 워낙 먼 미래에 영향을 미치고, 또한 간접적 영향을 미치기 때문에 이를 예측하여 개인들이 실행할 수 있는 규제조치를 취한다고 하는 것은 불가능하지는 않더라도 참으로 과도한 부담이 될 수밖에 없다.47) 분리된 독립적 거래들의 총합적 결과는 배경적 정의를 향하지 않고 오히려 이로부터 멀어진다. '보이지 않는 손'은 사태를 나쁜 쪽으로 끌고 가고, 독과점을 선호하게 되며, 그 결과 불공정한 불평등을 낳고 균등한 기회를 제한하게 된다. 따라서 배경적 정의를 보존하기 위해서는 두 가지 형태의 사회 규칙 간 노동분업의 개념과 이러한 규칙을 구현하는 상이한 제도형태가 필요하게 된다. 기본구조는 먼저 사회배경을 규정하는 제도와 배경적 공정성으로부터 멀어지려는 불가피한 경향을 조정하고 보완하는 장치로 구성되어 있다. 예를 들어, 재산소유권의 형평성을 유지하기 위하여 소득세와 상속세 같은 것을 부과하는 것이다. 이러한 기본구조와 개인들 및 협회들의 특정한 거래관계에 직접적으로 적용되는 개별적 거래에서 따라야 할 규칙 사이에 존재하는 제도적 분업이 확립될 수 있다면, 개인과 협회는 이 사회체제 내의 다른 어딘가에서 배경적 정의를 보존하는 데 필요한 조정이 지속적으로 이루어지고 있다는 것을 알고 안심하고서 기본구조의 틀 내에서 자신의 목적을 보다 효과적으로 자유로이 추구할 수 있게 될 것이다.48)

2) 세대들 간의 정의 문제

롤즈는 사회를 세대들 간에 걸친 협동을 내포하고 있는 것으로 간주하며, 공정으로서

---

47) 하이에크는 인간이 의도하지 않았는데도 불구하고 이해관계를 추구하는 과정에서 저절로 생성되고 성장된 '자생적 질서'의 대표적인 예로서 시장질서를 들고 있다. 시장질서는 조직도 아니고 따라서 어떤 특정의 공동 목적을 위해 이용되는 질서가 아니며, 무수히 많은 경제단체들, 예컨대 개인들, 기업, 가계 등에 의해 이루어진 하나의 연결망이다. 하이에크는 이러한 시장현상을 복잡한 현상이라고 파악한다. 이러한 질서에서는 우리는 오로지 일반적인 구조만을 예측할 수 있기 때문에 어떤 구체적인 개별적 사건들이 발생할 것인가를 예측할 수 없다. 복잡한 현상으로서의 시장 과정을 분석하기 위해서는 어떤 특정의 구체적인 인과관계를 포기해야 한다. 이러한 노력이 성공할 수 있으려면 인간 이성의 한계를 초월한 어떤 능력을 필요로 하거나 분석의 대상이 단순한 시스템이어야 한다. 우리는 이러한 질서의 구체적인 내용을 규정할 수 없기 때문에, 자생적 질서를 어떤 구체적인 목적을 달성하기 위한 수단으로 간주할 수 없고 일반적인 모습을 형성할 수밖에 없다. 그렇기 때문에 정의와 관련하여 자생적 질서에는 모든 정의의 원칙 또는 그 밖의 원칙을 적용할 수 없다. 다시 말하면 자생적 질서의 기반이 되는 행동규칙인 사법과 조직의 기초가 되는 규칙인 공법은 성격상 완전히 다른 개념이므로, 사회적 과정의 결과를 수정하거나 개선하고자 하는 모든 정책은 자생적 질서에는 적용할 수 없다는 것이다. 민경국, 『하이에크, 자유의 길』, 한울아카데미, 2007, 118~146쪽 참조.

48) 존 롤즈, 『정치적 자유주의』, 동명사, 1998, 331~334쪽 참조.

의 정의는 특정 형태의 정치적 전통 내에서부터 출발하여 그 근본적 개념인 사회의 개념을 세대와 세대를 걸치는 기간 동안의 공정한 협력의 체제로 받아들이는 것을 의미하는 것으로 본다. 정의의 원칙은 자신들이 어느 세대에 속하게 되는지에 관한 세대들 간의 정의문제에도 적용될 수 있다. 이러한 광범위한 제한이 합당한 것은 사회정의의 문제가 한 세대 내에서뿐만 아니라 세대들 간에도 일어나기 때문이다. 각 세대들은 문화와 문명의 장점들을 보존하고 이미 세워진 정의로운 제도들을 유지해야 할 뿐만 아니라 각 시기 동안에 적절한 양의 실질적인 자본을 투자하고 축적해야 한다. 예를 들면 학문과 교육에 대한 투자, 재정적자의 규모, 천연자원이나 자연적 여건의 보호 등의 문제와 같이 사회를 지속적으로 유지하는 일과 현재의 문명과 생활수준을 향상시키는 일을 세대들 간에 어떻게 조정하는가에 대한 것이 바로 그러한 것들이다. 그리하여 원초적 입장에서 자신이 어느 세대에 속하게 될지, 사회의 문명과 경제적 수준이 어떤지를 모르는 상태에서 아무도 자기가 어느 세대에 속하는지를 모르는 까닭에 시간이 갖는 우연성에 대해서 자신과 후손들을 보호하는 것은 합리적인 정의의 원칙으로 채택될 수 있다. 개인들이나 세대들에 있어 시간상의 위치가 다르다고 해서 그들을 서로 달리 취급한다는 것은 그 자체로서 정당화될 수 없기 때문이다. 따라서 사회의 흥망성쇠나 주기적인 경기변동에 따라 특정한 세대에서 비정규직이 과도하게 양산되거나, 청년실업이 과도하게 존재하는 상태에서 최근 공공부문에서조차 일부 노조에서 협상안으로 제시하고 있는 고령화에 따른 정년연장 등의 단체협약안[49]과 노동부의 고령자 고용안정을 지원하기 위한 임금피크제보전수당 등은 사람들이 순수한 시간선호(time preference)를 갖지 않는다는 원초적 입장에서의 공정으로서의 정의의 원칙에 위배되는 것이다. 그것은 그들 자신의 이익을 도모하기 위하여 내부자들 간에 결탁하거나, 시간상 그들의 정치적 위치를 이용한다는 것을 뜻하기 때문에 부정의한 것이며, 개인들이나 세대들에 있어 시간상의 위치가 다르다고 해서 그들이 서로 달리 취급된다는 것은 합당하지 못한 것으로 정당화될 수 없기 때문이다.

> 미래세대는 일자리에도 '기성세대의 기득권'이 높은 장벽을 치고 있다고 믿고 분노한다. 서울 모 대학 졸업반 한완희(25・행정학) 씨는 공무원이 되는 게 꿈인 평범한 '공시생'(공무원 시험준비생)이다. 올해 8곳에 응시했다가 번번이 낙방하고, 지난 10월 각 지방경찰청

49) 하이에크는 이것을 조직화된 그룹들의 권력에 의해 비조직화된 그룹이 피해를 보게 되는 것이라고 한다. 결국 조직화되어 있지 않은 그룹들과 원천적으로 조직할 수 없는 그룹들이 언제나 착취의 대상이 되는 그룹들인 것이다. 그렇기 때문에 하이에크에게 문제가 되는 것은 자본가나 기업가의 이기주의가 아니라 조직화된 그룹의 이기주의이다. 민경국, 『하이에크, 자유의 길』, 한울아카데미, 2007, 493~495쪽 참조.

에서 실시한 10급 기능직 공무원 시험마저 떨어진 뒤 분노가 폭발하고 말았다. 발표된 합격자 명단을 보니 말 그대로 '경력자들 잔치'였던 것이다. 18~40세를 대상으로 필기 없이 면접만으로 치러진 시험. 합격자의 87%(77명)는 2003년까지 경찰에서 사무보조 등의 일을 하다 직제 폐지로 그만둔 경력자들이었다. 전직(前職) 직원들을 우선적으로 뽑은 결과, 신규 채용은 10명 내외에 불과했다. 한 씨는 "정부마저 퇴직자나 경력자의 재취업만 우대한다면 사회에 첫발을 딛는 우리 세대는 도대체 어떻게 경력을 쌓아 취직하라는 말이냐"고 목소리를 높였다. 한 씨와 같이 낙방한 500여 명은 인터넷 카페('전국 경찰청 응시 들러리들의 모임방')를 만들어 항의 중이다. 한 씨는 "앞으로 1인 시위와 행정소송을 진행할 계획"이라고 말했다. 노조는 기성세대의 보호막이다. 일부 대기업의 강성 노조는 기성세대의 '일자리 기득권'을 보호해 주지만, 젊은 세대에게는 일자리 진입을 막는 장벽에 다름 아니다. 입사(入社) 때 수천만 원씩의 '뒷돈'이 오간 일도 있는 현대・기아차 생산직 부문. 공고(工高)를 갓 졸업한 신세대에게 이곳은 이미 진입 불가능한 직장이 되고 있다. 울산 A공고 취업반 담당 양 모 교사는 "현대차에 실습 나가는 학생은 있어도 입사하는 예는 없다"며 "예전엔 많이 뽑았는데 그 시절이 언젠지 기억도 안 난다"고 했다. 작년 이 학교 졸업생 중 재벌 계열사에 입사한 학생은 1명. 그것도 지방기능경시대회 입상자에 대한 특례로 채용됐을 뿐이다. 현대차 생산직 근로자(정규직)의 평균 연령은 38세(작년 기준). 10년 전보다 7세 높아졌다. 정년을 채우는 근로자는 늘어난 반면 정규직으로 입사하는 인력은 상대적으로 적기 때문이다. 반면 사내 하도급 작업은 대부분 젊은 세대 몫이다. 현대차 비정규직노조 관계자는 "비정규직 일의 절대 비중을 차지하는 조립라인의 경우 20대 후반에서 30대 초반이 주류"라고 말했다. 철강・조선 등 이른바 정통 수출 주력업종의 생산현장에서는 대부분 비슷한 구조다.[50)]

세대들 간의 정의의 문제는 저축의 경우에도 적용된다. 저축의 부담이 세대 간에 나누어져야 할 방식에 대해서는 분명한 해결책이 있을 수 없는 것으로 생각되지만, 당사자들은 각 세대들이 자신들의 선행 세대들로부터 적정 몫을 받고 후속 세대들을 위해 그 공정한 본분을 다하도록 보증하는 저축원칙에 합의할 것이다. 그래서 사회에 있어서 정의로운 저축의 원칙은 순수한 시간선호(time preference)에 영향을 받아서는 안 되는데, 그 이유는 개인들이나 세대들이나 시간상의 위치가 다르다고 해서 그들을 서로 달리 취급한다는 것은 그 자체로서 정당화될 수 없기 때문이다. 이러한 정의로운 저축의 원칙은 자신이 어떤 세대에 속하는지를 모르는 까닭에 아마도 사회가 빈곤한 발전의 초기 단계에서는 더 낮은 저축을 요구할 것이며, 사회가 보다 부유해지고 보다 산업화됨에 따라 그 비율이 점차 커질 것을 요구할 것이다. 그러나 우리의 현실은 급격한 노령화와 함께 인구가 감소하고 경제성장이 정체하고 있는 와중에서도 미래 세대의 복지를 감안하기보다는 오히려 그들에게 과도한 부담을 지우려 하고 있는 것으로 보인다.

---

50) 조선일보, 2005.11.8.

3) 합법적 기대치(legitimate expectations)와 정의

임금수준은 노동의 수요와 공급에 달려 있다. 개인이 그의 노동에 의해 기여하는 것은 그의 기술에 대한 기업의 수요에 의해 달라지며 나아가서 이것은 다시 그 기업의 생산물의 수요에 따라 달라진다. 개인의 기여는 또한 얼마나 많은 사람이 유사한 기능을 제공하는가에 의해서도 영향을 받는다. 그런데 기본적인 시장의 추세나 거기에 반영되고 있는 기회들의 가용성이 적절하게 규제되지 않는 한 기여의 신조를 따른다고 해서 정의로운 결과가 생긴다고 추정할 수는 없다. 실제에 있어서도 생산의 요소들이 그 한계 생산을 얻는 일이 없으며 현대적인 조건 아래서 어떻든 산업은 곧 소수의 대기업에 의해 지배된다. 경쟁은 기껏해야 불완전할 뿐이고 사람들은 대부분 그들의 기여가치보다 적게 받게 되며, 이런 의미에서 그들은 착취를 당한다는 것이다.[51] 그런데 정의로운 체제는 현존 체제에서 사회적 기여로 간주될 수 있는 어떤 일[52]을 수행하여 자기 몫을 충분히 다한 사람들이 당연히 받을 권리가 있는 것을 만족시켜 주는데, 즉 그것은 사회체제에 기초한 그들의 합법적인 기대치를 만족시켜 주는 것이다. 한 사람이 응분하게 받아야 할 분배의 몫은 얼마나 많은 사람들이 그와 유사한 기술을 제시하는지 혹은 그가 생산할 수 있는 것을 얼마나 많은 사람들이 우연히 원하게 되는가에 따라서 달라지지는 않아야 한다. 따라서 수요와 공급에 따라 결정되는 시장의 불완전성으로 인하여 불공정한 분배가 이루어지는 경우에 정의의 원칙은 전체 구조를 통제하며, 각자에게 마땅히 돌아갈 것을 할당한다는 것이다. 예를 들면 누진율로 상속과 소득에 과세하고, 증여세를 부과하는 등의 징세와 규제 및 부(−)의 소득세와 같은 소득재분배 정책의 목적은 세입을 증대시키는 데 있는 것이 아니고, 점진적・계속적으로 부의 분배를 바로잡고 정치적 자유의 공정한 가치와 공정한 기회균등을 해치는 힘의 집중을 막는 데 있는 것이다.

다만 여기에서 분명히 해야 할 일은 적절한 수준으로 사회적 최소치를 설정하는 것이다. 일단 차등의 원칙이 받아들여지면 최소치는 임금들을 고려해서 가장 낮은 소득 계층의 기대치를 극대화하는 수준에서 설정되어야 한다는 결론이 나온다. 그들의 처지를 향상시켜 줄 이전소득의 양과 공공재화로부터의 이득을 조정함으로써 최소수혜자들의 전체

---

51) 존 롤즈, 『정의론』, 이학사, 2003, 407~408쪽.

52) 사회적 기여로 간주될 수 있는 일에는 전일제 정규노동, 파트타임 노동뿐만 아니라, 넓게 보아 봉사활동과 같은 비시장적 노동의 범주까지 포함시킬 수도 있다. 그러나 사회적 기여는 금전적 보상의 크기로 측정될 수 없다. 오히려 금전적 보상을 전제하지 않을 수도 있으며, 그것과는 무관하거나 비례하지 않는다.

소득을 증감시킬 수 있다. 롤즈는 이러한 체제가 아주 높은 기대치를 요구하여 결국 모든 사람들이 거의 비슷한 수준에 있게 될 때까지 보다 나은 처지에 있는 사람들의 보다 큰 부와 규모가 축소될 것으로 생각하기가 쉬울 것으로 보이지만 이는 그릇된 생각이라고 한다. 최소수혜자의 적합한 기대치는 모든 세대에 걸쳐 확대되는 그들의 장기적인 기대치이며, 따라서 어떤 시기에 있어서나 경제체제는 실질적인 자본축적의 적절한 양을 축적해 가야 한다. 최소치를 증가시키기 위해 소비세나 소득세를 증대시키게 되면 증대된 세금이 경제에 많은 지장을 줌으로써 가장 낮은 계층의 기대치가 더 이상 향상되지 않고 하강할 수 있다. 따라서 사회적 최소치는 적절한 수준에서 정해질 수 있다고 본다.[53)]

5. 합리성으로서의 선(goodness as rationality)

우리가 어떤 대상이 합리적으로 원하게 될 성질을 가졌음을 확인하게 되면 우리는 그것이 그에게 '좋은' 것임이 증명이 되며, 만일 어떤 종류의 사물이 인간 일반에 대해서 이러한 조건을 만족시킨다면 그러한 사물은 인간적인 선(the good)이라고 할 수 있다.[54)] 합리성으로서의 선의 개념은 민주적 사회의 성원들이 가장 합리적인 방식이 아니라면 적어도 지각 있는(혹은 만족스러운) 방식으로 전 생애에 걸쳐 그들의 선관(conception of the good)을 추구하기 위해, 그들의 좀 더 중요한 노력들을 계획하고, 다양한 자원(마음과 육체, 시간과 힘을 포함해서) 등을 할당한다는 견지에서, 인생에 대한 합리적인 계획을 적어도 직관적인 방식으로 가지고 있다는 것을 가정한다. 물론 이러한 계획들을 구상할 때, 사람들은 모든 인생 단계의 미래의 상황들에 있어서 자신들의 필요와 요구에 관계되는 합당한 기대치들을 고려하는 것으로 가정된다. 첫째, 합리성으로서의 선은 작동 가능한 기본적 재화의 목록을 확인할 수 있도록 도와주며, 둘째, 이러한 기본적 재화의 지표에 의거함으로써, 합리성으로서의 선은 원초적 입장에 있는 당사자들의 목적이나 동기를 규정해 주며, 그러한 목적들이 왜 합리적인지를 설명하는 데 도움을 준다.[55)] 여기에서 기본적 재화들이란 동등한 기본적 권리들, 자유들 그리고 기회들, 수입과 부와 같은 동등한 전 목적적 수단들

---

53) 존 롤즈, 「분배적 정의」, 『공정으로서의 정의』, 서광사, 1988, 167~168쪽 참조.

54) 존 롤즈, 『정의론』, 이학사, 2003, 517쪽.

55) 존 롤즈, 『정치적 자유주의』, 동명사, 1998, 218~220쪽 참조.

을 포함한다. 이 모든 것들은 합리적인 인생계획의 형성, 수정 및 집행에 필요하며, 동등한 자존감의 사회적 기반들에 의하여 지지되는 것들이다. 우리가 말하는 이러한 선들은 자유롭고 평등한 개인들로서 시민들이 필요로 하는 것들이며, 이러한 선들에 대한 주장은 타당한 것으로 간주된다. 롤즈는 이러한 기본적 재화의 기초목록으로 다섯 가지를 제시한다.[56]

(1) 기본적 권리들과 자유들: 가치관을 채택, 수정하고 이것을 합리적으로 추구할 수 있는 능력을 발전, 실현시키는 데 필수적인 기초적 제도이다. 이 자유는 도덕적 능력의 발달과 이의 완전하고 충분한 행사를 위하여 필요한 배경적 제도조건이다.
(2) 다양한 기회들의 배경하에서 이동의 자유와 직업선택의 자유: 다양한 궁극 목적을 추구할 수 있게 해 주며, 원한다면 그 목적을 수정하고 변화시킬 수 있는 결정에 영향을 미친다.
(3) 기본구조의 정치적·경제적 제도 내에서 책임이 있는 직책과 직위의 권한과 특권: 다양한 자치와 자아의 사회적 능력에 범위를 부여한다.
(4) 수입과 부: 수입과 부는 여러 다양한 목적들을 직접 또는 간접적으로 성취하기 위하여 필요한 교환가치를 지닌 수단이다.
(5) 자존감의 사회적 지반들: 시민들이 인격적 자부심을 갖고 자신의 도덕적 능력을 계발시키고 행사하며, 자신감을 갖고 자신의 목표와 목적을 추구하기 위해서 본질적으로 필요한 기본적 제도의 측면들이다.

이러한 기본적 재화의 개념을 도입하는 배경적 의도는 시민들의 사회적 상황을 고려하여 그 객관적인 특징에 근거한 개인 상호 간 비교의 실천적인 공적 기반을 모색하려는 것이다. 이러한 기반은 시민의 필요(욕구)라는 개념으로 판명된다. 그리고 이것은 공정으로서의 정의와 하여금 이러한 필요와 적절히 관련된 주장들의 충족이 공적으로 이로운 것으로서 수용되며, 따라서 정치적 정의의 목적을 위하여 시민들의 상황을 개선하는 것으로서 간주되어야 한다고 주장할 수 있도록 한다.[57] 여기에서는 비정규 노동과 관련하여 합리성으로서의 선의 개념을 인생계획과 자존감을 중심으로 고찰하여 보기로 한다.

---

56) 존 롤즈, 『정치적 자유주의』, 동명사, 1998, 223~224, 378쪽.

57) 존 롤즈, 『정치적 자유주의』, 동명사, 1998, 221쪽.

1) 인생계획과 선

우리는 선에 대한 定義를 인생 계획(life plan)에 적용할 수 있는데, 어떤 사람에게 합리적인 계획은 그의 선을 결정하게 된다. 롤즈는 사람이란 계획에 따라 생활하는 존재라고 생각하는 로이스의 견해를 채택한다. 한 개인은 그의 목적이나 명분, 그가 자신의 생활 속에서 하고자 의도하는 것을 서술함으로써 자기가 어떤 존재인가를 말하게 되는데, 롤즈는 이러한 계획이 합리적일 경우에는 선에 대한 그의 입장 역시 합리적이라고 한다.

이러한 定義들은 다음과 같이 이루어지는데 첫째로 어떤 사람의 인생계획이 다음과 같다면, 오직 그때에만 합리적이라는 것이다. 즉 그것은 합리적인 선택원칙들을 그의 처지와 관련된 모든 측면에 적용했을 때 그 원칙들에 부합하는 계획들이며, 그것은 이러한 조건을 만족시키는 계획 가운데서 충분히 숙고된 합리성에 의해서, 즉 관련된 사실들에 대한 충분한 인지와 더불어 결과에 대한 세심한 고려를 거친 후에 그가 선택하게 될 그러한 계획이라는 것이다. 둘째로 사람의 관심이나 목적들이 합리적인 경우는 그것들이 그에게 합리적인 계획에 의해서 제시되고 권장되는 그러한 것일 때 오직 그때에 한해서이다. 그래서 계획을 짠다는 것은 어떤 점에서 시간표를 만드는 것이다. 우리는 우리의 행위들을 시간상에 계열화함으로써 그 각 행위들이 일정한 시간 동안 수행되도록 조직하고자 한다. 이런 식으로 해서 서로 관련된 욕구군이 효율적이고 조화된 방식으로 만족될 수 있는 것이다. 행동들에 대응하는 욕구의 강도에 따라서 그리고 그것들이 다른 목적들의 달성에 기여하는 바에 따라서 그 행동들에 대해 시간과 정력이라는 기본적인 자원이 할당된다. 숙고를 하는 목적은 우리의 행동을 가장 잘 조직해 주고 뒤따르는 우리의 욕구의 형성에 가장 좋은 영향을 줌으로써 우리의 목적과 관심들이 하나의 행위 체계로 효과적으로 결합될 수 있게 하는 그러한 계획을 발견하는 데 있다. 만약 계획에 대한 이상과 같은 입장이 타당하다면 우리는 인생에 있어서 좋은 것이란 대체로 말해서 합리적인 계획에서 중요한 위치를 차지하고 있는 그러한 행동들과 관계들이라는 것을 예견해야 한다. 그리고 기본적인 선이란 계획이나 그 계획의 최종 목적의 특수한 성격이 어떤 것이든 간에 그러한 계획을 성공적으로 수행하는 데 일반적으로 필요한 것들이라고 할 수 있다.[58)]

합리적인 인간들은 그들의 처지나 소견과 더불어 현재 그들의 주요 욕구 및 합리적인

58) 존 롤즈, 『정의론』, 이학사, 2003, 527~532쪽.

선택 원칙들에 비추어서 행동의 계획들을 선택하게 된다. 그래서 우리는 합리적인 원칙들에 입각해서 행동하고자 하는 욕구를 포함한 현행 욕구들에 비추어서 미래의 욕구들을 선택한다. 한 개인이 자기가 어떤 존재가 될 것인지 어떤 직업이나 전문직에 종사할 것인지를 결정할 경우 그는 특정한 인생계획을 채택하게 된다. 어느 정도 시간이 지나게 되면 그는 자신이 선택한 것으로 인해서 특정한 양식의 욕구와 포부를 갖게 될 것인데, 그것들의 어떤 측면들은 그에게 특유한 것이고 다른 측면들은 그가 선정한 직업이나 생활방식을 나타낸다.[59)]

우리의 선은 미래가 정확하게 예견되고 상상을 통해서 적절하게 인지될 경우 충분히 숙고된 합리성(deliberative rationality)[60)]으로 우리가 채택하게 될 인생계획에 의해서 정해진다. 그러나 한 개인이 자신의 숙고된 합리성에 따라 인생계획을 채택할 수 없는 비정규직의 경우에는 장기적인 인생계획을 채택할 수 없으며, 자기 인생의 성격과 조건을 결정할 수 있는 어떤 차별화된 실제적인 능력을 소유하지 않을 수도 있다. 또한 그들이 종사하고 있는 단순하고 반복적인 직무의 성격으로 인하여 다른 조건이 같은 경우 인간들은 그들의 능력이 실현되어 행사되는 것을 즐기며, 그 능력이 보다 많이 실현되거나 그 복잡성이 증대될수록 즐거움도 증가한다는 아리스토텔레스의 원칙[61)]도 충족시킬 수 없을 것이다.

결국 우리의 선이란 미래가 정확하게 예견되고 상상을 통해서 적절하게 인지될 경우 충분히 숙고된 합리성으로 채택하게 될 인생계획에 의해 정해지는데, 비정규직은 결국 기본적인 선으로서의 인생계획을 수행하기도 전에 자기 인생에 대한 합리적인 계획으로서의 선택권이 박탈당하게 되는 상황에 처해지는 것이다.

---

59) 존 롤즈, 『정의론』, 이학사, 2003, 537~538쪽.

60) 나는 시지윅의 생각을 좇아서 '숙고된 합리성'이라는 개념을 도입하고자 한다. 그는 한 사람의 미래의 선을 대체로 규정하기를 그 사람에게 가능한 모든 다양한 행위 과정의 결과가 현시점에서 정확히 예견되고 상상을 통해서 정확하게 인지될 경우에 그가 지금 욕구하고 추구하는 것이라고 한다. 한 개인의 선이란 어떤 조건에 대한 숙고된 반성으로부터 생겨나는 충동적인 힘들의 가상적 구성물이다. 시지윅의 개념을 계획의 선택에 적용시키면 우리는 어떤 사람에게 합리적인 계획이란 숙고된 합리성을 통해서 그가 선택하게 될 계획이라고 말할 수 있다. 그것은 관련된 모든 사실들에 비추어 그러한 계획들의 수행 결과에 대한 행위자의 검토를 통해 자신의 보다 기본적인 욕구를 최선으로 실현시켜 줄 행동과정을 확인하게 되는 신중한 반성의 결과로서 결정될 그러한 계획인 것이다. 존 롤즈, 『정의론』, 이학사, 2003, 539쪽.

61) 아리스토텔레스적 원칙에 의하면 다른 조건이 같은 경우 인간들은 그들의 능력이 실현되어 행사되는 것을 즐기며, 그 능력이 보다 많이 실현되거나 그 복잡성이 증대될수록 그러한 즐거움도 증가한다는 것이다. 인간은 어떤 것에 있어서 보다 유능해짐에 따라 그것을 행하는 것에 즐거움을 맛보며, 그가 똑같이 잘 수행할 수 있는 활동 중에서 보다 섬세하고 정교한 분별력을 더 많이 요구하는 쪽을 택하게 된다고 한다. 그래서 보다 정교하게 계발된 재능을 작용시키는 보다 큰 목적 체계를 수행하려는 욕구는 아리스토텔레스 원칙이 갖는 일면이다. 그리고 이러한 욕구는 다른 합리적인 선택 원칙에 따라서 행동하려는 고차적인 욕구들과 더불어 우리로 하여금 합리적인 숙고를 하도록 하며 그 결과에 따르도록 하는 규제적 목적들 중의 하나이다. …… 아리스토텔레스적 원칙은 동기유발의 원칙이다. 그래서 그 원칙이 의미하는 것은 어떤 사람의 능력이 나이가 들면서 증가함에 따라, 그가 이러한 능력을 훈련시키고 그것을 행사하는 방식을 배우게 됨에 따라 그는 적당한 시기가 되면 최근에 개발된 그의 능력을 요구하는, 즉 그가 현재 종사하고 있는 더욱 복잡한 활동을 선택하게 될 것이라는 점이다. 그가 과거에 즐긴 보다 단순한 일은 더 이상 그다지 흥미롭거나 매력적인 것이 못 된다. 존 롤즈, 『정의론』, 이학사, 2003, 536~553쪽.

지 모(26 · 여) 씨는 최근 은행입사 시험에 합격했지만 고민 끝에 입사를 포기했다. 계약직이었기 때문이다. 집안 어른들은 "배가 불렀다"며 나무랐다. 지 씨는 지난해 서울의 4년제 대학 영문과를 졸업하고 2년째 직장을 구하는 중이다. 이른바 '장미족'(장기 미취업자를 일컫는 말)이다. 장미족의 취업률은 시간이 갈수록 더 낮아진다. 그런데도 지 씨가 입사를 포기한 데는 사정이 있다. 비정규직으로 사회생활을 시작하면 그 굴레를 벗어나기 힘들다는 걸 알게 된 것이다. 지 씨는 "선배가 '비정규직이 꼬리표처럼 따라다닐 것'이라고 조언해 은행 입사를 결국 포기했다"고 전했다. 지 씨는 "(기업이) 말로는 사회경험이 풍부한 사람을 원한다고 하지만 비정규직 경험은 저평가하는 것 같다"고 덧붙였다. 지 씨의 말은 통계가 입증한다. 한국고용정보원이 최근 전문대 이상 졸업자를 대상으로 실시한 조사 결과에 따르면 직장을 옮길 때 정규직과 비정규직 간 이동은 활발하지 않은 것으로 나타났다. 1회 이직한 대졸자 10만 7,359명의 경우 첫 직장에서 73.1%이던 정규직 비율이 두 번째 직장에서는 73.4%였다. 이직에 따른 변화가 거의 없는 셈이다. 급여도 마찬가지다. 이직한 대졸자들의 월 평균 소득은 128만 5,000원으로 이직하지 않은 대졸자 평균 189만 8,000원의 67.7%에 그쳤다. 전서연(27 · 증권사 계약직 사원) 씨는 "섣불리 비정규직에 발을 담그는 것은 말리고 싶다"고 말했다. 2006년 6월 입사한 전 씨는 입사 동기들보다 경력이 2년 이상 많았지만 임금 등 대우는 똑같았다. 경력을 전혀 인정받지 못한 것이다. 비정규직으로 경력을 쌓아도 정규직이 될 수 없다는 것이다. 정규직 전환은커녕 계약기간을 지켜 주는 것만 해도 고마워해야 하는 비정규직도 많다. 파견업체 계약직인 이현미(25 · 여) 씨가 그런 경우다. 이 씨의 최대 근무 가능 기간은 파견계약 2년과 본사계약 2년을 합해 4년이다. 하지만 동료들은 대부분 3년째에 이직한다. 회사에서 말은 안 하지만 무언의 압력을 느끼는 것이다. 이 씨는 "정해진 계약기간 근무하는 것도 힘든데 정규직 전환은 꿈도 못 꾼다"고 전했다. 노동교육원 박태주 교수는 '청년실업을 해소하려면 젊은 취업희망자들이 눈높이를 낮춰야 한다'는 의견을 정면 반박한다. 비정규직 경력이 정규직 전환의 디딤돌이 될 수 있다면 좋겠지만 현실적으로 비정규직은 경력에 도움이 되기는커녕 마이너스만 된다는 얘기다. '비정규직 낙인' 관행 속에서 함부로 눈높이를 낮출 것을 요구해선 안 된다고 박 교수는 말했다. 비정규직의 늪에 빠진 20대의 절망은 '이대로는 미래를 준비할 수 없다'는 인식에서 나온다. 20대 비정규직의 월평균소득은 120만 원 안팎. 아무리 자린고비로 살아도 미래를 대비할 여력이 없다. 결혼을 미루거나 포기하는 경우가 많다. 경주의 한 호텔에서 전기 관련 계약직 사원으로 일하고 있는 허 모(28) 씨는 월 300여 시간을 일하고 116만 원을 받는다. 생활비를 아껴 월 50만 원을 저축한다. 하지만 결혼하면 저축을 할 수 없을 것 같아 결혼 생각을 못 한다. 학원강사 오 모(28 · 여) 씨는 보험 미가입자다. 학원 측은 최근 4대 보험에 가입해 주겠다고 했다. 그러나 월급 140만 원에서 보험료를 제하면 생활이 불가능해 포기했다. 오 씨는 "결혼할 때 여자의 경제력도 따지는 분위기여서 소개팅이 들어와도 망설이게 된다"고 말했다. 고교 졸업 후 생활전선에 뛰어든 김 모(28) 씨는 요즘 상실감에 빠져 있다. 대학을 갓 나온 정규직 친구들의 월급이 350~400만 원인 사실을 알게 된 것이다. 10여 년간 비정규직을 전전한 김 씨의 현재 월수입은 140~150만 원 정도다. 어느 정도 차이는 날 것으로 생각했지만 3배 가까이 차이가 날 줄은 몰랐던 것이다. 한국노동연구원 은수미 박사는 "25세 청년이 비정규직으로 사회에 진출해 10년 동안 비정규직으로 일하면 주택청약저축이 없고 자가용이 없고 결혼을 못 하는 3무 세대가 된다"면서 "비정규직 문제는 인권의 문제일 뿐 아니라 국가의 미래가 달린 문제"라고 말했다. 희망을 잃은 세대, 미래 없는 세대. 20대 비정규직은 2008년 3월 기준으로 192만 명이다.[62)]

62) 경향신문, 2008.7.17.

2) 기본적인 선과 자존감(self-respect)

기본적인 선이란 일반적으로 합리적인 인생계획을 작성하고 실현함에 있어서 필요한 것이므로 다른 어떤 것을 원하든 간에 이러한 선을 원하는 것은 합리적이다. 원초적 입장에 있는 사람들은 선에 대한 이러한 입장을 받아들일 것으로 생각되며, 따라서 그들은 자신들이 보다 큰 자유 및 기회 그리고 그들의 목적을 달성하기 위한 보다 광범위한 수단들을 원하리라는 것을 인정할 것이다.[63] 이러한 목표들과 더불어 자존감은 가장 중요한 기본적인 선의 목록에 포함시킬 수 있다. 그것은 첫째로 인간이 갖는 자기 자신의 가치감, 자신의 선에 대한 자신의 관점 및 자신의 인생계획이 실현할 만한 가치가 있다는 데 대한 자신의 확고한 신념 등을 포함한다. 둘째로 자존감은 자신의 의도를 성취하는 것이 자신의 힘에 닿는 것인 한에서 자신의 능력에 대한 자신감을 내포한다. 우리의 계획이 보잘것없다고 느낄 경우에 우리는 그것을 즐겁게 추구할 수 없으며 그 실현에 기쁨을 가질 수 없다. 실패와 자기불신을 걱정한 나머지 우리의 노력을 계속해서 기울일 수 없다. 그래서 자존감이 기본 선이 되는 이유가 명백해진다. 그것이 없이는 어떤 것도 할 가치가 없는 것으로 보이며 또는 비록 어떤 것이 우리에게 가치가 있는 것일지라도 우리는 그것을 추구하고자 하는 의지를 갖지 못하게 된다. 모든 욕구와 활동은 공허하게 되고 우리는 무감각과 냉소에 빠지게 된다.[64][65] 따라서 원초적 입장에 있는 당사자들은 어떤 대가를 치르더라도 자존감을 침해하는 사회적인 조건들은 피하려 하게 될 것이다. 공정으로서의 정의가 다른 원칙들에 비해서 자존감을 더 지지해 준다는 사실은 그것을 채택하게 되는 강력한 근거가 된다.[66][67]

---

63) 존 롤즈, 『정의론』, 이학사, 2003, 560쪽.

64) 지위의 추락은 사회적 불안이나 수치심, 질투, 우울 같은 기분과 정서를 유발한다. 사회적 불안은 아마도 지위의 상실을 피하도록 유발하는 기능을 하는 것 같다. 수치심도 이와 연관된 정서로 수치심은 공적인 평가를 받을 때 조롱이나 비웃음의 대상이 됨으로써 지위가 낮아질 위험이 있을 때 유발된다. 수치심에 빠진 사람은 자신을 작고, 열등하며, 멸시당하는 존재로 지각한다. 분노도 지위 상실에 대한 반응으로 가정될 수 있다. 분노는 지위 상실의 원인을 제공한 사람에게 복수하고자 하는 동기를 유발하는 것 같다. 우울감 역시 정서적 유대의 상실과 같은 여러 가지 다양한 요인들에 의해 유발되지만 지위 상실에 대한 정서적 반응으로 촉발되기도 한다. 데이비드 M 버스, 『마음의 기원』, 나노미디어, 2005, 517~518쪽.

65) 무엇보다도 만약 사람들의 행복감이 사회적 지위에 대한 평가에서 나오고 사회적 지위가 상대적인 것이라면, 극단적인 불평등은 가난한 사람들로 하여금 그들이 대다수의 인류보다 나은 생활을 누림에도 자기 자신을 패배자로 느끼게 만들 수 있을 것이다. 그것은 단지 감정적 상처의 문제가 아니다. 사회적 지위가 낮은 사람들은 건강이 나쁘고 수명이 짧으며, 경제적 불평등이 심한 사회 역시 건강이 나쁘고 평균수명이 짧다. 경제적 불평등을 줄이면 수백만의 사람들이 더 행복하고 안전하고 오래 살 것이라는 의학자 윌킨슨의 말을 다시금 되새길 필요가 있을 것이다. 스티븐 핑커, 『빈서판』, 사이언스북스, 2004, 532~533쪽.

66) 존 롤즈, 『정의론』, 이학사, 2003, 568쪽.

67) 롤즈는 정의론을 심리학적 법칙들에 근거하여 정의의 원칙들의 안정성을 논의하였다. 그는 성격을 습득하는 것이 자연도태의 결과임을 암시하고 있는데, 정의감에의 능력과 도덕적 감정은 인간이 자연에서의 그의 지위에 대한 적응방식이라고 본다. 존 롤즈, 『정의론』, 이학사, 2003, 643~644쪽.

정의로운 사회에서 자존감의 근거는 소득의 몫이 아니라 공공적으로 인정된 기본적 권리와 자유의 분배이다. 그리하여 최선의 해결책은 모든 이에게 동일한 지위를 규정하면서, 진정으로 평등하게 될 수 있는 기본적 자유의 할당을 통해 자존감이라는 기본적 가치를 지원하는 것이다. 동시에, 물질적 수단들의 상대적 몫들은 종속적 지위로 격하된다. 따라서 우리는 사회적 질서를 정의의 원칙들이 시사하는 것과 같이 두 부분으로 나누는 데 대한 또 다른 이유에 이르게 된다. 이러한 원칙들은 모든 사람의 이익을 가져오는 기여에 대한 보답으로 불평등을 허용하기는 하지만, 자유의 우선성은 자존감이라는 사회적 기초에서의 평등을 함축하는 것이다.[68)]

6. 비정규 노동과 정의의 원칙

위에서 살펴본 존 롤즈의 정의론을 중심으로 비정규 노동에 대하여 다음과 같은 정의의 원칙을 도출할 수 있을 것이다.

첫째, 정의의 두 번째 원칙에서 우리는 비정규직이라는 고용형태가 사회경제 구조 내에서 최소수혜자를 포함해 모든 사람의 이익을 위해 작용한다고 믿을 근거가 있을 경우 분배결과에 있어 차등이라는 불평등을 허용할 수 있을 것이다. 현실적으로도 우리는 시장에 개입하여 특정한 고용형태를 강요하거나 그러한 현상에 대한 실패를 치유할 해결책을 가지고 있지도 못하다.

둘째, 비정규 노동에 대하여 생산물 또는 서비스에 부가한 기여에 합당하는 재분배가 이루어져야 할 것이다. 비정규 노동은 직무의 특성상 노동의 과잉공급의 우려가 상존하는데, 수요와 공급에 따라 결정되는 시장의 불완전성으로 인하여 불공정한 분배가 이루어지는 경우에 정의의 원칙은 전체 구조를 통제하며, 필요에 대한 공적이고 객관적인 척도에 따라 국가가 재분배를 하는 것이 합당하고 가능한 항목에 대해서는 각자에게 마땅히 돌아갈 것을 할당하여야 할 것이다.

셋째, 세대 간의 분배 정의의 원칙이다. 세대별로 정규직과 비정규직으로 구분되거나, 우연한 시간상의 위치로 인하여 그들이 서로 달리 취급된다는 것은 그 자체로서 정당화

---

68) 존 롤즈, 『정의론』, 이학사, 2003, 698쪽 참조.

될 수 없기 때문이다. 현재 비정규직은 IMF 외환기환 이후 신규로 노동시장에 진입한 세대들에 집중되었으며, 급격한 경기변동이나 노동 관련 입법의 전후 등 시간적 우연에 따라 비정규직이 특정한 시점에서 불균등하게 양산되고 있다. 따라서 현재 청년실업률이 높게 유지되고 비정규직이 과도하게 양산되는 상황에서 정부에서 기업체에 독려하고 있는 정년연장[69]과 최근 여러 노조에서 제시하고 있는 정년연장 등의 단체협약안은 사람들이 무지의 베일 속에서 순수한 시간선호(time preference)를 갖지 않는다는 원초적 입장에서의 공정으로서의 정의의 원칙에 위배되는 것이므로 정의의 원칙에 따라 다시 고려되어야 할 것이다.

넷째, 비정규직에 대해서도 인생계획의 선(the good)의 원칙에 따라 한 개인이 자신의 숙고된 합리성에 따라 인생계획을 설계할 수 있도록 하여야 할 것이다. 합리적인 인생계획의 형성, 수정, 집행에 필요한 수입 및 부와 같은 기본적 재화들은 노동시장의 빈번한 출입에 따른 실업상태에서도 최소한의 물질적 수단으로서 보장되어야 하며, 비정규직으로 인한 평생소득의 예측 불가능성을 줄이기 위하여 최소 수준의 복지정책과 정책적인 차원의 직업재교육 등 제도적 측면이 구비되어야 할 것이다. 이를 통해 개인들은 필요한 수정적 조치들이 내려질 것이라는 인식을 믿고서 자유롭게 자신들의 합리적 인생계획들을 추구할 수 있을 것이다.[70]

> 노동을 하고 안 하고는 노동자의 마음대로 되지 않는다. 또 그가 어떤 방식으로 노동하느냐 하는 것도 마찬가지이다. 다만 효용의 관점만이 노동의 평가를 낳는 것이다. 우리가 오늘날 정의라 부르는 것을 이 관점에서 하나의 최고도로 세련된 효용성이라고 부르는 것을 이 관점에서 하나의 최고도로 세련된 효용성이라고 생각한다면 아주 적절하다. 그것은 단지 그 시점을 고려하는 것만으로 개개의 기회를 이용하는 데 그치는 효용성이 아니라 모든 상황의 '영속성'을 뜻하고, 따라서 노동자의 복지, 그 심신의 만족에도 주의를 기울이는 효용성이다. 그리고 노동자와 그 자손이 우리의 자본을 위해서도 일 잘하고 한 사람 한 사람의 생애보다 더 긴 시간에 걸쳐 신뢰할 수 있는 노동자가 되도록 하는 것을 목적으로 하는 효용성이다.[71]

---

69) 「고용보험법 시행령」 제25조에서는 기존의 정년을 폐지하거나, 정년을 56세 이상으로 1년 이상 연장하는 사업주가 기존의 정년에 도달한 후 계속 고용하는 근로자 1인당 월 30만 원씩 정년연장기간의 1/2 동안 고용연장 지원금을 지급하고 있다. 심지어는 정년을 57세 이상으로 정한 사업장의 사업주에게 고용되어 18개월 이상을 계속 근무한 후 정년에 이른 자를 퇴직시키지 아니하거나 정년퇴직 후 3개월 이내에 1년 이상의 기간을 정하여 재고용하는 경우에도 1인당 월 30만 원씩 6개월간(500인 이하 제조업은 12개월) 고령자 고용연장 지원금을 사업주에게 지급하고 있는 등 양호한 근로조건에서 장기고용의 이점을 충분히 누린 근로자에게도 법이 보호하여야 할 대상을 형식적 실업이라는 예단으로 평가하는 심각한 우를 범하고 있다.

70) 자원을 가지고 자신의 인생계획을 수립・추구・수정하는 능력, 특히 그것을 합리적으로 설정하고 추구하는 능력의 일부는 개인이 통제하고 선택할 수 없는 부분이 있음을 인정해야 한다. 책임과 통제에 의한 능력과 그렇지 않은 것을 구분하는 데도 인식적 제약이 있지만, 만약 어떤 유의미한 통계적 연관이나 다른 수단들을 통해 그러한 구분이 가능하다면 국가는 이러한 요인의 보상을 원칙적 분배정의의 과제로 간주해야 하지 않을까? 주동률, 「롤즈의 분배정의론의 특징들과 현대 평등주의」, 『롤즈의 정의론과 그 이후』, 철학과현실사, 2009, 103쪽.

다섯째, 비정규직 노동자가 자신에 대하여 자존감을 가질 수 있도록 배려되어야 할 것이다. 비정규직 노동자도 자신의 가치가 선에 대한 자신의 관점 및 인생계획이 실현할 만한 가치가 있다고 확고한 신념을 가질 수 있도록 배려되어야 할 것이다. 이러한 자존감은 우선적으로 비정규 노동자의 경제적 지위를 개선하여 사회경제적 격차를 해소하며, 자신의 필요와 선호 및 여건에 따라 정규 노동과 비정규 노동을 선택할 수도 있는 사회적 분위기가 성숙되는 데에서 해결점을 찾을 수 있을 것으로 보인다.[72]

우리는 이러한 정의의 원칙들을 통하여 우리가 지향하는 사회적 에토스(ēthos)[73]를 단기적으로 산출하거나 조정할 수는 없을 것이지만,[74] 정의관을 정당화하기 위해서 모든 사람이 자신의 정의감을 견지해야 한다고 할 필요도 없을 것이다. 왜냐하면 우리의 선은 우리가 어떤 종류의 인간이며 우리가 갖거나 할 수 있는 욕구나 포부가 어떤 종류의 것인가에 달려 있기 때문이다. 정의감을 자신의 선으로 생각하지 않는 많은 사람들이 있을 수도 있다. 그러나 그럴 경우에는 안정화를 위한 세력이 보다 약해진다. 이러한 여건 아래서는 처벌제도가 사회체제에서 훨씬 큰 역할을 하게 될 것이다. 합치되지 않는 정도가 크면 클수록 다른 조건이 같은 경우 그것에 부수하는 악으로 인한 불안정의 가능성이 커진다. 그러나 이것으로 인해서 정의의 원칙들이 갖는 전체적인 합리성이 무효화되지는 않는데, 그것은 다른 모든 사람들이 그 원칙들에 따르는 것은 여전히 각자에게 이득이 되기 때문이다.[75] 이러한 측면에서 제도는 사회적 협력이 건설적 노력을 추동할 수 있도록 해야 한다. 그리하여 우리가 공정으로서의 정의의 원칙에 입각한 사회적 제도들을 여러 세대에 걸쳐 누적하여 성공적으로 운영하고 그 원칙들이 점차적으로 실천되면서 내면화 될 경우, 덕의 개념 자체가 변화면서 먼 훗날에는 평등주의적 에토스가 결과적 분배정의를 인과하는 기제로 작용하여 자유로운 인간들의 공동체가 도래하는 것을 목격할 수

---

71) 프리드리히 니체, 『인간적인 너무나 인간적인 Ⅰ』, 책세상, 2001, 582쪽.

72) 롤즈는 자존감의 근거를 소득의 몫이 아니라 공공적으로 인정된 기본적 권리와 자유의 분배라고 하였다. 그러나 최소수혜자 계층에게 적정하게 보장된 소득의 몫이라는 것은 정의로운 사회에서 기본적 권리와 자유의 분배가 이루어진 결과라고 볼 수 있을 것이다.

73) ēthos(인격, 성격)는 ethos(습관, 버릇)에서 형성되고, 습관은 반복되는 몸가짐이나 마음가짐으로 굳어진 습성에서 비롯된 것이라는 게 헬라스인의 기본적인 생각이다. 건전한 양육과 교육이 훌륭한 성향들을 생기게 하고, 다시 건전한 성향들은 더 나은 사람들로 자라게 할 것이라는 플라톤의 교육관도, 아리스토텔레스의 德論도 이에 기본바탕을 두고 있다. - 譯註. 플라톤, 『국가 · 정체』, 서광사, 2005, 220~226쪽 참조.

74) 평등주의적 제도와 사회적 규범을 수용하는 시민들의 심정적 기반의 차이가 가져오는 현실적 효력을 생각해 볼 때 평등주의적 에토스의 중요성은 무시할 수 없다(북유럽 국가와 미국 시민들의 에토스 차이가 그 두 지역에서 상당히 다른 '기본적' 제도들의 구현을 허용/용이하게 하고 그 제도들과 상호작용하는 방식에 주목하라). 코헨에 의하면 한 사회의 에토스는 "그 덕분에 그 사회의 정상적 관행과 비공식적 압력들이 현 상태로 귀결된 정감과 태도의 집합이다"이다. 이러한 사회적 에토스는 의식적으로 단기간에 산출, 조정될 수 없고 그것이 시도될 경우 다른 규범적 비용을 산출하겠지만, 그 비용을 감안하여 장기적으로 그 바람직한 방향이 설정될 수는 있다. 주동률, 「롤즈의 분배정의론의 특징들과 현대 평등주의」, 『롤즈의 정의론과 그 이후』, 철학과현실사, 2009, 91쪽.

75) 존 롤즈, 『정의론』, 이학사, 2003, 736쪽.

있을 때가 올 것이다.

> 도덕의 영역에서 모든 것은 생성한 것이며, 변화할 수도 있고, 동요하고 있다. 만물은 흐름 속에 있다. 그것은 진실이다. 그러나 만물은 유전한다. 하나의 목표를 향하여, 예컨대 잘못된 평가·사랑·미움의 유전적 습성이 우리 내면을 지배할지라도, 자라나는 인식의 영향을 받아 그러한 습성은 약화되어 갈 것이다. 이해하고, 사랑하지 않으며, 미워하지 않고, 달관한다는 새로운 습성은 서서히 우리 속에서 같은 땅을 경작하고 정착하여, 수천 년 뒤에는 아마도 현명하고 죄 없는 인간을 규칙적으로 만들어 내는 힘을 인류에게 부여할 수 있을 정도로 충분히 강력해질 것이다. 마치 인류가 현재로서는 현명하지 못한, 부당한, 죄의식을 가진 인간을 산출하고 있는 것처럼 말이다.[76]

76) 프리드리히 니체, 『인간적인 너무나 인간적인』, 동서문화사, 1987, 85쪽.

제 2 부

한국의 노동시장과 비정규직 근로자

1856년 회기 중에 공장법 하나가 의회에 의해 밀수입되었는데 감독관들의 공동 보고에서 인용해 보도록 하겠다. “새로운 법규에 의하면 일상적 작업 때문에 전동 장치에 가까이 있고 따라서 작업 때문에 자신들이 처해 있는 위험과 주의의 필요성을 잘 알고 있는 사람들은 법에 의해 보호받는다. 반면에 특별한 작업명령을 수행하기 위해 자신의 일상적 작업을 포기해야 하며, 위험이 있음을 알지 못하고, 또 알지 못하기 때문에 위험으로부터 그들 자신을 보호할 수 없는 그러한 처지에 처할 수밖에 없는 사람들에게는 법률의 보호가 박탈된다. 그러나 후자의 사람들은 바로 그러한 까닭에 특별한 보호를 필요로 하는 사람들로 여겨진다.”

－칼 마르크스의『공장 노동자들의 처지』중에서－

공간적 분화나 경계 긋기와 깊이 맞물려 있는 내부노동시장은 자신의 경계 안에 있는 노동자들을 상품화의 온전한 효과로부터 보호했지만, 내부노동시장을 가진 주요 기업들은 자신의 노동력 중 일정 비율을 보호벽의 바깥에 남겨 뒀다. 기업은 보호벽 밖에 있는 이들을 시간제 노동자나 임시직 노동자로 대우했고, 권리와 부가급여도 줄여 갔다. 내부노동시장에 따르는 비용은 보호벽 안의 노동자들과 바깥의 노동자들을 분할하는 경계를 그음으로써 견제됐다.

－비버리 J 실버의『노동의 힘』중에서－

정신적 · 육체적 건강은 일자리 불안정을 연장시키는 사건이 많을수록 악화된다는 것을 보여 준다. 불안정한 환경에 적응하기보다는 노동자들은 걱정과 끊임없는 스트레스 속에 있게 된다. 일로부터 생기는 이런 압력은 가정으로 전이된다. 높은 일자리 불안정을 갖고 있다고 밝힌 노동자들은 또한 집에서도 긴장을 경험하는 경향이 있다.

－앤서니 기든스『현대 사회학』중에서－

1장
비정규 노동의 증가 및 그 원인

비정규직 보호에 대한 올바른 정책적 방향을 수립하기 위해서는 무엇보다도 노동수요 측면에서 비정규직이 어떠한 이유로 사용되고 있으며, 노동공급 측면에서 노동시장에서 나타나는 비정규직 노동자의 인적 속성과 동기 등 비정규 노동이 선택되는 환경 등 노동시장에 대한 구체적 분석뿐만 아니라, 효율성이라는 시장의 논리로 포괄되지 않는 사회적 관계와 위계, 제도, 노사관계, 역사, 문화 등에 대한 전체적인 분석이 필요하다.

현재 비정규직 문제에 대하여 한국의 노동시장을 분석하고 있는 대부분의 연구들은 비정규직 사용에 대한 이론적 배경으로 분단노동시장을 지지하고 있다는 점에서는 이론의 여지가 없어 보인다.[1] 이러한 관점에서 비정규직이 정규직으로의 전환을 위한 가교역할을 하기보다는 정규직 노동시장과 비정규직 노동시장이 이중구조로 '분절'되어 있다는 점에 대해서 대체적으로 견해가 일치하고 있다. Peter Doeringer와 Michael Piore에 대중화된 '분절'이라는 개념은 서로 다른 상관관계를 가진 노동기제뿐 아니라 노동계약 집단들 간의 이동을 제한하는 장벽들을 포괄한다. 실재하는 모든 노동시장은 수많은 분절을 포함하고 있다. 사용자들뿐만 아니라 노동자들도 노동의 자유로운 이동에 대한 조직적 장벽들을 만들어 내며, 대부분의 노동자는 그들의 노동생애 대부분을 특정 구획(segment) 안에서 보낸다. 각 구획에서의 노동은 서로 다른 규칙에 따라 수행되고 다른 자격제도를 가지며 상이한 네트워크를 통해 충원된다. 사용자들과 재직 노동자들은 함께 부적절한 외부자들로부터 다양한 구획들의 경계를 방어함에 따라 노동시장은 노동자의 귀속적 특성과 네트

1) 노동시장의 유연화를 옹호하는 주류 경제학적 입장에서는 비정규 노동을 문제시할 이유가 없으므로 비정규 노동에 대한 연구자료는 없다고 보아도 무방하다.

워크의 차이에 따라 분절되고 그 경계가 고착된다는 것이다.[2] 네트워크에 대한 연결은 더욱 결정적이다. 그 결과, 네트워크는 누가 어떤 일자리를 얻게 되는지, 그리고 어떤 노동자들이 이미 취업해 있는 종업원들과 연결되어 있는지를 결정한다. 그래서 인구집단별로 많은 임금격차를 보이는 것은 단순히 노동자의 생산성 또는 사용자의 임금차별에 의해서 그렇게 되기보다는 매칭과 승진에 대한 네트워크의 차이를 반영하고 있다.[3]

> 철도회사의 일자리에 얼마나 많은 사람들이 지원했는가에 관계없이 나 자신은 처남 덕분에 그곳에 취업할 수 있었다. 병원에서의 일자리 역시 우리 아버지가 넣어 준 것이다. 지금의 정육점 일자리도 내가 어울려 운동하던 친구가 마련해 준 것이다. 달리 말하자면 당신의 지원 서류는 아무 쓸모가 없다는 것이다. …… 노동자들의 관점에서는 채용이 순전히 정실주의로 보인다. …… 불평등과 직업 분절성은 특정 네트워크 또는 노동자 집단에 대한 특수한 매칭이라기보다는 항상적인 형태로 존재한다. 네트워크에 의해 매개된 채용의 결과로서 대부분의 지역 수준의 노동력은 인종·민족출신·성별에 따라 분리되어 있다.[4]

그리하여 노동시장의 분절화는 노동자가 필요한 기능을 갖추고 있음에도 불구하고, 특정의 일자리에 대한 접근에 어려움이 있는 경우를 말한다. 이것은 불평등한 고용조건 또는 일자리와 일자리에 대한 불평등한 접근기회 간의 상호작용에 의해 발생한다. 특정의 일자리에의 접근이 기업의 인사관리에 의해 허용되지 않으면서 노동자의 인적속성과 결합되어 노동시장의 분절화가 이루어진다. 또한 일자리와 취업형태의 속성은 점점 노동자에게 이전되어, 노동자의 개인적 속성으로 간주된다. 불완전한 취업경력이 시장의 낙인을 가져와, 비정규직의 노동자는 기업의 내부노동시장의 고용관계에 적합하지 않은 것으로 평가된다. 그리하여 비정규직의 노동자는 교육이나 승진의 기회가 없는 일자리에만 투입되며, 그 결과 노동시장의 분절화가 고착화된다.[5]

1장에서는 이러한 분단노동시장이론을 주요한 토대로 제도주의 경제학과 정치경제학 이론을 위주로 비정규직 고용이 증가하는 원인과 사회적 차별에 대한 기존의 연구와 입장을 분류상의 편이에 따라 포괄적으로 살펴보기로 한다.

---

2) 크리스 틸리·찰스 틸리, 『자본주의의 노동세계』, 한울아카데미, 2006, 264쪽 참조.

3) 크리스 틸리·찰스 틸리, 『자본주의의 노동세계』, 한울아카데미, 2006, 320쪽.

4) 크리스 틸리·찰스 틸리, 『자본주의의 노동세계』, 한울아카데미, 2006, 294~303쪽.

5) 박경순, 「수요 지향 정책의 관점에서 비정규 노동의 원인 규명을 위한 하나의 시도」, 『한독사회과학논총』 제16권 제2호, 한독사회과학회, 2006, 152~153쪽 참조.

1. 제도주의 경제학적 접근

1) 분단노동시장이론 · 내부노동시장이론 · 이중노동시장이론

노동시장은 경쟁적이지 않으며, 시장청산이 이루어지는 대신에 거래비용을 줄일 수 있는 제도와 사회적 관습[6] 등에 의하여 규율된다고 보는 제도주의 경제학적 분석은 학계에서 행해지는 비정규 노동에 대한 가장 일반적인 분석이다. 유사한 의미로 사용되는 내부노동시장론,[7][8] 이중노동시장론, 분단노동시장론 등을 주요 이론적 분석의 준거로 하고 있으며, 제도적 요인을 경제이론의 도구로 분석에 수용해야 한다고 주장한다. 이러한 사고는 상부구조는 말할 것도 없고 토대 안의 생산관계 역시 제도의 형태를 취한다는 점에 주목한다. 예를 들어 상부구조에 국가라는 제도와 조직이 있다면, 토대 역시 기업과 같은 제도와 조직을 가지고 있다. 특히 자본주의적 생산관계의 전형적인 구현체인 기업은 취업규칙이나 단체교섭, 다양한 형태의 작업조직과 작업장에서의 관행과 관습과 같은 제도적 형태를 통해 구체화된다는 것이다.[9] 제도학파 경제학자인 John Dunlop은 업종이나 기업의 특성 및 규모에 따라 내부노동시장의 형태를 다음과 같이 세 가지로 분류한다.[10]

(1) 내부노동시장의 영향이 거의 없는 경우: 이 경우는 소규모 기업의 근로자들에게 해당되는 것으로, 이러한 기업에서는 인적자원관리가 인간관계에 의존하고 재화시장이 경쟁적이어서 고용이 기본적으로 불안정하다. 주로 하청업체들에 고용이 된 일시적이고, 시간제 또는 대체 근로자들이나 자영업자들이 포함된다. 1990년에는 임금과 고용이 외부노동시장에 의해 많은 영향을 받으면서 이러한 형태의 근로자들이

---

6) 거래비용이론의 관점에서 내부노동시장 형성원인에 대해 살펴보자. 거래비용이론에서 거래당사자는 거래에 수반되는 비용을 절감하고자 한다고 전제하자. 그래서 그 거래에 소요되는 비용, 즉 거래비용을 줄이는 방향으로 거래관계를 지배하는 조직의 내부구조나 제도들이 마련된다고 설명하며 이들 다양한 제도, 규칙의 체계를 지배구조(governance)라 부른다. 정건화, 「노동시장의 구조변화에 대한 제도경제학적 해석」, 『경제와 사회』 57호, 한국산업사회학회, 2003, 22~23쪽.

7) 기업 내의 규칙이나 관리가 노동시장의 기능을 대신함으로써 노동시장 기능이 기업 내로 옮겨진 현상을 내부노동시장이라고 한다. 김유배, 『노동경제학』, 박영사, 2006, 18쪽.

8) 기업 안에서 경험들을 쌓은 노동자들이 직무이동을 하게 되면서, 그리고 한 직무에서 보인 노동자의 노동성과가 다른 업무의 수행능력에 대한 고급정보를 제공하기 때문에 내부노동시장이 발전하게 되는 것이다. 외부로부터 충원되는 노동자들은 기업의 특수한 지식을 결여하고 있으며, 그 능력에 대해 평가하기가 더욱 어렵기 마련이다. 반면 낮은 승진등급으로 제한되거나 아예 승진기회가 없는 일자리로 구성되며, 기업 내 지위 상승의 희망 없이 철저한 통제하에 업무를 수행하는 상이한 이직풀(turnover pool)이 동시에 존재한다. 크리스 틸리 · 찰스 틸리, 『자본주의의 노동세계』, 한울아카데미, 2006, 292, 333쪽 참조.

9) 김영용, 「정치경제학과 제도경제학? 정치경제학 혹은 제도 경제학?」, 『사회경제 평론』 제19호, 한국사회경제학회, 2002, 28쪽 참조.

10) Thomas Hyclak · Geraint Johnes · Robert Thornton, 『노동경제학』, 시그마프레스, 2007, 275~276쪽.

미국에서 4,000만 명을 넘어섰다.

(2) 내부노동시장의 영향을 강하게 받는 경우: 여기에는 두 그룹이 있다. ① 공공부문의 근로자들로 이들에 대한 인적자원정책이 법으로 명시되어 있는 경우와, ② 제조업, 전기, 전화 및 가스 다른 서비스업에서의 대규모 사업장에 고용된 근로자들을 포함한다. 내부노동시장에 대한 대부분의 연구는 이들에 대한 것들이다. 자본집중도, 특화된 자본의 사용도, 시장지배력 등이 경영이나 단체교섭에 영향을 미치고 결과적으로 입직구나 근로자들의 보직배치 등을 결정한다. 던롭은 이러한 유형의 근로자들이 미국에 1990년 현재 3,300만 명이 된다고 추정했는데, 이들에게 외부노동시장의 영향은 간접적이고 제한되어 있다.

(3) 중간 정도의 영향을 받는 경우: 양극단의 중간에는 세 가지 그룹의 근로자가 있는데, 여기에 해당되는 기업들에서는 입직구가 다양하고 직무구조가 매우 단순하다. 첫째는 도소매 및 서비스업의 일자리들로, 기업 내의 직무구조의 층이 단순하고 입직일자리는 외부노동시장의 영향을 받는다. 두 번째는 은행이나 보험회사들의 사무직들이 해당된다. 세 번째 그룹은 대학, 연구기관 및 자문회사들과 같은 기술전문직들인데, 이들은 자신의 직업에 대한 외부적인 충성도를 갖고 있으며, 직무구조는 그다지 중요하지 않다. 이들 중간그룹의 근로자들은 1990년에 3,700만 명 정도 되는 것으로 추정이 되었다.

제도주의 경제학적 분석에서는 노동시장의 직무 특성에 따라 1차 노동시장과 2차 노동시장으로 구분한다. 1차 노동시장 내의 직무들은 고임금, 양호한 근로조건, 고용의 안정성, 승진 및 승급의 기회, 공평성, 적절하고 합리적인 노무관리 등 특성을 가지고 있다.[11] 1차 노동시장은 대기업으로, 노조가 있으며, 기술적 우위를 가지고 있는 기업에서 발달되어 나타나는데, 이러한 기업들의 특징은 내부노동시장으로 진입하는 신규채용 인력에 대하여 세심하게 선별적인 작업을 거쳐 채용을 한다.[12] 반면 2차 노동시장의 일자리는 임시직 노동시장과 많은 공통점을 가진다. 저임금, 저수준의 부가급여, 열악한 근로조건, 높은 노동이동, 승진기회의 결여, 자의적인 관리감독, 고용의 불안정 등을 특징으로 하며,[13] 중

11) 배무기, 『노동경제학』, 경문사, 1989, 99쪽.

12) Kaufman · Hotchkiss, 『The Economics of labor markets』, THOMSON, 2006, 301쪽.

13) 배무기, 『노동경제학』, 경문사, 1989, 99쪽.

요한 숙련의 축적 없이 사용자를 바꾸거나, 때때로 직업을 아예 바꾸는 방식의 일자리 이동방식을 보여 준다. 2차 노동시장을 활용하는 사용자들의 경우 종종 상용직 노동자들의 연간 이직률이 종종 200~300%에 달한다.[14] 따라서 이러한 일자리들의 대부분은 비정규직으로 고용될 확률이 높을 뿐만 아니라, 그 노동자들이 저임금으로 인한 빈곤층에 포함될 가능성이 상대적으로 농후하게 된다.

> 공정고용을 위한 캐롤라이나 연합은 1994년에 임시직 노동자들과 워크숍을 개최하여 각 참가자들에게 네 단어로 자신의 직장생활에 대해 묘사할 것을 요청했다. 그 목록에는 일부의 긍정적인 단어를 포함하고 있기는 하지만, 대부분의 단어는 다음과 같이 부정적이었다. 기죽이는(5회), 중요치 않은(2회), 슬픈, 나쁜, 예측할 수 없는, 학대받는, 거친, 화난, 실망스러운, 메스꺼운, 바라보기도 싫은, 소모적인, 외부인의, 불안정한, 이용당하는, 저임금의, 괴롭히는, 미래가 없는, 압박당하는, 위협받는, 불행한, 어울리지 않는, 의기소침한, 개선 여지가 있는, 불쾌한, 아주 힘든, 증오, 고약한, 처량한, 불공평한, 피곤한 그리고 과로하는![15]

이러한 분단시장 또는 이중노동시장이론이 가지는 의미는 노동시장이 내부노동시장, 사회적 차별, 노동조합 등의 요인에 의하여 분단 또는 이동이 제한되어 노동시장의 양극화를 초래하면서 경제적 불평등이 고착될 수 있다는 것이다.[16] 이에 대한 실증적 연구로 남재량・김태기(2000)는 경제활동패널 자료를 기초로 이행확률 분석을 통한 동태분석 결과에서 비정규직 종사자들의 주된 경로는 비경제활동 상태와 실업 또는 비정규직 취업의 순환 구조 속에 존재하며, 비정규직에서 정규직으로 옮겨 가더라도 이들 가운데 80% 이상이 2년도 못 되어 다시 비정규직으로 되돌아왔다. 정규직에 정착한 것으로 볼 수 있는 근로자, 즉 가교로서의 비정규직 근로자는 전체 비정규직 근로자의 0.5~0.7% 정도로서 1%에도 미치지 못한다는 장기추적 관찰 결과를 제시하였다. 우리나라에서 비정규직은 한 번 빠지면 헤어나기 어려운 함정으로서의 역할이 대부분이며, 정규직으로 옮겨 가기 위한 가교로서의 기능은 무시할 정도로 미약하다는 것이다.[17] 이러한 결과는 일단 비정규직에

---

14) 크리스 틸리・찰스 틸리, 『자본주의의 노동세계』, 한울아카데미, 2006, 330쪽.

15) 크리스 틸리・찰스 틸리, 『자본주의의 노동세계』, 한울아카데미, 2006, 344쪽.

16) 공간적 분화나 경계 긋기와 깊이 맞물려 있는 내부노동시장은 자신의 경계 안에 있는 노동자들을 상품화의 온전한 효과로부터 보호했지만, 내부노동시장을 가진 주요 기업들은 자신의 노동력 중 일정 비율을 보호벽의 바깥에 남겨 뒀다. 기업은 보호벽 밖에 있는 이들을 시간제 노동자나 임시직 노동자로 대우했고, 권리와 부가급여도 줄여 갔다. 비버리 J 실버, 『노동의 힘』, 그린비, 2005, 227쪽.

17) 남재량은 이전의 연구결과와는 달리 2002년부터 2007년까지의 축적된 노동패널조사를 분석한 결과에서는 비정규근로가 대부분 함정으로서 역할을 한다는 기존연구는 근로형태에 대한 새로운 정의가 마련되기 이전에 종사상 지위나 자기 선언적 비정규직 개념을 사용함에 따라 얻어진 결과일 수 있다고 한다. 노동패널조사와 경제활동인구조사의 이행확률 분석 결과 정규직에서 비정규직으로 이행할 확률은 12.9~15.3%, 11.3~15.0%에 정도로 적지 않은 규모로 나타난다. 결국 실제로 우리나라의 비정규직은 가교 또는 디딤돌로서도 상당한

빠지면 그곳에서 벗어나기 어렵고 대부분 비정규직과 실업 및 비경제활동인구 또는 비임금 근로를 옮겨 다니게 되므로 비정규직 종사자 대부분의 노동시장 신분은 취약할 수밖에 없다는 것이다.

이러한 관점은 노동시장이 성, 인종, 학력, 이전의 직업경력 등에 의하여 오명(stigmatizing effect)이 쓰여 있어 2차 부문의 노동자들은 교육이나 직업능력개발 등의 노력을 경주하더라도 1차 노동시장에의 진입이 제한되어 있다고 본다. 그 결과로 낮은 임금을 받아들이게 되고, 장래성과 발전성이 없는 직업에 종사하면서 높은 이직률을 보이게 된다는 것이다.[18] 반면 1차 노동시장은 흔히 노조가 조직되어 있으며, 기술적 우위를 가지고 있는 대기업들에서 흔히 발견되는데 이러한 기업들의 채용에서의 가장 중요한 특징은 직장 내 교육(OJT)과 교육훈련에 대한 많은 비용이 투입된 노동자들로 이루어진 잘 발달된 '내부노동시장'이다. 따라서 이러한 기업들은 내부노동시장의 입직문(entry-levels positions in the internal labor markets)에 대하여 엄격한 기준을 적용하여 채용을 결정하게 된다.[19]

이중노동시장이론에는 Doeringer & Piore와 Reich Edwards & Gordon의 두 가지 이론적 접근방법이 있는데 Doeringer와 Piore는 노동시장과 생산물시장에서의 수요, 공급의 불확실성이 노동시장 이중화의 원인이라고 본다. 즉 상품수요의 안정적인 부분은 핵심(core)인 1차 부문의 노동자에 의하여 생산되고, 나머지 변동적인 상품에 대한 수요는 1차 부문 및 주변부(periphery)인 2차 부문의 노동자에 의하여 생산된다. 그리하여 Piore는 핵심 부문의 노동자들은 기업의 고정자본의 일부로 간주되는 반면, 노동시장의 불확실성은 2차 부문의 노동자들에게 전가될 수 있다고 본다. Reich Edwards와 Gordon은 노동시장 분단의 원인이 노동과 자본의 갈등이라는 측면과 더불어 생산과정에 대한 통제(분할 지배 전략)에 기초해 있다고 본다. 즉 분단노동시장은 이윤을 유지하기 위한 자본의 전략의 하나이며, 이윤을 얻기 위한 작업장에서의 통제기법의 다양한 형태라고 본다.[20]

이러한 일반적인 제도주의 경제학적 분석 외에도 코즈의 거래비용[21]을 중시하는 신제

역할을 수행하고 있을 가능성이 크다고 한다. 남재량, 「KLIPS를 통해서 본 비정규근로의 동태적 특성」, 『노동리뷰』 2009년 1월호, 한국노동연구원, 2010, 91~92쪽 참조.

18) The dualist argue that because minority workers are trapped in the secondary sector, they then adapt to the low wages and dead-end nature of secondary jobs by engaging in frequent job changing. Kaufman・Hotchkiss, 『The Economics of labor markets』, THOMSON, 2006, 300~303쪽 참조.

19) Kaufman・Hotchkiss, 『The Economics of labor markets』, THOMSON, 2006, 301쪽.

20) Ben Fine, 『Labor market theory』, ROUTLEDGE, 1998, 121~124쪽 참조.

21) 코즈는 명령관계에 의존하는 자본주의 기업의 위계적인 조직과 당시 공산주의 국가들의 중앙 집중적 계획경제가 닮았다는 점에 주목했다. 코즈는 가격결정체계(시장)의 역할을 믿으며 중앙 집중적 경제계획이 불가능하다는 경제학자들의 견해와, 명백히 계획된 사회와 기업이 존

도주의학파,[22] 진화론과 게임이론을 원용하는 진화경제학적 접근방법,[23] 마르크스주의 정치경제학과 제도경제학을 결합하여 계급관계가 체화된 제도를 분석하는 보울스와 긴티즈 등의 급진파 제도경제학,[24] 아글리에타 · 부아예의 조절이론, 폴라니의 비판적 제도주의, 노동자 집단이나 노동조합의 행위가 노동시장의 분절화와 내부노동시장의 형성에 주요한 변수로서 노동시장에 미치는 영향을 강조하는 노동자 집합행동론 등 여러 입장이 존재하고 있다. 다만 제도주의 경제학적 분석을 위주로 한 국내의 연구에서는 비정규 노동의 증가의 원인에 대한 진단과 해결방안에 대하여 다소 혼합된 방법을 사용하는 것 이외에는 커다란 차이점이 존재하지는 않는 것으로 보인다. 이러한 국내의 비정규 노동에 대한 제도경제학적 분석은 대다수가 통상적인 신제도주의 학파적 접근방법(김유선, 2003)에 가까운 것으로 보이며, 거래비용 이론을 고용계약에 적용시키는 신제도주의 학파적 접근(정건화, 2003; 이종훈, 2006), IMF 경제위기 이후 대기업을 중심으로 기업내부노동시장이 이완되었다고 보는 입장(정이환 · 전병유, 2001), 내부노동시장의 이론에 기초하여 인건비 절감과 편익의 추구에서 찾는 입장(노용진, 2006; 안주엽 · 김동배 · 이시윤, 2003), 내부자 · 외부자 모델에 입각하여 정규직으로 구성된 내부노동시장의 경직성을 비정규 노동의 원인으로 진단하는 입장(황수경, 2003) 등 여러 가지 시각이 혼재되어 있다. 그 외에는 제도주의 경제학의 최근 조류로 비판적 마르크스주의 관점의 보울스와 긴티즈의 급진파 제도경제학과 진화경제학의 이론 등을 간략히 소개하고 있는 데 그치고 있는 것으로 보인다. 다음에서는 제도학파적 접근을 위주로 한 기존의 연구들에서 비정규 노동의 증가와 원인에 대한 주요 이슈와 요인분석을 간략히 살펴보기로 한다.

재하고 이들이 작동하고 있다는 사실을 어떻게 양립시킬 수 있을까 하는 질문에 그는 교환을 수행하는 데에는 비용이 든다는 사실을 처음으로 지적했다. 예를 들어, 교환 상대자를 찾거나, 가격을 흥정하거나, 계약이 이행됐는지를 확인하는 등 교환을 수행하는 데에는 비용이 따른다. 코즈는 이러한 비용을 '거래비용'이라고 불렀다. 그는 이 새로운 개념을 사용해서, 어떤 종류의 활동에서는 일을 수직적으로 운영하는 것이 수평적 시장교환에만 의존하는 것보다 비용이 적게 든다고 주장했다. 그의 결론은 기업이 존재하는 이유는 명령으로 일을 조직할 때 발생하는 거래비용이 시장 교환으로 일을 조직하는 데 드는 거래비용보다 작기 때문이라는 것이다. 새뮤얼 보울스 · 리처드 에드워드 · 프랭크 루스벨트, 『자본주의 이해하기』, 후마니타스, 2007, 138～139쪽.

22) 거래비용 이론은 제도를 역사적 · 사회적으로 규정된 것으로 보기보다는 개인들의 선택행위에 대한 미시적 분석을 통해 설명하고 있다는 점에서 베블렌이나 커먼즈 등의 구제도학파 경제학과는 구별되어 통상 신제도주의 경제학이라 불린다. 정건화, 「노동시장의 구조변화에 대한 제도경제학적 해석」, 『경제와 사회』 57호, 한국산업사회학회, 2003, 10쪽.

23) 진화경제학적 사고는 인간은 제한적으로만 합리적일 수밖에 없으며, 따라서 이득을 극대화하는 것이 불가능하기 때문에 그것을 극대화하지는 않는다고 본다. 사회에서는 보다 효율적인 상태로의 진화가 일어나기도 하지만 그렇지 못한 비효율적인 상태로의 고착도 가능하다는 것이다. 즉 진화경제학적 사고는 생물학적 방법론을 도입하여 경제 주체들 간의 이질성과 그들을 차별 짓는 관행(제도)의 차이를 강조한다. 따라서 보다 더 우월한 관행을 가진 주체가 선별되는 것이 가능하다. 민경국 · 이근 외, 『제도연구 4』, 한국경제연구원, 2002, 177～197쪽.

24) 현대 마르크스주의자 급진파 제도주의자들은 계급관계가 제도에 체화되어 있으며, 모든 기본적인 사회제도들은 계급관계의 체현으로 본다. 따라서 계급과 제도는 두 개의 분리된 개념이 아니고 동일한 접근의 두 측면으로 파악한다. 그리하여 사회의 기본적인 긴장은 계급관계 대 생산력이다. 이러한 사회적 긴장이 사회적 갈등을 낳는다. 이러한 갈등은 궁극적으로 개혁이나 혁명과 같은 진화적 변화를 일으킨다. 결국 변화는 어떤 필연이나 외부의 힘에 의해 발생하는 것이 아니라 주어진 환경하에서 인간의 의사결정과 행위의 결과인 것이다. 김종한, 「정치경제학 분석방법에서 진화적 관점의 유용성 모색」, 『응용경제』 제7권 1호, 한국응용경제학회, 2005.

2) 비정규 노동의 증가 및 원인에 대한 설명들

비정규 노동이 증가되고 있는 이유를 한 가지로 설명할 수는 없다. 비정규 노동에는 다양한 형태가 존재하고 각 고용형태의 증가원인은 사회의 역사나 문화 및 각종 노사관계 등 구체적인 조건들에 따라 상이하고 유사한 경제구조에 의해서도 동일하지는 않을 것이기 때문이다. 게다가 동일한 사회적 환경에서도 기업들은 여러 가지 이유와 목적을 가지고 다양한 형태의 유연화 전략을 사용할 수 있다. 그러나 제도주의 경제학적 분석을 토대로 한 기존 논의들에서 언급된 비정규 노동의 주요한 원인을 정리하면 다음의 몇 가지 관점으로 요약할 수 있을 것이다.

(1) 인사관리전략・고용관리전략의 변화

전략적 인사관리론의 연구영역은 기업이 어떤 환경 속에서 어떤 인사관리전략이나 인사관행을 채택하는가, 경영환경과 인사관리 간의 적합성이 경영성과에 어떤 영향을 미치는가, 그리고 인사관리의 특성에 따라 경영성과에 차이가 있는가의 세 가지로 요약할 수 있다. 이 중 첫 번째, 즉 기업의 경영환경과 인사관리 전략이나 인사 관행 간의 관계에 대한 연구영역은 비정규직 활용 동기와 관련해서 시사점을 제공할 수 있는데, 비정규직 활용에 있어서 기업의 주도적인 역할을 강조한다는 특징이 있다. 고용전략・인적자원관리전략에는 고용거래를 내부화할 것인가, 아니면 시장거래를 통해 조달할 것인가, 즉 장기계약을 통해 정규직 신입사원을 뽑고 이들의 근속이 쌓이면서 직무사다리를 통해 승진해가면서 기업 특수적 지식과 숙련을 향상시키는 방식을 택할 것인가라는 육성형 인사전략과 필요한 직무에 대한 능력을 갖춘 준비된 노동을 시장에서 그때그때 조달할 것인가라는 시장형 인사전략으로 구분할 수 있다. 이때 정규직 근로자에 대해서 시장형 인사전략을 채택하는 경우 비정규직 활용이 증가될 수 있다.[25]

전략적 인사관리론의 인적자원 포토폴리오에 대한 논의도 비정규직의 활용 동기와 관련해서 시사점을 제공한다. 인적자원 포토폴리오에 대한 논의는 기업 내 상이한 집단별로 인적 자본의 특성이 다르기 때문에 적합한 고용형태도 달라진다는 것인데, 비정규직 활용의 영향요인을 기업 내부의 인적 자본의 특성에서 찾는다.[26] 특정 직무를 수행하는 과정

25) 정건화, 「노동시장의 구조변화에 대한 제도경제학적 해석」, 『경제와 사회』 57호, 한국산업사회학회, 2003, 32~33쪽 참조.

26) 안주엽・김동배・이시윤, 『비정규 근로 실태와 정책과제 Ⅲ』, 한국노동연구원, 2003, 121~123쪽 참조.

이나 능력 또는 특정 직무 자체가 기업 특유성을 갖는다면, 기업은 그 직무를 지속적 경쟁우위의 확보를 통한 전략적 자산으로 인식하고 그 직무를 수행할 노동력에 대해 정규직 고용형태를 선택할 것이다. 반대의 경우에는 특정 직무를 전략적 자산의 요소로 보지 않고, 이를 위해 노동력을 고용할 때 비정규직 형태를 선택할 것이다. 요컨대, 기업은 특정 직무에 대한 고용형태를 선택할 때, 특정 직무와 그 직무를 수행하는 노동력을 통해 누릴 수 있는 경쟁우위에 대한 기대가 그 결정을 이끌어 낸다. 다시 말해 경영자가 인적자원을 핵심역량의 토대가 아니라고 생각하면 자원이 아니라 비용으로만 인식하게 되므로 비정규직 고용의 비중을 높일 것이다.27)

김유선(2003a, 2003b, 2004)은 비정규직 증가의 원인으로 제기되어 온 가설들을 유형화하면, 첫째, 노동공급 측면에서 여성의 경제활동 참가율이 증가하고, 청소년과 고령자의 노동시장 진입이 증가하면서 비정규직을 선호하는 방향으로 노동력의 인적 구성이 변화하였다는 가설, 둘째, 노동수요 측면에서 세계화와 그에 따른 경쟁의 격화, 수요의 불확실성 증가를 강조하는 경제 환경 변화가설, 셋째, 노동수요 측면에서 행위 주체 요인을 강조하는 인사관리전략의 변화로 핵심노동자층은 유지하되 전통적인 내부노동시장 외곽에 더 많은 노동자를 배치함으로써, 수량적 유연성을 제고하고 노동비용을 절감하는 방향으로 기업의 인사관리전략이 변화하였다는 가설, 넷째, 노동조합이 있는 기업에서 비정규직 사용 비율은 노동조합의 저항력에 달려 있고, 노사 간 힘 관계의 변화로 최근 비정규직의 증가는 전체 노동시장에서 노동의 힘이 약화된 데 기인한다고 보는 가설이 있다. 분석결과에서는 세 번째의 인사관리전략변화 가설이 가장 강하게 지지되며, 노사 간 힘 관계 변화 가설 외의 나머지 가설은 대부분은 기각된다고 한다. 이러한 분석으로부터 비정규직 증가가 경제환경 변화 또는 노동시장 요인에 기인하는 불가피한 현상이 아니라 정부의 노동시장 유연화 정책, 기업의 인사관리 전략 변화, 노조의 조직률 하락 등 행위 주체 요인에 기인하며, 비정규직 문제 해결 역시 행위 주체의 적극적인 노력을 통해서만 가능하다고 본다.

정이환(2002a)은 비정규노동의 증가 원인에 대하여 거론된 요인들을 세 가지 수준으로 나누어 보고 있다. 첫째, 국가를 넘어서는 차원에서의 거시 구조적 변화이다. 여기에는 기술혁신과 국가 간 경쟁심화의 두 가지 변화가 중심적이다. 정보기술의 확산, 빠른 기술변

27) 신상인・박재희, 「비정규직 고용이론에 관한 연구」, 『인적자원관리연구』 제8집, 한국인적자원관리학회, 2004, 220쪽.

화는 고용유연화를 촉진하는 배경이 된다. 국가가 경쟁심화도 중요한 거시적 변화이다. 경쟁이 심화되는 가운데 각국 기업들은 안정적 내부노동시장을 유지하기 어렵게 되어 인력운용의 외부화를 추진한다. 둘째, 국가수준 요인으로 두 가지 요인을 거론한다. 하나는 전체 노동시장 상황이다. 실업률이 높고 고용기회가 적으면 그만큼 비정규노동이 증가할 가능성이 크다. 일자리를 찾기 어려운 노동자들은 비정규직으로라도 취업하려 할 것이기 때문이다. 다른 하나는 노동시장 관련 제도들이다. 비정규노동을 규제하는 제도가 비정규노동의 규모에 영향을 미친다. 셋째, 행위자 수준 요인으로 여기에 가장 직접적 영향을 미치는 것은 경영자의 고용관리전략이다. 대체로 기업들은 직무의 중심과 주변으로의 분할 그리고 이 각각의 직무를 맡는 노동력의 관리방법에 대한 일관된 정책 또는 전략을 가지고 있는데, 이것이 비정규 노동의 규모에 결정적으로 중요한 영향을 미친다. 이상에서 거론된 요인들이 비정규 노동의 성격에도 영향을 미치며, 제도수준에서는 비정규 노동 관련 제도의 내용이 비정규 노동의 성격에 영향을 미칠 것이라고 한다.

그는 일본과 한국의 비정규직 규모와 성격을 비교하면서, 비정규노동의 사회적 성격에 차이가 나는 이유는 거시 경제상황이나 고용관련 제도의 차이 때문이 아니라 사용자의 '고용관리전략'이 중요한 변수라고 주장한다. 한국의 사용자들은 외환위기 이전부터 장기고용 관행에 대한 의지가 일본에 비해 강하지 않았으며, 이런 경향이 외환위기 이후 심화되었다. 특히 한국에서는 정규직을 해고하고 그 자리에 비정규직을 고용하는 방식이 빈번하게 사용되었다는 점에 주목하면서 제도와 노동시장의 상황이 유사해도 사용자의 고용전략에 따라 비정규 노동의 성격이 매우 다를 수 있다고 한다.

(2) 내부노동시장의 변화

정건화(2003)는 거래비용의 관점에서 내부노동시장을 설명한다. 거래비용을 줄이는 방향으로 조직의 내부구조나 제도들이 형성되는데, 고용계약을 체결하는 유일한 방식이 존재하는 것이 아니라는 것이다. 인적 자산의 특수성이 존재하는 노동에 대한 고용계약은 노동거래를 내부화하여 장기적 거래관계를 유지하고, 인적 자산의 특수성이 없는 노동거래에는 자율적 시장계약을 통한 거래가 이루어진다. 그리하여 비정규 노동이 증가하는 현상에 대하여 '한국 노동시장의 구조변화'라는 측면에서 접근해야 함을 강조하고, 이는 내부노동시장의 변화와 비정규 노동의 확대를 상호 연관된 현상으로 긴밀히 관련시켜 이해하는 것을 의미한다. 비정규 노동의 증가원인과 양상에 대한 분석은 궁극적으로 노동시장

구조에 대한 분석과 연관되며 노동시장 구조의 각국별 차이나 특성에 기초해서 이루어져야 한다는 것이다. 최근 비정규 노동의 증가원인도 내부노동시장의 변화와 관련하여 1990년대 이후 노동비용 절감을 위한 기업의 전략변화라는 노동의 수요 측면에서 설명하는데, 내부노동시장이 이완되어 외부노동시장이 확대됨으로써 비정규직이 증가하였다는 것이다. 일차 노동시장은 외부노동시장과 밀접히 연관되어 작동하고 있으며, 외부노동시장의 확대로서 임시직 및 일용직의 증대나 새로운 고용형태가 확대되는 것이다. 우리나라의 경우 IMF 경제위기는 기업들이 내부노동시장의 해체나 이완을 위해 적극적인 공세를 펼 수 있는 계기가 되었다. 그 결과 사무직의 경우 내부노동시장이 상당히 이완되었고, 대기업 생산직에서만 노동조합의 완강한 저항을 통해 내부노동시장이 유지되고 있다고 한다. IMF 경제위기는 이러한 기업 측의 노력과 성과를 보다 가시적으로 만들었다고 할 수 있는데, 비정규직 확대를 1980년대 후반 이후 형성된 우리나라 노동시장 구조에 대한 기업 측의 지속적이고 체계적인 대응의 결과물이라는 측면에서 이해한다.

노용진・원인성(2003)은 비정규직 고용은 20세기 초까지도 예외적 현상이라기보다는 자본주의적 고용의 가장 일반적 형태였다고 한다. 이와 같이 일반적 형태를 띠고 있었던 비정규직 고용형태가 급격하게 감소하였다가 다시 증가하고 있는 이유를 내부노동시장이론으로 설명한다. 내부노동시장은 고용관계에 대한 정부나 노동법, 노동조합 등 외부의 제도적 압력에 의해서 영향을 받는다. 특히 효율성의 입장에서 기업이 핵심 역량 등 중심 역량에게 자발적으로 제공하는 내부노동시장이 노동조합이나 노동법 등의 제도적 압력에 의해 생산직이나 기능직 등 주변 역량에까지 확대 적용되기도 한다. 이러한 정치적 과정에 의해 도입된 내부노동시장의 요소들은 그것을 지탱해 주었던 외부의 정치적 힘이 사라지는 경우 약화 압력을 받을 수 있는데, 이러한 압력의 결과 중 하나가 비정규직 고용이라고 한다. 한국노동연구원이 2002년 실시한 사업체패널조사에 기초하여 분석한 결과, 우리나라에서 비정규직 활용은 기존의 내부노동시장을 약화시키는 힘의 일환으로 작용하는 것으로 보인다. 이런 점에서 우리나라에서 비정규직의 활용은 내부노동시장의 보완이라기보다는 내부노동시장의 비효율적 측면을 대체하는 성격이 강하다.

정이환・전병유(2001)는 외부시장에 대한 상대적 고임금과 고용안정성을 내부노동시장의 기본적 지표로, 입직구 제한과 내부승진 및 연공임금을 내부노동시장의 보조지표로 본다. 분석 결과 기업내부노동시장은 내부노동시장이 부분적으로 약화되는 무시할 수 없는 변화가 나타나고 있다. 외환위기 이후 대기업을 중심으로 임금의 연공성이 약화되었으며, 임금결정의 속인적 성격이 약화되고 임금유연성이 증가한 것으로 나타난다고 한다. 정이환(2006, 2007)은 이러한 논지에서 노동시장을 유연화하려는 사용자의 전략에 의해 기업내부노동시장이 지속적으로 축소화되고 있는 상황에서 비정규직의 정규직화는 노동시장의 불평등을 해결하는 궁극적 대안이 될 수 없다고 한다. 비정규직의 정규직화라는 노동계의 대안은 기업내부노동시장의 재강화 전략이라고 할 수 있다. 즉 기업내부노동시장에 포섭되지 못한 노동자들을 기업내부노동시장에 포섭하자는 것이다. 그러나 이런 전략은 괜찮은 기업내부노동시장이 존재하는 기업에서나 의미를 가지는 것이다. 우리나라 노동시장의 핵심특징인 기업 간 불평등을 고려하면 이 대안은 일정 규모 이상의 기업체에 고용된 비정규 노동자들에게나 의미가 있을 뿐이며, 기업내부노동시장 자체가 없거나 약한 영세기업이나 중소기업에 고용된 노동자, 그리고 사용자가 불분명한 노동자들의 처지는 크게 나아지지 않을 것이기 때문이다. 그러므로 비정규직의 정규직화가 이루어진다고 해도 기업 간 불평등이라는 문제는 여전히 남는다는 것이다. 다시 말해 비정규직이 모두 정규직이 된다고 해도 이는 대기업의 내부노동시장을 양적으로 확대하는 결과가 될 뿐, 노동시장 불평등을 극복하는 궁극적 대안이 되지 못한다고 한다. 그리하여 정이환(2007)은 노동시장 불평등의 요인 분석에서 고용형태보다 사업체 규모가 근로조건에 미치는 영향이 더 크다는 결과를 도출하면서 노동시장 불평등 문제는 우리나라 노동시장에서 가장 열악한 위치에 있는 영세업체 노동자들을 충분히 포함하는 것이어야 하며, 기업 규모별 격차를 줄일 수 있는 것이어야 한다. 즉 노동시장 양극화의 해소를 위해서는 비정규직에 대한 관심을 넘어서는 거시적이고 종합적인 시각이 필요하다고 한다.

(3) 노동자 집합행동론

노동자 집행행동론은 우리나라의 양대 노총과 구좌파의 입장을 대변하는 이론으로 노동조합의 집합적 행동이나 노사 간의 세력관계가 기업의 비정규직을 활용에 중요한 영향을 미치는 요인으로 간주한다. 정이환(2000)은 이에 대하여 비정규직 노동자의 하나의 특징은 조직화되지 못하고 있다는 점이며, 조직화되지 못했다는 것이 이들이 사회적 보호로부터 배제되어 있는 중요한 요인이라고 한다. 김유선(2003b)의 경우에도 지난 20년간 비정규직 비율이 증가한 데는 노조 조직률 하락이 크게 기여했다고 본다. 영세기업에서 비정규직 비율이 높은 것은 영세기업에 노동조합이 조직되어 있지 않은 데 기인하며, 노조 유무를 통제하면 기업체 소속 노동자들 사이에 규모별로 유의미한 차이가 없고, 기업 규모에 관계없이 사용자들은 비정규직 사용에 동일한 유인을 갖고 있음을 확인할 수 있다고 한다. 그러나 국내외 다수의 실증 분석 결과들은 노동조합의 정치적 성향과 대응방식의 질적인 변인들을 감안하지 못함에 따라, 기업의 비정규직 사용에 대하여 일관되지 못하거나, 오히려 상반되는 결과를 도출하고 있는 것으로 보인다.

박우성・박재용(2005)에 의하면 비정규직의 활용과 관련된 노동조합의 역할에 대해서는 두 가지 서로 다른 이론적 설명이 존재한다. 하나의 관점은 노동조합의 힘이 클수록 비정규직의 활용이 증가한다는 것이다. 노동조합의 힘이 클수록 사용자는 그러한 노조의 힘을 약화시키기 위해 노동조합이 조직화하기 어려운 비정규직 근로자를 활용할 것이기 때문이다. 이러한 관점을 취하는 경우 노조 조직률과 비정규직의 활용 비율 사이에는 정(+)의 상관관계를 보일 것이라고 예상할 수 있다. 이와 상반되는 다른 하나의 관점은 노동조합의 힘이 클수록 비정규직의 활용이 감소한다는 것이다. 노동조합은 자신의 조직기반을 보호하고 비정규직의 고용으로 인한 근로조건의 위협으로부터 조합원을 보호하기 위해 비정규직의 활용에 매우 강력하게 반대할 것이기 때문이다. 이러한 입장을 취하는 경우 노조 조직률과 비정규직의 활용 사이에는 부(−)의 상관관계를 보일 것으로 예상하게 된다. 따라서 이론적으로는 노동조합과 비정규직 활용 사이에는 정(+)의 관계와 부(−)의 관계가 모두 존재한다. 결국 실증 결과에 의해 두 가지 가설의 타당성이 검증되어야 하지만 이제까지 이루어진 실증결과는 이 두 가지 입장을 모두 지지하는 것으로 나타나고 있다. 2002년 한국노동연구원에서 실시한 사업체 인적자원관리 패널조사를 토대로 비정규직의 활용에 미치는 노조의 영향을 실증 분석한 결과, 노조 조직률이 비정규직 활용에 부(−)의 영향을 미치고 있는 것으로 나타나고 있는 반면, 노조의 태도는 비정규직 활용에 의미 있는 영향을 미치지 못하는 것으로 나타났다. 노조 조직률의 경우 부(−)의 회귀계수를 가지고 있으며 이는 조직률로 대변되는 노조의 힘이 클수록 사용자의 비정규직 활용에 상당한 제약이나 압력을 가하고 있다는 것으로 해석될 수 있다. 그러나 예상과는 달리 노조가 비정규직 보호에 적극적인 태도를 가지고 있을수록 비정규직 활용 비율이 낮게 나타날 것이라는 가설은 지지되지 않고 있다.

노용진・원인성(2003)은 노동조합과 비정규직 고용 사이의 관계에는 경제적 측면과 정치적 측면이 동시에 작용한다고 본다. 경제적 측면에서는 노동조합의 존재가 내부노동시장의 경직성을 더욱 강화하거나 주변 역량에까지 내부노동시장의 안정적 고용관계를 확대 적용하게 하거나 인건비 부담을 더욱 가중시킴으로써 비정규직 활용의 동인을 만들어 주는 것으로 전망된다. 그러나 정치적 측면에서는 노동조합이 비정규직의 증가를 억제하는 요인으로 작용할 수 있기 때문에 노동조합의 존재와 비정규직 활용 비율 간에는 단선적인 관계를 설정하기 어렵다고 한다. 한국노동연구원이 2002년 실시한 사업체패널조사에 기초하여 분석한 결과는 노동조합의 비정규직 활용에 대한 영향이 통계적 유의성을 보이지 않는 것으로 나타난다.

신상인(2005)은 한국신용평가정보(주)가 보유한 기업정보 DB를 이용하여 450개 기업을 표본으로 선정하여 조사한 결과 노동조합은 비정규직 고용과 관련하여 기업이 사용하는 기술숙련도와 관계가 있는 것으로 보인다. 노동조합이 없을 때는 기술숙련도가 낮을 때 비정규직 고용비중이 높은 것으로 나타났으나, 노동조합이 존재할 때는 기술의 숙련도가 높아도 비정규직 고용비중이 높은 것으로 나타났다. 이러한 결과는 비정규직 고용에 노동조합이 영향을 미치는 것으로 보인다. 노동조합은 사용자와 기본적으로 대립적이지만, 노동조합의 이기적인 측면이 오히려 비정규직의 고용을 늘리는 결과를 가져온다고 볼 수 있다. 기업의 기술숙련도와 관련하여 비정규직이 증가함으로써 노동조합은 기술숙련도가 높은 조합원들을 보호하고 결속을 강화할 수 있는 것이다.

반면 정인수(2005)는 2002년 한국노동연구원의 사업체 실태조사를 토대로 한 분석결과에서 노동조합이 비정규근로 사용을 억제하고 있는 것으로 나타난다고 한다.

김유선(2003b)의 경우에도 노사 간의 힘 관계의 변화가 비정규직이 증가하는 단초의 하나로 작용하였다고 본다. 노동조합의 저항력에 주목하여 비정규직 증가는 전체 노동시장에서 노동의 힘이 약화된 데 기인한다는 노사 간 힘관계 변화 가설은 노태우 정권 때를 제외하면 역대 정권별로도 일관되게 지지된다고 한다. 노조 조직률이 하락하면 비정규직이 증가하고, 노조 조직률이 증가하면 감소한다.

이병훈 · 홍석범(2010)은 기존의 연구들에서는 노조 조직률의 영향을 중심으로 검토하여 노조효과에 대하여 일관된 분석결과를 보여 주지 못하고 있다고 한다. 이러한 결과는 기업의 비정규직 활용전략에 대한 노동조합의 영향력이 단순치 않고 그 조직의 특성과 조건에 따라 상충적인 양면성을 가지고 있다는 사실과 무관치 않을 것이라고 한다. 노조들은 기업이 비정규직 활용 여부를 선택함에 있어 촉진요인과 억제요인으로서 동시적으로 작용하고 있기 때문이다. 노동조합이 정규직 조합원들에 대한 고용보호와 임금 · 복리후생 개선을 통해 기업경영자들에게 고용경직성과 인건비 부담을 안겨 줌으로써 간접적으로 저임금 인력인 비정규 고용 증대의 유인 동기를 제공하게 된다. 또한 노동조합이 회사와의 적대적 노사관계를 유지할 경우에 해당 기업의 경영진은 노조회피 전략의 일환으로 비정규인력 활용에 더욱 적극적으로 의존하게 될 것이다. 노동조합 스스로가 정규직 조합원의 고용보호를 위해서 또는 이들의 기피업무를 대체해 주기 위해 기업의 비정규인력 활용에 대해 방조하거나 수용 및 담합하는 이른바 유연성 활용 전략을 추구하는 경우에는 회사 경영진의 고용구조 중층화 정책이 보다 용이하게 전개될 수 있을 것이다. 그러나 노동조합이 정규 인력에의 대체가능성, 노조 조직기반의 위축, 그리고 사회적 압력 등을 고려하여 비정규직 활용을 사전 저지하거나 사후적으로 그 규모 증대를 제한하는 억제전략을 구사하거나 또는 비정규 고용을 수용하더라도 이들을 정규직화하려 하거나 이들의 고용조건을 정규직 수준으로 개선하려는 규제전략을 전개함으로써 직간접적으로 비정규직 인력에 대한 사용자의 활용 동기를 약화시킬 수 있다. 아울러 노동조합이 회사와 협력하거나 순응적인 노사관계를 유지해 올 경우에는 기업경영진은 비정규직 활용 대신에 정규 인력 중심의 수량적・기능적 고용유연화를 도모할 수 있도록 하여 이들 외부 인력에 대한 의존도를 낮추는 방향으로 작용될 수도 있다. 이처럼 노조효과의 이중성을 고려할 때, 노조의 힘 또는 교섭력을 가늠하는 대리변인(예: 노조 조직률 및 노조 유무)만으로 비정규인력 활용에의 인과관계를 규명하기에는 역부족일 수밖에 없다. 한국노동연구원이 2006년과 2008년에 실시한 사업체패널조사를 분석한 결과에서는 첫째, 노조가 없는 사업장에서 보다 노조가 있는 사업장에서 사용자의 비정규직 활용 동기가 크지만, 비정규직 인력의 활용방식에 대해서 노동조합의 존재나 조직률 등이 이렇다 할 영향을 주지 못한 채 사용자의 임의대로 결정되고 있는 것으로 추론된다. 둘째, 노조의 힘(조직률)은 비정규직의 활용 증가와 직접고용 비중에 별 영향을 미치지는 못하나, 사용자가 정규직 조합원의 일자리를 대체하려는 의도로 비정규직을 활용하려는 경우에는 일정하게 억제력으로 작용하는 것으로 확인된다.

(4) 노동시장의 서비스화

한국의 노동시장에서 산업별 취업자의 구성은 매우 빠른 속도로 변화하고 있다. 1970년 전체 취업자의 32.1%에 불과하던 서비스업 취업자 수는 2000년 이후로는 60% 전후의 비중을 차지하고 있다. 이러한 유통업, 음식료업, 금융업 등 서비스업은 제조업과는 달리 첫째, 노동 서비스의 저장이 불가능하고, 둘째, 총생산비에 대한 노동비용의 비중[28]이 높으므로 노동수요를 탄력적으로 조절할 수밖에 없을 뿐만 아니라,[29] 셋째, 개인 서비스업이나 유통 서비스업 부문에서의 탈숙련화는 비정규직의 비율이 상대적으로 높게 나타나게 하는 기제로 작용하고 있다.

정건화(1999)는 고용구조에서 두드러지는 현상은 서비스 부문의 확대와 제조업 부문의 비중감소라고 한다. 서비스 부문의 증대를 특징으로 하는 고용구조의 변화가 제조업의 위축·쇠퇴를 의미하는 것으로만 이해되어서는 곤란하며, 제조업 부문의 유연생산화를 반영하는 것으로 보아야 한다는 것이다. 제조업 생산구조의 변화는 기업 재구조화(restructuring) 과정에서 아웃소싱이 적극적으로 추진되었기 때문이다. 제조업에서의 아웃소싱 증가는 결과적으로 산업 간 노동이동을 촉진하며 특히 서비스 부문을 확대시키는 요인으로 작용한다. 기업의 재구조화는 산업구조나 고용구조의 변화를 촉진할 뿐만 아니라 고용형태의 변화에도 영향을 미친다. 기업의 입장에서는 기존의 정규고용을 대신해서 대체고용이나 시간제고용 등 새로운 비정규적인 고용형태를 광범위하게 도입하게 된다. 이러한 고용거래의 시장화는 파견노동과 파트타임의 고용의 증가에서 전형적으로 나타나고 있으며, 서비스 부문에 집중적으로 취업하고 있는 여성의 비정규직 증가도 고용관계의 시장화와 관련되는 것으로 해석할 수 있다. 이러한 고용형태의 출현이 낳은 효과는 무엇보다도 빈번한 노동이동이라 할 수 있다. 그것은 과거 사용자와 피용자 간의 직접적이고 장기적인 고용계약을 통한 정규노동을 대신해서 외주나 하청을 매개로 시장거래적 고용형태가 출현한 것과 밀접히 관련된다. 익명적이고 단기적인 시장거래의 성격을 고려하면 고용관계의 시장화가 노동이동의 증가를 가져오는 것은 당연한 현상이라고 한다.

김유선(2006)은 서비스업에서의 취업자는 급격하게 증가하였지만, 실질 GDP에서 차지하는 비중은 1970년 61.4%에서 2005년 기준으로 52.4%로 감소하는 등 취업자 구성과는 전혀 다른 모습을 보이고 있다고 한다. 1995년부터 제조업 생산성이 서비스업 생산성을 앞지르기 시작했고, 서비스업 생산성 정체와 맞물려 서비스업의 취업자 증가가 이루어지고 있다. 생산성 격차가 확대되고 있는 상황에서 실증분석 결과는 서비스업은 비정규직으로 취업할 확률이 제조업보다 높다. 그리하여 제조업보다 비정규직이 많고 근수연수가 짧다. 또한 제조업보다 임금 불평등이 심하고 저임금 계층이 많다. 따라서 이러한 문제점을 개선하지 않은 상태에서 서비스화가 진전된다면 노동자들의 고용불안은 심화되고 고용의

28) 노동수요의 탄력성은 총 생산비 중에서 노동비용이 차지하는 비중에 의해서도 영향을 받는다. 배무기, 『노동경제학』, 경문사, 1989, 88쪽.

29) 2005년 산업별 생산성 지표에서 전 산업의 노동소득분배율(기업이 창출한 부가가치 중에서 노동에 배분된 몫의 비중)은 47%인 반면 서비스업은 76%에 이른다.

질은 악화될 것이라고 본다.

안주엽·김동배·이시윤(2003)은 비정규직 증가의 배경에는 경제위기 이후 경쟁격화가 강하게 작동하고 있는 것으로 보이며, 그중에서도 비정규직 활용을 선도하는 부문이 서비스업과 거래소 법인 그리고 하청기업을 가지고 있는 모기업이라는 증거들이 발견되고 있다고 한다. 특히 서비스업은 전통적으로 새로운 인사관행을 선도하는 부문으로서 비정규직 활용을 선도하는 것도 당연한 현상으로 보인다고 한다.

황수경(2007)은 2002년에서 2006년 사이의 산업·직업별 고용구조조사를 분석한 결과 서비스 부문에서는 전문화로 인한 고숙련화, 아웃소싱에 의한 탈숙련화가 복합적으로 작용하여 한편에서는 고숙련노동이 만들어지지만, 다른 한편에서는 육체노동을 수반하는 저숙련노동도 함께 양산되고 있음을 확인할 수 있다고 한다. 서비스 부문에서의 숙련수준 변화의 요인을 분해한 결과, 서비스 업종에서는 인지적 숙련과 상호적 숙련이 높은 업종이 성장하고 있지만, 개별 업종 내에서는 인지적 숙련은 줄이고 상호적 숙련은 늘리는 방향으로의 작업재편이 상대적으로 우세하게 진행되고 있는 것으로 보인다고 한다. 또한 성장 산업에서는 두 숙련 유형에 대해 수요가 감소하고 있는 것으로 나타나고 있다. 이렇게 서비스 부문에서 탈숙련화의 경향이 우세하게 나온다는 것은 상당수 서비스 업종에서 저숙련노동 수요 확대 → 저생산성 → 저임금 → 저숙련노동으로의 의존성 증대의 악순환이 심화되고 있을 가능성을 보여 주는 것이다. 특히 서비스 산업은 인건비가 곧 생산비용을 의미하며 인건비 부담을 회피하기 위한 노력의 일환으로 값싼 노동력에 의존하고 비정규직과 같은 불안정한 고용형태를 선호할 개연성이 높다.

황수경(2008)은 실증분석을 통해 우리나라 서비스업에서의 노동생산성과 고용 변화의 동학을 분석한 결과 다음과 같은 사실들이 확인되었다고 한다. 첫째, 노동생산성 변동에 대한 변화-구성 요인분해 결과, 제조업과는 대조적으로 서비스업에서는 고부가가치 업종의 성장이 둔화되고 저부가가치 저생산 업종의 고용이 확대되는 비효율적인 구조변화가 진행되고 있는 것으로 나타났다. 둘째, 업종별 특성 및 서비스사업에 대한 기여도를 분석한 결과, 고부가가치 서비스 업종, 특히 사업서비스업의 구조적 낙후성이 서비스 산업 전체의 노동생산성을 낮추는 데 가장 큰 원인을 제공하는 것으로 파악된다. 특히, 시설관리 위탁 및 인력공급업이 포함되는 기타 사업지원서비스업의 경우, 최근 기업들에서 보여주는 주변 노동의 아웃소싱 경향에 따라 향후에도 지속적인 고용 증가가 예측되고 있으나, 구조적인 합리화를 모색하지 않으면 비정규 노동의 확대로 귀결될 수 있다. 셋째,

2001년과 2005년의 「서비스업 총조사」를 이용하여 서비스 업종별 노동생산성 변동요인을 분석한 결과, 도매 및 소매업의 경우 노동생산성이 가장 빠르게 상승한 반면에 비정규직 비중 및 노동집약도 변동은 노동생산성에 유의한 영향에 미치지 않고 있다. 실제로는 비정규직 비중이 크게 증가하였음에도 노동생산성에 영향을 미치지 않았다는 것은 도매 및 소매업에서의 노동의 숙련 차이가 크지 않아 비정규 노동에 대한 수요가 지속적으로 확대될 가능성이 있음을 시사한다. 숙박 및 음식점업에서는 인건비 증가와 노동집약도의 감소만이 노동생산성에 긍정적인 효과를 미쳤던 것으로 나타났다. 이 업종에서 비정규직이 가장 많이 증가하였으나 노동생산성에 거의 영향을 미치지 않았다는 것은 도매 및 소매업과 마찬가지로 정규직 노동과 비정규직 노동 간에 생산성 차이가 없다는 것을 반증하는 것이다. 반면 통신업과 금융·보험업은 비정규 노동의 고용 증가에 따른 생산성 감소는 통계적으로 유의하지 않은 것으로 나타났으며, 부동산 및 임대업도 통신업과 금융·보험업과 유사한 것으로 보인다. 교육서비스업은 인건비 상승과 비정규직 증가가 모두 노동생산성을 증가시키는 방향으로 영향을 미치고 있는데, 비정규직이 증가할수록 노동생산성이 높아진다면 한편으로는 비정규직을 채용할 유인이 더욱 높아진다는 것을 의미한다.

서비스 업종별로 노동생산성 변동의 영향요인들을 살펴본 바에 따르면 업종별로 서로 다른 구조와 다른 동인에 의해 노동생산성이 변동하고 있음을 확인할 수 있다. 그러나 인건비 상승 과정에서 나타나는 업종별 대응방식에서는 매우 유사한 패턴이 관찰되고 있다. 모든 서비스 업종에서 인건비 상승은 노동생산성을 높이는 요인으로 작용하고 있는데, 그 정도에 있어서 업종별 편차는 매우 크지만 대체적인 해법은 노동효율을 높이는 방식 대신 직접적으로 고용을 줄이거나 비정규직을 늘리는 방식에 의존하고 있다는 것이다. 특히 최근 부가가치 증가율이 현저했던 대부분의 업종에서는 정규직 고용 대신 비정규직을 늘려 인건비 부담을 줄이고 노동의존성을 낮추어 노동생산성을 높이는 방향으로 대응해 왔음을 알 수 있다. 더욱 우려되는 점은 대부분의 서비스 업종에서 정규 노동과 비정규 노동 간에 생산성 격차가 뚜렷하게 나타나지 않는다는 점이다. 심지어 교육서비스업과 같은 업종에서는 비정규직 확대가 오히려 노동생산성을 높이는 데 기여하고 있는 것으로 나타나고 있다. 이러한 여건하에서는 비정규 노동에 대한 수요가 더욱 증가할 것이고 비정규 노동 모두에서 임금과 생산성 간의 괴리는 더욱 확대될 수 있다.

(5) 내부자 · 외부자 이론

내부자 · 외부자 이론은 노동시장이 내부자에 의하여 그들을 위한 내부노동시장과 완전경쟁시장의 논리에 의해 운용되는 외부노동시장으로 분절되어 있음을 의미한다. 그러나 내부자 · 외부자 이론은 일반적으로 소개되고 있는 바와 같이 내부자인 취업되어 있는 노동자나 내부자의 이익을 집단적으로 대변하는 노동조합이 구직자나 실업자인 외부자에 대하여 의도적으로 차별하고 그들을 배제한다는 의미는 아니다.[30] 노동자들은 자신의 제도 및 규범과 국가의 제도적 장치 등을 통하여 고용조정과 같은 노동시장의 원활한 작동을 저지하기에 충분한 정도의 제도화된 권력을 다양한 수준에 걸쳐 작동시킨다. 기득권을 가지고 있으며 정규직으로 취업 중인 내부자는 교섭력을 통하여 자신의 계속적 고용과 유리한 근로조건을 보장받으려 하고, 이에 따라 기업 측에서는 구직자나 실업자인 외부자를 정규직으로 신규 채용할 여지가 줄어들게 된다는 것이다. 그 결과 기업 측에서는 정규직보다 비정규직 채용을 선호하게 되며 비정규직의 채용이 양산되는 현상이 나타나게 된다. 현재 우리나라 노동시장에서는 이러한 내부자의 외부자에 대한 차별문제가 청년실업 등 세대 간의 소득 불평등 문제 등 다양한 양상으로 나타나고 있기도 하다.

> 시장시스템 안에서의 보장은 단지 이른바 제한정책이라는 일종의 계획에 의해서만 특정 집단들에게 부여될 수 있다. 통제, 즉 가격들이 '적정한' 보상을 확보할 수 있도록 생산을 제한하는 것은 시장에서 생산자들이 일정한 소득을 보장받을 수 있는 유일한 방법이다. 그러나 이것은 반드시 다른 사람에게 열려 있는 기회를 감소시킨다. 기업가이든 아니면 근로자이든 외부인들이 더 싼값으로 경쟁하는 것으로부터 보호된다면, 이것은 이들보다 형편이 나쁜 다른 사람들이 이 산업의 상대적 번영으로부터 한몫을 얻지 못하게 된다는 것을 의미한다. 그리고 이런 식으로 소득이 확보되는 계층이 증가할수록, 소득의 손실을 보게 되는 누구에게나 기회가 열려 있는 분야는 제약된다. 이것은 주로 안전을 보장받으려는 노력의 결과이며, 그래서 인구 대부분의 불안정성이 증가했다는 데에는 의심의 여지가 없다. 경직된 사회에서 보호받는 직업의 우산 밑에 들지 못하고 밖에 남겨진 사람이 처한 매우 절망적인 상황, 그리고 경쟁으로부터 보호받는 직종을 가졌기에 그렇지 못한 사람에게 자리를 양보하기 위해 몸을 움직일 필요가 없게 된 행운아들과 불운아들 사이를 갈라놓는 심연의 크기는 경험 있는 사람만 제대로 알 수 있을 뿐이다. 특정 가격(혹은 임금)의 보장이란 이상만큼 많은 해를 끼친 구호는 별로 없다. 보장의 구호는 일부 사람들의 소득을 보장하는 반면, 나머지 사람들의 지위를 더욱더 불안하게 한다. 그래서 우리가 시장체제에 간섭하여 완전한 안전을 보장하려고 노력할수록 불안정이 더 커진다. 더 나쁜

---

30) 내부노동시장의 구성원인 내부자들은 자신들의 임금수준을 유지하기 위해 신규자에 대한 진입장벽을 치고 고용기회를 제약하려고 하는 반면, 외부자들은 임금수준이 낮아지더라도 자신들에게 고용기회가 확대되기를 희망하기 때문에 내부자-외부자 간에 이해충돌이 발생한다. 기업이 내부자를 외부자로 교체하는 데는 많은 비용이 소요되고 더욱이 일정한 파워를 가지고 있는 내부자들의 역할에 따라서는 신규자의 진입비용을 높일 수 있기 때문에 내부자들의 임금이 시장청산 임금 수준 이상에서 유지될 수 있다. 황수경, 「내부자 노동시장과 외부자 노동시장의 구조분석을 위한 탐색적 연구」, 『노동정책 연구』, 제3권 제3호, 한국노동연구원, 2003, 55~56쪽.

것은 하나의 특권으로서 보장을 획득한 사람들의 안정과 특권에서 배제된 사람들의 점증하는 불안 사이의 대조가 더 커진다는 사실이다.[31)]

박기성(2007)은 2003년과 2005년 사업체 근로실태조사 자료를 분석한 결과 노조가 없는 중소 사업체의 근로자보다 노조가 있는 대규모 사업체의 근로자가 비정규 근로자일 확률이 3.57~21.3% 높고, 노동조합이 없는 사업체에 비해 노동조합이 있는 사업체의 비정규직 근로자의 임금이 낮은 것으로 나타난다는 분석결과로부터 노동조합의 역할과 이에 대한 사용자의 대응이 다음과 같이 확인된다고 한다. 정규 근로자 위주의 노동조합은 정규 근로자를 보호하고 임금을 높이지만 이에 대한 대응으로 사용자는 가급적 비정규 근로자를 고용하고 그들의 임금을 낮추어 고용유연성을 제고하고 비용절감을 시도하고 있고, 노동조합은 사용자의 이러한 대응을 용인하고 있는 것으로 보인다고 한다.

내부자・외부자 문제에 대하여 황수경(2003)은 지나치게 경직적인 내부자 노동시장과 다른 한편에는 지나치게 유연한 외부자 노동시장이라는 전혀 다른 두 유형의 노동시장이 공존하고 있는 사실을 한국노동패널조사를 사용하여 내부자・외부자 가설의 적용가능성과 이중구조에 대한 실증근거를 제시한다. 우리나라 정규직 노동시장은 성, 연령, 학력을 기준으로 하는 신규채용 방식, 호봉제를 근간으로 하는 연공적 임금체계, 내부 승진을 통한 인력관리, 종신고용 등 전통적인 내부노동시장 체제로 운영되고 있다. 반면에 비정규직 노동시장은 진입과 퇴출이 빈번하고 기업 간 이동을 통해 경력이 축적되며 연공급이 아닌 직무급의 보상체계를 갖는 것처럼 보인다. 공공부문, 대기업 노동자 등 내부노동시장에 이미 안착한 내부자들은 강력한 교섭력을 통해 기존 시스템의 고수를 요구한다. 그러나 그 결과는 그들이 의도하든 하지 않든, 고용의 외부화와 구조적 실업의 증대로 이어지고, 더 나아가 외부노동시장에서의 노동공급 증대로 외부자들의 고용여건은 더욱 열악해질 개연성이 크다.

내부자・외부자의 문제는 고용 측면에서만 제기되는 것이 아니다. 내부자・외부자 간의 근로조건 격차 심화, 고용관계 외부화를 통한 외부자 노동시장의 확대 등 다양한 측면에서 부작용을 파생시킨다. 분절노동시장론자들은 노동시장의 이중구조 자체가 2차 노동시장의 근로조건을 더욱 악화시켜 분절된 노동시장 간의 격차를 더욱 확대시킨다고 지적한다. 게다가 1차 부문의 고용이 고정되어 있고 대부분의 노동자들이 1차 부문에서 일하

31) 프리드리히 A. 하이에크, 『노예의 길』, 나남출판, 2006, 195~197쪽.

기를 선호한다고 하면 대기자들에게는 진입비용이 발생하여 진입비용만큼 2차 부문에서의 임금을 디스카운트하는 효과가 발생한다. 분절노동시장에 기초한 내부자·외부자 가설은 실업문제를 설명하는 것 이외에도 고용관계의 외부화를 통한 비정규 노동의 확대를 설명하는 데도 설득력이 있다. 황수경이 한국노동패널자료 자료를 분석한 결과에 따르면 내부자의 규모에서 감소 추세가 뚜렷하게 관찰된다. 내부자 노동시장은 점차 축소되어 1998년 27% 수준에서 2002년 전체 임금 노동자의 22%만을 포함하는 것으로 나타나고 있다. 내부자의 규모가 축소되는 이유는 내부자에게 주어지는 임금 프리미엄으로 설명할 수 있다. 내부자의 프리미엄은 대기업, 노조 혹은 조합원, 정규직 등의 추정치에 의해 관찰될 수 있는데 학력, 경력, 연령과 같은 인적 특성이나 산업 등을 통제한 후에도 내부자의 프리미엄은 매우 높게 나타난다. 특히 정규직의 비정규직에 대한 프리미엄은 임금의 31%나 되고 있으며, 내부자 프리미엄을 대기업, 조합원, 정규직 추정치의 합으로 보면 내부자가 누리는 프리미엄은 임금의 44~46%에 이르고 있다고 한다. 여기에 근속연수가 상대적으로 짧은 비정규직에 비해 정규직은 장기근속에 따른 추가적인 임금 프리미엄도 존재하므로 내부자 프리미엄은 더 커질 수 있다. 그 결과 내부자 노동시장에서는 생산성 이상의 높은 임금 수준이 유지될 수 있다. 이에 따라 기업은 내부자들의 생산성 이상의 높은 임금에는 합의하지만 대신 내부자의 반발을 회피하는 방식으로 내부자의 수를 줄이고자 한다. 내부노동시장의 경직성으로 인한 비효율을 최소화하기 위해 인원수 조정, 정규노동자 신규 채용 억제, 명예퇴직 및 조기퇴직 등 다양한 형태로 정규직 인력 축소를 꾀하고 더 나아가 내부노동시장에 편입되지 못한 노동을 중심으로 비정규직화, 아웃소싱과 같은 고용관계의 외부화로 대응하게 된다. 신규자의 1차 부문 진입은 더욱 어려워지고 2차 부문은 더욱 확대되고 경쟁적이 된다. 이에 따라 2차 부문의 임금수준은 더 떨어지고 양 부문 간 임금격차는 더욱 확대되는 상황으로 이어진다. 요컨대 비정규직 노동자가 양산되고 있는 데에는 기존의 내부자 노동시장이 지나치게 경직적인 데서 빚어진 측면이 많아 보이며, 실증분석 결과에서도 우리나라 노동시장은 내부자·외부자 가설이 예측하는 바와 일치되는 방향으로 움직이고 있다고 한다.

장혜현(2010)은 한국과 일본에서의 기업별 노동조합이 독점적 지대 추구의 성향이 강한 배타적 성격을 보이며, 이에 따라 비정규직 노동자들을 자신들의 조직 내에 포괄하고자 하는 입장 및 태도는 매우 소극적인 것으로 나타난다고 한다. 그리하여 한국과 일본의 내부노동시장의 경직성 및 폐쇄성은 외부 노동시장과의 분절성을 증가시켜 양 시장 간

노동이동을 어렵게 하고, 이로 인하여 한번 비정규직이 되면 계속 비정규직 고용형태를 유지하는 함정형 비정규직을 양산하게 된다. 노동조합이 내부노동시장에 미치는 효과에 있어 한국과 일본의 대기업은 조직화된 노동계급의 일부가 아닌 '조직화된 내부자'로서 기능하여 비정규직의 증가를 억제하는 것이 아니라 오히려 내부노동시장의 형성에 기여하고 내부노동시장을 더욱 배타적이고 경직적인 것으로 정착시키는 것으로 보인다.

박경순(2006)은 뉴케인즈주의의 내부자・외부자 모델에 의하면 비정규 노동은 세계화에 따른 불가피한 현상이며, 정규직의 내부자 노동시장의 경직성에서 그 원인을 찾고 있다고 한다. 공급지향정책에 이론적 정당성을 부여하고 있는 뉴케인즈주의 이론의 노동시장이론을 비정규 노동문제에 적용할 때 다음의 측면들이 고려될 수 있다. 첫째, 노동시장의 균형 상태에서 고용관계에 편입된 자는 내부자(정규 노동)로서의 지위를 가지며, 구조적 실업에 속하는 자(비정규 노동자 또는 실업자)는 외부자로 분류된다. 둘째, 내부자－외부자 노동시장의 경계는 노동숙련(효율임금이론), 노동조합의 시장지배력(단체협상모델), 노동이동 비용(내부자－외부자 모델) 등에 의해 규정된다. 달리 표현하면 내부자 노동시장의 경직성이 내부자－외부자의 경계를 설정한다. 물론 내부자의 높은 임금률 및 고용안정성은 효율성과 생산성의 관점에서 기업의 이해와 부합된다. 셋째, 기업은 내부자의 저항을 최소화하기 위해 내부자 노동시장에 편입되지 못한 외부자를 중심으로 유연화를 전개한다. 즉 내부자의 경직성은 비정규화, 고용관계의 외부화 등의 형식으로 외부자에게 그 부담을 전개한다. 넷째, 내부자－외부자의 관계는 이력효과에 의해 재생산된다. 즉 문제의 근원은 내부자 노동시장의 '지나친' 경직성이며 이러한 관점에서 해결의 열쇠는 유연화 정책이다. 그러나 경직성에 초점을 맞추는 노동시장 중심적 시각은 이론적으로, 그리고 경험적으로도 적절하지 않다고 한다. 경험적 측면에서 1998년과 1999년에 비정규 노동이 급증했다는 사실을 고려할 때, 이 모델이 타당성을 획득하기 위해서는 이 기간 동안 내부노동시장의 경직성이 급격하게 상승하였음을 보여 주어야 한다. 그러나 이론적 설명과는 반대로 실제 확인되는 것은 한국의 노동시장이 더욱 유연화되었다는 사실이다. 1997년 외환위기 이후 IMF의 권고에 따라 일관되게 추구한 유연화 전략이 비정규 노동의 확산을 가져왔다면 내부자 노동시장의 유연화 요구는 오히려 비정규 노동의 확대에 기여할 뿐이라는 것이다. 이러한 현상에 대하여 박경순은 H. P. Sphan의 케인즈 고용모델에 W. Sengenberger의 노동시장 분절이론을 도입하여 분석틀을 구성하고, 이에 기초하여 비정규 노동의 발생을 본질적으로 수요현상이라고 주장한다. 노동시장의 분절화는 노동자가 필요한 조건을 갖추고 있음에도 불구하고, 특정의 일자리에 대한 접근에 장애가 있는 경우를 의미한다. 비정규직은 비구조화된 부분노동시장과 완충시장을 정규직은 직무가 전문화된 부분노동시장과 기업 내부 부분노동시장을 구성한다. 비구조화된 부분노동시장은 기업특수적 또는 직무 전문적이지 않고, 다만(비교적 낮은) 일반적 지식을 갖춘 노동자로 구성된다. 이 부분노동시장에서는 주로 단순직 또는 저숙련직이 발달한다. 종속적 외부 완충시장에서 고용관계는 비구조화된 노동시장과 마찬가지로 질적으로 낮다. 이 부분노동시장은 수요변동, 신기술의 발달, 노동력 활용 등에 따른 비용 및 위험전가를 위해 활용된다. 또한 완충효과를 위해 기업 내부적으로 조직될 수도 있다. 반면 정규직은 직무가 전문화된 부분노동시장과 기업 내부 부분노동시장을 구성한다. 이러한 네 개의 부분시장 간에는 원칙적으로 이동이 가능하나, 특정의 일자리에의 접근이 기업의 인사관리에 의해 허용되지 않으면서 노동시장의 분절화가 이루어진다. 또한 일자리와 취업형태의 속성은 점점 노동자에게 이전되어, 개인적 속성으로 간주된다. 불완전한 취업경력이 시장의 낙인을 가져와, 비정규직의 근로자는 불완전한 직무로 인해 안전한 고용관계의 부분노동시장에 적합하지 않은 것으로 평가된다. 이에 덧붙여 비정규직의 노동자는 교육이나 승진의 기회가 없는 일자리에 투입된다. 이 결과 노동시장의 분절화가 고착된다. 이제 Sengenberger의 분절이론을 케인즈 고용모델과 결합하면 비정규 노동의 원인은 다음과 같이 설명될 수 있다. 기업은 수요 수준에 의존하여 고용량을 결정한다. 이때 기업가는 노동력의 이질성에서 출발하여 노동자를 선별하고 일자리의 특성에 맞춰 분배한다. 수요가 증가하거나 수요증대가 예상되는 경우, 기업은 시장점유를 확대하기 위해 생산과 고용을 확대할 것이고, 노동의 초과수요는 생산력이 낮은 노동자 역시 정규직으로 구성된 부분노동시장에 편입될 수 있는 가능성을 높일 것이다. 그러나 수요 감소로 인해 시장이 불안정한 상황에서는 기업은 한편으로는 합리화의 압력 속에서 성과가 낮은 노동력을 배제하고, 다른 한편으로는 완충시장의 활용을 통한 고용조정, 즉 외부 수량적 유연성 제고에 초점을 맞춘 고용전략을 전개하게 된다. 이와 같이 노동력은 생산력에 따라 정규직의 통합영역, 비정규직의 위험영역, 실업자의 배제영역으로 위치 지어지지만, 그 경계는 유효수요에 의해 결정된다. 즉 비정규 노동은 내부노동시장의 경직성에 의해 설명되는 것이 아니며, 유효수요에 의해 정규노동과 비정규 노동의 경계가 설정된다. 비정규 노동이 수요현상이라는 것은 비정규 노동이 경제적 힘뿐만 아니라, 적합한 정책을 통해 완화시킬 수 있는 국내의 정책결정의 결과임을 함의한다. 따라서 비정규 노동의 문제를 해소하기 위해서는 그 출발점을 내수 증진을 위한 수요정책에서 찾아야만 한다. 이러한 시각에서 본다면 유연화 정책의 추구는 고용 및 소득의 불안정을 매개로 내수위축을 야기하면서, 오히려 비정규 노동의 확산에 기여할 뿐이라고 본다.

(6) 편익과 비용의 관점

노용진(2006)은 내부노동시장의 이론에 기초하여 비정규직 고용에 따른 편익과 비용의 양 측면을 동시에 고려하여 비정규직 고용이 증가하는 것으로 본다. 비정규직 고용에는 기업들의 조직 유연화와 인건비 절약 등 긍정적인 측면뿐만 아니라, 생산성 저하, 품질 저하, 조직몰입의 저하, 통합력 약화, 노사관계의 약화 등 숨겨진 비용이 존재한다. 이러한 숨겨진 비용들은 비정규직 사용을 무제한으로 확대할 수 없게 하는 억제요인으로 작용하기 때문에 기업들은 편익과 비용의 비교 분석 속에 비정규직 고용의 비율을 결정한다. 한국노동연구원의 2003년 사업체패널조사 3차년도 자료와 한국신용평가(주)의 재무정보 DB를 결합하여 분석한 결과, 외환위기 이후 우리나라 기업들에게 경영환경의 불확실성이 높아지고 있는 점과 정규직과 비정규직 간의 현격한 임금격차가 존재하고 있는 점 등의 비정규직 고용의 편익 측면은 강력한 반면, 직무의 숙련요건이나 통제의 용이성 등 비정규직 고용의 비용 측면은 약하기 때문에 비정규직 고용이 급증하는 객관적 근거가 존재한다고 본다. 이러한 분석결과는 우리나라의 경우 조직의 유연화를 내부노동시장의 기능적 유연성보다 고용조정이나 비정규직 활용 등과 같은 수량적 유연성에 의존하는 경향이 있다는 것을 의미한다고 볼 수 있으며, 지금 이 상태대로 방치되면 향후에도 비정규직의 지속적인 증가가 전망된다고 한다.

신상인・박재희(2004)는 기업이 특정 직무에 대하여 정규직 또는 비정규직으로 고용하는 문제는 노동거래에서 발생하는 거래비용에 의해 영향을 받는다고 한다. 거래비용 관점에서는 기업의 고용형태에 대한 결정은 효율성을 고려하여 노동거래 조직을 선택함으로써 이루어진다. 이러한 노동거래에 영향을 미치는 변수는 불확실성, 인적 자산 특유성이다. 거래 참여자들 사이의 기회주의 행동 정도를 나타내는 행위 불확실성이 높으면 기회주의적 행동으로 인해 거래 참여자들이 거래 상대방의 행동을 정확하게 예측하기 어렵다. 따라서 기업은 기회주의 행동의 정도가 높은 직무일수록 정규직 고용을 하고, 그 정도가 낮은 경우에는 비정규직 고용을 선택하려 할 것이다. 외부적 불확실성은 환경적 요소가 변하는 정도이다. 이러한 불확실성은 기업이 거래관계의 미래를 예측하기 힘들게 하므로,

특정 직무에 대한 고용형태의 결정은 기업의 환경인식에 따라 달라질 것이다. 특히 최근에는 경제환경 및 기술환경의 변화로 일시적으로 필요한 업무나 단순 업무직 등 기업특유의 숙련을 요하지 않는 일자리가 증가하고 있다, 이러한 업무는 인적 자본의 투자를 통하여 한계생산성이 증가하지 않거나 아주 적게 증가하는 업무이다. 이러한 업무에 대하여 정규직을 고용할 경우 투자에 대한 준지대가 발생하지 않으므로 매몰된 투자비용을 회수할 없으며, 지속적 거래관계에서 발생하는 협상비용을 기업이 부담해야 한다. 따라서 이러한 직무에 대한 정규직 고용은 거래비용을 회수할 수 없으므로 거래비용이 필요 없는 비정규직을 고용하게 된다. 기업은 기업특유의 숙련 형성이 필요한 특정 직무에 정규직을 고용하고, 여기에는 채용 및 훈련비용, 협상비용, 해고비용 등이 소요된다. 그러나 기업에서는 정규직 고용으로 인해 발생하는 비용이 인적자원 특유성이 형성되어야 하거나 기존의 직무에 대하여 비정규직화했을 때 발생할 수 있는 거래비용보다 더 적다고 판단한다. 따라서 인적 자산의 특유성 형성이 필요하거나 이미 형성된 특정 직무에 대해서는 정규직을 고용하거나 정규직으로 유지하려고 할 것이다. 반면, 기업은 인적 자산의 특유성 형성이 필요하지 않는 특정 직무에 대해서는 기업의 필요에 따라 적정기간 고용만 하고 언제나 대체나 축소가 가능한 비정규직만을 고용하여 거래비용을 제거하려 하는 것이다. 이는 이들에게 지급되는 인건비는 주로 생산비용만이 소요되고, 거래비용이 없거나 거의 소요되지 않는 노동시장에서 거래되는 노동력이기 때문이다.

정건화(1999)도 1980년대 이후 미국 노동시장의 구조분석에서 고용관계의 시장화는 결과적으로 임금상승을 억제하며 기업의 임금비용 감축에 크게 기여하고 있다고 한다. 특히 대체고용, 파트타임 노동, 한시적 노동 등의 비율이 높게 증대하면서 정규직 노동자에게 주어지던 각종 부가급여의 축소가 현저하게 나타남으로써 기업의 임금비용은 크게 줄어들었다.

안주엽 · 김동배 · 이시윤(2003)은 2002년도 실시한 사업체패널조사의 인사관리자들의 비정규직 활용 동기 분석 결과, 인사노무 담당자들이 전반적으로는 인력조정의 용이성을 가장 많이 들었지만, 직종별 활용 이유 및 정규직과 비정규직 간의 노동비용에 대한 비교분석을 통해서 노동비용을 절감하는 것이 실질적인 주된 활용 동기일 수 있다는 결론을 도출하는데, 이 분석 결과는 미국의 선행연구들과도 대체로 일치하는 결과라고 한다.

김동배 · 김주일(2002)도 2002년도 한국노동연구원의 사업체패널 조사자료에서 기업의 인사노무 담당자들이 말하는 비정규직 활용 동기를 분석한 결과 정규직 대비 비정규직의 노동비용이 약 71%로 나타나고 있어서 노동비용 절감이 비정규직 활용의 실질적인 활용 동기일 수 있다는 결론을 도출한다.

그러나 이러한 결과들에 반하여 남재량(2007)은 2001년 이후 경제활동인구 부가조사 자료를 분석한 결과 비정규 근로의 시간당 임금은 정규근로와 의미 있는 차이를 보이지 않거나 오히려 다소 높게 나타난다고 한다. 이러한 결과는 비정규 근로에 대한 차별처우가 존재하지 않음을 의미하며, 비정규직 사용의 원인이 일반적인 인식과는 달리 비용 절감이 아닐 수 있다는 것이다. 비정규직 노동자의 월평균 임금은 정규직 노동자의 월평균 임금의 60% 남짓한 수준에 불과하지만, 단순히 근로시간만 감안하더라도 시간당 임금은 60% 수준에서 70% 이상으로 높아진다. 나아가 인적 자본을 비롯한 인적 특성, 이들이 근무하는 사업체의 특성까지 통제할 경우 비정규 근로의 정규 근로에 대한 상대임금은 95%를 넘어선다. 노동조합이 임금에 미치는 효과를 고려하고 직무까지 통제한다면 비정규 근로의 상대임금은 96~97% 수준에 이른다. 관점을 달리하여 정규 근로와 비정규 근로 간에 존재하는 임금격차 가운데 생산성에 의해 발생하는 임금격차가 어느 정도나 되는가를 분해한 결과도 임금격차 가운데 85~90% 정도가 생산성에 의한 것이고 차별에 의한 부분은 많아야 10~15%에 불과하다. 그런데 이러한 결과 역시 정규 근로자와 비정규 근로자 간의 임금격차를 과대평가하고 있을 가능성이 크다. 근로자들의 특성 가운데 고용주에게는 관찰이 되어 임금에 반영이 되지만 임금격차의 크기를 측정하고 임금을 분해하는 연구자들에게는 관찰되지 못하는 특성들이 존재하기 때문이다. 이러한 특성들 가운데 가장 대표적인 것이 근로자 개개인의 능력이다. 근로자들 간에 존재하는 관찰되지 못하는 이질적인 특성들에 의한 임금격차까지도 감안한 후 임금격차를 측정하여 본 결과 정규 근로와 비정규 근로의 임금에는 유의한 차이가 발견되지 않거나 오히려 비정규 근로의 임금이 더 높은 것으로 나타났다. 이러한 결과는 경제이론과도 부합된다.[32] 다른 상황이 동일하다면 노동자들은 고용이 보다 불안한 비정규 근로로 노동을 공급할 경우 이에 대한 보상으로 보다 높은 임금을 받으려 할 것이다. 기업들은 추가로 고용유연성을 확보할 경우 보다 높은 임금을 지급할 용의가 있다. 따라서 비정규 근로가 정규 근로에 비해 보다 불

32) 상이한 직업의 노동임금은 취업의 안정성과 불안정성에 따라 다르다. 벽돌공과 석공은 매우 추운 날이나 날씨가 매우 나쁜 날에는 일할 수 없으며, 그들의 취업은 언제나 고객의 우연한 주문에 달려 있다. 따라서 그들은 일하지 않는 날이 자주 있다. 그러므로 그들이 취업 시에 버는 것은 그들이 놀 때의 생활을 유지할 수 있도록 해야 할 뿐만 아니라, 이처럼 불확실한 상태가 때때로 야기하게 되는 불안 초조에 대해 일정하게 보상해야 할 것이다. 벽돌공·석공의 보수는 일반적으로 보통 일꾼의 그것보다 50% 내지 두 배 높다. 벽돌공·석공의 높은 임금은 그들의 숙련에 대한 보상이라기보다는 그들의 취업의 불안정성에 대한 보상이다. 애덤 스미스, 『국부론(상)』, 비봉출판사, 2003, 121~123쪽.

안한 고용과 보다 높은 임금을 가지는 균형이 성립될 수 있다. 이상을 종합하면 정규 근로와 비정규 근로 간에 유의한 임금격차가 존재한다는 결론을 내리기 어렵다. 이를 받아들인다면 비정규 노동에 대한 논의의 방향이 크게 바뀌어야 한다. 임금격차가 생산성의 차이에 의한 것인데도 불구하고 차별의 차원에서 접근한다면 그러한 노력은 의도한 효과를 거두지 못할 것이며 막대한 비용을 대가로 치러야 할 것이라고 한다.

백학영・구인회(2010)가 한국복지패널 3차년도(2008년) 조사를 활용하여 분석한 결과에서도 정규직과 비정규직의 임금격차 대부분(98.6%)은 생산성 차이에 의해 발생하는 격차로서 차별로 설명할 수 있는 격차는 최대 1.4%에 불과하다고 한다. 이러한 결과는 비정규직과 정규직의 임금격차가 차별에 의해 비롯된 것이 아니라 개인의 인적 특성, 사업장 및 근속 특성, 산업 및 직종 특성의 차이에 기인한 것으로 보인다고 한다.

이시균・김정우(2006)도 실증분석 결과 비정규직 노동력이 주된 고용유연성의 대상으로 활용되고 있음을 알 수 있었다. 그러나 비정규직의 활용은 사업체의 노동생산성을 하락시키는 것으로 나타났으며, 비정규직의 활용으로 인한 노동비용의 절감효과는 확인할 수 없었다고 한다. 오히려 비정규직 고용수준의 증가는 노동생산성을 하락시키는 것으로 나타났다. 이상과 같은 결과를 볼 때 비정규직 활용이 단기적인 고용유연성에는 도움이 되겠지만 노동생산성이나 이윤극대화에는 도움이 되지 않거나, 부정적인 영향을 미치고 있는 것으로 확인되었기 때문에 기업은 비정규직의 활용을 신중하게 판단해야 한다고 본다.

2. 정치경제학적 접근

1) 마르크스주의 정치경제학과 비정규 노동

정치경제학적 접근 방법은 마르크스의 주저인 『자본론』을 토대로 산업예비군, 노동의 탈숙련화, 위계, 사회적 관계, 계급갈등 등을 주요 개념으로 하여 비정규 노동의 증가 및 원인을 급진적인 방법으로 설명한다. 다만 이러한 입장은 보울스, 긴티즈 등의 비판적 마르크스주의 입장의 급진파 제도주의 경제학과 일맥상통하는 측면이 없지는 않으나, 문제의 원인을 제도보다는 사회구조, 특히 자본주의의 억압적인 착취구조에서 그 근본적인 원인을 찾는다는 점에서 분명한 차이가 존재한다.

2) 비정규 노동의 증가 및 원인에 대한 설명들

(1) 노동과정론과 탈숙련화

브레이브만의 탈숙련화 테제를 이론적 기초로 하는 노동과정 이론은 구상과 실행의 분리가 노동자의 탈숙련화를 의미하고, 이것이 노동의 가치 저하(degradation of labour)를 경향적으로 초래한다고 본다. 마르크스의 주저인 『자본론』을 이론적 근거로 하여 비정규직의 증가 원인을 구상과 실행의 분리, 탈숙련화에 따른 현실적 결과로 해석할 수 있을 것이다. 마르크스는 『자본론』에서 자본주의적 생산과정은 사용가치를 생산하는 인간의 활동으로서의 노동과정과 가치를 증식하는 과정의 통일적인 과정이며, 이러한 자본주의적 생산과정에서는 노동자의 숙련에 기초하던 기계조작이나 판단을 기계가 대신하여 노동자들은 단순한 보조자로 전락하게 된다고 하였다. 브레이브만은 마르크스의 이러한 노동과정론을 발전적으로 계승하였는데, 노동자들은 자동화와 분업화를 통하여 구상기능을 박탈당하고, 업무가 단순화됨으로써 작업수행을 위한 숙련이 거의 필요 없게 되었는데, 이런 일련의 과정을 '노동의 탈숙련화'라고 지칭하였다. 노동의 탈숙련화는 독점자본주의 단계에서는 자본주의적 관리가 공장자동화(FA)와 사무자동화(OA)를 통해 노동자의 작업과정에 대한 통제를 점진적으로 박탈하게 되는데, 이를 통하여 노동자 계급 구성이 양극화되는 결과를 가져오게 된다. 브레이브만의 탈숙련화 테제는 이후 뷰러웨이, 피오르와 세이블, 프리드만, 고든 등에 의하여 관련 논쟁을 불러일으키게 된다. 특히 노동시장의 분절화와 관련하여 노동시장이 자본의 통제전략에 따라 숙련노동자와 전문직으로 구성되는 1차 노동시장과 미숙련노동자와 비정규직 등 주변부 근로자로 구성되는 2차 노동시장으로 구조화되는 결과를 초래한다고 본다.

류장수(1991)는 현대자본주의 노동과정의 특징을 구상과 실행의 분리 테제의 발전적 적용이라는 측면에서 접근한다. 현대자본주의 노동과정의 변화가 구상과 실행의 분리에 기초한 실행형태의 변화, 정신노동자 내부에서의 구상과 실행의 분리의 확대・심화라는 내용을 담고 있는 것으로 이해한다. 자본주의 노동조직의 변화를 노동자 지위의 상승으로 보고 있는 '재숙련화', '유연전문화 테제' 등 브레이브만의 탈숙련화 테제를 기각하려는 이론들을 비판하면서, 이것이 구상기능의 재획득을 낳는 것이 아니라 구상과 실행의 분리에 기초한 실행형태의 변화에 불과한 것이라고 본다. 오히려 정신노동자 내부에서의 탈숙련화의 핵심적 내용인 '구상과 실행의 분리'의 확대・심화는 끊임없는 노동자의 지위 하락을 초래한다는 것이다.

박상언(2002)은 구조조정이 난무하고 고용불안정이 상시화되고 있으며, 새로운 노동통제기법들이 무차별적으로 도입되고 있는 시점에서 브레이브만의 노동과정론이 제시해 주었던 비판적 관점은 유효할 수 있다고 본다. 자본주의적 노동과정에서는 노동통제가 필연적일 수밖에 없고, 그 과정에서 자본에 의해 주도되는 구상과 실행의 분리가 노동자의 탈숙련화를 경향적으로 초래하면서 노동의 가치 저하(degradation of labor)를 촉진하게 된다. 구상과 실행의 분리라는 테일러리즘의 조직화 원리의 요체는 과학적 관리가 확대되어 감에 따라 사무직 또는 중하급 관리직의 노동에 있어서도 탈숙련화라는 일반적인 추세는 지배적인 경향이 된다는 것이다.

(2) 독점자본의 재생산 전략

채만수(2006)는 어떤 노동자나 그가 반밖에 고용되어 있지 않거나, 즉 불완전・불안정하게 고용되어 있거나 혹은 전혀 고용되어 있지 않은 기간에는 상대적 과잉인구에 속하게 된다. 그중에서 불완전하고 불안정한 취업노동자들인 비정규직 노동자들은 상대적 과잉인구[33]의 정체적 형태라고 한다. 그리하여 그것은 자유롭게 이용할 수 있는 노동력의 저장고를 최소한의 임금으로 자본에게 제공할 수 있게 한다.[34] 독점자본과 국가는 실업과 빈곤을 일정한 한계 내에 유지하려 할 수밖에 없고, 노동자 계급의 혁명적 투쟁에 맞서 자본주의 체제를 유지하기 위하여 그 실상을 은폐하면서 이윤율을 제고하기 위하여 비정규직을 유지하고 확대하려는 정책을 구조조정이나 노동시장의 유연화, 개혁이라는 이름으로 강제하고 있는 것이라고 한다.

(3) 상품연쇄 구조조정

김철식(2009)은 한국에서 불안정 노동의 확산이유를 독점자본의 축적전략 변화와 그에

---

33) 상대적 과잉인구는 자본의 가치증식에 필요한 노동자 수를 능가한다는 의미인데, 매우 다양한 형태로 존재한다. 각 노동자는 부분적으로 취업하고 있거나 또는 전혀 취업하고 있지 않는 기간에는 상대적 과잉인구에 속한다. 과잉인구는 언제나 세 가지의 형태, 즉 유동적 형태・잠재적 형태・정체적 형태를 띠고 있다. 상대적 과잉인구의 제3의 범주인 정체적 과잉인구는 그 취업이 매우 불규칙적인 현역 노동자집단의 일부를 이루고 있다. 따라서 이 정체적 과잉인구는 자본에게 마음대로 처분할 수 있는 노동력의 무진장한 저수지를 제공한다. 그들의 생활형편은 노동자계급의 정상적 평균수준 이하로 떨어지며, 바로 이 사실로 말미암아 그들은 자본주의적 착취의 특수부문들을 위한 광범한 토대로 된다. 그들의 특징은 최대한도의 노동시간과 최소한도의 임금이다. 칼 마르크스, 『자본론 I(下), 비봉출판사』, 1990, 807~810쪽 참조.

34) 상대적 과잉인구 또는 산업예비군을 언제나 축적의 규모 및 활력에 알맞도록 유지한다는 그 법칙은 벌컨神(불과 대장장이의 神)의 쐐기가 프로메테우스를 바위에 결박시킨 것보다 더 단단하게 노동자를 자본에 결박시킨다. 그 법칙은 자본의 축적에 대응한 빈곤의 법칙을 필연적인 것으로 만든다. 따라서 한쪽 끝에서의 부의 축적은 동시에 맞은편 끝에서의 빈궁, 노동의 고통, 노예상태, 무지, 야만화, 도덕적 타락의 축적이다. 칼 마르크스, 『자본론 I(下)』, 비봉출판사, 1990, 813쪽.

따라 발생하는 산업차원의 구조조정 진행양상을 중심으로 고찰하고 있다.

상품연쇄(commodity chain)란 하나의 상품을 기획하여 생산, 판매하기까지 일련의 과정들의 연계구조와 이를 중심으로 형성된 기업 간 노동분업 구조, 그리고 그러한 연결망 전반에 대한 조정, 통제구조를 의미한다. 특히 저성장기의 불확실한 위기상황에서는 가치이전, 즉 다른 곳에서 생산된 가치를 자신에게로 이전하는 전략이 보다 중요해진다. 상품의 가치전개의 각 단계들은 크게 상품생산을 통해 새로운 가치를 만들어 내는 가치생산의 영역과 생산된 가치를 상품의 판매를 통해 실현하는 가치실현의 영역으로 나뉠 수 있다. 여기에서 상품연쇄 전반을 조정・통제하는 지배대자본은 이 두 가지 영역 중의 하나에 자신의 활동을 집중한다. 그런데 오늘날 대부분의 산업, 대부분의 상품연쇄들에서 가치생산 기능보다는 가치실현 기능이 중시되는, 다시 말해 지배대자본이 제품의 생산보다는 제품의 기획, 디자인이나 판매, 마케팅 등과 같은 중요 서비스 기능에 집중하면서, 이를 근거로 상품연쇄 전체 구조를 재편하면서 지배・통제를 확립하려는 변화가 나타나고 있다. 3차 산업의 비중 증대는 2000년대 들어 지배대자본의 활동의 집중점이 상품의 가치를 창출하는 생산기능으로부터 기획, 디자인, 판매, 마케팅 등 제품의 가치실현과 관련된 주요 서비스 기능들로 변화하고 있다는 사실을 간접적으로 보여 주는 사례이다. 이렇게 지배대자본이 핵심 서비스 영역, 비생산 영역으로 활동의 집중점을 변화시켜 나가는 과정에서 상품의 직접적 가치를 창출하는 생산의 영역은 갈수록 중요하지 않은 영역, 즉 비핵심 영역으로 주변화된다. 이제 지배대자본은 제품 생산에의 관여를 축소하고 그 책임을 상품연쇄상의 하위 자본에게 이전시키면서 다운사이징과 규모 축소가 나타나며, 외주화가 갈수록 확대되면서 주요 구조조정 프로그램으로 자리 잡게 된다. 한편 지배대자본은 상품연쇄상의 우월한 지위로 인해 제품의 외부조달은 내부에서 생산하는 것보다 더 저렴한 비용으로 이루어질 수 있으며, 하위 자본들은 자신이 담당하는 생산의 일부를 다시 외주화하고 재하청하여 가치이전을 통한 수익을 추구함으로써 기업 간 노동분업 구조를 더욱 위계적이고 중층화된 방식으로 구조화한다. 그 과정에서 외주화는 단순히 지배대기업에서만 나타나는 현상이 아니라 상품연쇄 위계의 모든 단계에서 나타나는 일반적인 구조조정 프로그램으로 자리 잡게 된다. 이와 같이 축소 혹은 외부화된 생산기능은 주요한 비용절감의 대상이 된다. 이을 용이하게 할 수 있도록 작업과정은 누구나 별다른 기술 없이도 쉽게 접근할 수 있도록 표준화되며, 숙련노동의 필요성은 줄어든다. 이러한 노동과정 표준화에 따른 숙련노동 필요성의 축소는 노동의 탈숙련화를 극단적으로 진전시킴으로써 노동의 불안정화를 가져오는 토대가 된다. 또한 작업과정의 표준화는 광범위한 외주화를 가능하게 하고 이를 통해 수요변화에 맞추어 외주화하는 물량을 유연하게 조정함으로써 경기변동의 위험을 외부로 전가하는 유연성을 발휘할 수 있다.

이러한 과정에서 나타나는 개별 자본의 비용 재전가 전략은 구조조정과 유연성 및 비용절감의 압력이 상품연쇄 전 단계에서 나타나도록 만든다. 그 과정에서 노동은 하위자본으로부터 상위자본, 지배대자본으로 연쇄적으로 이어지는 가치이전의 주요 기반이 되는데, 그 결과는 괜찮은 일자리가 줄어들고 노동자들의 삶과 노동, 생활 전반의 수준이 저하되는 노동의 불안정화로 나타난다. 이때 노동의 불안정화는 특정 노동자 집단에게만 적용되는 것이 아니라 대부분의 노동자들에게 일반적으로 관철되는 경향이라고 할 수 있는데, 이는 본질적으로 저성장기 자본축적전략의 모순과 위험, 비용부담을 노동에 대한 착취의 강화를 통해 해결하려는 자본의 전략의 결과라고 할 수 있다. 이러한 일련의 비용 재전가 전략 속에서 열악해지는 하위기업에서의 고용관계는 다시 상위기업의 고용관계에 대한 대체위협으로 작동한다. 이러한 과정이 반복되면서 노동의 불안정화는 지배대기업 소속 노동자들에게까지 전반적으로 관철되는 경향이 된다. 그리고 이는 상품연쇄상의 위계와 관계없이 전반적으로 나타나는 다음과 같은 현상, 즉 상대적으로 안정적이라고 여겨져 왔던 고용형태의 축소와 고용불안의 확산, 임금구성에서의 불안정적 요소의 증가, 노동강도의 강화와 탈숙련화의 극단적 진전, 그리고 대항권력으로서의 노동조합의 약화 등을 통해 확인된다.

(4) 사회적 배제 이론

사회적 배제(social exclusion)는 빈민층과 하층계급, 장애나 고령과 같은 사회적 위험에 처해 있는 집단들이 지배적인 사회적 관계로부터 이탈되어 있거나 이미 이탈된 상태를 말한다. 그동안 이러한 내용은 물적 자원의 부재와 인격적 소외를 지칭하는 빈곤, 박탈, 주변성으로 표현되어 왔으나 산업구조가 변화하고 노동시장이 유연화되면서 사회의 일주체로서의 직간접적인 역할 상실이라는 의미가 보다 확대되기에 이르렀다.[35] 사회적 배제에는 Bradshaw가 개발한 측정지표를 사용한 분류에 따르면 첫째, 빈곤 또는 적절한 소득과 자원에서의 배제, 둘째, 노동시장에서의 배제, 셋째, 기초적인 서비스에서의 배제, 넷째, 사회적 관계에서의 배제 등 네 가지 차원으로 구분할 수 있다. 그중에서도 노동은 적

35) 윤정향, 「비정규직 노동자의 사회적 보호 배제의 원인에 관한 시론적 고찰」, 『사회보장연구』 제19권 1호, 한국사회보장학회, 2003, 60쪽.

절한 소득을 제공해 줄 뿐만 아니라 사회참여의 핵심적인 방법이기도 하기 때문에 노동시장에서의 배제가 다른 형태의 사회적 배제를 초래하는 주요한 원인으로 작용한다.[36]

윤정향(2003)은 비정규직 노동자가 사회적 보호로부터 배제되고 있는 원인을 제도 자체의 결함보다는 사회구조적인 문제와 결부시켜 이해한다. 한 사회의 사회적 관계는 개인과 개인, 개인과 집단, 집단과 집단 간의 무수한 연결고리들의 집합체라고 할 수 있다. 집합체는 그 사회의 법적·사회적 규범들과 경제적 생산관계에 의해 구속을 받으며, 이를 토대로 다른 집단을 구속하기도 한다. 따라서 상호신뢰와 호혜성, 권력과 통제가 작동하며 사회적 관계는 수평적으로도 수직적으로 구성된다. 사회적 관계는 자본주의 사회적 관계의 본질이라고 할 수 있는 자본과 노동이 노동시장 안에서 맺는 사회적 관계와 노동시장 외부의 사회적 관계가 있다. 사회적 관계를 두 영역으로 변별했을 때, 개별 행위자가 이미 소속되어 있거나 속하게 될 영역에서의 사회적 관계의 양태는 각 행위자의 정적 요인과 동적 요인의 상호작용의 결과로서 외화된다. 정적 요인은 개별 행위자의 성별, 학력, 연령, 결혼, 인종 등 인구학적 특성으로 대별될 수 있는 태생적 혹은 준태생적 요인들을 의미한다. 이 요인들에는 개인이 선택 가능한 것도 있고 그렇지 않은 것도 있으나 중요한 것은 한번 결정이 되면 장기적으로 개인의 사회적 관계에 상당한 규정력으로서 작용한다는 것이다. 동적 요인은 두 영역에서 개별 행위자가 자신의 사회적 관계를 변화시키는 과정에서 동원하는 인적·물적 자원들을 의미한다. 결과적으로 정적·동적 요인의 결합에 의해 각 영역에서의 개별 행위자의 특수한 사회적 관계가 만들어진다고 볼 수 있다. 노동시장 영역에서는 노동자 계급 내부에서도 사회적 관계가 상이하게 형성될 수 있다. 예를 들면 일반적으로 사무직은 화이트칼라 노동자계급이고, 현장 관리자와 노동자는 블루칼라 노동자 계급으로 분류되는데 후자가 전자로 직급상승을 하는 경우는 매우 드물며, 노동시장 입직 경로도 상당히 다르다. 입직경로의 구별은 서로 다른 정적·동적 요인들과 이 요인들이 노동시장 진입과정에서 결합방식을 다르게 하기 때문이다. 다른 한편, 비정규직 노동자는 기업의 관료적 위계체제 외부에 존재하는 노동자들이므로 생산관계의 위계에서 배제되어 있다. 이들은 정규직 화이트칼라 노동자나 블루칼라 노동자와는 또 다른 방식으로 규정 요인들의 영향력하에 놓여 있는 것이다. 이렇게 비정규직 노동자가 지배적인 사회적 관계로부터 배제되고 있는 것은 이들이 맺는 사회적 관계가 자본주의 사회에

36) 앤서니 기든스, 『현대 사회학』, 을유문화사, 2009, 295~296쪽 참조.

서 사회적 약자로 규정되는 정적·동적 요인들의 결합된 결과이기 때문이다. 일반적으로 비정규직 노동자들의 사회적 관계를 규정하는 정적 요인들은 고연령, 저학력, 저숙련, 여성, 실직 유경험자, 장애인 등 사회적으로 약자의 지위에 해당되는 특성들을 보이고 있음을 알 수 있다. 즉 비정규직 노동자는 노동시장 영역에서 비정규직으로서의 존재를 규정받기 이전에 비정규 노동으로 진입할 가능성이 높은 사회적 속성을 지니고 있는 것이다. 구체적으로 노동시장 영역에서 비정규직 노동자의 배제된 사회적 관계는 다음과 같이 나타나고 있다. 노동시장 진입단계에서 비정규직 노동자는 개인적 속성과 미흡한 자원 동원력에 의하여 노동력 가치가 낮게 평가되는 부문으로 진출하거나 특정 부문, 특정 거래관계에서만 노동력을 판매하거나 아니면 노동력을 판매할 수 없는 1차 장벽에 부딪치게 된다. 일단 계약을 통해 고용이 되면 사회적 관계로부터의 배제는 보다 복잡하게 전개된다. 사업장 안에서는 보조적이거나 수동적인 업무를 수행하면서 정규직과 관리자의 명령체계에 순응해야 하며, 상대적으로 더 어렵고 복잡하며 위험한 업무를 수행해야 한다. 혹은 정규직과 무관한 업무를 하되 정규직의 감시 감독을 받고, 자신의 목소리와 입장을 표명하기 어렵다. 즉 위계적 생산관계하에서 정규직보다 낮은 단계에 놓이게 된다. 숙련기술로부터의 배제는 대부분 단순 업무를 수행할 뿐 전문적 업무를 수행하기 위한 기업특수적 훈련으로부터 제외되어 단순 업무를 수행하는 것으로 고착화된다. 요약하면 자본주의 사회에서 배제적인 사회적 관계는 자본과 임노동 간의 착취관계가 각 사회의 정치, 경제, 제도적 상황, 역사적 특수성 등에 따라 각 사회를 관통하고 있는 관계 규정 요인들과 어떻게 상호작용하는가에 따라 여러 형태로 나타날 수 있으며, 이러한 관계규정 요인들의 복잡하고 복합적인 상호작용의 결과, 자본주의 생산방식에서 요인들 간의 가장 취약한 연쇄고리로 나타나고 있는 것이 비정규직 집단이며, 이들과 중첩되어 있는 집단이 노동빈민들이라고 본다. 즉 산업구조가 서비스 산업, 지식기반 산업으로 바뀌면서 전통적인 비정규직 확대와 신종 고용관계로서 다양한 비정규직이 만들어지고 있는데, 여기에 진출하는 노동자들은 여성, 저숙련, 저학력, 노동능력이 쇠약해졌거나 신기술에 적응하지 못하는 다수의 기존 중장년층들로 지배적인 사회적 관계로부터 이탈된 자들이며 이들이 새로운 배제집단으로 등장하게 되었다는 것이다. 그리하여 지배세력으로부터 배제되어 있는 집단들이 불안정한 노동시장으로 진출함과 동시에 불안정한 사회적 보호를 받으며, 불안정한 사회적 보호가 사회적 관계 자체의 변화를 추동해 내지 못하기 때문에 낮은 사회적 지위를 재생산하게 된다는 것은 그렇게 놀라운 일이 아니라는 것이다.

장지연・양수경(2007)도 비정규 고용의 문제를 '사회적 배제'라는 이론적 개념으로 바라보면서 두 가지 실증적인 분석을 시도한다. 첫째, 비정규 고용이 사회적 배제의 기제로 작동하고 있다고 볼 수 있는지를 논의하기 위하여 정규직과 비정규직 간의 노동시장의 지위이동의 가능성을 탐색하였다. 8년에 걸친 관찰결과를 담은 노동패널 자료를 분석한 결과, 정규직과 비정규직 간에는 이동이 쉽지 않고 일단 비정규직에 속하게 된 노동자는 정규직 진입이 매우 어렵다는 사실이 관찰되었다. 둘째, 비정규직 고용은 상대적으로 저임금에 열악한 근로조건을 형성하고 있는지, 그리고 이 때문에 결과적으로 이들이 근로빈곤층에 속하게 되는 비율이 어느 정도인지를 살펴보았는데, 예상했던 바대로 비정규 노동자는 가족이 모두 빈곤층에 속하게 될 가능성이 상대적으로 높았고 사회보험의 수혜자가 되기도 어렵다는 것이 확인되었다. 이러한 두 가지 분석에 근거하여 우리나라에서 비정규 고용이 노동시장에서의 배제 기제이며 나아가 사회적 배제 기제로 기능할 가능성이 높다고 판단하였다. 비정규 고용은 모든 노동자들에게 무작위적으로 배정되는 과정이 아니라, 성별이나 연령, 학력 등 노동자의 인적 특성에 따라서 비정규 고용의 가능성은 달라진다. 특히 여성이며 나이가 많고 학력이 낮은 사람일수록 장기적으로 비정규 고용의 함정에 빠질 가능성이 높은 것으로 나타났다.

3. 시사점

기존 이론의 검토에서 확인한 바와 같이 한국의 노동시장에 관한 다수의 필자들은 제도주의 경제학적 입장에서 분단노동시장을 지지하고 있다는 점에서는 이론의 여지가 없으며, 이러한 측면에서 일부 문헌을 제외하고는 비정규직이 정규직으로의 전환을 위한 가교역할을 하기보다는 정규직 노동시장과 비정규직 노동시장이 분절되어 있다는 점에 대해서는 대체적으로 견해가 일치하고 있다. 그러나 분단노동시장이론의 토대에서 비정규직 증가의 요인으로 인사관리・고용관리 전략의 변화를 거론하면서, 즉 인사관리전략에 의하여 노동시장이 분단되어 있다고 주장하면서, 비정규직 문제를 해결하기 위한 방안으로 법제도 개선 등을 통해 기업의 고용관행을 개선하여야 한다거나, 중심-주변 간의 교량을 만들어내 이중적 노동시장의 구조화를 약화시켜 통합적인 노동시장 모델로 바꾸어내는 것이 주요한 정책적 목표여야 한다는 논지를 전개하는 등 노동시장에서 분절이 발생하고 사회적 차별이 생성되는 제도와 사회적 관습의 기원에 대해서는 함구하면서 새로운 제도를 논리적으로 고안하는 관념적이고 이념적인 대안만을 제시함으로써 기존의 연구들은 문제해결 방법에 있어서는 제도주의 경제학적 입장의 분단노동시장의 이론적 전제와 토대와는 약간의 괴리를 보이거나 모순되는 것으로 보인다.

그리고 비정규 노동의 증가를 서비스 산업의 비중 증대로 파악하는 입장은 현상 형태를 해석하고 분류하는 데 사용되었던 명목적이고 임의적인 개념을 하나의 본질로서 오인함으로써 제기되었던 측면이 강한 것으로 보인다. 현재의 서비스 산업을 구성하고 있는 다양한 이질적인 부문들 중의 많은 부분들이 이전의 조직 내에서 수행되던 동일한 업무라고 한다면, 그것은 그 노동의 질적인 속성이 변경된 것이 아니라 노동을 조직하고 노동을 다루는 여러 가지 방식들이 외부화를 통하여 저장이 불가능한 노동을 시장화시키면서 노동의 가치를 저하시키고 고용을 불안정화하게 하였을 따름이다. 노동과정의 재조직화가 직접 또는 간접적으로 이전에는 제조업 부문의 노동자로 분류되었을 서비스 산업 노동자들의 노동의 시장가치 저하를 가져왔던 것이며, 결코 서비스업 노동자들의 노동생산성이 제조업 노동자들의 생산성 증가에 비하여 정체되었다거나, 서비스업 부문에서의 노동의 탈숙련화로 인하여 부가가치가 감소되었다는 측면에서 비정규 노동문제가 발생하였다고 주장할 근거는 없다고 보아야 한다.[37] 이러한 분석방법은 노동의 가치로서 시장에서 교환되는 화폐의 명목 가치가 노동의 본질적 가치를 당연히 대변하는 것처럼 보이는 전형적인 물신화의 오류를 범하고 있는 것이다. 노동의 가치로 표현되는 시장임금이 사회적 교환구조의 결과로서 명목적이고 임의적인 현상에 불과하다고 한다면, 시장임금을 부가가치와 노동생산성 등의 개념적 범주를 통하여 노동시장을 분석하는 계량적 방법은 불가피한 것으로도 보이기도 하지만 원천적으로 잘못된 분석방법이다. 사회적인 분업의 구조 내에서 임의적이고 명목적인 형태로 나타나는 비정규 노동의 시장임금은 생산성과 부가가치 또는 사회적 기여도에 의해 결정되는 것이 아니다. 동일한 직무의 상대적 가치가 상이한 기업, 업종, 지역 및 국가에 따라 또는 시간의 추이에 따라 다양한 양상으로 나타난다는 것을 상기해 보라. 시장임금을 결정하는 것은 생산성과 부가가치가 아니며, 그것의 개인적 척도를 가리키는 지표는 제대로 존재하지도 않는다. 오히려 임금수준을 결정하는 중요한 요인은 노동의 수요와 공급과 같이 노동자의 교섭력을 결정하는 노동시장의

37) 서비스업의 다양한 부문 중에서도 개인서비스업과 사회서비스업 같은 경우에는 생산성이라는 개념을 적용시키는 것 자체가 적절하지 못하다.

상황과 노동이동의 간이성 정도, 노동관계법률의 내용과 규제의 정도, 최저임금과 복지급여(예: 실업급여)와 같은 '사회적 임금'의 수준, 연대임금정책과 같은 계급 내 연대의식, 노사관계의 국가적 성격과 같은 다양한 사회 문화적 인자들이다. 최근에 전 세계적으로 심화되고 있는 노동의 양극화도 임금이 생산성에 의해 결정되는 것이 아니라, 사회적 권력관계와 제도가 노동의 가치가 임의적이고 명목적으로 부여되는 과정 속에 깊이 관여되어 있음을 증명하는 사례인 것이다.

비정규 노동의 증가 원인으로 노조의 조직률 저하에 따른 교섭력 약화라고 보는 입장 역시 비정규 노동자들이 처해 있는 전체적인 사회적 맥락과 개인적인 인적 특성을 감안하지 않음으로써 노동시장에서의 인과관계를 규명하기에는 충분하지 않은 것으로 보인다. 그리하여 문제해결 방법으로 단지 습관화된 사유 방식으로서 기존 정규직 노동운동의 방법과 동일한 관점과 방향에서 문제해결을 시도하려고만 하는 것으로 보인다.

한편 마르크스의『자본론』의 주요한 개념을 이론적 토대로 비정규 노동의 증가 및 원인을 급진적인 방법으로 설명하는 정치경제학적 접근 방법은 억압의 구조와 동학을 정확하게 분석하고 묘사한다는 장점에도 불구하고, 그러한 것들이 파생하는 오랜 역사적 기원과 관행에 대해서 함구함으로써 사회적 관계들의 미시적 권력구조를 제대로 살펴보지 못하는 과오를 저지르고 있다. 그 결과 또다시 시대에 대한 부정과 회유 이외에는 현실적인 대안을 전혀 제시하지 못하고 있다. 그들이 말하는 억압과 착취의 문자로 쓰인 연대기는 사회와 역사를 부정하는 것만으로는 결코 중단될 수 없는 것이다.

2장
비정규 노동문제에 대한 정책 방향

비정규 노동문제를 해결하기 위한 정책적 방향에 대해서는 정치적 관점과 시각에 따라 여러 가지 이론이 존재하고 있지만 크게 다섯 가지로 구분할 수 있을 것이다.

첫째, 비정규직 노동문제는 정규직 노동자들에 대한 지나친 보호로부터 기인한다는 견해가 있다. 이러한 입장은 정규직 노동시장을 유연화시킴으로써 비정규직 사용에 대한 유인을 감소시켜 비정규직의 규모를 감소시킬 수 있다는 방안이다. 주로 시장을 신뢰하는 자유주의 경제학적 입장을 가진 경제학자들의 견해로 소극적 대응방안이다. 둘째, 비정규직을 사용하기 어려운 방향으로 유도하기 위하여 사용자에게 비정규직 사용에 대한 추가적인 비용을 부담하게 하거나, 차별시정제도를 강화하는 등 법적 규제 장치를 도입하여 노동시장의 분절구조를 약화시키자는 입장으로 입법을 통하여 비정규직의 사용을 어렵게 하려는 방법이다. 셋째, 비정규직 문제를 해결하기 위해서는 노동시장의 양극화 문제를 해결하여야 하며, 무엇보다 이중적 노동시장에 기초한 중심부문과 주변부문 간의 구조적 불평등을 줄이는 것이 중요하다. 이를 위하여 정부가 지나친 노동시장의 유연화를 제어할 수 있는 사회통합적인 노동시장 정책으로 전환해야 한다고 본다. 넷째, 노동자 집합행동론의 입장에서 비정규직 노동자를 조직하여 비정규직 독자노조를 건설하거나, 산별노조 건설을 통하여 노사 간의 힘의 균형을 회복하여 해결방법을 모색하는 입장이 있다. 이러한 입장에서는 비정규 노조의 조직률 제고가 비정규직 문제를 해결할 수 있는 가장 중요한 방법이라고 본다. 다섯째, 사회보험의 사각지대에 있는 비정규직에 대하여 사회보험을 확대적용하거나, 공적 부조를 통한 사회보장의 포괄적 적용을 위한 사회보험 제도의 개혁을 통하여 비정규 노동을 보호하자는 이론적 입장이 있다. 2장에서는 각각의 이론적 입장과 대안들을 살펴본 후 가장 합리적인 정책적 대안을 생각하여 보기로 한다.

1. 자유주의 경제학적 입장

자유주의 경제학적 입장에서는 노동시장의 경직성이 비정규직 사용의 증가를 초래한다고 본다. 노동시장의 유연성이 높은 영국과 미국의 임시직 노동자 비율이 2000년대 이후로도 대체적으로 5% 전후에서 유지되고 있는 반면, 정규직에 대한 강력한 고용보호 제도가 존재하는 스페인, 포르투갈, 핀란드, 프랑스 등의 국가에서 비정규직의 비율이 상대적으로 높게 나타난다고 한다. 결국 비정규직 문제를 노동시장에 대한 규제를 통해서 해결하려는 것은 일자리 창출에 부정적인 영향을 초래할 수 있으며, 노동시장의 이중구조를 고착화시킬 뿐이라는 것이다.

1) 노동시장의 유연화와 정규직에 대한 과보호 철폐

조동근(2004)은 고용의 안정을 꾀하고 정규직과 비정규직 간의 격차를 사회적으로 용인될 수 있는 수준까지 좁혀야 한다는 데에는 이의를 제기하지 않는다. 그러나 수량적 조절이 용이한 비정규직의 활용은 서비스업의 증가 등 산업구조의 변화추세에 부응한 세계적 조류이며, 한국적 현실에서 비정규직 문제의 상당 부분은 정규직의 과보호와 경직성에서 비롯된 것이다. 노조로 인해 정규직 해고가 여의치 못한 상황에서 기업은 상대적으로 유연성이 높은 비정규직을 쓸 수밖에 없었고, 임금격차도 기업의 지불 가능한 임금총액이 정규직에 치우쳤기 때문이다. 그동안 대기업 정규직의 과도한 임금인상이 비정규직과 협력업체 근로자 임금억제로 전가되어 왔음은 주지의 사실이다. 따라서 비정규직 문제는 규제 등 법제적으로 접근할 사안은 결코 아니라고 본다. 시장경제를 채택한 국가에서 고용안정을 위해 정부가 직접 나설 운신의 폭은 넓지 못하다. 비정규직을 포함한 실업문제는 노동시장의 유연화와 기업 활력의 제고로 풀어야 하는데, 고용의 양과 질은 노조도 규제도 아닌 시장에 의해 결정되기 때문이라고 한다.

김훈식・송준호(2001)는 저임금과 장시간 근로시대에 노동자를 보호하기 위한 정책입법으로 만들어져 정규직 장기 근속자에게 주어지고 있는 법적·제도적 혜택이 저성장·고임금 시대의 시장원칙과는 괴리되어 있고 고비용·저효율 구조의 원인이 되고 있다고 한다. 이 같은 정규직 프리미엄이 지나치게 크고 생산성 향상분을 초과한다면 기업은 기간의 정함이 없는 고용계약을 기피하려 할 것이다. 정규직에 대한 엄격한 해고제한이나 사회보험급여수준 등에 있어 지나친 보호가 비정규직의 양산을 가져온다고 보는 입장이다. 따라서 정규직 해고제한 규정을 완화하는 등 정규직 신분의 프리미엄을 철폐하는 것이 개선방안이라고 본다.

배진한(2007)은 정규직에 대한 보호수준을 뚜렷하게 완화해야 하며, 이 방법만이 비정규직 근로자 규모의 증가속도를 늦추고 정규직과 비정규직 사이 근로조건의 격차도 유의하게 줄일 수 있다고 한다.

김영문(2008)은 해고규제가 엄격한 경우 사용자는 비정규직 활용을 선호하게 되고, 그 결과 해고규제에 의해 보호되는 근로자와 비정규직 근로자 사이에는 소득 격차를 포함하여 사회적으로 큰 격차가 발생하게 된다. 특히 해고규제는 생산성이 낮은 중고령 근로자를 필요 이상으로 보호하게 되고, 생산성이 높은 청년층 신규 취업 희망자의 시장 진입에 장벽이 된다. 따라서 비정규직을 정규직화하는 것이 아니라, 정리해고 규정을 완화하고, 능력이 부족한 근로자에 대한 해고조치가 가능하게 하는 등 해고규제를 완화하는 것이 문제해결에 더 효과적이라고 본다.

남재량·박기성(2010)은 2007년 7월 1일 시행된 비정규직법의 고용효과를 분석한 결과, 비정규직법이 정규직 고용을 촉진하려는 의도와 달리 오히려 정규직 고용을 매우 분명하게 줄이는 것으로 나타났다고 한다. 이는 현실과 괴리된 법을 통해 문제를 해결하려는 시도보다는 시장의 상황을 잘 반영할 수 있도록 법과 제도를 설계하고 고쳐 나가는 것이 바람직하다는 것을 시사한다. 비정규직 문제의 핵심이 정규직 노동시장의 경직성에 기인하는 것으로 본다면, 정규직에 대한 과보호를 완화함으로써 비정규직을 양산하는 원인을 원천적으로 제거하는 것이 무엇보다도 중요하다고 본다.

그러나 이러한 견해에 대한 반론으로 은수미(2009)는 비정규직 사용에 대한 법률적 규제가 거의 없는 미국에서도 의회의 회계검사원(GAO)이 비정규직에 대한 정의에 의거해 조사한 바에 의하면 전체 노동력의 30% 이상이 비정규직으로 추정된다고 한다.[1] 즉 정규

1) 미국의 노동시장은 임의고용의 원칙이 지배적이다. 해고사유에 대한 법적인 제한이나 절차가 존재하지 않으므로 정규직도 장기고용을 법적으로 보장받지는 못한다. 단지 관행적으로 선임권 규정이 존재할 뿐이다. 그러나 미국에서 비정규직은 사용자가 건강보험료와 같은 복리후

직과 비정규직 간에 상당한 임금격차가 존재하고 있는 상황에서는 정규직에 대한 해고가 자유롭다 하더라도 여전히 기업의 비용절감 정책으로 인해 다수의 비정규직이 존재할 수 있음을 보여 준다. 정이환(2006)의 경우에도 영미식 탈규제와 유연화는 일반적으로 고용을 불안하게 하고 불평등을 심화한다는 점에서 바람직하지 않을 뿐 아니라 한국에 적합하지도 않다고 한다. 한국에서의 유연화는 불평등과 고용불안을 지금보다 더 심화시킬 가능성이 크다는 것이다. 설령 불평등이 줄어든다고 해도 그것은 하향평준화가 될 것이라고 본다.

2) 유연안정성(flexicurity)

노동시장의 유연성은 통상 노동시장의 환경이 변할 경우 고용, 임금, 근로시간 등을 신속하게 변화시켜 새로운 환경에 적응하는 능력을 의미한다. 이런 유연성은 단순히 기업이 새로운 환경에 적응하는 능력뿐만 아니라 노동자의 적응능력도 포함하는 광범위한 개념이다. 유연성은 우선 기업을 외부환경의 변화에 적응할 수 있는 유연한 조직으로 만들어 새로운 수요와 새로운 기술에 민첩하게 적응할 수 있는 조직으로 만든다는 개념이다. 그뿐만 아니라 유연성은 노동자가 학교를 졸업하고, 일자리를 찾고, 일자리 간에 이동을 하고, 실업과 고용 사이를 이동하고, 또한 노동시장에서 은퇴하는 과정을 보다 성공적으로 만든다는 개념이다. 따라서 유연성은 기업의 고용과 해고를 용이하게 만든다는 개념보다는 더욱 포괄적인 개념으로 전체 노동시장이 경제여건 변화에 성공적으로 적응할 수 있도록 만든다는 개념이라 하겠다. 노동시장의 안정성은 안정적인 고용뿐만 아니라 일자리를 잃었을 경우 새로운 일자리로의 이동을 용이하게 해서 소득의 흐름을 안정적으로 만들고 또한 실직기간 동안에는 일정 수준의 소득을 보장하여 안정적인 생활을 영위할 수 있게 하는 정책을 포괄하는 개념이다. 따라서 안정성은 단순히 현재의 직업을 안정적으로 유지할 수 있게 하는 직업의 안정성보다는 더 포괄적인 개념이다. 즉 노동자가 일생 자신의 근로조건을 안정적으로 개선할 수 있는 능력을 배양하고 실직할 경우에는 새로운 일자리를 쉽게 찾을 수 있는 능력을 제공하는 개념이다. 따라서 안정성은 직업의 안정성을 넘어 고용의 안정성 및 소득의 안정성을 포함한다고 하겠다.[2)]

생 비용을 절감하기 위해서 사용하는 이유가 상당히 크다. 정규직이 단체협약이나 취업규칙의 적용을 통하여 혜택을 받는 복리후생에서 비정규직은 제외되는 경우가 대부분이다. 특히 건강보험이나 기업연금은 비정규직에게 거의 적용되지 않고 있다.

> 유연성과 안정성은 모두 다차원적인 개념으로 다양한 형태로 존재한다. Atkinson에 의하면 유연성은 수량적 유연성, 근무시간 유연성, 기능적 유연성, 임금 유연성으로 등 4가지 유연성 형태로 나누어 보는 것이 가능하다. 안정성도 4가지 형태로 분류할 수 있다. 첫째, 동일한 일자리를 유지할 수 있는 안정성을 의미하는 직업안정성이 있으며 이는 고용보호, 동일 사용자와의 재직기간 등으로 표현될 수 있다. 둘째는 동일한 일자리는 아니더라도 고용을 지속할 수 있는 안정성을 의미하는 고용안정성이며, 이럴 경우 일반적인 고용상황, 활발한 노동시장, 훈련 및 교육정책이 중요한 역할을 수행하게 된다. 셋째, 실업, 건강악화, 사고 등의 상황에서도 안정된 급여를 확보하는 것과 관련이 있는 임금 안정성은 실업급여, 현금급여 제도 등과 같은 공적 이전임금제도 등으로 이해할 수 있다. 마지막은 조합 안정성으로 퇴직제도, 출산휴가, 자원봉사 부문의 무급근로 등을 통해 일과 개인의 삶을 조합해 갈 수 있는 가능성을 가리킨다.[3)]

유연성과 안정성은 통상 상충하는 개념으로 노동시장의 유연성이 고용의 불안정을 초래하는 것으로 생각되었다. 그러나 덴마크와 네덜란드에서 지나친 고용보호를 완화하고 다양하고 유연한 근로계약을 보급하여 노동시장의 유연성을 유지하면서 동시에 실업보험을 통해 실직된 근로자의 소득을 안정화시키고 또한 적절한 교육 및 훈련을 통해 실직자의 고용가능성을 제고시켜 빠른 시일 내에 일자리로 복귀시키는 유연안정성(flexicurity) 정책, 즉 유연성과 안정성을 동시에 제고하는 정책적 결합이 가능한 것으로 나타났다. 유연안정성이란 직업안정성에서 고용안정성으로의 이동을 의미하며 이 과정에서 직업안정성이 저해되는 것을 고용기회의 확대와 사회안전망의 구축으로 보전해 주는 것을 포함한다. 비록 유연성에 대한 직접적인 언급은 없지만 유연안정성 개념은 노동시장의 유연화를 전제로 하고 있으며 노동시장 유연화에 의해 부수적으로 발생하는 직업안정성의 저하를 고용안정성의 제고와 사회안정망의 확충으로 보상해 주는 개념을 의미한다.[4)]

이러한 유연안정성 정책은 비정규직 문제를 해결하기 위하여 입안된 정책이라기보다는 유럽 각국이 경기 불황 속에서 높은 실업률을 낮추기 위한 방법으로 해고 제도를 완화하는 등 노동시장의 경직성을 완화시키기 위하여 도입되었다. 그러한 과정에서 유연화된 노동시장에서의 노동자의 불안정한 지위를 사회보장제도를 통한 소득안정성으로 보상하기 위한 타협의 결과로서 형성된 사회적 협약으로 보아야 한다. 그러므로 우리나라의 비정규 보호정책 역시 네덜란드와 덴마크 등의 유연안정성 정책[5)]과 목표 및 취지에서 유사

---

2) 변양규, 「주성분 분석을 통한 노동시장 유연성 및 안정성 국제비교」, 『노동정책 연구』 제10권 제4호, 한국노동연구원, 2010, 4쪽.

3) Per Kongshøj Madsen, 「덴마크식 유연안정성: 노동시장 개혁의 모델인가?」, 『국제노동브리프』 2008년 3월, 한국노동연구원, 2008, 3~4쪽.

4) 변양규, 「주성분 분석을 통한 노동시장 유연성 및 안정성 국제비교」, 『노동정책 연구』 제10권 제4호, 한국노동연구원, 2010, 5쪽 참조.

5) 네덜란드의 유연안정성 방식은 고용보호의 완화가 아닌 각종 비정규직의 노동권을 정규직과 동등한 위치로 상승시키려는 방법이다. 즉 정규직의 해고를 보다 원활하게 하는 것보다는 비정규직의 불안정한 위치를 노동법과 사회법의 개정 등을 통하여 보다 안정적으로 만들어

한 것으로 보아도 무방할 것으로 보이지만, 그들의 유연안정성 정책이 우리나라보다 훨씬 더 관대한 사회보장제도와 정립된 노사관계를 기본적 토대로 하고 있다는 점은 유념하여야 할 것이다.[6)]

변양규(2010)는 지나친 고용보호는 노동시장의 유연성을 저하시켜 고용에 부정적인 영향을 미친다고 한다. 따라서 노동시장의 성과를 제고하기 위해서는 우선적으로 노동시장의 유연성을 높이는 노력이 필요하다. 우리나라 노동시장의 유연성은 비교대상 국가 중에서 중간 수준에 있지만 안정성은 낮은 수준을 보이고 있다. 우리나라 노동시장의 안정성이 낮은 이유는 직업의 안정성이 낮은 것보다는 고용의 안정성이나 소득의 안정성이 낮은 것에 기인하는 것으로 보인다. 평생직장을 중시하고 노동시장의 안정성을 추구하면서 동시에 격변하는 세계경제 여건 속에서 생존하기 위해서는 노동자의 고용가능성을 제고하여 고용안정성과 소득안정성을 보장하는 방향으로 전환하여야 한다. 노동시장의 유연성을 제고하는 방법으로는 지나친 고용보호를 완화하는 것뿐만 아니라 단시간 근로 등을 포함한 다양한 형태의 근로계약을 보급하는 방법이 포함되어야 한다고 본다.

손기태·강유덕·김민희(2009)는 우리나라의 비정규직법 내용은 몇몇 유럽 선진국의 유연안정성 정책과 비슷하지만, 고용불안을 해소하면서 이 법을 집행하기 위해서는 더 많은 재정이 필요하다고 한다. 따라서 재정압박을 고려하여 점진적인 유연안정화 정책을 시도하여야 한다고 본다. 단기적으로는 정부재정이 소요되는 소득안정보다는 제도변화만으로 충분한 비정규직의 직장안정과 정규직의 고용 및 해고의 유연화에 초점을 맞출 수 있으며, 중기적으로는 정규직과 비정규직의 구분을 없애 노동시장의 이분화를 철폐하는 방향으로 나아가야 한다고 한다. 다만, 장기적 차원에서는 재정지출을 염두에 두고 노동시장 외에 재정지출이 필요한 부문까지 감안하여 노동자의 소득안정을 추구할 수 있을 것이라고 한다.

정병석(2010)은 이행노동시장이론 관점에서 생애 과정이라는 긴 흐름을 조망하며 개개인의 직업 생애에서 발생한 위험 하나하나를 관리하여 더 나은 상태로 이행할 수 있게 지원할 방안을 모색하는 데 중점을 둔다. 예컨대 이행노동시장접근법에서 실직은 근로자의 생애에 걸친 여러 이행 과정에서 제기된 하나의 위험으로 보기 때문에 이 기간 중 취업으

노동시장의 유연성을 강구하는 방식이다. 반면 덴마크의 유연안정성 방식은 완화된 고용보호법에 따른 정규직의 수월한 해고와 함께 이로 인하여 나타나는 노동시장 안의 불안정성을 실업급여 등을 통한 소득지원을 통해 보완한다. 정희정, 「유연안정성의 나라 네덜란드의 노동시장 유연성과 안정성 실태」, 『국제노동브리프』 2007년 7월, 한국노동연구원, 2007, 61~62쪽.

6) 덴마크의 실업급여는 급여제공 기간이 4년까지 장기간 지급된다. 또한 실업급여의 임금대체율도 90%로서 매우 높게 설정되어 있다.

로의 조속한 복귀보다 취업능력의 향상을 통한 보다 더 근본적인 해결을 지향한다. 또한 실직기간을 포함한 이행기간에 소득지원제도를 연결함으로써 이행을 통한 소득확보를 추구한다. 이렇게 접근하면 근로자나 정책 당국에서 선택할 수 있는 정책수단이 많아지고 다양한 프로그램을 연계하여 운용할 수 있으며 실업자 등의 정책 참여도가 높아지고 참여기간도 길어질 수 있다. 이행노동시장이론을 토대로 장기적인 시각에서 우리나라 노동시장정책을 개편해야 할 기본방향을 제시하면 다음과 같다. 첫째, 여러 이행과정에 대한 소득지원제도와 노동시장 활성화 정책을 연결하여 사회통합형 MTP(이행을 통한 소득확보) 중심의 활성화 정책을 마련하는 것이다. 둘째, 한국형 유연안정성의 모델을 만들어야 한다. 정규직의 해고 제한 폐지 같은 논란이 많은 제도에 집착하기보다는 고용형태와 근로시간제도, 임금제도를 신축적으로 운영하게 하는 유연화 체제를 갖추면서 유연화 고용의 근로자를 정규직 근로자와 같은 수준으로 보호하고 장기실업에 대하여 기본적인 생활을 보장하는 사회안전망을 확충하는 방식의 접근이 실현가능성이 높다. 파트타임, 기간제 등의 유연화 고용이 활용되려면 근로자가 불안을 느끼지 않도록 임금차별 방지, 사회보험의 보호, 능력개발 프로그램 등 사회안전망이 함께 마련되어야 한다. 즉 고용형태의 유연화를 위해서 미국, 영국이나 덴마크와 같이 사업주에게 자유로운 해고의 권리를 인정하는 것은 우리나라의 현실에서 쉽지 않다. 네덜란드의 사례에서 보듯이 정규직 고용보호를 축소하지 않고 유연화 고용을 활용하는 방법으로 고용의 유연성을 확대하는 것이 우리나라에서는 더 설득력 있는 대안이라고 본다. 유연화 고용의 기간이나 사용 요건 등을 법적으로 제한하여 이러한 고용의 확산을 강제적으로 저지하겠다는 것은 가능하지도 않고 문제해결의 핵심이 아니라는 것이다. 현재와 같이 정규직에 대한 보호가 강하고 정규직 이외의 유연화 고용의 활용을 제한하면서 유연화 고용에 대한 보호는 미흡한 제도로는 근로자 간의 분단을 더 강화하고 두 그룹 간의 이행을 점점 더 어렵게 만들 것이다. 그러나 정책적으로 고용형태 간의 이행을 규제하거나 정규직으로의 전환을 촉구하는 것보다는 당사자의 자유로운 선택을 존중하면서 능력개발 프로그램을 확대하고 보육시설 등 이행 애로요인을 보완하여 근로자들이 손쉽게 취업능력을 강화해서 더 나은 노동시장으로 이행해 갈 수 있도록 촉진하는 정책이 더 필요하다고 본다.

그러나 이러한 유연안정성을 통하여, 즉 비정규직을 정상적 고용형태로 만드는 것으로 비정규직 문제를 해결하려는 방법에 대하여 김혜진(2009)은 유연성과 안정성은 결코 공존할 수 없으며 유연하다는 것, 즉 비정규직이라는 것 자체가 현실에서는 비정규직 노동자들의 임금과 노동조건의 단결성을 빼앗는 것이기 때문에 둘을 조화시킬 수 있다고 믿는 것이 비현실적이라고 한다.

박성준(2010)은 노동의 유연안정화 정책이 노동시장에 미치는 영향을 알아보기 위하여 일부 유럽 국가들의 노동유연화 안정정책을 OECD 22개 국가에 적용했을 경우, 실제 네덜란드나 덴마크의 경우와 같은 노동시장의 성과를 볼 수 있는지 계량분석을 하였다. 연구 결과 유연안정성 정책은 북중부 일부 유럽 국가에서만 노동시장 성과에 긍정적인 영향이 있을 뿐, 이들 국가 특유의 내재적 토양과 다른 OECD 국가들이 노동정책으로 유연안정화 정책을 채택하는 것에는 다소 무리가 있다고 한다.

2. 법적 규제 장치의 도입을 통한 비정규직 사용 제한

법적 규제 장치의 도입을 통한 비정규직 문제의 해결은 노동계뿐만 아니라 학계에서도 가장 일반적으로 주장되는 방법이며, 실제로 유럽의 여러 국가에서 다양한 방법으로 실시되고 있다. 그러나 비정규직 보호법과 같은 고용보호법제(Employment Protection Legislation: EPL)의 실제 효과에 대해서는 논쟁이 계속되고 있다. 해고를 어렵게 하는 고용법제들은 이미 법에 의해 보호받는 노동자들의 고용 안정성만을 제고시킬 뿐이며, 법에 의해 규제받지 않는 다양한 형태의 고용계약들로 이루어진 나쁜 일자리만을 양산할 수 있다는 것이다.

석재은(2004)은 유럽의 여러 국가에서 채택하고 있는 비정규직 남용억제와 보호에 대한 규제내용을 소개하는데 그 내용을 정리하면 다음과 같다. 첫째, 비정규 근로자를 조건부로 인정한다. 이탈리아에서는 비정규 근로자를 고용할 수 있는 직종을 구체적으로 열거하여 최초 고용관계 체결 시 법에 근거한 업종 범주에서만 계약체결이 가능하도록 유도한다. 또한 기간제 노동을 포괄적으로 허용하되 그 기간과 대상, 갱신의 횟수를 한정하여 적용함으로써 무분별한 비정규직 노동의 남용을 방지한다. 독일의 경우 기간제 노동의 허용기간을 최고 5년으로 규정하고 있으며 스페인의 경우 기간제 노동의 적용대상을 노동시장에 신규 진입하는 청년들에게만 국한하고 있다. 한편 네덜란드의 경우 갱신횟수를 2회로 제한하며 총 계약기간을 3년으로 한정하고 있다. 포르투갈에서는 비정규 근로계약 체결 시 당국에 타당한 사유를 제시할 것을 의무화하고 있다. 둘째, 간접적 규제를 통하여 남용을 방지토록 하고 있다. 네덜란드에서는 비정규직 근로자의 해고 시 해고수당을 상향조정하여 지급하도록 하여 사측으로 하여금 필요 이상의 비정규직 채용의 부담을 강화시키고 있다. 스페인에서는 비정규직 근로자에 대해서는 사용자의 산재 및 고용보험 부담금을 상향조정하여 상용직의 증가를 유도하고 있다. 셋째, 정규직으로 참여를 유도한다. 덴마크에서는 최초 비정규 고용으로 근로계약을 체결한 경우라도 일정기간 이상 규칙적으로 일을 할 경우 정식 고용계약 체결로 인정한다. 넷째, 정규직과 비정규직 간의 차별을 완화한다. 네덜란드에서는 비정규직 근로자의 해고 시 상용직 노동자와 동등한 권리를 부여하며 사측으로 하여금 해고 절차상에서 정규직과 동일한 수순을 거치도록 규제한다. 또한 비교 가능한 상용직 근로자를 기준으로 시간비례 원칙에 입각하여 임금을 지급함으로써 고용형태에 따른 임금차별을 해소한다. 다섯째, 기존 사회보장 제도로 흡수한다. 사회보험 체계에 예외 규정을 두어 비정규직 노동을 적용 범위로 포함시킨다. 유럽 각국의 비정규직 근로자의 보호를 위한 규제를 보더라도 정책방안으로 남용을 규제하는 것이 중요하다. 일의 성격이 일시적이고 임시적인 것이 아니라 상용 업무에 비정규직으로 계속 근무토록 하는 것은 남용의 범주에 속한다고 볼 수 있다. 따라서 동일 직무에 일정기간 근무 시에는 정규직으로 전환하는 방안을 마련함으로써 비정규직의 남용을 규제할 필요가 있다고 본다.

김유선(2009a, 2009b, 2011)은 2010년 경제활동인구 부가조사를 분석한 결과에서 2001년 8월부터 2007년 3월까지 55~56% 수준을 유지하던 비정규직 비율이 2007년 8월에는 54.2%, 2008년 8월에는 52.1%로 하락한 데 이어, 2010년 3월에는 49.8%로 하락했는데, 정규직이 증가하고 비정규직이 감소한 것은 2007년 7월부터 시행된 비정규직 보호법의 정규직 전환효과가 영향을 미친 것이라고 한다. 그리하여 법률 등 정책수단을 잘 사용하면 비정규직 문제의 해결이 가능하다고 본다. 무엇보다도 비정규직의 과도한 남용을 제어할 수 있는 법제도적 장치를 마련하는 것이 중요하다. 이에 대한 정책적 제안으로 정규직 전환을 촉진하기 위하여 정규직전환촉진장려금을 지급하거나 소득세 또는 법인세를 일부 감면하고, 비정규직을 많이 사용하는 업체는 사업주의 사회보험 분담금을 높이도록 하며, 비정규직에게 계약종료수당 또는 해고수당을 지급하는 방안을 검토할 필요가 있다고 한다.

전윤구(2008)는 고용불안을 해소할 방법으로 고용유연성을 위해 비정규직 활용을 계속 유지하기 위해서는 정규직 고용에 준하는 비용을 감수하게 하는 압박정책을 추진하여야 한다고 본다. 대안으로 비정규직을 일정 규모 이상 고용하고 있는 사업장에 대해서 고용보험료를 증액하고, 정규직 전환 사업장에 대해서 법인세 인하를 포함한 과감한 세제 혜택을 부여하는 정책을 도입을 고려해 볼 만하다고 한다. 또한 기간제근로자에 대하여 고용계약의 갱신을 사용자가 거부하는 경우에 기간제근로자가 청구하는 경우에는 계약갱신을 거절하는 이유를 명시한 증명서를 교부하도록 할 필요가 있으며, 갱신거절 시 1월 전 예고의무를 도입하고 예고의무를 이행하지 않은 경우에는 30일분 이상의 통상임금을 지급할 필요가 있다고 한다.

조상균(2010)은 기간제근로자를 일정 이상 고용하고 있는 사업장에 대해서는 사용자의 부담금을 증액할 필요가 있다고 한다. 왜냐하면 기간 만료로 직장을 상실한 근로자는 고용보험법상의 실업급여를 지급받게 되기 때문에 보험료 지급의 원인이 되는 행위자인 사용자가 그 비용을 부담하여야 하는 것이 당연한 것이라고 한다. 또한 동일한 업무에 다른 근로자로 대체되어 수차례 반복되는 경우에 그 반복 사유를 요구하도록 하는 방식을 고민해 볼 필요가 있다고 한다. 반복갱신 사유가 정당하지 않는 경우에는 해당 근로자를 무기계약근로자로 의제함으로써 기간제근로자에 대한 무한정 반복 갱신으로부터 기간제근로자를 보호할 수 있는 방안이 될 수 있다고 한다.

조경배(1999)는 비정규직 고용의 절차적 제한으로서 노동조합 또는 근로자대표와의 사전합의 내지 협의를 거치도록 하거나, 실업위험의 균등한 부담을 위하여 비정규직 근로를 이용할 경우에는 고용불안정에 대한 보상금을 의무화할 필요가 있다고 한다.

박지순(2009)은 외주화로 나타나는 문제점을 해결하기 위하여 사용자의 범위를 근로자에 대한 지휘 명령관계, 근로조건의 실질적 지배력과 영향력 등을 고려하여 직접적 근로계약의 존부와 관계없이 복수의 기업이 사용자로서 책임을 부담할 수 있도록 허용하는 방안을 제시한다. 위장도급 또는 파견 및 도급의 구별이 용이하지 아니한 사각지대의 사안에 대해서 적용될 수 있는 구속력 있는 판단기준을 근로자파견법에 명문으로 규정하는 등 위장도급에 대한 강한 법적 규제를 가할 필요가 있다고 한다.

김혜진(2009)은 비정규직법을 폐기하고 근로기준법 안에 계약직의 사용사유를 제한하여야 한다고 한다. 기간제특별법은 비정규직 고용형태를 정상화해 버리기 때문에 특별법을 없애고 근로기준법을 기준으로 해야 하며, 근로기준법 안에 특별한 경우에 한해서만 비정규직을 쓸 수 있도록 규정해야 한다고 본다.

반면 남재량・박기성(2010)은 2007년 1월부터 시행하고 있는 비정규직법의 고용효과를 분석한 결과 정규직 고용에 매우 부정적이라고 한다. 비정규직법은 해고를 제한하는 고용보호법제이므로, 이에 따른 해고비용 상승을 들 수 있다. 해고비용의 상승은 일자리 소멸을 억제하여 고용에 긍정적인 효과를 갖는 한편, 일자리 창출을 방해하여 고용에 부정적인 영향도 미치므로 고용에 미치는 영향은 불분명하다. 다음으로 법 시행에 따라 기업들은 기간제근로자를 정규직으로 전환하여야 하는데, 이는 조세격차를 증가시켜 고용을 줄이는 힘으로 작용한다. 나머지 하나는 준고정적 노동비용이 미치는 부정적인 효과이다. 이처럼 고용보호법제는 다양한 경로를 통해 고용에 큰 영향을 미칠 수 있지만, 순효과가 불분명하므로 경험적인 분석을 통해 그 효과를 확인하는 수밖에 없다. 실증분석 결과는 한국의 비정규직법이 전반적으로 고용에 부정적인 영향을 미치는 것으로 나타났다. 비정규직법이 정규직 고용을 촉진하려는 의도와는 달리 오히려 정규직 고용을 매우 분명하게 줄이는 것으로 풍선효과를 보여 준다. 따라서 현행 비정규직법에 대한 부작용을 최소화하기 위해서는 기간제 사용기간 제한을 완화하거나 폐지하는 것이 바람직하다고 한다. 이를 수용하기가 어렵다면 이에 대한 예외 규정을 더욱 확대하여 고용에 부정적인 영향이 큰 집단들을 법 적용 대상에서 제외하려는 노력을 하여야 한다고 본다.

남재량(2009)의 2009년 경제활동인구 부가조사에 대한 분석결과에서도 비정규직 법 시행으로 정규직으로 전환된 노동자들의 76.4%가 이미 근속기간이 2년 이상으로 길고 근로조건도 정규직과 별 차이가 없는 반복갱신 노동자들이 주로 정규직으로 전환되었다고 한다. 즉 고용도 안정되어 있고 근로조건도 매우 우수하여 사실상 정규직이나 다름없는 노동자들이 형식적으로 정규직으로 전환된 것으로 볼 수 있다. 반면 2년 제한의 직접적인 적용이 되는 기간제근로자의 평균 근속기간이 2개월 짧아지는 등 기간제의 고용이 과거에 비해 더욱 불안하게 되는 효과가 존재할 수 있다고 한다. 결국 비정규직법으로 인해 정규직으로 전환되는 긍정적인 효과는 찾아보기 어려운 반면, 근속기간이 짧은 노동자들로 기간제근로자를 대체하는 등과 같이 노동시장에 부작용이나 왜곡현상만을 초래할 것이라고 한다.

윤정향(2008)은 비정규직법의 도입 이후 일시적으로 정규직이 크게 증가하고 비정규직이 다소 감소하였지만 이것을 법의 효과라고 보기 어렵다고 한다. 이중차분 방식을 이용하여 분석한 결과 비정규직법에 의한 비정규직 감소효과는 크지 않거나 거의 없는 것으로 판단된다. 오히려 비정규근로 고용형태를 살펴보면 기간제근로자와 같은 직접고용이 감소하는 대신 파견・용역 같은 간접고용이 증대하고 있는 것이 확인된다. 특히 용역이 크게 증가한 것은 외주화가 확대된 것으로 예상할 수 있다.

3. 사회 통합적 노동시장의 구축

비정규직 문제를 해결하기 위해서는 노동시장의 분절과 양극화 문제를 해결하여야 하며, 무엇보다 이중적 노동시장에 기초한 중심부문과 주변부문 간의 구조적 불평등을 줄이는 것이 중요하다는 입장이다. 이를 위하여 정부가 기존의 노동정책에서 벗어나 주변부문의 확장이 더 이상 이루어지지 않도록 노동시장의 유연화를 강력하게 제어할 수 있는 사회통합적인 노동시장 정책으로 이행해야 한다고 본다.

은수미(2008)는 비정규 문제의 핵심에는 이중적 노동시장의 존재가 중요한 배경으로 존재하므로 비정규직 문제해결을 위해서는 노동시장 양극화 문제 해결을 위한 중장기적인 방향이 결정되어야 한다고 본다. 중장기적으로 이중적 노동시장에 기초한 중심-주변 모델을 통합적인 노동시장 모델로 대체시켜야 한다. 중장기적으로 통합적 노동시장을 추구한다고 하더라도 이중적 노동시장을 일거에 없애기는 어렵기 때문에 이중적 노동시장 혹은 중심-주변 모델이 존재하는 현실을 인정하면서도 중심과 주변 간의 교량을 만들어 내 이중적 노동시장의 구조화를 약화시키는 '점진적' 방법을 중요한 정책적 목표로 설정하여야 할 것이라고 한다. 이중적 노동시장 혹은 중심-주변 모델의 전환은 경제 및 노동 패러다임의 전환이라는 점에서 장기간이 소요되고 사회적 합의 역시 중요하다. 따라서 이와 같은 기본방향을 실현하면서도 단기적인 효과를 볼 수 있는 다양한 정책들이 요구된다. 중심과 주변 간의 임금 및 근로조건 그리고 사회복지 등에서의 차별을 해소하는 것이 필요하며, 중심과 주변 모델을 강화시키는 주범인 기간제와 간접고용의 확대를 막는 한편, 주변 노동시장의 확장이 더 이상 이루어지지 않을 수 있는 방법을 모색하고, 정규직 전환을 위한 다양한 방식이 검토되어야 할 것이라고 한다. 그리고 구조적 통합을 중장기적으로 설정할 경우에는 임금체계의 변화를 중장기적으로 꾸준히 실현해야 한다. 정규직과 비정규직 간의 상이한 임금체계의 극복 및 직무급 체계로의 전환, 동일 노동 동일가치의 준수 등이 중요한 정책적 기제일 수 있다. 동일 가치노동 동일 임금의 실현을 위해서는 직무분석에 따른 임금체계의 전환이 긴요한데, 처음부터 전체 노동자를 대상으로 하기보다는 가능한 직종이나 업종을 대상으로, 또한 비정규직이 많은 직종이나 공공부문을 대상으로 제한적으로 직무분석을 실시하고 임금체계를 개편해 나가려는 노력이 필요하다. 이를 위해 노사의 합의 형성은 물론이고 사회적 협의를 통한 노사정의 합의 형성이 무엇보다도 중요해지며 노사 공동의 직업훈련, 직무전환 체계 및 승진 체계의 확립 등이 중요한 문제가 된다고 본다.

정이환(2002b, 2006)은 노동시장에서 불평등을 감소시키는 정책을 펼 때에 근로자의 인적 자본 격차를 줄이는 것보다 중심부문과 주변부문 간의 구조적 불평등을 줄이는 것이 핵심적 과제라고 본다. 차별철폐와 남용방지가 비정규 노동정책의 기조가 되어야 하는데, 용역과 같은 더 나쁜 고용형태로 전환될 가능성이 큰 사용규제정책보다는 균등대우와 같이 비정규 노동을 사용하는 이점을 삭감하는 정책이 비정규직 규모를 줄이는 데 훨씬 효과적이라고 본다.

김유선(2003, 2004, 2009)은 비정규직 비율이 증가한 데는 정부의 노동정책에서 비롯된 측면이 크다고 한다. 사회 통합적 노동시장정책을 구체화하기 위해서는 노동시장의 과도한 수량적 유연성과 불평등을 제어하고 기능적 유연성과 형평성을 제고하는 방향으로 노동시장 정책을 전환해야 한다. 둘째, 비정규직 남용과 차별을 금지하는 방향에서 노동법제를 정비해야 한다. 파견, 용역 등 간접고용 대체를 제어할 제도 장치가 필요하며, 차별해소가 실효성을 가질 수 있도록 차별시정 신청 대상을 간접고용 등 모든 고용형태로 확대하는 등 제도적 보완이 필요하다. 셋째, 노동시장 외부화가 크게 진전되었음을 감안할 때, 직업훈련 시스템과 연계하여 기업의 울타리를 넘어서서 직무급 내지 숙련급을 형성하기 위한 제도정책적 노력을 기울여야 한다고 본다.

4. 비정규직의 조직화

장기적이고 사회 전체에서의 관점에서는 정규직과 비정규직은 이해관계가 일치하는 공동운명체적인 관계를 가진다. 사용자가 정규직과 비정규직 간의 처우격차가 크다고 인식한다면, 비용경쟁력과 유연성을 확보하기 위하여서라도 장기적으로 현재의 정규직을 서서히 비정규직으로 대체하는 움직임이 나타날 것이다. 그러나 만약 사용자가 정규직과 비정규직 간의 처우격차가 적거나 줄어든다고 인식한다면, 굳이 충성도나 소속감이 떨어지는 비정규직을 쓸 인센티브가 줄어들 것이다. 결국 정규직 노조는 비정규노조와의 연대와 단결을 강화하는 것이 정규직 노조와 비정규직 노조를 위하여 가장 효과적인 전략이라는 것이다.[7)]

정이환(2002b)은 개개인의 속성이 불평등의 중요한 결정요인이 아니라, 일국 노동시장 내에서도 부문에 따라 보상구조 및 불평등의 양상은 상이하다고 본다. 즉 개인의 속성이 유사하더라도 그가 사회구조 내에서 어떤 자리를 차지하는가에 따라 불평등이 상당 부분 결정된다. 따라서 노동시장의 구조를 이해하려면 실제 행위가 이루어지는 단위인 기업 수준을 분석해야 한다. 이러한 노동시장에서의 불평등의 결정에서 사회적 세력관계가 중요하며, 이런 점을 강조하는 시각들의 유용성이 커지고 있다. 임금구조기본통계조사를 분석한 결과에서도 임금불평등의 증대는 사업체 내에서의 불평등 증대보다는 주로 사업체 간 불평등의 증대 때문이고, 사업체 간 불평등 증대에서는 규모별 불평등의 증대가 가장 두드러진다. 그리고 노조 유무별 불평등 추세도 발견된다. 따라서 불평등 구조를 해결하기 위해서는 중심부문과 주변부문 간의 구조적 불평등을 줄이는 것이 핵심적 과제이다. 노동운동으로서는 대기업과 중소기업 노동자 간의 실질적 연대를 통하여 기업별 노조의 한계를 극복하는 과제를 다시 강조한다.

진숙경・김동원(2007)은 비정규직 노조의 유형별 실태와 사례를 분석한 결과, 비정규 노조의 조직형태 결정요인으로 고용형태, 정규직 노조와의 관계, 노조 포괄범위, 산별노조 존재 여부 등 4가지 요인이 중요한 영향을 미치고 있는 것으로 확인되었다고 한다. 살펴본 18개의 비정규직 노조의 공통된 경향과 특징은, 첫째, 단협 확보를 위하여 파업을 거친다는 점, 둘째, 대부분의 비정규직들이 전략적으로 중요한 업무를 수행하지 못함으로써 비정규직 노조가 약한 협상력을 보인다는 점, 셋째, 비정규직노조의 협상 상대방이 모호하여 효과적인 단협 체결이 어렵다는 점, 넷째, 비정규직 노조의 교섭단위와 조직단위가 불일치하는 것, 다섯째, 비정규직 노조는 노동운동의 성공이 노조의 소멸을 가져온다는 아이러니를 내포한 조직이라는 점으로 요약할 수 있다. 비정규 노조의 성과와 관련하여 정규직 노조에 포함되어 있거나 원만한 관계를 유지하는 비정규직 노조의 경우에 성과가 큰 것으로 나타났고, 유사한 직무를 수행하지 않고 독자적인 노조를 결성한 비정규직 노조의 경우에 무난한 성과를 나타냈다. 그러나 유사직무를 수행하는 비정규직들이 독자적인 노조를 결성하였을 경우에는 바람직한 성과를 내기 어려운 것으로 분석되었다.

은수미(2007, 2008)는 비정규 노동의 문제를 해결하기 위한 방법으로 조직화에 중점을 두고 있는데, 이중노동시장에 기초한 중심과 주변 모델을 통합적인 노동시장 모델로 대체시키고 기업별 노조의 한계를 극복하는 노동운동이 필요하며, 이것은 산별노조 건설을 통

---

7) 진숙경・김동원, 「비정규직 노조의 유형별 실태와 시사점: 18개 비정규직 노조 사례분석」, 『노동정책 연구』 제7권 제1호, 한국노동연구원, 2007, 61~62쪽.

해서 가능하다고 본다. 비정규직 노동조합의 조직화는 안정적인 임단협 체결을 통하여 새로운 노사관계 체계 내부로의 진입 가능성을 높여 주고, 취약한 조직률이 제고될 경우 노사 간의 힘의 균형이 보다 쉽게 이루어지고 이것이 노사관계를 안정화시킬 수 있다는 측면을 강조한다. 특히 기업별 노사관계시스템을 산별 노사관계시스템으로 바꾸어 내는 것이 비정규직 문제해결의 기본방향이자 원칙이어야 한다고 본다.

이러한 비정규직 조직화의 방법에 대하여 김유선(2005)은 기업별 노조를 극복하고 산별노조로 조직형태를 전환해야 하며, 노조가입 방식 또한 기존의 기업단위가입 방식보다는 산별노조 지역지부, 지역노조, 직종노조 등을 통한 개별가입 방식을 활성화해야 할 것이라고 한다. 무엇보다 비정규직 조직화는 전국단위 산별노조 내지 총연맹 주관하에 초기업 단위 조직화에 초점을 맞추어야 하며, 시민사회운동과의 연대를 강화하고 자원동원을 극대화하는 방법을 강구해야 한다고 한다.

김철식(2009)은 사업장 단위 조직화는 노사담합으로 이어질 가능성이 농후하다는 한계를 가지므로 산업이나 업종에 따른 조직화가 기업별 노사담합의 폐해를 줄일 수 있다는 점에서 유의미하다고 본다. 그러나 현실은 외형적인 산업별, 업종별 조직화에도 불구하고 실질적으로는 대자본과 대공장 노동자의 이해가 핵심의제로 다루어지면서 기존의 위계구조를 고착화하는 방식으로 노사관계가 진행될 가능성이 높다. 따라서 노동자 집단 간의 힘의 불균형문제를 극복할 수 있는 장치를 마련하는 것이 요구된다. 이런 측면에서 산업, 업종 단위의 조직화와 지역단위 조직화를 결합시킨 새로운 조직화방식을 고민할 필요가 있다고 한다.

그러나 비정규직 조직화가 광범위하게 일어나지 않는 이유에 대하여 이주희(2010)는 정규직 노동조합이 비정규직 문제에 대응해 온 방식은 조직화보다는 정규직화를 통한 비정규직 문제 해결에서부터 비정규직에 대한 의도적인 배제에 이르기까지 다양하다고 한다. 금융・유통・보건의료의 세 서비스 부문을 중심으로 비정규직과 관련된 노조 간 대응방식의 차이를 가져오는 다양한 요인들을 분석한 결과 각 산업부문별 노동정치는 비정규직 친화성에 있어 일정한 차이를 보여 주고 있다고 한다. 이러한 차이를 가져오는 가장 중요한 요인은 노동자 내부 구성의 격차와 사측의 전략으로, 산업 내 노동자의 인적 구성과 노동조건상의 격차가 클수록 정규직 노동운동의 노동정치가 비정규직 친화적인 정책보다는 정규직에 초점을 맞추어 전개될 가능성이 컸으며, 이들의 전략은 사측이 어느 정도나 적극적으로 정규직의 고용불안을 조장하고, 정규직과 비정규직의 구분을 고착화시키는 전략을 사용하는가에 따라서도 차이가 났다. 이러한 전략은 비정규직과 정규직 간 학력격차가 가장 크고, 사측의 적극적인 업무 분리로 정규직과 비정규직이 입직구부터 구별되기 시작한 금융업에서 가장 두드러지게 나타났다. 유통업의 일부 노조는 비정규직의 고용안정을 위해 장기투쟁을 실시하였는데, 이는 이 부문의 경우 정규직과 비정규직의 학력과 기술격차가 적고, 정규직의 임금조차 다른 산업 비정규직 임금에 가까울 정도로 낮은 임금수준이 정규직과 비정규직의 연대의식에 긍정적으로 작용하여 연대의식의 제고가 보다 용이하였기 때문이다. 보건의료업의 정규직 노조는 부분적으로 정규직의 임금소득 극대화를 보류하고, 정규직의 임금소득 극대화보다 정규직과 비정규직의 임금형평성 제고를 선택하는 노동정치를 보여 주었다. 산별노조의 평등주의적 의식이 고용형태별 학력격차가 미미함에도 불구하고 상당한 임금격차를 시정하는 방향으로 이끌었기 때문이라고 한다.

조돈문(2008, 2009, 2010)은 앗킨슨의 이중구조 모델에 따르면 비정규직에게 수량적 유연성의 부담을 전가하여 비정규직의 고용불안정을 극대화할수록 기업은 정규직에 대한 고용안정성을 확실히 보장할 수 있게 된다. 이렇게 정규직과 비정규직은 기업의 노동력 유연화 전략하에서 제로섬 관계, 즉 적대적 이해관계에 놓이게 된다. 국내에서도 한국통신, 현대중공업, 코스콤, 캐리어, GM대우 창원공장 등 사례들에서 정규직과 비정규직의 제로섬적 이해관계로 인해 정규직 노동자들과 그들로 구성된 노동조합이 비정규직의 조직화와 정규직화에 대해 적대적 입장을 취하게 되는 과정을 잘 확인할 수 있다. 비정규직 노동자 문제에 대한 정규직 노동조합의 전략은 사측의 노동력 유연화에 대한 대응과 비정규직 노동자 조직화 개입 방식 등 두 측면으로 나누어 유형화할 수 있다. 노동의 유연화, 즉 비정규직 사용에 대한 정규직 노동조합의 전략은 자본의 비정규직 노동자 사용과 비정규직 노동자 노동조건 문제에 개입하지 않는 방임전략, 비정규직 사용을 불허하며 기존의 비정규직에 대해서는 전원 정규직화를 실현하는 철폐 전략, 그리고 비정규직 사용을 허용하되 사용 절차와 노동조건을 규제하며 비정규직의 처우 개선을 통해 정규직과 비정규직의 노동조건 격차를 완화함으로써 비정규직 사용의 노동비용 절감 효과를 최소화하는 규제 전략으로 유형화할 수 있다. 비정규직 노동자 조직화와 관련한 정규직 노동조합의 전략은 비정규직 노동자들을 조직 대상에서 제외하고 이해관계 대변도 거부하며 정규직 노동자 이익집단의 정체성을 고수하는 배제 전략, 정규직과 비정규직을 동일 노동조합으로 통합하여 동등하게 대변하는 명실상부한 통합 전략, 비정규직 노동자들의 조직화를 지원하며 이해관계를 대변하되 정규직 노동자들의 이해관계 대변을 우선시함으로써 비정규직을 하위 범주로 포용하는 지원 전략으로 유형화할 수 있다.

민주노총 공공운수연맹 노동조합원들에 대한 설문조사와 심층면접을 통한 노동계급의 계급의식에 관한 연구에서는 고용형태에 따른 계급적 균열이 이미 노동계급의 내적통합을 어렵게 할 뿐만 아니라 향후 노동계급의 계급형성에 대해 주요한 제약 요인으로 작용하기 시작했음을 지적하고 있다. 정규직과 비정규직 노동자들은 계급적대 의식에서는 유의미한 차이를 보이지 않지만 비정규직 문제의 해결방안에서는 유의미한 차이를 보인다. 이는 노동계급 구성원들이 자본계급과의 갈등 속에서는 계급적 이해관계로 통합되지만 비정규직 문제에 대해서는 고용형태에 구속된 이해관계에 따라 상호 적대적 관계로 발전할 수 있음을 의미하는 것이라고 한다. 노동계급은 다양한 형태의 내적 이질성을 가지고 있으며, 고용형태에 따른 이질성은 계급 내적 분열 혹은 균열로 발달한다. 정규직과 비정규직 노동자들 사이의 관계도 통합·수평적 성격이 아니라 위계적·배제적 성격을 보여주고 있다. 일상적으로 대면적 접촉이 많은 경우에도, 정규직 노동자들은 비정규직 노동자들에 대해 비인격적으로 무시하고 인간적 모멸감을 안겨 주며 적극적 차별화와 거리두기를 한다. 이처럼 작업장에서 정규직 노동자들이 비정규직 노동자들을 같은 노동계급 구성원으로서 열악한 노동조건의 부담을 덜어 주거나 노동조건 격차를 해소하기 위해 노력하기는커녕, 자본에 의해 정규직·비정규직으로 차별화된 작업조직 체계 내에서 상대적으로 유리한 물질적 혜택을 누리며 비정규직 노동자를 배제하고 위계적으로 지배하고 있다. 이에 따라 정규직과 비정규직 사이의 물적 존재조건의 격차는 단순한 등급의 차이를 넘어서 양자 사이의 관계 속으로 침투하여 위계적·배제적인 관계로 고착되고 있는 것이다. 그리하여 정규직과 비정규직 사이의 계급 균열은 노동계급의 내적 통합과 계급형성 과정에 심각한 난제로 대두되고 있으며, 정규직·비정규직 계급균열의 핵심에는 비정규직 문제가 놓여 있다는 것이다. 정규직 비정규직의 의식 수준의 비교연구 결과는 정규직과 비정규직 노동자들은 비정규직 문제에 대한 인식을 공유하고 있지만 구체적 해결방안을 둘러싸고 입장 차이를 확연히 보여 주고 있다. 비정규직 활용을 억제하고 비정규직 정규직화 및 정규직 차별철폐를 이루어야 한다는 추상적 원칙에 대해서는 비정규직 문제해결의 필요성에 동의하지만, 비정규직 정규직화, 정규직·비정규직 임금격차 해소 및 비정규직 인력 활용 방안 등 구체적 정책 대안에서 정규직은 비정규직과 확연한 입장 차이를 보여 줌으로써 고용형태에 따른 계급균열이 존재함을 확인시켜 주었는데, 이는 정규직과 비정규직 노동자들 사이의 이해관계를 반영하는 것이다. 정규직 노동자가 비정규직 노동자들이 선호하는 비정규직 문제 해법을 수용하지 않는 것은 비정규직 노동자들에 비해 상대적으로 양호한 임금수준과 고용안정 등 노동조건상의 기득권을 포기하지 않으려는 물질적 이해관계 때문이라고 할 수 있다. 정규직 노동자들은 비정규직 노동자들의 고용 안정성과 노동조건의 개선을 허용하더라도 자신들의 이해관계가 위협받지 않는 수준에서 이루어져야 한다고 보는 것이다.

박기성·김용민(2007)의 연구결과에서도 노동조합이 비정규근로자에 대한 차별을 해소하기 위해 노력한다는 주장은 설득력이 없다고 한다. 노동조합은 오히려 정규－비정규 근로자의 임금격차를 늘리는 것으로 나타났으며, 오히려 대규모이고 노조가 있는 사업체에서 정규근로자와 비정규근로자 간의 임금격차가 가장 크게 벌어졌다. 그러므로 노동조합이 있는 사업체가 임금이 낮은 비정규근로자를 사용하여 비용절감을 시도할 때 노동조합도 이것을 용인하고 있는 것으로 보인다. 사업체의 고유한 특성을 통제하기 위해 고정효과 모형으로 임금함수를 추정하면 정규－비정규근로자 임금격차가 기존의 연구들보다 큰 것을 확인할 수 있다. 사업체의 고유한 특성에는 사업체가 속한 산업 및 규모, 한국노총 또는 민주노총 소속 여부 등 노조의 특성, 사용자의 노조 및 근로자에 대한 태도 등 사용자의 특성 등이 포함된다. 노조가 있거나 또는 대규모 사업체에서는 이 임금격차가 20%를 훨씬 상회하며 특히 300인 이상이면서 노조가 있는 사업체의 경우에는 이 임금격차가 30% 안팎으로 크게 늘어난다.

5. 사회보험 제도의 개혁

본래 사회보험제도는 복지국가에서도 정기적으로 일정한 소득을 가지는 풀타임 근로자를 모델로 확산되어 왔다. 우리나라의 경우에도 제도의 도입과정에서부터 적용이 용이한 일정 규모 이상의 장기적인 고용을 전제로 한 정규직 노동자들을 전제로 제도를 설계하고 가입 대상으로 시행해 왔기 때문에, 비정규직 근로자들을 포괄할 수 있는 기초는 거의 갖추어지지 않았다고 볼 수 있다. 특히 연금과 같은 현재의 보험제도는 그 계리적 속성 때문에 비정규 근로자들을 보호하기 힘든 근본적 한계를 가지고 있다.[8)] 비정규직 근로자의 낮은 기여수준은 기여와 급여 간의 연계고리로 인하여 급여수준이 낮음으로써 노후 빈곤에 처할 확률이 높다. 또한 정규직에 비해 낮은 기여수준과 짧은 기여기간은 사회보장제도의 재정 기반을 축소시키는 원인으로 작용하며, 빈번한 직장이동과 잦은 취업과 실업의 반복은 행정관리비용을 증가시키게 되는 등 사회보험의 재정을 악화시키는 방향으로 작용하게 된다. 이러한 여러 문제점으로 인하여 김연명은 사회보험에서 비정규직 근로자의 배제현상이 지속될 경우 우리나라 사회보험은 민영화 이전의 칠레, 아르헨티나, 남미가 그러했듯이 '있는 자들을 위한 사회보험'으로 영원히 고착될 가능성도 있다고 한다.[9] 이러한 사실은 비정규직 문제의 해결을 위해서는 비정규직의 증가와 노동시장의 변화에 맞추어 사회보험제도와 사회보장제도의 대대적인 개혁이 필요하다는 것을 시사한다. 비정규직 고용의 증가는 전통적인 사회보장제도가 대상자로 설정하지 않았던 근로빈민들을 양산함으로써 이들을 포괄하기 위한 사회보장제도의 재편을 요구하게 된다. 전통적인 사회보장제도의 가정은 근로하는 사람들은 빈곤하지 않다는 것이며, 따라서 사회보험제도나 공공부조제도의 경우 완전실업상태를 전제로 하여 제반 급여의 수급자격이 주어진다. 그러나 광범위하게 확산되고 있는 비정규 근로는 이러한 가정을 더 이상 성립할 수 없게 하며, 이는 사회보장제도가 이러한 새로운 빈곤에 대응하는 형태로 최소한의 소득한계를 보장하는 정책적 전환을 요구한다.[10] 이에 따라 비정규직 문제해결을 위해서는 사회보험을 소득재분배 기능을 강화하는 방향으로 개편하면서, 사회보험의 기본적 한계를 공적 부조와 통합적으로 관련하여 사회보장제도를 새로이 설정하여야 한다는 과제가 제기되기 시작하였다. 여기에서는 국민연금과 고용보험에 한정하여 정책적 대안을 검토하기로 한다. 산재보험과 건강보험은 급여수준에 상관없이 보편적으로 동일하게 적용되지만, 국민연금과 고용보험은 가입기간이 중요한 의미를 지니는 고용형태와 임금수준에 연동하여 급여 수준이 결정되기 때문이다.

---

8) 사회보험방식의 공적연금이 지켜야 할 몇 가지 원칙들을 정리하면 다음과 같다. 첫째는 수지상등의 원칙이다. 부과방식이라면 수입과 지출이 매년 같아야 하고 적립방식이라면 장기에 걸쳐 수입합계와 지출합계가 같아야 한다는 것이다. 둘째는 기여와 급여 간의 대가성 원칙과 수급을 위한 객관적 요건 충족 원칙이다. 급여를 받기 위해서는 소정의 가입기간 중 기여를 해야 하고 급여는 보험사고 발생과 객관적 요건이 충족되어야 하며 급여액은 기여액에 의하여 산정된다. 셋째는 보편주의 원칙으로 대다수 국민에게 보편적으로 적용되고 수급자를 자산조사 등으로 선별하지 않아야 한다는 것이다. 넷째는 사회보험방식 공적연금은 '생활유지 자기책임원칙'을 보완하는 강제저축이라는 사실이다. 공적연금이 아무리 후해도 모든 노인들의 생활비를 다 대줄 수는 없다. 김성숙 외, 『공적연금의 이해』, 국민연금연구원, 2008, 11~12쪽.

9) 김연명, 「비정규 근로자에 대한 사회보험 확대」, 『한국사회복지학』 제45권, 한국사회복지학회, 2001, 96~97쪽.

10) 김진구, 「비정규근로자와 사회보장」, 『상황과 복지』 제12호, 비판과대안을위한사회복지학회, 2002, 80쪽 참조.

1) 사회보험 적용의 확대

고용기간 자체가 짧고 고용계약 자체가 불명확한 임시직·일용직 근로자들은 엄격한 사회보험 원리를 적용하기에는 여러 가지 한계가 있는 집단들이다. 기여와 급여를 엄격하게 적용한 사회보험 모형은 보험기술이 적용되기 어려운 다수의 임금근로자를 사회복지제도에서 제외시키게 된다. 예를 들어 애초부터 노동시장에 진입하지 못한 청년실업자들은 고용보험의 적용 대상에서 원초적으로 제외되며, 노동시장 참여기간이 짧아 노후소득에 필요한 충분한 연금을 제공받지 못하게 되며, 퇴직금의 혜택에서도 제외되게 된다.[11] 그러나 단순히 적용범위를 확대하는 것이 이들에 대한 사회적 보호의 강화를 자동적으로 수반하게 되는 것은 아니다. 비정규직 노동자의 사회보험 미가입 형태는 크게 두 가지, 즉 합법적인 미가입과 불법적인 기여회피로 구분할 수 있다. 첫째, 합법적인 사회보험 미가입은 사회보험제도의 설계 문제 때문에 발생하는 것으로 의무가입 대상자가 아닌 노동자의 사회보험 미가입을 의미한다. 국민연금은 1월 미만의 기한부로 사용되는 근로자 또는 1월간의 근로시간이 80시간 미만인 시간제 근로자 등에 대해서는 원천적으로 가입대상에서 제외시킨다.

둘째, 불법적인 사회보험 미가입이다. 불법적인 사회보험 미가입은 사회보험에 보험료를 내지 않는, 즉 법적으로는 적용대상자이지만 보험료를 내지 않아 사회보험에서 적용배제되는 기여회피 때문에 발생한다. 기여회피는 사회보험의 적용 대상자 혹은 고용주가 보험료 부담 때문에 기여금[12]을 의도적으로 기피하는 현상이다.[13] 기여회피 문제는 자연스럽게 관리운영체계의 문제로 연결된다. 즉 불법적인 기여회피를 방지하지 못하는 관리운영체계의 문제점을 해결하는 것이 중요한 과제로 제시된다는 것이다. 그러나 기여회피는 단순히 관리운영체계의 문제만으로 보기는 어렵다. 따라서 비정규 노동자의 기여회피는 관리운영체계를 개선하는 것과 더불어 비정규 노동자의 기여회피에 영향을 미치는 요

---

11) 김연명·윤정향, 「비정규 노동자의 사회복지 배제와 그 대책」, 『노동시장 유연화와 노동복지』, 인간과복지, 2003, 399~404쪽.

12) 급여 지출에 사용되는 재원이 사회보장제도의 적용을 받는 사용자와 피용자로부터 징수되고, 근로자가 받는 급여가 근로자 자신의 납부금에 기초할 때, 그 납부금을 기여금(contribution)이라고 부른다. 김성숙 외, 『공적연금의 이해』, 국민연금연구원, 2008, 110쪽.

13) 비정규 근로자는 비공식 부문에 종사하는 비율이 높고, 고용상태 및 소득 파악에 어려움이 있기 때문에 사회보험료 부담이 높을수록 공식부문의 정규직 근로자들보다 기여를 회피할 가능성은 높으며, 고용주의 입장에서도 역시 보험료의 부담이 높을수록 노동비용을 줄이기 위한 기여회피와 보험료 저항의 가능성은 높아진다. 특히 비공식 부문의 크기가 크고, 조세행정이 발달하지 못하고, 사회보험기관의 관리능력이 취약한 경우 기여회피는 사회보험방식의 치명적 약점이 된다. 우리나라에서 나타나는 비정규직 사회보험 배제 현상의 근저에는 보험료 부담에 대한 고용주의 저항, 그리고 비정규직의 가처분 소득을 상당 부분 축소시키는 사회보험료 부담 문제가 일정한 원인으로 자리 잡고 있다. 김연명·윤정향, 「비정규 노동자의 사회복지 배제와 그 대책」, 『노동시장 유연화와 노동복지』, 인간과복지, 2003, 401~402쪽.

인들을 찾아 적절한 대안을 마련하는 것이 필요하다.14)

비정규직에 대한 사회보험의 확대적용에 대해서는 노동계의 요구와 정부의 지속적인 노력에 의하여 고용보험은 1998년 1인 이상 전 사업장으로 적용이 확대되었으며, 2004년부터는 주 15시간 이상 근로한 단시간 근로자와 1월 미만의 기간 동안 근로한 일용근로자에게도 실업급여를 받을 수 있는 고용보험법이 적용되게 되었다. 국민연금의 경우에도 2003년부터 1월 이상 계속 사용된 일용근로자에게 국민연금법이 적용되고 있다. 산재보험도 1인 이상 모든 사업장의 근로자에 적용되고 있으며, 2007년부터 노동관계법상 근로자로 인정받지 못하고 있는 특수형태근로자에게도 산재법이 적용되게 되었다. 그러나 사회보험의 실제 적용률은 통계청의 '2010년 8월 근로형태별 및 비임금 근로 부가조사' 결과를 보더라도 2010년 8월 현재 국민연금은 38.1%, 건강보험은 42.1.%, 고용보험은 41.0% 수준에 그치고 있다. 제도상으로는 대부분의 근로자들에게 적용되게 되었지만 사업주 또는 피보험자가 기여금을 의도적으로 납부하지 않으려는 기여회피(contribution evasion) 등의 문제로 인하여 사회보험에 대한 적용범위의 확대가 자동적으로 비정규직에 대한 보호수준의 강화를 의미하지는 않는다. 이에 대하여 김연명(2001)은 법에 규정된 강제적용이 비정규직 근로자 및 영세사업장 근로자의 특징, 즉 잦은 사업장 이동(전직), 불규칙한 고용형태(반복 실업), 임금 및 소득상태의 부정확한 파악 등의 요인으로 실효성 있게 적용되지 않고 있으며, 그 이유를 행정관리 능력의 부재로 보아 비정규직 사회보험의 적용 확대는 사회보험 행정체계를 정비하고, 사회보험 행정관리 능력을 제고시키는 방향을 전제로 해야 한다고 한다. 이에 대한 방안으로 4대 사회보험 행정관리기구의 기능을 통합하는 방안을 제시한다. 4대 사회보험의 자격관리가 일원화되고 기여금의 부과와 징수가 한 기관에서 이루어지면 다른 복잡한 절차를 거치지 않아도 사회보험의 가입자로 편입시킬 수 있는 틀이 형성되기 때문에 배제되어 있는 많은 비정규직을 사회보험으로 끌어들일 수 있게 된다.15) 비정규직의 보험적용은 비정규직의 고용 특성상 고용상태와 임금수준에 대한 정확한 실태 파악이 매우 중요하다. 따라서 부과 징수 기능을 일원화하면 사업장의 정기적인 현지조사를 통해 각 공단의 중복인력을 비정규직의 사회보험 자격 확인 작업에 투입할 수 있어 비정규직을 보다 많이 사회보험망으로 포함시킬 수 있는 기반이 마련된

---

14) 성은미, 「비정규 노동자의 공적연금, 고용보험 미가입에 관한 한일 비교 연구」, 『한국사회정책』, 제14집, 한국사회정책학회, 2007, 184~186쪽.

15) 2011년부터 사회보험 징수통합에 따라 보험료 징수 업무(고지・수납 및 체납관리)는 국민건강보험공단에서 수행하고 있다.

다. 그리고 산재보험과 고용보험에서 그 필요성이 날로 높아지고 있는 피보험자의 '인별관리'사업을 훨씬 적은 비용으로, 더욱 효율적으로 수행할 수 있다.

김훈식 · 송준호(2001)는 가장 중요한 실업급여를 지급받을 수 있는 고용보험의 가입률이 가장 낮게 나타나고 있는 문제점에 대하여, 사회적 안정망 확충을 위하여 고용보험에 실제로 가입하지 않고 있는 근로자들이 가입하도록 내실화해야 하며, 국민연금의 가입범위를 확대하고 기여에 비례한 급여를 받도록 해야 한다고 본다.

한동우(2001)도 사회보험이 실제적용에서의 배제가 문제이며 이에 따라 적용이 제외된 근로자들은 지역가입자로 편입됨에 따라 사용자가 부담해야 할 보험료를 자신이 부담하게 되는 어려움을 겪게 된다. 이러한 문제점을 해결하기 위하여 비정규직 근로자에 대한 사회보험적용을 확대하고 내실화하기 위한 우선적 과제로 현재의 사회보험제도의 관리와 운영을 개선하는 것을 정책적 과제로 제시한다. 즉 비정규직 근로자에 대한 사회보험의 확대적용은 현행 사회보험제도상 가입대상자를 확대하고 급여 수급자격을 완화하는 것과 아울러, 관리운영상의 문제를 해결함으로써 상당 부분 해소될 수 있다는 것이다. 또한 많은 수의 비정규직 근로자들이 영세사업장에서 일하고 있다는 것을 전제로 할 때, 사회보험료 납부에 대한 사업주의 경제적 부담을 고려하여 영세사업장 사업주의 사회보험료 납부를 일정부분 국가에서 지원하는 방안을 고려해 볼 수도 있을 것이라고 한다.

성은미(2007)는 비정규직 노동자의 기여회피의 원인은 사회보험 가입에서 발생하는 각종 비용문제, 사회보험 기여에 비해 낮은 급여, 비정규 노동자의 저임금 등 비정규 노동자의 노동조건 때문에 사회보험에 기여를 회피하는 경우 등이 있다. 이 중에서 비정규 노동자의 저임금과 고용불안정이 중요한 비정규 노동자의 사회보험 미가입 원인이라는 점에서 특정 소득 이하의 노동자, 비정규직 노동자의 보험료를 감액하거나 전액 정부가 지원함으로써 비정규 노동자의 사회보험 가입을 유도하고, 고용 크레디트 제도를 도입하여 노동시장에서 고용이 불안정하더라도 이런 고용불안이 사회보험 미가입으로 연결되지 않고, 사회보험 급여에서 불이익을 보지 않도록 하는 보완책이 필요하다고 한다.

김진구(2002)는 다양한 유형의 비정규직 근로자가 급증하는 상황에서 실업보험제도는 더 이상 완전실업이라는 전통적인 패러다임을 고수할 수 없다고 한다. 시간제고용이나 Work－Sharing 등과 같은 일정의 부분실업에 대응하는 다양한 제도변화가 모색되어야 하며, 이미 구미에서는 부분적인 전환이 이루어지고 있다고 한다. 그러나 비정규직 근로자들의 사회보장 공백상태를 획기적으로 개선할 수 있는 실효성 있는 방안은 뚜렷하게 제시되지 못하고 있는 것으로 본다. 이것은 비정규직 사회보험 배제의 문제가 사회보장제도의 내재적인 문제에 국한되지 않기 때문이다. 한국 사회의 경우 노동시장의 전근대성이 비정규직의 적용문제를 더욱더 난감하게 만드는 요인이 된다. 따라서 비정규직의 적용문제는 더 이상 사회보험제도만의 문제가 아니라 전근대적인 노동시장의 관행을 바로 세우는 작업이 선결되어야 하며, 이는 불가피하게 조세구조의 개혁을 요구한다.

2) 사회보험의 사회성[16] 및 사회보장제도 확충

김연명・윤정향(2003)은 사회보험 급여 수급권과 기여의 연결고리를 약화시켜 비정규직을 보호하는 전략을 사회보험 원리의 유연화라고 지칭한다. 이 전략에는 사회보험 크레디트 제도와 기여금 보조, 국민연금 구조 개편, 기초소득 방안 등이 있다. 첫째, 사회보험 크레디트 제도는 사회보험 가입기간 동안 학업, 실업, 장애, 출산과 아동양육, 노인부양 등과 같은 비자발적 공백에 대하여 기여기록을 인정해 줌으로써 사회보험의 수급권을 보호해 주는 제도이다. 이 제도는 비자발적으로 노동시장에 참여하지 못할 경우 피보험자 자격을 계속 유지시킴으로써 수급권을 보호하게 된다. 특히 비정규 노동자들의 경우 노동시장 진입과 퇴출이 빈번하고, 실업과 취업을 반복하는 등 고용불안정성이 높다는 점에서 크레디트 제도의 도입은 비정규직의 수급권 보호에 긍정적 기능을 할 수 있다. 둘째, 국민연금은 연금액이 가입기간에 비례하기 때문에 비정규직의 국민연금 가입과 보험료 납부기간은 매우 중요한 의미를 갖는다. 국민연금에서 비정규직을 보호하는 방안은 '최저연금보증제(minium pension guarantee)'[17] 혹은 '기초연금제'를 도입하는 방안으로 나누어 볼 수 있다. 최저연금보증제는 연금급여를 수급하는 데 필요한 기여기간을 충족한 가입자들에게 최저생계비 이상의 연금을 보증하는 제도이다. 이 제도는 연금가입자들이 공공부조 수급자보다 더 낮은 급여를 받지 않도록 제도적으로 보증해 줌으로써 연금가입자들의 빈곤을 예방하는 데 목적이 있는데 사회보험 방식의 연금제도를 가지고 있는 독일과 프랑

16) 사회보험료는 사회보험이 갖는 사회성과 보험성이라는 2가지 성격을 내포하고 있다. 능력비례원칙에 의해 부담능력이 징수되는 것은 사회보험료의 사회성을 반영한 것인데 우리나라의 직장국민건강보험의 정률부담이 그 좋은 예이다. 현외성, 『사회복지정책강론』, 양서원, 2008, 270쪽.

17) 최저연금보증제는 기본제도를 제외한 연금제도로부터 연금수급액이 국가가 설정한 기초보장수준에 미달할 경우 이를 보충하기 위한 제도이다. 이 제도는 소득조사가 아니라 연금조사만 하는 점이 특징이다. 노르웨이, 덴마크, 핀란드 등 보편적 기초연금을 가진 국가들이 원래 2층의 비례연금을 수급하는 자와 하지 않는 자 간의 형평성을 맞추기 위해 도입하여 운영해 왔으며, 세대 내 소득재분배 효과가 있다. 김성숙 외, 『공적연금의 이해』, 국민연금연구원, 2008, 195쪽 참조.

스에서 2000년대 초반부터 시행하고 있다. 우리나라의 비정규 노동자들의 상당수가 저임금 상태에 있고, 정기적인 보험료 납부에 어려움을 겪고 있다는 점을 감안하면 정책대안으로서 충분히 고려해 볼 수 있는 제도이다. 재원을 어떻게 조달할 것인가의 문제가 쟁점이 되지만 비정규직에게 최소한의 노후소득을 보장한다는 차원에서 매우 긍정적인 기능을 할 수 있다.[18] 기초연금제는 사회보험방식의 국민연금제도를 근본적으로 변경하는 것이다. 기초연금의 재원을 조세로 충당할 경우 연금수급 연령에 도달하면 고용 기록이나 기여 납부 여부와는 무관하게 누구나 최저수준의 연금을 지급받게 되는 제도이다. 따라서 국민연금에서 상당기간 배제되어 연금을 수급할 가능성이 낮은 비정규직이나 혹은 노동시장에 참여하지 않은 기혼여성이 연금을 수급할 가능성이 훨씬 높아진다. 셋째, 비정규직의 보호를 위한 가장 급진적인 개혁방안으로 기초소득제를 꼽을 수 있다. 기초소득제는 노동에 대한 요구 없이 모두에게 무조건적으로 지급되는 소득을 의미한다. 기초소득의 원리에 의하면 누구나 국가로부터 최소한의 소득을 보장받을 수 있다. 특히 급여수급 조건으로 노동이나 기여를 요구하지 않기 때문에 장기실업자, 실업과 취업을 반복하는 불안정 노동자, 비정규 노동자, 비공식 부문에 종사하는 자영업자, 빈곤계층 등의 생활을 보장하는 데 유용할 수 있다.

비정규직의 사회보험 배제에 대한 대책으로 김연명(2010)은 우리나라 임금근로자가 주요 사회보험제도에서 배제되는 핵심적 메커니즘 중의 하나는 기업규모, 즉 영세기업의 비정규직 문제와 직접적으로 연관되어 있으므로 소기업에서 일하고 있는 비정규직을 사회보험제도 안으로 유인할 수 있는 정책들이 매우 중요하다고 한다. 이에 대한 해법으로 엄격한 비스마르크 원리[19]를 적용함으로써 소규모 사업장에서 나타나는 고용주와 근로자의 기여회피 유인을 완화시켜 비정규직의 사회보험 적용 확대를 유도하는 대책을 제시한

18) 공공부문의 재원 가운데 가장 중요한 것이 일반 조세에 의한 정부의 일반예산과 사회보험을 위한 사회보장성 조세이다. 어떤 국가들의 사회보험은 정부의 일반예산을 주재원으로 하는 반면, 어떤 나라들에서는 피고용자와 사용자가 부담하는 사회보장성 조세에 주로 의존한다. 정부의 일반예산으로 하는 경우 사회보장성 조세에 비하여 소득재분배 효과가 크다. 반면에 사회보장성 조세를 재원으로 하는 사회보험의 경우는 소득재분배 효과가 제한적이다. 사회보험도 보험이기 때문에 보험수리원칙을 완전히 무시할 수 없으므로 사회보장성 조세를 많이 낸 사람들이 적게 부담한 사람들에 비해서 급여의 절대액이 많을 수밖에 없다. 김태성, 『사회복지정책입문』, 청목출판사, 2007, 274~275쪽.

19) 일반적으로 공적연금은 비스마르크 모델과 베버리지 모델로 구분한다. 각각의 특징을 살펴보면 첫째, 비스마르크 모델 연금은 보험료 기여를 원칙으로 하고 있기 때문에, 보험료 기여가 어려운 집단은 가입할 수 없다. 반면 베버리지 모델 연금은 정부 재정으로 운영되기 때문에 보험료 기여 여부와 관련 없이 시민권이나 필요에 따라 연금 풀에 포괄되어 접근성이 높다. 둘째, 비스마르크 모델 연금에서 급여는 비례방식으로 운영되어 노동시장 지위가 그대로 연금급여에 반영되는 방식이다. 반면 베버리지 모델에서 급여는 균일률로 연금을 받는 사람의 과거 임금 수준이 연금급여에 반영되지 않는다. 그러나 위와 같은 제도 특징들은 현실에서 다양하게 변화되며 특히 비스마르크 모델과 베버리지 모델이 서로 혼합되는 경향이 강하게 나타난다. 이때 베버리지 방식의 연금은 1층 기초연금으로서 가장 기초적인 노후소득 보장책으로 기능한다. 또한 비스마르크 방식의 연금은 2층 소득비례연금으로서 보험료 기여, 기여에 따른 소득비례 급여를 제공한다. 성은미, 「일본 비정규직 노동자의 공적연금 적용에 관한 연구」, 『사회보장연구』 제25권 제2호, 사회보장학회, 2009, 33~34쪽 참조.

다. 이 방안은 기여에 의한 비스마르크 방식에서 조세로 사회보험 재원을 조달하는 베버리지 방식으로의 일부 전환으로 기여방식을 유지하되, 보험료를 공적자금으로 지원하는 보험료 지원 혹은 감면제도가 있을 수 있다. 사회보험에서 비정규직의 배제는 주로 소규모 사업장에서 고용주와 비정규직과의 담합에 의해 발생하는 기여회피가 가장 큰 요인으로 작용하기 때문에 고용주 및 비정규직의 보험료 부담을 줄여 줄 필요가 있다. 이는 소규모 사업장이 납부하는 보험료에 대해 국고지원을 확대하거나 아니면 조세지원, 즉 기업이 부담하는 보험료에 대해 세제상의 혜택을 주고, 비정규직에게는 사후적인 세금환급을 통해 가처분 소득을 늘려 주는 방식과 같이 베버리지식 원리가 가미된 제도적 개편이 필요하다고 본다.

심창학(2005, 2009)은 사회복지 분야에 있어서 비정규직 근로자 문제의 핵심은 사회보장제도를 통해서 이들을 어떻게 보호해야 할 것인가 하는 것의 문제라고 한다. 왜냐하면 사회보장제도는 본래 정규직 근로자의 노동조건을 전제로 만들어진 제도이며, 이는 특히 근로자의 기여금을 바탕으로 하고 있는 국가의 경우 더욱더 그러하다고 한다. 사회보장에 의한 비정규직 근로자 보호의 정책과 관련하여 국제적으로 나타나는 일반적인 공통점은 비정규 고용 자체를 막을 수는 없다는 것이다. 그는 한국에 줄 수 있는 시사점을 도출하기 위하여 유럽 국가들에서는 사회보험을 통해 비정규직을 어떻게 보호하고 있는가를 살펴본다. 노동유연성 및 사회보장의 운영과 관련하여 각 유형을 대표하는 국가로 영국, 독일, 프랑스 세 개 국가에 초점을 맞추어 실업보험과 연금을 중심으로 고찰한다. 세 개 국가에 공통된 현상은 사회보험 크레디트 제도의 실시, 최저연금보증제, 최소 기여 기간의 단축, 기여율 유지 조치, 피보험 기간 산정 방식의 다양화 등의 방법을 통하여 비정규직 근로자의 사회보장을 위한 노력을 기울이고 있다. 우선 실업보험에서는 사회보험 크레디트 제도의 도입이 필요하다고 주장한다. '사회보험 크레디트 제도'는 사회보험 가입기간 동안 사회적으로 인정되는 활동기간에 대하여, 즉 학업, 실업, 장애 등 비자발적 공백을 가입기간으로 인정해 줌으로써 사회보험의 수급권을 보호해 주는 제도이다. 이는 특히 노동시장의 진입과 퇴출이 빈번하고 고용 불안정이 높은 비정규직 근로자 보호에 긍정적인 기능을 할 수 있다. 특히 여성 비정규직 근로자, 시간제 근로자의 수급권 보호에 긍정적 기능을 할 수 있을 것이다. 현재 우리나라에서는 관련법의 개정으로 2007년 사회보험 크레디트 제도가 도입되었지만, 군복무 기간과 출산에 한정하고 있으며 인정기간 또한 제한적이다. 따라서 가입기간 인정 범위에 대한 확대가 절대적으로 필요하다. 특히 비정규직 근로자의 취업 가능성 제고와 관련된 훈련의 필요성을 고려할 때 직업훈련 기간, 실업기간 중 비수급 기간의 가입기간 인정은 효과적인 조치로 판단된다.

또한 비정규직 근로자의 사회보장과 관련하여 사회보험뿐만 아니라 실업부조 혹은 공적부조[20]의 역할이 동시에 강조될 필요가 있다고 본다. 수급요건의 엄격성 등으로 인해 근로자의 기여금을 바탕으로 하고 있는 사회보험만을 통해서 비정규직 근로자를 보호하는 것은 기본적인 한계가 있다. 따라서 비정규직 근로자에 대한 사회보험의 확대 적용 및 보호에 못지않게 비정규직 근로자의 소득보장을 위해서 실업부조 및 공적 부조가 역할이 강조될 필요가 있다. 먼저 장기적인 관점에서 비정규직 근로자 보호의 가장 효과적인 제도는 연금 부분에서 '기초연금제도'의 도입이다.[21] 이는 근로형태에 따른 연금의 차별적용을 예방함과 동시에 기본적인 노후생활의 보장을 가능하게 할 것이다. 중단기적으로는 연금제도의 경우 급여의 하한선을 설정하여 노후 소득 보장기능을 수행해야 한다.[22] 고용보험의 경우에도 다양한 소득대체율[23] 산정 방식의 도입이 필요하다고 한다. 소득수준에 따른 소득대체율을 달리 적용하여 비정규직 근로자처럼 저임금 근로자에게는 높은 수준의 소득대체율을 적용함으로써 이들의 노후 소득보장에 일정 부분 기여하도록 할 수 있을 것이다.

---

20) 사회보장의 범위에는 공적부조, 사회복지, 사회보험, 의료보장, 고용(실업)대책 등이 포함된다. 공적부조는 사회보험과 더불어 사회보장의 2대 지주를 형성하고 있는 것으로서, 자력으로 생계를 유지할 수 없는 자들의 생활을 그들이 자력으로 생활할 수 있을 때까지 국가가 재정자금으로 보호하여 주는 구빈제도이다. 신수식, 『사회보장론』, 박영사, 1986, 9~15쪽 참조.

21) 현재 우리나라에서도 기초노령연금제도를 실시하고 있기는 하다. 2008년 8월 현재 수급자는 281만 명으로 65세 이상 노인인구 501만 명의 56.1%가 기초노령연금을 수급하고 있다. 그러나 자산조사를 실시하여 급여를 지급하는 제한된 의미의 기초연금제도일 뿐만 아니라 급여지급액이 8만 4천 원에 불과하여 실질적으로 기초연금제도를 실시하고 있다고 보기는 어려울 것이며, 재원확보 문제로 인하여 보편적인 기초연금을 도입하는 것이 쉽지 않은 상황이다.

22) 프랑스는 부분 연금의 산정 방식에 있어서 어떤 경우라 하더라도 가입자의 표준 소득의 25% 이상은 되어야 한다고 규정하고 있다. 이는 부분 연금의 산정 방식이 기본적으로 기여 기간에 근거를 두고 있음에도 불구하고 그 수준이 연금 하한선 이하가 되어서는 안 된다는 것을 의미한다. 저임금, 잦은 고용 불안정 상태와 직결되어 있는 비정규직 근로자는 이 규정의 적용 대상이 될 가능성이 많을 것이다. 그리고 기본 연금과 보충 연금(2층 체계)의 연금 합산 최저액이 법정 순 최저임금의 85%로 정해 놓은 것도 이의 연장선상인 것으로 판단된다. 심창학, 「연금 및 실업보험을 통한 비정규직 근로자 사회보호: 덴마크와 프랑스 사례를 중심으로」, 『한국사회복지조사연구』 vol.22, 연세대학교사회복지연구소, 2009, 185쪽.

23) 연금급여수준을 논의할 때 가장 많이 사용되는 지표가 소득대체율(replacemant rate)이다. 같은 용어이지만 사용자에 따라 달라 혼선을 빚는 경우가 적지 않다. OECD(2007) 정의에 따르면 소득대체율은 연금급여를 가입자의 재평가된 생애평균소득으로 나눈 값이 총소득대체율이고, 소득세를 제외한 후 세후 연금급여를 가입자의 소득세와 기여금(즉 보험료)을 제외한 세 및 보험료 후 생애평균소득으로 나눈 값이 순소득대체율이다. 통상 사용하는 것은 총소득대체율이다. 소득세와 기여금 부담이 높지 않은 우리의 경우 양자 간 차이가 크지 않지만 소득세와 기여금 부담이 높은 선진국에서는 순소득대체율이 총소득대체율보다 평균소득자 기준으로 22% 정도 높다. 두 소득 대체율 중 수급자 개인 입장에서 좀 더 의미 있는 수치는 순소득대체율이다. 퇴직 전 자신이 실제로 받던 소득과 비교한 실제 연금의 비율이기 때문이다. 국내에서 통상 사용되는 소득대체율은 국민연금의 경우 OECD가 정의한 총소득대체율이고 공무원 연금은 연금급여를 가입자의 퇴직 당시나 퇴직 전 수년 평균으로 나눈 값이다. 김성숙 외, 『공적연금의 이해』, 국민연금연구원, 2008, 26쪽.

〈표 1〉 유럽의 비정규직 근로자 보호를 위한 사회보장제도[24)]

국가	제도	세부 제도	대상	특징
영국	연금	최저연금보증제[25)]	기여기간 미충족 근로자	연금의 25% 지급
		사회보험크레디트제도	비자발적 근로공백 근로자	질병, 장애, 양육 책임 인정기간 등
	실업보험	구직자 수당	실업자, 시간제 근로자 (16시간 미만)	1996년 시행
독일	연금	한계고용근로자 보호	한계근로자	1999년 3월 시행
		저소득 근로자 소득보장	일정기간 기여(35, 25년) 충족 근로자 중 저소득자	전체 평균 소득의 75%(35년 기여)
		사회보험크레디트제도	비자발적 근로공백 근로자	상병, 재활, 급여 수혜기간 중의 실업, 17세 이후의 학교교육, 양육기간
	실업보험	최소기여기간의 조정	계절적 근로자	최소 기여기간 6개월로 단축
		사회보험크레디트제도		직업훈련기간
프랑스	연금	사회보장법	비정규직 근로자	비정규직 근로자를 포함한 모든 근로자의 강제 적용
		사회보험크레디트제도	비자발적 근로공백 근로자	질병, 장기요양, 출산 및 양육, 산재, 조기퇴직, 장애기간, 직업훈련기간, 실업기간
	실업보험	사회보장법	비정규직 근로자	비정규직 근로자를 포함한 모든 근로자 강제 적용
		피보험 기간 산정 방식의 다양화	전체 근로자 (비정규직 근로자에게 유리)	근로기간과 근로시간 중 하나만 충족되면 수급요건 인정, 표준일일임금 적용률의 다양화 등[26)]

권혁진・김성희・이은아(2008)는 기존의 사회보장제도가 전형적인 고용관계를 전제로 하여 해당 급여를 제공하는 한 해당 제도를 통해 보호하고자 하는 위험이 발생할 때 충분한 보장을 제공하기 어려우며, 취업과 실업의 주기적 반복, 장기실업 등 고용불안정성으로 인해 비정규직 근로자의 사회보험에 대한 기여는 간헐적이고, 중단되거나 혹은 제한적일 수밖에 없다고 한다. 특히, 연금과 같은 사회보장 급여는 상대적으로 긴 기간의 가입기간을 전제로 하여 이를 만족하는 자에게 노령연금을 제공한다. 그러나 고용이 불안정한 비정규직 근로자는 가입기간이 짧을 뿐만 아니라, 낮은 임금으로 인하여 기여가 상대적으로 적을 가능성이 크다. 그 결과 연금수급권이 발생한다고 하더라도 기여와 급여 간 연계

24) 심창학, 「유럽 비정규직 근로자의 사회보장: 영국, 독일, 프랑스의 연금 및 실업보험을 중심으로」, 『사회보장연구』 21권 4호, 한국사회보장학회, 연세대학교사회복지연구소, 2005, 294~304쪽 참조.

25) 영국에서는 연금수급을 위해서 남성은 45년, 여성은 39년의 기여금 납부 실적이 있어야 하지만, 최저연금보증제의 실시를 통해서 기여기간이 11년을 충족하는 경우 연금의 25%를 받을 수 있도록 하고 있다. 심창학, 「유럽 비정규직 근로자의 사회보장: 영국, 독일, 프랑스의 연금 및 실업보험을 중심으로」, 『사회보장연구』 21권 4호, 한국사회보장학회, 연세대학교사회복지연구소, 2005, 295~296쪽.

26) 표준일일요금 적용률의 다양화 및 세후 최저 급여 조치 부분 역시 비정규직 근로자 등 저임금 근로자를 생존의 위협에서 보호하고자 하는 제도적 장치이다. 전자와 관련하여 일반적으로는 표준일일임금의 57.4%가 적용되고 있다. 하지만 실직 전 저임금 근로자에 대해서는 최대 75%의 비율이 적용되고 있음에 주목할 필요가 있다. 이뿐만 아니라 저급여 수혜의 가능성을 예방하기 위한 부가조치를 두고 있는데, 대표적으로 세후 최저 급여(순급여)제도를 들 수 있다. 2008년 기준(일)으로 실업 순급여는 26.93유로(일 기준)이다. 심창학, 「연금 및 실업보험을 통한 비정규직 근로자 사회보호: 덴마크와 프랑스 사례를 중심으로」, 『한국사회복지조사연구』 vol.22, 연세대학교사회복지연구소, 2009, 193쪽.

고리로 인해 노후에 수급하는 연금 수준이 낮음으로써 노후 빈곤에 처할 위험이 높다. 따라서 이러한 상황을 반영하여 연금제도를 재설정될 필요가 있다. 노동유연화에 따른 비정규직 근로자를 위한 사회적 보호의 방향은 일하는 기간과 일하지 않는 기간 사이의 종사상 지위의 연속성을 보장하는 것이어야 한다고 하며, 이러한 문제를 해결하기 위한 정책적 방법의 하나로 육아휴직 및 단기 실업기간에 납부예외를 방지하기 위한 기여 방식의 크레디트 제공을 예시로 제시한다. 이때 보험료 부담을 고려하여 기준소득월액의 중위수값을 기준으로 보험료를 계산하고, 본인이 50%를 부담하고 나머지 50%는 고용보험기금에서 지원하는 안을 제시한다. 이것은 고용보험의 범위를 실업에 의한 생계보장 외에 그에 따른 사회적 위험 보장 기능까지 확대하는 것으로서, 특히 고용이 불안정한 비정규직 근로자의 연금에 대한 권리를 실업기간에도 유지시킨다는 의미에서 긍정적이라고 본다.

성은미(2009)는 기초연금은 비정규직 노동자의 노후소득을 보장하는 데 긍정적이라는 평가를 받아 왔지만, 일본의 경우와 같이 기초연금의 소득대체율이 낮은 경우 비정규직 노동자의 노후소득 보장이 어렵다고 한다. 기초연금과 2층 연금 모두 적용된 경우에도 2층 연금급여가 소득비례 방식이기 때문에 비정규직 노동자는 상대적으로 낮은 급여를 받게 된다. 따라서 기초연금과 2층 연금 모두 적용되는 정규직 노동자와 기초연금에만 적용되는 비정규직 노동자 간의 연금급여 양극화 현상이 발생하게 된다.[27] 이런 맥락에서 기초연금 도입만으로는 비정규직 노동자의 노후소득 보장이 어렵고, 기초연금을 보편적 방식으로 개편함과 동시에 비정규직 노동자들이 2층 소득비례 연금에 접근하기 쉽도록 제도 개선이 필요하다. 또한 상대적으로 저임금인 비정규직 노동자가 공적연금을 통해 노후소득을 보장받을 수 있도록 급여방식의 변화가 요구된다고 한다.

2층 소득비례 연금은 종일제의 정규직 노동자의 임금 수준과 기여 부담 수준에 의존하여 설계되어 있다. 따라서 첫째, 비정규직 노동자들은 안정적이고 장기적인 보험료 기여가 어려워 2층 소득비례 연금에 가입하지 못한다. 이와 같이 2층 소득비례연금이 노동시장 유연화, 비정규직 노동자 가입에 상당히 취약하기 때문에 비정규직 노동자들이 연금에 접근하지 못하는 적용 제외 문제가 발생된다. 그러나 비정규직 노동자가 모두 2층 소득비례 연금에 가입하지 못하는 것은 아니다. 2층 소득비례연금을 운영하더라도 여러 가지 개

27) 일본 비정규직 노동자의 29%는 후생연금+기초연금이 모두 적용되고 있지 않으며, 비정규직 노동자의 41.3%는 후생연금과 기초연금에 가입되어 급여를 받지만 그 수준은 정규직 남성노동자 연금액의 39%에 그치는 낮은 수준이다. 또한 비정규직 노동자의 29.7%는 기초연금만을 받는데, 이는 정규직 노동자 연금액의 25.8%에 그치는 낮은 수준이다. 성은미, 「일본 비정규직 노동자의 공적연금 적용에 관한 연구」, 『사회보장연구』 제25권 제2호, 사회보장학회, 2009, 46쪽. 참조.

혁을 통해 일정 정도 비정규직 노동자를 포괄할 수 있기 때문이다. 예컨대, 연금의 가입기준을 완화해 노동시간이 10시간만 되어도 가입할 수 있도록 할 수 있다. 따라서 2층 소득비례 연금은 구조적으로 비정규직 노동자가 가입하기 어려운 구조이지만 제도 개혁에 따라 그 정도가 다르다고 할 수 있다. 둘째, 연금급여 측면에서 비정규직 노동자와 관련해 중요한 것은 연금급여의 소득대체율과 기여-급여 간의 관련성이다. 비록 비정규직 노동자들이 저임금이라도 연금의 소득대체율이 높은 경우 적정한 수준의 연금급여를 받을 수 있다. 수직적 소득재분배가 가능하고, 경력단절이 보완될 수 있도록 연금급여가 설계되어 있다면, 저소득층에 속하는 비정규직 노동자들도 상대적으로 높은 급여를 받을 수 있다. 따라서 2층 소득비례연금은 비정규직 노동자의 저임금이 그대로 연금급여에 반영되는 방식이지만 제도설계에 따라서 그 정도가 다르다는 것을 알 수 있다. 2층 소득비례연금과 달리 기초연금은 비정규직 노동자에게 긍정적이라는 평가를 받고 있다. 첫째, 연금에 대한 접근성 측면에서 기초연금은 보험료 기여 등을 요건으로 하지 않기 때문에 연금에서 적용 제외되는 경우가 적다. 둘째, 연금급여와 관련해서 볼 때, 기초연금의 균일급여는 임금수준과 관련 없이 정액의 연금을 지급하는 방식이기 때문에 상대적으로 저임금인 비정규직 노동자들이 임금 대비 높은 급여를 받을 수 있다. 그러나 일반적으로 기초연금은 급여수준이 낮은 특징이 있다. 이는 기초연금이 무기여 방식이기 때문이며, 기초연금과 2층 소득비례 연금을 모두 받아야 일정수준 이상의 노후소득이 보장될 수 있도록 기초연금을 설계하기 때문이다. 따라서 보편적 수당 방식의 기초연금이 아니라, 급여수준이 낮은 경우 비정규직 노동자들의 노후소득 보장이 어렵게 되므로, 비정규직 노동자의 노후소득 보장이 단순히 기초연금 도입만으로는 해결되기 어렵다. 도입된 기초연금을 보편적인 방식으로 개혁하는 노력이 경주하면서, 동시에 비정규직 노동자가 국민연금에 기여 회피하는 원인이 법·제도적 한계뿐만 아니라 비정규직 노동자의 저임금과 고용불안이라는 점에서 연금의 가입기준을 완화하며, 저소득층 노동자에 대한 보험료를 지원하고, 저소득층 노동자에게 상대적으로 높은 급여를 보장하는 방식으로 급여시스템을 전환하는 것이 필요하다고 본다.

신동면(2001)은 소득이 낮은 비정규직 근로자를 위하여 가족급여와 소득부가제도를 도입하는 방안을 고려할 수 있지만 추가적 비용부담으로 인하여 실현가능성이 낮다고 본다. 따라서 현행 제도를 새롭게 바꾸는 것보다는 국민기초생활보장제도의 틀 내에서 누구나 최소한의 기본적 생활을 할 수 있도록 제대로 시행하는 편이 바람직할 것이라고 한다. 특히 기초생활보장제도의 수급자로 선정된 비정규직의 근로소득에 대한 급여대체율을 낮추는 것이 필요하다. 이와 함께 기초생활보장제의 수급자로 선정되지 않은 차상위 소득 계층의 비정규직 근로자들은 고용보험을 통하여 소득보장체계를 마련하는 것이 바람직하다고 한다.

3) 교육훈련제도의 확충

이종훈(2006)은 정규직 노동과 비정규직 노동 간의 직종분리, 이러한 직종분리의 핵심요소가 지식의 수준이라고 한다. 따라서 비정규 노동의 근로계약을 법적으로 금지하는 규제가 정규직 노동의 고용을 확대시킬 수는 없다고 한다. 비정규 노동에 대한 법적 규제는 기업에서 다른 형태의 비정규 노동을 선택하도록 할 뿐 정규직 전환에 도움이 되지 않으며, 자칫 임시직 근로자의 고용만 불안하게 만들 가능성이 높다고 본다. 결국 보호가 필요한 비정규직은 기본적으로 낮은 지식의 직무에 집중되어 있고, 이들의 경제적 지위 개선은 지식수준의 향상이 가장 근본적인 해법이 될 것이라고 한다. 따라서 비정규직에 대한 보호를 법적 규제를 통해 보장하는 것이 쉽지 않다면, 비정규직 노동자들이 계속 일자리를 구할 수 있도록, 그리고 지금보다는 더 높은 임금을 받을 수 있도록 도와줄 필요가 있는데, 이 경우 비정규직 노동자들도 지금보다 더 전문화되고 기술수준이 높아져야만 할 것이다. 이를 위해 정부가 비정규직 노동자들에 대한 직업교육을 강화하는 것이 필요하다. 비정규직이 큰 비중을 차지하는 직종에 대해 공공직업훈련 프로그램을 강화하고, 또 훈련과 함께 직업소개 서비스를 제공하는 것이 중요하다고 한다.

이정은 · 조미형(2009)은 한국복지패널 2차년도(2007년) 자료를 토대로 사회적 배제 집단의 잠재적 유형을 분류한 결과, 대졸 미만의 저학력 가구주 가구의 경우 사회적 배제 집단에 속할 확률이 큰 것으로 나타났다. 이것은 성장과정에서의 교육으로부터의 배제가 성인이 된 이후에도 누적적으로 나타나고, 교육기회의 상실은 가구의 경제적 능력과 밀접한 관련이 있는 것이라고 해석한다.

백학영 · 구인회(2010)가 한국복지패널 3차년도(2008년) 자료를 토대로 분석한 결과에서도 정규직과 비정규직의 임금격차의 98.6%는 생산성 차이에 의해 발생하는 격차로서 차별에 의한 임금격차는 크지 않다고 한다. 따라서 비정규직의 빈곤완화를 위해서는 비정규직에 대한 인적 자본 투자 지원을 확대하여 이들의 생산성을 향상시키는 방안이 마련되어야 한다고 본다.

김안나(2007)는 사회적 배제의 결정요인 분석결과는 성이나 연령 등의 인구학적 변수보다는 교육과 경제활동 상태 등 경제적 상황과 연관된 특성들이 개인이 사회적 배제에 처할 위험을 예측하는 데 결정적인 역할을 한다는 것을 보여 주고 있다고 한다. 따라서 사회적 배제를 극복하기 위해서는 개인의 인적 자본을 개발하고 안정된 근로환경을 조성하는 것이 우선적인 과제라고 한다.

정병석(2010)은 노동시장의 여러 이행을 사회적 위험으로 보면 그 이행을 줄이는 가장 핵심적인 방법은 개인의 노동시장에서의 경쟁력, 소득확보 능력, 즉 취업능력을 높여 주는 것이다. 따라서 새로운 지식과 기능, 기술을 충전해 주는 교육훈련이 중요해진다. 그것도 한 번에 그치지 않고 근로생애 과정에 걸쳐 지속적으로 이루어지기 위해서 평생능력개발체제를 갖추어야 한다고 본다.

6. 평가와 시사점

처음 살펴보았던 자유주의 경제학적 입장은 법적인 규제 장치를 통해 제어하고자 하였던 비정규직 남용의 문제가 간접고용 등 외부로 이전되는 결과를 가져오고 있는 현실에서 일견 타당한 측면이 있다고 볼 수 있으나, 비정규직 문제를 시장에만 맡겨 두면 저절로 해결될 것이라는 논리는 노동시장의 유연화를 정규직에게까지 강요하여 고용불안정이 확대·심화될 것이라는 문제점을 간과하고 있다. 이러한 노동시장의 유연화와 안정화를 동시에 추구할 수 있다는 유연안정성의 논리는 사회보장제도를 통한 사회적 안정망의 구축과 잘 정립된 합리적인 노사관계를 전제로 하지 않고서는 섣부르게 시행할 수 없을 것이다.

둘째, 노동시장의 폐해를 시정하기 위하여 법적 규제 장치의 도입을 통하여 비정규직 근로자를 보호하고 차별을 금지하여야 한다는 기본적인 방향에 대해서는 대체적으로 의견이 일치하고 있다. 그러나 구체적인 효과에 대해서는 논란의 여지가 있다. 예컨대 일정 비율 이상의 비정규직 사용을 남용하는 사용자에게 다양한 형태의 조세(예: 고용보험료 등)로 부과하려는 금전적 또는 비금전적 형태의 벌칙이 사용자에게 제대로 부과될 수 있을지는 의문이다.[28] 노동시장에서 발생하는 자율적이고 자생적인 수많은 거래관계에 법적 규제라는 규범적 기준의 부과가 당사자들을 일괄적으로 규율할 수 있기는 어려운 법이다. 실제 세계 각국의 사례를 살펴보더라도 비정규직 사용에 대한 법적 규제 장치만을 통해 비정규 노동이 줄어든 사례는 거의 없다. 이러한 상황에서 노동시장에 대한 개입의 정도와 수위의 조절 방법에 대해서는 계속적인 검토가 필요할 것으로 보이는데, 이에 대해서는 유럽 각국의 사례에 대한 선행연구를 통해 얻어진 적실한 대안을 노사정 간의 사회적 합의에 의하여 도입할 필요는 있을 것으로 보인다.

셋째, 통합적 노동시장의 구축을 통하여 노동시장의 양극화를 해결하자는 입장은 차별시정이나 정규직 전환을 위한 다양한 방법을 검토하는 것으로 노동시장의 구조적 분리를 낳았던 요인들을 제거할 수 있는 계기를 마련하는 것으로 설정하고 있다. 그러나 노동시장을 분절시키고 단절시키는 것으로 드러나는 제도적 요인들은 외생적으로 결정되는 것이 아니라 내부자들에 의하여 내생적이고 자율적인 규칙으로서 장기간에 걸쳐서 형성되면서 환경에 의하여 변화하고 수정되는 것이라는 측면을 감안하면 이러한 정책적 의사결정만으로 그러한 제도들이 노동시장에서 안정적으로 정착할 수 있을지는 의문시된다고 볼 수 있을 것이다.

넷째, 비정규 노동문제를 해결하기 위한 방법으로 노동계나 학계에서 계속적으로 주장되고 있는 것으로 사회적 대항세력으로서 직접적으로 비정규 노동의 조직화를 통하여 교섭력을 가지는 것을 유일한 또는 강력한 대안으로 제시하고 있다.[29] 그리하여 한국노총과 민주노총은 몇 년 전부터 비정규직의 조직화를 최대 역점 사업의 하나로 설정하고 조직적 캠페인을 벌이고 있다. 이렇게 정규직 노동의 자본에 대한 대응논리와 동일한 방법을 적용하여 법률의 개정이나 비정규 노동자들을 조직화하거나 정치세력화하는 것으로 문제의 해결이 가능하다고 판단하는 의견으로, 비정규직 노동자의 조직화를 통한 교섭력 확보를 통하여 사용자와 정부를 압박하여 근로조건을 향상시킬 수 있다고 보고 있다. 그러나 조직이 용이한 특수형태근로자와 정규직과 비정규직의 근로조건 차이가 없는 일부 작업장의 사례를 제외하고는 그 실현 여부가 쉽지 않은 것으로 보인다. 또한 실제 노동조합을 조직하여 파업을 하게 되더라도 비정규직 노동자들이 주로 대체 가능한 저숙련 업무를 수행하고 있다는 점을 감안하면 위협적이고 파괴적인 효과를 발휘하기 힘들어 실질

---

28) 우선 외주화된 사업부문의 근로자와 같이 비정규직 근로자에 대한 범위를 어디까지 규정할 것인지에 대한 개념 정의 및 이를 적용하는 과정에서 특정 기업이 사용하는 비정규직 근로자의 인원수를 구체적으로 계산하는 것에서부터 논란이 빚어질 것이다.

29) 물론 여기에서 비정규 노동운동의 의의 자체를 부정하려는 의도는 아니며, 기아자동차(2002년) 등 금속노조 산하의 대규모 사업장에서 비정규 노동의 조직화를 통하여 정규직 전환과 차별해소 등의 많은 성과물을 쟁취한 경우가 다수 존재한다.

적인 협상력을 발휘하기 힘든 것이 현실이며, 오히려 이러한 과정이 고용의 외부화를 촉진하는 기제로 작용할 수 있다.

> 일상생활의 환경에서 이러한 비정규직의 투쟁들을 조직하는 것은 발전시키기도 어렵고 뿌리를 내리기도 어렵습니다. 자체적인 조직의 중요한 단계가 없는 것이죠. 현실적으로 우리는 공통적인 조건에 처해 있음에도 불구하고 임금 요구의 과정에서 개인적인 일을 앞세우는 경우들을 점점 더 많이 보게 됩니다. 같은 노동들이라도 그들을 통일하기가 구체적으로 어려운 것이 현실입니다.[30)]

실제 비정규직의 노조가입률은 2008년 3월의 경제활동인구 부가조사 결과에서 4.2%, 2009년 3월 경제활동인구 부가조사에서 3.4%, 2009년 8월 근로형태별 부가조사 결과에서 2.5%에 불과하며, 2010년 경제활동인구 부가조사 결과에서 2.8%, 2011년 경제활동인구 부가조사에서는 2.6%로 나타나고 있는 등 최근 들어서는 조직률이 더 하락하는 양상을 보여 주고 있다. 이러한 상황은 최근 몇 년간 양대 노총과 현장 활동가들의 전략조직화를 위한 지난한 노력에도 불구하고 비정규직의 조직률 제고를 통한 교섭력 강화가 일부 대규모 사업장을 제외하고는 쉽지 않은 것을 단적으로 보여 주고 있는 것이다.[31)] 다만, 비정규 노동의 조직화는 대부분 일시적인 연합체에 불과하거나 자본의 통제전략에 따라 지속적인 근거나 토대를 가지기 어려워 오랫동안 지속되기 쉽지 않으며, 원하청 관계 등의 경우 실질적인 권한을 가진 사용자가 계약의 법적인 상대방으로 인정되기 어려워 임단협이 제대로 체결되지 않는 등의 본질적인 취약점에 대해서는 산별노조의 건설을 통하여 그러한 한계를 극복하며, 노동자 계급의 연대를 통하여 비정규 노동의 보호에 대한 입법정책에 간여하는 것은 반드시 필요하며 몇몇 업종에 있어서는 가시적인 성과가 확인되는 등 부분적으로 긍정적인 측면은 있다고 보인다. 그러나 노조의 형태를 바꾸어 산별노조가 설립된다고 비정규직 문제가 해결될 것이라고 볼 근거는 어디에도 존재하지 않는다. 산별노조의 설립으로 비정규직 문제가 해결되려면 노동자들의 강력한 연대의식을 바탕으로

---

30) 안토니오 네그리, 『굿바이 미스터 사회주의』, 그린비, 2009, 247~248쪽.

31) 사내하청-포함형 노조에 대한 사례분석 과정에서 재미있는 현상을 볼 수 있었는데, 그것은 바로 '비정규직 조직화'를 열심히 펼친 정규직 노조 집행부는 정규직 조합원들에게 별로 환영받지 못한다는 것이다. 대표적인 사례가 GM대우차 창원공장이다. GM대우차 창원지부 집행부는 회사 측이 3, 6개월 단기계약 비정규직 노동자들을 의도적으로 계약 해지하자, 불법적인 인원투입 저지 방침을 내리고, 단기계약자들이 빠져나간 자리를 다른 비정규직들이 채우지 못하도록 현장 싸움을 벌였다. 그러나 이로 인해 정규직 노동자들의 노동강도가 강화되면서 현장에서는 불만이 터져 나오게 되었다. 집행부는 비정규직만 위한다는 불만이었으며, 이러한 불만을 집행부에 반대해 온 현장조직들이 대변하게 되면서 신임투표가 제기되었고, 투표 조합원 중 34%만이 신임안에 투표함으로써 결국 집행부에서 물러나게 되었다. 이와 같이 비정규직 조직화 사업에 호의적인 현장조직들은 정규직 조합원들로부터 외면당하면서 집행권 장악에 외면당하는 경우가 다반사여서 정규직 활동가들이 비정규직 문제를 원칙적으로 제기하려면 자신의 정치적 미래를 내걸어야 할 입장이다. 진숙경·김동원, 「비정규직 노조의 유형별 실태와 시사점: 18개 비정규직 노조 사례분석」, 『노동정책 연구』 제7권 제1호, 한국노동연구원, 2007, 44쪽.

사용자 단체와의 교섭을 통하여 기본적인 근로조건이 기업별 직종별 고용형태를 넘어서 통일적으로 정하여져야 한다. 우리나라에서는 정규직 노동조합도 제대로 된 산별노조를 설립하고 운영한 적이 없다. 이러한 한국적 현실에서 문제의 근원을 해결하려면 지속적인 근거나 토대를 가지기 어려운 비정규 노동자들만의 노동조합을 조직하려 하거나, 계급 내부의 연대성이 담보되지도 않는 상태에서 산별노조의 건설을 추진하기보다는 우선적으로 기존의 노동조합이 노동자 계급의 일반이익을 추구하는 방향에서 비정규 노동자들에게 노조 가입을 배제하는 이기적이고 근시안적인 시각부터 벗어나야 할 것으로 보인다.[32][33] 결국 산별노조의 건설을 통하여 노동자 계급의 연대와 일반이익을 추구하는 것으로 문제의 해결을 시도하는 방법은 그 의의를 폄하하지는 않는다고 하더라도 오늘날의 노동자 대중과 조직들이 지배구조를 자신의 조직과 의식구조에서 재생산하고 있다는 점과 노동자 계급이 자본주의적 생산관계 안으로 정신적·물질적으로 통합되어 버린 것을 감안한다면, 대중의 의식이 자본주의적 物象化를 극복하고 자기해방을 가능케 할 것이라는 주장은 너무나 낙관적이고 목적론적인 해석인 것이다.

다섯째, 사회적 안전망 인프라의 구축을 통한 방법 중 사회보험 적용의 확대를 통해 비정규직 문제를 해결하여야 한다는 입장이 있는데, 정규직 근로자를 모형으로 설계된 기존

32) 장혜현은 한국과 일본의 기업별 노조의 특수성은 고비용성 및 폐쇄성 및 경직성을 특징으로 하는 내부노동시장의 형성 및 유지에 정합성을 갖는 것으로 나타나고 있다고 한다. 2006년 한국노동연구원의 사업체패널조사에 의하면 한국에서 정규직을 중심으로 조직되어 있는 노동조합들이 비정규직 노동자들에게 노조 가입자격을 주고 있는 곳은 직접 고용되어 있는 노동자의 경우에도 14.7%에 불과하다. 같은 시기 민주노총 소속 노조 가운데 직접 고용 비정규직 노동자들의 노조 가입을 허용하는 곳은 23.3%이고 한국노총 소속의 경우는 10.2%이다. 일본 기업별 노조들의 경우도 사정이 크게 다르지 않아 파트타임 노동자를 비롯한 비정규직 노동자들은 노동조합의 조직 대상에서 제외되어 왔다. 반면 독일 노동조합들의 비정규 노동에 대한 입장은 조합 내부자의 외부자에 대한 배타성이 크게 나타나지 않는 경우이다. 독일의 단체협약은 매우 포괄적으로 적용되는데, 포괄적 적용의 범위가 비정규 노동자들에게까지 적용되도록 함으로써 이들에 대한 임금 저하를 막고 이러한 임금 저하가 전체 노동자들에게 적용되는 길을 차단하도록 하였다. 이러한 포괄적 단체협약에는 시간제, 기간제, 하청노동 등 비정규직 노동자들에게도 적용되기 때문에 차별 및 배제의 양상은 뚜렷하게 나타나지 않고 있다. 또한 독일연방 노동자파견 중계회사와 독일파견사연합이 노동조합과 단체협약을 체결함으로써 수십만 명의 파견 노동자들이 단체협약의 적용을 받게 되었다. 이 단체협약은 특히 동일노동 동일임금을 명문화하여 기업이 노동비용 절감의 수단으로 파견노동자를 악용하는 길을 원천적으로 차단하고 있다. 결국 한국과 일본의 내부노동시장과 외부 노동시장의 관계를 보면 유럽 국가들에 비해 한국과 일본의 노동조합들은 비정규직 노동자를 자신의 조직에 포괄하는 비율이 현저히 낮다. 그리하여 내부노동시장의 진입장벽으로 인해 평등한 고용기회로부터의 배제에 이어 비정규직으로라도 고용되었을 경우 노동조합에 평등하게 참여하는 데서 두 번째의 배제에 직면하게 된다. 장혜현, 「한국의 일본의 기업별 노조체제의 특수성」, 『동아연구』 제58집, 서강대학교동아연구소, 2010, 216~221쪽 참조.

33) 민주노총 공공운수연맹 노동조합원들에 대한 설문조사와 심층면접 연구를 통해 계급균열의 존재를 확인하고 그 원인과 의미를 분석한 바에 따르면, 첫째, 정규직과 비정규직 노동자들은 비정규직 문제에 대한 인식을 공유하고 있지만 구체적 해결책에 대해서는 입장 차이를 보임으로써 고용형태에 따른 계급균열은 존재하며, 경제위기 이후에도 해소되지 않고 고착되고 있다. 둘째, 고용형태에 따른 계급 내적 균열이 비정규직 문제 인식과 추상적 원칙 수준에서는 유의미한 의식 차이를 보이지 않지만 비정규직 문제 해결을 위한 구체적 해결책에 대해 유의미한 입장 차이를 보이는 것은 정규직과 비정규직 사이의 물질적 이해관계의 차이 때문이다. 정규직 노동자들은 비정규직 노동자들의 고용안정성과 노동조건의 개선을 허용하더라도 자신들의 이해관계가 위협받지 않는 수준에서 이루어져야 한다고 본다. 셋째, 정규직 노동자들이 추상적 원칙 수준에서는 비정규직 노동자들과 동질성을 보이지만 구체적 대안에서 차별성을 보이는 것은 정규직 노동자들의 의식의 양면성을 표현하는 것이며, 물질적 이해관계에 기초한 개인적 수준의 합리성과 계급적 원칙에 기초한 계급적 수준의 합리성이 갈등하고 있는 것이다. 넷째, 정규직 노동자들의 주관성 속에서 개인적 합리성과 계급적 합리성이 갈등하는 정도는 노동조합 가입 여부 및 소속 노동조합의 정체성, 즉 이익집단 정체성 혹은 계급조직 정체성에 의해 결정된다. 여기에 계급조직 정체성을 지닌 민주노조들이 노동계급 계급균열을 극복하고 계급형성을 이루는 데 기여할 수 있다는 실천적 함의가 있다. 조돈문, 「비정규직 문제와 노동계급 계급균열: 비정규직 문제를 둘러싼 정규직·비정규직 의식 비교」, 『산업노동연구』 제14권 제2호, 한국산업노동학회, 2008, 169~170쪽.

의 사회보험제도를 비정규직에게 그대로 적용하는 방식에서 적용이 배제되거나, 사용자가 의도적으로 기여를 회피함으로써 발생되었던 사회보험 적용의 확대 문제는 2007년 특수형태 근로자에게도 산재법이 적용되는 등 법 형식적으로는 거의 모든 근로자에게 적용이 되고 있다. 다만 영세 중소사업장의 사용자가 의도적으로 기여를 회피하는 문제는 사회보험행정기구의 관리운영능력이 향상되지 않으면 해결이 어려울 것으로 보인다. 또한 가장 큰 문제점으로는 비정규직 노동자에게 사회보험이 적용되더라도, 산재보험, 의료보험은 보험 사고의 발생 시 동일한 급여를 받을 수 있으나 국민연금과 실업보험은 기여의 원칙에 따라 지급되고 있으므로 실질적인 생활보장이 될 수 없다는 근본적이 한계가 있다는 측면을 간과하고 있다. 즉 근로자의 기여금을 바탕으로 하고 있는 사회보험만을 통해서 비정규직 노동자를 보호하는 것은 임금구조가 안고 있는 불평등 문제를 심화시키는 등 기본적인 한계가 있다. 현재 우리나라의 실업급여는 퇴직 당시 연령과 고용보험 가입기간에 따라 90~240일의 범위 내에서 퇴직 전 평균임금의 50%가 지급된다. 국민연금의 경우에는 기본연금액은 20년의 가입기간을 가정하여 산정한 연금액을 말하는데, 급여수준은 1.2×(가입자 본인의 가입기간 중 기준소득월액의 평균액+연금수급 직전 3년간의 전체 가입자 평균소득 월액의 평균액)×[1+0.05n(20년 초과 월수)/12]의 산식에 따라 지급된다. 가입기간이 20년 미만인 사람은 기본연금액에서 1년당 5%로 감액된 금액을 받게 되므로 보험 가입자의 가입기간과 고용기간의 급여수준이 급여액을 결정하는 가장 중요한 기준이 된다.[34)]

따라서 비정규직 노동자에 대한 사회보험의 확대 적용 및 보호 못지않게 비정규직 노동자의 소득보장을 위해서 기초연금과 소득대체율의 하한을 설정하는 등의 제도에 대한 고민이 필요한 시점이라고 본다. 시장에서의 소득의 불평등이 상이한 사회적 의미와 가치를 가지고 있는 기본적인 공적 서비스를 향유할 권리에 대한 새로운 불평등과 연결되지 않아야 하는 것이다. 우리가 참고할 수 있는 일본의 연금제도를 살펴보면 일본의 1층 연금인 국민연금(기초연금)은 국내에 거주하는 20세 이상 60세 미만의 모든 국민을 적용대상으로 하며 소득과 관계없이 모든 가입자에게 동일한 금액을 지급한다. 일본의 경우에도 기초연금의 소득대체율이 낮아 기초연금만으로는 노후소득 보장이 어렵기는 하지만, 25

34) 우리나라의 국민연금제도는 기초연금제도가 없는 대신 기본연금액 산식에서 연금 수급 직전 3년간의 전체 가입자 소득월액의 평균액과 가입자 본인의 가입기간 중 기준소득의 월액을 합산하여 가입기간에 따른 가산비율이 결정되므로 기본연금액 산출방식은 가입자 소득계층 간 상당한 소득재분배 효과가 있다고 보아야 한다.

년의 가입기간을 채우면 연금을 수령할 수 있고, 소득이 없다면 보험료 면제를 받고 연금액 산정 시 연금액의 일부(1/3)를 납부한 기간으로 인정하고 있다. 2층 소득비례 연금인 후생연금의 경우 국민연금을 포함하여 월 소득의 13.58%를 납부하도록 되어 있으며 이 중 50%는 사용자가 부담한다. 세대 소득의 증가에 따라 연금 납부액은 증가하지만 소득대체율(연금수령액/임금)은 하락하도록 설계되어 있다. 이와 같이 소득이 없다면 면제제도가 있고 피보험자가 될 수도 있다는 것은 우리나라와 다른 특징이라 할 수 있다. 예를 들어 한국은 납부 예외기간이 연금액 산정 시 가입기간으로 포함되지 않고 있다.[35)]

공공직업훈련 등 교육훈련의 확충을 통해 비정규직을 감소시킬 수 있다는 방법은 자본주의적 생산과정이 노동자들의 숙련을 불필요하게 하는 방식으로 끊임없이 노동과정을 재조직한다는 측면을 고려하지 못하고 있다. 노동자들의 숙련수준이 좋은 일자리의 수를 결정하는 것이 아니라, 좋은 일자리는 사회적으로 충분하지 않으며 제한된 일자리에 취업하기 위하여 노동자들이 경쟁하거나 줄을 서서 기다리는 상태가 바로 노동시장의 일반적 현상이다. 반면 이미 사회적으로 대다수를 차지해 버린 직무들은 대체 가능하고 반복적인 업무로서 가치가 저하된 노동이라는 사실을 애써 외면하는 것에 불과하다. 최근 세계 각국의 고용구조의 변화 추이는 노동시장에서 노동자들의 교육 수준이 급격하게 저하되어 비정규직의 증가를 가져왔던 것이 아니며, 실증적 연구들은 비정규직이 한번 비정규노동의 덫에 빠진 후 비정규직을 벗어날 확률이 극히 미미하다는 사실을 경험적으로 제시하고 있다. 다만 이러한 공공직업훈련의 확충은 비정규직을 감소시키기 위한 정책적 처방으로서보다는 기술적 실업을 해소시키기 위한 방법으로서는 유효한 의미를 지닐 수 있을 수 있을 것이다.

이러한 여러 가지 방법들을 종합적으로 검토해 본 결과 공적부조를 통한 사회보장이 비정규직 근로자를 보호할 수 있는 가장 확실하고 직접적인 방법이라고 할 수 있을 것이다. 아직 서구 각국에 비하여 사회보장제도가 미흡한 상황이지만 백학영과 구인회가 한국복지패널 3차년도(2008년) 조사를 활용하여 분석한 결과에서 어떠한 요인도 통제하지 않는 상태에서 정규직 근로소득 대비 비정규직의 상대 근로소득은 54.6%에 불과하다. 그러나 조세와 정부의 사회보장 급여 등을 고려한 가처분소득의 비율을 보면 비정규직 근로자 가구의 소득이 정규직 근로자 가구의 67.7%를 차지하는 것으로 나타나, 정부의 조세나

35) 권혁진 · 김성희 · 최은아, 『비정규직 근로자의 국민연금 가입 제고를 위한 정책방향 연구』, 국민연금연구원, 2008, 167~168쪽 참조.

급여가 비정규직과 정규직 가구의 소득격차를 다소나마 완화시켜 주는 것으로 나타나고 있다.[36] 이러한 측면에서 우리나라에서도 유럽에서 실시되고 있는 연금제도로 사회보험 크레디트 제도, 최저연금보증제도 등이 비정규직 근로자를 위하여 실시되고 있으며, 실업 보험제도로는 실업보험에 대한 최소 기여기간의 조정과 피보험 기간 산정 방식을 다양화 하는 등 비정규직 근로자에게 유리한 각종 정책이 실시되고 있어 실제적인 사회안전망[37]으로 기능하고 있다는 것을 주의 깊게 살펴볼 필요가 있을 것이다. 특히 사회보험 크레디트 제도의 실질적인 도입이 우선적으로 고려되어야 한다. 비정규직 노동자들의 일하는 기간과 일하지 않는 기간 사이의 기간은 실업기간이 아니라 근로를 위한 대기기간으로 간주하여 연금 기여 기간에 포함시킬 필요가 있다.[38] 그러나 사회보험 크레디트 제도를 광범위하게 실시하기 위해서는 현재와 같이 보험 가입자들이 내는 기여금만으로 국민연금 내에서의 수직적 재분배를 통해서 해결하기는 어려우며, 재원 확보에 대한 고려가 반드시 필요하다.[39]

문제는 이러한 복지정책을 실현하기 위해서 미래 세대에게 비용부담을 전가하지 않는다면 총 한계세율[40]을 높여야만 한다는 것이다. 즉 복지정책을 확대하기 위해서는 조세 수입[41]이 늘어나야 하는데, 조세수입이 늘어나기 위해서는 국민들의 조세부담이 늘어나

---

36) 백학영·구인회, 「비정규 노동과 근로빈곤의 관계」, 『노동정책연구』, 제10권 제3호, 한국노동연구원, 2010, 102쪽.

37) 사회안전망(social safety net)이란 사회구성원들이 삶의 주기에서 겪을 수 있는 다양한 위험들에 대하여 사회적으로 보호해 주는 제도적 장치라고 할 수 있다. 삶의 주기에서 겪을 수 있는 위험의 범위는 대체로 노동시장에서의 소득의 중단과 예외적인 지출을 초래하는 것들로 말할 수 있다. 소득의 중단은 노령, 질병, 재해, 장애, 실업, 부양자의 사망으로 인한 부양의 상실로 발생하게 되며, 예외적인 지출은 아동양육과 출산, 질병 등으로 인해 발생하게 된다. 김혜원·김은경·전승훈, 『사회안전망의 경제적 분석』, 한국노동연구원, 2007, 4쪽.

38) 연금 분야에서 실시되고 있는 사회보험 크레디트 제도는 일정 부분 비정규직 근로자를 보호하는 효과를 가질 수 있다. 프랑스 연금을 통해 비자발적 근로 공백 기간이 기여 기간으로 인정되고 있는 항목은 광범위하다. 유형별로 첫째, 질병 등에 의해 경제 활동 중단이 된 경우를 들 수 있는데 질병뿐만 아니라 장기요양, 출산 및 양육, 산재, 조기퇴직, 연금 대우 수당 수급 기간, 국가 봉사, 장애 기간 등이 포함된다. 둘째, 직업 훈련 기간으로서 교육 이수를 위한 휴가, 수습기간 등을 포함하고 있다. 셋째, 실업 기간 중 수급기간은 물론이고 비수급 기간이라 할지라도 최초 실업 1년 이내 혹은 비수급 기간이 수급기간 뒤를 잇는 경우 최대 1년까지 기여기간으로 인정받도록 하고 있다. 위의 규정들 중 직업훈련기간, 실업 기간 인정 부분은 비정규직 근로자들에게 특히 유리하게 적용될 수 있는 항목이다. 심창학, 「연금 및 실업보험을 통한 비정규직 근로자 사회보호: 덴마크와 프랑스 사례를 중심으로」, 『한국사회복지조사연구』 Vol.22, 연세대학교사회복지연구소, 2009, 185쪽.

39) 연금보험료나 크레디트 지원이 연금 수급권 확보에 긍정적인 역할을 할 수 있음은 누구나 인정하는 사실이지만, 크레디트 지원 방안이 실효성 있는 소득보장 대책이 되기 위해서는 재원 확보에 대한 고려가 반드시 필요하다. 크레디트 지원의 재원과 관련하여 국민연금기금을 활용하는 방법도 검토할 수는 있지만, 현재 재정 안정화가 국민연금제도에 대한 신뢰와 관련하여 매우 중요한 이슈로 작용하고 있음을 고려할 때 보험료와 크레디트 지원의 재원은 정부의 일반재정에서 전액 지원되는 것이 바람직하다. 우해봉·최은아, 『국민연금 적용 제외자 현황과 노후 소득보장 대책』, 국민연금연구원, 20009, 206쪽.

40) 한계세율이란 소득의 변화에 따른 세액의 변화의 비율을 말하는데, 총 한계세율이란 평균소득자가 총소득에서 부담하는 모든 종류의 조세(소득세, 사회보장조세, 소비세 등)의 한계세율을 말한다. 김태성·성경륭, 『복지국가론』, 나남, 2000, 258쪽 참조.

41) 사회복지정책을 위한 재원은 크게 보면 공공부문 재원과 민간부문 재원으로 나눌 수 있다. 대표적인 공공부문 재원은 조세로 이루어지는 정부의 일반예산이다. 많은 사회복지정책들은 그 재원을 완전히 정부의 일반예산에 의존한다. 대표적인 예가 우리나라의 국민기초생활보장제도이다. 다음으로 중요한 공공부문 재원은 4대 사회보험인 국민연금, 건강보험 그리고 산재보험을 위한 사용자와 피고용자가 부담하는 보험료이다. 이것이 공공부문의 재원으로 분류하는 이유는 사회보험료는 국가에 의하여 조세처럼 강제로 부과하고 또한 관리, 운영도 공공기관에서 하기 때문이다. 그래서 많은 나라에서 사회보험료의 명칭도 사회보장성 조세(social security tax) 혹은 pay-roll tax로 불리고, 또한 조세부담률에 포함시켜 조세수입으로 간주하는 경향이 있다. 세 번째 유형의 공공부문 재원은 이른바 조세지출이다. 이것은 국가

야 하는 것이 필수조건이다. 2009년 OECD 통계연보에 따르면 GDP대비 총조세수입(total tax revenue)은 OECD 평균이 2006년 기준으로 35.9%인 데 반해, 우리나라의 경우 26.8%에 불과하고, 근로자 1인당 세부담도 노동비용 대비 OECD 평균이 37.7%에 이르고 있으나, 우리나라는 18.2%에 그치고 있는 실정이다. 특히 우리나라의 경우 사회보장성 조세보다 소득재분배 효과가 훨씬 큰 개인소득세가 OECD 국가 중 최하위 수준이다. 2007년 기준으로 국가별로 살펴보면 덴마크 48.9%, 프랑스 43.6%, 독일 36.2%, 스웨덴 48.2%, 영국 36.6%, 미국 28.3%로 나타나고 있는데, 그중 한국은 28.7%로 통계결과가 집계된 26개국 중 멕시코와 터키를 제외하면 최하위에 랭크되어 있는 상황이다.[42] 변양규(2010)의 분석 결과에서도 우리나라는 2007년 GDP의 0.27%를 실업자의 소득보전에 사용하였지만 OECD 비교대상국 0.86%에 비하면 상당히 낮은 수준에 머물러 있다. 실업자의 소득안정성에 기여하는 실업보험 소득보장률의 경우도 54%로 덴마크의 89%, 네덜란드의 88% 등에 비하여 현저히 낮으며, 비교대상국 평균 73%에 비해 크게 낮은 수준에 머무르고 있어 노동자의 소득 안정성이나 고용 안정성 측면에서 본 우리나라 노동시장의 안정성은 낮은 수준으로 판단된다고 한다. 우리나라 사회보장 기여금 중의 하나인 실업급여의 경우를 보더라도 2011년 3월 30일부로 인상된 실업급여 보험료율이 기껏해야 1.1%(근로자 0.55%, 사용자 0.55%)에 불과하여 월 급여 200만 원인 근로자의 경우 사용자와 근로자를 합쳐 부담하는 기여금이 2만 2천 원에 불과한 수준이므로, 2~3% 정도의 실업급여 보험료율의 인상만으로도 노동시장의 입출입이 빈번한 비정규직 노동자에 대한 최소한의 급여를 지급할 수 있는 재원이 마련될 수 있을 것이다.[43] 이러한 재원을 토대로 비정규직 노동자에게 실업급여의 관대성을 높일 수 있는 방향으로 고용보험제도를 설계할 수 있을 것이다. 예컨대 시간당 최저임금의 90%인 실업급여 최저액을 적정한 수준으로 현실화시키면서,[44] 피보험기간이 180일부터 1년 미만인 경우 90일에 불과한 실업급여의 수급기간을 연장시킬 수 있을 것이다. 그리고 무엇보다도 이러한 방법이 중요한 의미를 가질 수 있는 것은 첫

가 사회복지와 같은 특별한 목표를 위하여 대상자들에게 세금을 감면해 주는 것이다. 민간부문 재원은 다양하여, 첫째는 사용자 부담이 중요하다. 둘째는 개인이나 기업 혹은 각종 사회복지재단에서 자발적으로 기여하는 재원이다. 셋째는 기업복지에 사용되는 재원이다. 대표적인 기업복지가 우리나라에서는 퇴직금 제도이다. 김태성, 『사회복지정책입문』, 청목출판사, 2007, 258~260쪽.

42) OECD, 『OECD Fact Book』, 2009 참조.

43) 고용보험과 의료보험 및 국민연금과 같은 사회보장성 조세의 경우 사용자와 근로자가 절반씩 부담하고 있는 것처럼 보인다. 그러나 사용자 부담분도 실질적으로는 근로자를 위한 임금 비용(노동 비용)이라고 볼 수 있으므로 근로자들이 받는 임금이 줄어들면서 그 재원을 공공적 지출에 충당하는 것에 대한 사회적 합의와 공감대가 우선적으로 필요하다.

44) 시간당 최저임금의 90%를 실업급여의 최저액으로 할 경우 근로시간이 주 40시간에 미달하는 단시간근로자는 기본적인 생활보장이 어려울 수 있으므로 적절한 소득보장이 필요하다.

째, 국가의 추가적인 복지재원을 필요로 하지 않으면서 구성원들의 사회적 연대감을 고취하면서 사회적 합의만으로 정책을 조속하게 실행할 수 있다는 점이다. 둘째, 실업급여의 인상이나 실업급여 지급 기간의 연장이 비정규직 노동자가 구직활동을 하는 경우에 발전 가능성이 없거나 지나칠 정도의 저임금의 일자리를 받아들이지 않을 수 있는 협상력을 증가시킬 수 있다는 것이다. 즉 노동을 조건으로 하지 않는 기초소득의 적절한 보장은 노동시장에서 평가절하된 기술을 갖고 있거나 이동성에 제한을 받고 있는 노동자 계층에게 조금 더 나은 협상력을 제공할 수 있게 한다는 장점을 가진다. 셋째, 비정규직 노동자들의 장기적인 인적 자본의 축적에도 유리한 여건으로 작용할 수 있을 것이라는 점이다. 이러한 사회보장성 재분배 정책들은 고용되지 않아도 최소한의 생계를 유지할 수 있는 여지를 제공함에 따라 장기간의 훈련을 요구하는 좋은 일자리를 얻을 기회를 증진시킴으로써 저임금의 나쁜 일자리의 악순환에서 벗어날 기회가 제공된다. 그리하여 노동자가 장기적인 관점에서 바람직하지 못한 일자리를 선택할 여지를 줄일 수 있는 것이다. 넷째, 취업 중인 경우에도 위법하고 부당한 대우나 열악한 근로조건을 거부할 수 있는 여지가 비정규직 노동자에게 더 많이 부여될 수 있다는 점이다. 이것은 한편으로 산업의 구조조정이나 산업구조의 고도화에 유리하게 작용할 것이다.

국민소득 수준에 비해 담세율이 지극히 낮은 실정인데도 조세에 대한 심리적 저항이 남달리 강한 우리나라의 현실에서 한계세율을 높이는 정책의 실현에는 많은 저항과 반발이 예상된다.[45] 그러나 비정규직 문제의 해결을 위한 현실적인 방법으로는 부유세와 같은 새로운 조세의 신설에만 의존하기보다는, 사회적 연대와 국민적 공감대의 형성을 통한 계급 내 소득이전과 재분배정책 이외에는 문제의 근본적인 해결방법이 존재하지 않는다.

> 소득의 사회적 분배가 평등적이기 위해서는 인구 중 상대적으로 잘사는 사람들이 사회서비스에 대해 비용을 지불하고 상대적으로 가난한 사람들이 사회서비스를 이용하는 구조가 되어야 한다. 그러나 현실은 그렇지가 못하다. 대부분의 연구들이 지적하고 있는 일반적인 결론은 계급 간 소득 재분배, 즉 사회적으로 상층에 속하는 집단으로부터 하층에 속하는 집단으로의 소득재분배의 정도는 미약하며, 따라서 소득재분배의 정도가 미약하고, 소득이전의 성격은 '계급 내 소득이전' 또는 삶의 주기에 따른 소득이전의 성격을 훨씬

45) 한국인의 평등주의 의식과 현실의 부실한 사회복지정책이라는 부조화는 복지의식의 이중성으로 설명이 가능하다. 2006년의 국정홍보처의 조사에 따르면 한국 사람들은 나라의 경제수준에 대해 78.3%가 사회복지 수준이 낮다고 생각한다. 그러나 2007년 한국보건사회연구원이 실시한 조사에 의하면 이런 소득불평등을 줄이는 것이 정부의 책임인가를 묻는 질문에는 72.4%가 동의하고 있지만, 사회복지를 위한 세금의 확대에 대해서는 37.9%만이 동의하고 있다. 이런 결과는 한국인의 사회복지 의식에 있어서 이중성을 보여 주고 있는데, 한국인이 사회연대성에 대한 의식이 약하다는 것이 하나의 이유로 설명될 수 있다. 정현태 · 오윤수, 「한국의 사회현실과 한국인의 복지의식 – 롤즈의 정의론적 관점」, 『사회복지정책』 vol.36, 한국사회복지정책학회, 2009, 348~349쪽 참조.

더 많이 띠고 있다는 것이다. 다시 말하면, 소득이전은 빈자를 위해 부자가 돈을 내는 것이라기보다는 건강한 사람이 병자를 위해 돈을 내는 것이거나 일하는 사람이 일자리가 없는 사람을 위해 돈을 내는 것이거나 또는 자녀를 가지지 않은 사람이 자녀를 가진 사람을 위해 내는 그런 것들이다.[46)]

일부 노조와 사업장에서 사회적 연대기금의 조성과 정규직의 임금삭감을 통한 비정규직의 처우개선을 시도한 사례가 있지만, 현재 비정규직 문제를 지속적으로 제기하고 이에 대한 노동계의 입장을 대변한다고 볼 수 있는 양대 노총에 의하여 제시되고 있는 비정규 노동문제의 해결을 위한 정책방향에 있어서도, 비정규직을 양산하고 있는 현행의 노동관계 법률의 문제점을 제기하거나 이에 따른 비정규직 철폐를 위한 입법투쟁에만 논점이 치우쳐 있을 뿐, 입법적 차원에서 사회적 연대를 통한 계급 내 소득재분배에 대하여 침묵하고 있다는 것은 그것이 대기업 노동자들의 이해를 대변하는 것을 의도하였든 아니면 의도하지 않았든, 비정규 노동문제의 해결에 대한 담론과 방안들을 빈곤화시키는 것에 지나지 않는 것으로 보인다. 노동계에서는 비정규 노동의 주요한 사회적 문제점의 하나로 사회안전망이 구축되지 않은 상태에서 실업이 주기적으로 반복되는 경우 생존권의 위협을 받는 경우를 거론하고 있는데, 이러한 사회적 안전망은 복지국가의 제도적인 사회보장으로 이루어지는 것으로 그 재원은 결국 서구 복지국가의 경우처럼 개인소득의 50%에 육박하는 조세부담으로 이루어진다는 것을 상기할 필요가 있다.[47)] 만약 사회구성원들이 그러한 조세부담에 동의하지 않는다면 문제의 해결에 대한 의지가 없다는 것을 증명하는 것으로 보아야 할 것이다.

---

46) 라메쉬 미쉬라, 『복지국가의 사상과 이론』, 한울아카데미, 1996, 188~189쪽.

47) 프랑스의 경우 연금의 내용을 간단히 살펴보면 근로자가 해당되는 일반연금제도의 보험료율은 2007년 현재 우선 기본연금 및 보충연금의 협정적용요율은 근로자의 경우 총임금의 15.74%를 부담하며 사용자는 42.66%를 부담한다. 여기에는 건강보험, 사회보험, 산업재해, 가족수당, 실업보험, 보충연금 및 각종 세금이 포함된다. 권혁진·김성희·최은아, 『비정규직 근로자의 국민연금 가입 제고를 위한 정책방향 연구』, 국민연금연구원, 2008, 141쪽.

3장

한국의 노동시장과 노동법의 한계

1. 노동법의 이념과 시장경제

노동법은 국가가 근로자 보호를 위하여 근로관계에 개입하여 근로조건의 최저기준을 정한 법률이다. 노동법, 사회보장법, 사회복지법과 같은 사회법은 법률관계의 형성을 당사자 간의 자유의사에 전적으로 맡기지 않고, 일정한 기준의 준수를 요구하는 등 근로관계에 대한 법적·행정적 규제를 가한다. 노동법의 영역에서는 국가가 당사자 사이의 실질적 균형을 이루기 위하여 법률관계에 간섭한다. 사회법 사상에 기초한 노동법의 특징을 시민법에 대비하여 설명하면 다음과 같다. 첫째, 노동법은 인간 본체의 추상적 상태에 대하여 책임을 지는 것이 아니고 인간 생존의 특정한 구체적 상태에 대하여 책임을 진다. 노동법은 일체의 권리를 획득하는 능력을 인간에게 보증하는 것이 아니고 특정한 권리를 획득할 능력을 보증한다. 둘째, 노동법에 있어서는 인간의 경험적 조건이 표준으로 된다. 그리하여 노동법은 인간 존재에 있어서 본질적인 일정한 법률효과의 발생을 의사가 아니라 그의 상태에 결부시킨다. 시민법의 기초이념인 의사표시가 경험적 조건에서 해방된 의사표시 자체를 문제 삼는 것과 대조적이다. 셋째, 인간은 그의 소유자인 까닭에서가 아니라 그가 인간인 까닭에 생존권을 가져야 한다고 본다. 그러므로 노동법에서는 근로자에게 민법적 권리에 기초하지 않고도 그가 인간이라는 이유만으로 일정한 권리를 부여한다.[1] 특히 우리나라의 근로기준법은 근로자의 생존권을 보장하기 위하여 "근로조건의 기준은 인간의 존엄성을 보장하기 위하여 법률로 정한다"라고 규정한 「헌법」 제32조에 그 근거

1) 이은영, 『채권 각론』, 박영사, 2000, 495쪽.

를 마련해 주고 있다. 그러나 이러한 법률의 의미에 대하여 마르크스는 "헌법은 일반적 문구에서는 자유를, 단서 조항에서는 자유의 폐기를 담고 있다. 따라서 자유라는 명목은 존중되었고 그의 실제적 행사만이 방해받았을 뿐인데, 그것은 물론 법률에 따라 이루어졌다. 그런 한에 있어 자유의 헌법상의 존재는 자유의 일상적 현존재가 아무리 치명적인 타격을 받았다 하더라도 아무런 손상도 침해도 받지 않는다"고 하여 이데올로기적 국가장치로서 기능하는 상부구조로서의 헌법의 제도적 측면의 한계와 실질적인 의미를 지적한 바 있다.[2] 도덕철학자인 매킨타이어는 더 극단적인 의미에서 인간의 존엄이나 자연권, 인권과 같은 긍정적 권리들은 존재하지 않았다고 한다. 권리의 개념은 자율적인 도덕 행위자라는 사회적 발명품의 한 부분으로서 일련의 목적을 수행하기 위하여 만들어졌다는 것이다. 이것은 예전의 전통적 도덕의 개념들을 대체할 인공품이 필요한 상황에서 정교하게 만들어졌다. 이 대체품은 새로운 사회적 기능을 수행한다는 외양을 보여 주기 위하여 철저하게 혁신적인 성격을 가져야만 했다. 그러므로 이러한 권리들에 대한 믿음은 마녀와 일각수에 관한 믿음과 마찬가지이며, 그러한 역사적 제도들 및 관행들은 인간사회에 일반적으로 존재하지 않았으며, 사회의 존속이 토대로 삼는 잘 체화된 오류들 중의 하나인 것이다.[3] 니체는 이러한 약자의 권리에 대해서 누군가가 한 권력자에게 굴복할 때 그 대항조건은 자신을 파괴시키는 일, 그것으로 권력자에게 큰 손해를 끼칠 수 있다는 것 때문에 여기에서 일종의 동등한 지위가 성립되고 그것을 토대로 여러 가지 권리가 확립될 수 있다고 본다. 적은 보존해 두는 것이 자신에게 이익이라고 보는 것이다. 그런 점에서 노예와 주인 사이에도 노예를 소유하고 있는 것이 주인에게 유익하고 소중한 일이라고 생각하는 만큼 모든 권리는 존재한다. 권리란 원래 한쪽이 다른 쪽보다 가치가 있고, 중요하며, 없어서는 안 되며, 극복할 수 없는 것으로 보이는 만큼만 통용된다. 이런 관점에서 약자 역시 보잘것없는 권리이긴 하나 권리들을 가지고 있다. 그래서 어떤 사람에게도 확보하고 있는 힘만큼의 권리가 있다는, 또는 보다 정확하게 말하자면, 확보하고 있다고 믿는 힘만큼의 권리가 있다는 말이 생겨난 것이라고 한다.[4] 실제 역사적 사례를 살펴보더라도 노동법은 인간의 존엄과 노동인권이라는 추상적 개념의 권리의 실현을 실질적 목적으로 하는 것은 아니었다. 개별 자본의 임의적이고 우연적인 노동규율의 조건들이 지나친 경쟁

2) 김세균, 「루이 보나빠르트의 브리메르 18일」, 『칼 맑스 프리드리히 엥겔스 저작선집 2』, 박종철 출판사, 1992, 301쪽 참조.

3) 알래스데어 매킨타이어, 『덕의 상실』, 문예출판사, 1997, 110~118쪽 참조.

4) 프리드리히 니체, 『인간적인 너무나 인간적인』, 동서문화사, 1987, 71~72쪽.

속에서 가져올 수 있는 노동의 곡사를 방지하면서 인구를 유지하고, 사회의 유지와 지속을 위한 노동력 재생산을 담보하는 것을 목적으로 하였던 것이며, 자본주의의 역사적 발전과정에서 국가기구와 관료제화의 진전에 따라 노동계급의 자발적 동의를 이끌어 내면서 노동에 대한 자본의 지배력을 합리적으로 규율하고 제도화시키는 과정이라고 보아야 할 것이다. 그리하여 노동법의 이념은 당사자들 간에 노동이 자율적으로 거래되는 노동시장이라는 사법적 계약의 규율 영역에 대하여 사회의 안정적 유지와 재생산을 위한 규범적 기준을 부과하는 공법의 논리와 기준이 적용됨에 따라 구체적 근로관계가 이루어지는 노동시장에서는 제도의 의미와 취지가 전체적 합리성과 임의적이고 개별적인 합리성이 상호 모순되는 교착상태에 빠질 수밖에 없는 것이다.[5]

> 국가는 자본가 계급의 단기적 현실적 이익을 희생시키면서 노동자 계급의 주장을 수용하지 않을 수 없다는 것이다. 예를 들면, 국가가 공장법(혹은 근로기준법)을 통하여 노동일의 제한과 노동환경의 개선을 자본가 계급에게 명할 수 있으며, 노동조합의 결성권과 단체협약권·단체행동권을 법률로 보호하고, 그리고 각종의 사회보장제도를 실시하는 것은, 국가의 제3자적 중립성의 예시가 아니라 국가가 자본주의 사회를 유지한다는 입장에서 자본가계급의 직접적·단기적 이익으로부터 독립하여 행동할 수 있다는 '상대적 자율성'의 예시에 불과하다.[6]

예컨대 노동법은 법의 적용대상이 되는 근로자에 대한 개념 정의를 하고 있다. 우리나라의 노동관계법에서는 근로자에 대한 개념 정의를 「근로기준법」 제14조에서 "직업의 종류를 불문하고 사업 또는 사업장에서 임금을 목적으로 근로를 제공하는 자"라고 규정한다. 판례에서는 근로기준법상의 근로자에 해당되는지는 근로자가 사업장에서 임금을 목적으로 종속적인 관계에서 사용자에게 근로를 제공하였는지에 따라 판단하여야 한다고 하고 있다. 근로자성에 대한 구체적인 판단기준으로는 ① 업무 내용이 사용자에 의하여 정하여지는지, ② 사용자에 의해 근무시간과 근무장소가 지정되고 이에 구속을 받는지, ③ 업무수행에 있어 사용자로부터 구체적이고 직접적인 지휘·감독을 받는지, ④ 취업규칙·복무규정·인사규정 등의 적용을 받는지 등을 종합적으로 고려하여 판단한다. 법적 판단 결과 근로자성이 인정되면 「민법」의 특별법인 「근로기준법」과 같은 노동관계법의

---

5) 노동법의 규율대상인 근로관계는 원칙적으로 근로자와 사용자 사이의 계약관계이다. 따라서 근로계약 당사자인 사용자와 근로자의 사적 자치를 기초로 근로관계가 형성되는 것이 원칙이다. 그리고 사용자와 근로자 사이의 사적 자치는 노동시장에서의 자유로운 노동력의 거래를 전제로 그 실현이 가능한 것이다. 그러나 노동법은 노사 사이의 사적 자치에 개입하여 근로계약의 체결·내용 및 존립(해고)에 대해서 근로자들을 보호하고 있다. 김형배, 『노동법』, 박영사, 2007, 33쪽.

6) 김수행, 『정치경제학원론』, 한길사, 1988, 261쪽.

전면적 보호를 받게 되고 그렇지 않으면 노동관계법의 보호 밖에서 일반 사법상의 지위를 갖게 될 뿐이다.[7] 이에 따라 해고 제한, 퇴직금 지급, 근로시간, 휴가, 사회보험 비용 등의 법적 의무와 사용자 책임을 회피하기 위하여 형식적으로는 노동의 거래라는 외관을 띠지 않는 계약의 형태가 생겨나게 된다. 시장에서는 점차 업무 도급[8]이나 위임과 같이 독립적인 사업자 사이의 자율적인 의사에 따른 거래라는 고용계약의 형식을 빌리면서도 사실상의 종속노동이 거래되는 다양한 형태의 비전형적인 계약을 수반하게 된다. 법의 규율을 끊임없이 벗어나려는 사용자의 비근로자화 정책이 보험모집인, 지입차주, 골프장 캐디, 학습지 교사 등의 특수형태근로자와 자동차 산업과 조선업 등 제조업에서의 사내하청으로 인한 불법파견, 불법도급과 형식상의 자영업자 등의 사회적 이슈로 부각되고 있는 것이다. 그리하여 사실상 법이 규율하여야 할 근로관계의 실질을 유지하면서도 법형식적으로는 불평등한 조건에서 법적 규율의 요건을 벗어나 존재할 수밖에 없는 탈법적인 형태의 자율적인 계약들이 양산되고 있는 것이다. 이에 따라 전통적인 근로자 개념을 현실에 맞게 확장시켜야 한다는 요구가 뒤이어 제기되고 있다. 노동법상의 사용자책임을 형식상의 사용자가 아니라 실질적인 사용자에게 부과하여야 한다는 것이다. 그러나 사후적인 법률의 개정이 이루어지더라도 시장에서 이루어지는 자율적인 거래의 용의주도한 형식들은 근로자 개념의 법형식적 요건뿐만 아니라 여러 법적 규정과 제한을 끊임없이 벗어나려는 경향을 나타내면서 법과 규율의 외부에 존재함으로써 그 의미와 취지가 퇴색될 수밖에 없는 것이다. 그 결과 국가가 부과하는 노동 법률은 많은 경우 노동기본권을 보장하는 기본적이고 추상적 원리로서의 선언적 의미만을 가질 수밖에 없으며, 현실적으로 기업활동이 이루어지는 곳에서는 기업들 간의 경쟁과 노동비용을 적절하게 통제하려는 시장경제의 논리에 의하여 그 취지가 상당히 퇴색되어 나타날 수밖에 없게 된다.

또한 기업의 입장에서는 법의 추상적 원칙뿐만 아니라 개별적 법률 규정에서도 그것을 정확하게 준수하는 것보다 전체적인 근로조건을 통제하면서 노동력을 추출하여 이윤을 얻는 것에만 중점을 두게 마련이다. 그리하여 당사자들 간의 자발적인 거래가 중단되지

7) 「민법」에서 정하는 고용계약은 사용자와 노무자를 대등한 당사자로 예정하고 그의 의사에 의해 체결되는 '사적 자치'를 전제로 하는 것이고, 따라서 임의규정의 성격을 가진다. 이러한 「민법」상의 규정은 근로기준법이 적용되지 않는 예외적인 분야 그리고 「근로기준법」이 적용되는 경우에 그에 의해 규율되지 않는 사항에 한해서만 보충적으로 적용될 뿐이다. 김준호, 『민법강의』, 법문사, 2009, 1502쪽.

8) 도급은 당사자의 일방이 어떤 일을 완성할 것을 약정하고, 상대방도 그 일의 결과에 대하여 보수를 지급할 것을 약정함으로써 성립하는 계약이다. 일정한 일의 완성을 목적으로 하며, 그 일의 완성을 위하여 어떠한 노무를 어떻게 제공하느냐는 수급인에게 전적으로 맡겨져 있고, 또 일을 완성하기까지의 사이에 생기는 위험도 역시 수급인이 부담하는 것이 원칙이라는 점에서 고용・현상광고・위임과 구별된다. 도급은 토목, 건축, 선박건조 분야에서 큰 비중을 차지하나, 최근에는 출판계약, 출연계약, 연구의뢰계약 등 새로운 도급계약형태가 등장하고 있다. 김형배・김규완・김명숙, 『민법학 강의』, 신조사, 2009, 1443쪽.

않을 만한 한도 내에서는 법률을 정확하게 준수하는 것보다 법률을 알면서도 위반하는 것이 경제적으로 이익이 되는 경우에는 후자의 전략을 선택할 여지가 있는 것이다.

> 우리는 "공장법을 위반하면서 과도노동이 증가일로에 있다"는 공식 보고에 별로 놀랄 필요가 없다. 공장법의 용어 사용상 과도노동이란 하루에 합법적으로 허용되는 노동시간 이상 젊은 사람에게 일을 시키는 것을 의미한다. 이는 여러 가지 방법으로 이루어진다. 랭커셔의 공장 감독관 레너드 호너 씨의 말을 인용해 보도록 하겠다. "이와 같은 위법적 과도노동으로 얻을 수 있는 이윤은 공장주들이 외면하기에는 너무 큰 유혹인 듯하다. 그들은 적발되지 않는다는 요행을 기대한다. 그리고 그들은 유죄로 인정된 사람이 지불해야 하는 벌금과 비용이 미미하다는 것을 알고는, 적발된 경우에도 자신들이 상당한 이득을 보게 된다는 사실을 발견한다."[9)]

이러한 경향은 현실에서는 법의 내용을 직접적으로 위반하지는 않더라도 법의 취지를 사실상 와해시키는 인력 운용 정책으로 진화하게 된다. 최근 막대한 이윤을 실현하고 있는 대기업에서조차 상시적으로 구조조정을 하고, 심지어는 30대 명예퇴직도 보편적으로 실시하는 등 사실상 근로기준법의 여러 규정들이 무의미해지는 부분이 없지 않다. 이러한 상황에서 법망을 회피하거나 법을 넘어서서 사실상의 탈법적 해고를 가능하게 하는 것은 작업장에서 사용자에 의해 행해지는 규율권력의 다양한 형태들이다. 이에 따라 충실하게 「근로기준법」의 보호를 받게 되는 노동자는 법의 추상적 이념을 구체화할 수 있는 강력한 노동조합이 있는 대기업 생산직 노조와 상대적으로 경쟁에서 자유로운 독과점 부문 및 소유주가 존재하지 않는 공공부문의 노동자, 지배적인 대주주나 과점주주가 존재하지 않는 등의 이유로 주도적이고 통일적인 권력이 생성되지 않아 상대적으로 과보호를 받고 있는 기업의 정규직 노동자라는 역설적인 결과가 나타나게 된다.

> 1856년 회기 중에 공장법 하나가 의회에 의해 밀수입되었는데, 이를 통해 급진적인 공장주들은 첫째로 전동 장치와 기계로부터의 보호에 관한 법률을 개정했고, 둘째로 주인과 하인 사이의 분쟁에 중재 재판의 원리를 도입했다. 하나의 법률은 공장 노동자들의 수족과 생명의 보호에 더 많은 배려를 하는 것을, 다른 하나는 그 보호를 값싼 衡平 재판소에 위임하는 것을 목적으로 하였다. 감독관들의 공동 보고에서 인용해 보도록 하겠다. "새로운 법규에 의하면 일상적 작업 때문에 전동 장치에 가까이 있고 따라서 작업 때문에 자신들이 처해 있는 위험과 주의의 필요성을 잘 알고 있는 사람들은 법에 의해 보호받는다. 반면 특별한 작업명령을 수행하기 위해 자신의 일상적 작업을 포기해야 하며, 위험이 있음을 알지 못하고, 또 알지 못하기 때문에 위험으로부터 그들 자신을 보호할 수 없는 그

9) 김세균, 「공장 노동자들의 처지」, 『칼 맑스 프리드리히 엥겔스 저작선집 2』, 박종철출판사, 1992, 434~435쪽.

러한 처지에 처할 수밖에 없는 사람들에게는 법률의 보호가 박탈된다. 그러나 후자의 사람들은 바로 그러한 까닭에 특별한 보호를 필요로 하는 사람들로 여겨진다."[10]

「노동법」상 해고가 거의 불가능한 상황에서 「근로기준법」의 보호를 충실하게 받게 되는 비경쟁적인 부문과 달리 대부분의 경쟁적인 부문에서 법률의 취지를 形骸化시키면서 무차별적으로 행해지는 기업들의 상시적 구조조정은 다른 기업의 행동에도 영향을 미치게 된다. 특히 수요변동이 큰 부문이나 비정규직 고용이 대다수인 업종에서 고용안정을 보장하는 기업은 상시적으로 구조조정을 하거나 인력을 유연하게 운용하는 다른 기업과 동일한 조건에서 경쟁할 수 없다.[11] 결국 고용안정을 보장하는 기업이 거의 없는 상황에서 이를 실천하는 기업은 추가적인 비용을 감당해야 된다. 결국 대부분의 기업들이 높은 비정규직의 비율을 유지하면서, 상시적인 정리해고와 인력의 구조조정을 실시하고 있는 경우에는 어떤 기업도 노동자들의 장기적인 고용안정을 보장하기가 어렵게 되는 것이다.[12] 문제는 이러한 부정적 외부효과가 일부 지역의 노동시장이나 국가의 범위를 벗어나 세계적인 규모에서 일거에 대규모로 진행될 수 있다는 것이다.

2. 자본의 세계화와 신자유주의

1) 자본의 세계화와 신자유주의

사물화와 함께 진행되는 자본주의적 생산양식으로의 변화는 한 국가 내에서만 일어나는 현상이 아니며 지리적 한계를 벗어나 전 세계적으로 진행된다. 세계화는 20세기 이후의 특유한 현상이 아니라 세계화와 유사한 어떤 것이 자본주의의 역사와 그 생성과정에서 오래전부터 존재해 왔다. 오히려 현재의 세계화보다 훨씬 더 폭력적이고 잔인한 사건들이 문명된 국가들에 의해 자행되어 왔다. 마르크스가 공산당 선언의 문건을 작성하였던 역사적 시기도 산업자본이 세계시장을 두고 경쟁하면서 국내에서는 계급 갈등이 고조되

10) 김세균, 「공장 노동자들의 처지」, 『칼 맑스 프리드리히 엥겔스 저작선집 2』, 박종철출판사, 1992, 433~434쪽.

11) 한 자본가는 더 싸게 판매함으로써 다른 자본가들을 물리치고 그들의 자본을 약탈할 수 있다. 파산하지 않고 더 싸게 판매할 수 있으려면 더 싸게 생산해야만 한다. 김세균, 「임금 노동과 자본」, 『칼 맑스 프리드리히 엥겔스 저작선집 1』, 박종철출판사, 1991, 565쪽 참조.

12) 해고보호 장치를 제공하는 소수의 기업은 역선택의 문제, 즉 업무성과가 낮아 해고위협을 받게 되는 노동자들을 선택적으로 유인하게 되는 문제를 겪게 될 것이다. 크리스 틸리·찰스 틸리, 『자본주의의 노동세계』, 한울아카데미, 2006, 174쪽 참조.

고, 제3세계에서는 민중들이 노예처럼 수탈당하고 해외 시장의 개척을 위하여 야만적 제국주의가 팽창하던 상황이었다. 1492년 이래로 그리고 심지어 그보다 훨씬 전부터 무역과 상업의 국제화는 때로는 전쟁이라는 폭력적 해소를 통해서라도 잘 진행되었다. 그러나 자본주의는 값싼 노동력이 풍부한 국가로 생산기지를 이전하는 '공간적 조정' 없이 진행될 수 없다. 거듭해서 자본주의는 그 위기와 난국에 대한 부분적 해법으로서 지리적 재조직화에 의존했다. 이에 따라 자본주의는 그 자신의 욕망과 이미지에 따라 지리를 구성하고 재구성한다. 자본주의는 역사의 한 단계 동안에 자본축적을 강화하고 그 이후 단계에서 보다 많은 축적의 길을 만들기 위해 해체되고 재설정되는 독특한 지리적 경관, 교통과 통신, 하부구조와 영토적 조직의 생산된 공간을 건설한다. 그러므로 '세계화'라는 용어가 우리의 최근 역사·지리에 관한 어떤 것을 의미한다면, 그것은 공간의 자본주의적 생산과정을 뒷받침하는 것과 정확히 동일한 과정의 새로운 단계와 가장 같을 수 있다.[13)]

친노동적이고 반자본적인 시장상황을 만들어 낸 전후 호황기가 끝나고 1960년대 이후의 선진공업국들의 장기적인 침체가 자본의 수익성을 저하시켰던 문제가 해결되지 않으면서 지속되고, 교통, 통신 등 과학기술의 발달과 함께 진행되는 WTO 체제하에서 무역장벽이 철폐되기 시작하면서 기존의 상품이나 재화뿐만 아니라 서비스(인력 포함)부문까지 포함되어 자유무역[14)]이 활발해졌다. 이러한 상황에서 전 세계적으로 진행되는 시장의 자유화와 신자유주의는 국가들 간의 경쟁, 기업들 간의 무한경쟁을 강요하게 되며,[15)] 자본의 수익률 하락은 더 이상 과거의 높은 임금수준과 양호한 근로조건을 보장할 수 없게 만든다. 이제 국가는 자본의 이동성을 통제할 권력을 가지고 있지 못하면서 그들의 경쟁력의 노동비용을 적절하게 통제할 수 있는 조건을 창출하는 것이 주요한 임무로서 부여받게 된다.[16)] 그리하여 신자유주의적 국가는 원칙적으로 노동을 보호하고 재생산하는 국가의 개입이나

13) 데이비드 하비, 『희망의 공간』, 한울, 2001, 88쪽 참조.

14) "오늘날의 사회 상태하에서 '자유무역'이란 도대체 무엇입니까? 그것은 '자본의 자유'입니다. 아직까지도 자본의 전진을 구속하고 있는 몇몇 국민적 질곡들을 제거하는 것은 자본의 활동을 완전히 해방시키는 것에 지나지 않습니다. 여러분! 자유라는 추상적인 말에 속지 마십시오. 누구의 자유란 말입니까? 그것은 단순한 한 개인의 다른 한 개인에 대한 자유가 아닙니다. 그것은 노동자의 피땀을 눌러 짜내기 위해 자본이 누리는 자유입니다. 이러한 자유는 자유 경쟁에 근거한 상태의 산물에 불과한데도 어떻게 아직도 자유라는 관념으로 자유경쟁을 신성화하길 원한단 말입니까? 전 세계적 규모의 착취에 보편적 우애라는 이름을 붙이는 것은 부르주아지의 태내에서만 나올 수 있었던 이념입니다. 자유 경쟁이 일국 내에 만들어 놓는 모든 파괴적 현상들은 세계 시장에서 더 거대한 규모로 재생산됩니다." 김세균, 「자유 무역 문제에 관한 연설」, 『칼 맑스 프리드리히 엥겔스 저작선집 1』, 박종철출판사, 1991, 357쪽.

15) 기업은 세계화 전략을 주도하는 당사자이지만 동시에 세계화 현상의 모든 영향을 감내하여야 하는 수동적 존재이기도 하다. 이환식, 「세계화의 최종단계로서의 지구화」, 『이론』 17호, 사회평론, 1997, 183쪽 참조.

16) 경제성장, 고용, 국가 지출의 재원 마련을 위한 조세 수입 등 사회의 모든 요소들이 민간 투자에 의존하기 때문에, 최소한 자본주의적 소유관계가 도전받지 않는 한에 있어서, 정부는 그들 자본가들의 수익성을 최우선으로 삼지 않을 수 없다. 로버트 브래너, 『혼돈의 기원』, 이후, 2001, 60쪽.

통제를 반대하며, 경제에 있어서 자유로운 시장 활동을 강조하는데, 그 결과 자본의 운동을 규제하는 모든 형태의 규제에 대한 철폐를 선호하여 사업하기 좋은 환경을 조성하는 데 목적을 둔다. 특히 노동시장의 유연화[17] 및 복지비용의 감축 등을 그 정책적 특징으로 함에 따라 사회적 양극화와 불평등의 증가가 필연적 결과로서 나타나게 된다.

> 경쟁력을 조장하고 성장을 자극하는 기업가적 위험과 혁신을 북돋우기 위해 국토 내 심화되는 사회적 불평등은 필요한 것이었다. 하위 계급들의 상황이 나빠졌다면, 이는 그들이 주로 개인적이고 문화적인 이유 때문에(교육에 대한 투자, 개신교 노동윤리의 수용, 노동 훈련과 유연성에 대한 순종 등등을 통한) 그들 자신의 인적 자본을 고양하는 데 실패했기 때문인 것이다. 즉 개인들의 문제는 경쟁력의 부족 때문에 혹은 개인적·문화적·정치적 실패 때문에 발생한 것이다.[18]

세계적 범위에서의 노동과 자본이 자유롭게 순환하는 자본운동의 자유화를 의미하는 자본의 세계화와 신자유주의는 상품, 노동, 자본 등에서 국가들 간의 총체적인 경쟁구도로 접어들었다는 것을 의미하는 것이다. 최근에 우리나라에서도 급격하게 진행되는 산업공동화와 글로벌 아웃소싱은 더 이상 노동자가 국내에서의 노동자와 사용자 간의 소득배분의 문제가 아니라, 사용자에게 타국을 비교대상으로 하여 자본의 이득에 대한 세금을 낮추고 보다 높은 생산성과 이윤율을 보장해 주어야 한다는 것을 의미하는 것이다. 즉 기업에게 중요한 것은 노동자의 국적이 아니라 이윤추구이며, 얼마 전 경제자유특구에서 근로기준법의 일부조항에 대한 적용을 배제하려던 정책이 추진되기도 하였던 이유이기도 하다. 그리하여 이러한 매끄러운 자본의 흐름이 강요하는 집단적 주체화의 방식은 국민국가라는 多形性이 점차 추상적 자본의 질적 등질성과 양적 경쟁이 실현되는 생동감 있고 정열적인 형태를 의미하게 된다.[19]

> 자본주의는 질적으로 아무런 규정도 받지 않는 부의 흐름과 마찬가지로 질적인 한정을 받지 않는 노동의 흐름과 만나 접합할 때 형성된다. 여전히 질적인 한정을 받아 국지적인 것에 머무르던 선행하는 결합 작용이 이를 금지했던 것은 바로 이 때문이다. 탈영토화의 새로운 문턱. 그리고 자본이 이런 식으로 적극적 권리가 될 때 권리의 역사적 양상 전체

17) 신자유주의가 추진하는 또 하나의 정책은 노동시장의 유연성 전략이다. 노동시장 유연화의 표적은 노동자 일반이다. 노동시장의 유연화란 노동시장을 수요 공급의 법칙이 독점적으로 지배하는 원초적 상태로 복원시키겠다는 전략이다. 이렇게 하기 위해서는 노동시장의 경직성을 초래한 각종의 노동관계법령과 고용보호제도를 철폐하거나 완화해야 한다는 것이다. 신자유주의의 처방은 간단명료하다. 노동시장의 자율기능에 걸림돌이 되는 모든 법과 제도를 제거하라는 것이다. 이른바 탈규제 주장이다. 김종일, 『복지에서 노동으로』, 일신사, 2001, 56쪽.

18) 데이비드 하비, 『신자유주의 세계화의 공간들』, 문학과과학사, 2008, 66쪽.

19) 질 들뢰즈·펠릭스 가타리, 『천개의 고원』, 새물결, 2001, 876쪽 참조.

도 크게 변하게 된다. 자본주의는 전혀, 심지어 처음부터도 결코 영토적이었던 적이 없다. 자본주의의 탈영토화 역량은 토지가 아니라 '물질화된 노동', 즉 상품을 대상으로 하여 성립된다. 그리고 사유는 더 이상 토지나 땅의 사유, 또 개개의 생산 수단 자체의 사유가 아니라 변환 가능한 추상적 권리의 사유인 것이다. 따라서 자본주의는 보편 종교와 비슷한 세계적 조직으로 변질되고, 이러한 조직은 자체로서 고름을 획득한다. 이질적인 사회구성체와 이 구성체들 간의 관계에서 유래하는 것이 아니라 전체적으로 볼 때 하나의 세계적인 공리계가 여러 종류의 사회구성체를 분배하고 이들 구성체 간의 관계를 규정하면서 노동의 국제적 분업을 조직하고 있다. 이 모든 측면은 자본주의는 국가 없이도 운용될 수 있는 경제 질서를 발전시킬 수 있다는 것을 보여 준다. 사실 자본주의는 시장의 이름만이 아니라 더 높은 곳에까지 이르는 탈영토화를 위해 국가에 맞선 투쟁의 목소리를 외치지 않을 수 없다. 권리로서의 자본, 즉 질적으로는 등질적이고 양적으로는 통약 가능한 요소로서의 자본은 다양한 생산부문과 생산수단 속에서 실현된다고 할 수 있다. 그러나 다양한 생산부문만이 단독으로 실현 모델이 되는 것은 아니며 국가 또한 그렇게 된다. 국가는 자원, 인구, 부, 산업 설비 등에 따라 여러 생산부문을 조합하고 결합시키는 것이다. 따라서 자본주의에서 국가는 폐지될 수 없으며 다만 형태를 바꿔 새로운 의미를 띠게 된다.[20)]

2) 신자유의의 영향

전 세계적으로 진행되는 자본의 세계화는 세계 각국의 경제정책을 신자유의적인 보수적 경제정책으로 선회하게 하였다. 즉 국가의 기능을 최소화하는 대신, 시장의 경쟁적 원리를 전 사회적으로 도입하게 되었다. 결국 신자유주의는 사회관계의 전면적인 상품화의 과정을 촉진시켰으며, 노동시장은 신자유주주의의 주요 표적이 되었다. 자본의 이동가능성으로 인하여 세계의 모든 장소에서 저렴한 노동력을 제공하기 위하여 서로 경쟁하게 되었으며, 이러한 현상의 반영으로 노동시장에서는 노동의 유연화라는 노동력의 관리형태가 도입되어 임시직 및 파견근로가 확대되어 비정규직이 증가하게 되었다.[21)]

전 지구적 경쟁압력 앞에서 전 세계의 고용주들은 남들을 따라 유연생산 체계를 시행하든지, 경쟁의 싸움 속에서 패퇴하든지 양자택일을 해야만 하게 됐다. 결국 이런 전환 탓에 한때 안정적이던 노동계급은 하청 도급업자·파견근로업체와의 일시적이고 엉성한 관계망으로 대체됐다. 그에 따라 구조적으로 해체되고 비조직된 노동계급이 출현했고, 이들은 전통적 노동계급의 노동조합과 좌파 정치보다는 '원한의 정치'에 의지하는 경향을 보였다.[22)]

20) 질 들뢰즈·펠릭스 가타리, 『천개의 고원』, 새물결, 2001, 869~873쪽.

21) 신자유주의로의 전환은 고용, 해고, 합병에 관해 갖고 있는 경제계의 자의적인 권한을 제한하는 법률을 파기하는 것을, 그리고 과거의 사회적 연합을 보장하는 수단을 국가로부터 탈취하는 것을 의미한다. 이것은 또한 노동자가 쉽게 빠져 들어갈 수 있는 실업자와 사회적 추방자의 풀을 만들어 내는 것을 의미하며, 노동비용의 증가를 통제하는 것을 의미한다. 노동자에 대한 이와 같은 정복은 비용절감과 신축적인 적응력을 나타내는 우아한 용어인 '유연화'라는 이름을 얻었다. 제라르 뒤메닐·도미니크 레비, 『자본의 반격』, 필맥, 2006, 33쪽 참조.

22) 비버리 J 실버, 『노동의 힘』, 그린비, 2005, 24쪽.

이러한 신자유주의적 경제정책의 영향으로 실제로 우리나라뿐만 아니라 일본과 유럽 등에서도 1990년대를 거치면서 비정규직의 비율이 급격하게 증가하였는데, 특히 선진자본주의 국가에서 급격하게 비정규직이 증가할 뿐만 아니라 노동계급의 상대적인 특권적 지위의 감소가 일반화된 현상으로 나타나고 있다.

복지 부문에서는 국가의 경제정책에 대한 자율성이 약화되어 신자유주의적 경제정책의 폐해로 나타나는 실업과 소득불균형에 대한 사회안정망으로서의 복지제도의 축소가 뒤따르게 되었다. 즉 자유주의적 경제 질서를 근간으로 단일한 시장으로 통합되어 가는 WTO체제하에서는 초국적 기업으로 대변되는 거대자본에 대하여 개별 국가에서 기업하기 좋은 환경을 조성하기 위하여 규제를 철폐하고 세율을 낮춰야 하며 사회간접자본에 대한 지원이 충분히 이루어져야 한다. 법인세 감면, 심지어는 자본에 대한 대량의 공적 보조금이 지급되는 형태로 나타나기도 하는 이러한 투자유인 정책들은 정부의 재정수입 감소를 유발하여 복지비용을 감당할 재원이 충분히 마련되지 않는다는 것을 의미하며, 결국 국가가 더 이상의 복지정책을 펴기가 쉽지 않게 되었다는 것으로 시장 경제의 법칙이 정치의 영역으로 성공적으로 이전되는 결과를 낳게 되는 것이다.[23] 현재 서구에서 진행되는 '복지국가의 위기'[24]는 다름 아닌 세계적으로 진행되는 자본의 세계화와 신자유주의의 영향으로 나타나는 것으로, 국가가 더 이상 노동자들의 복지와 노후를 책임질 능력(재정적 여건)과 의사가 없으며, 노동시장의 폐해를 줄이기 위하여 시장에 개입할 여지가 없을 뿐만 아니라 국가장치가 자율성을 가지고 더 이상 자본과 노동을 조직하고 규제할 수 없는 수준에 이르렀다는 것을 의미한다.[25] 이것은 한편으로 국가는 더 이상 국지적으로 내부를 전유하거나 포괄하지 못하며, 국가에 대하여 상당한 자율성을 가지고 있는 자본에 대하여 개입하거나 흐름을 통제하지 못한다는 것을 의미한다.[26] 즉 국가는 마르크스주의

23) 세계화가 의미하는 것은 기본적으로 다음과 같은 것이다. 시장이 경제의 규제자로서 점점 더 보편화되었다. 시장의 범위가 확대함에 따라 민주적 권력의 범위는 축소한다. 시장에 의해 통제되고 있는 모든 것은 민주주의적 방식으로 책임을 추궁할 수 없다. 시장이 경제의 규제자로서 점점 더 보편화되면 될수록 민주주의는 그만큼 더 일정한 순전히 형식적인 권리(기껏해야 지배자를 이따금 선출하는 권리)에 국한되게 된다. 그레고리 엘보, 「세계경제, 지상의 명령 그리고 대안들」, 『이론』 17호, 1997, 208쪽 참조.

24) 국가의 재정적 측면 등에서 계속적으로 제기된 복지국가의 위기론에도 불구하고, 서구복지국가들의 경우 사회복지 급여를 줄이려는 정부의 노력에 따라 복지정책의 내용에는 상당한 변화가 있었지만 정치적인 이유로 사회복지 지출은 쉽게 줄여지지 않았다. 즉 노령인구의 증가와 실업률의 증가 및 선거전략 등의 이유로 인하여 실질적인 사회복지 지출의 규모는 급격하게 줄어들지는 않았다. 그러나 경제 불황이 지속되고 사회복지 지출의 증가를 유발하는 노령인구의 급증은 일부 국가에서 재정 파탄의 위기로 귀결되고 있다.

25) 노동계급을 포함한 자국 시민들과 고비용의 사회협약을 유지하려는 국가는 최상의 수익을 찾아 세계를 누비는 투자가들에게 통째로 외면당할 위험을 감수해야 한다. 이렇게 보면 '바닥을 향한 경주'는 필연적으로 국가를 압박해 사회복지의 공여와 국경 내에서 자본의 이윤극대화를 막는 여타 굴레들을 철폐하게끔 만들 수밖에 없다. 비버리 J 실버, 『노동의 힘』, 그린비, 2005, 23쪽.

26) 국가에 대해 상당한 자율성을 보유하고 있는 거대한 세계적 기계(가령 '다국적 기업' 유형의 산업조직 또는 산업 콤비나트 또는 기독교나 이슬람 그리고 다른 몇몇 예언자 운동이나 메시아사상과 같은 종교단체), 이들은 계속 국가권력기관에 맞서 절편적 사회들의 권리를 주장하고 있다. 가령 상업 조직은 영업망의 일부 또는 대부분의 활동에서 약탈과 강탈을 일삼는 패거리이기도 하며, 종교조직도 처음에는 패거

자들이 주장하듯이 개별 자본의 조직화된 총합으로서의 총자본을 의미하지도 않으며, 사회적 재생산을 위하여 개별자본의 이익을 조정하거나 사회적 분파들의 갈등상황을 일사분란하게 정리할 수 있는 기구도 아니라는 것이다. 이러한 상황에서 복지국가의 위기와 신자유주의는 다름 아닌 국민국가와 국가권력의 범위를 벗어나 공간적 조정이라는 매끈한 공간을 만들어 내는 탈영토화된 자본의 이데올로기적 담론이 국지화된 노동을 포섭하면서 새로운 형태의 사회적 배치를 가능하게 하는 것으로 나타나고 있는 것이다.

> 세계사적인 활동으로서 그들의 활동의 확장과 함께 각 개인들이 점점 더 그들에게 낯선 하나의 힘(그래서 그들이 그 힘의 압박을 소위 세계정신 따위의 간계로 생각해 왔던 힘) 밑에, 즉 점점 더 대규모로 커져서 마침내 그 자신을 세계시장으로서 증명하는 하나의 힘 밑에 노예화되어 갔다는 것은 마찬가지로 지금까지의 역사 속에서 확실히 하나의 경험적 사실이다.[27)]

3. 노동법상의 문제점

우리나라의 노동법은 비정규직 노동자와 관련하여 구체적으로 어떠한 문제점을 가지고 있는 것일까? 현재의 노동관계법은 법이 제정될 당시 장기적인 고용관계를 전제로 한 제조업의 정규직을 기본적인 취업 모델로 하여 법이 만들어진 것으로 비정규직 노동자에게 사실상의 해고를 의미하는 임신과 이에 따른 산전후 휴가[28)]와 퇴직금제도, 연차휴가, 주휴일 등 현실적으로 노동시장에서 비정규직에게 적용하기 곤란한 부분이 많다.[29)]

임신으로 인한 산전후 90일간의 휴가는 정규직 근로자에게도 업무 단절로 인한 공백이 부담으로 작용하여 사용자의 무언의 압박이 퇴직으로 이어지는 경우가 많았다는 것을 고려한다면, 1~2년의 고용계약기간으로 근로계약을 체결한 비정규직 근로자의 산전후 휴

리로 활동한다. 여기서 패거리 역시 세계적인 조직과 마찬가지로 국가로 환원될 수 없는 형식을 내포하고 있으며, 이러한 외부성의 형식은 필연적으로 다형적이고 분산적인 전쟁기계로 출현한다는 점이 분명해진다. 이것은 '법'과는 전혀 다른 노모스이다. 질 들뢰즈 · 펠릭스 가타리, 『천개의 고원』, 새물결, 2001, 689~690쪽.

27) 김세균, 「독일 이데올로기」, 『칼 맑스 프리드리히 엥겔스 저작선집 1』, 박종철출판사, 1991, 218쪽.

28) '06.7.1.부터 노동부는 비정규직 근로자가 출산을 이유로 사실상 해고되는 문제점을 해소하기 위하여 사업주가 임신 34주 또는 산전후휴가 중인 계약직 및 파견근로자를 계약기간 종료 즉시 다시 고용한 경우 그 사업주에게 휴가에 따른 임금 등 고용유지 비용을 지원하여 비정규직 근로자를 계속 고용하도록 장려하는 제도를 실시하고 있으나, 근본적인 해결방안이라고 보기는 어렵다.

29) 19세기 초에 근로자 보호를 위한 특별법의 내용들이 모두 오늘날에도 그대로 타당하지는 않다. 그 이유는 노동관계법의 규정들도 경제 및 노동환경의 변화와 근로자상의 변화에 따라 그 필요성과 실효성이 재검토되어야 하기 때문이다. 과거에 인정되었던 보호규정의 정당성이 오늘날 더 이상 인정될 수 없는 경우가 있는가 하면, 새로운 법의 개입을 필요로 하는 경우가 발생할 수도 있다. 김형배, 『노동법』, 박영사, 2007, 33쪽.

가와 1년의 육아휴직 신청이 현실적으로 가능할 것 같지는 않다. 설령 산전후 휴가와 육아휴직을 신청하더라도 복직 후 계약기간이 얼마 남지 않거나 산전후 휴가와 육아휴직 중 근로계약기간이 종료될 확률이 많으며, 근로계약의 종료 시점에서 사용자가 당해 근로자와 재계약을 체결할 여지도 없는 것이다. 비정규직 근로자가 출산을 이유로 사실상 해고되는 문제점을 해소하기 위하여 노동부는 2006년 7월 1일부터 사업주가 임신 34주 또는 산전후 휴가 중인 계약직 및 파견근로자를 계약기간 종료 즉시 다시 고용한 경우 그 사업주에게 휴가에 따른 임금 등 고용유지 비용을 지원하여 비정규직 근로자를 계속 고용하도록 장려하는 제도를 실시하고 있으나 근본적인 해결방안이라고 보기는 어렵다.

퇴직금 제도와 연차휴가 제도도 비슷한 한계를 가지고 있다. 사용자는 계속근로기간이 1년 미만이거나 1주간의 소정근로시간이 15시간 미만인 경우에는 1년에 대하여 30일분의 평균임금으로 지급되는 퇴직금 제도를 설정하지 않아도 된다. 사용자는 계약기간을 1년 미만으로 정하거나 15시간 미만의 단시간 근로자를 활용하는 방법을 통해서 법정 퇴직금 지급을 회피할 수 있다. 실제 퇴직금 지급을 회피하기 위하여 10개월의 기간을 근로계약을 체결하거나, 1년이 되기 직전에 강제적으로 계약을 해지하는 등의 방법이 많이 사용되고 있으며, 도급의 경우 도급업체가 고용하는 근로자로는 1년 미만의 계약기간을 설정하는 것이 불가피한 것처럼 보이기도 한다.[30] 동일한 이유에서 단시간 근로자의 경우도 15시간의 근로시간으로 근로계약을 체결한 경우가 가장 많다. 연차휴가의 경우에도 1년간 8할 이상 출근한 근로자에 대하여 15일의 유급휴가가 주어져야 하지만, 계속근로연수가 1년 미만인 근로자에 대해서는 1월간 개근 시 1일의 유급휴가밖에 주어지지 않으므로 1년 미만의 근로계약기간을 설정하려는 유인이 강하게 존재할 수밖에 없다.

기업 측에서는 비정규직을 사용하면서 정규직과 동일한 노동비용을 부담하는 것을 꺼리고 있는 상황에서 비정규직을 고용하는 이점으로 법률상의 보호조항들을 회피하면서 노동비용을 절약하는 다양한 방법들이 현실적으로 많이 사용된다. 그리하여 사실상 보호가 더 절실한 비정규직에게 노동보호법의 주요한 사항들이 적용되지 않고 있는 모순적인 상황이 발생하고 있는 것이다.[31]

30) 예컨대 1월 1월부터 12월 31일까지 1년의 계약기간을 정하여 입찰에 붙여진 업무도급의 경우 도급업체는 근로자를 휴일인 1월 1일이 아닌 1월 2일에 입사시키는 방법을 사용한다면 퇴직금을 지급할 의무가 없어진다.

31) 법은 비합리적 합리성의 근원적 현상이다. 법에서는 형식적 등가성의 원칙이 규범으로 된다. 즉 그것은 모든 사람을 천편일률적으로 취급한다. 그처럼 차이를 소멸시키는 평등성은 은밀히 불평등을 촉진한다. 그것은 겉보기에만 탈신화화된 인류의 한가운데에 남아 있는 신화다. 법규범들은 빈틈없는 체계를 위해 그것으로 포괄되지 않는 것, 미리 모양 지어지지 않은 경험, 특수한 것에 대한 경험을 잘라 버린다. 그러고는 도구적 합리성을 특유한 이차적 현실로 끌어올린다. 법의 영역 전체는 정의들의 영역이다. 그것의 체계적 성격은 그것의 완결된

"임신자 해고는 불법이니 실적 미달에 의한 권고사직으로 처리하는 것으로 하죠. 실업급여는 받을 수 있게 해줄게요." 파견노동자 김다은(28, 가명) 씨는 소속 파견업체 관리자로부터 이런 말을 듣고 나니 기가 막혔다. 그것도 마치 선심 쓰듯 말하는 것이었다. 속으로 치솟는 화를 겉으로 표현하자니 후환이 두려웠고, 관리자의 말을 그냥 받아들이자니 한없이 억울했다. '임신한 게 죄인가?' 하고 속으로만 되뇌었다. 금융회사에서 5년째 일하고 있는 김 씨는 맡은 일을 잘 해왔고, 퇴사를 종용받을 만한 행위를 한 적도 없다. 김 씨는 7개월 전에 파견업체 A사와 6개월간의 계약을 맺고 B사로 파견됐다. B사에서는 김 씨의 일하는 모습을 보고 따로 1년간의 계약을 맺자고 요청한 적도 있다. 그러나 김 씨가 임신하자마자 두 업체의 태도가 달라졌다. 두 업체는 서로 책임 미루기에 급급했다. 파견업체 A사는 "다른 회사에서 파견직에게 출산휴가를 준 사례가 있긴 하지만 B사에서는 그런 일이 없었다. 출산휴가기간 중의 급여 문제와 관련해 B사에서 협조해 주면 모를까, 그렇지 않다면 출산휴가를 절대로 줄 수 없다"고 했고, B사는 먼 산만 바라보며 모른 체했다. 이런 변화는 지난 10여 년 사이에 여성의 경제활동 참가가 확대돼 온 결과이기도 하다. 1990년대 이후 「여성발전기본법」(1995년)과 「남녀차별금지법」(1999년)이 제정됐고, 여성의 대학 진학률이 크게 상승했으며, 서비스업이 확대되면서 여성의 고용기회가 늘어난 것이다. 그런데 직장의 현실은 여성 노동자들의 모성을 보호해 주는 것과는 여전히 거리가 멀다.[32)]

특히 해고에 대한 엄격한 법적 규제 등 「근로기준법」의 경직성이 비정규직 노동자를 양산하는 효과를 가져오기도 한다.[33)] 2011년 OECD의 구조개혁평가보고서에서도 정규직에 대한 지나친 고용보호로 이중노동시장구조가 심화되었다며 정규직에 대한 고용보호법제의 완화를 권고한 바가 있다.[34)] 우리나라의 「근로기준법」은 사용자의 귀책사유로 인한 긴박한 경영상의 필요에 의한 정리해고에 대해서는 법적 절차와 요건을 갖춘 후 근로관계를 종료시킬 수는 있는 여지를 두고는 있으나, 오히려 근로자의 귀책사유로 인한 해고에 대하여 판례가 해고의 정당성을 인정하는 사례는 지극히 드물다.[35)] 이렇게 정규직에 대한 해고가 어려움에 따라 경기변동과 구조조정 등의 인원조정이 필요한 경우에 대비하

범위를 벗어나는 어떠한 것도 그 속에 들어가지 않도록 명령한다. 이러한 울타리는 그 자체로서 이데올로기적이며, 사회적 통제장치로서의 법을 인준함으로써, 관리되는 세계에서는 특히 전적으로 현실적 폭력을 행사한다. 테오도르 아도르노, 『부정변증법』, 한길사, 1999, 407쪽.

32) 프레시안, 2005.11.1.

33) 「근로기준법」상 해고의 규정은 보다 저렴한 대가를 지급하면서 보다 능력 있는 근로자를 채용할 수 있는 가능성을 막을 수 있다. 장기근속과 단체협약에 의한 임금개선으로 고임금을 받는 근로자가 그 임금에 상응하는 노동생산성을 유지하지 못하는 경우에 그 근로자를 해고하고 상대적으로 저임금의 능력 있는 취업희망자로 대체하려는 것은 해당근로자에게 법률이 정한 정당한 이유가 없는 한 불가능하다. 이러한 어려움을 회피하기 위하여 사용자는 정규근로자의 채용을 꺼리게 되고, 해고제한의 대상이 되지 않는 임시근로자, 시간제근로자, 비정규근로를 채용하는 변칙적 방법을 사용함으로써 실질적으로 평등대우의 원칙이 무색하게 되는 결과가 발생되고 있다. 따라서 이에 대한 해결책으로는 해고제한을 완화하는 유연화방법이 유력하게 주장되고 있다. 김형배, 『노동법』, 박영사, 2007, 40쪽.

34) 한국경제, 2011. 4.8.

35) 예컨대 근로자의 근무성적 불량을 이유로 한 해고는 사용자가 평가의 '객관적 기준'을 입증하기가 곤란하여 판례에서는 거의 인정받지 못한다. 이에 따라 사용자는 법률에 의한 해고가 거의 불가능해짐에 따라 근로자의 자발적 의사에 의한 퇴직이라는 형식을 빌려 명예퇴직, 권고사직 등이 우회적 방법을 통하여 사실상의 해고를 하고 있는 것이다.

여 기업에서는 상시적인 업무에 대해서도 기간제근로자를 정규직에 대한 안전판으로서 일정 비율 이상 고용하려는 유인을 가지는 것이다. 해고에 대한 엄격한 제한뿐만 아니라 그 외에도 정규직의 근로조건을 과도하게 보호하는 조항이 있다. 예를 들면 현재의 「근로기준법」에서 취업규칙[36]을 불이익하게 변경하려고 하는 경우 노동조합이 있는 경우에는 노동조합, 노동조합이 없는 경우에는 근로자 과반수의 동의를 받게 되어 있다.[37][38] 그러나 사실상 근로조건이 불리하게 변경되는 경우에는 사용자가 노동조합이나 근로자 과반수의 동의를 받는 것이 쉽지 않으므로, 기간제근로자나 임시직 등의 비정규직 노동자에게 적용되는 새로운 취업규칙을 채용 전에 만든 후 신설된 직군에 비정규직을 채용한 후 활용하는 손쉬운 방법을 택하고 있는 것이다.

4. 비반복적 게임에서의 분쟁비용

비정규직 노동자는 사용자와 단기간의 근로계약을 맺고 있으므로 실제 불합리한 대우를 받더라도 노동자가 이에 대한 이의를 제기하는 것은 합리적인 의사결정이 아닌 경우가 대부분이다. 즉 잔여 계약기간이 6개월 또는 3개월이 남아 있는 노동자의 경우 남은 계약기간 동안 지급될 수 있는 임금의 총액이 크지 않으므로 사용자가 임금을 체불하거나 부당하게 해고를 하더라도 소송을 제기하거나 노동청에 진정이나 고발을 하는 것보다 새로운 일자리를 찾는 것이 훨씬 효율적인 것이다. 게다가 대부분의 비정규직 일자리가 대체 가능하고 저숙련을 요하는 저임금의 일자리로 현재의 직장에 대한 추가적인 프리미엄이 존재하지 않으면서 채용 요건이 까다롭지 않다는 것을 감안한다면 비슷한 수준의 일자리를 쉽게 찾아서 전직이 가능하다는 것이다. 법정까지 가느니 그대로 당하는 것이 오히려 이익이 된다는 역설적인 상황에 직면하는 것이다. 2007년부터 시행 중인 비정규직 보호법의 차별시정조치의 경우에도 실제 차별적 처우의 시정 신청건수가 아주 드물게 일

---

36) 취업규칙이란 사업장 내 근로자의 복무규율과 근로조건에 관해 사용자가 작성한 규범을 말하며, 흔히 사규, 사칙, 복무규정 등으로 불리고 있다.

37) 「근로기준법」 제97조(규칙의 작성, 변경의 절차) ① 사용자는 취업규칙의 작성 또는 변경에 관하여 당해 사업 또는 사업장에 근로자의 과반수로 조직된 노동조합이 있는 경우에는 그 노동조합, 근로자의 과반수로 조직된 노동조합이 없는 경우에는 근로자의 과반수의 의견을 들어야 한다. 다만, 취업규칙을 근로자에게 불이익하게 변경하는 경우에는 그 동의를 얻어야 한다.

38) 「근로기준법」의 취업규칙 불이익 변경은 사회 경제적 상황의 변동에 따라 기존의 규정이 불합리한 경우에도 이러한 절차상의 어려움으로 인하여 변경이 곤란한 경우가 많이 발생하게 된다.

어나는 이유이기도 하다.

어떤 농사꾼이 이웃의 소 떼가 밀밭을 자꾸 망쳐서 그것을 막고 싶은데 소 떼 주인에게 고소를 하겠다고 위협해 봐야 소용이 없다. 손해보상에 비해 소송비용이 더 많이 들기 때문이다. 이것은 무슨 비밀스러운 수수께끼나 난센스 퀴즈가 아니다. 우리가 일상생활에서 늘 부딪히는 문제이다. 합리적인 농사꾼 또한 합리적인 이웃이 그의 밀밭에 소 떼를 들여놓는 것을 막을 수 없다. 법정까지 가느니 그대로 그냥 당하는 것이 오히려 이익이기 때문이다.[39]

중소기업 직장인 5명 중 2명가량이 임금 체불 경험을 갖고 있으며 이들 가운데 절반 정도는 체불 임금을 한 푼도 받지 못한 것으로 나타났다. 30일 취업포털 IT 잡피아에 따르면 최근 중소기업 직장인 1,659명을 대상으로 조사한 결과, '임금 체불을 당한 적이 있다'는 응답자가 38.2%로 집계됐다. 또 이들 가운데 46.7%는 체불 임금을 '끝내 전액 받지 못했다', 34.7%는 '일부만 받았다'고 각각 답한 반면 '전액 다 받았다'는 응답은 18.6%에 불과했다. 평균 체불 기간은 '3개월 이하' 65.9%, '3~6개월' 20.3%, '6개월~1년' 8.7%, 체불 금액은 '300만 원 이하' 51.7%, '300만~500만 원' 29.5%, '500만~1천만 원' 11.9% 순으로 각각 조사됐다. 그러나 '1년 이상'의 장기 체불과 '1천만 원 이상'의 고액 체불도 각각 5.1%, 6.9%를 차지했다. 이 밖에 현재 직장에서 임금이 체불될 경우 32.3%는 '회사를 그만두겠다', 30.8%는 '일단 줄 때까지 기다린다', 28.6%는 '관련 기관에 고발하겠다'는 반응을 보였고 '파업 등 집단행동도 불사한다'는 2.4%에 불과했다.[40]

더 심각한 문제는 개별 노동자의 이러한 행동을 예상하면서 노동시장에서 손쉽게 대체 가능한 직무에 대하여 사용자가 전략적으로 이를 반복하여 악용할 수도 있다는 것이다. 실제로 빈번하게 일어나고 있다. 유사한 상황에서 중소기업 노동자보다 열악한 지위에 있는 비정규직의 경우 부당한 해고와 임금체불 등 계약위반의 정도가 덜하지는 않을 것으로 보이는데 현재 실질적인 사회적 규제방법이 없는 것으로 보인다.

비정규직 근로자를 많이 고용하는 사업장 10곳 가운데 9곳이 노동법을 위반한 것으로 나타났다. 9일 노동부의 『2009년 노동백서』에 따르면 작년 비정규직 다수 고용 사업장 4,255곳을 근로 감독한 결과 88%인 3,747곳이 「근로기준법」 등 각종 노동관계 법령을 위반한 사례가 적발됐다. 위반 건수는 총 1만 5,093건으로 업체당 평균 4건을 위반한 것으로 계산됐다. 특히 공공부문의 위반율도 상당히 높아 자발적으로 민간을 선도하는 역할에 소홀했다는 지적을 받고 있다. 공공부문은 1,234곳 가운데 949곳이 적발돼 위반율 76.9%를 기록했고 위반 건수는 2,794건으로 업체 평균 위반 건수는 2.9건으로 나타났다. 민간부문은 3,031곳 가운데 2,797곳이 단속에 걸려 위반율이 무려 92.6%에 달했고 위반 건수는 1만 2,299건으로 평균은 4.4건이다. 노동부는 "위반율이 높게 나타난 것은 2007년 공공부문

39) 매트 리들리, 『이타적 유전자』, 2001, 사이언스북스, 190~191쪽.

40) 연합뉴스, 2005.5.30.

비정규직 대책 추진에 맞춰 점검을 강화한 데 원인이 있는 것으로 보인다"고 밝혔다.[41)]

명백한 것은 이러한 비반복적 게임에서의 분쟁비용이 노동자에 의해 분담되면서 사용자에게 계약 위반에 대한 벌칙이 부과되기를 바랄 수는 없다는 것이다.[42)] 따라서 이러한 문제를 해결하기 위해서는 우선 계약 당사자 이외에 계약 위반자에게 벌칙을 부과할 강력한 의지와 공권력이 있는 제3자가 현실적으로 존재하여야 한다. 규칙을 제정하고 집행하는 공평무사한 제3자의 역할을 수행할 수 있는 기구로는 국가나 산별노조 등이 있을 수 있는데, 이러한 제3자는 계약 위반자가 제약받지 않으면서 계약 위반을 통하여 얻을 수 있는 이익보다 훨씬 더 높은 수준의 강력한 응징과 처벌이 가능하여야 한다. 국가의 경우는 높은 액수의 벌금을 통하여 계약 위반자를 강력하게 제재하면서 동시에 직접 관련 법적 절차를 수행하거나 보조하는 방법을 사용할 수 있을 것이다. 노동조합은 문제가 되는 기업에 대하여 노동공급을 집단적으로 통제하거나 해당 기업의 위법 사실을 지역 사회에 공개적으로 알리는 방법을 사용할 수 있을 것이다. 둘째로 개별 당사자가 부담하는 분쟁비용을 줄이기 위해서는 비정규 노동자와 장기적인 이해관계를 가진 노동조합과 같은 제3자가 직접 분쟁비용을 부담하거나, 비정규직 노동자를 대리하여 분쟁을 직접 수행할 수 있어야 한다. 셋째, 비반복적 게임에서의 분쟁이 실익이 없어서 잘 드러나지 않거나 공론화되지 않는 문제를 해결하기 위해서는 국가가 이러한 유형의 근로행태에 대하여 근로감독을 철저하게 하거나, 비정규직 노동자의 권익을 대변하는 노동조합이 법위반의 사례를 유형화하고 이에 대한 홍보를 철저히 하면서 사전에 적극적으로 인지하고 사회문제화하려는 적극적 의지가 필요한 것으로 판단된다.

현행의 차별시정제도가 낮은 활용도를 보이는 이유도 비반복적 게임에서의 분쟁비용이 의미하는 문제와 동일한 논리로 파악할 수 있을 것이다. 특히 차별구제신청이 목적으로 하는 것이 정규직 근로자와의 임금, 그 밖의 근로조건에 대한 차별적 행위의 중지, 임금 등 근로조건의 개선 및 금전보상이라고 한다면 시정명령으로 내려지는 소액의 보상금

---

41) 연합뉴스, 2009.8.9.

42) 정보의 불확실성과 비대칭성은 계약위반 시 제3자의 법적 개입을 어렵게 한다(S. Bowels and H. Gentis, "The Revenge of Homo Economicus: Contested Exchange and the Revival of Political Economy", Journal of Economic Perspective, 1993, 85쪽). 자본주의 경제에서 법적 개입을 통해 계약 위반을 해결하는 것은 제한적인 의미밖에 없다. 시장이 계약 위반을 억제하는 근본 원리는 계약 위반자에게 어떠한 형태로든 비용을 부과하는 것이다. 반복적 게임을 수행하는 경제 주체 간에는 계약 위반에 대해 상호 보복할 수 있기 때문에 상호 유익한 균형을 확립하는 사적 규제모형이 성립한다. 계약 상대가 교체되는 비반복적 게임에서도 사회의 다른 구성원들이 계약 불이행자에게 제재(예를 들어 이직 경험이 많고 실업기간이 길었던 과거 경력이 있거나 평판이 나쁜 사람의 채용을 기피하는 행동)를 가한다면 계약 이행의 비공식적인 규율장치로서 사회적 규범이 성립한다(M. Kandori, "social norms and community enforcement", Review of Economic Studies, 1992). 조영철, 「규율실업과 노동통제」, 『사회경제평론』 제9호, 사회경제학회, 1996, 203쪽.

액으로는 구제실익이 거의 없거나 미미하다고 보아야 한다. 그렇다고 한다면 현행 차별시정제도의 취지를 살리기 위해서는 근로자의 차별시정 신청에만 의존할 것이 아니라 국가기관이 근로감독 등의 형태를 통하여 비정규 노동의 근로실태를 적극적으로 조사하여 이의 시정을 요구하거나, 신고의무가 있는 취업규칙을 검토하여 비정규직에게 차별적 요인이 있는 취업규칙의 규정 개정 등을 요구할 수 있을 것이다. 또는 학계와 노동계에서 줄기차게 제기되고 있는 바와 같이 차별시정의 신청권자를 노동조합과 같은 제3자에게 허용하는 방안도 강구해 볼 수 있을 것이다.

5. 노동법의 구축효과 · 잠식효과(crowing out effect)

노동시장의 유연화라는 요구에 대하여 비정규직을 보호한다는 명분으로 관련 법규가 제정되었다고 하더라도, 시장(기업)에서의 고용유연성 확보를 위한 효율화 전략은 또 다른 형태의 비정규직을 더욱더 억압적인 방식으로 양산하게 된다. 이것은 문제를 단지 보이지 않는 곳으로 이전시키는 것에 불과하며, 부작용은 이후에 통제할 수 없는 형태로 더욱 격렬하고 광범위하게 보이지 않는 곳에서 쏟아져 나오게 된다. 마르크스도 『자본론』에서 자본은 사회의 어떤 한 지점에서 국가의 통제를 받게 될 때에는 다른 모든 지점들에서 더욱더 무모하게 보상을 받으려고 하는 것이 끊임없이 반복되는 경험적 사실이라고 지적한 바 있다.[43] 우리나라에서도 파견근로자를 보호한다는 명목으로 1998년 「파견근로자보호에 관한 법률」을 제정하였지만 2년 후 직접채용에 대한 부담을 회피하기 위하여 대부분의 기업에서는 분사 및 도급 등의 형태로 전환하기 시작하였다. 대표적인 경우가 콜센터나 물류센터로 분사나 도급으로 전환된 경우 비정규직 노동자는 형식적으로는 분사나 도급된 기업에 고용된 정규직의 외양을 띠게 되지만, 사실상 모기업이나 원청업체에 구조적으로 종속되어 고용불안에 시달릴 수밖에 없게 된다. 게다가 기업이 분사를 하는 경우에는 모기업의 관련 사업부서 정규직뿐만 아니라 경영지원부서의 정규직까지 대대적으로 조직의 구조조정의 차원에서 분사된 기업으로 근로관계가 이전되기도 한다.

---

43) 공장법의 일반화에는 다음과 같은 두 가지 사정이 결정적인 역할을 한다. 그 하나는, 자본은 사회의 어떤 한 지점에서 국가의 통제를 받게 될 때에는 다른 모든 지점들에서 더욱더 무모하게 보상을 받으려고 한다는 끊임없이 반복되는 경험적인 사실이며, 또 다른 하나는, 자본가 자신이 경쟁조건의 평등, 즉 노동착취에 대한 규제의 평등화를 요구하고 있다는 사정이다. 칼 맑스, 『자본론 Ⅰ(下)』, 비봉출판사, 1989, 617~618쪽.

이렇게 외주화와 사내하도급이 경영합리화의 대표적인 수단으로 활용되면서 과거 도급계약의 내용은 점차 고용계약의 내용과 접근되는 모습을 보여 주고 있다. 종래에는 일의 완성을 목적으로 하는 도급계약의 특성상 완성된 일의 결과에 대해서만 검수하는 것이 일반적이었지만 최근에는 고용계약적 요소가 가미되어 작업의 과정에서 검수하는 형태가 늘어나고 있다. 이와 같은 경향은 원청기업에서 특정사업부문을 폐지하고 외주화·하청화하여 하청기업의 근로자를 받아 다시 종전의 업무를 계속 수행하도록 하는 과정에서 법률관계의 형식만 달라졌을 뿐 실제로 업무수행의 모습은 종전과 다를 바 없다는 점에서 도급과 고용의 경계가 모호해지게 되었다.44)

그리고 비정규직 노동자를 보호하기 위한 법률이 오히려 단기적으로는 실업률을 상승시킬 수 있다는 지적도 제기되고 있다. 독일과 스페인을 비롯한 유럽의 여러 국가에서도 비정규직 노동자를 보호하기 위한 법률이 실업률을 상승시킨 사례가 있기도 하다. 경영계에서도 다소 과장된 표현이기는 하지만 지속적으로 비정규직의 사용기간 제한과 동일노동 동일임금의 강제적 적용과 같은 비정규직 보호법제를 강화할 경우 기업 인건비 부담으로 비정규직의 일자리만 줄어들 것이라는 분석자료를 발표하고 있다.

이러한 노동법의 구축효과나 잠식효과는 2006년 제정된 「기간제근로자 보호 등에 관한 법률」 등 비정규직 관련 제법의 시행이 기간제근로자의 사용기간을 2년으로 제한하고 차별금지 규정을 명문화하면서 아웃소싱이나 도급 등의 형태를 통한 간접고용이 사회적으로 폭넓게 확산되는 현실적 계기로 작용하기도 하였다. 이러한 와중에서 이랜드그룹에서는 외주용역화를 둘러싸고 표출된 갈등으로 인하여 영업이 중지되고 경찰력까지 투입되는 사태까지 발생하는 등 사회 곳곳에서 법 개정의 의미와 취지를 둘러싸고 많은 혼선과 갈등이 빚어지게 되었다.

> 일부 시중은행이 공석이 된 비정규직 행원 자리를 용역업체 직원으로 채우기 시작하면서 유통업계의 아웃소싱(외주용역화) 바람이 은행권으로 확산될 기미가 엿보이고 있다. 그러나 비정규직 행원들은 이에 반발해 단체 행동에 나설 태세여서 은행과 마찰이 우려된다. 9일 은행권에 따르면 ○○은행은 최근 기존 사무직 직원의 정규직 전환으로 공석이 된 자리에 비정규직 직원을 새로 채용하는 대신 인력파견 업체로부터 21명을 아웃소싱했다. ○○은행은 또 이달부터 계약기간이 만료되는 사무직 직원 자리도 용역직원으로 채워 넣을 계획이다. 특히 은행 측이 공문을 발송하지도 않은 채 이달 계약기간이 만료되는 일부 비정규직 직원들에게 인력파견 업체로 이직토록 개별 권고하고 있는 데다 정규직 전환 시

44) 박지순, 「비정규직법의 쟁점과 입법정책적 과제」, 『산업관계연구』 제19권 제2호, 한국노사관계학회, 2009, 58쪽.

험의 폐지설까지 제기되면서 비정규직 직원들이 고용불안에 떨고 있다. 사무직과 같은 비정규직인 창구전담 텔러들 역시 이달부터 정규직 전환 기회가 없는 빠른 창구의 시급제 직원과 같은 업무만 처리할 수 있게 되면서 외주용역화 가능성을 우려하고 있다.○○은행은 이달부터 시행된 비정규직법상 차별 금지를 피하기 위해 창구 업무 분리를 실시하고 창구전담 텔러들은 기존 업무 가운데 상품 안내나 환율조회, 카드발급 등을 제외한 입출금 업무 등 기본 업무만 처리토록 했다. ○○은행 비정규직 직원은 "이달부터 은행이 공식 발표도 없이 사무직을 아웃소싱으로 전환하고 있어 시급제 수준의 업무만 처리하고 있는 창구전담 텔러들도 2년 내 차례차례 계약 해지되거나 용역으로 대체될 것을 우려하고 있다"며 "최근 행장이 비정규직에서 정규직으로 전환된 직원들에게 정규직 전환 시험을 더 이상 실시하지 않겠다고 말했다는 얘기까지 전해지면서 비정규직 직원들이 더욱 불안해하고 있다"고 말했다.[45]

이랜드 그룹은 12일 오후부터 홈에버 목동점, 방학점, 뉴코아아울렛 평촌점, NC백화점 평촌점 등 4개 매장의 영업을 중단했다고 밝혔다. 노조는 비정규직보호법 시행을 앞두고 사측이 뉴코아 소속 비정규직 노동자 350여 명을 용역업체 직원으로 전환하고 홈에버 소속 350여 명의 비정규직 노동자와 계약을 해지하면서 2년 이상 근무한 비정규직 노동자들의 정규직화를 편법으로 막았다며 지난달 30일부터 농성에 들어갔다. 노조는 계약 해지된 노동자의 복직, 비정규직의 용역 전환 철회, 직무급제 적용 금지, 임금인상 및 처우개선 등을 요구하고 있지만 사측은 홈에버 월드컵점과 뉴코아 강남점에서 농성을 푸는 걸 조건으로 현안을 논의하자고 맞서고 있어 사태 해결의 실마리를 찾지 못하고 있다.[46]

특히 최근에는 근로자파견법에서 제조업의 직접생산업무와 같이 파견이 허용되지 않는 업무에 인력을 활용하거나, 2년의 파견기간의 규제를 회피하기 위하여 내용의 실질이 사실상 근로자 공급이나 근로자 파견임에도 불구하고 도급계약이라는 형식을 이용하는 탈법적 방법으로, 이른바 위장도급이나 불법파견이 많이 활용되고 있다. 이렇게 의도적으로 비정형적인 저가의 일자리를 철폐하려는 모든 정책이 경제나 국민 쪽에서 필요로 하는 이런 종류의 노동을 철폐하지 못한 것은 이미 서구에서도 오래된 사실이다. 불안정한 노동을 범죄시하며, 법적 규제를 통하여 불안정한 노동에 대한 문제를 해결하려는 범죄화 정책[47]은 책임과 의무를 회피하거나 은폐하는 더욱 교묘한 체계를 낳을 뿐이며, 자신이 범죄로 낙인찍는 암흑정책과 비공식 경제로 잠입해 버리는 추세를 강화시키는 것에 불과한 것이다.[48]

45) 연합뉴스, 2007.7.9.

46) 연합뉴스, 2007.7.12.

47) 울리히 벡은 정상적인 노동세계를 재구축하려는 시도에는 세 가지 방법, 즉 눈을 감아 버리는 것, 범죄로 만들어 버리는 것, 물길을 터 주는 것이 있다고 한다. 울리히 벡, 『아름답고 새로운 노동세계』, 생각의나무, 1999, 154~459쪽 참조.

48) 울리히 벡, 『아름답고 새로운 노동세계』, 생각의나무, 1999, 159쪽 참조.

6. 시장 교섭력과 작업장 교섭력

교섭력은 노사 당사자에 의해 단기적으로 변동시킬 수 없는 정치・법률제도, 생활수준, 노동시장 상황 및 경기 국면, 기업주의 자본구성 및 기술수준, 제품시장의 형태 및 기업주의 전략적 위치, 작업과 직장의 성질, 노무구조 및 관리, 단체교섭구조 및 조합의 인적, 재정적 능력 등 제 요인에 의해 결정된다.[49] 에릭 올린 라이트는 교섭력을 연합적 힘과 구조적 힘으로 유형별로 구분한다. 연합적 힘은 노동자들이 집단조직을 형성해 생겨난 다양한 형태의 힘으로 구성된다. 이에 비해 구조적 힘은 노동자들이 놓여 있는 경제체계 내의 장소 자체에서 얻게 되는 힘으로 구성된다. 구조적 힘은 다시 두 개의 하위 유형으로 구분된다. 첫 번째 유형으로 노동시장의 공급이 부족한 상태에서 직접적으로 생기는 힘을 '시장교섭력'이라고 하며, 두 번째 유형으로 특정 노동자 집단이 핵심 산업부문 내에서 차지하는 전략적 위치 때문에 생기는 힘을 '작업장교섭력'이라고 부른다. '시장교섭력'은 ① 고용주들의 수요가 많은 희소한 숙련기능의 보유, ② 일반적으로 낮은 실업률, ③ 노동시장에서 완전히 이탈해 비임금 소득원에 의존해 살아갈 수 있는 능력 등 여러 형태를 띨 수 있다. '작업장 교섭력'은 긴밀하게 통합된 생산과정, 즉 단 하나의 핵심 공정에서만 작업이 중단되어도 그 작업 중단 자체보다 훨씬 더 엄청난 혼란이 발생할 수 있는 생산과정에 놓여 있는 노동자들이 자연스럽게 획득하게 되는 것이다. 일괄조립라인의 한 부분에서 일어난 작업 중단으로 조립라인 전체가 멈춰 버릴 때, 부품이 제때 조달되어야 하는 기업이 철도 노동자들의 파업으로 완전히 마비될 때 우리는 이런 교섭력을 볼 수 있다.[50]

교섭력이라는 관점에서 비정규 노동을 고찰해 보면 사회적 분업의 구조에서 전략적 위치에 있지 않은 미숙련 또는 비숙련부문의 노동자들은 동질적이고 단순 반복적인 업무의 성격으로 인하여 광범위한 산업예비군으로 존재하게 되고, 이에 따라 노동의 상시적인 공급과잉으로 인한 시장교섭력이 취약하기 때문에 채용시점부터 시간제 또는 임시직으로 고용되었으며, 고용된 이후에도 하청[51]이나 다른 형태의 수직적 해체를 통하여 다른 노동자로의 대체가능성 등으로 인하여 작업장교섭력이 취약하게 되어 상시적으로 계약 갱

49) 김유배, 『노동경제학』, 박영사, 2006, 427쪽.

50) 비버리 J 실버, 『노동의 힘』, 그린비, 2005, 35~36쪽.

51) 기존의 노동자 계급의 힘을 가장 무력화시키는 가장 강력한 무기가 외주・하청이었다. 외주・하청 그 자체는 물론이고 외주・하청의 위협만으로도 노동자계급의 단결을 파괴하고 노동자 내부의 경쟁을 강화시킬 수 있기 때문이다. 외주와 외주의 위협은 회사의 내부 및 외부의 상이한 공장들에서 일하는 노동자들 사이에 경쟁을 도입하는 기초가 된다. 박승호, 『좌파 현대자본주의론의 비판적 재구성』, 한울, 2004, 498쪽.

신 거부, 용역회사 교체 후 계약 파기, 일방적 해고 통보 등의 해고위협과 고용불안에 시달리게 되며, 비공식적이며 임의적인 작업관행을 받아들일 수밖에 없게 된 것이다. 결국 취약한 근로조건을 타개하기 위한 파업의 효과도 작업 중단을 통하여 사용자에게 부과되는 비용이 경미하여 실질적인 위협이 되지 못한다. 반면 사용자에 대해 우월한 힘을 가진 노동자들은 때로는 파업도 하지 않고 자신들의 요구를 관철할 수 있다. 이러한 조직적 강점을 거의 갖추지 못한 노동자들의 경우(예: 생산중단 능력의 결여, 낮은 자본-노동비율, 빈약한 내부연결망) 파업을 하려 하지도 않거니와 해도 이길 확률은 거의 없다. 그들은 늘 파업이 얼마나 허망한지를 알고 있다. 결국 파업은 그 사업장을 완전히 장악하지는 못하지만, 상당한 영향력을 보유하고 있는 중간집단의 노동자들에게 가장 효과적으로 활용될 수 있을 뿐이다. 의사나 청소부는 파업도 거의 안 하고 노조에도 가입하지 않는다.[52)]다음의 기사는 교섭력의 실질적 의미를 살펴볼 수 있는 사례로 차별시정을 신청했다가 도리어 해직될 상황에 처했던 경북 고령 축산물 비정규직 노동자들의 차별신청에 대하여 사측에서 외주화 시도와 재계약 거부를 통한 사실상의 해고위협 속에서 근로자들이 2개월 후 차별신청을 철회하게 된 사건의 경과를 보여 주는 기사의 내용이다.

> 3개월 전 전국에서 처음으로 비정규직 차별시정을 신청, 지난 10일 일부 차별 판정을 받아 낸 농협 경북 고령축산물 공판장의 비정규직 노동자들이 중앙노동위원회에 재심을 신청한다. 이들 노동자는 "경북지노위는 임금 및 복리후생 규정은 단체협약을 통해 결정된 사항이라 합리적인 이유가 있는 차별이라 봤지만 실제 비정규직들은 단체협약의 당사자조차 되지 못한다"며 반발하고 있다. 이들은 "비정규직이 배제된 정규직과 사용자만의 단체협약으로 차별이 정당화될 수 있다면 차별 시정 제도 자체가 무의미해진다고 판단, 재심을 신청하기로 결정했다"고 밝혔다. 이들은 또 "현행 차별시정 제도가 회사 측의 보복성 인사를 막을 장치를 마련해 놓지 않아 12월 초까지 신청자의 절반 이상이 해직될 상황"이라며 "내달 7일부터 서울 농협중앙회 앞에서 항의집회를 진행하는 등 고용보장을 위해 싸울 것"이라고 덧붙였다. 경북지노위는 지난 10일 농협중앙회 측이 기간제근로자라는 이유만으로 각 개인의 업무숙련도나 경력을 무시한 채 합리적인 기준도 없이 배치 전환한 것은 차별처우에 해당된다고 판정했지만 임금 및 복리후생 규정 적용은 합리적인 이유가 있는 차별이거나 차별처우가 발생하지 않은 것으로 판정했다.[53)]
>
> "생계가 막막한데 별수 있나요. 우선 시간이라도 벌어 보려는 거죠." 지난 7월 전국 최초로 비정규직 노동자들이 '차별 시정'을 노동위원회에 공식적으로 요구해 관심을 모았던 경북 고령군의 농협 축산물 공판장 사태는 노동자들의 '일보 후퇴'로 일단 막을 내리게 됐다. 노동자들은 이번 투쟁을 통해 회사 측의 '외주화 시도'까지 무산시킬 생각이었지만

52) 크리스 틸리 · 찰스 틸리, 『자본주의의 노동세계』, 한울아카데미, 2006, 373~374쪽.

53) 연합뉴스, 2007.10.27.

사측이 가담자들을 계약이 만료됐다며 잇따라 해고시키자 최근 공판장 측과의 협상을 통해 고용 안정을 대가로 차별시정 신청을 철회하기에 이르렀다. 이들 중 익명을 요구한 한 노동자는 26일 연합뉴스와의 전화 통화에서 "갑작스럽게 외주화가 진행돼 이를 꼭 막고 싶었는데 힘이 모자랐다"며 "동료가 차례로 해고돼 생활고에 시달리는 상황에서 어쩔 수 없이 이뤄진 결정이라고 본다"고 한숨을 쉬었다. 또 다른 노동자는 "회사 측이 외주화를 고수한다는 방침인 만큼 향후에 어떻게 해야 할지가 고민이다"며 "일단 비정규직 노동자들끼리 뭉쳐 앞으로도 한길을 간다는 생각이지만 투쟁의 성과가 없었다는 생각에 기분이 씁쓸하기만 하다"고 말했다. 고령 축산물 공판장은 직원 75명 규모의 소, 돼지 도축장으로 비정규직 보호 법안이 발효된 올해 7월 돼지 도축 작업을 외주 업체에 맡기면서 이 일을 맡고 있던 비정규직 노동자들의 반발을 샀다. 이 중 외주 업체 취업을 거부한 직원 19명은 지난 7월 24일 전국 처음으로 "사측이 직원 배치와 임금 등에 있어 비정규직을 차별한다"며 경북지방노동위원회에 시정 신청을 내 관심을 끌었지만 이후 사측이 계약이 만료된 노동자 5명을 잇따라 해고하자 신청을 철회했다. 이들이 낸 시정 신청은 지난 10월 직원 배치 등 사안에 대해선 '일부 차별 인정' 판정을 받았고 이후 중앙노동위원회에서 재심 처리 중인 상태였다. 공판장은 신청을 철회한 대가로 내년 6월까지 이들의 고용을 보장하지만 그 이후에는 다시 외주 업체로의 취업을 요구할 계획이다. 공판장 관계자는 "외주화는 다른 농협 산하 공판장과 다 함께 진행하는 계획이라 우리만 예외 사항을 둘 수가 없다"며 "만일 해당 노동자들이 고용권 보호 차원에서 직접 외주 회사를 만든다면 사측에서도 성실하게 이를 지원할 방침이다"고 설명했다. 반면 이곳의 비정규직 노조인 '농협중앙회 노동조합 고령축산물공판장 지부'는 상위 기관인 민주노총 및 민주노동당과 협력해 내년 5월 이후 '외주화 철폐'라는 요구안을 사측과 다시 논의할 계획이다. 이와 관련해 이병수 민노당 대구시당 비정규운동본부장은 "비정규직 보호 노력이 외주화와 해고라는 문제 앞에서 좌절되는 것 같아 안타깝다"며 "외주화 반대란 기본 입장에는 변화가 없고 상위의 농협중앙회 노조 차원에서 이 문제를 해결할 수 있도록 최대한 노력하겠다"고 말했다.[54)]

이러한 시장교섭력과 작업장교섭력의 취약성은 필요한 기능을 갖춘 다른 근로자들로 대체하기가 쉬워지는 실업률이 높은 상황에서 특히 증가하게 된다. 그리하여 계약파기와 재계약 갱신 거부라는 해고위협에 기초한 자본의 위계적 통제장치는 시간을 통한 규율로 효과적으로 달성된다.[55)] 그리고 이러한 노동의 취약성은 비정규 독자 노조의 조직화를 어렵게 하거나, 비정규 노조의 교섭력을 근본적인 한계에 부딪히게 하는 것으로 보인다.

---

54) 연합뉴스, 2007.12.26.

55) 보울스는 고용주가 조건부 갱신전략이라 부르는 내생적 강제 메커니즘을 통해 권력을 행사하고 있음을 보이고 있다. A가 만족스러우면 미래에 계약을 갱신하고 그렇지 않으면 계약을 파기하도록 약정함을 통해 B로부터 특정한 활동을 얻어 낼 수 있을 때, 조건부 갱신이 존재한다. 조건부 갱신전략이란 예컨대 고용주가 피고용자에게 그가 만족스러운 업무를 수행하는 경우에 한해서 재고용을 약속하는 식으로 구사된다. 노동시장에서 조건부 갱신전략은 해고의 위협으로 나타나게 되는데, 이러한 과정을 통해 고용주들은 권력을 행사할 수 있게 된다. 최정규·허준석, 「급진파 제도경제학에 대한 연구」, 『동향과 전망』 제37호, 한국사회과학연구소, 1998, 287~288쪽.

4장

비정규 노동문제에 대한 대안과 평가

1. 비정규직 근로자 보호에 대한 쟁점

정부는 비정규직 근로자에 대한 문제가 사회적 통합을 저해하는 심각한 사회문제로 발전하기 전에 해결이 되어야 할 사안으로 판단하여 각계의 반대를 무릅쓰고 2006년 「기간제근로자 보호 등에 관한 법률」과 「파견근로자 보호 등에 관한 법률」 등 비정규직 관련 노동법을 제정하거나 대폭적으로 개정하였다. 그러나 문제점은 여전히 해결되지 않고 있으며, 오히려 2009년 정부에서 기간제근로자 및 파견근로자의 사용기간 제한을 2년에서 4년으로 연장하려는 움직임을 보이는 등 입법정책의 방향이 일관성을 지니지 못하고 혼선을 빚고 있는 상황에서 노동계의 불신만을 증폭시키는 결과로 이어졌다.

그동안 노동계 및 경영계 등에서 제시된 여러 가지 대안을 살펴보면, 그 내용으로는 첫째, 동일노동·동일임금 제도와 관행을 정착시키거나, 둘째, 단체협약 등을 통하여 노동조합과 기업 측에서 적극적으로 비정규직을 정규직으로 전환시키는 방법 등이 제시되었으며, 노조에서 비정규직 근로자를 위한 연대기금이 요구되기도 하였다. 또한 정부에서도 비정규직 근로자의 남용을 방지하기 위한 법률의 추가적인 제정 및 개정을 통하여 비정규직 사용을 제한하고 비정규직에 대한 차별을 점진적으로 완화하려는 움직임을 보이고 있다.

〈표 2〉 비정규직 근로자 문제의 쟁점과 대안[1)]

구분	민주노총	경총	노동연구원
대립구도	노/사	노/사 및 노/노	노/사 및 노/노
핵심원인	정규직 일자리까지 비정규직을 남발	정규직 근로자에 대한 대기업의 과보호	진정한 경쟁력 결여
주요 책임	과도한 이윤 추구	대기업 노조 욕심	대기업 노사 관계
하청 기업	추가 이윤 수취 원인	대기업 인건비 전가	하청 단가 삭감
비정규직 임금	단계적 상승	지불능력 고려	10년 정도 장기 과제로
정규직 임금	인건비 고정 불가	직무급 임금 도입	비정규직과의 격차 완화
연대기금	노조의 책임감 발휘	비난 완화 전략	실효성 의문
정부 역할	적극 개입	납세자 부담 고려	정부 혁신부터

한편 한국노동연구원의 비정규 노사관계 실태조사[2)]에 따르면 노조 간부들은 비정규 문제해결을 위해 가장 시급한 것으로 법・제도 개선을 꼽고 있으며 2순위에서 고용안정, 3순위에서 임금격차 해소를 거론하고 있는 것으로 나타나고 있다.

〈표 3〉 비정규직 문제 해결을 위해 시급한 것

구분	1순위		2순위	
	빈도	비율(%)	빈도	비율(%)
법・제도 개선	41	26.6	29	18.8
고용안정	36	23.4	26	16.9
임금격차 해소	27	17.5	40	26.0
불법파견 정규직화	23	14.9	10	6.5
조직화	13	8.4	18	11.7
최저임금 개선	4	2.6	7	4.5
노동조건 개선	3	1.9	6	3.9
사회보험 실질혜택	1	0.6	10	6.5
기타	1	0.6	2	1.3
무응답	5	3.2	6	3.9

1) 중앙일보, 2004.6.11.

2) 은수미, 『비정규직과 한국 노사관계 시스템 변화 Ⅰ』, 한국노동연구원, 2007, 163쪽.

2. 비정규직 근로자 보호의 방법적 대안과 평가

1) 균등처우(동일노동 · 동일임금)와 차별시정제도

비정규직을 사용하지 않게 하는 가장 중요한 유인은 비정규 노동을 사용하는 이점을 삭감하는 것이다. 사용자의 입장에서 볼 때 비정규 노동력의 사용에 대한 이점이 너무 크다. 비정규직은 해고가 쉬울 뿐 아니라 인건비도 훨씬 저렴하다. 이런 상황에서 정규 노동과 비정규 노동 간 균등대우를 법제화하는 것은 차별 철폐를 위한 기본적 조치일 뿐 아니라 비정규 노동 사용의 이점을 줄임으로써 비정규직 규모를 줄이는 효과도 가져올 수 있다는 의견이 자연스럽게 제시되었다. 그리하여 우리나라에서도 「근로기준법」 제5조의 균등처우에 대한 규정을 구체화하여 2006년 12월 제정된 비정규직관련법에서 동종 또는 유사한 직무에 종사하는 정규직 근로자에 비하여 합리적인 이유 없이 차별을 금지하는 규정이 신설되었다.[3] 그러나 비정규직이라는 고용형태를 이유로 하는 차별 금지의 법적 명문화가 비정규직의 근로조건에 관한 차별을 실질적으로 완화될 수 있을지에 대해서는 많은 의문이 제기되고 있는 상황이다.[4][5] 전문가들은 이를 위해서는 두 가지 문제가 해결돼야 한다고 주장한다.

> 첫째로 정규직들이 양보해야 한다는 것이다. 직무 형태의 차별이 사라지면 같은 일을 하는 사람들은 같은 임금을 받아야 하는데, 이 경우 정규직이 임금을 삭감하지 않으면 비정규직 임금 인상을 감당해 낼 기업은 거의 없다. 이상윤 연세대 교수는 “실제로 독일이 비정규직 보호를 강화하는 법안(독일의 경우 비정규직 근로자가 증가하자 2000년 11월 입법

---

3) 현행 「근로기준법」 6조에서는 이미 국적, 성별, 신앙, 기타 사회적 신분을 이유로 근로조건에 관한 차별적인 처우를 못 하도록 하고 있으며, 「남녀고용평등법」(제7조~11조)에서도 채용과 모집, 임금, 임금 외의 금품, 승진, 정년, 해고 등에 있어서 남녀차별을 금지하고 있다. 그러나 고용형태를 이유로 차별적 처우를 금지하는 명시적인 규정이 없었다. 이러한 상황에서 무분별한 비정규직 사용의 남용을 방지하자는 취지에서 합리적인 이유 없이 비정규직 근로자임을 이유로 동종 또는 유사한 업무에 종사하는 정규직 근로자와의 차별적 처우를 금지하는 제도가 2006년 제정되었다. 김남훈, 『비정규직 근로자를 위한 노동법 해설』, 한국학술정보, 2008, 266쪽.

4) 균등대우가 법제화된다고 해도 연공적 임금체계에서는 비정규 노동사용의 유인이 여전히 남아 있을 것이라는 점에도 주목해야 한다. 우리나라의 임금체계는 단순 연공적 성격이 강해서 근속연수에 따라 호봉이 자동 상승하는 방식이 지배적이며 임금이 직무나 숙련과 잘 연결되지 않는다. 특히 단순 직무에 연공급이 적용되는 경우 근속기간이 길어질수록 임금과 숙련의 괴리가 심화된다. 이런 상황에서 사용자들은 노동자들을 장기고용하지 않으려 한다. 소수의 핵심 인력만을 제외하고 나머지는 단기적으로 고용하는 것을 선호하는 것이다. 비정규 노동은 그 수단이 된다. 이런 점을 고려할 때 기간제 노동에 대한 사용사유 규제가 없어도 균등대우만 관철되면 비정규 노동사용의 이점이 크게 감소하므로 비정규직 규모도 감소할 것이라는 정부의 주장은 지나친 낙관론이다. 기간제 노동사용 사유는 규제하지 않고 사용 기간만 2년으로 제한하는 경우, 사용자들은 2년 후 기간제근로자를 정규직으로 전환하는 것이 아니라 해고할 가능성이 더 크다. 정이환, 『노동시장의 정치사회학』, 후마니타스, 2006, 404~405쪽 참조.

5) 성은미는 근로조건의 차별은 비정규 노동이라는 고용형태에서 발생하는 ‘결과’라고 한다. 근로조건이 나쁜 집단이 비정규 노동자인 것이 아니라 비정규 노동자이기 때문에 근로조건이 나쁘다는 것이다. 성은미, 「비정규 노동자의 공적연금, 고용보험 미가입에 관한 한일 비교 연구」, 『한국사회정책』, 제14집, 한국사회정책학회, 2007, 175쪽.

화되었는데 주요 내용으로는 계약직 근로자와 정규직 근로자에 대한 동등한 처우, 근로계약의 기간은 특정한 기간, 특정한 과업 또는 객관적인 조건에 따라서 만들어져야 한다는 등의 내용을 포함)을 만들었다가 기업이 해고를 늘려 실패했다"고 말했다. 둘째, 급여체계의 통일이다. 일반적으로 정규직은 연공급(입사연도가 지날수록 임금이 높아지는 것), 비정규직은 직무급(직무에 따라 임금이 다른 것) 적용을 받는다. 급여체계가 다르면 하는 일이 똑같다고 같은 임금을 줄 수는 없다. 연공급은 같은 일을 해도 나이 든 직원에게 더 많은 임금을 주기 때문이다. 김정태 경영자총협회 상무는 "정규직 급여체계가 직무급으로 바뀌면 비정규직 임금 문제는 저절로 해결될 것"이라고 말했다.[6] 정규직의 양보는 근로자간 타협에 달려 있고, 급여체계 역시 노사 스스로 결정해야 할 문제다. 이런 문제의 해결 없이 '동일노동 · 동일임금'을 법에 명시할 경우 기업에 혼란만 야기될 것이란 우려다.[7]

그러나 일부 예외적인 사례를 제외하고는 2004년 금융산업노조의 사례에서도 보았듯이 정규직이 비정규직의 처우개선을 위하여 임금삭감을 수용하고 있지는 않고 있다. 금융산업노조는 2004년 임단협 교섭에서 정규직 임금 동결을 통한 비정규직 차별철폐 등의 방안을 제시하였다. 구체적인 내용을 살펴보면 5% 임금인상을 양보해 이 가운데 2.5%를 신규채용에 배분하고, 1%를 비정규직의 정규직 전환에 배분하면 3,314명을 정규직으로 전환할 수 있다고 제시했다. 그리고 나머지 1.5%를 비정규직 임금인상에 배분하면 연간 1인당 179만 833원의 임금을 인상시킬 수 있다고 설명하였다. 그러나 조합지부에서 현장 분위기가 무르익지 않았다는 이유 등으로 거의 만장일치로 부결시키는 등 정규직들의 의미 있는 양보는 일어나지 않았다. 즉 현재 대부분의 노동조합은 조합원들의 경제적 이해관계를 대변하는 역할에 머물러 있으면서, 그들의 명분을 정당화시키는 정치 블록의 기능을 수행하는 데 그치고 있다.[8] 그리하여 정규직 노동조합은 대부분 별개의 사안으로 비정규직에 대한 추가적인 임금인상과 처우개선을 주장하고 있을 뿐이며, 비정규직법이 제정된 이후에도 정규직(호봉제)과 비정규직(직무급)의 임금체계 통합에 대해서도 여전히 입장 차이가 존재하고 있다.[9] 경제적 조합주의가 득세하고 있는 한국 노사관계의 현실 속에서 비정규직에 대한 보호는 아직까지 정치적 구호에만 그치고 있는 실정이다.

---

6) 동일노동에 대한 동일임금이라는 직무급은 외견상으로는 합리적으로 보이며 연봉제 도입과 관련하여 국내기업에서도 많이 검토되었던 내용이지만, 비정규직 근로자의 직무와 달리 직무의 서열과 가치에 대한 분석이 용이하지 않으며, 분석이 가능하다고 하더라도 이에 대한 조직구성원의 반발로 인하여 현재 완전한 형태의 직무급을 시행하는 기업은 거의 없다.

7) 조선일보, 2003.9.8.

8) 현실적으로 정규직이 비정규직 근로자를 위하여 기득권을 포기하지는 않을 것이며, 단지 노동조합이 있는 사업장의 경우 비정규직 근로자의 처우 개선을 요구하거나, 비정규직 채용의 비율을 줄이며 정규직으로의 전환을 유도하는 선에서 타협될 것으로 보인다.

9) 비정규직 문제 해결을 위한 구체적 해법에 대해 정규직 노동자들이 비정규직 노동자들과 입장을 달리하는 것은 대체로 정규직의 물질적 이해관계에서 비롯되는 것으로 설명할 수 있다. 이는 비정규직 문제 해결의 축을 이루는 비정규직 정규직화와 임금차별 해소 문제에서도 확인할 수 있다. 임금차별 해소를 위한 궁극적 해결책은 정규직과 비정규직의 임금체계를 통합하는 것이지만 정규직의 저항으로 인해 거의 이루어진 곳이 없다. 조돈문, 「비정규직 문제와 노동계급 계급 균열: 비정규직 문제를 둘러싼 정규직 비정규직 의식비교」, 『산업노동연구』 제14권 제2호, 한국산업노동학회, 2008, 193쪽.

정규직의 양보가 용이하지 않다면 동일노동에 대한 동일임금의 법제화(Equal Pay Act)를 통하여 비정규직을 보호할 수 있는 방법이 있다. 동일노동(equal work)이라는 개념이 가지는 의미는 상당히 다양하다. 똑같은 노동(same work), 실질적으로 동일한 노동(substantially identical work), 유사한 노동(similar work), 동일한 가치를 가지는 노동(work of equal work) 등이다. 이러한 의미는 전자에서 후자로 갈수록 확대되는데, 일반적으로 동일노동의 개념을 똑같은 노동에만 국한하는 경우는 별로 없고, 대부분 유사한 노동 내지는 동일한 가치를 가지는 노동, 즉 동일가치 노동의 의미로 확대하여 규정하고 있다.[10][11] 이러한 동일노동 동일임금 원칙은 서구의 많은 국가에서 동일한 직무를 수행하는 여성에 대한 차별을 시정하기 위하여 도입된 측면이 크다.[12] 그러나 성, 인종, 고용형태 등 사회적 신분을 이유로 하는 차별에 다양한 방식으로 적용될 수 있다. 우리나라에서도 성을 이유로 하는 차별에 대해서는 1987년 「남녀고용평등법」이 제정된 후 1989년 법 제6조에서 동일한 사업 내의 동일가치 노동에 대해서는 동일한 임금을 지급하여야 한다고 명시하였다. 그러나 그동안 우리나라에서는 추상적인 원칙으로만 규정되었을 뿐이며 법 규정이 실제 적용된 소송사례는 거의 없었다. 이에 따라 동일노동에 대한 동일임금을 판단할 기준이나 판례가 제대로 형성되지 못했다.

오히려 동일노동에 대한 동일임금은 연봉제를 도입하기 위하여 민간부문의 대기업에서 많은 비용을 투입하면서 직무분석과 직무평가를 통한 임금제도의 혁신을 위하여 사용자에 의하여 주도적으로 도입이 시도되었다. 그러나 현실의 작업장에서 동일하거나 유사한 직무의 가치를 임금으로 환산하는 임의적이고 주관적인 관점이 존재할 뿐이지 객관적이고 구체적인 기준은 존재하지 않는다. 이것은 해당 직무에 대한 시장임금이 존재한다고 하더라도 기업 내에서 직무 간의 상대적 가치를 객관적으로 설정하는 문제는 여전히 해결되지 않는다. 이에 따라 직무가치에 대한 객관적인 기준의 설정이 어려워 공감대가 형성되지 못하는 등 정규직 근로자의 반발과 노동조합의 조직적 저항 등 여러 가지 한계에

---

10) 박은정, 「동일노동 동일임금의 판단에 관한 소고」, 『노동정책연구』 제5권 제1호, 한국노동연구원, 2005, 186쪽.

11) 우리나라의 판례에서도 「기간제법」 제8조의 동종 또는 유사한 업무에 대하여 어떤 정규직 근로자와 기간제근로자가 수행하는 업무가 서로 완전히 일치하지는 않더라도, 만약 그 핵심요소(주된 업무의 내용, 작업조건)에 있어서 양 근로자 사이에 본질적 차이가 없다면, 설령 채용절차나 부수적 업무의 내용 등에 있어서 양 근로자 사이에 차이가 있다 하더라도 동종 또는 유사한 업무에 종사하는 것으로 해석하고 있다.

12) 「공정근로기준법」 제6조에 동일임금법(EPA)을 도입한 미국의 법적 판결에서 동일한 노동이란 똑같은 노동만을 의미하는 것이 아니라 실질적으로 동일한 노동을 포함하는 것으로 해석되고 있다. 그러나 EPA는 한국이나 EU 등과는 달리 동일가치노동이라는 용어를 사용하고 있지 않으며, 동일노동이라는 용어를 사용하고 있다. 동일가치, 즉 비교가치에 의한 동일노동에 대해서는 소극적이다. 미국의 동일노동 동일임금원칙에 있어서 중요한 것은 동일한 사업장 내에서 남녀의 근로자들이 담당하고 있는 노동이 실질적으로 동일한 것인가 하는 것이다. 송강직, 「미국의 동일임금법」, 『노동법학』 제33호, 노동법학회, 2010, 204~205쪽.

부딪혀 제대로 정규직 근로자에 대해서도 시행되고 있지 못하다.

> 29일 대한상공회의소는 '동일노동 동일임금 적용의 문제점과 개선과제' 보고서에서 동일노동에 대한 통일된 기준이 없고 연공급(연공서열식 급여체계)이 일반화된 기업 노무관리 관행과의 상충문제 등을 감안할 때 동일노동 동일임금은 아직 여건이 미흡해 현실성이 없다고 주장했다. 대한상의는 동일노동 동일임금 적용을 위해서는 직무에 대한 적절한 평가기준을 설정하고 객관적이거나 노사가 합의할 수 있는 가중치를 배분하고 평가기준 및 점수배정을 주기적으로 보완하는 등 사전준비가 전제되어야 한다고 주장했다. 미국 US스틸사의 경우 종업원의 훈련정도, 직무경험, 지적·정신적 기능, 책임 등 12개 기준을 만들어 사용하고 있다. 그러나 직무평가와 임금률 결정 과정에서 주관적 판단을 완전히 배제할 수는 없기 때문에 직무급만으로는 객관성을 완벽하게 보장할 수 없다. 이에 따라 직무급에다가 종업원의 업적에 따른 업적급, 능력급 등 부가급을 지급해 임금의 공정성을 제고할 필요가 있고 구미 각국에서도 이를 차별로 간주하지 않고 있다고 대한상의는 지적했다. 대한상의는 또 연공서열형 임금제도하에서 동일노동 동일임금 적용은 동일가치노동에 대한 평가가 곤란하고 높은 호봉을 받고 있는 직원의 상대적 박탈감 증대 등 부작용이 많기 때문에 직무수당, 직책수당, 위험수당 등을 직무의 특색을 반영해 개편하는 것이 현실적인 방안이라고 평가했다. 대한상의 관계자는 "성별, 신분 등에 따른 부당한 임금차별을 없애야 한다는 취지에는 공감하지만 동일노동 동일임금을 적용하는 데 필요한 여건이 아직 마련되지 않았다는 점을 감안해야 한다"며 동기부여를 통한 생산성 향상 등 경영관리의 중요한 수단인 임금결정에 관한 사항을 법에서 획일적으로 규제할 경우 노동시장을 더 경직시킬 것이라고 우려했다.[13)]

우리나라의 노동시장이 직무급 체계로 바뀌려면 우선 특정 직무에 대한 시장가격이 형성되어 있어야 하지만 현재의 임금격차는 생산성이 아니라 대부분 기업의 규모, 업종 및 근속연수에 따라 발생하고 있으며, 또한 이직에 대한 사회적 편견으로 인하여 직무급 체계가 형성될 환경이 조성되지 못하고 있다. 따라서 동일노동 동일임금을 통한 균등처우가 입법화될 경우에는 체계적인 직무분석과 노동시장의 경직성 등 현장의 여건이 성숙지 않아 많은 부작용이 뒤따를 것으로 보인다.[14)] 이러한 상황에서 도입된 비정규직법의 차별금지 조항은 기존의 비정규직 근로자를 두 그룹으로 분화시키는 결과를 낳을 수 있다. 비정규직의 비율이 지배적이며 위계적인 규율이 필요한 직무에 대해서는 조직 내에서 직군분리를 통하여 차별금지 조항을 회피하려고 할 것이며, 위계적인 규율이 필요하지 않거나 성과관리가 용이한 직무에 대해서는 외주화를 통하여 차별금지 조항을 원천적으로 회피

---

13) edaily, 2004.3.29.

14) 동일노동·동일임금의 도입은 미국 US Steel사의 경우에도 평가기준 선정기간에만 거의 3년이 소요되었으며, 노조와 종업원, 사측 간에 많은 논의와 연구조사 결과, 12개의 평가기준이 채택되었다. 또한 직무 자체가 고정된 것이 아니므로 직무분석과 직무평가를 주기적으로 수정 및 보완하여야 한다는 난점이 있다.

하는 정책으로 나아갈 것으로 보인다.

2006년 제정된 비정규직 관련법에서 동일노동에 대한 동일임금의 원칙을 반영하기 위하여 도입된 고용형태를 이유로 하는 차별금지 조항도 많은 문제점을 가지고 있는 것으로 보인다. 첫째, 현실적으로 차별적 처우 여부의 판단과 기준에 대해서는 향후 많은 논란이 있을 것으로 보인다. 노동부에서는 노동위원회의 판정이나 판례 등이 축적된 후 구체적인 판단기준이 형성될 것이라고 주장하지만, 구체적 상황에 대한 법적인 판단은 관점에 따라 상이할 뿐만 아니라 구체적인 사실관계를 파악하여 정확한 판결을 내리기가 쉽지 않을 것이다.[15] 경제 환경이 급변하는 상황에서는 직무의 내용이 동일하게 지속되지도 않을 뿐만 아니라, 비교대상 근로자들을 확정하기도 어려우며, 비교대상인 근로자들이 같거나 유사한 직무를 수행하고 있다고 하더라도 구체적인 부분에서 능력, 태도, 기술, 노력, 책임 및 작업조건 등에서 관찰되지 않는 이질적인 특성과 생산성의 차이가 존재함에 따라 일률적으로 적용하는 것이 불합리한 경우도 적지 않은 것이 현실이다. 무엇보다도 동등한 임금은 개인이 업무를 얼마나 잘 수행하는지에 대한 평가를 제대로 반영하지 못하게 되는 단점이 있다.

> 옛날에는 임금이, 처음에는 나라 전체에 걸치는 일반법에 의해, 그리고 그다음에는 각 주 치안판사의 특별명령에 의해 규정되는 것이 보통이었지만, 이 두 개의 관행은 지금은 전혀 사용되지 않는다. 번 박사는 다음과 같이 말한다. "400년이 넘는 기간의 경험에 비추어 볼 때, 그 성질상 상세하게 제한할 수 없는 것을 엄격하게 규제하려고 하는 모든 노력을 포기할 때가 온 것 같다. 왜냐하면, 동일한 종류의 작업에 종사하는 사람들이 모두 동등한 임금을 받는다면, 경쟁심도 사라지고 근면과 창의성을 발휘할 여지도 사라지기 때문이다."[16]

둘째, 동종 또는 유사한 업무에 종사하는 정규직 근로자와 비교하여 비정규직 노동자에게 차별적 처우를 하지 못하게 하였으므로, 직군분리 등을 통하여 동종 또는 유사한 업무에 종사하는 비교대상 정규직 근로자가 없는 경우에는 차별적 처우에 해당될 여지가 없는 등 많은 문제점이 남아 있는 것으로 보인다.[17] 실제로 기업들은 차별금지를 회피하

---

15) 비교대상 근로자와 차별시정 신청근로자 간 업무의 차이가 있을 때, 그것이 현저한 질적 차이가 있는지, 현저한 질적 차이가 있다고 하더라도 그 질적 차이에 따른 보상의 차이가 합리적인지를 판단해야 하는데, 업무의 차이, 질적 차이, 보상의 차이를 어떻게 비교하고 평가해낼 것인지에 대한 명확한 기준이 없고, 명확한 기준이 있을 수도 없기 때문이다. 이는 전적으로 합리성을 판단하는 누군가의 손에 맡겨져 있다고 해도 과언은 아닌데, 명확한 기준은 있을 수 없지만 판단에 필요한 공통적 요소가 존재할 수 있기는 하다. 하지만 실제 차별시정 판례들을 살펴보면 차별시정 판정을 누가 담당하고 있는지에 따라 결정이 다르게 내려질 수 있다는 점이다. 박은정, 「비정규직 차별시정제도 시행 이후 노동위원회 차별시정 판정례 검토 II」, 『노동법학』 제32호, 한국노동법학회, 2009, 455~469쪽.

16) 애덤 스미스, 『국부론(上)』, 비봉출판사, 2003, 166쪽.

17) 업무상 합리성이 인정된다면 분리직군의 이용을 부정할 수는 없어 이런 의미에서 활용되는 유형은 본래의 분리직군으로 파악할 수 있다.

기 위한 방법으로 직군 분리를 통하여 비정규직으로 운용이 가능한 직무에 대하여 정규직을 비정규직으로 대체하는 방법을 사용하고 있다.[18] 셋째, 동일한 업무를 수행하고 있다고 하더라도 비정규직 근로자가 노동조합에 가입하지 못할 경우 단체협약을 적용받지 못한 결과에 따른 근로조건의 차이는 차별적 처우에 해당되지 않을 수 있다.[19] 이렇게 비정규직에 대한 실질적 차별이 시정되지 않고 고착화되고 있는 것은 차별시정제도 자체의 법률상 흠결의 문제라기보다는 기존에 존재하던 직접적이고 명시적인 차별을 법의 합리적 형식 내에서 사회가 법의 규율을 벗어나 더욱 교묘하고 객관화된 차이의 형태로 존치시키려는 것으로 보아야 한다. 그리하여 이제 비정규직에 대한 차별은 법의 형식을 빌린 합리적이고 정당한 차이의 형태로 은밀하게 존재하게 되는 것이다.

약 13년간 기계가공 기술자로 함부르크에 본사를 두고 있는 에어버스사에서 근무를 해온 기술직 여성인 아스트릿 슐로스 씨는 본인이 근무한 인근의 핑켄베르더 공장에서 이미 다수의 에어버스 직원들과 친분관계를 맺어 왔고, 여러 경영자들이 오고 가는 것을 지켜보아 왔다. 그 기간 동안 그녀는 엔지니어 서비스파견업체인 에어로텍에 속하면서 이곳에서 책정한 호봉에 따라 급료를 받아 왔고, 공식적으로 에어버스에 대해서는 외부인력인 상황을 유지해 왔다. 13년간 그녀는 사측으로부터 아무런 물음도 받지 않은 채 사내에서 자신의 지위를 끊임없이 변화시켜야 했다. 에어로텍이라는 회사는 1996년에 설립된 작은 엔지니어 사무소로 360명의 고숙련 직원들을 둔 서비스업체로 성장했다. 에어버스가 에어로텍에 파견노동자를 요구하면 근로자 파견의 권한까지 지니고 있는 에어로텍은 파견노동자를 제공한다. 사실 파견노동은 이 작은 엔지니어 사무소에게 그다지 매력적인 범주가 아닌데, 그 이유는 소위 '동등지불협약'에 따라서 파견된 직원들에게 3개월이 지난 후부

그러나 분리직군을 주로 고용관리의 효율화 또는 인건비의 절감을 위해 활용하는 것이라면 이것은 분리직군에 포함시키기 어렵고 오히려 변형된 분리직군으로 파악해야 한다. 이러한 변형된 분리직군의 근로자들이 다른 정규직과 비교하여 임금과 승진 등에서 차등적인 처우를 받고 있어도 이를 시정할 법적 근거와 절차가 아직 마련되어 있지 않다는 점은 입법 정책에서 소외된 결과이다. 변형된 분리직군의 근로자들은 정규직과 비정규직 사이에 낀 중간층에 있음에도 불구하고, 실제로는 정규직과 동일하게 파악되는 경향이 있어, 그들을 보호하기 위한 독립적인 내용이 노동정책과 입법에서의 논의도 아직까지는 부족하다. 그러나 특정 사업장에서 정규직과 비정규직 사이에 비교기준을 어디에 둘 것인가에 따라 보호의 기준과 내용이 상대적으로 결정되고, 이를 법 해석에서 어떻게 반영할 것인가는 현재까지 발표된 노동관계법의 연구결과만으로는 해결하기 어려운 것이 사실이다. 박수근, 「변형된 분리직군제와 노동법의 적용」, 『노동법 연구』 제30호, 서울대노동법연구회, 2011, 259~263쪽.

18) 변형된 분리직군이 정규직을 대체하는 주된 수단으로 활용되는 것은 기간제법이 정규직과 비정규직의 업무구분을 통한 사용자와의 차별화 전략에 대한 제재수단 등을 마련하지 못한 것에 기인한다. 변형된 분리직군의 고용형태로 근무하는 근로자들에게는 임금을 포함한 근로조건, 전직과 승진 등 인사조직, 정년 각종 복지혜택 등에서 다른 직군 근로자들과 차등이 존재하는 것은 보편적인 현상이지만, 이를 개선할 수 있는 현행법상 제도가 없는 상황이다. 고용관계에서의 차별은 직접적이고 외형적인 사용자의 행위라고 생각하기 쉽지만, 그 본질은 해당 사업장의 근로자들 상호 간에 계층화를 심화시키거나 내면화시키는 것으로, 해당 근로자들의 개별적인 노력만으로는 변경시킬 수 없다. 변형된 분리직군에 의한 차별은 사용자가 계속하여 근로자층을 세분하여 관리하는 경영상 또는 인사조직상 전략의 결과물로서 종전의 차별에 대한 인식에서는 익숙하지 않은 새로운 유형이다. 박수근, 「변형된 분리직군제와 노동법의 적용」, 『노동법 연구』 제30호, 서울대노동법연구회, 2011, 273~274쪽.

19) 조합원인 비교대상 근로자들에게 적용되는 단체협약의 결과 비조합원인 기간제근로자들과의 근로조건에서 차이가 발생했다면, 그것도 합리적인 이유가 되는지 문제될 수 있다. 이 사건에서 근로자들은 단체협약이 강행법규 위반의 차별적 처우를 정당화하는 사유가 될 수 없다고 주장하였지만, 중노위에서는 단체협약의 적용범위가 조합원인 비교대상 근로자들에게만 미치게 되어 있고 기간제근로자들은 해당 단체협약을 체결한 노동조합의 가입 대상이 아니기 때문에 사용자가 자의적으로 단체협약의 적용을 배제한 것이 아니므로 불리한 처우에 합리적 이유가 있는 것으로 판단했다. 박은정, 「비정규직 차별시정례(중노위·법원)에 대한 검토 Ⅲ」, 『노동법학』 제35호, 한국노동법학회, 2010, 251~252쪽.

터는 동일 업무를 수행하는 정규직과 동일한 세전임금이 지급되어야 하기 때문이다. 이는 독일의 모든 파견노동자들의 꿈이긴 하지만, 에어버스에서는 실제로 이 원칙이 한 번도 실현되지 않았는데, 많은 특별상여금들이 외부 인력과는 거리가 멀고, 정규직이라면 12개월 근무 이후 권한을 지니게 되는 기업연금에 있어서도 전혀 대상이 되지 못하기 때문이다. 그간 슐로스는 스스로 에어버스의 작업 분위기에 만족하며, 이 회사를 가족처럼 생각하고 있음에도 언제나 자신이 2차 혹은 3차 계급에 속한 인력이라는 느낌을 떨쳐 버릴 수 없었다.[20)]

2) 비정규직 노동자의 사용 제한

현재 우리나라에서는 사용자가 기간제근로자와 같은 비정규직에 대한 고용을 필요 이상으로 지나치게 많이 하고 있다는 비판이 제기되고 있다. 일시적인 사용사유에 의해서가 아니라 상시적으로 필요한 업무에 대해서도 단순 보조적인 업무를 위주로 정규직을 사용하지 않고 기간제근로자를 사용하고 있다는 것이다. 따라서 출산 및 육아, 계절적 사업, 질병 등으로 인한 결원 대체 등 합리적이고 정당한 사유가 있는 경우에 한하여 기간제근로자를 사용하여야 한다는 주장이 계속하여 제기되었고, 국가인권위원회에서도 이를 법 제정에 반영하라고 권고하였다. 국가인권위원회의 권고는 경영계의 반발로 인하여 2006년 제정된 비정규직 관련법에는 반영되지 않았지만, 프랑스의 입법례를 전범으로 합리적인 사유가 있는 경우에만 비정규직 사용을 허용하고 상시적인 업무에는 비정규직 사용을 불허하여야 한다는 주장이 노동계에서 지속적으로 제기되었다.[21)] 그러나 현실적으로는 합리적이고 정당한 사유가 어떤 경우에 해당하는지 이를 개별적으로 규정하고 현실에 적용하여 판단하기가 쉽지 않을 것으로 보인다.[22)] 어떤 업무가 일시적으로 필요한 업무인지 누가 어떻게 예측하고 판단할 수 있을지는 의문이다. 또한 기간제근로자나 파견근로자가 2년의 고용계약을 종료한 후 다시 그 자리에 기간제근로자나 파견근로자를 고용할 경

20) 박명준, 「독일의 비정규직 증가와 노사관계의 변모」, 『국제노동브리프』 2011년 3월호, 한국노동연구원, 2011, 75쪽.

21) 프랑스 노동법전상 고용계약은 무기한의 정규직 계약이 원칙이며, 비정규직은 예외적인 경우에만 일정 기간 한도 내에서 사용 가능하다. 따라서 정규직 업무를 대체하기 위해 비정규직을 사용하는 것은 법적으로 금지되어 있으며, 기업의 항시적인 업무에는 비정규직을 쓸 수 없다. 비정규직을 사용할 수 있는 사유와 사용기간을 동시에 제한함으로써 유럽국가 중에서도 가장 엄격하게 비정규직 고용을 억제하고 있다. 프랑스 정부는 비정규직 고용이 노동비용을 낮추기 위한 목적이 되어서는 안 된다는 철학을 견지하고 있으며 이러한 철학이 입법적으로 반영되어 있다. 기간제와 파견근로는 다음과 같은 구체적인 사유가 있을 때에만 사용 가능하다. 그 사유를 보면 정규직원의 일시 부재를 위한 대체, 일시적인 경영활동의 증가, 계절적 고용, 시간제근로를 일시 대체하는 경우, 이직이 예정되어 있는 근로자의 일시 대체, 일의 완성 기한이 정해진 구체적인 임무 수행 시, 관행적으로 정규직 계약이 없는 직종 등이다. 장신철, 「프랑스의 비정규직」, 『국제노동브리프』 2009년 5월호, 한국노동연구원, 2009, 16~18쪽.

22) 프랑스의 입법례를 살펴보면 기간제와 파견근로 계약서 작성 시 포함되어야 할 내용은 다음과 같다. 기간제의 경우 교체된 근로자의 이름과 직종(업무 대체인 경우), 계약 만료일, 직책, 단체협약이 적용되는 그 단체협약의 명칭, 급여총액 등이다. 파견근로의 경우에는 파견근로를 써야 하는 이유, 임무수행 기간, 작업의 특성, 요구되는 자격, 근로시간, 보수 등이 계약서에 포함되어야 한다. 장신철, 「프랑스의 비정규직」, 『국제노동브리프』 2009년 5월호, 한국노동연구원, 2009, 19~20쪽.

우 상시적인 업무로 간주하여야 한다는 논리도 계속 제기되고 있다. 그러나 기업에서의 채용과정과 인력운용은 1명의 근로자가 퇴직한 자리에 동일한 직무를 수행하는 1명의 근로자가 채용되는 프로세스로 파악될 수 있을 정도로 단순하게 진행되지는 않는다. 신규로 고용된 비정규직 근로자의 업무가 이전의 비정규직 업무와 동일한 업무인지 법원이 구체적 사실관계에 법 규정의 의의와 취지를 적용하여 제대로 판단할 수 있을지는 의문이다. 사용자는 사업 환경의 변화에 따라 정규직과 비정규직 또는 비정규직 사이의 업무 분할과 통합 및 조직개편으로 인한 업무의 변동 등 실제적인 이유를 거론하여 법 규정의 제한을 벗어나 인력운용을 할 수 있는 여지가 충분히 존재할 수 있을 것으로 보인다. 오히려 이러한 법 규정이 도입될 경우 기업 측에서는 직접 고용의 경우 기간제근로자보다 더욱 고용불안정이 심한 시간제근로나 일용직[23] 등 다른 형태의 비정규직을 우회적으로 사용하거나, 더 나아가 업무 자체를 외주화하여 간접고용 형태의 비정규직이 늘어나는 등 결과적으로 노동시장을 왜곡하는 결과가 도출될 가능성이 크다. 현재에도 비정규직이 하던 기존 업무의 많은 부분이 이미 외주화되었으며, 직접 고용의 경우에도 보다 유연한 인력관리를 위하여 제조업에서는 시간제근로자나 일용직 근로자를 많이 사용하고 있는 현실을 감안하여야 할 것으로 보인다.

비정규직의 사용규제만으로는 비정규직 축소에 한계가 있다는 점이 구미국가들의 경험에서도 확인된다. 주요 OECD 국가를 대상으로 보면 임시직 사용 사유를 규제하는 나라들은 벨기에, 핀란드, 프랑스, 노르웨이, 포르투갈, 스페인, 스웨덴이다. 그런데 이 나라들은 대체로 임시직 노동비율이 높아서, 벨기에와 노르웨이를 제외하면 모두 15% 이상이다. 게다가 스페인, 프랑스, 스웨덴, 포르투갈에서는 1980년대 또는 1990년대에 임시직 노동비율이 증가했다. 한 예로 프랑스의 경우 임시직 규모가 크지는 않지만 규제가 지속되어 법의 내용이 변하지 않았음에도 불구하고 비정규직이 빠르게 증가하고 있다. 프랑스의 1985년 수치와 2000년 수치를 비교하면 이 기간 동안 임시직 노동이 약 3배 증가했음을 알 수 있다.[24][25] 구미 국가들에서의 경험에서도 확인되는 바와 같이 유인 제공 없이 사용

23) 일용직도 넓은 의미의 기간제(계약직)근로자에 포함시킬 수 있으나, 여기서는 통상 사용되고 있는 좁은 의미에서의 일용직을 지칭하기로 한다.

24) 정이환, 『노동시장의 정치사회학』, 후마니타스, 2006, 105쪽 참조.

25) 과거 10년간 비정규직 관련 법 내용에 큰 변화가 없었음에도 불구하고 비정규직이 증가하고 있는 이유를 어떻게 설명할 수 있을까? 프랑스 정부 관계자들의 답변은 법의 내용은 그대로이지만 비정규직을 폭넓게 해석하는 것이 가능하고, 사업주들의 고용유연성 확보 차원에서 비정규직 사용을 선호하기 때문이라고 말한다. 또한 사업주들이 지능적으로 비정규직 사용 사유를 바꿔 가면서 비정규직을 악용하는 사례도 갈수록 증가하고 있는 것으로 판단하고 있다. 노동총동맹 등 프랑스 노조에서는 대학생들이 졸업 후 정규직 일자리를 갖는 데 평균 10년이 소요된다고 하는데, 이러한 사업주들의 악용사례에 근거한 것이다. 장신철, 「프랑스의 비정규직」, 『국제노동브리프』 2009년 5월

규제만 가하는 경우 기업들은 정규직을 늘리는 것이 아니라 분사나 용역과 같은 방식의 외부화를 추진할 가능성이 크며 이는 비정규직의 처지를 악화시킬 수 있다.[26)]

> 지난해 아르바이트생을 가장 많이 찾았던 직종은 매장관리 · 판매직인 것으로 나타났다. 30일 아르바이트 구인구직 전문포털 알바몬에 따르면 지난해 아르바이트 공고 256만 8천여 건을 분석한 결과 매장관리 · 판매직이 모두 78만 5천 건으로 전체 공고건수의 30.6%를 차지했다. 이어 서빙 · 주방(21.0%), 사무직(12.5%), 기능 · 생산 · 노무(12.4%), 고객상담 · 리서치 · 영업(9.9%), 서비스 · 이벤트(7.0%) 등 순이었다. 세부 직종별로 PC방 아르바이트 공고건수가 매장관리 · 판매직에서 차지하는 비율이 18.1%로 가장 높았다. 그러나 최근 3년간 PC방 아르바이트는 24.9% → 23.6% → 18.1%로 비중이 줄어드는 추세였다. 반면 지난해 비정규직특별법 시행의 부작용으로 주로 대형마트에서 비정규직이 양산되면서 유통점 · 마트 아르바이트의 공고건수가 크게 늘어나 직종별 비중이 2.6%에서 10.2%로 뛰어올랐다. 편의점 수가 늘어나고 아르바이트생을 평일과 주말, 오전과 오후, 심야 등 시간을 나눠서 채용하는 경향이 늘어남에 따라 편의점 아르바이트 공고 비중도 전년 5.5%에서 10.2%로 늘어났다.[27)]

비정형근로의 근로계약을 법적으로 금지하는 제도가 정형근로의 고용을 확대시킬 수는 없다. 예컨대 포지티브-리스트 방식으로 파견근로의 대상 직종을 규제하고, 이 리스트를 더욱 좁히는 방향으로 규제를 강화한다 하더라도, 이것이 정형근로자를 늘리지는 못할 것이라는 것이다. 파견근로는 하나의 유형일 뿐 정형근로가 아닌 대안적인 근로계약으로서 유일한 것이 아니다. 따라서 특정 비정형근로계약을 규제한다 하더라도 그 대신 정형근로의 근로계약이 선택되리라는 보장이 전혀 없고, 다른 형태의 비정형근로가 얼마든지 선택될 수 있기 있기 때문이다. 그리고 기업이 직접 채용한 임시직의 경우 일정기간 근무할 경우 비정규직을 정규직으로의 전환을 의무화하는 방식의 규제도 큰 효력을 갖기 어렵다. 장기계약 시 정규직 의무화가 강제되는 규제가 가해질 경우, 기업은 단기계약의 반복으로 장기계약을 대체하면서 그때마다 다른 근로자를 채용하는 전략을 택할 수 있다. 즉 기업은 원래 정규직으로 채울 의사가 없는 직무에 대해 정규직을 채용하는 것과 계약해지 후 다른 임시직 노동자를 채용하는 것의 상대적 비용을 비교해서 결정할 것이므로 기대효과가 제한적일 것이다. 이는 자칫 임시직 노동자의 고용만 불안하게 만들 가능성이 높다.[28)] 그리하여 현재의 「기간제법」 제4조 2항 "2년을 초과하여 기간제근로자로 사용하

호, 한국노동연구원, 2009, 25쪽.

26) 정이환, 『노동시장의 정치사회학』, 후마니타스, 2006, 404쪽.

27) 연합뉴스, 2008.1.30.

28) 이종훈, 「비정형근로 유형의 선택에 대한 이론적 모형」, 『한국경제논집』 제29권, 한국노동경제학회, 2006, 92~93쪽.

는 경우에는 그 기간제근로자는 기간의 정함이 없는 근로계약을 체결한 근로자로 본다"는 법률조항은 능력이 출중하거나 운이 좋아 정규직으로 전환될 가능성이 있는 극소수의 비정규직 근로자를 보호할지는 모르나, 절대다수의 비정규직 근로자를 실업의 위기에 노출시키는 결과를 가져오게 된다. 냉정하게 분석하자면 기간제법이 2년이 지나면 자동으로 무기계약으로 간주한다는 규정을 둔 것은 사용자로 하여금 2년 후에는 재계약을 거부하라고 간접적으로 권고한 것이나 다름없다는 것이다.[29]

3) 최저임금제도

비정규직 노동자의 열악한 처우를 해결하기 위하여 최저임금을 상향하는 방법이 현실적인 해결책의 하나로 제시되고 있다.[30] 노동계에서도 비정규직의 처우를 개선하는 효과적인 방법으로 동일노동 동일임금을 적용하는 것이 현실적으로 어렵다면, 최저임금을 상향조정하는 방안이 검토되어야 한다고 주장하고 있다.

최저임금제도는 모든 근로자의 일정 수준 이상의 생활수준을 보장하기 위하여 통상적으로 국가가 직접적으로 재정지출을 발생시키지 않으면서도 시장에 개입하여 사업주가 근로자에게 지급할 임금의 하한선을 정하는 노동시장제도이다. 최저임금제도는 여러 유형으로 구분할 수 있다. 우리나라의 경우처럼 정부가 법정최저임금을 강제하여 저임금으로부터 근로자들을 보호하는 사회안전망 유형과 독일 등의 경우와 같이 단체교섭을 통해 복수의 최저임금을 설정하는 방식으로 크게 구분할 수 있다. 이러한 최저임금제도에서 가장 크게 논쟁이 되는 부분은 고용에 부정적 효과[31]를 미칠 수 있는 최저임금의 적정한 수준에 관한 것이다.[32]

---

29) 조성혜, 「기간제 근로계약의 무기계약 전환, 무엇이 문제인가?」, 『노동법학』 제25호, 한국노동법학회, 2007, 149~173쪽.

30) 2010년 현재 시간당 임금이 법정 최저임금 4,110원에 미달하는 노동자 196만 명을 고용형태별로 살펴보면, 정규직이 11만 명(5.7%)이고 비정규직이 185만 명(94.3%)이다. 김유선, 「2010년 비정규직 규모와 실태」, 『노동사회』 2011년 12월호, 한국노동사회연구소, 2011, 87쪽.

31) 최저임금의 고용효과에 대하여 신고전학파 노동시장의 기본모형에서는 완전경쟁 노동시장에서의 임금과 고용수준은 수요와 공급이 일치하는 지점에서 완전고용이 달성되므로 실업은 존재하지 않는다. 그러나 시장균형임금보다 높은 최저임금제의 도입으로 수요량은 수요곡선을 따라 감소하여 실업이 발생한다. 그리하여 최저임금제의 도입은 근로자의 고용에 부정적인 효과를 나타내며, 특히 청년고용과 미숙련자 및 여성의 고용을 줄이는 것으로 나타난다는 것이다. 그러나 최저임금 고용효과에 대한 일부 실증적 연구는 거의 효과가 없거나 오히려 고용증대 효과를 보이는 것으로 나타나는 등 국내외의 학자들 간에도 일치된 결론을 내리지 못하고 있다.

32) 영국의 경험에 의하며 최저임금이 산업 평균 임금의 56%로 설정되었을 때 최저임금의 고용효과는 극대화되는 것으로 나타났다. 최저임금이 이 수준 이상으로 높아졌을 때 그로 인한 고용감소는 상당할 수 있다. 그러나 최저임금의 감소는 고용을 감소시킬 수도 있다. 최저임금이 산업 평균 임금의 56%일 때 최저임금이 없는 경우에 비해 고용이 0.1% 정도 높았다. 이 정도의 고용증가는 많은 것은 아니지만 일정한 범위 내에 최저임금이 책정된다면 고용에 그다지 해롭지 않음을 의미한다. Thomas Hyclak · Geraint Johnes · Robert Thornton, 『노동경제학』, 시그마프레스, 2007, 259쪽.

2012년 현재 우리나라의 최저임금은 시간당 4,580원으로 주 40시간 근로할 경우 유급 처리되는 주휴일을 포함한 월 209시간의 근로시간 수를 월급여로 환산하면 957,220원에 지나지 않는다.[33] 게다가 이러한 낮은 최저임금조차 감액 적용되거나[34] 적용에서도 배제되는[35] 광범위한 계층이 존재한다는 사실은 최근의 최저임금의 급격한 상승이 중소 영세기업의 경영난 심화로 고용불안이 야기되고 있다는 경영계의 주장은 지나친 감이 없지 않다.

> 김유선 노동사회연구소 부소장은 "비정규직의 열악한 처우를 개선하려면 '최저임금제'를 현실화하는 것이 가장 근본적인 해결책"이라고 말했다. 이 금액을 상향조정해 비정규직의 최저생활을 보장해야 한다는 것이다. 2002년 8월 현재 최저임금에 못 미치는 근로자 77만 4,000명 중 비정규직이 73만 6,000명(정규직은 3만 8,000명)을 차지하고 있다. 하지만 최저임금 상향조정만으론 충분치 않다는 의견도 있다. 최저임금은 18세 이상 독신 노동자를 기준으로 산출된 것이기 때문에 가족을 부양하는 근로자들의 현실에 맞춘 새로운 기준을 적용할 필요가 있다는 것이다. 윤진호 인하대 교수는 "미국처럼 식구가 3~4명 정도인 노동자 가구의 최저생활을 보장할 수 있는 '생활 임금'을 보장하도록 정부가 유도해야 한다"고 말했다. 미국의 경우 정부가 공공 공사를 할 때 생활임금 규정을 준수하는 업체와 계약하는 등 공공 부문이 근로자의 생활임금 보장을 유도하고 있다. 전문가들은 또 비정규직의 국민연금·건강보험·산재보험·고용보험 등 4대 보험 가입률(20~25%)을 정규직 수준(90%)까지 끌어올릴 수 있도록 당국이 현장 근로 감독을 철저히 해야 한다고 주장했다.[36]

최저임금의 수준이 그다지 높지 않은 상황에서 최저임금을 어느 정도 상향시키는 것은 근로의욕을 고취시키고 근로자들 간의 소득분배에도 긍정적인 측면이 작용하는 등 많은 장점이 있다. 그러나 최저임금만으로 저임금 근로자의 빈곤문제를 해결하려는 경우에는 노동시장의 기능을 왜곡하고 과소고용과 법률 위반 등의 부작용이 나타나는 등 장기적이고 근본적인 문제의 해결책이라고 보기는 어려울 것이다.[37][38]

---

33) 주 40시간제하에서 달리 정한 바가 없으면 유급으로 처리되는 주휴일을 포함하여 근로시간 수는 209시간이 된다. (40+8)X52(주)÷12(월)=209시간

34) 「최저임금법 시행령」 제3조에서는 수습 사용 중에 있는 자로서 수습사용한 날로부터 3개월 이내인 사람, 아파트 경비원, 청소직과 같은 監視 또는 斷續的으로 근로에 종사하는 자로서 고용노동부 장관의 승인을 받은 사람에 대해서는 100분의 10을 뺀 금액을 그 근로자의 시간급 최저임금액으로 한다고 규정하고 있다. 특히 감시 단속적 근로자의 많은 부분을 차지하는 경비직과 환경미화 업무를 수행하는 청소업무에 종사하는 근로자들은 도급, 파견, 용역과 같은 간접고용의 고용형태로 근로하고 있으며 대부분 임금이 최저임금선에 고착되어 있다.

35) 실제 최저임금이 임금분포에 미치는 효과를 살펴보면 최저임금 미만 영역에서 상당한 비율의 근로자가 항상 존재하여 최저임금정책이 일반의 기대만큼 저임금 해소에 그다지 기여하지 못하고 있음을 확인할 수 있다. 즉 우리나라의 임금분포는 최저임금 수준에서 어느 정도 돌출되지만, 미만 영역의 임금분포가 완전히 단절되지 않고 있다. 최저임금 미만율은 2009년에 8.4~12.8%로 추정되며, 유급주휴 등 지불 근로시간을 고려하면 이보다 높게 추정된다. 정진호, 「최저임금의 실효성 제고」, 『노동리뷰』 2011년 1월호, 한구노동연구원, 2011, 42쪽.

36) 조선일보, 2003.9.8.

37) 최저임금이 고용에 미치는 효과에 대해서는 완전한 의견의 일치를 본 것은 아니다. 그러나 실증적 분석에서 최저임금이 고용을 감소시킨다는 데에는 일반적으로 동의하고 있으며, 소득분배에 미치는 연구를 보더라도 최저임금이 소득분배의 개선에 기여했다는 가설은 지지되

또한 최저임금의 적용을 받는 근로자의 상당한 비율이 빈곤층에 속하는 것은 엄연한 사실이지만 그렇지 않은 경우도 무시할 수 없는 비율이라고 추정된다. 국내외 많은 실증 자료들은 최저임금 적용을 받는 대부분의 근로자들이 빈곤층이라기보다는 청소년과 가구의 2차 소득자에 집중되어 있다는 사실을 보여 준다.[39][40][41] 우리나라의 석상훈・장선구・최옥금의 최저임금 근로자의 일자리 선택 결정요인을 분석한 연구에서도 한국노동패널조사의 7차년도(2004년)까지의 자료를 분석한 결과 최저임금 근로자의 인구사회학적 특성으로 가구주인 경우가 25.3%, 배우자인 경우가 48.1%, 자녀인 경우가 24.1%를 차지하고 있는 것으로 나타나 최저임금 근로자의 경우 가구주가 아니라 주로 배우자 및 자녀와 같은 2차 소득자에 집중되어 있다. 또한 소득계층별 최저임금 근로자의 분포를 보더라도 최저임금 근로자 중 69.6%가 비빈곤 가구에 속하는 것으로 나타난다.[42] 따라서 최저임금제가 저소득 가구의 빈곤을 감소시킬 수 있는 방안임에는 틀림없지만, 최저임금의 인상이 빈곤을 감소시키는 직접적인 coverage 효과가 있는지에 대해서는 다시 고려해 볼 필요가 있을 것이다. 저임금 근로자로 노동시장에 참여하게 되는 요인에는 다양한 유형과 인적 특성이 존재한다는 것을 감안해야 한다. 그리고 무엇보다도 최저임금제는 단지 열악한 근로조건에 처해 있는 저임금 근로자에 대해 사회적으로 공정한 임금을 보장하려는 취지를

지 않거나 미치는 영향이 크지 않은 것으로 나타난다. 김재원, 『노동경제학』, 1997, 법문사, 576~585쪽 참조.

38) 최저임금의 상승률이 높았던 2005년에서 2007년까지 아파트 경비원을 대상으로 최저임금제가 노동수요에 미치는 효과를 분석한 결과, 최저임금제의 도입은 표본 근로자들의 임금을 10.8~10.9% 증가시키는 효과를 가져왔다. 반면 표본 근로자들의 고용은 2007년 3.5~4.1% 감소한 것으로 추정되며, 월 근로시간은 약 45시간 감소되었다고 한다. 남성일, 「최저임금제가 노동수요에 미치는 효과: 감시단속근로자에 대한 실증분석」, 『한국경제논집』 제31권(3), 한국노동경제학회, 2008, 1~17쪽 참조.

39) 많은 미국의 경제학자들은 과거 연방임금의 인상이 빈곤율 감소에 직접적으로 영향을 미치지 않았다고 판단하고 있다. 1989년과 1992년 사이에 연방최저임금이 3.35달러에서 4.25달러로 인상되었을 때 전체 노동인구의 7.1%가 최저임금 인상의 혜택을 받았다. 그런데 혜택을 받은 노동자 가운데 단지 20%만이 빈곤층에 속하는 사람이었을 뿐, 60%는 빈곤층에 속하지 않는 청소년들이었고, 심지어 50%는 빈곤선의 50% 이상을 버는 사람들이었다. 결과적으로 1.4%만이 빈곤층으로서 최저임금의 혜택을 누렸던 것이다. 이렇게 적은 수의 빈곤층이 최저임금의 혜택을 받을 때 연방 최저임금의 인상이 직접적으로 빈곤율을 줄이지 못한다는 통계학적인 결론이 도출되는 것은 당연하다. 최저임금은 단지 노동시장에서 열악한 임금조건에 처해 있는 노동자를 직접적으로 겨냥하고 있을 뿐, 빈곤선 아래에 있는 사람들을 주로 보호하려는 제도가 아니기 때문이다. 하지만 한편으로 연방최저임금의 도움으로 인해 소득세공제로 대표되는 미국의 빈곤해소정책의 효과가 더욱 강력해지는 점 또한 사실이다. 지민웅, 「미국 최저임금제도의 현황과 과제」, 2006년 8월 『국제노동브리프』, 한국노동연구원, 2006, 28~29쪽.

40) 최저임금의 목적이 빈곤을 감소시키려는 것이라면 이 제도가 정말로 그 목적에 부합되는 정책인가는 명확하지 않다. 최저임금은 낮은 임금을 받는 개인 근로자를 대상으로 하는 정책인데 빈곤문제는 개인보다는 가계의 문제라는 것도 중요하다. OECD 국가별 통계자료에서도 대부분의 국가에서 저임금 근로자들의 대다수가 중간 내지 고소득 수준의 가구에 속하고 있음을 알 수 있다. 미국의 경우에도 저임금 근로자의 22%는 빈곤가구에 속하지만 저임금 근로자의 상당수가 상위계층의 가구에 속해 있는 것으로 나타났다. 이러한 사실들은 최저임금제의 편익 중 많은 부분이 빈곤하지 않는 사람들에게 돌아감을 의미한다. 최저임금은 빈곤문제를 해결하는 데 그다지 효과가 있는 것으로 보이지 않는다. Thomas Hyclak・Geraint Johnes・Robert Thornton, 『노동경제학』, 시그마프레스, 2007, 262~264쪽.

41) 최저임금이 근로자들의 고용기회에 잠재적으로 부정적인 효과를 미치는 것 이외에도, 두 가지 다른 이유들이 최저임금이 빈곤을 줄이는 데 상대적으로 효과적이지 못한 수단임을 시사하고 있다. 첫째, 빈곤하게 살고 있는 많은 사람들이 고용되지 않거나 또는 낮은 수준이기는 하지만 임금이 이미 최저임금보다 높은 수준이기 때문에 최저임금의 영향을 받지 않는다. 둘째, 최저임금에 의해 영향을 받는 많은 사람들이 가난한 가계에 거주할지 않을지도 모르는 10대 근로자들이다. RONALD G. EHERENBERG・ROBERT S. SMITH, 『현대 노동경제학』, 교보문고, 2009, 145쪽.

42) 석상훈・장선구・최옥금, 「최저임금 근로자의 일자리 선택 결정요인 분석」, 『사회보장연구』 제22권 제3호, 2006, 한국사회보장학회, 161~171쪽 참조.

가지는 것으로 보아야 하며, 직접적으로 빈곤층의 생활보장을 목적으로 하는 제도로 간주하지는 않아야 한다는 것이다. 즉 최저임금제는 가구의 소득을 보장할 수 있는 제도가 아니라 근로자의 임금을 사회가 용인할 수 있는 적정수준 이상으로 공정하게 설정하려는 제도로 보아야 한다.

대부분의 OECD 국가들에서 90% 이상의 근로자들이 최저임금보다 높은 임금을 받고 있는 상황에서 최저임금의 상향조정이 비정규직 근로자의 처우를 개선할 수 있는 근본적인 방법이라고 보기는 어렵다. 노사관계의 분권화와 개별화를 특징으로 하는 현재의 노동시장에서 현실적으로 기본적인 사회적 생활수준을 보장할 수 있을 정도의 사회적 임금을 법적으로 강제하여 지불능력이 없는 중소기업에까지 적용하여 실시하기는 어려우며 불가능하기도 하다. 노동시장의 구조적 모순을 보완하여 기본적인 사회적 생활수준을 보장하는 것은 국가의 역할로 노동복지정책을 통하여 사회적 부의 불균등한 분배가 시정되는 것이며, 법적 규제와 제한을 통하여 달성될 수 있는 것은 아니다. 전자의 방법은 복지 급여와 사회보험 급여의 보장 수준을 높임으로써 간접적으로 노동자들의 의중임금과 사용자들이 제시하는 임금이 상대적으로 높은 수준에서 결정될 수 있게 한다. 반면 후자의 방법은 법적 규제에만 의지함으로써 비정규직 노동자의 저임금을 실질적으로 해소할 수 있는 근본적인 해결책은 될 수 없으며, 법의 규율이 현실적으로 미치는 대상에 한하여 제한적인 의미만 가질 수밖에 없을 것이다. 따라서 최저임금제에 대한 대안으로는 최저임금제와 병행하여 첫째, 근로연계 복지 프로그램을 생각해 볼 수 있다. 원래 근로연계복지는, 빈곤층에게 급여를 제공하는 것은 이들이 근본적으로 빈곤에서 벗어나게 하지 못할 뿐만 아니라, 노동능력이 있는 근로자의 경우에도 근로의욕을 감퇴시켜 적극적으로 노동시장에 참여를 하지 않는 등 문제로 인하여 복지재정을 악화시킨다는 측면에서 공공부조의 조건으로 노동의무를 부과하려는 목적에서 시작되었다. 그러나 이것을 저임금으로 노동시장에 참여하고 있는 차상위 계층 비정규직 근로자의 사회적 보장을 위한 프로그램으로도 설계할 수 있을 것이다. 둘째, 근로연계복지와 연계하여 부(−)의 소득세[43]와 같은 세제개편이 간접적인 해결방안이 될 수 있을 것이다. 다만, 근로장려세제(EITC)가 안정적으로 실시되기 위해서는 필연적으로 고소득층에 대한 추가적인 소득세 부과가 이루어져야

43) 부의 소득세는 소득이전 프로그램의 하나로서 소득액이 과세대상의 최저한도 이하인 경우 부족분에 대하여 일정률을 적용하여 그만큼을 조세환급과 같은 방식으로 지급하는 제도이다. 이 제도하에서는 정부의 보조금이 부족액의 일정비율에 따라 급부되기 때문에 근로의욕을 유지할 수 있다는 장점이 있다. 즉 부의 소득세는 통상의 소득세와 공공부조의 결점을 보완하고 양자의 장점을 살리는 제도라고 할 수 있다. 강욱모 외, 『사회복지정책』, 청록출판사, 2006.

한다. 우리나라도 2009년 근로장려세제를 도입하여 가구 총소득으로 자녀의 소득을 제외한 부부의 연간총소득이 1,700만 원 미만인 가구를 대상으로 하여 근로빈곤층에 대한 제도적 지원방안을 구축하기 시작하였다.[44]

최저임금과 유사한 방식으로는 노동조합이 지방자치단체의 생활임금(living wage) 조례 제정 등을 통해 모든 비정규직 노동자를 위한 임금인상을 시도하는 전략이 있다. 생활임금이란 일정한 지역사회에서 일하는 노동자들에게 건전한 생활과 가족부양이 가능할 정도의 임금을 지불해야 한다는 개념에서 나온 임금수준을 말한다. 생활임금의 핵심은 사용자들에게 연방 혹은 주정부가 공시하고 있는 최저임금선을 넘어서는 임금을 노동자들에게 지급하도록 강요하는 것이다. 이를 위해 주, 군, 시 등 지자체의 조례로 4인 가족이 그 지역사회에서 생활하는 데 필요한 임금수준을 정하고, 이를 지자체가 직접 고용한 직원은 물론이고 지자체와 계약하고 있는 청부업자 혹은 지자체의 공적자금 지원을 받는 기업, 단체 등의 종업원에 대해 적용하도록 의무화하는 것을 말한다. 생활임금을 강제할 수 있는 근거는 해당 계약의 폐기 및 보조금 지급 중단인데, 해당 업체들이 지방정부와 계약을 지속하고자 한다면 조례를 준수해야 한다. 생활임금운동(living wage campaign)은 1994년 12월 메릴랜드 주 볼티모어에서 시작된 뒤 주 혹은 지방정부를 주요 타깃으로 하면서 다양한 분야에 걸쳐 여러 가지 방식으로 확산되기 시작하였다. 2006년 말 현재 미국에서 140개 지자체, 대학, 단체 등에서 생활임금 조례가 통과되었으며, 다른 115개 지역, 대학, 단체에서 생활임금조례 제정운동을 전개 중인 것으로 파악되고 있다.[45][46] 생활임금운동은 전국 단위의 단일임금으로 결정되는 경직된 최저임금제도와는 달리 노동조합과 사회운동세력이 비정규직의 비조직화된 이해관계를 반영하면서 그 지역의 임금수준과 경제적 상황에 맞추어 적절하게 설정될 수 있으면 그 규범적 역할을 충실히 수행할 수 있을 것으로 보인다.

---

44) 총급여액이 800만 원 미만인 경우 근로장려금은 총급여액의 15%, 800~1,200만 원 미만인 경우 120만 원, 1,200~1,700만 원 미만인 경우 1,700만 원에서 총급여액을 차감한 금액의 25%가 근로장려금으로 지급된다.

45) 은수미·오학수·윤진호, 『비정규직과 한국 노사관계 시스템 변화 Ⅱ』, 한국노동연구원, 2009, 109~110쪽.

46) 권순원, 「미국 최저임금, 근로빈곤층, 그리고 생활임금을 위한 캠페인」, 『국제노동브리프』, 2005년 10월, 한국노동연구원, 2005, 84~90쪽 참조.

4) 단체협약을 통한 비정규직의 정규직 전환

비정규직이기 때문에 발생하는 문제점들을 해결할 수 있는 또 다른 방법으로는 정규직 노조의 교섭력을 통하여 비정규직을 정규직으로 전환하는 방법이 있다.

금호타이어 정규직 노조는 2004년 4월 23일 사내하청 비정규직 근로자 154명을 직접 고용하기로 회사 측과 합의한 후 기아자동차, 우리은행 등에서 단체협약을 통하여 비정규직을 정규직으로 전환시키는 사례가 나타나고 있다. 산별노조 차원에서는 2007년도 보건의료노조가 산별교섭을 통하여 정규직 임금인상분의 1.3～1.8%를 재원으로 활용하여 직접 고용되어 있는 비정규직 6,970명 중 2,384명의 비정규직을 정규직으로 전환시키기도 하였다. 가장 모범적인 사례로는 대우타타상용차 사례를 들 수 있다. 2003년 사내하청 간접고용 노동자 25명을 정규직화한 이래 매년 30명에서 50명에 이르는 비정규직을 정규직화하였으며, 2007년 임단협에서는 매년 도급인원의 10%를 정규직화하기로 합의하여 이를 제도화시키기도 하였다.

> 비정규직 처우 개선이 사회문제화되고 있는 가운데 은행권이 비정규직의 정규직 전환에 적극 나서고 있다. 일정 기간 이상 근무한 비정규직 행원의 정규직 전환을 신규 채용보다 우선시하는 등 채용 관행에도 변화가 나타나고 있다. 14일 은행권에 따르면 외환은행은 이달 29일부터 비정규 직원인 전담 텔러를 대상으로 정규직 전환을 위한 지원서를 접수받을 예정이다. 외환은행은 수신과 외환, 수출입 등 업무 지식에 대한 필기시험과 인사고과 등이 반영된 서류 전형, 임원진 면접을 통해 40～50명을 정규직으로 채용할 계획이다. 외환은행은 지난해 상반기와 하반기에 각각 40명과 15명의 비정규직 직원을 정규직으로 전환시켰다. 외환은행 관계자는 "비정규직의 정규직 전환은 직원의 능력과 개성을 존중하고 불합리한 차별을 없애 직원 간 화합과 동반 성장을 지향하는 신개념 인사 정책의 일환"이라며 "지난달 노동부로부터 남녀고용평등 우수기업으로 선정되는 등 인사 정책이 다른 기업의 모범 사례로 평가받고 있다"고 말했다. 농협은 이달 1일 비정규직 가운데 200명을 정규직으로 채용해 연수를 실시하고 있다. 하나은행은 1월에 비정규직 98명을 정규직으로 채용한 데 이어 다음 달 추가로 1년 이상 근무한 비정규직 수십 명을 정규직으로 전환하기 위해 현재 면접을 진행하고 있다. 수협도 7월에 2년 이상 근무한 비정규직 150여 명 가운데 20～30명을 정규직으로 전환할 계획이다. 수협은 지난해의 경우 20명을 정규직으로 전환시켰다. 지난해 비정규직 17명을 정규직으로 전환한 기업은행은 올 하반기에 작년보다 많은 인원을 정규직으로 채용한다는 방침이다. 국민은행은 작년과 마찬가지로 9월에 80명의 비정규직을 정규직으로 채용할 예정이다. 은행들이 고객 서비스 개선을 위해 비정규직의 정규직 전환을 신규 행원 채용보다 우선시하는 등 채용관행에도 변화가 엿보이고 있다. 농협은 일정 기간 이상 근무한 비정규직의 정규직 전환을 우선 실시하고 신입 행원 공채는 하반기에 실시키로 했다. 하나은행과 외환은행은 비정규직의 정규직 전환이 마무리된 이후 신규 채용 계획을 구체화한다는 방침이다. 하나은행 관계자는

"비정규직 행원들의 업무 능력을 향상시키고 동기 부여를 위해 정규직 전환 빈도를 높였다"며 "비정규직 비율이 다른 은행보다 낮은 편이지만 고객에게 질 높은 서비스 제공을 위해 우수한 비정규직 행원의 전환에 무게를 두고 있다"고 말했다[47]

그러나 이러한 비정규직의 정규직으로의 전환은 긍정적인 의의를 폄하하지는 않더라도, 전향적인 몇몇 경우를 제외하고는 대부분 사측이 사업장 내 비정규직의 절대적 규모를 줄이려는 의도에서 비롯된 것이라기보다는 악화된 노사관계를 개선하거나, 정규직 전환에 대한 기대가능성을 통하여 비정규직의 조직 내 몰입 및 충성도를 제고하고, 평가시스템을 작동시키면서 노동을 효율적으로 관리 및 통제하며,[48] 이를 통하여 생산성을 제고하려는 목적에서 대규모 사업장을 위주로 선별적으로 행해지는 것이므로 근본적인 문제해결의 방법은 아니라고 할 수 있다.[49] 게다가 정규직화를 정례화하거나 제도화하고 있는 경우는 거의 없으며, 1회성에 그치는 경우가 대부분이다. 설혹 비정규직의 정규직화가 정기적으로 이루어진다고 해도 프랑스의 경우와 같이 정규직으로 채용할 인원을 그 근로자의 인적 특성을 고려하여 비정규직 근로자 중에서 선별하여 채용하는 것에 불과한 것이다.

그리고 무엇보다도 비정규직의 정규직화가 이루어진다고 하더라도 기업 간의 불평등은 여전히 남는다. 다시 말해 비정규직이 모두 정규직이 된다고 해도 이는 대기업에 고용되어 있는 비정규직 근로자에게 대기업의 내부노동시장을 일시적으로 확대하는 결과가 될 뿐, 노동시장의 불평등을 극복하는 궁극적 대안은 되지 못하는 것이다.[50]

---

47) 연합뉴스, 2006.5.14.

48) 사내하청 노동자들은 급격하게 증가하고 있었지만 열악한 노동조건으로 인한 높은 이직률은 숙련형성에 중대한 장애가 되고 있었다. 2003년 이래 매년 일정 규모의 비정규직을 정규직화함에 따라 정규직 전환의 기대가 비정규직의 이직률을 제로 수준으로 낮추게 되었다는 점이다. 정규직화가 연례적으로 실시되면서 정규직 전환을 목표로 사내하청 비정규직으로 취업하는 현상이 일반화되고, 정규직 전환은 모든 비정규직에게 지상 목표가 되었다. 정규직화 대상자 선발은 사측의 인사고과와 생산현장의 평가에 기초하여 이루어지기 때문에 비정규직 노동자들이 사측과 현장감독에 대한 충성심을 강요받아서 불만을 토로한다거나 파업투쟁에 적극 결합한다는 것은 기대할 수 없게 되었다. 비정규직 노동자들 사이에는 연대의식 대신 경쟁심이 팽배하게 되었다. 조돈문, 「정규직 노동조합과 비정규직 정규직화의 정치: 타타대우상용차 사례 연구」, 『산업노동연구』 제16권 제1호, 한국산업노동학회, 2010, 158쪽.

49) 타타대우상용차 노동조합은 노사교섭에서 비정규직 10% 정규직화 원칙을 제도화함으로써 정규직 임금인상률과 정규직화의 제로섬 게임에서 벗어날 수 있게 되었다고 할 수 있다. 하지만 이는 정규직화 교섭의 제도화를 정규직화의 제도화로 진전시킨 것일 뿐이며 노동조합은 철폐 전략으로 이행한 것이 아니라 여전히 규제전략을 고수하고 있었다. 노동조합은 비정규직의 90%에 대해서는 사용의 정당성을 인정함으로써 정규직・비정규직의 이중구조를 암묵적으로 수용하는 것이며, 비정규직의 임금인상률을 정규직 대비 70%에서 90%로 제고했을 뿐 여전히 정규직・비정규직의 차별 처우를 인정하며 재생산하는 것이다. 또한 사측이 비정규직의 정규직화를 수용하여 제도화한 것은 정규직화의 노동통제 효과 등 긍정적 기능들을 확인했기 때문이라고 할 수 있다. 특히 비정규직 정규직화는 비정규직을 정규직 채용을 위한 수습과정으로 활용할 수 있게 했다. 국가보훈대상자 특별채용 등 예외적 경우를 제외하면 정규직의 신규채용이 없었다는 점에서 사측은 사내하청을 사실상 정규직 채용풀로 활용하고 있었다. 조돈문, 「정규직 노동조합과 비정규직 정규직화의 정치: 타타대우상용차 사례 연구」, 『산업노동연구』 제16권 제1호, 한국산업노동학회, 2010, 156~161쪽.

50) 비정규 노동에 대한 노동계의 대안은 '정규직화'이다. 정규직과 비정규직 간의 엄청난 차별을 고려하면 이런 요구는 당연하다. 또한 비정규 노동자들이 모두 정규 노동자가 된다면 노동시장 불평등이 크게 줄어들 것이다. 그러나 우리나라 노동시장의 핵심 특징인 기업 간 불평등을 고려하면, 비정규직의 정규직화는 노동시장 불평등을 해결하는 궁극적 대안이 될 수 없다. 왜냐하면 이 대안은 일정 규모 이상의

3. 비정규 노동의 전망과 정책적 대안

1) 비정규 노동의 미래와 전망

노동부와 노동계에서는 그동안 비정규직 문제의 주요한 원인이 법의 흠결이며, 비정규직 보호를 위한 주요한 해결책으로 적절하고 강력한 법률을 고안하는 것이라고 생각하고 있는 듯하다. 그리하여 서구의 법률을 모방하거나 응용하는 입법기술을 통하여 문제의 해결을 시도하려 하였다. 2006년 제정된 비정규직 보호법과 공공기관의 비정규직을 정규직으로 전환시키는 정책 등이 이러한 맥락에서 강력하게 추진되기도 하였다. 그러나 특정한 유형의 비정규직 근로자의 보호를 위한 법률이 제정되는 경우에 해당 유형의 비정규직 근로자에게는 단기적으로는 효과가 있었지만, 기업에서 또 다른 형태의 비정규직 사용을 촉진하는 기제로 작용하였다. 예컨대 기간제근로자를 2년 이상 사용하게 하지 못한다면 사용자는 다른 형태의 고용유연화 형태인 파견 또는 도급 등의 비정규직으로 대체하여 사용하는 것에 불과할 것이다. 비정규직은 정부의 이러한 비정규직 억제 정책에도 불구하고 청년실업 등 실업률이 낮아지지 않고 있는 상태에서 노동시장의 수급 불균형이 해소되지 않으며, 기업의 노동에 대한 유연화 전략이 지속되는 한 당분간 감소되지 않을 것으로 보인다. 다만 정부에서 추진하고 있는 비정규직 근로자 보호를 위한 법률의 내용에 따라 정규직 근로자와의 근로조건의 격차는 다소 줄어들 수 있을 것이다. 그러나 고용불안은 명목상으로 드러난 비정규직 근로자에 대한 차별과 근로조건의 개선으로 문제가 해결되는 것이 아니며, 도급, 아웃소싱, 협력업체, 중소기업 등을 통해 외부로 문제가 전이될 것으로 보인다. 즉 노동시장의 유연화라는 요구에 대하여 비정규직을 보호한다는 명분으로 관련 법규가 제정되었다고 하더라도, 기업이 인건비 절감을 주요한 목적으로 하고 있으며, 시장(기업)에서의 고용유연성 확보를 위한 효율화 전략을 추구하는 한 또 다른 형태의 비정규직을 더욱더 억압적인 방식으로 양산하게 될 뿐이다. 칼 마르크스도 자본은 사회의 어떤 한 지점에서 국가의 통제를 받게 될 때에는 다른 모든 지점들에서 더욱더 무모하게 보상을 받으려고 하는 끊임없이 반복되는 경험적 사실을 지적한 바 있다. 우리나라

기업체에 고용된 비정규 노동자들에게나 큰 의미가 있지, 기업내부노동시장 자체가 없거나 약한 영세기업이거나 중소기업에 고용된 노동자, 사용자가 불분명한 노동자들의 처지는 크게 나아지지 않을 것이기 때문이다. 그러므로 비정규직의 정규직화가 이루어진다고 해도 기업 간 불평등은 여전히 남는다. 정이환, 『노동시장의 정치사회학』, 후마니타스, 2006, 394~395쪽 참조.

에서도 기간제근로자와 파견근로자를 보호한다는 명분으로 비정규직 보호를 위한 법률을 제정하였지만 재계약을 거부하거나, 2년 후 직접채용에 대한 부담을 회피하기 위하여 대부분의 기업에서는 분사 및 도급 등 형태로 전환하기도 하였다. 분사나 도급으로 전환된 경우 비정규직 근로자는 형식적으로는 분사나 도급된 기업의 정규직의 외양을 띠기도 하지만, 사실상 모기업에 구조적으로 종속되어 고용불안에 시달리게 된다. 게다가 기업이 분사를 하는 경우에는 모기업의 일부 정규직까지 구조조정의 차원에서 분사된 기업으로 근로관계가 이전되기도 한다.

둘째, 비정규직 근로자와 정규직 근로자 간의 긴장과 갈등관계가 향후 비정규직 근로자의 근로조건에 많은 영향을 미칠 것으로 보인다. 현재 비정규직은 일시적으로 생긴 업무의 공백을 메우기 위하여 고용되는 본래의 개념을 넘어, 기업의 고용유연성을 확보하기 위한 정규직의 안전판 역할과 정규직의 상대적 고임금을 유지하고 보호하며 노동시장의 불확실성을 해소하는 기능을 하고 있어,[51] 기존의 정규직 노조가 비정규직 근로자의 노조가입을 봉쇄하기도 하는 등 배타적인 면이 없지 않았다.[52] 대표적인 사례가 2000년 현대차 노조에서 비정규직 채용을 보장해 주는 대신 정규직의 고용을 보장해 주는 합의를 한 경우이며 GM대우에서도 유사한 사례가 있었다.

> 현대차 정규직 노동자들이 다시 한번 비정규직 노동자를 외면했다. 비정규직 노동자를 조합원으로 받아들이는 내용의 규약 변경안이 3번째 부결되면서 또다시 실패한 것이다. 1사 1조직 원칙 아래 비정규직과의 연대를 강조해 온 금속노조의 '삼고초려'도 현대차 정규직에겐 통하지 않았다. 금속노조 현대자동차지부(지부장 윤해모)는 지난 17일 울산공장 문화회관에서 임시 대의원대회를 열고 이 같은 규약 변경안 통과를 시도했다. 하지만 결과는 실패였다. 전체 대의원 486명 가운데 316명이 투표에 참여해 반대 163표, 찬성 153표로 찬성보다 반대가 많았다. 규약 변경을 위한 3분의 2 이상의 찬성에도 못 미쳤을 뿐 아니라, 찬성이 50%를 넘겼던 지난해 6월의 투표보다 더 낮은 수치였다. 현대차에는 정규직이 4만 5,000여 명, 비정규직이 1만 5,000명이 함께 일하고 있다. 이 가운데 1, 2, 3차 협력사 비정규직이 1만 2,000명, 식당·청소·경비 등 시설관리 비정규직이 3,000여 명 수준이다. 이들 1만 5,000명은 지난해 1월과 6월, 두 차례의 부결에 이어 다시 한번 정규직 노동자들의 '외면'을 바라봐야 했다. 윤해모 지부장은 이날 투표에 앞서 "경영위기가 닥치면 경영진이 고임금의 정규직을 먼저 해고한다"며 만장일치 가결을 호소했지만 통하지 않았다. "전국의 노동자가 보고 있다"는 말도 소용없었다. 여기에는 정규직 노동자의 '밥그릇 지키기' 심리가 이미 굳건하게 자리 잡고 있다는 분석이 지배적이다. 비정규직을 조합원으

---

51) 초기에 비정규직 근로자가 정규직 근로자의 노동조합에 가입하려고 하였다가 거절되기도 하였던 이유였다. 그 이후 비정규직의 독자적인 노동조합이 많이 조직되었다.

52) 우리가 '타인'이란 말을 어느 범위까지 설정해야 하는가에 관해서는 다소 혼란이 있다. 흔히 집단 내의 이타주의는 집단 간의 이기주의를 동반할 때가 많다. 이것이 노동조합주의의 기본 원리이다. 리처드 도킨스, 『이기적 유전자』, 을유문화사, 2002, 33쪽.

로 받아들일 경우, 매년 임단협 때마다 이들의 처우 개선 문제가 정규직의 발목을 잡을 것이라는 우려가 존재하는 것이다. 조합원의 평균 연령이 높아지는 상태에서 구조조정의 안전판이 필요하다는 생각도 반대표를 던진 원인으로 꼽힌다. 최근의 경제위기도 이 같은 불안감을 키웠다. 또 규약 변경이 "힘든 일은 비정규직, 쉬운 일은 정규직이 한다"는 완성차 업계의 악습에 제동을 걸까 염려하는 시선도 존재한다. 결국 정규직 노동자들은 굳건했던 반면, 이를 깨기 위한 지도부의 노력이 따라가지 못한 것이다. "정규직을 껴안고 간다"는 산별노조의 정신이 현장에는 전혀 스며들지 못하고 있는 것이 재차 확인된 상황이어서 빠른 시일 내에 다른 결과가 나오기는 쉽지 않을 것으로 보인다.[53)]

그러나 단기적으로 비정규직이 정규직의 완충역할을 할 수 있으나, 장기적으로는, 비정규직과 정규직은 대체 가능한 경쟁관계에 놓여 있는데, 현재와 같은 임금격차가 유지될 경우 기업에서는 정규직을 줄이고 비정규직을 늘리는 형태로 대응할 것이 명백하다. 기업의 입장에서 정규직 근로자와 비정규직 근로자는 법적 제약이 없다면 대체 가능한 보완재에 불과하다. 현재 기업에서는 법적인 제한과 노동조합의 반발로 인하여 정규직의 비율을 단기간에 급격하게 감소시키지는 못하지만, 장기적으로는 노동과정에 대한 최적의 인력비율이 이루어지기까지 비정규직을 증가시킬 수 있을 것이다. 이로 인하여 정규직 근로자의 고용과 임금도 부정적인 영향을 받게 되며, 장기적으로 노동조합의 기반을 약화시키게 될 것이다. 이러한 명분과 이유를 내세워 노동조합의 상급단체들이 주도하여 비정규직 근로자의 근로조건의 개선을 요구하고 조직적 연대를 도모하고 있으나 현장의 조합원들에게 제대로 인식되고 있지 않는 것으로 보인다.

"오른쪽 바퀴는 정규직이 만들고 왼쪽 바퀴는 비정규직이 만든다." 완성차 업체의 사내하청 실태를 빗댄 금속노조 관계자의 말이다. 이 말은 그러나 머지않아 옛말이 될지 모른다. "오른쪽 바퀴와 왼쪽 바퀴 모두 비정규직이 만드는" 공장이 돌아가고 있기 때문이다. 이른바 정규직 없는 공장이다. 정규직 없는 공장, 서비스업종이 갈수록 늘어나고 있다. 충남 서산에 위치한 '동희오토'는 기아차 '모닝'을 생산·납품하는 국내 첫 완성차 위탁생산업체다. 2001년 기아차와 자동차부품업체 동희산업이 공동 출자해 설립했다. 올 들어 고유가로 경차에 대한 수요가 크게 늘면서 이 회사는 '대박'을 터뜨렸다. '모닝'의 내수판매는 6월까지 4만 7,569대. 지난해 같은 기간 실적(1만 2,937대)은 물론 지난해 1년치 판매대수(2만 8,404대)를 훌쩍 뛰어넘는다. 공장의 생산라인에선 노동자 850여 명이 쉴 새 없이 일하고 있지만 정규직은 한 명도 없다. 모두 도급업체 소속이다. 그것도 1년 계약직이다. '기아차－동희오토－협력업체－노동자'로 이어지는 연쇄 도급사슬의 맨 밑바닥이다. 7개의 작업 공정을 도급업체 10개가 나눠 맡고 있다. 동희오토에 직접 고용된 정규직 150여 명은 품질관리·생산과정 체크 등 관리업무만을 담당한다. '원청(동희오토)→도급업체사업소장→라인 조·반장'의 계통을 거쳐야 하지만 원청에서 조·반장들에게 직접 업무를 지

53) 프레시안, 2008.10.19.

> 시하는 경우가 많다. 비정규직 공장은 기업주에게는 매력적으로 받아들여질 법하다. 노동자의 임금은 낮고 전환배치도 자유롭기 때문이다. 노조도 활성화되기 힘든 조건이다. "사용자에겐 '꿈의 공장'"(금속노조 관계자)이라는 말이 과장만은 아니다.[54]

셋째, 고용형태 간의 대립은 복지정책의 방향에 대한 입장 표명에서도 재연될 확률이 크다. 대기업이나 정규직 노동자들은 민간보험 시스템을 선호하고, 중간층 노동자들도 민간보험 시스템을 선호할 수 있다. 반면 민간보험의 보호를 받지 못하는 비정규직이나 중소기업의 노동자들은 일반적인 조세수입을 재원으로 하는 사회안전망을 선호하게 될 것이다. 따라서 중상류층 정규직 노동자들은 조세 저항을 통해 자신들의 이익을 관철시키면서 사회안전망의 확대에 크게 관심을 가지지 않게 되고, 자신들의 이익을 표현하거나 관철시키기 위해 정치적 활동을 할 수 있는 방법이나 재원이 없는 비정규직 노동자들의 생활조건은 더욱 하락할 가능성이 있다.[55] 특히 고소득을 올리는 자영업자나 전문직들에 대한 과세가 제대로 이루어지고 있지 않아 임금근로자들이 현재의 조세 부담에 대해서도 공정하다고 인식하지 못하고 있는 상황에서는 사회안전망의 비용을 조세로 부담하는 것은 일정한 한계를 가질 수밖에 없다. 그러나 점점 확대되는 노동양극화를 사회안전망의 확대를 통해 해소하기 위해서는 계급 내 연대의식이 담보되는 내에서 사회보장기여금과 일반 조세수입의 최적 결합을 찾는 것이 앞으로의 중요한 과제가 될 것이다.

2) 정책과 대안

이제 비정규직 노동자에 대한 문제는 비단 우리나라뿐만 아니라 자본주의적 생산양식의 전면화에 따라 전 세계적으로 진행되는 신자유주의적인 노동시장의 유연화가 가져오는 불가피한 문제로 보인다. 다만, 이러한 과정 속에서 노동에 대한 개별기업의 단기적인 효율화 전략에 대하여 국가가 장기적으로 노동의 곡사를 예방하고, 정상적인 노동의 재생산을 가능하게 하기 위한 정책적 개입은 필요한 것으로 보인다. 즉 거시적으로 본다면 개별 기업에서는 최선의 선택이라고 하더라도 결과적으로 사회적 부의 불공평한 분배가 증가되고, 실업의 사회적 비용을 증가시키며, 임금근로자의 가처분 소득을 감소시켜 유효수요가 감소하며, 건전한 의미의 중산층이 감소하고 국민의 삶의 질이 지속적으로 저하되고

54) 경향신문, 2008.7.30.

55) 김혜원·김은경·전승훈, 『사회안전망의 경제적 분석』, 한국노동연구원, 2007, 40~41쪽.

있는 등 여러 가지 부작용이 나타나고 있으므로 비정규직 문제의 해결을 위한 국가의 노동시장에 대한 개입은 필수적인 것이다. 다만 국가의 시장에 대한 개입의 정도와 방법이 문제인데 단기적·대증적 요법이 아니라, 거시적으로 산업정책과 보조를 맞추어 합리적이며 조화로운 노동정책과 재분배정책만이 문제를 해결할 수 있을 것으로 보인다.

반면 노동계의 주장과 같이 이제까지의 노동자의 강력한 대응전략으로 여겨졌던 노동운동의 조직화라는 방법을 비정규노동에 동일한 논리를 적용하여 비정규직 근로자의 조직화를 통한 교섭력 확보를 통하여 사용자를 압박하고 근로조건을 향상시킬 수 있다고 보는 것은 근본적인 한계를 가진 정치적 구호나 대부분의 경우 도덕적 위선에 지나지 않을지도 모른다. 사회적 분업의 구조에서 전략적 위치에 있지 않은 미숙련 또는 비숙련부문의 근로자들은 시장교섭력이 취약하기 때문에 채용시점부터 비정규직으로 고용되었으며, 고용된 이후에도 다른 근로자로의 대체가능성 등으로 인하여 작업장 교섭력이 취약하여 상시적으로 계약 갱신 거부, 용역회사 교체 후 계약 파기, 일방적 해고 통보 등의 해고위협과 고용불안에 시달리게 되며, 비공식적이며 임의적인 작업관행을 받아들일 수밖에 없게 된 것이라는 측면을 감안해야 할 것이다. 이러한 시장교섭력과 작업장교섭력의 취약성은 필요한 기능을 갖춘 다른 근로자들로 대체하기가 쉬워지는 실업률이 높은 상황에서 특히 증가하게 되며, 계약파기와 재계약 갱신 거부라는 해고위협에 기초한 자본의 위계적 통제장치는 효과적으로 달성된다. 그리고 이러한 노동의 취약성은 비정규 독자 노조의 조직화를 어렵게 하거나, 비정규 노조의 교섭력을 근본적 한계에 부딪히게 하는 것으로 보인다. 실제 최근 몇 년간 양대 노총과 현장 활동가들의 전략 조직화를 위한 지난한 노력에도 불구하고 2008년 경제활동인구 부가조사 결과에서 4.2%였던 비정규직의 노조가입률은 2009년 경제활동인구 부가조사 결과에서 3.4%, 2010년 경제활동인구부가조사에서 2.8%, 2011년 경제활동인구부가조사에서 2.6%로 나타나고 있는 등 최근에 조직률이 더 하락하는 모습을 보여 주고 있다. 결국 비정규직의 조직률 제고를 통한 교섭력 강화는 일부 대규모 사업장을 제외하고는 쉽지 않은 것으로 보인다. 다만, 비정규 노동의 조직화는 대부분 일시적인 연합체에 불과하거나 자본의 통제전략에 따라 지속적인 근거나 토대를 가지기 어려워 오랫동안 지속되기 쉽지 않다는 본질적인 취약점에 대해서는 산별노조의 건설을 통하여 그러한 한계를 극복하며, 노동자 계급의 연대를 통하여 비정규 노동의 보호에 대한 입법정책에 간여하는 것은 반드시 필요하며 부분적으로 긍정적인 측면이 있다고 보인다.

결국 많은 현실적 한계를 지닌 방법들, 즉 비정규직 근로자를 정규직으로 전환시키거나 차별 시정에 초점을 맞추는 등 비정규직 근로자의 사용에 대한 각종 규제법안과 비정규직 근로자의 조직화의 측면에만 중점을 두거나 논점을 좁히기보다는 비정규직 근로자의 기본적인 생활을 보장하는 연금 및 사회보험 등 적극적인 사회보장정책으로서의 사회안정망의 구축과 더불어 저소득층에 대한 부(−)의 소득세 등과 같은 근로연계적(welfare to work) 사회복지정책의 일환으로서의 사회통합적 노동정책과 부의 재분배정책이 보다 현실적이고 효과적인 방법이라고 할 수 있을 것이며, 이에 대한 적극적 검토가 필요한 시점이라고 판단된다. 정규직 근로자의 보호를 위한 법률이 제정되더라고 해당되는 특정 비정규직 근로자에게는 단기적으로는 효과가 있을지 모르지만, 기업에서 파견이나 도급 등 다른 형태의 비정규직으로 전환이 가능할 경우에는 사실상 효과가 미미할 것으로 보인다. 따라서 비정규직 근로자의 사용에 대한 각종 규제 법안을 제정하기보다는 입법적 차원에서 정부의 재정지원뿐만 아니라 무엇보다도 사회보험에서 사회적 연대를 통한 계급 내 소득이전이 필요하다. 예컨대 현재 90일에서 최대 240일까지 지급받을 수 있는 실업급여의 지급일수를 대폭 상향조정하여야 할 것으로 보인다. 또한 실업 직전 평균임금의 50%인 실업급여의 지급액을 소득수준에 따라 차등화하는 동시에 실업급여의 최저액을 현실화하는 방안, 그리고 가장 평등주의적인 방법으로 실업급여를 정액화하는 방안을 생각해 볼 수 있을 것이다. 특히 국민연금에 있어서는 짧은 가입기간과 낮은 임금으로 인하여 연금수급권이 발생하더라도 기여와 급여 간 연계고리[56]로 인해 노후 빈곤에 처할 위험이 큰 비정규직에게 기초연금제[57]와 최저연금보장제를 실시하는 등 기본적인 생활을 보장하는 적극적인 사회보장정책으로서의 사회안정망의 구축이 보다 효과적인 방법이라고 할 수 있을 것이다.[58] 이를 위하여 보험가입자(근로자)가 납부한 보험료를 재원으로 실업과

---

56) 보험 가입자의 고용 여부와 고용기간이 급여수준을 결정하는 데 핵심적인 역할을 한다는 사실도 연금제도의 탈상품화, 사회계층화 효과가 결코 긍정적일 수 없다는 점을 말해 준다. 이러한 경우 여성 등 소득수준이 상대적으로 낮고 이동성이 높은 노동자들이 받는 불이익은 매우 명백하거니와, 저임과 고용 불안정으로 특징되는 비정규직이 만연하는 오늘의 상황을 고려하면, 시장에서 밀려난 취약계층을 위한 소득 보전 장치로서 국민연금의 한계는 더욱 분명해진다. 요컨대, 현재의 연금제도는 제도 자체에 각인된 부분적 소득재분배 효과에도 불구하고 소득보장기능 자체가 취약한 데다가 과거의 고용실적에 따른(즉 고용된 자와 실업자 그리고 장기 고용자와 단기 고용자 간의) 차등화를 심화시키는 구조를 지니고 있기 때문에 임금수준이 낮고 고용기간이 안정적이지 못한 취약 계층을 위한 실효성 있는 소득대체 효과와 소득재분배 효과를 기대하기 어려운 실정이다. 고세훈, 『복지한국 미래는 있는가』, 후마니타스, 2007, 201쪽.

57) 기초연금은 급여가 정액이거나 근속연수에 따라 차등화되며 과거 소득과는 무관하고 추가소득이 있다고 급여가 삭감되지 않는 특성을 지닌다. 김성숙 외, 『공적연금의 이해』, 국민연금연구원, 2008, 27쪽.

58) 왈처에 따르면 필연적인 시장 중심적 불평등이 자신의 영역을 넘어서, 민주주의 시민권, 교육, 보건의료 혹은 공적 명예 같은 것들처럼, 지불할 수 있는 능력들에 준거하지 아니하고 재화들이 분배되어야 하는 다른 정의의 영역을 오염시킨다는 것이다. 사람들이 돈을 벌고 보트나 멋진 음향기기 등 사적 재화를 구입하는 능력에 있어서의 비자발적인 불평등은 허용 가능하지만, 이러한 시장의 불평등이 정치적 영향력, 기본적인 공적 서비스 혹은 공적인 인정을 사람들이 구매할 수 있도록 만들어서 그로 인해 공적 영역에서의 평등을 침해해서는 안 된다. 윌 킴리카, 『현대정치철학의 이해』, 동명사, 2006, 277쪽.

노후보장이라는 보험사고에 대하여 보험료를 지급하는 사(私)보험의 원리와 방법이 아니라, 별도의 기금과 재원으로 사회보장[59]이 이루어지며 사회적 연대감과 평등주의에 따라 분배가 이루어지는 통합적인 복지정책의 틀 안에서 사회보장제도의 전향적인 검토가 필요하다. 연금급여에 있어서도 기여와 급여 간의 비례적인 연계고리를 철폐하고 보험급여자의 최저생활을 보장하는 데 적정하고 충분한 것이 되도록 보편적인 급여액이 설정되어야 할 것이다. 비정규직 근로자가 납입한 기간과 납입한 금액에 따라 급여액의 한계가 정해지는 현재의 고용보험제도와 연금제도는 사실상 공적사회보장제도 또는 공적부조로서의 사회적 기능을 수행하고 있다고 볼 수 없는 것이다.[60] 그러나 그것은 대부분 국가들에서 정규직 노동자를 전제로 설계되었던 전통적인 사회보장 시스템의 불가피한 현상이기도 하지만,[61] 한편으로 그것은 사회보험제도의 실패를 의미하는 것으로 보아야 한다.[62] 이러한 문제를 해결하기 위한 현실적인 방법으로 1995년 이후 동일하게 유지되고 있는 국민연금의 기준소득월액[63] 상한액과 하한액을 현실화하여 사회보험의 소득재분배 기능을 강화시켜야 한다. 우리나라 국민연금 급여산식은 수급권이 발생한 해 직전 3개년 전체 가입자의 평균소득과 가입자 개인의 평균소득이 기준소득이 됨으로써 상당한 소득 재분배 효과를 거둘 수 있다. 이에 따라 소득상한에 가입자들이 몰려 있는 기형적인 상태에서 기준소득월액 상한액 368만 원을 상승된 가입자들의 평균소득과 연동하여 상향조정함으로써 가입자 소득계층 간 소득재분배 효과를 강화시킬 수 있다. 그리고 1995년 당시의 최

59) 일본 사회보장제도심의회의 '사회보장'의 정의에 따르면 질병·부상·분만·사망·노령·실업·기타의 원인에 대하여 보험의 방법 또는 직접 공적 부담으로서 경제보장의 길을 강구하고 생활이 빈곤한 자에 대하여 국가부조에 의해서 최저생활을 보장함으로써 공중위생 및 사회복지를 향상시키고 모든 국민으로 하여금 문화적 사회의 성원으로서 가치 있는 생활을 영위할 수 있게 하는 제도라고 규정하고 있다. 신수식, 『사회보장론』, 박영사, 1986, 5쪽.

60) 공적연금의 역할은 크게 나눠 사회적 안전장치, 소득재분배, 위험분산, 경제사회 안정 네 가지로 정리할 수 있다. 특히 공적연금은 기여금과 세금 등을 통해 소득을 재분배한다. 가입자 중 일부는 가입기간 중 낸 기여금의 원리금 합계보다 수급기간 중 받은 연금 합계가 현재가치 기준으로 더 많은데 이것이 바로 소득재분배이다. 기여금과 세금은 통상 소득에 비례하여 징수하지만 급여의 일정 부분이 빈곤예방 차원에서 정액으로 지급되고 퇴직, 재해, 사망 등의 보험사고 발생 시 필요에 따라 지급되면서 소득이 재분배된다. 근로기에는 소득분배가 시장에서 행해지지만, 공적연금은 저소득층에게는 납부한 기여금이나 세금 이상의 급여를 지급하고 보험사고 발생으로 위험에 처한 이들에게는 빈곤해소에 필요한 자금을 지원함으로써 동일 세대 내에서 소득을 재분배하는 것이다. 미국 사회보장연금과 우리나라 국민연금 산식에 이러한 기능을 수행하는 인자가 들어 있다. 김성숙 외, 『공적연금의 이해』, 국민연금연구원, 2008, 12~50쪽.

61) 유럽의 경우는 약간 다르기는 하지만, 대부분 사정이 근본적으로 다르지는 않다. 브루스 애커만 과 앤 알스톳은 미국의 사회보장 시스템이 유급노동, 안정적인 생계부양자와 장기간 결혼의 지속을 노후 소득보장과 연계시키며, 이혼 여성, 독신 여성, 저소득자와 결혼한 여성, '비정규 노동자'들은 다른 사람들을 위해 평생 일했음에도 불구하고 빈곤한 생활을 하게 된다고 한다. 브루스 애커만·앤 알스톳, 「왜 사회적 지분인가?」, 『분배의 재구성』, 나눔의 집, 2010, 84쪽.

62) 사회보험에서 비정규 근로자의 배제 현상이 지속될 경우 우리나라 사회보험은 민영화 이전의 칠레, 아르헨티나 등 남미가 그러했듯이 '있는 자들을 위한 사회보험'으로 영원히 고착될 가능성도 있다. 이렇게 되면 사회보험의 장래는 극히 불투명해질 것이며, 이른바 '시장의 효율화 논리'를 앞세운 사회보험 민영화의 압력이 비례적으로 커지게 될 것이다. 김연명, 「비정규 근로자에 대한 사회보험 확대」, 『한국사회복지학』 제45권, 한국사회복지학회, 2001, 96~97쪽.

63) 기준소득월액이란 국민연금의 보험료 및 급여 산정을 위하여 가입자가 신고한 소득월액에서 천 원 미만을 절사한 금액을 말하며, 최저 23만 원에서 최고금액 368만 원까지의 범위에서 결정된다. 따라서 신고한 소득월액이 23만 원보다 적으면 23만 원을 기준소득월액으로 하고, 368만 원보다 많으면 368만 원이 기준소득월액이 된다.

저임금을 기준으로 설정되었던 기준소득월액 하한액 23만 원도 변화된 사회・경제적 상황을 고려하여 상향조정되어야 한다. 기준소득월액 하한액을 상향조정하는 것이 가입자에게 부담이 될 수 있다면 인상되는 연금보험료[64)]의 일부를 국고에서 보조하는 것도 한 가지 방법이 될 수 있다. 현재 국가의 농어촌특별세를 재원으로 농어업에 종사하는 가입자에 대하여 국가가 기준소득월액 790,000원 이하의 경우 보험료의 50%에 해당하는 금액을 지원하고 있으며, 기준소득월액 790,000원 이상의 경우 790,000원 보험료의 50%에 해당하는 금액 35,500원을 정액으로 지원하고 있는 것도 참고할 만한 사례이다. 결국 우리가 살펴본 바와 같이 문제를 해결할 수 있는 방법으로는 사회적 공동체 의식과 평등주의에 의하여 사회보장제도와 사회보험제도를 통한 소득의 세대내 이전 이외에는 대안이 없다.

4. 결론

비정규 노동의 문제는 가부장제가 여성에 대한 남성의 협동적 억압의 결과물이 아니듯이, 자본과 계급 간의 1차원적인 갈등과 억압의 문제로 환원되지는 않는다. 거시적인 측면에서 강제되는 자본운동의 논리와 시장의 법칙뿐만 아니라, 사회 곳곳에서 신체를 중심으로 이루어지는 다양한 형태의 미시적인 권력과 지배의 전략은 쉽게 추출하거나 통제할 수 있는 것이 아니며, 이러한 억압구조는 이성의 관념 속에서 미리 만들어지는 동시에 사회적 지층 위에서 개별 주체에 의해 자율적으로 생성되고 증폭되는 것이기 때문이다. 따라서 비정규직 노동문제를 해결하기 위하여 대안으로 제시되는 방법들에 대하여 그 의의를 폄하하지는 않는다고 하더라도 정규직 노동자에 대한 해결방식과 동일한 사유관습과 논리를 적용하여 새로운 법률을 제정하거나, 노동조합의 조직화를 통해서 해결될 수 있는 사안은 아닐 것이다. 그것은 법률을 제정함으로써 문명의 속성과 현실을 규정할 수 있다는 손쉬운 관념적 화해나 이념적 이상형에 불과할 것이다. 이러한 현실 인식에 대한 철학적 빈곤은 빈곤의 철학을 결코 대신하지 못할 뿐만 아니라, 현실을 왜곡하고 문제를 계속 방치하는 결과로 나타날 수밖에 없다. 프로이트가 인류는 모든 종류의 사회적 공동체에서 제어할 수 없는 인간적 본성이 빚어내는 모든 어려움들과 기약할 수 없는 오랜 기간 동안

64) 연금보험료 = 가입자의 기준소득월액 X 연금보험료율에 의하여 부과되는 금액을 말하며, 연금보험료는 근로자와 사용자가 기준소득월액의 4.5%를 각각 합산하여 9%를 납부하게 되어 있다.

투쟁해야 할 것이라고 보았듯이 현재의 억압적 형태는 자본주의적 생산양식의 전면화에 따른 과잉결정화된 주체화 양식에서 타자(비정규 노동)에 대한 주체의 자의적이고 임의적인 지배를 의도하는 사회적 성격과 무의식이 외화되어 드러나는 제도적 표현일 뿐인 것이다. 이러한 상황에서 문제의 해결을 위한 방법은 법률을 통한 노동시장에 대한 직접적이고 자의적인 제도적 개입과 남용이 아니다. 그 대신 규범적 개입이 가능한 영역에서 점진적으로 시장의 한계를 교정하는 것에 만족하여야 한다. 최종적인 생산물을 이전하는 소득재분배 기능으로서의 국가의 규범적 역할을 점진적으로 강화하고, 새로운 사회보험제도의 프로그램과 지속 가능한 복지국가 모델을 구상하는 것에서 찾아야 할 것으로 보인다. 법과 시장으로 통제되지 않는 부분에 관해서는 장기적으로 산업구조의 고도화를 통하여 저임금으로 유지되는 저부가가치 산업의 구조조정을 통하여 비숙련노동을 탈피하는 데서 비정규 노동을 최소화하고, 동시에 소득재분배를 통한 최소한의 복지국가 모델의 조속한 도입을 통하여 문제점을 해결하는 방식이 요구된다. 이러한 부의 재분배는 사회적 분업의 구조가 필연적으로 결과하는 소득의 임의적이고 왜곡된 분배를 교정하는 것에 불과한 것이며, 공동체 속에서 개인이 생산한 사회적 가치를 정당하게 재전유하는 것이라는 관점의 전환이 우리에게 무엇보다도 필요한 것으로 보인다.

참고문헌

강욱모 외, 『사회복지정책』, 청록출판사, 2006.

게오르그 루카치, 『역사와 계급의식』, 거름, 1986.

고세훈, 『복지한국 미래는 있는가』, 후마니타스, 2007.

고영복, 『사상사 개설』, 사회문화연구소, 1992.

권순원, 「미국 최저임금, 근로빈곤층, 그리고 생활임금을 위한 캠페인」, 『국제노동브리프』 2005년 10월, 한국노동연구원, 2005.

권혁진 · 김성희 · 최은아, 『비정규직 근로자의 국민연금 가입 제고를 위한 정책방향 연구』, 국민연금연구원, 2008.

김남훈, 『비정규직 근로자를 위한 노동법 해설』, 한국학술정보, 2008.

김동배 · 김주일, 「비정규직 활용의 영향 요인」, 『노동정책연구』 제2권 제4호, 한국노동연구원, 2002.

김상환, 「새로운 해석학의 탄생」, 『니체가 뒤흔든 철학 100년』, 민음사, 2000.

______, 『니체, 프로이트, 맑스 이후』, 창작과비평사, 2002.

김성숙 외, 『공적연금의 이해』, 국민연금연구원, 2008.

김세균, 『칼 맑스 프리드리히 엥겔스 저작 선집 1』, 박종철출판사, 1991.

______, 『칼 맑스 프리드리히 엥겔스 저작 선집 2』, 박종철출판사, 1992

______, 『칼 맑스 프리드리히 엥겔스 저작 선집 3』, 박종철출판사, 1993.

김수행, 『위기의 자본주의 경제와 공황』, 서울대학교출판부, 2006.

______, 『자본론의 현대적 해석』, 서울대학교출판부, 2008.

______, 『정치경제학 원론』, 비봉출판사, 1988.

김안나, 「한국의 사회적 배제 실태에 관한 실증적 연구」, 『사회이론』 vol.32, 한국사회이론학회, 2007.

김연명, 「비정규 근로자에 대한 사회보험 확대」, 『한국사회복지학』 vol.45, 한국사회복지학회, 2001.

______, 「비정규직의 사회보험 사각지대 규모와 실태의 재검토」, 『사회복지정책』, vol.37, 2010, 한국사회복지정책학회, 2010.

김연명 · 윤정향, 「비정규 노동의 사회복지 배제와 그 대책」, 『노동시장 유연화와 노동복지』, 인간과 복지, 2003.

김영문, 「고용유연화: 해고법제 개편방향」, 『한국의 노동, 어떻게 할 것인가 Ⅱ』, 서강대학교출판부, 2008.

김영용, 「정치경제학과 제도경제학? 정치경제학 혹은 제도경제학?」, 『사회경제평론』 19호, 한국사회경제학회, 2002.

김유배, 『노동경제학』, 박영사, 2006.

김유선, 「기업의 비정규직 사용 결정요인」, 『노동정책연구』 제3권 제3호, 한국노동연구원, 2003.

______, 「1980년대 이래 비정규직 증가원인」 『노동사회』 2003년 8월호, 한국노동사회연구소, 2003.

______, 「외환위기 이후 노동시장 구조변화」, 『아세아 연구』 제47권 1호, 고려대학교아세아문제연구소, 2004.

______, 「비정규직 고용과 노동운동」, 『아세아 연구』 통권 제119호, 고려대학교아세아문제연구소, 2005.
______, 「서비스산업 노동시장 분석」, 『동향과 전망』 68호, 한국사회과학연구소, 2006.
______, 「비정규직 실태와 개선방안」, 『노동사회』 2009년 1월호, 한국노동사회연구소, 2009.
______, 「비정규 보호법 주요 쟁점」, 『노동사회』 2009년 7·8월호, 한국노동사회연구소, 2009.
______, 「2010년 비정규직 규모와 실태」, 『노동사회』 20011년 1·2월호, 한국노동사회연구소, 2011.
김재원, 『노동경제학』, 법문사, 1997.
김종일, 『복지에서 노동으로』, 일신사, 2001.
김종한, 「정치경제학 분석방법에서 진화적 관점의 유용성 모색」, 『응용경제』 제7권 1호, 한국응용경제학회, 2005.
김준호, 『민법강의』, 법문사, 2009.
김진구, 「비정규직 근로자와 사회보장」, 『상황과 복지』 제12호, 비판과대안을위한사회복지학회, 2002.
김철식, 「노동의 불안정화를 양산하는 자본의 전략」, 『비정규직 없는 세상』, 메이데이, 2009.
김태성, 『사회복지정책입문』, 청목출판사, 2007.
김태성·성경륭, 『복지국가론』, 나남, 2000.
김형배, 『노동법』, 박영사, 2007.
김형배·김규완·김명숙, 『민법학 강의』, 신조사, 2009.
김혜원·김은경·전승훈, 『사회안전망의 경제적 분석』, 한국노동연구원, 2007.
김혜진, 「비정규직법을 둘러싼 혼란, 무엇이 진실인가?」, 『진보평론』 제41호, 진보평론, 2009.
김훈식·송준호, 「비정규직 근로자의 고용실태와 개선과제」, 『사회과학연구』, 안양대학교사회과학연구소, 2001.
그레고리 엘보, 「세계경제, 시장의 지상명령 그리도 대안들」, 『이론』 17, 사회평론, 1997.
남성일, 「최저임금제가 노동수요에 미치는 효과: 감시단속 근로자에 대한 실증분석」, 『한국경제논집』 제31권(3), 한국노동경제학회, 2008.
남재량, 「비정규 근로와 정규 근로의 임금격차에 관한 연구」, 『한국경제논집』 30권(2), 한국노동경제학회, 2007.
______, 「KLIPS를 통해서 본 비정규 근로의 동태적 특성」, 『노동리뷰』 2009년 1월호, 한국노동연구원, 2009.
______, 「비정규 근로의 동태적 특성 및 시사점」, 『노동리뷰』 2009년 7월호, 한국노동연구원, 2009.
남재량·김태기, 「비정규직 가교인가 함정인가?」, 『2000년 노동경제논집』, 한국노동경제학회, 2000.
남재량·박기성, 「비정규직법의 고용효과 연구」, 『노동정책연구』 제10권 제4호, 한국노동연구원, 2010.
노용진, 「비정규직고용 비율의 결정요인에 관한 연구: 편익과 비용의 균형적 관점」, 『산업관계 연구』 vol 17, 한국노사관계학회, 2006.
노용진·원인성, 「내부노동시장의 성격과 비정규직 고용의 비율」, 『노동정책연구』 제3권 제2호, 한국노동연구원, 2003.
더글라스 푸투이마, 『진화학』, 라이프사이언스, 2008.
데이비드 L. 헐, 『과정으로서의 과학1』, 한길사, 2008.
____________, 『과정으로서의 과학2』, 한길사, 2008.
데이비드 M. 버스, 『마음의 기원』, 나노미디어, 2005.
데이비드 하비, 『희망의 공간』, 한울, 2001.
___________, 『신자유주의』, 한울아카데미, 2007.
___________, 『신자유주의 세계화의 공간들』, 문화과학사, 2008.

__________, 『파리 모더니티』, 생각의 나무, 2010.
딜런 에번스, 『진화심리학』, 김영사, 2001.
_________, 『진화론』, 김영사, 2007.
라메쉬 미쉬라, 『복지국가의 사상과 이론』, 한울아카데미, 1996.
레세크 코와코프스키, 『마르크스주의의 주요흐름 1』, 유로서적, 2007.
_______________, 『마르크스주의의 주요흐름 3』, 유로서적, 2007.
로널드 드워킨, 『자유주의적 평등』, 한길사, 2005.
로버트 브레너, 『혼돈의 기원』, 이후, 2001.
론 사콜스키, 「규율적 권력, 노동과정, 노동주체의 구성」, 『문화과학』 6호, 문화과학사, 1994.
류장수, 「현대자본주의 노동과정론에 대한 비판적 검토」, 『사회경제평론』 4호, 한울, 1991.
뤼디거 자프란스키, 『니체』, 문예출판사, 2003.
리처드 도킨스, 『이기적 유전자』, 을유문화사, 2002.
__________, 『확장된 표현형』, 을유문화사, 2004.
리처드 르원틴, 『DNA 독트린』, 궁리, 2001.
리처드 월하임, 『프로이트』, 시공사, 1999.
마누엘 카스텔, 『네트워크 사회의 도래』, 한울아카데미, 2003.
마이클 하트, 『들뢰즈 사상의 진화』, 갈무리, 2004.
매트 리들리, 『게놈』, 김영사, 2001.
_________, 『이타적 유전자』, 사이언스북스, 2001.
미셸 푸코, 『담론의 질서』, 서강대학교출판부, 1998.
________, 『사회를 보호해야 한다』, 동문선, 1998.
________, 『지식의 고고학』, 민음사, 2000.
________, 『감시와 처벌』, 나남출판, 2003.
________, 『푸코의 맑스』, 갈무리, 2004.
________, 『성의 역사 1』, 나남출판, 2004.
________, 『안전, 영토, 인구』, 난장, 2011.
민경국 · 이근 외, 『제도연구 4』, 한국경제연구원, 2002.
민경국, 「롤즈와 하이예크」, 『철학과 현실』 제37호, 철학문화연구소, 2007.
_____, 『하이에크, 자유의 길』 한울아카데미, 2007.
박경순, 「수요지향정책의 관점에서 비정규 노동의 원인규명을 위한 하나의 시도」, 『한독사회과학논총』 제16권 제2호, 한독사회과학회, 2006.
박기성, 「비정규 근로자의 증가와 정책 제언」, 『한국의 노동 어떻게 할 것인가?』, 서강대학교출판부, 2007.
박기성 · 김용민, 「정규 - 비정규근로자의 임금격차 비교: 2003년과 2005년」, 『노동정책연구』 제7권 제3호, 한국노동연구원, 2007.
박명준, 「독일의 비정규직 증가와 노사관계의 변모: 파견근로의 증대로 인한 노사관계의 업종별 변화, 갈등 및 대응양상」, 『국제노동브리프』 2011년 3월호, 한국노동연구원, 2011.
박상언, 「브레이버만 이후 최근까지 노동과장이론의 전개과정에 대한 비판적 고찰」, 『산업노동연구』 제8권 제1호, 한국산업노동학회, 2002.
박성준, 「노동의 유연안정화 정책이 노동시장에 미치는 영향분석 - OECD 국가를 중심으로 - 」, 『노동경제논집』, 한국노동경제학회, 2010.
박수근, 「변형된 분리직군제와 노동법의 적용」, 『노동법 연구』, 제30호, 서울대노동법연구회, 2011.

박승호, 『좌파 현대자본주의론의 재구성』, 한울, 2004.

박우성・박재용, 「비정규직의 활용과 노동조합의 역할」, 『산업관계연구』 제15권 1호, 한국노사관계학회, 2005.

박은정, 「동일노동 동일임금의 판단에 관한 소고」, 『노동정책연구』 제5권 제1호, 한국노동연구원, 2005.

______, 「비정규직 차별시정제도 시행 이후 노동위원회 차별시정 판정례 검토 Ⅱ」, 『노동법학』 제32호, 한국노동법학회, 2009.

______, 「비정규직 차별시정례(중노위 법원)에 대한 검토 Ⅲ」, 『노동법학』 제35호, 한국노동법학회, 2010.

박지순, 「비정규직의 쟁점과 입법정책적 과제」, 『산업관계연구』 제19권 제2호, 한국노사관계학회, 2009.

변양규, 「주성분분석을 통한 노동시장 유연성 및 안정성 국제비교」, 『노동정책연구』 제10권 제4호, 한국노동연구원, 2010.

배무기, 『노동경제학』, 경문사, 1987.

배진한, 「노동시장 유연성 평가와 개선방향」, 『한국의 노동 어떻게 할 것인가?』, 서강대학교출판부, 2007.

백학영・구인회, 「비정규 노동과 근로빈곤의 관계: 임금차별과 근로시간의 영향을 중심으로」, 『노동정책연구』 제10권 제3호, 한국노동연구원, 2010.

벤 파인・알프레도 새드－필호, 『마르크스의 자본론』, 책갈피, 2006.

브루스 애커만・앤 알스톳・필리페 반 빠레이스 외, 『분배의 재구성』, 나눔의집, 2010.

비버리 J 실버, 『노동의 힘』, 그린비, 2005.

빌헬름 라이히, 『파시즘의 대중심리』, 그린비, 2006.

새무엘 보울스・리처드 에드워드・프랭크 루스벨트, 『자본주의 이해하기』, 후마니타스, 2009.

서동진, 「신자유주의 분석가로서의 푸코」, 『문화과학』 제57호, 2009.

석상훈・장선구・최옥금, 「최저임금 근로자의 일자리 선택 결정요인 분석」, 『사회보장연구』 제22권 제3호, 한국사회보장학회, 2006.

석재은, 「비정규직 실태와 정책과제」, 『보건복지포럼』 제95호, 한국보건사회연구원, 2004.

성은미, 「비정규 노동자의 공적연금, 고용보험, 미가입에 관한 한일 비교 연구」, 『한국사회정책』, 한국사회정책학회, 2007.

______, 「일본 비정규직 노동자의 공적연금 적용에 관한 연구」, 『사회보장연구』 제25권 제2호, 한국사회보장학회, 2009.

손기태・강유덕・김민희, 「유럽의 안정성정책이 우리나라 비정규직 문제에 주는 시사점」, 『KIEP 오늘의 세계경제』, 대외경제정책연구원, 2009.

송강직, 「미국의 동일임금법」, 『노동법학』 제33호, 한국노동법학회, 2010.

스티브 존스, 『진화하는 진화론』, 김영사, 2008.

스티븐 핑커, 『빈서판』, 사이언스북스, 2004.

심윤종, 『산업사회학』, 경문사, 2000.

심윤종 외, 『산업사회학』, 경문사, 2003.

신동면, 「비정규직 근로자와 사회보장: 영국의 사례」, 『월간복지동향』 제30호, 참여와연대사회복지위원회, 2001.

신상인・박재희, 「비정규직 고용이론에 관한 연구: 기업내부 결정요인에 관한 조직이론들」, 『인적자원관리연구』 제8집, 한국인적자원관리학회, 2004.

신상인, 「비정규직 노동자 고용의 기업내부 결정요인에 관한 연구」, 『인적자원관리연구』 제12권 제4호, 한국인적자원관리학회, 2005.
신수식, 『사회보장론』, 박영사, 1986.
심창학, 「유럽 비정규직 근로자의 사회보장: 영국, 독일 프랑스의 연금 및 실업보험을 중심으로」, 『사회보장연구』 제21권 4호, 한국사회보장학회, 2005.
_____, 「연금 및 실업보험을 통한 비정규직 근로자 사회보호: 덴마크와 프랑스 사례를 중심으로」, 『한국사회복지조사연구』, vol.22, 연세대학교사회복지연구소, 2009.
아르투르 쇼펜하우어, 『의지와 표상으로서의 세계』, 동서문화사, 2008.
아리스토텔레스, 『니코마코스 윤리학』, 이제이북스, 2006.
_____________, 『정치학』, 도서출판 숲, 2009.
안토니오 네그리, 『굿바이 미스터 사회주의』, 그린비, 2009.
안주엽 · 김동배 · 이시윤, 『비정규 근로 실태와 정택과제 Ⅲ』, 노동연구원, 2003.
알레스데어 매킨타이어, 『덕의 상실』, 문예출판사, 1997.
알렉스 캘리니코스, 『마르크스의 혁명적 사상』, 책갈피, 1993.
양운덕, 「푸코의 권력계보학」, 『경제와 사회』35호, 1997.
애덤 스미스, 『국부론(상)』, 비봉출판사, 2003.
앤서니 기든스, 『현대사회학』, 을유문화사, 2009.
에드워드 윌슨, 『통섭』, 사이언스북스, 2005.
에리히 프롬, 『불복종에 관하여』, 범우사, 1996.
__________, 『소유냐 삶이냐/사랑한다는 것』, 동서문화사, 2008.
에리히 프롬 · R.오스본, 『정신분석과 유물론』, 선영사, 2006.
에릭 켄델, 『기억을 찾아서』, 랜덤하우스, 2009.
엘리엇 소버, 『생물학의 철학』, 철학과현실사, 2004.
염수균, 「드워킨 - 권리와 평등, 그리고 통합의 철학」, 『철학과 현실』 제80호, 철학문화연구소, 2009.
_____, 「드워킨의 자원의 평등론」, 『범한철학』 제35집, 범한철학회, 2004.
울리히 벡, 『아름답고 새로운 노동세계』, 생각의나무, 1999.
________, 『위험사회』, 새물결, 1997.
윌 킴리카, 『현대정치철학의 이해』, 동명사, 2006.
우해봉 · 최은미, 『국민연금 적용 제외자 현황과 노후 소득보장 대책』, 국민연금연구원, 2009.
윤정향, 「비정규직 노동자의 사회적 보호 배제의 원인에 관한 시론적 고찰」, 『사회보장연구』 제19권 제1호, 한국사회보장학회, 2003.
_____, 「고용규모 변화로 살펴 본 비정규직법 1년의 효과」, 『e - 고용이슈』, 한국고용정보원, 2008.
은수미, 『비정규직과 한국노사관계 시스템 변화(Ⅰ)』, 한국노동연구원, 2007.
은수미 · 오학수 · 윤진호, 『비정규직과 한국노사관계 시스템 변화 Ⅱ』, 노동연구원, 2008.
이구표, 「미셸 푸코」, 『이론』 14호, 새길, 1996.
_____, 「푸코와 마르크스」, 『한국정치학회보』 제27집, 한국정치학회, 1996.
이근식, 『애덤 스미스의 고전적 자유주의』, 기파랑, 2006.
이병훈 · 홍석범, 「기업의 비정규직 활용에 대한 노동조합 효과」, 『동향과 전망』 80호, 한국사회과학연구소, 2009.
이시균 · 김정우, 「비정규직 활용이 기업성과에 미치는 연구」, 『노동리뷰』, 한국노동연구원, 2006.
이은영, 『채권 각론』, 박영사, 2000.
이일영, 「신제도주의 경제학의 제도환경 이론에 관한 연구」, 『동향과 전망』 73호, 한국사회과학연구소, 2008.
이정은 · 조미형, 「사회적 배제 집단의 잠재적 유형 분류 및 성별과 학력에 따른 차이 분석」, 『사회복지정책』, Vol.36, 한국사회복지정책학회, 2009.
이종훈, 「비정형근로 유형의 선택에 대한 이론」, 『노동경제논집』 제29권(1), 한국노동경제학회, 2006.
이주희, 「비정규직과 노동정치: 산업부문 간 비교연구」, 『한국사회학』 제44집 제1호, 한국사회학회, 2010.
이진경, 『미래의 맑스주의』, 그린비, 2006.
______, 『철학의 외부』, 그린비, 2006.
이환식, 「세계화의 최종단계로서의 지구화」, 『이론』 17호, 사회평론, 1997.
자크 동즐로, 『사회보장의 발명』, 동문선, 2005.
장지연 · 양수경, 「사회적 배제시각으로 본 비정규 고용」, 『노동정책연구』, 제7권 1호, 한국노동연구원, 2007.
장혜현, 「한국과 일본의 기업별 노조체제의 특수성」, 『동아연구』 제58집, 서강대학교동아연구소, 2010.
전윤구, 「비정규직 관계법의 입법적 개선방향」, 『노동법학』 제23호, 한국노동법학회, 2008.
전태국, 『지식사회학』, 사회문화연구소, 1994.
정건화, 「1980년대 이후 미국 노동시장 구조변화의 배경과 특징」, 『동향과 전망』 42호, 한국사회과학연구소, 1999.
______, 「노동시장구조변화에 대한 제도경제학적 해석」, 『경제와 사회』 57호, 한국산업사회학회, 2003.
정병석, 「한국 노동시장 정책의 평가와 발전방안: 이행노동시장의 활용」, 『노동정책연구』제10권 제2호, 한국노동연구원, 2010.
장신철, 「프랑스의 비정규직」, 『국제노동브리프』 2009년 5월호, 한국노동연구원, 2009.
정이환, 「주변 노동자의 동원화 · 조직화」, 『한국사회학』 제34집, 한국사회학회, 2000.
______, 「비정규 노동의 성격과 그 요인」, 『한국사회학』 제36집 1호, 한국사회학회, 2002.
______, 「노동시장 불평등과 조직 내 불평등」, 『한국사회학』 제36집 6호, 한국사회학회, 2002.
______, 『현대노동시장의 정치사회학』, 후마니타스, 2006.
______, 「기업규모인가 고용형태인가」, 『경제와 사회』 제73호, 한국산업사회학회, 2007.
정이환 · 전병유, 「1990년대 한국임금구조의 변화」, 『경제와 사회』 제52호, 한국산업사회학회, 2001.
정인수, 「기업환경의 변화와 내부노동시장」, 『한국경제연구』 제14권, 한국경제연구학회, 2005.
정진호, 「최저임금의 실효성 제고」, 『노동리뷰』 2011년 1월호, 한구노동연구원, 2011.
정현태 · 오윤수, 「한국의 사회현실과 한국인의 복지의식－롤즈의 정의론적 관점」, 『사회복지정책』 vol.36, 한국사회복지정책학회, 2009.
정희정, 「유연안정성의 나라, 네덜란드의 노동시장 유연안정성과 그 실태」, 『국제노동브리프』 2007년 7월, 한국노동연구원, 2007.
제라르 뒤메닐 · 도미니크 레비, 『자본의 반격』, 필맥, 2006.
__________________________, 『현대 마르크스주의 경제학』, 그린비, 2009.
제랄드 에델만, 『신경과학과 마음의 세계』, 범양사, 2006.
제레미 리프킨, 『노동의 종말』, 민음사, 1996.
____________, 『소유의 종말』, 민음사, 2001.
제임스 D. 왓슨 · 앤드류 베리, 『DNA』, 까치글방, 2003.
조경배, 「비정규직 근로자의 고용보장」, 『민주법학』 제15호, 민주주의법학연구회, 1999.
조돈문, 「비정규직 문제와 노동계급 계급균열: 비정규직 문제를 둘러싼 정규직 · 비정규직 의식 비교」,

『산업노동연구』 제14권 제2호, 한국산업노동학회, 2008.
______, 「비정규직 문제와 노동자들의 내적 이질성」, 『경제와 사회』 통권 제82호, 한국산업사회학회, 2009.
______, 「정규직 노동조합과 비정규직의 정규직화의 정치: 타타대우 상용차 사례 연구」, 『산업노동연구』 제16권 제1호, 한국산업노동학회, 2010.
조동근, 「노동시장 유연화와 기업 활력 제고가 그 해법」, 『월간 경영계』 9월호, 한국경영자총협회, 2004.
조상균, 「비정규직 관련법의 문제점과 개선방안」, 『산업관계연구』 제20권 제1호, 한국노사관계학회, 2010.
조성혜, 「기간제근로계약의 무기계약 전환, 무엇이 문제인가?」, 『노동법학』 제25호, 한국노동법학회, 2007.
조영범 · 박현채, 『경제학 사전』, 풀빛, 1988.
조영철, 「규율실업과 노동통제」, 『사회경제평론』 제9호, 사회경제학회, 1996.
존 라이언스, 『촘스키』, 시공사, 1999.
존 롤즈, 『공정으로서의 정의』, 서광사, 1998.
_______, 『정치적 자유주의』, 동명사, 1998.
_______, 『정의론』, 이학사, 2003.
존 홀러웨이, 『권력으로 세상을 바꿀 수 있는가』, 갈무리, 2002.
주동률, 「롤즈의 분배정의론의 특징들과 현대 평등주의」, 『롤즈의 정의론과 그 이후』, 철학과현실사.
지그문트 프로이트, 『꿈의 해석』, 열린책들, 2003.
________________, 『문명 속의 불만』, 열린책들, 2003.
________________, 『새로운 정신분석 강의』, 열린책들, 2003.
________________, 『정신분석 강의』, 열린책들, 2003.
________________, 『정신분석학 개요』, 열린책들, 2003.
________________, 『정신분석학의 근본개념』, 열린책들, 2003.
지민웅, 「미국 최저임금제도의 현황과 과제」, 『국제노동브리프』 2006년 8월, 한국노동연구원, 2006.
진숙경 · 김동원, 「비정규직 노조의 유형별 실태와 시사점: 18개 비정규직 노조 사례분석」, 『노동정책연구』 제7권 1호, 한국노동연구원, 2007.
질 들뢰즈, 『니체와 철학』, 민음사, 2001.
________, 『푸코』, 동문선, 2003.
질 들뢰즈 · 펠릭스 가타리, 『천개의 고원』, 새물결, 2001.
찰스 다윈, 『종의 기원』, 홍신문화사, 1988.
________, 『나의 삶은 서서히 진화해왔다』, 갈라파고스, 2003.
________, 『인간의 유래 1』, 한길사, 2006.
________, 『인간의 유래 2』, 한길사, 2006.
채만수, 「독점자본의 비정규직 확대정책」, 『정세와 노동』, 한국노동사회과학연구소, 2006.
최정규 · 허준석, 「급진파 제도주의 경제학에 대한 연구」, 『동향과 전망』 통권 제37호, 한국사회과학연구소, 1998.
최종욱, 「동일성의 해체주의자 아도르노」, 『이론』 15호, 새길, 1996.
테오도르 아도르노, 『계몽의 변증법』, 문예출판사, 1995.
________________, 『부정변증법』, 한길사, 1999.
토마스 홉스, 『리바이어던』, 살림, 2005.

프리드리히 니체, 『인간적인 너무나 인간적인』, 동서문화사, 1987.
______________, 『선악의 저편 · 도덕의 계보』, 책세상, 2002.
______________, 『바그너의 경우 · 우상의 황혼』, 책세상, 2002.
______________, 『차라투스라는 이렇게 말했다』, 민음사, 2004.
______________, 『아침놀』, 책세상, 2004.
______________, 『즐거운 학문 · 메시나에서의 전원시』, 책세상, 2005.
______________, 『비극의 탄생』, 아카넷, 2007.
프리드리히 A. 하이에크, 『감각적 질서』, 자유기업센터, 2000.
____________________, 『노예의 길』, 나남출판, 2006.
플라톤, 『국가 · 정체』, 서광사, 2005.
피터 J. 리처슨 · 로버트 보이드, 『유전자만이 아니다』, 이음, 2009.
카를 융, 『정신요법의 기본문제』, 솔출판사, 2001.
______, 『원형과 무의식』, 솔출판사, 2002.
______, 『기억 꿈 사상』, 김영사, 2007.
칼 마르크스, 『철학의 빈곤』, 아침, 1988.
__________, 『자본론 Ⅰ(上)』, 비봉출판사, 1989.
__________, 『자본론 Ⅰ(下)』, 비봉출판사, 1990.
__________, 『자본론 Ⅱ』, 비봉출판사, 1989.
__________, 『자본론 Ⅲ(上)』, 비봉출판사, 2004.
__________, 『자본론 Ⅲ(下)』, 비봉출판사, 2004.
__________, 『정치경제학 비판 요강 1』, 그린비, 2007.
칼 세이건, 『코스모스』, 사이언스북스, 2006.
칼 폴라니, 『거대한 전환』, 길, 2009.
콜린 고든, 『권력과 지식(미셀 푸코와의 대담)』, 나남출판, 1997.
크리스 틸리 · 찰스 틸리, 『자본주의의 노동세계』, 한울아카데미, 2006.
크리스 호록스, 『푸코』, 김영사, 2003.
하워드 I. 케이, 『현대 생물학의 사회적 의미』, 뿌리와이파리, 2008.
한나 아렌트, 『인간의 조건』, 한길사, 1996.
한동우, 「비정규직 근로자와 사회복지」, 『복지동향』 33호, 참여연대사회복지위원회, 2001.
허석렬, 『현대노동과정론』, 간디서원, 1994.
현외성, 『사회복지정책강론』, 양서원, 2008.
황경식, 「존 롤즈의 자유주의를 위한 변명」, 『롤즈의 정의론과 그 이후』, 철학과현실사, 2009.
황수경, 「내부자 노동시장과 외부자 노동시장의 구조분석을 우한 탐색적 연구」, 『노동정책 연구』 제3권 제3호, 노동연구원, 2003.
______, 「서비스화가 일자리 숙련구조에 미친 영향: 인지적 숙련 및 상호적 숙련을 중심으로」, 『한국경제논집』 제30권(3), 한국노동경제학회, 2007.
______, 「서비스산업 고용 및 노동생산성 변동의 구조분석」, 『노동정책 연구』 제8권 제1호, 한국노동연구원, 2008.
G. E. F. 헤겔, 『정신현상학 1』, 한길사, 2005.
J. G. 메르키오르, 『푸코』, 시공사, 1998.
H. 마르쿠제, 『일차원적 인간』, 한마음사, 1986.
__________, 『에로스와 문명』, 나남출판, 2004.

__________, 『이성과 혁명』, 중원문화, 2008.
H. 마르쿠제 · E. 프롬, 『프로이트 심리학 비판』, 선영사, 1995.
Ben Fine, 『Labor market theory』, ROUTLEDGE, 1998.
James W. Kalat, 『생물심리학』, 시그마프레스, 2006.
Kaufman · Hotchkiss, 『The Economics of labor markets』, THOMSON, 2006.
Monroe W. strickberger, 『진화학』, 월드사이언스, 2004.
Per Kongshøj Madsen, 「덴마크식 유연안정성: 노동시장 개혁의 모델인가?」, 『국제노동브리프』 2008년 3월, 한국노동연구원, 2008.
RONALD G. EHERENBERG · ROBERT S. SMITH, 『현대 노동경제학』, 교보문고, 2009.
Thomas Hyclak · Geraint Johnes · Robert Thornton, 『노동경제학』, 시그마프레스, 2009.
Thomas M. Smith · Robert Leo Smith, 『생태학』, 라이프사이언스, 2011.
국민연금공단, 『2011년 알기 쉬운 국민연금 사업장 실무 안내』, 2010.
국민연금연구원, 『공적연금의 이해』, 2008.
노동부, 『비정규직 보호 법률 해설』, 2006.
______, 『비정규직법 이해』, 2007.
______, 『비정규직법 질의회시집』, 2007.
______, 『차별시정제도를 알려 드립니다』, 2007.
______, 『2010 고용형태별 근로실태조사 보고서』, 2011.
중앙노동위원회, 『차별시정제도 참고자료』, 2007.
통계청, "경제활동인구 부가조사", 각 연도.
OECD, 『OECD Employment Outlook』, 2011.
______, 『OECD Fact Book』, 2010.
______, 『OECD Fact Book』, 2011.

김남훈

경남 진주 출신으로 서울시립대학교 경제학과와 고려대학교 노동대학원을 졸업하였다. 제7회 공인노무사 시험에 합격한 후 현대캐피탈, 기술신용보증기금, CJ홈쇼핑, 국방과학연구소 등에서 인사노무관리, 법무, 기업금융, 지식경영 등의 업무를 담당하였다. 저서로 『비정규직 근로자를 위한 노동법 해설』(2008)이 있다.

e－mail: metapour@naver.com
cafe: http://cafe.daum.net/PoliticalEconomy

비정규 노동의 정치경제학 메타비판

초판인쇄 | 2012년 5월 8일
초판발행 | 2012년 5월 8일

지 은 이 | 김남훈
펴 낸 이 | 채종준
펴 낸 곳 | 한국학술정보㈜
주 소 | 경기도 파주시 문발동 파주출판문화정보산업단지 513-5
전 화 | 031) 908-3181(대표)
팩 스 | 031) 908-3189
홈페이지 | http://ebook.kstudy.com
E-mail | 출판사업부 publish@kstudy.com
등 록 | 제일산-115호(2000. 6. 19)

ISBN 978-89-268-3313-1 93330 (Paper Book)
978-89-268-3314-8 98330 (e-Book)

내일을여는지식 은 시대와 시대의 지식을 이어 갑니다.